教育部哲學社會科學研究重大課題攻關項目

“清代揚州學派文獻整理與研究”（14JZD035)

江蘇省社會科學基金重大項目“清代揚州學派新探”（13ZD007)

江蘇高校優勢學科建設工程資助項目（PAPO）階段性成果

清代揚州學派研究論文集

◎田漢雲　主編

鳳凰出版社

圖書在版編目（CIP）數據

清代揚州學派研究論文集 / 田漢雲主編. -- 南京 : 鳳凰出版社, 2016.10
ISBN 978-7-5506-2448-1

Ⅰ. ①清… Ⅱ. ①田… Ⅲ. ①學術思想－揚州－清代－文集 Ⅳ. ①B249.05-53

中國版本圖書館CIP數據核字(2016)第227960號

書　　名	清代揚州學派研究論文集
主　　編	田漢雲
責任編輯	樊　昕
出版發行	鳳凰出版傳媒股份有限公司 鳳凰出版社(原江蘇古籍出版社) 發行部電話025-83223462
出版社地址	南京市中央路165號,郵編:210009
出版社網址	http://www.fhcbs.com
照　　排	南京凱建圖文製作有限公司
印　　刷	江蘇鳳凰揚州鑫華印刷有限公司 揚州市江陽工業園蜀崗西路9號,郵編:225008
開　　本	652×960毫米　1/16
印　　張	28
字　　數	444千字
版　　次	2016年10月第1版　2016年10月第1次印刷
標準書號	ISBN 978-7-5506-2448-1
定　　價	126.00圓

(本書凡印裝錯誤可向承印廠調换,電話:0514-85868858)

目　次

序

田漢雲

揚州學派是清代樸學之大宗。研究清代學術史,特别是研究清代樸學,揚州之學理應成爲重點議題。對於揚州大學(包括其前身揚州師範學院)而言,揚州學派是得天獨厚的學術資源,深入研究揚州學派是其應當擔負的使命。

揚州大學研究揚州學派,始於20世紀60年代。由於歷史的原因,其後十幾年間參與研究的學人爲數不多,推進速度緩慢。1982年2月,揚州列爲國務院公佈的首批24個歷史文化名城之一。這對本地文史工作者開展地方文化研究,起到有力的推動作用。很突出的事例,是先師李廷先教授感念"古代揚州,在唐朝最爲繁盛",遂博稽載籍,網羅舊聞及今人考古成果,於1989年春撰成《唐代揚州史考》約50萬言。祁龍威老師等重提開展揚州學派研究的建議,受到學校重視。1986年秋,揚州師院抽調中文、歷史兩系7名中青年教師,組建古籍整理研究室,挂靠科研處,副處長李坦先生兼任研究室主任。古籍整理研究室的主要研究方向即揚州歷史文化,而揚州學派列爲第一重點選題。1987年11月,爲慶祝揚州師院建校35週年,古籍整理研究室與學報編輯部聯合編印論文集《揚州學派研究》。這項工作得到許多前輩學者的支持。任中敏教授爲論文集題署書名,祁龍威老師撰序,譚佛雛教授、劉如瑛教授、趙航教授等亦精心撰稿。值得一提的是,最近幾年還屢次有海内外同道訪求該書,但已一册難尋。1988年9月20日至23日,揚州師範學院主辦、古籍整理研究室承辦"揚州學派學術研討會"。關於這次會議的盛況,本書所收王俊義先生論文《對新時期揚州學派研究的回顧與展望——從個人參與研討的視角談起》有切實記述。可惜的是,會議論文未能結集出版。古籍整理研究室後來升格爲中國文化研究所,不久因機構調整一度撤銷獨立建制。但曾在該研究室工作的學人後來都堅持從事揚州文化研究,并有所建樹。本人僅在研究室工作、學習兩年,1988 年 10 月即調至學校人事處充任師資科長,其後也一直注意研習揚州學術。撫今追昔,我感到古籍整理研究室在積聚學術力量、促進揚學研究方面自有其歷史貢獻與積極影響。

1998 年,揚州大學以中文、歷史、藝術等系科合併,組建人文學院。學院領導班子從服務地方文化建設和社會發展,培育特色和優勢學科的需要出發,選擇揚州學派作爲重點學術方向。在校領導支持下,成立揚州文化研究中心,重新聚集力量,建構揚州學派研究的學術平台。其後,學校仍按照一級學科組建二級學院,相關學院積極引進人才,擴大了揚州學派研究的學術隊伍。我們依託中國古代文學博士學位點,培養了一批年輕學人。又把握江蘇省政府對揚州大學進行重點投資建設的機遇,申請將"揚州學派研究"列爲科研專項,取得必要的資助。一系列研究專著或古籍整理著作的出版,因而有了經費保障。最近十幾年,本校學人研究揚州學派所取得科研成果,在數量上超過以往四十年之積累。多種著述在省部級以上科研成果評比中獲獎,從一個側面體現出我校揚州學派研究所達到的水準。

以揚州大學人文學院與臺灣"中央研究院"中國文哲研究所爲主要發起單位,海峽兩岸學者聯合開展揚州學派研究,始於 1999 年。當時,由林慶彰先生擔任總主持人、蔣秋華先生擔任共同主持人及聯絡人的學術團隊正在執行"清乾嘉揚州學派研究"計劃。林先生等於一月下旬來揚州考察期間,與揚州大學人文學院學者舉行"清代揚州學派學術交流會",商定並如約於 2000 年 4 月、2001 年 5 月分别在揚州大學、"中研院"中國文哲研究所舉辦研討會。衆多學者在這三次專題會議上提交的論文,多編入《清代揚州學術研究》、《清代揚州學術》這兩部論文集,有些則在《中國文哲研究通訊》等學術刊物發表。這一系列學術活動,是揚州學派研究史上值得記憶的高潮階段。

嗣後十餘年間,兩岸學界圍繞揚州學派研究的交流也没有中斷,但未能再度聯合召開有一定規模的學術研討會。其原因之一,是 2000 年至 2014 年間,我們以主要精力投入祁龍威老師主持的國家清史編纂委員會項目《清史·樸學志》修纂工作。在執行該項目的過程中,我們對揚州學派在清學史上成就與地位的認知有所深化。在《清史·樸學志》書稿送審之後,即著手聯絡臺灣學界同道,醖釀再次召開揚州學派學術研討會。這一動議切合揚州大學學科建設的需要，因而得到學校和文學院的大力支持。

2013 年 5 月 18 日至 21 日，第四次海峽兩岸清代揚州學派學術研討會在揚州大學舉辦。本次研討會由揚州大學文學院主辦，與揚州市文化廣電新聞出版局、揚州學派研究會、廣陵書社聯辦。來自海峽兩岸 26 所高校和科研單位的 60 多位專家學者與會。參會學者提交論文 34 篇，分 5 場進行交流。本書爲會議論文選編。這些論文的議題大致分屬以下五類，一是關於近 30 年來揚州學派研究的回顧總結，二是關於揚州學派經學、文學或文獻的專題研究，三是揚州學派學術背景與淵源研究，四是揚州學派名家個案研究，五是清代揚學在清末、民國年間的流變與影響研究。論文集的編次即以此爲順序。關於與會學者所提交學術論文的内容與要義，具見本書所附張立兵副教授撰寫的《綜述》，兹不條舉。

兩岸學界合作開展揚州學派研究，至今已有 17 年。關於這一過程，前揭王俊義先生之文已有很客觀的介紹。其中所叙衆多專家、學者對於揚州學派研究所作的貢獻，特别是對揚州大學祁龍威教授、臺灣“中研院”中國文哲研究所林慶彰教授、原揚州市委常委、宣傳部長趙昌智先生等所發揮的關鍵作用的推許，我都高度認同。作爲近 30 年來揚州學派研究的參與者，我還體會到，中國人民大學清史所戴逸先生、王俊義先生、黄愛平先生和上海社會科學院歷史研究所湯志鈞先生對這項研究一以貫之的熱情支持，同樣值得後學銘記。

海峽兩岸學界持續而卓有成效的合作，使得揚州學派研究達到前所未有的水準。而今，正面臨“新的發展機遇和嚴峻挑戰”。關注、參與這項研究的學人群體不斷擴大，我們自身的工作條件逐步改善，思想觀念、研究視角、研究方法以及研究手段的更新，將爲揚州學派研究增添新的活力。與此同時，也應看到既往的研究存在一定局限性。長期以來，衆多學者都承認揚州學派爲乾嘉學派分支流派，但是對其存在時限、群體構成、學術宗旨、歷史地位等基本問題的認識多有分歧。再者，不斷有學者提出種種理由，質疑或否定清學史上揚州學派的存在。有鑒於此，近兩三年來我們不斷思考如何在總結、借鑒既有成果的基礎上，繼續推進揚州學派研究。就研究現狀而言，關於揚州學派的大量論著，屬於名家、名著個案研究的居絶大多數。因此，對揚州學派作具有整體性開拓研究，既具備一定條件，也顯得很有必要。要實現這一目標，需要組織團隊，集中精力，協作攻關。我們於 2013 年以“清代揚州學派新探”爲選題申報江蘇省社會科學基金重大項目，於 2014 年以“清代揚州學派文獻整理與研究”申報教育部哲學社會科學重大課題攻關項目，均獲准立項資助。我們在認真聽取海内外專家意見的基礎上，確定以下任務：一是開展集成性文獻整理工作，點校出版《揚州學派著述叢刊》，以爲研究者精思博綜之資；二是甄别清代乾隆朝至咸同之際揚州區域學人群體，撰著《揚州學派學人列傳》，以見其“班底”；三是調查揚州學派諸家著述，編纂《揚州學派著述總目》，以見其“家底”；四是系統稽考揚州學派學術活動，輯纂《揚州學派學術系年》，以見其興衰流變；五是撰寫通論性專著，期於比較全面、系統地論述揚州學派的淵源、流變、宗旨、成就與學術史地位。

本次海峽兩岸學術研討會，有可能成爲揚州學派研究進程中一個特殊的節點。由於包括清代揚州學術在内的中華優秀傳統文化較前更受全社會重視，由於中國大陸和臺灣地區研究揚州學派的學人爲數最爲衆多，由於兩岸學人在以往學術交流、合作中結下深厚情誼，兩岸學界今後必將再續前緣，繼續擔負起合力推進揚州學派研究的重任。但是，未來再舉辦揚州學派學術研討會，當擴大參會學者的區域範圍，不僅要聯絡臺、港、澳學人合作研討，還要積極邀約外國學人參加。林慶彰先生有一次與筆者交談，曾有此建議。本校諸多同仁近年與歐、美、日、韓等地區和國家學者交流日趨活躍，領略到域外漢學家對清代揚州學術文化的熱情關注與獨特造詣。加强與域外漢學家的合作，揚州學派研究可望别開生面。

關於本書編輯情况，特作説明如下：其一，由於事先約定等原因，部分會議論文未收入本書。其二，部分論文由作者參考審稿意見加以修改。其三，研討會收到的學術論文撰寫格式、特别是注釋格式多有差異，編入本書時按照出版規範做了若干技術性處理。因學力有限，統稿過程中或有疏誤，敬祈作者和讀者鑒諒、教正。

值論文集付梓之際，我們對支持本次學術研討會的相關單位領導和專家、學者滿懷感激之情。張立兵博士、宋展雲博士等不僅善始善終地做好參會專家學者接待工作，還積極參與研討會論文集的編校事務；鳳凰出版社姜小青社長對本書出版予以大力支持，樊昕先生獨任編輯之勞，僅此一併申謝！

2015 年 12 月 26 日田漢雲謹誌於揚州大學文學院

對新時期揚州學派研究的回顧與展望

——從個人參與研討的視角談起

王俊義*

時值癸巳年春夏之交,我再一次來到棲靈塔下、瘦西湖畔的揚州大學,參加在這裏舉行的第三次"海峽兩岸揚州學派學術研討會",且又有機會與有著深厚學術友誼的海峽兩岸的諸多師友再次相會,欣慰之情,實溢於言表。這裏,我衷心感謝會議的邀請。此時此刻,也使我油然回憶起自1988年揚州大學(當時稱揚州師範學院)發起組織的"揚州學派研討會"及2000年由揚州大學人文學院與臺灣"中央研究院"中國文哲所聯合舉行的首次"海峽兩岸揚州學派學術研討會"。基於個人的專業研究,加之與揚州大學人文學院與臺灣"中研院"文哲所之間的學術淵源,這兩個單位舉辦的與揚州學派直接或間接相關的學術活動,我多有幸參加,也有緣拜讀過這兩處不少學者研究揚州學派的有關著述,都深受教澤。在諸位先進的啓迪下,個人也寫過幾篇小文,諸如《論乾嘉揚州學派》、《再論乾嘉揚州學派》、《關於揚州學派的幾個問題》,闡述了對揚州學派有關問題的拙見。在一定程度上,我是新時期揚州學派研究的親身參與者,所謂新時期是指自1988年揚州大學召開的"揚州學派研討會"至此次會議的舉行這二十五年。回顧二十五年來揚州學派研究艱辛而輝煌的歷程,令人欣喜讚歎;展望其未來的發展前景,更使人滿懷信心和期待。因而在此次研討會上,擬從個人參與研討的視角,對新時期揚州學派的研究,做簡略的回顧與展望。

---

* 王俊義,中國社會科學院中國社會科學出版社原總編、教授。

一、1988 年揚州大學召開的“揚州學派研討會”，爲新時期揚州學派研究吹響了號角、開闢了道路、奠定了基礎

揚州作爲一座具有悠久歷史和深厚文化積澱的文化名城，爲當地學術文化的發展與繁榮，提供了肥沃滋潤的土壤和得天獨厚的自然與人文環境。自古以來，尤其是在隋、唐之後，這裏就人才輩出，著述如林，特別是清代乾嘉時期，在考據學興盛的學術背景下，繼吴、皖兩派之後，揚州地區的確存在著一個超越吴、皖，具有自身特點的揚州學派。對此，乾嘉當時的學者，就以自身的直觀感受論述過揚州學派作爲一個學術群體的客觀存在。晚清以降至民國初年，又有學者不僅明確肯定了揚州學派的存在，還清晰勾畫了該學派的發展綫索、各個階段的代表人物及其學術成就①。以研究清代學術思想史著稱的梁啓超在其名著《中國近三百年學術史》中，也曾説過在乾嘉吴、皖兩派之外，“尚有揚州一派，領袖人物焦里堂（循）、汪容甫（中），他們研究的範圍比較的廣博”②。可惜的是，梁任公此論語焉不詳，此後也再未有具體論列。致使此後研究清代學術的學者，論及清代學術時，祇講吴、皖兩派，鮮有對揚州學派的論述。正有鑒於此，當代著名歷史文獻學大師張舜徽先生爲表彰揚州之學，特撰《清代揚州學記》。他辨章學術，考鏡源流，十分明確而精闢地説：“余嘗考論清代學術，以吴學最專，徽學最精，揚州之學最通。無吴、皖之專精，清學不能盛；無揚州之通學，則清學不能大。”他還進一步評析説：“吴學，其失也固；皖學，其失也偏。”惟有“揚州諸儒，承二派以起，始由專精匯爲通學，中正無弊，最爲近之”③。張先生以上所論，堪稱經典之作，理應成爲研究揚州學派的圭臬。然而，因中國内地較長一段時期内受左傾思潮影響，在學術導向上重論輕史，不重視傳統的經學研究，致使包括揚州學派在内的乾嘉考據學，在學術界很少有人問津，長期處於沉寂狀態。

難能可貴的是祁龍威先生，他長期任教于揚州大學，本身具有深厚的學

① 尹炎武：《劉師培外傳》，見《劉申叔先生遺書》卷首，民國廿五年寧武南氏印本。

② 梁啓超：《中國近三百年學術史》，上海：復旦大學出版社，1985 年，第 115 頁。

③ 張舜徽：《清代揚州學記》，上海：上海人民出版社，1962 年，第 2 頁。

術造詣，對經、史、文字音韻訓詁之學有精湛研究，深知揚州學派的學術成就及其在中國經學史、清代學術史上的地位和影響，其自身又長期工作、生活在揚州，深感有責任、有義務推動揚州學派的研究，進而使之發揚光大。因而早在二十世紀六十年代就在揚州大學和揚州地區，宣導研究揚州學派，自己也身體力行，撰寫論著。同時，約請同事共同關注，還引導培養自己的學生選擇揚州學派相關的研究課題。雖然萬事開頭難，他却老驥伏櫪，矢志不渝，積數年之功，終於初有成效，推動編印了《揚州學派研究》一書，彙編近二十篇有關論文，諸如《揚州學派散論》、《戴震與揚州學派》、《淺論揚州學者在方志學方面的成就》、《劉師培的文學史觀》等，從各個方面闡述揚州學派、揚州學者的學術成就。祁先生還親自爲該書撰寫序言，呼籲學術界開展對揚州學派的研究。在此基礎上，於 1988 年召開了首次"揚州學派研討會"。

那時，我尚在中國人民大學清史研究所工作，十分榮幸地應邀參加了這次研討會，同時還帶了兩名研究生（其中一名美國青年學者）與會學習。對此，我在爲慶祝祁龍威先生從事學術活動六十周年而寫的《祁龍威先生學術之樹常青》一文中曾有論及。記得，當時與會的學者，除揚州當地與江蘇、浙江學者外，還有上海的湯志鈞、北京的趙守儼、廣東的陳樂素等前輩知名專家，以及香港大學的魏白蒂教授等三四十人。與會學者就歷史上是否存在揚州學派，其產生的學術背景如何，有哪些學術成就特點，該學派與乾嘉考據學中的吴、皖兩派有何異同，有哪些成員和代表人物，劉師培能否算是揚州學派成員，等等問題，大家各抒己見，開展了熱烈討論，既有共識，也有異議。實事求是地説，這次會議大大推動了揚州學派研究。使這一久久沉寂的學派，重新引起學術界的關注，一些與會學者（包括我個人）會後陸續寫了論述揚州學派的論文。此後，祖籍揚州的臺灣歷史學家陳捷先先生，爲紀念揚州先賢，弘揚揚州地域文化，曾約請著名清史學家馮爾康教授主編了《揚州研究》，邀請包括揚州地區在内的二十多位學者，撰寫了數十篇揚州歷史文化的論文，其中直接論述揚州學派的文章，就有《揚州諸儒與乾嘉學派》、《再論乾嘉揚州學派》、《王念孫、王引之父子與乾嘉揚州學派》、《阮元與揚州學派》、《清代揚州歷史地理學家之成就》等。這反映出揚州學派的研究，已在更大範圍引起關注，逐漸成爲學術界相關學科學者的共同話題。

經過 1988 年這次學術研討會，揚州大學文學院及相關各院、各學科，倍受鼓舞，他們決心將揚州學派的研究進一步引向深入，在已取得研究成果的基礎上，又制定研究規劃，組織和培養研究力量，開展專題研究，撰寫研究論著，整理編校相關史料，出版研究成果，舉辦學術活動，加强與海内外學術交流。這些研究規劃的執行，諸多研究成果的出版及研究人才的湧現，也逐漸引起揚州市、江蘇省各有關領導部門的關注，都以很大熱情投入對揚州學派研究的支持，揚州大學和揚州地區的學者，繼 1988 年的學術研討會之後，又經過十多年的辛勤耕耘，對揚州學派和揚州文化的研究，更上一層樓，研究力量更加壯大，研究成果更加豐碩，一批優秀的研究人才也脱穎而出，爲深入、持續地開展對揚州學派的研究和開展海内外學術交流奠定了基礎。正是在這樣的形勢下，1999 年揚州大學人文學院與臺灣"中研院"文哲所，由林慶彰教授領銜主持的"清揚州學派經學研究計畫"專案的諸位專家學者，在揚州進行學術交流，並商定合作開展研究的方案。決定在揚州和臺北聯合舉辦關於揚州學派的研討會。由此，揚州學派研究進入新的階段。

二、2000 年與 2001 年先後兩次在揚州和臺北舉辦之"海峽兩岸揚州學派學術研討會"，將揚州學派研究提升到新水準、推向新階段

根據揚州大學人文學院與臺灣"中研院"中國文哲所在 1999 年 1 月舉行的"清代揚州學派學術交流會"之約定，相互間的合作，先啓動兩次關於揚州學派研究的學術研討會：2000 年 4 月，由揚州大學在揚州召開第一次研討會；2001 年 5 月，再由臺灣"中研院"中國文哲所於臺北召開第二次研討會。可喜的是，這兩次會議都按計劃如期舉行，且於會後公開出版了由祁龍威、林慶彰與楊晉龍分别主編的《清代揚州學術研究》、《清代揚州學術》兩部四册會議論集。我有幸應邀恭臨 2000 年的盛會，並拜讀過兩次會議的論集。深深感到這兩次會議的召開與論集的出版，是海峽兩岸學者合作研究揚州學派的標誌，而且研討會與論集的學術層次、學術品質也都將揚州學派的研究提升到新水準、推向新階段。這當然是合作雙方特别是研究計畫、研究專案的主持人、執行者精誠團結，共同努力的結果，也是由他們的學術造詣，學術水準和學術追求所決定的。

對於合作研究計畫方之一的揚州大學人文學院在研究揚州學派方面的

推動者、學術旗幟的祁龍威先生及其周圍的有關情況，上文已有涉及。至於合作研究另一方——臺灣"中研院"中國文哲所此一計畫項目的主持人林慶彰先生的有關情況，也很有必要就自己的接觸與瞭解做點介紹。林先生以研究中國經學史著稱，乃享譽國際的知名學者，在其長達三十餘年的中國經學研究歷程中，學術成果豐碩，撰寫的各種經學史論著，主編的各種有關經學典籍、工具書等，確可謂著述等身，其主要經學代表著作有《明代考據學研究》、《清初的群經辨僞學》、《明代經學研究論集》、《清代經學研究論集》等，主持編寫的經學目録有《經學研究論著目録》(1912—1997)、《乾嘉學術研究論著目録》(1900—1993)、《日本研究經學論著目録》(1902—1992)等。而且，他在推動海峽兩岸學術交流方面也是有心人。早在 1989 年，其在兼任臺灣學術刊物《國文天地》社長時，就親到北京與《文史知識》簽訂了合作交流協議。可謂首創兩岸的學術文化交流，因受到兩岸學術界讚揚和輿論媒體的廣泛報導，諸如《〈文史知識〉與臺灣〈國文天地〉攜手——血緣同祖 文化同根》等。近年來，他在推動兩岸的中國經學研究方面又做了很多工作，因此由他來推動海峽兩岸揚州學派的合作研究絶非偶然。他對揚州與揚州學派深有感情，近年來先後九次來揚州，將此地視爲自己的第二故鄉，還向揚州大學捐贈了一千多册有關揚州學派的書籍，這次他又抱病前來參加研討會。其如此爲學術獻身的執著精神實令人欽敬！

對林先生在經學研究方面的學術成就，他的弟子編有《經學研究三十年——林慶彰教授學術評論集》[①]，對其經學研究有翔實評論。我在和林先生長期的學術交流中，對其學術成就與治學精神十分仰慕，也曾寫過幾篇評介文字，如《林慶彰及其中國經學史研究》[②]、《窺見清初經學堂奥的力作——評〈清初的群經辨僞學〉》[③]、《搜羅詳編，嘉惠士林——評林慶彰〈經學研究論著目録〉及其中國經學史研究》[④]，林先生對中國經學史的研究有總體計畫，在研究方法上，則從收集史料的基礎研究入手，先編寫各種相

① 陳恒嵩、馮曉庭編：《經學研究三十年——林慶彰學術評論集》，臺北：樂學書局，2010 年。

② 見劉夢溪主編：《中國文化》第 15、16 期合刊，1997 年。

③ 王俊義、趙剛：《林慶彰及其中國經學史研究》，《中國文哲研究通訊》(臺灣)，1994 年 12 月。

④ 見王俊義主編：《炎黄文化研究》第 4 期，1997 年 4 月。

關專題目録；及綜理史料典籍；再按中國歷史斷代或專題進行研究；最後再總其成寫出中國經學史巨製。而在斷代或專題的經學研究計畫中，就有"明代經學研究"及"清乾嘉經學研究"、"清乾嘉揚州學派研究"等。在執行這些研究計畫時，都要舉行學術研討會、發表論文、出版論集。我就曾應邀參加過他舉辦的"明代經學研討會"與"清乾嘉學者之義理學研討會"等。他們與揚州大學合作開展的"清代揚州學派研究"，正是其"清代乾嘉揚州學派研究"的組成部分，乃屬正式備案的研究計畫，執行中自然嚴肅認真，各方面都有相應的保證。

從1988年召開的"清代揚州學派"研討會，到2000年、2001年海峽兩岸"揚州學派研討會"，前後相隔已十餘年，這期間，就中國内地學界而論，正遇上改革開放的大好時機，學術文化的發展呈現繁榮之勢，甚至出現"國學熱"、"傳統文化熱"的勢頭，學者們的思想也較過去大爲解放與活躍，揚州大學祁龍威先生爲代表的學者們的揚州學派研究，正乘此勢頭，無論是學術成果積累、研究内容的深度和廣度，或者是研究陣容的壯大，新進人才的培養與湧現，及社會各界的參與和支持，都有很大的發展和提高。所有這些都可以從兩次"海峽兩岸揚州學派學術研討會"反映的情況中得到充分的印證。

首先，從與會學者的分布地域範圍及學術層次上看：分布的地域和單位更加廣泛，在中國内地，除揚州地區的學者外，還有各省市的學者，從學者所在單位看，既有揚州大學、蘇州大學、南京大學、上海社會科學院；也有中國社會科學院、清華大學、北京大學、中國人民大學等知名高校和科研單位。就臺灣地區看，既有"中研院"，也有臺灣大學、交通大學、成功大學、暨南大學、臺灣師範大學、佛光大學、臺北科技大學等單位的學者，這説明關注和研究揚州學派的學者涉及面更廣、爲數更多；從與會學者的年齡和學術層次上看，既有年高德劭的學界前輩，也有正值盛年，學術成就很大、知名度很高的中年學者，還有1988年以後，茁壯成長的優秀青年學者。這説明會議的學術層次很高，也展示了對揚州學派的研究已形成雄厚的學術基礎。

再就會議的學術研究成果看，已收入《清代揚州學術研究》與《清代揚州學術》論集的論文就有六十餘篇，這些論文對揚州學術的論述，在研究内容和研究深度上，較之十年前，都有很大發展與超越，反映了海峽兩岸學術界對揚州學派研究的最新水準。對此揚州大學的田漢雲教授和"中研院"文哲所的楊晉龍研究員在分别撰寫的《海峽兩岸清代揚州學派研討會綜述》與《海峽兩岸清代揚州學派研討會紀實》中,已有概括和分析。田教授的《綜述》概括綜述了研討會論文對揚州學派的命名、定位、特點、影響,及其所處的環境和社會背景,該學派及主要代表性學者的學術成就;楊先生《紀實》則將提交會議的四十篇論文的内容要旨、學術觀點逐篇予以鉤玄提要。還將論文討論的内容範圍進行了分類:(1)析論揚州學派産生的社會、經濟、教育等背景;(2)説明揚州的地理沿革;(3)綜論清代學術流派的淵源、特色與發展;(4)論證揚州學派與其他學派的關係;(5)討論揚州學派在某方面的學術成就;(6)討論揚州學派某些學者的學術成就;(7)對揚州學者的批評。《紀實》還把會議論文内容所屬的學科與專業劃分爲:經學、小學與訓詁、詮釋學、輯佚整理、校勘與整理、校勘、經世與致用、義理、學術史、史學等。我們從楊先生在《紀實》中對與會論文内容論述的範圍及所屬學科專業的分類中,足以看到研討會對揚州學派的研究在廣度與深度上都有很大的擴展與提高。

我個人從參與研討的直觀感受中,也認爲與會論文的學術品質很高,大多數論文對學術觀點的論證邏輯上更加嚴密、論據更加充分、説理更加透徹細緻,即使是同一作者對同一問題論述,前後相比也有明顯的提升。這也説明學術界對揚州學派的研究在不斷深入。另外,有些與會者雖然在這次會議上未正式提交論文,但其在會上的發言就是一篇高品質的論文,這裏,我要特别舉出趙昌智先生,他當時是揚州市委、市政府文化宣傳部門的領導,現任揚州市"揚州文化"與"揚州學派"兩個研究會的會長,又是"揚州學派叢書"編委會主編。他在會議閉幕式的發言中,就如何開展和深化揚州學派研究提出了不少很有見地的主張。他指出:"揚州文化底藴非常豐厚,展現出文化的多元性,所以包容性特别强,而揚州學派在清代的學術地位非常重要,如果没有揚州學派的出現,清代學術即有缺乏高潮的感覺。現在研究揚州學派最重要的是如何繼承以往輝煌的成果,如何在繼承舊文化傳統而發展開發出新的文化生機?也就是在面對優秀文化傳統時要做什麽?應該留給後人什麽?"爲此,他建議揚州市政府文化單位,組織人力對揚州學派學者的著作加以整理、點校出版,並邀請專家寫作揚州學派學者的年譜、傳記、評傳,編寫出一套"揚州文化叢書"。爲了推動相關的研究和叢書的編寫,還應成立揚州文化研究會。同時,他提出叢書的編纂原則:應該是"專門與普及並重;古籍的整理與收集保護並重;揚州學派的研究與其他文化活動並重"①等,據我所知,趙先生不僅是這樣説的,也是實實在在這麼做的,他在此次會議前後,以自己的學識、地位和影響,組織成立了"揚州文化研究會"與"揚州學派研究會",又組織編寫了《揚州學派叢書》與《揚州文化研究叢刊》,他自己也身體力行,先後出版了其主編的《揚州學派人物評傳》,及個人的專著——《揚州文化叢談》,而且,他在工作中禮賢下士,對學有專長的專家十分尊重,對有困難的專家工作生活上及學術成果出版中的困難都盡可能給予幫助和支持。在和趙先生的交往中,我深感其有很高的學術文化素養,是一位典型的學者型領導,他多年來對揚州學派與揚州文化研究的推動及其作用和影響,可謂新時期揚州學派研究的發展不可或缺的組成部分。因此,我們在評述新時期揚州學派研究取得的成就時,自然會論及他對揚州學派研究的推動和影響。

從上述介紹與評論中,我們説 2000 年與 2001 年兩次"海峽兩岸揚州學派學術研討會",將揚州學派的研究提升到新水準,推向了新階段,確乃論有所據,絶非虚諛之詞。

三、新時期揚州學派研究取得的輝煌成就及未來發展前景展望

當代學術界對揚州學派的研究,如果以 1988 年揚州大學召開的首次"揚州學派研討會"爲起點,歷經 2000 年、2001 年,再到這次"海峽兩岸的第三次揚州學派學術研討會"止,前後已有二十五年的時光。相對于過去時段的研究,如前所述,我們將其稱之爲新時期的揚州學派研究。此間,在揚州學派的發源地——揚州地區及揚州大學的推動下,又經 1999 年以來與臺灣"中研院"中國文哲研究所的交流合作,共同推進,使揚州學派的研究有了長足發展,取得輝煌的成就,這主要表現在:

(一)推出了大量内容厚重的學術研究成果

學者們研究揚州學派的學術成果,首先表現在學術論文方面。這些論

① 參見祁龍威、林慶彰主編:《清代揚州學術研究》(下册),臺北:學生書局,2001 年,第 844—845 頁。

文除集中編入《揚州學派研究》、《揚州研究》及《清代揚州學術研究》、《清代揚州學術》等論集外，還散見於《揚州大學學報》、《揚州文化研究論叢》，以及《中國文哲研究通訊》(臺灣)、《中國文哲研究集刊》(臺灣)與《清華大學學報》(哲學社會科學版)等國内各大學報等報刊。如果有心人能編一本新時期揚州學派研究論文目録，其數量一定相當可觀，估計當有千篇以上。

再就是研究專著，這方面不包括臺灣學者的研究成果在内，僅筆者見到的就有王章濤著《阮元年譜》、《阮元評傳》、《王念孫、王引之年譜》、《淩廷堪評傳》；郭明道著《阮元評傳》；劉建臻著《清代揚州學派經學研究》、《焦循著述新證》、《焦循學術論略》；張其昀著《〈廣雅疏證〉導讀》；戚學民著《阮元〈儒林傳稿〉研究》、趙昌智的《揚州文化叢談》及其主編的《揚州學派人物評傳》、《揚州學派論文選》等。

此外，學者們經過潜心爬疏整理還標點校勘了揚州學派學者的文集，如田漢雲《新編汪中集》、張連生《寶應劉氏集》、劉建臻《焦循詩文集》，還有陳文和先生主持點校與揚學相關的《錢大昕全集》和《王鳴盛全集》。臺灣地區學者也點校了《汪中集》(葉純芳、王清新)、《汪喜孫全集》(楊晉龍主編)、《劉文淇集》(曾聖益)、《劉壽曾集》(林子雄)。這些文集，爲廣大學者研究揚州學派及其學人提供了資料上的極大方便。

(二) 湧現出一批優秀的學術研究人才，壯大了研究力量

學術研究乃千秋功業，需要一代代學人去完成。在新時期揚州學派的研究事業中，經過前輩培育、領導扶植和個人的刻苦努力，湧現出一批優秀的學術研究人才。這裏僅以揚州大學和揚州地區爲例。

我們首先要列舉的是田漢雲教授。雖然他現在已是卓有成就，很有聲譽的著名學者，但在二十五年前，他還是一個剛過而立之年的青年才俊，他作爲祁龍威先生的高足，其主要學術成就還是 1988 年會後取得的。先是在祁先生的薰陶下，推出經學研究的力作——《中國近代經學史》，奠定了其步入學術殿堂的基礎，而後在從事繁重的教學與研究任務的同時，又以很大精力投入揚州學派研究，不僅點校了《汪中集》，作爲國家清史編纂委員會的文獻項目正式出版，還撰寫十多篇高品質的研究論文，如《略説揚州學派與歷代揚州文化之關係》、《關於進一步確認揚州學派的思考》、《論汪中的經學思想》等在中國内地和臺灣發表，這些論文内容都很厚重，論證鞭辟入裏，深受學界好評，對研究揚州學派很有參考價值，推進了揚州學派研究，還參與主編了“揚州學派叢書”。此外，他還參加了與揚州學派研究關係密切的、由祁龍威先生主持的國家項目——國家清史編纂委員會新編的《清史》主體工程《典志》中的《樸學志》的編撰工作。他不僅自己爲學術研究付出心血，還熱情積極地提攜青年、培養研究生。近年來他已先後培養有數十位碩士和博士研究生，其中有的學生本身已成爲很有學術成就的教授和博士研究生導師。前文提到的劉建臻就是他帶過的博士研究生。而劉建臻也正是在研究揚州學派中崛起的優秀研究人才之一。

劉建臻被祁老稱讚爲“不畏古奧，人才難得”的研究型人才，因被“接納來揚州大學任歷史講師、副教授”，“2000 年又師事田漢雲教授，攻讀博士學位”①。在祁老推動的揚州學派研究中，他是多位中青年學者積極投入的一位。從 2004 年至今，他已先後出版了《清代揚州學派經學研究》等多部著作，並在《歷史研究》等刊物上發表二十多篇有關揚州學派的論文，其研究成果之豐碩，亦可謂驚人，這些成果當然凝結著其汗水與心血。“梅花香自苦寒來”，功夫不負有心人，令人欣喜的是如今劉建臻本身由於學術成就昭著，已然成爲教授和博士研究生導師。

從祁龍威先生，到田漢雲教授，再到劉建臻博士，亦可看到揚州學派研究上的學術傳承之端倪，真可謂代有傳承，後繼有人。

提到研究揚州學派的人才，不僅體現在揚州大學，而且在揚州地區的各界人士中也不乏研究揚州學派者，有的還做出突出成就，諸如稱爲“奇人”的王章濤先生，就是十分突出的一位。他並非文史專業出身，也没有在政府機構、高等學校和科研機構供職，只是一個普通的工程技術人員，且在一段時間内只有不多的下崗補助，但却幾十年如一日，堅持在業餘從事學術研究、孜孜不懈地撰寫論著，先後出版有《阮元年譜》、《阮元評傳》和《王念孫、王引之年譜》、《淩廷堪評傳》等一系列學術著述②。其中《阮元年譜》達一百餘萬字，受到專門研究過阮元的學者之高度評價，認爲“此譜具有容量大、涵蓋廣、資料全、考證精的特點，不僅全方位，多角度地記述了阮元的生平事蹟，

① 祁龍威《序》，劉建臻：《清代揚州學派經學研究》卷首，南京：江蘇人民出版社，2004 年，第 1—2 頁。

② 參見趙昌智《序言》，王章濤：《王念孫王引之年譜》卷首，揚州：廣陵書社，2006 年，第 6 頁。

而且折射出清代中葉社會政治狀況及其變化，同時也反映出一代學術文化發展流變的軌跡”①。像王章濤先生這樣持之以恒，在極其艱難困苦條件下，多年如一日地堅持研究揚州學派，且取得如此驚人的成就，更是人才難得，令人欽敬！

以上舉出的幾位研究揚州學派的優秀人才，只是典型代表。此外，在揚州大學和揚州地區還有一批學者，在兢兢業業地研究揚州學派和揚州文化，已經形成了一支有雄厚基礎的研究力量。

（三）成立了研究機構、建立了學術研究團體、組織研究叢書和研究叢刊及學術出版陣地

爲了能長期有計劃地研究揚州學派和揚州文化，在揚州大學和揚州地區，還成立了有正式建置的揚州學派研究中心，並建立了群衆學術團體“揚州學派研究會”、“揚州文化研究會”。這些學術團體，經常舉行學術活動，還編輯出版了“揚州學派叢書”與“揚州文化研究叢刊”。又有廣陵書社這樣的出版單位，出版大量有關揚州學派研究的著述。這就使學者通過辛勤研究而形成的著作能及時發表和出版，減少了後顧之憂。

僅就以上幾個方面看，新時期的揚州學派研究，確是輝煌燦爛，令人讚歎。以此爲基礎，其未來的研究發展趨勢，自然使人充滿樂觀、自信和希望。而今，又召開第三次“海峽兩岸揚州學派學術研討會”，定會將此一課題的研究推向更新的階段和更高的水準。我們期待在未來的十年，二十年，海峽兩岸學術界對於揚州學派和揚州文化的研究能在共同的合作交流中再創輝煌。當然，未來客觀形勢的發展，在國際上多元文化日益激烈的競爭中，學術隊伍的新老交替與學術研究的傳承換代，以及思想觀念的變化，研究視角、研究方法及至研究手段的更新，都必將爲揚州學派這樣的傳統學術文化研究帶來新的發展機遇和嚴峻挑戰，因而揚州學派的研究，也只有在面對時代的發展與變化，在各個方面都有所創新，纔能有新的生機與發展！“江山代有人才出”，“長江後浪推前浪”，若干年後，新揚州學派必將破土而出。

2013 年 5 月 10 日初稿，5 月 23 日於“海峽兩岸揚州學派研討會”後修訂。

① 黃愛平《序》，王章濤：《阮元年譜》，合肥：黃山書社，2003 年，第 5—6 頁。

揚州學者的十三經注疏研究(大綱)

林慶彰*

一、前 言

儒家的經書有十三種,稱爲“十三經”。這十三經的形成,經歷一千多年才完成。先秦時期有六經,孔子較常提到的是《詩》、《書》、《禮》、《樂》、《易》。《春秋》是孔子晚年所修定。孔子自己雖沒提到,孟子已明指孔子是《春秋》的作者。

漢代有五經,文、景帝時開始設經書博士。武帝時有五經博士。所謂五經指《詩》、《書》、《禮》、《易》、《春秋》,而没有《樂》。司馬遷作《史記》,已不見《樂經》之名。東漢時有七經,大抵是五經加入《論語》、《孝經》。

唐代有九經之名。一説是《易》、《書》、《詩》、《周禮》、《儀禮》、《禮記》、《春秋左氏傳》、《公羊傳》、《穀梁傳》。另一説是《易》、《書》、《詩》、《周禮》、《儀禮》、《禮記》、《春秋》、《論語》、《孝經》。

唐文宗開成二年(837),在石碑刻十二經,立於長安國子監門前,稱爲“開成石經”。這十二經是《易》、《書》、《詩》、《周禮》、《儀禮》、《禮記》、《春秋左氏傳》、《公羊傳》、《穀梁傳》、《論語》、《孝經》、《爾雅》。關於十三經之名,根據《仙游縣志》記載,宋人茅知至已著有《十三經旁訓》。茅知至爲北宋仁宗時人,景祐四年(1037)敕補國子助教。又《古今圖書集成·理學彙編·經籍典》第四卷《經籍總部》云:“皇祐六年所鐫石室十三經畢。”“皇祐”乃是仁宗年號,六年即1049年。所謂“石室十三經”,即後蜀後主孟昶所刻之“蜀石

---

* 林慶彰,臺灣“中央研究院”中國文哲研究所研究員。

經”,公元965年後蜀亡國前並未刻完。宋人取得政權後,繼續刊刻。《古今圖書集成》根據《玉海》,以爲皇祐六年刊刻完畢。但當時僅刊刻十二經,尚未刻《孟子》,至宋徽宗宣和六年(1124)才刻完《孟子》。皇祐六年時,僅完成十二經,却説“鎸石室十三經畢”,不知何故?從以上兩則例證,可見北宋仁宗時,十三經之名已開始流行。

至於“十三經注疏”之名,今所知,最早見於周密《癸辛雜識·後集》“賈廖刊書”條:

> 廖群玉(瑩中)諸書……《九經》本最佳,凡以數十種比較,百餘人校正而後成……然或者惜其删落諸經注爲可惜耳,反不若韓、柳文爲精妙。又有《三禮節》、《左傳節》、《諸史要略》及建寧所開《文選》諸書。其後又欲開手節《十三經注疏》、姚氏注《戰國策》、注《(東)坡詩》,皆未及入梓而國事異矣。①

可見周密時已有“十三經注疏”之名。李致忠教授主持的《中華再造善本》第一期書目收有:

> 十三經注疏三百三十五卷　元刻明修本　中國歷史博物館　北京市文物局
>
> 周易兼義九卷　[魏]王弼　[晉]韓康伯注　[唐]孔穎達疏　音義一卷　[唐]陸德明撰
>
> 略例一卷　[魏]王弼撰　[唐]邢鑄注
>
> 附釋音尚書注疏二十卷　題[漢]孔安國傳　[唐]孔穎達疏　[漢]鄭玄　[唐]陸德明音義
>
> 附釋音毛詩注疏二十卷　[漢]毛亨傳　[漢]鄭玄箋　[唐]孔穎達疏　[唐]陸德明音義
>
> 附釋音周禮注疏四十二卷　[漢]鄭玄注　[唐]賈公彦疏　[唐]陸德明音義
>
> 儀禮十七卷儀禮圖十七卷旁通圖一卷　[宋]楊復撰

① 周密:《癸辛雜識》,北京:中華書局,1988年,第85頁。

附釋音禮記注疏六十三卷　[漢]鄭玄注　[唐]孔穎達疏　[唐]陸德明音義

附釋音春秋左傳注疏六十卷　[晉]杜預注　[唐]孔穎達疏　[唐]陸德明音義

監本附音春秋公羊注疏二十八卷　[漢]何休注　[唐]徐彦疏　[唐]陸德明音義

監本附音春秋穀梁注疏二十卷　[晉]范寧集解　[唐]楊士勛疏　[唐]陸德明音義

孝經注疏九卷　[唐]唐玄宗李隆基注　[宋]邢昺疏

論語注疏解經二十卷　[魏]　何晏集解　[宋]邢昺疏

孟子注疏解經十四卷　[漢]　趙岐注　題[宋]孫奭疏

爾雅注疏十一卷　[晉]郭璞注　[宋]邢昺疏

本書的版本"元刻明修本",李致忠先生認爲判斷應該正確。可見,元代已有叢書型的《十三經注疏》,衹是其中的《儀禮》用的是宋代楊復的著作,而非賈公彦的《儀禮注疏》,至明嘉靖年間的李元陽刊本才改收賈公彦的《儀禮注疏》。

二、焦循批校《十三經注疏》

焦循十九歲時,購得毛晉汲古閣刊本《十三經注疏》。此書珍貴的程度,可以從傅斯年圖書館所藏焦氏手批的《十三經注疏》中看得出來。

傅斯年圖書館所藏《十三經注疏》計有 20 函,120 册,333 卷。這套手批全文,各經的手批多寡不一,兹依十三經之順序,説明手批資料之多寡:

1. 周易兼義,條目甚多。
2. 尚書注疏,條目甚多。
3. 毛詩注疏,條目甚多。
4. 周禮注疏,稍簡略。
5. 儀禮注疏,稍簡略。
6. 禮記注疏,條目甚多。
7. 春秋左傳注疏,條目甚多。

8. 春秋公羊傳注疏,條目甚多。

9. 春秋穀梁傳注疏,没有批文。

10. 孝經注疏,手批資料1條。

11. 論語注疏解經,簡略。

12. 孟子注疏解經,批語甚多。

13. 爾雅注疏,批語甚多。

臺灣著名《易》學家,臺灣師範大學國文學系教授賴貴三先生,已將焦循手批文抄録爲一書,題名《焦循手批十三經注疏研究》①。賴教授這部書,除將焦循的批文抄録在一起外,尚有評論。對我們了解焦循早年的經學思想,以及後來的演變,有相當大的幫助。其中,也對焦循的生平行事增添了不少資料。

三、阮元校刻《十三經注疏》

爲了給學人提供一套經書的善本,阮元在嘉慶年間主持《十三經注疏》的校勘工作。該書原名爲"十三經注疏考證",後更名爲《十三經注疏校勘記》。《恭進十三經注疏校勘記摺子》中有記載:

> 欽惟皇上聖德天縱,典學日新,爲政本乎六經,教士先夫儒術,此我朝聖聖相承之極軌也。臣幼被治化,肄業諸經,校理注疏,綜核經義,于諸本之異同,見相沿之舛誤,每多訂正,尚未成書。乾隆五十六年,奉敕分校太學石經,曾以唐石經及各宋版悉心校勘,比之幼時所校,又加詳備。自後出任外省,復聚漢、唐、宋石刻暨各宋、元板本,選長於校經之士,詳加校勘,自唐以後單疏分合之不同,明閩附音之有别,皆使異同畢録,得失兼明,成《十三經注疏校勘記》二百十七卷,附《孟子音義校勘記》一卷,《釋文校勘記》二十五卷。昔唐國子博士陸德明慮舊籍散失,撰《經典釋文》一書,凡漢、晉以來各本之異同,師承之原委,莫不兼收並載,凡唐以前諸經本賴以不墜。臣撰是書,竊仿其意,連年校改方畢,敬裝十部,進呈御覽。

① 賴貴三:《焦循手批十三經注疏研究》,臺北:里仁書局,2000年。

《十三經注疏校勘記》在編纂期間，採用分任制，由專長相近的學者承擔各經的校勘工作，分配如下：

1. 李尚之:《周易》、《穀梁》、《孟子》
2. 臧在東:《周禮》、《公羊》、《爾雅》
3. 嚴厚民:《左傳》、《孝經》
4. 徐心田:《尚書》、《儀禮》
5. 洪檒堂:《禮記》
6. 孫雨人:《論語》
7. 顧廣圻:《毛詩》

各經作校勘所依據的版本：

1.《周易》、《尚書》、《毛詩》、《周禮》、《禮記》、《春秋左氏傳》、《公羊傳》、《穀梁傳》、《論語》、《孟子》等十經，以宋十行本爲底本。
2.《孝經》以翻宋本爲底本。
3.《儀禮》、《爾雅》用北宋刊單疏本爲底本
4.《禮記正義》依惠棟所校南宋本。
5.《穀梁傳》據影宋抄單疏本。
6.《周易》依盧文弨所校錢孫保影宋本。
7.《左氏傳》宋所刻三十六卷本。

至於《十三經注疏校勘記》的版本有：

1. 嘉慶二十年(1815)南昌府學開雕本
2. 道光六年(1826)重訂本
3. 光緒三年(1877)江西書局刊本
4. 光緒十三年(1887)上海脈望僊館石印本
5. 光緒十八年(1892)寶慶務本書局刊本
6.《皇清經解》節録本。是《十三經注疏》各卷末所附校勘記，曾經由盧宣旬節録，並非全貌。

嘉慶二十年(1815)，阮元至江西出所藏宋十行本十一經，加上借自黄丕烈的《儀禮》、《爾雅》二經的單疏本，於南昌府學重刻《十三經注疏》，歷時十九個月。自嘉慶二十一年(1816)完成，共四百一十六卷。每卷後附有校勘記節本。阮元主持刊刻的這部《十三經注疏》，也成爲各部《十三經注疏》中，最完善的著作。

四、劉文淇父子考正六朝舊疏

當時除了校勘《十三經注疏》的文字之外,另一個工作即檢討《五經正義》疏的部分資料來源。這一部分的著作,至爲重要。當時探討此一問題的就是劉文淇父子。劉文淇作《左傳舊疏考正》,劉毓崧作《周易舊疏考正》與《尚書舊疏考正》。

《五經正義》所依的經注,《周易》取王弼、韓康伯注;《尚書》取孔安國傳;《毛詩》取毛《傳》;《禮記》取鄭玄注;《春秋左氏傳》取杜預注。至於《疏》的部分,也並非唐人所作,是由删取南北朝學者的義疏而成。

1.《周易正義》一書,該書的序並未明言根據哪一家删定,但序中既言"奉敕删定",就知道是採舊説删定。

2.《尚書正義》一書,根據劉焯、劉炫的義疏。

3.《毛詩正義》一書,根據劉焯《毛詩義疏》、劉炫《毛詩述議》。

4.《禮記正義》一書,根據皇侃《禮記義疏》爲主,熊安生《禮記義疏》爲輔。

5.《左傳正義》一書,根據劉炫的《春秋左氏傳述議》爲主,沈文阿《春秋左氏傳義疏》爲輔。

劉文淇特别關心《左傳正義》,他在嘉慶二十五年(1820),即作《左傳舊疏考正》。先完成自序,他在自序中説,

> 文淇質性駑鈍,年二十,始從友人所,借得《毛詩疏》,手自繕寫,後乃得《十三經注疏》,依次校勘,朝夕研究,竊見上下割裂,前後矛盾,心實疑之久矣。近讀《左傳疏》,反覆根尋,乃知唐人所删定者,僅劉炫説百餘條,其餘皆光伯《述議》也。

這段話道出了他撰作《左傳舊疏考正》的動機,爲了證明此話的真實性,劉文淇決心發憤研讀《左傳正義》。道光四年(1824),沈欽韓已爲他的書作序。可見該書在當時約已具雛型。

《左傳舊疏考正》八卷,前有沈欽韓、黄承吉與作者自序。劉文淇寫作此書的目的,是要證明《左傳正義》疏的部分,大多是藉由劉炫的《左傳述議》删

改而成。由於《左傳正義》明顯地注明“劉炫云”、“劉炫以爲”之處并不多。所以要斷定舊疏的歸屬,必須要依靠長期專研的功夫①。劉文淇爲此事立下幾項原則:

1. 以“劉炫云”來判斷舊疏的歸屬。
2. 規正杜注者,非唐人語。
3. 駁漢人注者,非唐人語。
4. 駁劉炫者,爲唐人語。

此外,他又立了三項原則:

1. 從《正義》引書,判定疏文的歸屬。
2. 從上下文意來判定疏文的歸屬。
3. 從不同書的文字雷同判定疏文歸屬。

文淇的考證方法可以説是非常的詳密,所以《左傳正義》沿襲劉炫著作的地方,也無所遁形。

文淇之子毓崧又作《周易舊疏考正》、《尚書舊疏考正》、《毛詩舊疏考正》、《禮記舊疏考正》。今所見者,僅存《周易舊疏考正》、《尚書舊疏考正》。《毛詩舊疏考正》、《禮記舊疏考正》是亡佚或尚未完稿,仍有待後人考證。

《周易舊疏考正》一卷,毓崧此書,疏通《周易正義》前後牴牾者十有八事。《尚書舊疏考正》一卷,考正《尚書》篇目二十四篇,内容條目有三十四則。主要在證明《尚書正義》有沿襲前人舊疏之處。毓崧爲判斷此事,立了幾項原則:

1. 根據唐人作疏的義例,以作判斷。
2. 據疏語中的辭氣以作判斷。

兩者再細分爲若干項目,考正方法非常細膩,因此,《正義》沿襲前人舊疏的地方就無所遁形。

① 參考林慶彰《劉文淇左傳舊疏考正研究》,林慶彰:《清代經學研究論集》,臺北:“中央研究院”中國文哲研究所,2002 年,第 463—488 頁。

五、劉壽曾評價《十三經注疏》優劣

在劉壽曾的《傳雅堂集》①卷一有《十三經注疏優劣考》一文,文長約六百字,論文首先云:

> 十三經者,宋人增補唐人九經正義之名也。六朝義疏之學最盛,其師法猶淵源於漢儒。唐人之作正義,多取六朝義疏而没其名。然掩覆之過,與存古之功,各不相蔽,其優劣當以所取注爲斷焉。

壽曾以爲"十三經"是宋人增補九經正義之名。六朝義疏學最爲發達,唐人正義,多採用六朝義疏而後改其名。

《周易》的來源:

> 棄馬、鄭、荀、虞諸家而用王弼、韓康伯注,王韓注《易》多參清言,故《易疏》亦多空語,非其考訂之疏,乃本原之舛也。

《尚書正義》的來源:

> 兼用僞古文,棄馬、鄭古誼而用梅賾傳,亦失裁斷,惟疏中於名物訓詁尚詳備耳。

《左傳正義》的優劣:

> 棄賈、服、鄭、潁諸家而用杜預《集解》,疏中凡杜氏不用舊注者,每駁舊注而曲傳杜氏,亦其一蔽。

然後壽曾又説:"《書》疏爲上,《左氏》疏次之,《易》疏則最下也。"

---

① "中央研究院"中國文哲所約請廣東省中山圖書館林子雄先生點校此書,改名爲《劉壽曾集》,於 2001 年出版。

《毛詩正義》的優劣：

《詩》疏惟毛鄭之誼，分析多歧淆而精密處致多。

三禮的優劣：

《周禮》、《儀禮》、《禮記》皆用鄭注，乃賈氏公彥疏之。

《儀禮》《禮記》疏最精，今爲説禮家之淵海，《周禮疏》多引緯書，則鄭氏之學本如此，宋人譏之，非知言也。

《公羊》、《穀梁義疏》的優劣：

《公羊》用何休《注》，《注》多夸大；《穀梁》用范寧《集解》，《集解》多矜慎，此乃師派之異，未可論優劣。至徐彥之疏《公羊》，楊士勛之疏《穀梁》，皆近冗沓，不及孔、賈矣。

四經義疏的優劣：

宋人補唐《正義》之缺，凡四經。邢昺之疏《孝經》，用唐玄宗《注》，玄宗用今文而棄古文，致鄭《注》不傳，深爲可惜。昺又疏《論語》，用何晏《集解》，晏猶多見古書，馬、王諸家《注》賴此以存。邵武士人之疏《孟子》，用趙岐《注》，趙《注》雖多駁雜，而師説猶近古。《爾雅疏》亦邢昺作，用郭璞《注》，郭《注》所取亦非一家，中多舊《注》。四經之《注》雖有短長，而《疏》則蕪淺已甚。故爲《論語》之學者，尚取蕃舶之皇侃《疏》，以資考證，以其勝於邢氏也。

玆將壽曾所言《十三經注疏》之優劣，重新整理如下：

1. 周易疏：多空語。
2. 尚書疏：失裁斷，名物訓詁尚詳備。
3. 毛詩疏：以毛鄭之誼，分析多歧淆。
4. 周禮疏：取注精，疏亦較善。

5. 儀禮疏:最精,説禮家之淵海。
6. 禮記疏:最精,説禮家之淵海。
7. 左傳疏:疏中多曲傳杜氏。
8. 公羊疏:近冗沓。
9. 穀梁疏:近冗沓。
10. 孝經疏:蕪淺已甚。
11. 論語疏:蕪淺已甚。
12. 孟子疏:蕪淺已甚。
13. 爾雅疏:蕪淺已甚。

六、結　語

(一) 揚州學者焦循、阮元、劉文淇、劉毓崧、劉壽曾等人,長年研究《十三經注疏》,此已形成研究《十三經注疏》的學術傳統,此一學術傳統應可列入揚州學派的特色之一。

(二) 本來《五經正義》的地位要比明人的《五經大全》高出許多,《五經大全》之所以遭後人詬病,是抄襲元人的著作,且没其所出。經劉文淇、劉毓崧、劉壽曾三代的努力,《五經正義》沿襲六朝人義疏的事證,如《左傳正義》沿襲劉炫的《左傳述議》,《尚書正義》沿襲劉炫的《尚書述議》,《毛詩正義》沿襲劉炫、劉焯的著作,《禮記正義》沿襲皇侃的《禮記義疏》,略得指陳。從《五經正義》的實際情況來看,這可以説是五十步笑百步,也就是説《五經正義》的權威已滑落了不少。這也給正在興起的今文經學有可乘之機,認爲彼可起而代之。

清乾嘉揚州著名學者對《四庫總目》稱譽之考證家接受探論

楊晉龍*

一、前　言

清高宗乾隆帝(1711—1799)下令編纂,在乾隆四十六年二月(1781 年 3 月)編成,乾隆六十年十二月(1796 年 1 月)刊刻完成的《四庫全書總目》(下稱"《總目》")①,不僅代表了傳統中國目録學的最高峰,諸書"提要"對書籍内容與思想價值的評價,就編輯的單位而言,代表了官方"同意"的觀點;就其實質内容而論,則代表了乾隆帝、編輯官僚等對於學術"交會"或"交集"的共同觀點,或者説代表了當時官方與多數士大夫等知識分子的學術"共識"。這個顯現與隱藏的學術雙重身分,使得《總目》的意見與評價,因而成爲清代許多官僚學者和一般士人學者的重要參考意見,這應該是個不容置疑的歷史事實。然而《總目》對學者們的實質影響狀況到底如何?亦即清代學者們對《總目》意見與評價接受的實際狀況或表現如何?就筆者所知,雖然涉及《總目》的相關研究不少,同時也取得了許多重要的突破,然而對於清代學者接受《總目》狀況的研究,似乎至今還没有見到,筆者因此設計此一議題,希望可以因此而引發拋磚引玉的效應。

* 楊晉龍,臺灣"中央研究院"中國文哲研究所研究員。

① 見慶桂、董誥等編:《高宗純皇帝實録》卷一一二五《乾隆四十六年二月下·己未》;卷一四九三《乾隆六十年十二月下·甲午》等兩處。《清實録》,北京:中華書局,1986 年,第 23 册,第 35 頁;第 27 册,第 977 頁。

《總目》在"提要"中表達的意見與評價,相關的内容雖然不只一端,撰稿的人物固然爲數衆多,但其主要評價的標準,必然不出《卷首》的《聖諭》和《凡例》之外,二十則《凡例》則是吸收二十五次《聖諭》主要觀點後的結果。《凡例》有云:"劉勰有言'意翻空而易奇,詞徵實而難巧',儒者説經論史,其理亦然。故説經主於明義理,然不得其文字之訓詁,則義理何自而推?論史主於示褒貶,然不得其事迹之本末,則褒貶何據而定?……今所録者率以考證精核、論辨明確爲主。"又云:"儒者著書,往往各明一義,或相反而適相成,或相攻而實相救,所謂言豈一端,各有當也。考古者無所别裁,則多岐而太雜;有所專主,又膠執而過偏,左右佩劍,均未協中。……闡明學術,各擷所長;品騭文章,不名一格;兼收並蓄,如渤澥之納衆流,庶不乖於'全書'之目。"最末一則謂:"是書主於考訂異同,别白得失,故辨駁之文爲多。然大抵於衆説互殊者,權其去取;幽光未耀者,加以表章。……不可不辨者,不敢因襲舊文;無可復議者,亦不敢横生别解。"[①]總括這三則《凡例》所言,可知《總目》希望在"兼收並蓄",不偏不倚的客觀態度下,收録"説經明義理,考證精核"和"論史示褒貶,論辨明確"等等内容的著作,進行"考訂異同,别白得失"的評量工作。由此亦可推知《總目》對經學著作的要求是"考證精核",這同時也是《總目》評價經學家的標準,即經學家是否具備"考證精核"的功力;這同時也是《總目》對自身的要求,因爲"考訂異同"也是《總目》的主要工作,了解這點也就可以知道爲何《總目》在"經部"的"提要"評論中,總是充滿嚴重的"考證"(考據)的氣氛。既然《總目》對"經部"著作如此的重視"考證",然則《總目》最推崇的"考證學家"到底是誰或有誰?這應該也是研究《總目》者值得注意的議題。

前文提過《總目》在清代以後,學術研究上的影響力無人可以否認,尤其在經學研究上的影響力,然則《總目》所推崇的"考證學家",其在後代學術上實質的影響力如何?這應該也是《總目》研究上值得探討的議題。不過清代以來經學家甚多,當然無法在一篇短文内全部討論,本文因此先以乾嘉以後崛起的揚州學者爲對象,進行初步的探討。唯根據著名文獻學家張舜徽(1911—1992)《清代揚州學記》收録的清代揚州學者,計有:朱澤澐(1666—1732)、王懋竑(1668—1741)、任大椿(1738—1789)、王念孫(1744—1832)、

① 永瑢等撰:《四庫全書總目·凡例》,北京:中華書局,1992年,第18—19頁。

汪中(1744—1794)、劉台拱(1751—1805)、朱彬(1753—1834)、江藩(1761—1830)、焦循(1763—1820)、阮元(1764—1849)、王引之(1766—1834)、黄承吉(1771—1842)、劉寶樹(1777—1839?)、焦廷琥(1782? —1820?)、汪喜孫(1786—1848)、劉文淇(1789—1854)、劉寶楠(1791—1855)、成蓉鏡(1816—1883)、劉毓崧(1818—1867)、劉恭冕(1824—1883)、劉壽曾(1838—1882)、劉嶽雲(1849—1917)、劉師培(1884—1919)等人①。張氏著録的揚州學者雖然並不全面,但已經多達二十三人。今人趙昌智和田漢雲編輯《揚州學派叢書》時,則另有陳厚耀(1648—1722)、淩曙(1775—1829);同時還將與揚州學者具有學統相承關係的淩廷堪(1757—1809)、陳奐(1786—1863)、柳興恩(1795—1880)、陳立(1809—1869)等列入②,總計近三十人的量,自非一篇小論文所能承載,故而先選擇曾經參與《四庫全書》編纂的任大椿、王念孫③;曾經刊刻《總目》並撰有《四庫未收書提要》的阮元;以及在《總目》刊刻(1796)之後亡故的劉台拱、朱彬、江藩、焦循、黄承吉、劉文淇等九人爲對象④,觀察這些主要活動於乾嘉時期的揚州學者,對《總目》推崇的考證學家接受的狀況,以爲相關研究之參考。

本文主要是希望透過乾嘉時期學者引述或討論《總目》稱美的"考證學家"的實際表現狀況,用以了解《總目》學術評價的内容,對較接近時代學者們的實質影響狀況。進行的方式是選擇九位較著名或與《總目》相關性較强的學者,作爲初步探討分析的對象,經由實際閲讀各家著作的功夫,搜尋其中的相關資料,考察諸家接受狀況,再分析闡述諸家引述或討論的意義後結束。研究使用的文獻,以《四庫全書總目》及諸家編輯和撰著的論著爲主,除一般紙本著作外,還參考《"故宫"[寒泉]古典文獻全文檢索資料庫》、《"中央研究院"漢籍電子文獻瀚典全文檢索系統》、網路版《文淵閣四庫全書》及《中

① 張舜徽:《清代揚州學記》,上海:上海人民出版社,1962年。

② 趙昌智、田漢雲:《揚州學派叢書序》;汪中著,田漢雲編:《新編汪中集》,揚州:廣陵書社,2005年,第1—5頁。

③ 永瑢等:《四庫全書總目·卷首》,上册,第12、15頁。

④ 朱澤澐、王懋竑、汪中亡於《總目》刊刻之前故不列入;有王念孫故王引之不列入;有劉台拱故寶應劉家的劉寶樹、劉寶楠、劉恭冕等不列入;有劉文淇故劉毓崧、劉壽曾等不列入。由於研究對象並非所有活動於乾嘉時期的揚州學者,論文標題因此作"揚州著名學者"。

國基本古籍庫》等資料庫①,並使用這些電子資料庫的搜尋功能爲助。研究進行的程序:首先説明研究緣起和程序及内容的"前言";其次是論證《總目》讚美的考證學家爲何人?三則觀察選擇的九位學者引述或討論《總目》讚美的考證學家的實際狀況;最後則分析研究所得結果的意義與價值而結束焉。由於本文主要是從"宏觀"的角度進行觀察,重點實在於分析諸家是否受到《總目》評價内容的影響,以了解《總目》被接受的程度,並没有要細部分析諸家引述的所有狀況和評論内容的是非,因此只要有足以證明引述或評論《總目》的相關事實即可成立,並没有窮盡諸家所有引述的必要與意圖,故而對於諸家未指明出處的引述,以及諸家所有引述的呈現或評論内容的學術是非等等細部的分析討論,實非本文研究的對象,因此不加討論,這個研究上的自我限制,有必要先行加以説明,以免引發不必要的誤解。

二、《四庫全書總目》稱美的"考證家"考實

考察《總目》"提要"内"考證"一詞,根據《文淵閣四庫全書電子版》的搜尋結果,除《卷首》外,出現 841 次;"考証"一詞出現 159 次;"考據"和"考据"一詞總共出現 162 次,提要内引述考證的討論,總共出現 1162 次。相對於"義理"一詞,除《卷首》外,出現 180 次的懸殊比例,可知"考證"在《總目》提要討論上的重要地位,否則必不至於如此頻繁的出現。這就如同《總目》提要中出現"朱子"1762 次及"朱熹"11 次,總共 1773 次的頻率,表示"朱子"在《總目》中地位重要的狀況相同。

《總目》在《提要》内論及學者考證的實質表現,並且給予"精於考證"之讚美肯定者,依出現的先後次序如下:首先是《左傳杜解補正提要》説顧炎武(1613—1682)"博極群書,精於考證,國初稱學有根柢者,以炎武爲最"(卷二九,頁 5)②;其次《四書釋地提要》説閻若璩(1636—1704)"博極群書,又精於

① 陳郁夫:《"故宫"[寒泉]古典文獻全文檢索資料庫》(臺北:"故宫博物院",1999);《"中央研究院"漢籍電子文獻瀚典全文檢索系統》(臺北:"中央研究院",1999 年 1.3 版);劉俊文總纂:《中國基本古籍庫》(北京:愛如生數字化技術研究公司,2006);《文淵閣四庫全書電子版》(香港:迪志文化出版公司,2007 年 3.0 版)。

② 以下引述《四庫全書總目》和《四庫全書簡明目録》之出處,均見《文淵閣四庫全書電子版》。

考證，百年以來，自顧炎武以外，罕能與之抗衡者"(卷三六，頁 32)。接著在《廣韻提要》中説朱彝尊(1629—1709)"精於考證"(卷四二，頁 2)。《四庫全書簡明目録・詞綜提要》更進一步説"精考證者多不嫻於音律，嫻音律者多不精於考證，彝尊則兼是二者也"(卷二〇，頁 27)。在《通雅提要》中回溯清朝考證學興起的淵源，肯定方以智(1611—1671)起始引發的功績説："明之中葉，以博洽著者稱楊慎，而陳耀文起而與争。然慎好僞説以售欺，耀文好蔓引以求勝。次則焦竑，亦喜考證，而習與李贄游，動輒牽綴佛書，傷於蕪雜。惟以智崛起崇禎中，考據精核，迥出其上。風氣既開，國初顧炎武、閻若璩、朱彝尊等沿波而起，始一掃懸揣之空談。雖其中千慮一失，或所不免，而窮源遡委，詞必有徵，在明代考證家中，可謂卓然獨立矣"(卷一一九，頁 12—13)。在《説文繫傳考異提要》中也提到"自明以來，方以智號精於小學，而《通雅》稱'楚金(徐鍇)所繫，今皆遺失'。則世罕傳本，已非一日"(卷四一，頁 10)。以方以智《通雅》爲討論説明之依據，當然是因爲方以智"精於小學"之故。最後則在《果堂集提要》中肯定沈彤(1688—1752)"博究古籍，精於考据。所著……皆援据典核，考證精密。其於禮經服制，多所考訂，尤足補漢宋以來注釋家所未備。……解雖未必盡爲定論，然各尊所聞，亦足見其用意之不苟矣"(卷一七三，頁 52)。這是《總目》二百卷的提要内，明白肯定讚美"精於考證"的學者，總共就是這五位，或者可稱《總目》認定的"五大考證學家"。

《總目》認爲"精於考證"的五大家，若依其年齡大小排列，則是：方以智、顧炎武、朱彝尊、閻若璩和沈彤等，然若根據《總目》提要肯定的語意觀之，則其中自以"爲最"的顧炎武最受到肯定，"顧炎武以外，罕能與之抗衡者"的閻若璩居其次，朱彝尊、方以智和沈彤等似乎又次之。如果考察《總目》在提要中，引述這五位"精於考證"學者之論著爲説的狀況，則朱彝尊有 381 次，顧炎武有 205 次，閻若璩有 49 次，方以智有 4 次，沈彤 0 次。從《總目》提要引述數量多寡的表現，亦可見這五位精於考證學者和《總目》的相關性，以及受到重視的程度，大致與《總目》在提要中所下的評價相當。至於朱彝尊所以引述次數特多，主要是《經義考》與《總目・經部》都是目録學著作，兩者討論之内容大致相近，且朱彝尊既然"精於考證"，則其論著所言當然可信，因此也就理所當然可以引述作爲討論之際的有效證據，同時《經義考》有三百卷之多的篇幅，引述數量相對於其他四位，當然也就偏多的了。

《總目》可以討論的問題，除朱彝尊引述數量偏多的問題外，還有一個頗值得討論的問題，就是方以智雖然比顧炎武早十一年左右過世，但在年齡上則僅僅比顧炎武大 2 歲而已，兩人自然是屬於同時代同輩份的人；至於顧炎武和朱彝尊相差 17 歲，和閻若璩相差 24 歲，當然不屬於同一輩份，但從《總目》"以智崛起崇禎中，考據精核，迥出其上。風氣既開，國初顧炎武、閻若璩、朱彝尊等沿波而起，始一掃懸揣之空談"的叙述口氣觀之，如果未加注意，則好像方以智要比顧炎武大一輩，然後和閻若璩、朱彝尊等同輩，否則方以智怎會"開風氣"之後，再讓顧炎武和閻若璩、朱彝尊等人"沿波而起"呢？可見《總目》的這段叙述還有某些值得再斟酌之處。私以爲《總目》這段叙述要表達的真正内涵，應該是從考鏡源流的角度説明清代考證學，實際上乃淵源於明代楊慎（1488—1559）和陳耀文（1550 年進士）等時期的學者，焦竑（1540—1620）時代的學者們繼續深化，發展到方以智和顧炎武的時代，則已經達到明代考證學的巔峰，其中尤其以顧炎武的成就爲最高，清代學術就是接續明代考證學的這個巔峰，繼續往前而獲得更全面性更精當的發展。《總目》所以必須如此叙述，當然和清代取代明代政權，以及方以智在政治認同上没有歸順清朝，顧炎武則歸順清朝相關，《總目》基於朝代認同的政治的理由，只好如此叙述。因爲不能承認明代末期的學術發展依然存在優點，因此必須將考證的功績歸給少數個別的學者，然後進入清朝則全面性發展，表面上是客觀的學術發展叙述，事實上是經過政治考慮後的措辭，背後還可能隱藏有讚美當朝皇帝們"稽古右文"而導致文化發展勝過前朝的意思。這個問題雖然不是本文主要討論的議題，但與本文議題的相關性甚高，故而不能不附帶討論①。以下即觀察乾嘉時期揚州這九位著名學者，接受而引述或討論"五大考證家"的實際狀況。

三、揚州著名學者對《總目》五大考證家"接受"考實

《總目》肯定讚賞的顧炎武、閻若璩、朱彝尊、方以智和沈彤等五大考證學家，在這九位篩選出來的乾嘉揚州學者的學術研究中，到底受到何種

① 有關清代考證學等學術淵源於明代的問題，這方面比較翔實的論證與分析，請參考林慶彰先生的相關討論。例如《明代考據學研究》（臺北：臺灣學生書局，1986 年修訂版）一書。

程度的學術對待呢？以下即根據諸家引述的表現和評論加以考察。進行考察的程序，將依照年齡長幼的排列順序爲之，同時這些篩選作爲討論對象學者的生平與著作，在相關的傳記和研究論著内，很容易就可以查考到，同時本文研究的重點僅在進行"宏觀式"的了解，並不進行個別學者的細部考察，因此按照論文的意圖與節省篇幅的需要，故而有關學者的生平及其全數著作，就不再加以介紹説明，只列出實際相關的著作進行討論，以免浪費篇幅。

（一）任大椿的引述狀況，僅在《字林考逸》之中，出現有2處引述顧炎武《金石文字記》的内容①，這是正面引述以作爲自己主張的證據②。論著中並未見有引述或討論閻若璩、朱彝尊、方以智和沈彤之處。

（二）王念孫的引述情形：(1)《廣雅疏證》1處正面引述方以智《通雅》之論。1處正面引述顧炎武《唐韻正》之説。1處負面引述閻若璩《尚書古文疏證》之論③。(2)《讀書雜志》1處正面引述方以智《通雅》之説。1處正面引述顧炎武《唐韻正》之論、7處正面引述《日知録》之説④、2處負面引述《日知録》之論⑤。1處負面引述朱彝尊之説。1處正面引述閻若璩之論、1處負面引述閻若璩《潛邱劄記》之説⑥。(3)《王石臞先生遺文》有1處正面引述閻若璩爲學術成就比較的對象⑦。論著中未見有引述或提及沈彤之處。總計引述方以智2處，皆正面引述。引述顧炎武11處，9處正面引述、2處負面引述。引述朱彝尊1處，負面引述。引述閻若璩4處，2處正面引述、2次

① 任大椿：《字林考逸》卷七《夊部・淮》；補本《土部・堉》等處。此參考《中國基本古籍庫》搜尋所得，以下未注明紙本出處者均同。

② 本文所謂"正面引述"，指贊成其説或作爲有效證據的引證、不反對其説只是博採資料的引録。所謂"負面引述"，係指直接反對其説或作爲討論對立面的引述。

③ 王念孫：《廣雅疏證》卷九下《釋水》、卷十上《釋草》、卷二下《釋詁》等處。

④ 王念孫：《讀書雜志・漢書・地理志・鮦陽》、《淮南内篇・陰陽爲御》、《漢書・淮南衡山濟北傳・刑》、《管子・八觀・損瘠》、《墨子・尚同下・助治天助明》、《荀子・脩身・扁善之度》、《荀子・哀公・大辨乎天地》、《淮南内篇・説林・批伉》、《餘編上・法言・俄而》等處。

⑤ 王念孫：《漢書・西域傳・不可乏》、《淮南内篇・天文・清明穀雨》等處。

⑥ 王念孫：《讀書雜志・漢隸拾遺・武梁石室畫象三石》、《漢書・地理志・達于河》、《漢書・高紀・滎陽》等處。

⑦ 王念孫：《王石臞先生遺文》卷二《劉端臨遺書序》。

負面引述。

（三）劉台拱的引述狀況，在《劉端臨先生文集》中，正面引述 1 處顧炎武《日知録》之説；負面引述 1 處閻若璩之論①。論著中未見引述或提及朱彝尊、方以智及沈彤之處。

（四）朱彬的引述狀況，在《禮記訓纂》中有 5 處正面引述顧炎武之論；1 處正面引述閻若璩觀點②。論著中並未見到有引述或討論朱彝尊、方以智或沈彤之處。

（五）江藩的引述狀況，則是：(1)《國朝漢學師承記》4 處正面討論顧炎武之學術、1 處負面討論顧炎武學術③。1 處正面引述朱彝尊爲説。2 處正面討論閻若璩的學術。1 處正面討論沈彤的學術成就④。(2)《國朝宋學淵源記》1 處正面討論朱彝尊的文名⑤。僅方以智未見討論。總計引述討論顧炎武 5 處，4 處正面引述、1 次負面引述。引述討論朱彝尊 2 處，均爲正面引述。引述閻若璩 2 處，同樣是正面引述。引述沈彤 1 處，屬於正面引述。

（六）焦循的引述狀況則有：(1)《孟子正義》負面引述方以智者 1 處。有 22 處正面引述顧炎武之論，另有 3 處負面引述顧炎武之説⑥。3 處正面

---

① 劉台拱著，張連生、秦躍宇點校：《劉端臨先生文集・釋畢郢》，揚州：廣陵書社，2006 年，第 10 頁。再者於《容甫汪君傳》曾引述汪中之言曰："某少日問學，實私淑顧寧人處士，嘗推六經之旨，以合於世用。"第 18 頁。此係汪中之言，故不歸入劉台拱討論之文。

② 朱彬：《禮記訓纂》卷一《曲禮上》"父不祭子夫不祭妻"、卷三《檀弓上》"伯魚之母死期而猶哭"、卷三《檀弓上》"從母之夫舅之妻"、卷四《檀弓下》"曰子卯不樂"；卷四《檀弓下》"季武子寢疾"等處。

③ 江藩：《國朝漢學師承記》卷一《閻若璩》、卷二《余古農先生蕭客》、卷七《汪中》、卷八《顧炎武》；卷四《朱笥河先生筠》等處。

④ 江藩：《國朝漢學師承記》卷二《惠周惕》、卷一《閻若璩》、卷七《汪中》、卷二《沈彤》等處。

⑤ 江藩：《國朝宋學淵源記》卷下《張履祥》。

⑥ 焦循：《孟子正義》：卷二七。卷二、卷四、卷五、卷六(4 處)、卷七、卷九、卷十(2 處)、卷一二、卷一七、卷一八、卷二〇、卷二二(2 處)、卷二三、卷二五、卷二七、卷二八等處；負面引述見卷三、卷一三、卷二七等處。

引述朱彝尊之論①。正面引述閻若璩之論者 111 處、負面引述閻若璩之論者 6 處②。(2)《雕菰集》正面引述顧炎武爲説者 7 處。正面引述朱彝尊者 1 處。正面引述閻若璩者 2 處③。(3)《里堂家訓》正面引述朱彝尊者 1 處。正面引述閻若璩者 1 處④。(4)《劇説》正面引述朱彝尊者 1 處⑤。(5)《尚書補疏》正面引述閻若璩者 2 處⑥。(6)《禮記補疏》正面引述閻若璩者 1 處⑦。至於沈彤則未見引述或討論。總計引述方以智 1 處,爲負面引述。引述顧炎武共 32 處,正面引述 29 處、負面引述 3 處。總共引述朱彝尊 6 處,均爲正面引述。引述閻若璩總共 123 處,正面引述 117 處,負面引述 6 次。

(七)阮元的引述狀況,重複出現者僅計一次,則(1)《儒林傳稿》正面討論方以智 1 處。正面討論顧炎武 7 處。正面引述朱彝尊 2 處。正面討論閻若璩 2 處⑧。(2)《(道光)廣東通志》正面引述方以智者 2 處。正面引述顧

---

① 焦循:《孟子正義》:卷九、卷一九、卷三〇等處。

② 焦循:《孟子正義》:卷一(3 處)、卷二(2 處)、卷三(2 處)、卷四(5 處)、卷五(2 處)、卷六(6 處)、卷八(6 處)、卷九(8 處)、卷十(6 處)、卷十一(3 處)、卷十二(5 處)、卷十三(5 處)、卷十四(1 處)、卷十五(5 處)、卷十六(3 處)、卷十七(1 處)、卷十八(5 處)、卷十九(8 處)、卷二十(2 處)、卷二十一(4 處)、卷二十二(2 處)、卷二十三(1 處)、卷二十四(5 處)、卷二十五(11 處)、卷二十六(1 處)、卷二十七(5 處)、卷二十八(2 處)、卷三十(1 處)等處。負面引述見卷二"及寡人之身"、卷四"齊宣王見孟子於雪宫"及"昔者齊景公問於晏子"、卷一八"象往入舜宫"、卷一九"伊尹相湯以王天下"、卷二四"曰孔子爲魯司寇"等處。

③ 焦循:《雕菰集》卷六《讀書三十二贊》、卷八《辨名上》、卷十《説定上》、卷十二《國史儒林文苑傳議》、卷十二《郡縣議議》、卷十三《與孫淵如觀察論考據著作書》、卷十八《書潛研堂文集後一》。卷十三《上郡守伊公書》。卷六《讀書三十二贊》、卷十二《國史儒林文苑傳議》等處。

④ 焦循:《里堂家訓》卷下"柳州辨鶡冠子考"、卷上"閻百詩年四十四自稱眷西老人"等處。

⑤ 焦循:《劇説》卷三"朱竹垞云中山狼"。

⑥ 焦循:《尚書補疏》卷上"大禹謨信爲僞撰矣"。

⑦ 焦循:《禮記補疏》卷一"以'宅嵎夷'爲夏侯等書所作而古文作'嵎鐵'"。

⑧ 阮元:《儒林傳稿》卷三《錢澄之傳》;卷一《李容傳》、卷一《顧炎武傳》、卷二《閻若璩傳》、卷二《毛奇齡傳》、卷三《朱鶴齡傳》、卷四《錢大昕傳》、卷四《戴震傳》;卷一《李容傳》、卷一《顧炎武》。卷二《閻若璩傳》、卷三《臧琳傳》等處。

炎武者 2 處。正面引述朱彝尊者 16 處。正面引述沈彤 1 處①。(3)《揅經室集》正面引述顧炎武之論 10 處。正面引述朱彝尊之論 4 處。正面引述 5 處閻若璩之説②。(4)《四庫未收書提要》正面引述朱彝尊之論或論著 19 處爲説③。(5)《兩浙金石志》正面引述朱彝尊之説 10 處爲説④。(6)《兩浙輶軒録》正面引述或討論朱彝尊者 30 處;正面引述閻若璩 1 次⑤。(7)《淮海

① 阮元:《(道光)廣東通志》卷九十六《輿地略・木類》、《輿地略・花類》。卷一百九十四《藝文略・釋家》、卷二百三《金石略・乾寧四年鐘款存》。卷九十二《輿地略・風俗》、卷一百七《山川略・肇慶府・高要縣》;卷一百八十九《藝文略・周易》、《周易證義》、《易範》;卷一百九十四《藝文略・信卦》、卷一百九十五《藝文略・青蘿集》、卷一百九十八《藝文略・廣州五先生詩選》;卷二百四《金石略・西鐵塔銘》、《東鐵塔記》;卷二百五《金石略・高宗真草孝經殘碑》、卷二百十八《古蹟略・廣州府》、卷二百二十六《古蹟略・番禺縣》、卷二百三十八《宦績録・劉元剛》、卷二百八十六《列傳・梁佩蘭》、卷二百八十八《列傳・劉軻》。卷八十九《輿地略・星野》等處。

② 阮元:《揅經室集》:《一集》卷一《釋且》、卷一《釋鮮》、卷十一《十三經注疏校勘記序》、卷十四《浙江圖考下》;《二集》卷七《全謝山先生經史問答序》;《三集》卷四《顧亭林先生肇域志跋》;《四集》卷二《桂林隱山銘序》;《續二集》卷二《集傳録存・朱鶴齡》、卷二《集傳録存・毛奇齡》、《續二集》卷二《集傳録存・錢澄之》。《三集》卷二《曲江亭記》、《四集》卷五《置西漢定陶鼎於焦山滕之以詩》;《外集》卷一《四書箋義纂要》、《禮記要義》。《一集》卷二《擬國史儒林傳序》、卷十四《浙江圖考下》;《二集》卷七《毛西河檢討全集後序》、卷五《武進臧布衣傳》;《四集》卷九《聖母祠》等處。

③ 阮元:《四庫未收書提要》卷一《四書箋義纂要》、《詩傳注疏》、《回溪史韻》、《蘋洲漁笛譜》、《兩京新記》、《禮記要義》;卷二《春秋集傳》、《寶祐四年會天曆》、《九經疑難》、《爾雅新義》;卷三《讀中庸叢説》、《游志續編》;卷四《五服圖解》、《周易經疑》、《詩説》;卷五《周易新講義》、《慎齋集》、《詩義指南》、《詩義集説》等處。此與《揅經室集外集》卷一至卷五重複。

④ 阮元:《兩浙金石志》卷一《吴寶鼎甎》、卷二《唐衢州石橋詩刻》;卷三《唐天寧寺經幢》、《唐天寧寺經幢》、《唐天寧寺經幢》、《唐天寧寺斷經幢》、《唐戒珠寺經幢》;卷八《石經歌》、卷九《宋刻家人卦》、補遺《續蘭亭會詩序》等處。

⑤ 阮元:《兩浙輶軒録》卷二《蔣薰》、《楊雍建》、《陳洪綬》、《蔣之翹》、《祁駿佳》;卷三《屠廷楫》、《魏壁》;卷四《朱用調》;卷五《鍾淵映》;卷六《朱彝尊》、《周篔》;卷七《汪文柏》、《汪森》、《周臣》;卷十《沈季友》;卷十一《吴陳炎》;卷十二《周敬一》;卷十三《鄭景會》;卷十四《陸奎勳》;卷二十一《厲鶚》;卷二十四《沈冰壺》;卷三十九《銘起》、《成回》、《如曉》;卷四十《商景蘭》。《兩浙輶軒録補遺》卷一《李明嶅》、《顔鼎受》;卷二《錢瑞徵》、《高以永》;卷四《馮嗣京》,以及《兩浙輶軒録》卷十三《邵國麟》等處。

英靈集》正面引述朱彝尊之説 3 處①。(8)《疇人傳》正面引述朱彝尊之説 1 處。正面引述或討論閻若璩者有 2 處②。總計引述方以智 3 次,均是正面引述。引述顧炎武 19 處,均爲正面引述。引述朱彝尊 85 處,均爲正面引述。引述閻若璩 10 處,也都是正面引述。引述沈彤 1 處,正面引述。阮元没有負面引述的案例。

(八) 黄承吉的引述狀況,則:(1)《夢陔堂詩集》中曾在詩序中正面論及朱彝尊 1 處③。(2)《夢陔堂文集》則在 3 處正面述及方以智④。在 9 處正面引述或討論顧炎武之説⑤。正面討論朱彝尊 1 處⑥。正面引述及討論閻若璩則有 5 處⑦。(3)《夢陔堂文説》則在 3 處正面引述或討論顧炎武;4 處正面論及朱彝尊;1 處正面引述閻若璩之論⑧。未見有述及沈彤者。總計引述方以智 3 次,都是正面引述;引述顧炎武共 12 處,都是正面引述;引述朱彝尊 6 次,都是正面引述;引述閻若璩共 6 處,也都是正面引述。

(九) 劉文淇的引述狀況,則主要《青溪舊屋集》正面引述顧炎武之説有 2 處。正面引述朱彝尊之論 1 處。正面引述閻若璩之説 1 處⑨。方以智、沈

① 阮元:《淮海英靈集》:《乙集》卷一《江闓》;《丙集》卷一《喬萊》;《丁集》卷一《程式莊》等處。

② 阮元:《疇人傳》卷一《孫子》、卷四十《閻若璩》、卷四十八《陳懋齡》等處。

③ 黄承吉:《夢陔堂詩集·題喬石林先生萊侍直圖卷》,國家清史編纂委員會:《清代詩文集彙編》,上海:上海古籍出版社,2010 年,第 502 册,卷四八,第 596 頁。

④ 黄承吉:《夢陔堂文集》,國家清史編纂委員會:《清代詩文集彙編》,上海:上海古籍出版社,2010 年,第 502 册。《數點梅花集序》,卷五,頁 710;《字詁義府合按後序》,卷五,第 716、717—718 頁。

⑤ 黄承吉:《夢陔堂文集》,第 502 册。《與劉孟瞻書》,卷四,第 669、673、674、675 頁;《孟子正義序》,卷五,第 696 頁;《字詁義府合按後序》,卷五,第 712、713、714、718 頁。

⑥ 黄承吉:《夢陔堂文集》,第 502 册。《字詁義府合按後序》,卷五,第 716 頁。

⑦ 黄承吉:《夢陔堂文集》,第 502 册。《孟子正義序》,卷五,第 696 頁;《揚州水道記序》,卷五,第 701—702 頁;《字詁義府合按後序》,卷五,第 712、716、718 頁。

⑧ 黄承吉:《夢陔堂文説》,國家清史編纂委員會:《清代詩文集彙編》,上海:上海古籍出版社,2010 年,第 503 册。顧炎武:第 1 篇,第 16 頁;第 2 篇,第 37 頁;第 11 篇,第 610 頁。朱彝尊第 1 篇,第 16 頁;第 2 篇,第 37 頁;第 6 篇,第 197 頁;第 11 篇,第 610 頁。閻若璩;第 6 篇,第 218 頁。

⑨ 劉文淇:《青溪舊屋集》卷三《答黄春谷先生書》、卷八《薛君家傳》;卷七《漢延熹西嶽華山碑舊拓本跋》;卷八《戴静齋先生傳》等處。

彤則未見引述或討論。

乾嘉時期揚州九位著名學者引述或討論《總目》肯定讚美的五大考證家的大致情況如上。當然學者寫作之際,引不引述這幾位典範學者的觀點或答案,必然還涉及到個別學者的研究範圍或性質是否相近的問題,甚至還可能涉及"漢學"與"宋學"等學派認同意識選擇的考慮。著作會不會被相關學者引述,就一般的學術需求而言,必然涉及到被引述著作的學術性質、數量多寡和篇幅大小等等實際的狀況,同時還必須在内容上有相近之處,亦即必須主動引述者和被動引述對象兩者間,具有某種學術方面的"交集",引述的行爲纔有可能確實進行,即使是具備學術共識的典範性著作,同樣脱離不了這個最基本的要求。以前文統計的《總目》引述之狀況觀之,朱彝尊的《經義考》性質與《總目》相近,兩者都是屬於傳統"目録學"的著作,《經義考》不僅是《總目》編寫當時最具典範性的"經學目録"著作,同時篇幅又有三百卷之多,大致已把歷史上比較重要及次要的經部著作收録殆盡,因此《總目》的引述當然特别多。相比之下如沈彤,雖"群經皆有撰述",然"尤邃於禮"①,專精顯然在"禮",尤其在"禮經服制"方面的考訂。因此若非討論"禮"的問題,就不大可能會引述其説,《總目》當然不是討論"禮制"的專書,引述的可能性自然特别的低。這些涉及引述作爲的細節問題,在細部個别討論之際,當然需要加以考慮,不過本文寫作的主要意圖,還是以整體爲範圍的"宏觀"角度,進行大致情況的了解,在此前提下,則此種粗略性質歸納引述狀況的探討,自也可以具備某種實證可信的功能。

四、揚州學者對《總目》五大考證家"接受"的分析

乾嘉時期這九位揚州學者,在寫作之際對《總目》推崇的"五大考證家"著作實際引述運用的狀況,以及對這"五大考證家"學術評價討論的實際表現,經由前述文本閲讀和網路搜尋篩選的結果,應該可以有個大略的了解,接著要討論這些引述狀況呈現的學術相關問題,爲了更明白這些學者實際

① 永瑢等:《四庫全書總目·果堂集提要》説沈彤"於禮經服制,多所考訂,尤足補漢宋以來注釋家所未備"。江藩《國朝漢學師承記》卷二《沈彤》説"閉户治經,矻矻終年,群經皆有撰述,尤邃於禮"。

引述與討論的狀況，因此先製成較清晰的表格，以方便下文的討論。

作　者	任大椿	王念孫	劉台拱	朱彬	江藩	焦循	阮元	黄承吉	劉文淇	人數	數量	負面
顧炎武	02	11	01	05	05	32	19	12	02	9人	89	06
閻若璩	00	04	01	01	02	123	10	06	01	8人	148	08
朱彝尊	00	01	00	00	02	06	85	06	01	6人	101	01
沈　彤	00	00	00	00	01	00	01	00	00	2人	02	00
方以智	00	02	00	00	00	01	03	03	00	4人	12	01

選擇這九位揚州學者作爲初步討論對象，並没有事先對這些學者有關五位《總目》考證典範喜好程度的調查，完全是根據學術成就和學術社群某種代表性的考慮，但研究呈現的結果，却大致和《總目》高下評價的次序相當，同時正面引述的運用，遠遠多於負面的引述運用，由此可見這五位考證家，尤其顧炎武、閻若璩、朱彝尊等三人，確實是當時最受推重的考證典範學者。若就注意度而論，顧炎武受到所有學者的注意，閻若璩次之，朱彝尊又次之，方以智則再次之，沈彤則比較少受到關注。若從諸家引述的數量來看，閻若璩的引述數量較多，主要是因爲焦循《孟子正義》單一書籍大量引述的緣故。朱彝尊則是因爲阮元《廣東通志》、《四庫未收書提要》等兩書涉及"目録學"部分，引述《經義考》特别多之故，這和《總目》因爲性質相近，因而引述朱彝尊較多的情況相同。但總體來説，《總目》肯定讚美的"五大考證家"前三名：顧炎武、閻若璩、朱彝尊等，確實在這九位揚州學者的著作引述中，出現了和《總目》推重的同樣狀況。此種不謀而合的表現，當可以作爲了解後代學者"接受"《總目》評價的參考，這同時也就是《總目》對後代學術影響的一種實際表現。

學者的著作引述的整體表現，固然和《總目》的評價接近，但如何證明這些學者們的引述，確實受到《總目》的有形直接影響？或者有可能受到《總目》無形的影響呢？這可以分成"直接影響"和"間接影響"兩大類加以説明，"直接影響"有兩種狀況，因此在這兩大類之下，可以分成三種狀況討論。第一種狀況是完全没有争議或争議較小的接受者，如：阮元、黄承吉、江藩和劉文淇等人。（一）阮元不僅直接參與《總目》的刊刻傳播，同時還順著《總目》的思考方向進行研究，因而遂有《四庫未收書提要》之作。不僅如此，在他的許多著作中，就能看到許多直接抄録《總目》的内容，例如《儒林傳稿》卷三《錢澄之傳》中這一段："以智博極群書，撰《通雅》五十二卷，皆考證名物象數,訓詁音聲,窮源遡委,詞必有徵。明之中葉,以博洽著者稱楊慎,而陳耀文起與之争。然慎有僞説以售欺,耀文好蔓引以求勝。次則焦竑,亦善考證,而習與李贄游,動輒牽綴佛書,傷於蕪雜。惟以智崛起崇禎中,考據精核,迥出其上,風氣既開,國朝顧炎武、閻若璩、朱彝尊等,沿波而起,始一埽懸揣之空談。”内容完全抄録《總目・通雅提要》之文,不過變换詞序而已。此外《四庫未收書提要》中,更有許多引述《總目》内容爲説的例證,如卷二《列子注提要〉就有“伏讀《四庫全書總目》云”之言①,因此説阮元“接受”《總目》,應當没有争議。(二)黄承吉同樣也出現有“恭讀《欽定四庫全書總目》”和“《簡明目録》”等一類的發言,以及抄録《總目》文字的情況,例如《字詁義府合按後序》中提到“《通雅提要》謂……方學爲開國朝諸儒之先,非復空談懸揣爲可貴矣”之類②,所言其實是濃縮《總目・通雅提要》,可見把黄承吉列入接受《總目》,直接受《總目》影響的學者,當也無争議。(三)江藩除在《國朝漢學師承記》卷六《紀昀》中特别推崇紀昀“於書無所不通,尤深漢《易》,力闢圖書之謬。《四庫全書提要》、《簡明目録》,皆出公手,大而經、史、子、集,以及醫卜、詞曲之類,其評論抉奥闡幽,詞明理正,識力在王仲寶、阮孝緒之上,可謂通儒矣”。另外在《肇慶府志》中更多次引述《總目》提要的内容當作直接證據③,可見江藩確實非常熟悉《總目》的内容,同時也非常推崇

① 阮元:《四庫未收書提要》中出現“伏讀《四庫全書總目》云”之言者,還有卷二《孫子十家注提要》、《春秋集傳提要》、《爾雅新義提要》;卷三《論語叢説提要》、《蟻術詩選提要》、《蟻術詞選提要》、《名家詞提要》等處。

② 黄承吉:《夢陔堂文説》,國家清史編纂委員會:《清代詩文集彙編》,第503册,第2篇,第53頁。另外:第3篇,第60頁;第8篇,第310頁;第11篇,第690頁。又《夢陔堂文集》,《清代詩文集彙編》,第502册:《黄墩説》“謹按《欽定四庫全書・别集類》所載《篁墩集・提要》云云”,卷二,第652頁;《揚州水道記序》“據《四庫書提要》云云”,卷五,第701頁;《數點梅花集序》“收入《四庫全書》得存《總目》中云云”,卷五,第710頁;《字詁義府合按後序》“恭讀《欽定四書總目・小學類・字詁一卷提要》云…… 又《雜家類・義府二卷》,又《别集類・存目・杜詩説十二卷》,皆蒙著録。……《四庫・經部總叙》云……顧氏《左傳杜解補正提要》云……《通雅提要》謂……此《提要》所以謂方學爲開國朝諸儒之先,非復空談懸揣爲可貴矣……録本書《四庫提要》二則”。卷五,第712—719頁。

③ 江藩:《(道光)肇慶府志》卷二十一《藝文・地理類雜記・桂林風土記一卷》“《欽定四庫全書提要》:‘休符里貫未詳。’《四庫簡明目》原本三卷,今佚其兩卷”。此卷傳記資料引述“《欽定四庫全書提要》”爲説者共出現六處。

《總目》,故而把江藩納入直接接受《總目》而受其影響者,當不至於有太大爭議。(四) 劉文淇的著作中,同樣有"伏讀《欽定四庫全書》云云"之文,並且還特别提到"《檀弓論文》,已列《四庫全書·存目》中"①。如果不是對《總目》非常熟悉,則如何獲得這些《總目》内容的訊息? 因此將其列入直接接受《總目》而受影響者,當屬合理之舉。這是屬於受到《總目》"直接影響"的學者。

第二種狀況是稍有爭議的接受者。這可以分爲兩種類型,一是直接參與《四庫全書》編纂的學者,如任大椿和王念孫。這兩位學者在其論著中固然都没有明文提及《總目》,但身爲《四庫全書》編纂的直接參與者,《總目》的評量標準他們不應該不知道,甚至《總目》提要的部分内容,還有可能是他們參與撰寫或審訂過,這應當是個合理的推測,因此將他們列入接受《總目》者,應該不會是荒謬之舉。另一種則是作者雖然没有直接引述《總目》内容,但確實提到《總目》或《四庫全書》者。例如焦循,雖然並没有直接引述《總目》的内容,不過却也提到"乾隆間詔開《四庫全書》館,讎校寫録,分貯中外。竊謂國初如黄宗羲、顧炎武,雖已崇尚實學,漸遠空疎,而風氣初開,道猶未備。……乾隆四十年以前,大都收入《四庫全書》"。又説清朝重實學,汪孝嬰及李鋭兩人天文類的書籍,都盡收於"《四庫全書》中"②,可見並非不注意《總目》者,否則如何知道這些相關的訊息。這兩種類型雖然也還可以有爭議,但應該還可以説得通。因此也將其歸入"直接影響"之列。

第三類狀況則是推論的接受者。就是作者既没有引述《總目》的内容,行文中也没有提及《總目》或《四庫全書》,例如劉台拱和朱彬。然則這要如何證明他們引述或討論"四大考證家"的作爲,乃是受到《總目》的影響呢? 這大致可以從兩方面來説:首先作者雖然没有提到《總目》,但以傳統學者對官方書籍重視的情景推之,就是説在傳統中國社會"欽定"、"御製"之類的官方書籍,在一般情況下理所當然就具有典範的性質,再加上當時的學術大老阮元,加以刊刻散布,許多當代學者在論學之際,或多或少會提及《總目》内容的社會氛圍觀之,則只要有心於學術者,當不至於不知《總目》,除非不想

① 劉文淇:《青溪舊屋集》卷五《宋元鎮江志校勘記序》、《今文尚書論文序》等處。

② 焦循:《雕菰集》卷十二《國史儒林文苑傳議》、卷二十一《石埭儒學教諭汪君孝嬰别傳》。

進入官僚系統，除非不想和當代的學界對話，否則不可能不知道《總目》評價讚美的内容與對象，因爲這些都和當時或未來加入官僚及學術群體的關係密切，一般正常人不可能不加以注意。其次《總目》的評價意見，如前文所述，乃是乾隆帝、編輯官僚（包括在野和在朝的學者）等學術"交會"或"交集"的共同觀點，可以算是當時官方（包括皇族與官員）與多數知識分子的學術"共識"，這個"共識"當然不會是憑空而起，當然有學術社群的内在因素作用於其間，更可能原本就是共存於學術社群的共識觀點，現在再經由官方"納編"後的"鍍金"及推廣傳播，於是從一般學術界的"典範"，提升成爲國家級的"典範"地位，自然也就更增加了其在學術界"典範"的高度，於是作者在不知不覺間受到此種"典範"氣氛的影響，因而接受這"五大考證家"的"典範"地位。由於其接受的途徑不一定直接來自《總目》，因此僅能歸入"間接影響"之列，但却也不能説和《總目》全無關聯。

經由九位揚州學者引述的表現，可知《總目》肯定的五大考證家中，顧炎武、閻若璩、朱彝尊等三人，確實受到後代有如《總目》般的肯定，方以智則也大致和《總目》肯定的地位相近，比較特殊的則是沈彤，雖然也受到《總目》"精於考證"的典範"考證家"的稱譽肯定，其經學著作《儀禮小疏》、《周官禄田考》和《春秋左氏傳小疏》，也都收入《四庫全書》中；《尚書小疏》則列入《存目》中，阮元編輯的《皇清經解》也都將這些書收録，但相對於黄以周（1828—1899）的《禮書通故》和孫詒讓（1848—1908）的《周禮正義》等兩書，大量正面引述沈彤論著爲説的事實，則揚州學者對其接受的程度顯然相當低。不僅如此，現代學界對沈彤其人其學的認識和研究，相對於方以智、顧炎武、閻若璩、朱彝尊等人，同樣的感到陌生稀少，這種狀況到底是《總目》的評價有問題？或是揚州學者的學派意識作祟？或是其他的學術原因？似乎也是個值得探討的問題。

五、結　論

《總目》就其形式體例來説是傳統目録學的巔峰，是後來目録學著作的最佳典範；就提要内容呈現的評價而論，代表著傳統中國官方（皇族和官僚）及一般士人等大多數傳統知識分子較具普遍性的共識，因此對爾後的學術評價，尤其是經學方面的評價影響甚鉅，這只要翻閲皮錫瑞（1850—1908）的

《經學歷史》,尤其是周予同(1898—1981)的注釋,或者馬宗霍(1897—1976)的《中國經學史》,以及坊間"經學概論"或"經學導讀"即可瞭解。《總目》對學術界的影響甚巨,即使到二十一世紀依然不衰,未來也必然繼續影響著相關研究者,余嘉錫(1884—1955)故而有所謂"衣被天下,霑溉靡窮"之論[①],誠哉斯言。學術界涉及《總目》的相關研究甚夥,研究所得結果甚優,研究之際也有涉及《總目》影響的探討,然而專意於《總目》實質影響的研究探討,則似乎猶未見到,因此設計此一議題,先以活動於清代乾嘉時期九位揚州學者爲對象,考察九位學者對《總目》讚賞的"五大考證家"接受之情況,以便能够較確實的了解《總目》對後代學術影響的真實狀況,目的是希望能引發相關研究學者們更多、更深入的研究關懷,因而可以獲得抛磚引玉的效應。經由前文粗略的搜尋歸納與初步的分析,則大致可獲得下述幾點結果和結論:

(一)《總目》讚賞推崇的"精於考證"的前代典範學者有:方以智、顧炎武、朱彝尊、閻若璩和沈彤等五位,根據《總目》叙述呈現的"在場"與"不在場"訊息,則可知《總目》評定的學術程度高下次序,就清代而言則是:顧炎武最佳,其次是閻若璩,再其次是朱彝尊,又其次是沈彤。至於方以智則是明代表現最佳的考證學者,同時也是引發清代考證學的創始者。

(二)方以智和顧炎武實際上是同代同輩的學者,《總目》因爲兩人政治認同的緣故,故而在學術系譜上,將方以智歸入明代,將顧炎武歸入清代,同時爲清代學術溯源之故,以及受到"直綫傳承"一類"道統觀"或"學統觀"不自覺的影響,於是將同時代同輩份的學者,依照政治認同的朝代先後,置放於學術傳承系譜"綫條"上前後的位置上,於是方以智似乎就成了顧炎武的前輩,甚至成了啓發顧炎武的師長。不過仔細考察《總目》的"不在場"訊息,則大致可推知《總目》在承認學術不可能憑空而興,同時基於目録學"考鏡源流"需要的前提下,必須爲清代"考核精詳"的學術風氣,尋找歷史的根源,因而就以楊慎、陳耀文、焦竑、方以智等作爲清朝學術的源頭,從涓涓細流到長江大河直綫發展擴充的論述需要下,被歸入明代臣民的方以智,於是在這個學術歷史綫性發展的位置上,被置放於歸入清朝臣民的顧炎武之前,不僅理所當然而且必須,因此也就不得不成爲方以智的學術前輩了。不過或者還

① 余嘉錫:《四庫提要辯證序》,《余嘉錫文史論集》,長沙:岳麓書社,1997年,第551頁。

可以反過來思考一個問題，就是明清兩代學術的發展或關係，是否真的如《總目》所叙述那般的直綫傳承呢？是不是還有其他未被發現的可能呢？這似乎也是一個還可以繼續再斟酌的問題。因爲《總目》的觀點，可能只是當時一種共識性較高的看法，甚至還有可能僅是編寫《總目》的官僚們創造的觀點，當然不是真理性的"唯一"結論，現代研究者似不宜再理所當然的接受，或者僅在《總目》主張的範圍内繼續發揮。然而現代學者有關明清"考證學"學術傳承關係的討論，多不出《總目》所論之外，其實也正可以證明後人對《總目》的接受及受到實質影響的實情。

（三）經由詳細搜尋考察乾嘉時期九位揚州學者著作的行文中，引述或討論《總目》肯定的"五大考證家"之實際表現，就學術評價内容的接受度而論，則正面引述的數量，遠遠超過負面引述的數倍。就學術重視接受的程度而論，則顧炎武受到所有人重視，閻若璩次之，朱彝尊再次之，方以智又次之，最不受注意的則是沈彤。觀察這個實證研究整體獲得的結果，竟然和《總目》原先的評價若合符節，由此可知學者們確實存在接受《總目》評價的狀況。這九位揚州學者中，可以確定直接"接受"《總目》而受到影響的有阮元、黄承吉、江藩和劉文淇等四位；可能直接"接受"《總目》而受到影響的有任大椿、王念孫和焦循等三位。間接"接受"《總目》而受到影響的則有劉台拱和朱彬等二位。但無論如何，則可以確定《總目》的評價，確實影響著學者們的學術判斷。

（四）本文經由實證性的研究方法，考察確認《總目》肯定"精於考證"的學者共有五位，同時選擇九位乾嘉時期的揚州學者爲對象，考察諸人著作中對《總目》肯定的這五位考證家"接受"的表現，以便了解《總目》對後代學術實質影響的狀況。研究所得結果，對於乾嘉揚州學者"接受"《總目》的了解，提供了部分可信的有效答案。另外探討《總目》實質性影響的研究設想，還可以提供"四庫學"研究者思考研究發展時的參考。雖然本文僅是關於這個議題的初步探討，但對於清代學術、經學史研究、四庫學研究和揚州學派等的研究者，當該有提供研究資料和研究方向的功能，這也就是寫作本文的意義與價值所在。

揚州學派《論語》詮釋論

馮曉斌　柳　宏　宋展雲*

關於揚州學派，學術史家持論有分歧，有人認爲，揚州學派是皖派的延續或發揚光大。因戴震嫡系弟子王念孫，其學風及治經特點與皖派十分相近，故應統屬於乾嘉考據學或清代漢學、清代樸學，"乾嘉考據學派（或稱漢學）乃歷史客觀存在，以此一派稱之，足矣！"①

當然，亦有人認同揚州學派説。張舜徽先生明確提出："余嘗考論清代學術，以爲吴學最專，徽學最精，揚州之學最通。"②甚至有人提出"應從群體上研究揚州學派"③，亦有學者將漢學流派的劃分與漢學自身的發展演變聯繫起來，認爲以惠棟爲首的吴派和以戴震爲首的皖派，以及以阮元爲代表的揚派各具"尊漢崇古"、"實事求是"、"通貫總結"的特色，不僅代表了清代漢學發展的三個主要階段，而且"後先相承，淵源有自，基本反映了一代學術産生、發展、變化乃至終結的過程"④。

我們認爲：揚州學派雖有直接師承戴震的巨儒，如王氏等人，也有自學苦讀的大家，如汪中、焦循，亦有較蘇州惠氏更加持久的家學淵源，還有盤根

---

* 馮曉斌，揚州大學文學院副教授；柳宏，揚州大學文學院教授；宋展雲，揚州大學文學院副教授。

① 參見暴鴻昌：《乾嘉考據學流派辨析》一文，《史學集刊》，1992 年第 3 期，第 68—74 頁。

② 張舜徽：《清代揚州學記》，揚州：廣陵書社，2004 年，第 2 頁。

③ 王俊義：《論乾嘉揚州學派的特色》，《中國人民大學學報》，1990 年第 1 期，第 77—81 頁。

④ 黄愛平：《清代漢學的發展階段與流派演變》，《中國文化研究》，2001 年春之卷，第 65—71 頁。

錯節的姻親關係。此外，揚州優越的地理位置、深厚的文化積澱，凡此種種，鑄成揚州學派獨特風格和鮮明特色。揚州學派是乾嘉漢學的重要分支，其學術淵源遠紹顧炎武，近承吴、皖兩派並有所改進創新。揚州學派把輯佚、校勘、注釋等研究手段熟練地加以綜合利用，兼顧訓詁與義理，注重經世致用，貫通群經，精深邃密，在經學、小學、校勘學等方面都取得了突出的成就，將乾嘉漢學推向巔峰。

清代《論語》詮釋畫廊裏，揚州學派可謂琳琅滿目，蔚爲壯觀。有劉台拱《論語駢枝》，焦循《論語通釋》、《論語補疏》，阮元《論語論仁論》、《論語校勘記》、《論語一貫説》、《論語解》，劉寶楠《論語正義》、《論語注疏長編》、《論語正義補》，劉恭冕《何休注訓論語述》等。其中《論語解》篇幅極短，《論語正義》乃鴻篇巨制；《論語論仁論》專一論"仁"，而《論語通釋》涉及十五個範疇；《論語通釋》、《論語一貫説》惟訓詁求義理，而《論語校勘記》、《何休注訓論語述》當屬校勘輯佚。可見，清代揚州學派之《論語》詮釋，可謂千姿百態，陣容壯大，特色鮮明，成就卓越。

一

焦循云："古學未興，道在存其學；古學大興，道在求其通。前之弊，患乎不學；後之弊，患乎不思。證之以實，運之於虛，庶幾學經之道也。"①此道出焦循的經學旨趣，也是揚州學派的治經方法和治經思想。焦循《論語補疏》是對《論語通釋》的補疏與充實，阮元通過《論語》105 處"仁"字具體考證，反復聚焦凸顯"仁"之大義，劉台拱《論語駢枝》證之以據、驗之以理的治經追求，均爲證實運虛、虛實結合的實踐典範。一虛一實，妙趣無限；虛實結合，相得益彰；虛實皆宜，卓有創獲。這一治經思想貫穿在揚州學派的《論語》詮釋實踐中，形成了揚州學派《論語》詮釋的鮮明特色。

焦循證實運虛的治經思想經歷了一個發展過程，這從其《論語通釋》、《論語補疏》的著述過程可以清晰地反映出來。

《論語通釋》原本作於嘉慶甲子（1804），定本於嘉慶戊寅（1818）或己卯

---

① 焦循：《與劉端臨教諭書》，《焦循詩文集》，揚州：廣陵書社，2009 年，第 248 頁。

(1819)年間改定①。焦循之《論語通釋》,“惜其於孔子一貫忠恕之説未及闡發”,故拈出十五個範疇,“曰一貫中恕、曰異端、曰仁、曰聖、曰大、曰學、曰多、曰知、曰能、曰權、曰義、曰禮、曰仕、曰據、曰君子小人”,一一闡發. 欲以孔子之言,藉儒家經書及諸子文獻,得《論語》主旨,探孔子大義,明聖人之道。然焦循自己覺得僅從運虚層面顯然局促,必須有證實的運作。故下决心補作《論語補疏》。其在《論語補疏自序》中云:“余向嘗爲《論語通釋》一卷,以就正於吾友汪孝嬰。孝嬰苦其簡而未備。迄今十二年,孝嬰已𣏌故,余亦老病就衰,因删次諸經補疏。訂爲《論語補疏》二卷,略舉《通釋》之義於卷中,而詳言其大概如此。俟更廣《通釋》以求詳備。”②可見,焦氏作《論語補疏》緣自汪孝嬰苦於《論語通釋》“簡而未備”,此爲遠因。近因是“删次諸經《補疏》”而訂爲《論語補疏》二卷。著述方法是“略舉《通釋》之義”,“而詳言其大概如此”,目的是“更廣《通釋》以求詳備”。概言之,焦循《論語補疏》因《論語通釋》而作,從著述目的看,其是《論語通釋》之補疏,以求充實完備《論語通釋》,從著述效果看,《論語通釋》與《易通釋》、《易圖略》相近,《論語補疏》則與《易章句》相似。《論語通釋》重運虚,《論語補疏》主證實,二者虚實結合,相輔相成。

焦循《論語通釋》重在概念及義理的闡發而主虚,而《論語補疏》則通過字句的訓釋及文獻的統計以重實。

如“陽貨篇”第 6 章“敏則有功”句,此處大體用統計學的方法,拈出典籍中之“敏”字,幾乎囊括了經典傳注中訓“敏”之全部,此爲焦氏“證之以實”之最充分展示之一。難能可貴的是焦氏並不僅僅滿足於羅列材料,而是在此基礎上作更深入的分析和思考,認爲訓“敏”爲“審”爲“謀”,既指出孔注之不當,且使經義更加明晰。如將此句放在語境中結合上下文考察,倍感解“敏”爲“疾”,實爲偏頗。對於此解,皇疏、邢疏、朱注均未提出疑義。焦循提出了讓人耳目一新的見解。此外,《論語補疏》析字非常細緻,能發人所未發。如解釋“先進篇”第 5 章“人不間於其父母昆弟之言”條云:“‘不’字作‘無’字解,自明。人無非間之言,不是無非間閔子之言,乃無非間其父母昆弟之言

① 參見柳宏:《焦循〈論語通釋〉著年考辨》,《揚州大學學報》,2002 年第 3 期,第 48—53 頁。

② 焦循:《焦循詩文集》,揚州:廣陵書社,2009 年,第 309 頁。

也。”焦循新穎獨特之處緣自於深入之思考，而深入之思考建立在“證之以實”的基礎上。

劉台拱一生“校書不下千卷”，豐富的見聞、廣博的涉獵，鑄就其考據證實的知識基礎，同時又提升其爬羅剔抉、慧眼獨具的運虛能力，做到在經典文本中咀嚼涵咏，“見前人所未見”，“發千古所未發”。

《論語駢枝》中，大量使用統計定量分析法是其證實的具體寫照。如訓詁《雍也》第 6 章時統計出“《周禮》用騂牲者三事”。解釋《學而》第 15 章時歸納出“此例句法本篇即有，如金、如錫、如圭、如璧。綜計全經，如山、如阜、如岡、如陵之類，不下十數句，皆一字一義”。注解《爲政》第 8 章時指出“《論語》中言弟子者七，其二皆年幼者，其五謂門人。言先生者二，皆謂年長者”。詮釋《述而》第 2 章時，總結出《論語》“第七篇所記多夫子自道之辭”。然劉氏並不滿足這些具體的呈現或量化的統計，常常由此出發作出運虛的闡發，體現出高屋建瓴、縱横開合的氣勢和境界。如《述而》第 2 章“子曰：默而識之，學而不厭，誨人不倦，何有於我哉”劉氏解曰：“謹案：第七篇所記多夫子自道之辭。‘述而不作，信而好古’，自道也；‘默而識之，學而不厭，誨人不倦’，亦自道也。此二章，語勢一例。‘何有於我’，何所有於我也。時人推尊夫子，以爲道德高尚，不可窺測。故夫子自言我之爲人，不過如是而已矣，有何道德於我哉。出則事公卿，入則事父兄，喪事不敢不勉，不爲酒困。何有於我哉？語意亦如是。朱《注》解‘何有於我’爲‘何者能有於我’，此說用劉原父，似亦可通。然夫子以不厭不倦自居，及聞弟子言之屢矣。至是又辭而不居，何也？喪事不敢不勉，猶曰有所不足，不敢不勉，承當之辭，非遜謝之辭。聖人之言，遠如天，近如地，語其遠不可及也；語其近又不可謙也。語默之宜，醉飽之節，曰非我所能其可乎？學者詳之。”劉氏先從經内例證，從語境、語勢、語體、語意等角度立體論證“何有於我”，即“何所有於我也”，進而指出朱《注》“似亦可通”，但顯局促。最後强調要從宇宙世界心游萬仞，仰天俯地，詳察聖人微言，感悟經典大義。

劉寶楠《論語正義》一書，“考據義理並重”，能在證實的基礎上追求運虛的超越。《論語正義》在正文字、辨音讀、釋訓詁、通傳注方面，參考了《爾雅》、《說文》、皇本、高麗本、《考文》、足利本、《唐石經》、《宋石經》、陸德明《經典釋文》、《玉篇》、顧炎武《金石文字記》、惠棟《九經古義》、馮登府《論語異文考證》、阮元《論語校勘記》、宋翔鳳《過庭録》、臧庸《拜經日記》、翟灝《考異》

等文獻。《論語正義》以最詳實、最精審的考據成果爲《論語》的注解作一證實集成。

《論語正義》,雖以考據居多,然其中對於孔子許多重要觀念,如性、天、道、仁、聖等觀念的疏釋,體現出揚州學派義理的特色。如釋《陽貨篇》"性相近,習相遠"句時,引戴氏《孟子字義疏證》語:"性者,分於陰陽五行,以爲血氣、心知、品物,區以别焉。舉凡既生以後,所有之事,所具之能,所全之德,咸以是爲其本,故《易》曰:成之者性也。氣化生人、生物以後,各以類滋生久矣。然類之區别,千古如是也,循其故而已矣。在氣化曰陰陽,曰五行,而陰陽五行之成化也,雜糅萬變,是以及其流形,不特品物不同,雖一類之中又復不同。凡分形氣於父母,即爲分於陰陽五行,人物以類滋生,皆氣化之自然。"[①]劉寶楠援引戴氏著作以闡發義理,一方面可以看出揚州學派與皖派的學術關聯,另一方面也是劉寶楠證實運虚治學思想的體現。

阮元《論語校勘記》運虚不多,是比較典型的證實校勘之作。然其《論語解》、《論語一貫説》、《論語論仁論》則是證實運虚的典範之作。

阮元《論語一貫説》即通過訓"一貫"之考據證實而闡發申説義理。阮元引大量文獻證曰:"《爾雅》:貫,事也;《廣雅》:貫,行也;《詩·碩鼠》'三歲貫女'、《周禮·職方》'使同貫利'、《論語·先進》'仍舊貫',《傳》、《注》皆訓爲事。《漢書·谷永傳》云'以次貫行'、《後漢·光武十五王傳》云'奉承貫行',皆行事之義。"進而論斷:"三者皆當訓爲行事也。孔子呼曾子告之曰'吾道一以貫之',此言孔子之道,皆於行事見之,非徒以文學爲教也。"

爲了更具體地解釋經義,阮元還對"一"予以訓解。阮元認爲"一貫"之"一",與"壹"同,他説:"一與壹通,經史中並訓爲專,又並訓爲皆。"舉例證曰:"《後漢·馮昆傳》、《淮南·説山訓》、《管子·心術篇》,皆訓一爲專。《大戴·衛將軍》、《荀子·勸學》、《臣道》、《後漢書·順帝紀》,皆訓一爲皆。《荀子·大略》、《左傳·昭二十六年》、《穀梁·僖九年》、《禮記·表記》、《大學》,皆訓壹爲專,至於一壹,二字通用之處,經史中不可勝舉矣。"

阮元在訓"一"爲"壹"爲"專"爲"皆"、"貫"爲"行"爲"事"的基礎上,釋義曰:"壹以貫之,猶言壹是皆以行事爲教也,弟子不知所行爲何道。故曾子曰:'夫子之道,忠恕而已矣。'此即《中庸》所謂'忠恕違道不遠,施諸己而不

① 劉寶楠:《論語正義》,北京:中華書局,1990年,第676頁。

願,亦勿施於人'。……此皆聖賢極中極庸極實之道,亦即天下古今極大極難之道也。若云賢者因聖人一呼之下,即一旦豁然貫通焉。此似禪家頓宗冬寒見桶底脱大悟之旨,而非聖賢行事之道也。何者?曾子若因一貫而得道統之傳,子貢之一貫又何説乎?不知子貢之一貫,亦當訓爲行事。子告子貢曰:'汝以予爲多學而識之者歟?'子貢曰:'然!非歟?'子曰:'予一以貫之。'此夫子恐子貢但以多學而識學聖人,而不於行事學聖人也。夫子于曾子則直告之,于子貢則略加問難而出之。卒之告子貢曰:'予一以貫之。'亦謂壹是皆以行事爲教也,亦即忠恕之道也。閔子曰:'仍舊貫,如之何?'此亦言仍舊行事不必改作也。故以行事訓貫則聖賢之道歸於儒,以通徹訓貫,則聖賢之道近於禪矣。"①

經過阮元的訓解,《論語》"一以貫之"之微言大義變得異常通俗、鮮明、實在,求賢學道,必須由行事始,必須以行事爲教,不可能因"聖人一呼"而"豁然貫通"、須臾"大悟"。如此解釋"一貫",顯得尖穎獨特,著實讓人耳目一新。

阮元《論語論仁論》,欲通過"仁"之訓詁考證而構建孔子仁學體系。《論語》有"仁"字105個。歷代先儒並未從文字學角度獨立地訓解"仁"字。阮元專題論"仁",對"仁"字作了論語學史上最爲具體翔實的考證。在此基礎上,阮元運虛釋義:"孔門所謂仁也者,以此一人與彼一人相人偶,而盡其敬禮忠恕等事之謂也。相人偶者,謂人之偶之也。凡仁必於身所行者驗之而始見,亦必有二人而仁乃見。"阮元認爲,"仁"是一個意藴豐富、包容性極强的概念,解"仁"爲"相人偶",能够統合諸家之意,並能够貫通《論語》所述諸"仁"。

阮元對於"一貫"、"仁"等概念的闡釋,與宋儒空談心性有很大區别,本質上是"學與思"緊密結合的産物,也彰顯出揚州學派證實運虚的學術特點。證實,是乾嘉漢學重考據、崇學識的經學特點;而運虛則是宋學重義理、勤思考的學術主張,可以説證實運虛實際上就是兼采漢宋。阮元以概念訓釋以闡發義理的具體治經方法可謂博通而深厚。

① 阮元:《揅經室集》,北京:中華書局,1993年,第46頁。

二

儒家經典經過了漫長的累積、傳承過程。經學史上，對經典的解釋雖有聖賢明之，但亦有腐儒惑之，僞儒篡之，加上由於家學、師承、版本、歷史、視域等各種因素的複雜演變，導致訓詁各異，歧見紛呈。故經學詮釋越是時代久遠，越是資料豐富，越是困難複雜。揚州學派面對豐厚的遺産和紛繁的解説，能够獨立思考，大膽質疑，考證邃密，闡發精深。

劉台拱《論語駢枝》大膽質疑，勇於創新，完全建立在資料翔實、精心求證的基礎上。劉氏考據時證據鑿鑿，允當邃密，析論時高屋建瓴，博洽精深。

劉氏詮釋《雍也》第 6 章"子謂仲弓，曰：犂牛之子騂且角，雖欲勿用，山川其捨諸"時，開宗明義、一針見血地論斷："此章之指，先儒皆失之。"然後分述曰："惠氏《禮説》曰：犂牛，耕牛；子，其犢也，騂且角，天牲也，仲弓可使南面，故舉天牲以況之。蘊霾千載，一旦發露。可謂卓識。然惠氏謂山川不得用騂牲，以其非禮。故欲勿用。此義非也。"此爲一重否定。

劉氏又引惠氏《禮説》："天下未有歆於上帝而吐於山川者，故曰山川其捨諸?"劉氏評述曰："夫既非禮矣，山川豈得享之。此猶沿襲舊注'人雖不用，神必不捨'之説，未合語意。"此爲二重否定。

在此基礎上，劉氏舉例論證：

例證一："《祭義》曰：古者天子諸侯必有養獸之官，犧牷祭牲，必於是取之。"民間耕牛，非所以待祭祀，故欲勿用。然有時公牛不足，則耕牛之犢，亦在所取。

例證二："《周禮・羊人》職云：若牧人無牲，則受布於司馬，使其賈買牲而共之。"《遂人》所謂野牲，《曲禮》所謂索牛是也。

劉氏並未就此收筆，繼續考證分析："《周禮》用騂牲者三事。祭天南郊，一也；宗廟，二也；望祀南方山川，三也。郊廟，大祀也；山川，次祀也。耕牛之犢而有騂角之材，縱不用諸上帝，山川次祀亦豈得捨之，不得已而思其次之辭也。三代以下，世及爲禮。未有起甽畝之中，膺天子之薦者。論匹夫之遭際，至於得國而止。五嶽視三公，四瀆視諸侯，故有山川之喻。《説苑・脩文》篇曰：'雍也可使南面。南面者，天子也。'孫卿子曰：'聖人之得埶者，舜禹是也。聖人之不得埶者，仲尼、子弓是也。'楊倞《注》：'子弓，仲弓也。'顔淵問爲邦，夫子告以四代禮樂。三子言志，許以諸侯。仲弓德行亞於顏淵，遠出三子之上。觀夫子所以稱之者，其分量可知矣！然詞意婉曲，寄託深遠，與儀封人木鐸之喻，南宫适禹稷之問，略相似。”

此處，劉氏先引《周禮》用騂牲祭祀之事，指出山川可用騂牲之祭，此爲惠氏之説的補證。接著引劉向、孫卿、楊倞諸説，突出仲弓“可使南面”，具體指出孔子以山川之喻，婉曲深遠地表達了對仲弓的稱讚，其詞意、其寄託與《八佾》篇第24章“儀封人之喻”、《憲問》篇第5章“南宫适禹稷之問”相似。考證嚴密，闡述新穎。

劉氏最後總結：“末學膚受，緣文生義，至以‘之子’二字，誣及所生。《史記》稱仲弓父賤人，殆由傅合耕犂之指。王肅《家語》謂生於不肖之父，則又緣雜文之訓，而遷就其説。《周禮》沈辜用尨，山林川澤正當用雜色之牲。外祭用尨，則並五嶽、四鎮、四瀆亦有時用雜色者。何故尨牛之子反有勿用之。疑雜文之訓始於揚雄。高誘解《淮南》、王肅注《家語》，一皆承用。《小爾雅》爲王肅輩所僞託，故亦云。然微言絶而曲説興，所從來遠矣。”劉氏將先儒誣説産生的源頭定爲楊雄，承用曲説的脈絡瞄準高誘注《淮南》、王肅注《家語》、王肅輩所僞託《小爾雅》，一直沿襲至清初惠氏，其源流清清楚楚，其結論允當精密，令人信服。

又如《述而》33章：“文莫，吾猶人也；躬行君子，則吾未之有得。”此章之解釋，歷來頗多歧見，其關鍵在於對“文莫”尤其是“莫”字的理解。歷來解釋大多爲望文生義式的經義描述，顯得單薄，没有厚度，缺少考據支撑。劉台拱獨闢蹊徑，從音韻訓詁角度予以詮釋：“楊慎《丹鉛録》引晉欒肇《論語駁》曰：‘燕、齊謂勉强爲文莫。’又《方言》曰：‘侔莫，强也。北燕之外郊，凡勞而相勉若言努力者，謂之侔莫。’謹案《説文》：‘忞，强也’；‘慔，勉也’。忞讀若旻。文莫即忞慔，假借字也。《廣雅》亦云：文，勉也。黽、勉、密、勿、蠠、没、文、莫，皆一聲之轉。文莫，行仁義也，躬行君子，由仁義行也。”

劉氏先從燕齊民間方言訓釋“文莫”當解之爲勉强。孔子誦詩、讀書，執禮，“皆雅言也”，然平時與弟子交談或自言自道時，偶説方言亦未嘗不可。再從揚雄《方言》中找到訓“文莫”爲勉强的證據，此解又在《説文》中得到佐證，並進而指出“文莫即忞慔，假借字也。”且在《廣雅》中找到聲韻學的依據。劉氏之解未必就是定論，但從聲訓文字角度切入却新穎獨特，别具一格。讓我們感受到劉氏占有材料的豐贍，治經視野的開闊。尤其可貴的是，劉氏在此基礎上，對此章經義做出精湛獨到闡述，即"文莫，行仁義也；躬行君子，由仁義行也"。據此，本章之義當爲"行仁義，吾猶人也；由仁義行者，則吾未之有得"。這樣理解，不僅經義圓通，前後分句之間依然是十分清晰的轉折關係，而且將此章經義上升到仁學的高度。劉氏在此强調對孔子自道之辭要詳審深思，深入挖掘經文中蘊含的深遠之旨和微言大義。

焦循一生著述至數百卷，乃乾嘉學者中第一流人物。所著《易通釋》、《易章句》、《易圖略》突破兩千年傳注的模式，新解紛呈，創見卓越，受到阮元、王引之等名儒的一致推崇。其實，焦循治《論語》亦有獨特創見，精深邃密，所著《論語通釋》、《論語補疏》及手批《論語注疏解經》（參見賴貴三《焦循手批〈十三經注疏〉研究》）亦"發明實多"。

《衛靈公篇》第 3 章"予一以貫之"，焦循引何晏《集解》説："善有元，事有會，天下殊塗而同歸，百慮而一致，知其元則衆善舉矣，故不待多學而一知之。"引韓康伯注云"少則得，多則惑，途雖殊，其歸則同。慮雖百，其致不二。苟識其要，不在博求，一以貫之，不慮而盡矣。"此與何説相近。焦循又引《繫辭傳》云"天下何思何慮？天下同歸而殊塗，一致而百慮"，引《易傳》言"同歸而殊塗，一致而百慮"。焦循認爲《繫辭傳》、《易傳》所云不同於韓氏、何氏注義，明確指出"何氏倒其文爲'殊塗而同歸，百慮而一致'。則失乎聖人之旨"。焦循辨之曰：

> 《莊子》引記曰"通於一而萬事畢"，此何、韓之説也。夫通於一而萬事畢，是執一之謂也，非一以貫之也。孔子以一貫語曾子，曾子即發明之，云"忠恕而已矣"。忠恕者何？成己以成物也。《孟子》曰："大舜有大焉，善與人同，捨己從人，樂取於人以爲善。"舜於天下之善無不從之，是真一以貫之，以一心而同萬善，所以大也。一貫則爲聖人，執一則爲異端。董子云夫喜怒哀樂之發，與清暖寒暑其實一貫也。四氣者天與人所同也，天與人一貫，人與己一貫。故一貫者，忠恕也。孔子焉不學無常師，無可無不可。異端反是。孟子以楊子爲我、墨子兼愛、子莫執中爲執一而賊道，執一由於不忠恕，楊子惟知爲己而不知兼愛，墨子惟知兼愛而不知爲我，子莫但知執中而不知有當爲我當兼愛之時也。爲楊者必斥墨，爲墨者必斥楊，楊已不能貫墨，墨已不能貫楊。使楊子思兼愛之説不可廢，墨子思爲我之説不可廢，則恕矣，則不執一矣。聖人

之道,貫乎爲我、兼愛、執中者也。執一則人之所知所行與己不合者,皆屏而斥之,入主出奴,不恕不仁,道日小而害日大矣。人之有技,若己有之,保邦之本也;己所不知,人其捨諸,舉賢之要也;知之爲知之,不知爲不知,力學之基也。善於人同,則人之所知所能皆我之所知所能而無有異。惟事事欲出乎己,則嫉忌之心生,嫉忌之心生,則不與人同而與人異。執兩端而一貫者,聖人也;執一端而無權者,異端也。《記》曰:"夫言豈一端而已夫,各有所當也。"各有所當,何可以一端概之?《史記·禮書》云:"人道經緯萬端,規矩無所不貫。"惟孔子無所不貫,似恃乎多學而識之,乃多學而識,仍自致其功而未嘗通於人,孔子以忠恕之道通天下之志,故無所不知無所不能,非徒恃乎一己之多學而識也。忠恕者,絜矩也。絜矩者,格物也。格物而後知至,故無不知由身以達乎家國天下,是一以貫之也。一以貫之,則天下之知皆我之知,天下之能皆我之能,何自多之有?自執其多,仍執一矣?①

由此可知,焦循如此花費筆墨,完全是爲了界定或澄清"殊塗同歸、百慮一致"與"同歸殊塗、一致百慮"兩者之間的區别。此兩者之間現象上的語序顛倒,究竟能帶來經義指向上的何種差異?讀之審之嚼之,芳茗之香漸出。"殊塗而同歸,百慮而一致",歸乎誰?致乎誰?或即楊子爲我,或即墨子兼愛,或即子莫執中,惟其一端不及其餘。由"殊途""百慮"聚焦一端,一端者,即我也,己也,萬物皆歸致於我,萬事皆服從於我。即今人所言:人人爲我。然"同歸而殊塗,一致而百慮"則恰恰相反,由一發散,由一塗指向多塗,由一點思慮多面。即捨己從人,善於人同;即成己成物,立己立人,達己達人;亦即不執一也,不異端也,知其一端而能顧及其餘,用今人的説法是:我爲人人。當然,"我爲人人"並不是喪失自我,是由我身以達乎家國天下,是一以貫之之我。那時天下之知皆我之知,天下之能皆我之能,進入一個萬物即我、我即萬物的物我兩忘境界,是一個大徹大悟的通脱之大我。可見,"同歸而殊途,一致而百慮"是一個否定之否定的過程,是一個自我創造、自我完善、走向大我的過程。不深思之,審察之,不會有此種見解,可見焦氏考證之邃密,闡發之精深。

① 嚴靈峰編:《無求備齋論語集成》22 函,臺北:藝文出版社,1967 年,第 12—13 頁。

阮元學問淵博，稱得上揚州學者中的巨擘，乾嘉學者中的重鎮。其《論語論仁論》之總論充分體現出精深邃密的治經特點。

阮元曰："詮解仁字，不必煩稱遠引，但舉《曾子·制言篇》：'人之相與也，譬如舟車，然相濟達也。人非人不濟，馬非馬不走，水非水不流。'及《中庸篇》：'仁者人也。'鄭康成注：'讀如相人偶之人。'數語足以明之矣。"

阮元進一步引證曰："許叔重《説文解字》：'仁，親也。從人二。'段若膺大令《注》曰：'見部曰親者，密至也，會意。'《中庸》曰：'仁者，人也。'《注》：'人也，讀如相人偶之人。以人意相存問之言。'《大射儀》：'揖，以耦。'《注》：'言以者，耦之事成於此，意相人耦也。'《聘禮》：'每曲揖。'《注》：'以人相人耦爲敬也。'《公食大夫禮》：'賓入三揖。'《注》：'相人耦。'《詩·匪風箋》云：'人偶能烹魚者，人偶能輔周道治民者。'……以上諸義，是古所謂人耦。猶言爾我親愛之辭。獨則無耦，耦則相親。故其字從人二。孟子曰'人也者，人也。'謂仁之意即人之也。"

阮元又從語源學角度再作訓解："仁字不見於虞、夏、商《書》及《詩》三頌、《易》卦爻辭之内，似周初有此言而尚無此字，其見於《毛詩》者，則始自《詩·國風》'洵美且仁'，再溯而上，則《小雅·四月》'先祖匪人，胡寧忍予。'此'匪人'人字，實是'仁'字，即人偶之意，與《論語》'人也，奪伯氏邑'相同。蓋周初但寫'人'字，周官禮後始造'仁'字也，《鄭箋》解'匪人'爲'非人'，孔疏疑其言之悖慢，皆不知'人'即'仁'也。"在上古文獻中，"仁"字用例可謂鳳毛麟角，今文《尚書》中，僅有一個"仁"字出現；商承祚説甲骨文裏有一"仁"字，但董作賓認爲其是誤讀①，金文裏也僅見一個"仁"字②。何以出現這種情況呢？阮元認爲主要是周初時"人""仁"相通，且周秦時幾乎人人皆知"仁"當訓爲"人"。阮元在解釋"子罕言利與命與仁"時云："仁字之訓爲人也，乃周秦以來相傳未失之故訓。東漢之末，猶人人皆知，並無異説。康成氏所舉相人偶之言，亦是秦漢以來，民間恒言，人人在口。"所以康成僅注以"相人偶"，因人人皆知，故無須贅言。然"初不料晉以後此語失傳也。大約晉以後異説紛歧，狂禪迷惑，實非漢人所能預料。使其預料及此，鄭氏等必

① 參見《學術評論》卷二，1953年第1期，第18頁。

② 參見［韓］趙駿河：《孔子的"仁"和"禮"》，《孔子研究》，1996年第2期，第118—128頁。

詳爲之説，不僅以相人偶一言以爲能近取譬而已。”①

在此基礎上，阮元進一步具體釋義：“孔門所謂仁也者，以此一人與彼一人相人偶，而盡其敬禮忠恕等事之謂也。相人偶者，謂人之偶之也。凡仁必於身所行者驗之而始見，亦必有二人而仁乃見。”在阮元眼裏，“仁”是一個意蘊豐富、包容性極强的概念，“士庶人之仁，見於宗族鄉黨；天子諸侯卿大夫之仁，見於國家臣民。同一相人偶之道，是必人與人相偶而仁乃見也。”阮元認爲，解“仁”爲“相人偶”，能够統合諸家之意，並能够貫通《論語》所述諸“仁”。他説：“鄭君相人偶之注，即曾子‘人非人不濟’、《中庸》‘仁者人也’、《論語》‘己立立人，己達達人之旨’。”阮元舉例《論語》論仁之章句，充分證明釋“仁”爲“相人偶”，與“五十八章之旨，有相合而無相戾者，即推之諸經之旨，亦莫不相合而無相戾者”。

通讀《論語論仁論》全文，“相人偶”之説無疑是阮元立意的核心，全篇皆圍繞這一釋義展開，反復論證。如釋“夫仁者己欲立而立人，己欲達而達人”（《雍也篇》）時云“必兩人相人偶而仁始見也”；釋“聖與仁”（《述而篇》）時云“聖賢之仁必偶於人而始可見”；“雖有周親不如仁人”（《堯曰篇》）、“里仁爲美”（《里仁篇》）時曰“以上六章，皆言爲仁須擇仁人與我相助，觀此，則相人偶之説益明矣”。

綜上所述，阮元從上古之《左傳》、《國語》、《爾雅》、《詩經》、《周禮》、《儀禮》、《禮記》、《周易》、《春秋》等文獻，反復聚焦“仁”之注解，可見其考證縝密。阮元訓“仁”爲“相人偶”，强調了“向外”一面，强調了“立人”、“達人”一面，在哲學史及思想史上有重大貢獻，因爲《論語》學史上，大多學者常常强調“仁”之“克己修身”一面。足見其尖穎精深。

三

清代之《論語》詮釋，揚州學派無疑具有承前啓後的作用。經過吴、皖兩派的治經實踐，“凡漢皆好”、“凡古必真”的偏頗逐漸消解，崇尚古注、精於名物的視域進一步拓展，《論語》詮釋的領域、規模進一步擴大，不主一家、求真求是的條件更加成熟。故揚州學派能够會通吴、皖，平分漢宋，兼采諸家，始由專精之學匯爲貫通之學。

① 阮元：《揅經室集》，北京：中華書局，1993年，第194頁。

阮元《論語解》,引文獻反復論證"君子務本,本立而道生。孝弟也者,其爲仁之本與"爲孔子語時,引《後漢書・延篤傳》曰:"夫仁人之有孝,猶四體之有心腹,枝葉之有根本也。聖人知之,故曰'夫孝天之經也,地之義也,人之行也';'君子務本,本立而道生。孝弟也者,其爲仁之本與'。"他説"觀此,延篤以此節十九字與《孝經》十四字,同引爲孔子之言。其爲兩漢人舊説,皆以爲孔子之言矣。延篤,後漢人,博通經傳,寬仁恤民。其論仁孝也,語質而義明。足爲《論語》此章注解,不似後人求之太深而反失聖人本意。"於此,阮元評價説"故東漢人經説最爲平正純實"①,由此,可見出其對漢儒古注的推崇。然阮元並非盲目信古、嗜古,亦不是惟漢人是從,而是對漢人經解"平正純實"的肯定。阮元爲王引之《經義述聞》作序時稱:"凡古儒所誤解者,無不旁徵曲喻,而得其本義之所在,使古聖賢見之,必解頤曰:吾言固如是,數千年誤解之,今得明矣。"可見其認同古注有誤,且對糾正"數千年之誤解者",深表讚賞。

阮元學問淵博,對於經史、小學、天算、輿地、金石、校勘等,無不窮極隱微,有所闡發。龔自珍盛讚阮元的訓詁之學、校勘之學、目録之學、典章制度之學、史學、金石之學、術數之學、文章之學、性道之學、掌故之學等,稱其"凡若此者,固已匯漢宋之全,拓天人之韜,泯華實之辨,總才學之歸"。阮元著《論語注疏校勘記》,可謂會通群經,博采百家。阮元認爲"魯、齊、古本異同,今不可詳。今所習者,則何晏本也"。故在校勘時以何晏《論語集解》爲模本,不但校勘《論語》經文,且對漢代諸家詮釋經文之内容亦作出考訂。阮元不别古今,不分漢宋,將其與漢石經、唐石經、宋石經、皇侃義疏、高麗本、十行本、閩本、北監本、毛本等,比較觀照,考其同異,勘出增字、脱字、誤字等,不僅大量參稽漢儒古注的有關經解,還充分吸收了朱熹、王應麟、張栻、吕祖謙、真德秀、臧琳、朱彝尊、惠棟、翟灝、錢大昕、程瑶田、段玉裁等宋代人乃至同時代人的研究成果,大大地提高了校勘品質,從而使阮刻得以躋身善本行列。

焦循强調兼采,深惡執一。他生逢乾嘉時期,考據之風極盛。袁枚和孫星衍,爲著"考據"二字,争論不休。焦氏在《與孫淵如觀察論考據著作書》中尖鋭指出:"考據之名,不可不除。"這充分説明了焦氏對當時據守固隘之輩,

① 阮元:《論語解》,《揅經室集》,第51—52頁。

十分不滿。他在《家訓》一文中著重談到:"近之學者,無端而立一考據之名,群起而趨之。所據者漢儒,而漢儒中,所據者又惟許、鄭。執一害道,莫此爲甚。專執兩君之言,以廢衆家。或比許、鄭而同之,自擅爲考據之學,吾深惡之也。"①焦循十分清楚地道出了欲除"考據之名"的原因。因考據者惟據漢儒許、鄭,而專執許、鄭之言則因導致廢百害道。這種觀點在《論語補疏》中有更加具體的闡述。

如"子張篇"第4章"雖小道必有可觀者焉"條,焦循按云:

> 聖人一貫則其道大,異端執一則其道小。孟子以爲大舜有大焉,善與人同,能通天下之志,故大。執己不與人同,其小可知,故小道爲異端也。可觀,謂可以相觀而善,即攻乎異端也。百家九流,彼此各異,使彼觀於此而相摩焉,此觀於彼而相摩焉,則異者相易而爲同,小者旁通而爲大。惟不能相觀而善,小終於小,而不相通則不能致遠矣。泥即執也,相觀則能致遠,不相觀則泥,故欲致遠則恐其泥。是以君子不爲也,即是以君子不泥也。邢疏謂必有小理可觀覽,非其義。②

此解"小道可觀",與邢疏有别,耐人尋味。執一則自小其道,執己不與人同亦自小其道。此與彼各異,執此謂其小,執彼亦謂其小。然"小與小"之間、"此與彼"之間、"己與人"之間有其"可觀"處,"可觀",即可以"相觀而善",可以"相摩"而同,可以"旁通而爲大",可以"不泥"而"致遠"。此即從"大小"、"彼此"、"人己"等範疇闡述了十分深邃的道理,從哲學的層面論述了"兼采"、"貫通"的意義和價值。

兼采和貫通互爲因果,相得益彰。經學史上,常常提及"旁通"二字,這兩字用在别人身上還可凑合,但概述焦循則既不準確也不貼切。别人旁通一經、一家、一時,可焦循能貫通群經,貫通百家,貫通古今。《雕菰樓集》卷六有《讀書三十二贊》,篇中所標舉的作者,如顧炎武、閻若璩、梅文鼎、王錫闡、毛奇齡、張爾岐、胡渭、江永,固然是清初大師。至於程瑶田、錢大昕、段玉裁、王念孫,年輩雖較焦氏爲早,但多見過面或通過信。其他如阮元、王引

① 張舜徽:《清儒學記》,武漢:華中師範大學出版社,2005年,第430頁。

② 嚴靈峰編:《無求備齋論語集成》22函,第19頁。

之、姚文田、汪中、淩廷堪、汪萊、李鋭，便是和他常相往來的人。他都各取所長，加以讚揚，體現了他虚心服善、不薄今人的精神。

焦循於是能往來於百家之間，貫通於群書之内。他不但在一經内貫通，還貫通於群經之間。《衛靈公篇》第 9 章“志士仁人，無求生以害仁，有殺身以成仁”條，先引孔曰：“無求生以害仁，死而後成仁，則志士仁人不愛其身也。”焦循按：“殺身成仁，皇、邢兩疏引比干、夷、齊固矣，乃殺身不必盡甘刀鋸鼎鑊也。舜勤衆事而野死，冥(禹)勤其官而水死，爲民禦大菑、捍大患，所謂仁也，以死勤事，即是殺身成仁。苟自惜其身，則禹不胼胝，不至於跳步則水不平，民生不遂，田賦不能成，即是不能成仁。故有殺身以成仁者也，不愛其身以成仁則能敬其事。故修己以敬即能安人安天下也，管仲不死而民到於今受其賜。則成仁不必殺身，死不死之關乎仁不仁，可互見矣。”①

此與“殷有三仁”章可互參，能糾正前人解説之偏頗處，有新解，特别是對“殺身成仁”作出了富有哲理的解釋，其强調事功的思想給人留下深刻印象。這些緣自於焦循的胸襟和識見。因爲兼采貫通，他能見廣識高，心游萬仞，見微知著，窺全豹而聚焦一斑。

劉寶楠《論語正義》是清代研究《論語》的集大成之作，它的最大特點就是取材繁富，充分體現了劉寶楠父子兼收並蓄的治經態度。卷首凡例中“不專主一家”、“以證向來注疏家墨守之失”、“悉爲列入”及後敘中“不欲分漢、宋門户之見”等語，皆能説明劉氏父子廣徵博采、兼收並蓄的注疏指導思想。且這一思想貫穿全書的注疏過程。

劉氏父子充分吸收歷代注疏成果，一是重視漢人經注。清乾嘉學者解經籍，由訓詁考證，其目的乃在探求聖人著述之本義，因此認爲去古未遠的漢人經説最接近聖人之意，故特爲注重。二是保存魏、晉人著録之舊。三是在疏解上注意釋經與義疏結合，對於何晏《注》、邢昺《疏》能加以審核抉擇。

劉氏父子能够突破經傳範圍，擴大於諸子學及史書的整理。《論語正義》一書援引了歷代諸多著述作爲考據之用，其引用書目計有一百五十種以上，既用以校訂文字、考證名物制度，也用於發明《論語》之經義。

劉氏父子能够兼采宋人之長義。清代官學尊奉朱子學，然而學術上却宗乾嘉考據學。考據學又以恢復漢學爲依歸，因此便形成了漢宋之争。漢

① 嚴靈峰編：《無求全備齋論語集成》22 函，第 19 頁。

宋之争是清代學術史上的重要課題，清初諸儒之所以提倡漢學，其重要原因之一在於反對宋學。但至嘉慶間的經學家多已不存漢宋之門户。劉寶楠著《論語正義》亦欲打破漢宋壁壘，不存門户之見。書中明言引用《朱子章句》或《朱子語類》的約有三十條，另外也有引朱《注》而未言明，或糾正朱《注》的①。

劉氏父子以漢爲尊、以古爲尚的同時，亦能兼采當代注經成果。他在《論語正義》的注解中，大量吸收清人之研究成果，如顧炎武、毛奇齡、閻若璩、江永、惠棟、尤侗、王念孫、王引之、宋翔鳳、包慎言、俞樾、錢大昕、段玉裁、金榜、馮登府、方觀旭、孔廣森、顧棟高、沈濤、柳興恩、戴望、邵晉涵等等，尤其注意吸收戴震、焦循、阮元等人的觀點和見解。兹舉一例。

疏《里仁篇》"吾道一以貫之"時，《正義》引了焦循、王念孫、阮元的話作注解：

> 焦氏循《雕菰樓集》曰："孔子言吾道一以貫之。曾子曰：忠恕而已矣。然則一貫者，忠恕也。忠恕者何？成己成物也。"……又云："孟子曰：'物之不齊，物之情也。'惟其不齊，則不得以己之性情，例諸天下之性情；即不得執己之所習、所學、所知、所能，例諸天下之所習、所學、所知、所能。故有聖人所不知而人知之，聖人所不能而人能之；知己有所欲，人亦各有所欲；己有所能，人亦各有所能。聖人盡其性以盡人物之性，因材而教育之，因能而器使之，而天下之人，共包函於此化育之中，致中和，天地位焉，萬物育焉。"……王氏念孫《疏證》："……一以貫之，即一以行之。……"阮氏元《揅經室集》曰："吾道一以貫之，此言孔子之道，皆於行事見之，非徒以文學爲教也。……"

劉寶楠在引文後下案語道："一貫之義，自漢以來，不得其解，若焦與王、阮二家之説，求之經旨，皆甚合，故並録存之。"由此，可見《論語正義》不主一家的治經特點。

兼采貫通是吴皖兩派尚古求是經學實踐的理性超越，是乾嘉學術走向

① 參見楊菁：《劉寶楠〈論語正義〉的注疏方法及其特色》，蔣秋華主編：《乾嘉學者的治經方法》（下册），臺灣"中央研究院"中國文哲研究所，2000 年，第 707—729 頁。

高峰的思想基礎。兼采貫通是一種胸襟,是一種智慧,是經學研究追求實事求是的歷史必然。只有兼采貫通,才能真正走向實事求是,要實現實事求是的目標,必須藉由兼采貫通之路徑。在兼采貫通之路徑和實事求是的目標下,揚州學派具有通脱的治學態度和開放的學術胸襟,能够廣徵博采、兼收並蓄,多聞能抉,多見有識。

劉台拱《論語駢枝》,"兼采漢宋,故是書之作雖僅十六則,然考證名物,研精理義,兼而備之","考證名物,研精理義,未嘗離而二之,所著《論語駢枝》,精深諦確,能發先儒所未發"。王念孫亦云:"其於漢宋諸儒之説,不專一家,而惟是之求。"

劉寶楠具有兼采備録、不囿陳説的治學態度,其對於舊説,既不盲從,亦不輕易詆毁,凡於衆説難以取捨者,則皆尊而録之。《論語正義》除對於前人之注疏審於去取、糾正其繆外,於諸異解可合經義者,皆並存論列,不輕易去之,以供後學比較參考之用。

焦循的《論語》詮釋,雖是没有"證實"的長篇巨制,但留下"運虚"的亮麗風景。這不是那些"暖暖姝姝,守一先生之言"的人所能夢見的。他的治學,所以能有卓越的識見和宏闊的規模,該源於他兼采貫通的胸襟,他認爲天地間没有一成不變的事物,也没有固定不移的見解。故能用發展貫通的思想研究經學,從辯證法的高度詮釋經學。如《衛靈公篇》第 9 章,此與"殷有三仁"章可互參,此能糾正前人解説之偏頗處,有新解,特别是對"殺身成仁"作出了富有哲理的解釋,其强調事功的思想給人留下深刻印象。

四

清代之《論語》詮釋,揚州學派無疑具有承前啓後的作用。吴、皖兩派固然在《論語》詮釋方面有著不可動摇的地位,但其規模、其廣度、其深度皆不及揚州學派。揚州諸儒,會通吴皖,平分漢宋,往來於百家之間,貫通於群書之内。始由專精之學匯爲貫通之學。將清代《論語》研究推向高峰,誕生了《論語》研究的集大成之作——《論語正義》。

揚州學派秉承皖派訓詁明而義理明的治經宗旨,並將其發揚光大。他們詮釋《論語》時注重訓詁考據和義理闡發,做到考據義理,兩不偏廢。這種相容貫通的治經思想,既避免了見樹不見林的餖飣之學,亦避免了游談無根、主觀臆斷的空疏之學,有利於《論語》詮釋推向深入。

阮元"師承東原,守以古訓發明義理之意"①。在其有關著述中反復申述。如"聖賢之道存乎經,經非詁不明","聖人之道,譬若宫牆,文字訓詁,其門徑也","聖賢之言,不但深遠者非訓詁不明,即淺近者亦非訓詁不明","古今義理之學,必自訓詁始"。足可見出其自訓詁而明義理的治經門徑。

焦氏雖反對爲考據而考據,但真正反對的不是考據本身,而是那些僅僅滿足考據、以考據爲目的據守固隘之輩。其經學實踐並不疏於考據,王引之稱他《易學三書》爲"鑿破混沌,掃除雲霧,一一推求,至精至實"。其《論語補疏》即以訓詁通達義理,即使是《論語通釋》這樣的義理闡發之作,亦是穿越於群經之内,貫通於經史傳注之中,並不排斥考據,只是不餖飣、不繁瑣而已。

劉寶楠於禮樂典章、名物制度,亦有精詳考證。如《學而篇》釋"千乘之國"。馬融依《周禮》,即"千乘之國,其地千成,居地方三百一十六里有畸"。包咸依《王制》和《孟子》,認爲千乘之國是百里之國;何晏則並存兩説。《正義》則徵引大量先秦古籍和前人考證,如《左傳》、《周禮》、《説文》、《邢疏》、《賈疏》、等文獻及鄭玄、趙岐、金鶚、江永等人之考證,證明"包氏之説,可無疑矣",解決了何晏留下來的疑難。此外,如《爲政篇》之北辰、車制;《八佾篇》之堂制、夷狄之名、太廟之制、古代的社制;《公冶長篇》之瑚璉之器,宰、邑制,守龜、山節、藻稅之制;《泰伯篇》之麻冕、純、鳥、河圖、冕、齊、衰、緞袍、狐貉;《鄉黨篇》之宗廟、朝廷、上大夫、下大夫、公門、緅、練、袗絺綌、緇衣、羔裘、素衣、覺裘、寢衣、玄冠、居室、飲食、車制;《顔淵篇》之十一税;《堯曰篇》之天帚、律曆等,均有非常翔實的考證,充分顯示出劉寶楠精於名物的考證功力。

當然,揚州學派畢竟是晚出於吴皖兩派的後起之秀。經過吴派、皖派的經學實踐,至揚州學派時,其經學研究已經很少停留在單純的音韻、訓詁、名物、制度上。就《論語》研究而言,亦很少見到乾嘉初期惠棟《論語古義》、江永《鄉黨圖考》那樣的比較典型的輯佚、考據之作了,劉台拱、焦循、阮元、劉寶楠等人十分重視《論語》詮釋的義理凸顯。在他們心目中,考據已經成爲一種手段,目的是"以訓詁明義理",探求經典的微言大義。可見,清代考據學發展至揚州學派,已由一字一句、一名一物的研討,進入會通集成的階段。

① 錢穆:《中國近三百年學術史》,北京:商務印書館,1997 年,第 529 頁。

君子和而不同

——揚州學派内部文學觀的差異

顧　農*

揚州學派諸公的學術研究，自然以經學爲主，同時也博涉子、史，關注文學，並頗有兼事創作者。值得特别注意的是，該派中諸人的文學觀念很有些差異，彼此之間既有直接的討論，也有若干實有所指而並不點名道姓的批評。

同一學派之内，如果衆口一詞，那就預示著很難發展，特别是持續的發展。

揚州學派開創者之一的汪中（字容甫，1744—1794）在爲他的友人、高郵學者李惇（字成裕，1734—1784）寫的墓誌中説，他們的一班朋友"並才力所詣，各成其學，雖有講習，不相依附"①。這四句話正道出了揚州學派的特色。這個學派之所以内部關係相當和諧，人才輩出，生氣勃勃，與這種君子和而不同的優良學風密切相關。雷同一響、死抱成團，或喜歡折騰，窩裏亂鬥，都是絶對不利於學術研究和文學創作的。

淩廷堪（字次仲，一字仲子，1757—1809）②也説得好："天下不見學術之

---

* 顧農，揚州大學文學院教授。

① 汪中：《大清故候選知縣李君之銘並序》，《新編汪中集》，揚州：廣陵書社，2005年，第480頁。

② 淩廷堪生年有兩説，一據阮元《揅經室二集》卷四《次仲淩君傳》，其人卒于嘉慶十四年（1809），"年五十有五"，似此則其生年爲乾隆二十年（1755）；一據張其錦《淩次仲先生年譜》，其人享年五十有三，生於乾隆二十二年（1757）。阮説影響甚廣。按淩氏《校禮堂文集》卷十三《學齋二箴》云："乾隆乙巳，余在京師，寓居天津牛次原齋，學爲制舉之文，明年將以應京兆試，時余已年二十有九矣。"乾隆五十年（乙巳，1785）年二十九，則其生年應依張《譜》。詳參林存陽《淩廷堪生年考》，《清史研究》2002年第1期。

異,其弊將有不可勝言者"①;"學問之道,愈辯乃愈精"②;而焦循(字理堂,一作里堂,1763—1820)則説:"朋友相處,必辨明彼此曲直,亦可不必。"③説各有當,而皆爲見道之言。阮元(字梁伯,後改伯元,1764—1849)尤有宰相氣度,不同傾向不同脾氣的學者在他這裏皆各得其所,所以能領袖群倫,衆望所歸。

一個學派内部最好有差異,有討論,有包容;這才能有活力,有發展,有氣象,可以作出較大的貢獻。

一

乾隆四十九年(甲辰,1784),淩廷堪寫信給他的恩師翁方綱,彙報自己爲學爲文的情況和疑惑,其中有兩段涉及汪中,並及年輩略低的阮元,他寫道:

> 廷堪少好六朝辭賦,爲文喜作選體。每見近代名家,以此爲諱,於是起衰八代,既愧退之,酌雅六經,復慚子固,徒以結習已深,未能輒改。今年在揚州,見汪君容甫,研經論古,偶及篇章。汪君則以爲《周官》、《左傳》本是經典,"馬史"、"班書"亦歸紀載;孟、荀之著述,迥異於鴻篇,賈、孔之義疏,不同於盛藻。所謂文者,屈、宋之徒,爰肇其始,馬、揚、崔、蔡,實承其緒,建安而後,流風大暢,太清以前,正聲未泯。是故蕭統一序,已得其要領,劉勰數篇,尤徵夫詳備。唐之韓、柳,深諳斯理,降至修、軾,寖失其傳。是説也,同學或疑之,廷堪則深信焉。
>
> ……獨是汪君既以蕭、劉作則,而又韓、柳是崇,良由識力未堅,以致游移莫定……所謂不古不今,非狐非貉者也。愚見若是,未知適從,伏惟教之。又有儀徵阮君名元字梁伯者,年踰弱冠,尚未采芹,其學問識解,俱臻極詣,不獨廷堪瞠乎其後,即方之容甫、鄭堂,亦未易軒輊也。素知愛才若饑渴,謹以奉聞。④

---

① 淩廷堪:《與胡敬仲書》,《校禮堂文集》,北京:中華書局,1998年,第206頁。

② 淩廷堪:《與程易疇先生書》,《校禮堂文集》,第227頁。

③ 焦循:《里堂札記·與顧千里》,《焦循詩文集》下册,揚州:廣陵書社,2009年,第640頁。

④ 淩廷堪:《上洗馬翁覃溪師書》,《校禮堂文集》,第195—196頁。

汪中將"經典"、"紀載"、"著述"以及清儒相當重視的"義疏"(爲經典寫的注釋)與鴻篇盛藻的"文"明確地加以區分,其基本精神顯然來源於蕭統《文選序》中如下一節:

> 若夫姬公之籍,孔父之書,與日月俱懸,鬼神爭奥,孝敬之準則,人倫之師表,豈可重以芟夷,加之剪截?老莊之作,管孟之書,蓋以立意爲宗,不以能文爲本,今之所撰,又以略諸……至於記事之史,繫年之書,所以褒貶是非,紀别異同,方之篇翰,亦已不同。若其贊論之綜緝辭采,序述之錯比文華,事出於沉思,義歸乎翰藻,故與夫篇什雜而集之。

"蕭統一序,已得其要領",表明汪中乃是一位"文選派";而他又兼重"劉勰數篇",則又表明他也認同於對"文"作極廣義的理解,並不爲《文選》一書所限制。蕭統與劉勰,在汪中心目中雖相反而實相成,此是大家氣象。《文選》學起於隋,盛於唐,其領軍人物曹憲、李善都是揚州人①;揚州學派中人大抵重視《文選》,除了其他原因之外,地域文化傳統也有很大的關係;晚近以來從事《文選》的學者,如劉師培、李詳、朱自清等,都是如此,汪中則是其心胸開闊的先行者之一。

淩廷堪也是很喜歡"選體"、致力於撰寫駢文的,他本人學術文章以外的作品,幾乎完全模擬《文選》②;但他對自己的路徑又有點没有把握;聽了的汪中的一番高論以後,有些意見他認爲很有道理,但又覺得像他那様兼取駢、散不免比較龐雜,"不古不今";在蕭統、劉勰與韓愈、柳宗元之間總得選擇一頭才好,所以要向老師翁方綱請教。從他後來的寫作實踐看去,他終身堅持其"喜作選體"的初衷不變。

---

① 参見顧農:《隋煬帝與文選學》,《中華讀書報》2013 年 3 月 27 日第 10 版;又《文選學在揚州》,《四望亭文史隨筆》,南京:鳳凰出版社,2012 年,第 179—183 頁。

② 淩廷堪《校禮堂文集》凡三十六卷,除了學術論文和序跋共有十五卷之外(卷四、五、十四至十九,二十六至三十二)外,其餘二十一卷基本上都是"選體"之文,如賦(卷一至三)、騷(卷六)、辭(卷七)、七(卷八)、表、啓、檄、露布(卷九)、頌(卷十)、贊(卷十一、十二)箴、銘、(卷十三)、論(卷二十)、連珠(卷二十一)、書(卷二十二至於二十五)、文、傳(卷三十三)、碑(卷三十四)、行狀、墓志銘(卷三十五)、誄、祭文(卷三十六)。

這裏值得關注的是，汪中這一番轉益多師①、“不古不今”的議論是否確有道理，特别是他是否確實發表過這樣一通意見——這是因爲汪中之子汪喜孫（後改名喜荀，字孟慈，1786—1847）在《容甫先生年譜》中引用過淩廷堪致翁方綱的信以後，有這樣一段訂正：

> 謹按，淩君前説，恐亦非先君之旨。先君選周、秦以下之文爲《喜誦》，仿昭明之例，《史》、班傳贊，亦入本書，所見固迥别也。若後説駁先君不當並尊韓、柳，豈有士生唐以後，學爲文章，不從事於韓、柳者？亦可謂妄矣。韓、柳固從先秦、兩漢、六朝熔化爲文，所謂“唐之韓、柳，深諳斯理”是也。今人若作碑版文字，不上規《史》、《漢》，下並韓、柳，但依仿六朝駢偶之作，可乎？②

汪喜孫的這一番訂正和辯駁似未得要領。汪中去世時，喜孫年方九歲，他爲尊翁作年譜已在許多年之後，實在没有資格來下“淩君前説，恐亦非先君之旨”這樣的結論；喜孫心胸較窄，對淩廷堪頗有成見③。事實上，淩廷堪當年向翁方綱介紹有關情況時完全没有必要捏造或歪曲汪中的意見，何況他對汪中的前一段話是表示贊成的；所不滿者，僅在既尊蕭統《文選序》和劉勰《文心雕龍》，同時又高度評價韓愈、柳宗元的古文這一點而已。汪喜孫可以不贊成淩廷堪的意見，但無從否定他所介紹的情況。

汪中對淩氏説的的那一番話，絶没有輕視儒家經典、史傳和諸子之書的意思，他只是説，純文學自有其自身的傳統，這裏最重要的是《楚辭》、漢賦和《文選》中諸作；這同他選周、秦以下之文令兒子誦讀，毫無矛盾之處。蕭統《文選》不選儒家經典、史傳和諸子之書是考慮到“文”的界限，表明了某種純

① 盧文弨：《祭汪容甫文》説：“文章何師？西京鄴下，汴都臨安，未始嚅炙。”（《新編汪中集》附録，廣陵書社，2005年，第51頁）汪中對宋以後的文學比較輕視，這同他藐視宋學有很大關係，學者評價文學，往往較多考慮學術元素。關於這一點本文無從予以展開。

② 汪喜孫：《容甫先生年譜》乾隆四十九年條下，《揚州學派年譜合刊》上册，揚州：廣陵書社，2008年，第175頁。

③ 汪喜孫：《汪荀叔自撰年譜》嘉慶十年（1805）條載：“識淩仲子于選樓，其氣甚傲，不似儒者之度。”在自撰年譜中臧否前輩人物，似不免有傷雅道。詳見《揚州學派年譜合刊》下册，第561頁。

文學的自覺意識。不選的文本並非不重要，只在不在這裏的範圍之內。揚州學派以至全部清儒中没有任何一個人不尊重儒家經典，這與討論狹義之“文”的範圍是兩回事。

汪喜孫在《容甫先生年譜》中對乃父評價極高，這是可以理解的，名父之子幾乎無不如此；但他容不得對乃父的任何批評，則未免有點小家子氣。他不同意淩廷堪致翁方綱信中那些話，避開不提亦可，何必在年譜中做這種低水準的批駁？這大約因爲他本人尊崇八家，傾向於桐城派，遂不免有點偏激。親情有時會干擾學術研究，古今此例甚多，既然無從禁止，也只好先行姑妄聽之，然後束之高閣。

汪喜孫在氣象上明顯比不上揚州學派的前輩諸公。那些老一代學者大抵胸襟開闊，對於不同於己見的議論有求同存異的雅量。從精神素質上來看，第二代的汪喜孫已經淪爲二流人物。

二

在揚州學派諸公中汪中是創作成就最高的，詩寫得好，文章更多有名篇，如《哀鹽船文》、《吊黄祖文》、《自序》、《黄鶴樓銘》、《經舊苑吊馬守真文》等，駢散兼長，感慨繫之，文質兼美，傳誦一時。淩廷堪駢文水準亦高，他是一位更其執著的“文選派”[①]。他們都是阮元之所謂“其人在儒林文苑之間”[②]的高手。阮元本人也兼事研究和創作，只是由於官階甚高，事務太忙，

① 後來姚鼐批評淩廷堪説：“吾昨得淩仲子集閲之，其所論多謬，漫無可取……至以《文選》爲文家正派，其可笑如此。”詳見《惜抱先生尺牘》卷八《與石甫侄孫》，清宣統元年刻本。

② 道光四年(1824)，時任兩廣總督的阮元于廣州粤秀山建成新型書院“學海堂”，《雷塘菴主弟子記》卷六本年條下云：“十二月，建學海堂成。堂爲三楹，前爲平臺，擔望獅洋景象，甚爲雄闊。又於堂後建小齋三楹，曰啓秀山房，蓋依粤秀山也。最後最高處建一亭，曰至山亭，蓋取學山至山之義也。”又載，當新校舍落成之初，阮元親撰一楹聯云：“此地有獅海珠江之勝，其人在儒林文苑之間。”詳見《揚州學派年譜合刊》下册，第 470 頁。稍後阮元將該堂師生的經解、詩賦諸作匯刻爲十六卷，親爲作序云：“潛修實踐之士，聰穎博雅之才，著書至於仰屋，豈爲窮愁？論文期於賤璧，是在不朽。及斯堂也，升高者賦其所能，觀瀾者得其爲術，息焉游焉，不亦傳之久而行之遠歟？”(《學海堂集序》，《揅經室續集》卷四，《揅經室集》下册，北京：中華書局，1993 年，第 1077 頁。標點略有改動)

創作方面不能算很豐收。

汪中重視六朝文學，高度評價蕭統、劉勰，這是他一貫的意見；但他眼界開闊，雖尊六朝，而亦不廢其餘，散體文章也寫得很好，書信更基本用散體。他曾自稱"又喜爲文，自六藝、子、史以下，莫不知其利病，而深思力取之"[①]，又説："所爲文，恒患意不稱物，文不逮意，不專一體。"[②]他的文學取向並完全不受《文選》的限制，而有著更廣闊的視野，且心中並無古文駢文互相對立、二者只能取其一的成見。

除了高度評價《文選》之外，對於唐代復興古文的大師韓愈，汪中也頗推崇，其《文宗閣雜記續編》中有《韓筆之妙》一則云：

> 劉夢得氣高不服人，祭韓退之文極言稱讚："鸞鳳一鳴，蜩螗革音。手持文柄，高視寰海。權衡低昂，瞻我所在。三十餘年，聲名塞天。"牧之云："杜詩韓筆愁來讀，似倩麻姑癢處搔。天外鳳凰誰得髓，無人解合續弦膠。"皆實録也。[③]

這裏雖然只是引用了兩小段唐人的評説，而他本人對韓愈散文的欽仰之情已是溢於言表[④]。正因爲汪中眼界開闊，取徑甚廣，所以他本人的創作成就非常之高，後來李詳（字審言，1859—1933）評論説："容甫先生之文，熟於范蔚宗《書》（按指范曄《後漢書》），而陳承祚之《國志》（按指陳壽《三國志》）在前，裴松之注所采魏晉之文最佳，華而不豔，質而不俚，樸而實腴，淡而彌永。容甫窺得此秘，於單複奇偶間，音節遒亮，意味深長……此其所以獨高一代，而譚復堂先生推爲絶學也。"[⑤]而凌廷堪專工駢體，書信也都寫得

① 汪喜孫：《容甫先生年譜》乾隆三十七年條下引《與達官書》，《揚州學派年譜合刊》上册，第158頁。

② 汪中：《與巡撫畢侍郎書》，《新編汪中集》，第428頁。

③ 汪中：《新編汪中集》，第328頁。

④ 據此可知，後來江藩在《國朝漢學師承記》卷八汪中條下説，汪中"土苴韓歐，以漢魏六朝爲則"，這樣的提法是不準確的。汪中並不否定或輕視韓愈；揚州學派中確有人完全否定唐宋八家，江藩本人就是一個，而汪中不在此列。

⑤ 李詳：《學制齋書札》上卷《與錢基博函（二）》，《李審言文集》，南京：江蘇古籍出版社，1989年，第1050頁。

駢四儷六，運用大量典故。他贊成孔廣森的這一意見："荀卿爲儒宗老師，蕭統乃文章正派。"①至於開復興"古文"之風的韓愈，他是很不贊成的，曾明確指出："昌黎之文，化偶爲奇，戛戛獨造，特以矯枉於一時耳，故好奇者皆尚之。然謂爲文章之别派則可，謂爲文章之正宗則不可也。"②淩廷堪一生專寫駢體文，而且致力於模擬前代名篇，視野不免窄了一點。

阮元評淩廷堪的作品曰："君雄於文，《九慰》、《七戒》、《兩晉辨亡論》、《十六國名臣序贊》諸篇，上擬《騷》、《選》。"③十分可惜的是，正是這一個"擬"字妨礙了淩廷堪發揮其才華。他的文字水準確實很高，而文學成就則算不上有多少。其《七戒》正文前有長序云：

昔屈子作《九章》，王逸曰："九者，陽之數也。"案《春秋正義》，九爲老陽，七爲少陽，故東方朔仿之而爲《七諫》焉。王逸以爲取天子有争臣七人之義者，非也。然考其意度，猶是騷人之遺，相其體制，未改湘纍之貌。獨枚乘《七發》因舊名而創新格，變激響而成巨觀，洋洋乎盡態極妍矣。東京作者，若傅毅之《七激》，崔駰之《七依》，崔琦之《七蠲》，李尤之《七款》，桓麟之《七説》，張衡之《七辯》，馬融之《七廣》；魏晉作者，若曹植之《七啓》，王粲之《七釋》，張協之《七命》，成公綏之《七唱》，陸機之《七微》，左思之《七諷》。鄴下之才不殊於洛下，典午之士可配於當塗矣。是以休奕集之而爲林，昭明采之而入選。至於元嘉以後，謝靈運、顔特進尚嗣厥響，太清而還，梁簡文、何仲言更衍其緒。而自漢迄今，尋其存者，皆不外乎飲饌、車馬、宫室、游觀之盛，田獵、音樂、服飾、嬪御之美，襲景慕聲，層見疊出。雖組織類錦繡，雕琢等圭璋，安能離枚叟之規矩，脱吴客之杼軸哉！……廷堪賦質椎魯，專嗜《禮經》，群籍紛綸，無暇旁及。客有以書畫、辭章、性理、經濟、史學之等相勸勉者，於是擬《七發》之體，爲《七戒》一篇以答之，兼用自厲焉，非敢與古人較得失也。④

---

① 淩廷堪：《孔檢討誄》，《校禮堂文集》，第 322 頁。
② 淩廷堪：《書唐文粹後》，《校禮堂文集》，第 290 頁。
③ 阮元：《次仲淩君傳》，《揅經室集》，第 468 頁。
④ 淩廷堪：《校禮堂文集》，第 60—61 頁。

淩廷堪經學研究的重點在《禮經》(《儀禮》),他把這工作的意義看得極其重大,高於一切課題,於是作《七戒》,並於末段就此大加闡述發揮。這樣的内容比較適合寫論文,而不必寫什麽"七體"。枚乘《七發》之所以高明正在於因舊名而創新格,而在淩廷堪這裏則全是老格,又没有什麽形象感人的東西,僅爲辭賦形式的學術文章,這樣就正如玄言詩僅爲詩歌形式的玄學講義一樣,一定是吃力不討好的運作。《七戒》文中因爲要以書畫、辭章、性理、經濟、史學等等爲鋪墊陪襯,涉及大量的知識和典故,堆砌過多,密不通風,遂使文章失去可讀性,用於自勵固然不錯,而作爲文章其實是失敗的。

專門模擬某一古代選本古代名作,遠離生動活潑的實際生活和親切動人的感情,完全靠學究氣爲之,要想搞好創作是很困難的。錢大昕在致淩廷堪的書信(後收入《校禮堂文集》卷首)中誇獎淩氏"儒林文苑,兼於一身",只不過是前輩學者用於應酬的客套話,未可完全當真。淩廷堪固然也可以説"其人在儒林文苑之間",但基本上在儒林一邊,他主要是一位學者,只能入儒林傳。

汪中則是真正既能入儒林傳,也能入文苑傳的。這裏也舉一篇其作品的序來看,他那篇憑弔前明名妓馬守真一文的小序寫道:

> 歲在單閼,客居江寧城南,出入經迴光寺,其左有廢圃焉。寒流清泚,秋菘滿田。室廬皆盡,惟古柏半生。風煙掩抑,怪石數峰,支離草際。明南苑妓馬守真故居也。
>
> 秦淮水逝,跡往名留,其色藝風情,故老遺聞,多能道者。余嘗覽其畫跡,叢蘭修竹,文弱不勝,秀氣靈襟,紛披楮墨之外,未嘗不愛賞其才,悵吾生之不及見也。夫托身樂籍,少長風塵,人生實難,豈可責之以死。婉孌倚門之笑,綢繆鼓瑟之娱,諒非得已。在昔婕妤悼傷,文姬悲憤,矧兹薄命,抑又下焉。嗟乎!天生此才,在於女子,百年千里,猶不可期,奈何鍾美如斯,而摧辱之至於斯極哉!
>
> 余單家孤子,寸田尺宅,無以治生。老弱之命,縣(懸)於十指。一從操翰,數更府主。俯仰異趣,哀樂由人。如黄祖之腹中,在本初之弦上。静言身世,與斯人其何異?只以榮期二樂,幸而爲男,差無床簣之辱耳。江上之歌,憐以同病,秋風鳴鳥,聞者生哀。事有傷心,不嫌非

偶,乃爲詞曰……①

這裏不談專門學問,基本不用什麼典故(只有黄祖/禰衡、袁紹/陳琳、榮啓期等三個常見的),直寫肺腑,一味抒情,把一位半生沉浮於幕僚生涯之通儒的屈辱、痛苦和哀傷寫得十分淒厲動人。雖然時當乾隆盛世,而未能正式獲取功名、進入仕途的學者絲毫無幸福之感,反而覺得自己與妓女處境相似,讀來真是驚心動魄。這才是具有藝術感染力的文學作品,而非死氣沉沉的學究論文。

汪中的文章一向得到很高的評價,他的朋友王念孫(字懷祖,號石臞,1744—1832)說:"至其爲文,則合漢魏晉宋作者而鑄成一家之言,淵雅醇茂,無意摩放(摹仿)而神與之合,蓋宋以後無此作手矣。"②這裏的"晉宋"之"宋"指南朝宋,代表六朝;而"宋以後"之"宋"指趙宋。近賢繆鉞先生說:"朴學名家,拙於文采,才華之士,每患空疏;識解高明者,難期於沉潛研索之業,學有專詣者,恒苦乏閎通淹貫之思。故詩人與學者,通識與專家,相反相成,兼具匪易。而丹素相非,甘辛互忌,亦往往由於才性所囿,徒知引一隅之長,而鮮能審異量之美也。與容甫同時之學者,或以識解勝,或以學力稱,或以才華顯,如舉一隅相衡量,容甫或有未逮,然苟合而觀之,能具多方面之發展,而均有相當高之造詣,則容甫頡頏群英,實有其不可掩没者在。"繆先生又說:"學六朝者,易流於堆砌重膇,而容甫以輕靈之氣運之;摹八家者,又失於矯揉造作,而容甫以自然之致出之。故能兼駢散兩體之長而自具清新馨逸之美。……當時治樸學而兼工文辭者,如孔巽軒、孫淵如、洪稚存、張皋文等,高者僅與容甫頡頏,下者多有不逮。晚近李審言、黄季剛亦篤好汪氏文,心摹手追,而論及體氣高妙,終有望塵之歎。"③評價極高,而並非過譽。

所以在現在的文學史上,汪中一向有一席之地,淩廷堪則難以進入,至於阮元,雖然會提到,但不是因他的創作,而是爲他的理論批評思想。

① 汪中:《經舊苑吊馬守真文》,《新編汪中集》,第471頁。

② 王念孫:《汪容甫〈述學〉叙》,《新編汪中集》附録,第61頁。

③ 繆鉞:《冰繭菴古典文學論集·汪容甫誕生二百年紀念》,《繆鉞全集》第2卷,石家莊:河北教育出版社,2004年,第176—177頁。

三

比起淩廷堪來，阮元是一位理論上更徹底的《文選》派，他學問大，官階高，組織能力强，又得享高壽，實屬揚州學派的領軍人物，影響非常之大。

淩廷堪與《文選》的關係主要表現在他一向重視模仿《文選》中的選文來寫自己的文章，而阮元工作的重點則在於依託《文選》來闡明自己的文學思想，重新建構"文"的傳統。

阮元在青年時代曾跟著淩廷堪去拜訪學術前輩汪中①，聽到過他那一番高度重視蕭統《文選序》和《文心雕龍》而又兼重駢、散的高論；阮元本人是很早就研習《文選》的②，非常贊成蕭統區分經、史、子與文的意見，並且敏鋭地認識到，這乃是可以利用來抵制桐城派的有力武器——該派完全否定駢文，專重唐宋八大家的古文，他們的所謂古文，用中古時代的眼光來看，其實並不能算是"文"，乃是經、史、子的派生産物，而真要談經、史、子，又非得下一番實事求是的樸學功夫不可，講宋學的桐城派恰恰缺少這樣的功夫，只知道反復高談"義理"以及文章學的種種小技巧，並没有多大意思。於是他二十五歲時（乾隆五十三年，1788）就在爲本師孫梅編撰的《四六叢話》所寫的序言中大發議論道：

> 自周以來，體格有殊，文章無異。若夫昌黎肇作，皇、李從風，歐陽自興，蘇、王繼軌，體既變而易今，文乃尊而稱古。綜其議論之作，並升荀、孟之堂，核其叙事之辭，獨步馬、班之室。拙目妄譏其紕繆，儉腹徒襲爲空疎。此沿子、史之正流，循經傳以分軌也。考夫魏文《典論》、士衡賦文，摯虞析其流别，任昉溯其原起，莫不謹嚴體製，評騭才華；豈知古調已遥，矯枉或過，莫守彦和之論，易爲真氏之宗矣。我師烏程孫司馬，職參鳳書，心擅雕龍，綜覽萬篇，博稽千古，文人之能事，已攬其全，

---

① 淩廷堪《汪容甫墓誌銘》曾提到"憶甲辰歲（按即乾隆四十九年，1784），阮伯元詹事方弱冠，余偕之訪君，君與談論……"詳見《校禮堂文集》，第 320 頁。

② 阮元在《揅經室二集》卷二《揚州隋文選樓記》中自稱"元幼時即爲《文選》學"，詳見《揅經室集》上册，第 389 頁。

> 才士之用心，深窺其秘……體分十八，已括蕭、劉，序首二篇，特標《騷》《選》……元才囿陋質，心好麗文，幸得師承，側聞緒論，妄執丹管而西行，願附驥尾而千里。固知盧、王出於今時，流江河而不廢；子雲生於後世，懸日月而不刊者矣。①

此序措辭極其委婉，阮元此時資歷尚淺，未便放言高論，聯繫他後來的言論來看，這裏實際上提出了如下重要的文學思想：

首先，中國的文章有一個一以貫之的傳統，始終没有中斷，而唐宋古文運動客觀上打斷了這一傳統，自稱其所作是什麽"古文"，實際上一筆抹殺了八代的文章，未免矯枉過正，其影響大有消極的一面，"儉腹徒襲其空疎"就是其中的一項——這裏所諷刺的"儉腹"作家，實指桐城派諸公。

其次，阮元根據蕭統《文選序》講究嚴格區分經、史、子與文之不同，並進而指出唐宋古文實際上是"沿子、史之正統，循經傳以分軌"的文本，並不是"文"，或充其量也只是"文"的變態，他們自稱"古文"是站不住脚的。"麗文"（駢儷之文）乃是文之正宗，也才是自己心儀的"古制"，阮元試圖重新建構以駢文爲中心的文統，只是此時尚未大聲疾呼以出之。

第三，研究文論應以"蕭（統）、劉（勰）"爲準繩，這正是汪中提到的"蕭統一序"、"劉勰數篇"（即《文心雕龍》）。本師孫梅也是這麽做的，而自己則欲沿此繼進，作出新的貢獻。

孫氏《四六叢話》一書原是要在散體古文占據文壇中心的背景之前爲駢體文争取一席之地而作，所以態度比較平和，對於歐陽修、蘇軾等"古文"大師仍表示相當的尊重，在駢體中也更看好已經受到"古文"浸潤的宋四六；作爲學生，阮元對此自然不能批評，而實際上他更重視八代以及初唐的駢文，認爲這才是正宗。

在此後的幾十年中，阮元逐步形成了更爲明朗的一套觀點：只有講究辭藻、對偶和韻律的文章亦即駢體文才是"文"，散行文字都是"筆"，根本不算"文"，自然更不是什麽"古文"。阮元大力提倡駢文，成爲嘉慶、道光間文壇上的一大傾向。

《文選序》是阮元手中的重型兵器。蕭統持一種狹義的文學觀，强調經、

① 阮元：《〈四六叢話〉序》，《揅經室集》，第 739—740 頁。

史、子與文的不同，而史傳中“事出於沉思，義歸乎翰藻”的部分因爲具有“文”的性質，所以可以擇優入選。對於這一選例，阮元抓住不放，大加發揮，指出“沉思”與“翰藻”乃是“文”的本質特徵，在《文選》中“必沉思翰藻，始名之爲文，始以入選也”①。他又説：“昭明選例，以沉思翰藻爲主，經、史、子三者皆所不選。唐宋古文以經、史、子三者爲本，然則韓昌黎諸人之所取，乃昭明之所不選，其例已明著於《文選序》者也。”②——韓愈等八家之所作尚且非“文”，更何况其追隨者桐城派諸公。阮元大力强調《文選》學的意義及其當下的針對性，已近於和盤托出了。

單是依託《文選》序，阮元覺得力度還嫌不够，於是又上推到《周易·文言》，把蕭統的意見説成是按照至聖先師孔夫子的主張而來的；在那個時代，這樣一來就有了絶對的權威，足以一舉推倒唐宋古文運動以來的所謂“古文”。阮元繼續寫道：

> 或曰：昭明必以沉思翰藻爲文，於古有徵乎？曰：事當求其始。凡以言語著之簡册，不必以文爲本者，皆經也，史也，子也。言必有文，專名之曰文者，自孔子《易·文言》始。傳曰：“言之無文，行之不遠。”故古人言貴有文。孔子《文言》實爲萬世文章之祖。此篇奇偶相生，音韻相和，如青白之成文，如咸韶之合節，非清言直説者比也，非振筆縱書者比也，非佶屈澀語者比也。是故昭明以爲經也，史也，子也，未可專名之爲文也，專名爲文，必沉思翰藻而後可也。自齊、梁以後，溺於聲律，彦和《雕龍》，漸開四六之體。至唐，而四六更卑。然文體不可謂之不卑，而文統不得謂之不正。自唐、宋韓、蘇諸大家以奇偶相生之文爲八代之衰而矯之，於是昭明所不選者反皆爲諸家所取，故其所著者，非經即子，非子即史，求其合於昭明序所謂文者，鮮矣；合於班孟堅《兩都賦序》所謂文章者，更鮮矣。……然則今人所作之古文，當名之爲何？曰：凡説經講學皆經派也，傳志記事皆史派也，立意爲宗皆子派也，惟沉思翰藻乃可名之曰文也。非文者尚不可名爲文，况名之曰古文乎！③

① 阮元：《書梁昭明太子〈文選序〉後》，《揅經室集》，第608頁。
② 阮元：《揚州隋文選樓記》，《揅經室集》，第388頁。
③ 阮元：《書梁昭明太子〈文選序〉後》，《揅經室集》，第608—609頁。

這樣他就把早年含糊其辭的那一句“體既變而易今,文乃尊而稱古”的具體所指完全給挑明了。這是他對桐城派相當沉重的打擊。

阮元在文學理論上的另一大動作是正面提出“文”、“筆”之分論,著有《文言説》、《與友人論古文書》(《揅經室三集》卷二)、《文韻説》(《揅經室續集》卷三)等文,强調只有講究翰藻、對偶(奇偶相生,以偶爲主)和聲律(文句平仄和諧,韻脚則可押可不押)的駢體文章才是“文”,而散體文章只是“筆”。

“文”、“筆”之分,蕭統在《文選序》中没有提及;齊梁時代的人們關於“文”、“筆”如何區分,意見不大一致,一般的看法如《文心雕龍·總術》中所介紹的那樣,是“以無韻者筆也,有韻者文也”;蕭繹在《金樓子·立言篇》中講“文”有四個特點:“綺縠紛披,宫徵靡曼,唇吻遒會,情靈摇盪”,這一後期文筆論的見解超越了只講聲律對偶的狹隘眼光,而首重辭采華麗(蕭繹之所謂“綺縠紛披”,正是蕭統“翰藻”的具體化),再加上一條抒情性,同時又講“宫徵靡曼,唇吻遒會”亦即文章的音樂性,立論較之前期文筆論更爲全面。阮元高度重視蕭繹的意見,令他的兒子阮福以及廣州學海堂的學生們就這個文筆之分問題大做文章,把駢體以外的散行文字驅逐到“筆”那一類當中去,大大地促進了駢文的繁榮,也有力地助長了講究“小學”和考據的漢學的聲勢。

駢體文的高潮在東漢魏晉南朝以至於隋(即所謂“文起八代之衰”的八代),唐宋以後因爲韓、柳、歐、蘇等八大家大寫散行文字而受到衝擊,但這一脈始終未斷,到明末清初又頗有重振之勢,明末幾社、复社崇尚駢文,幾社的創始人陳子龍“尊奉一部《昭明文選》”,作品“取法魏晉,駢體尤精妙”(《明史·陳子龍傳》)。清初毛奇齡、毛先舒、沈永令、陳維裕等人也熱衷於駢文。康熙十七年(1678)開博學鴻詞科,試駢體辭賦,若干四六文的高手大受重視,直入翰林,進一步促進了駢文的興盛。寫駢體文一定要懂“小學”,知識淵博,熟於經典,而這些正是漢學家的長項;從事宋學的一味重視性理,“道問學”的方面大抵比較薄弱。阮元的文筆論大有針對桐城派古文之意。康熙、雍正以來,以方苞(字鳳九,號靈皋,晚號望溪,1668—1749)、劉大櫆(字才甫,號海峰,1697—1779)爲主要代表人物的桐城派古文風靡一時,到乾隆年間,姚鼐(字姬傳,1732—1815)更發揚光大之,影響進一步擴大,其流風餘韻直達"五四"時代。劉開説:"本朝論文,多宗望溪,數十年來,未有異議。"[1]而在從事經史考據的漢學家包括揚州學派諸人看來,只知道寫"古文"的人們包括桐城派諸家,學問淺薄,文章空洞,一無是處。例如汪中最爲藐視的人物,一個是反對考據的袁枚,另一個就是桐城派的開山祖師方苞[2]。

阮元的這一番意見,在揚州學派内部影響很大,直到清末民初,劉師培還專門作《廣阮氏文言説》(《劉申叔先生遺書》《左盦集》卷八)進一步發揮阮元的主張,並大力加强六朝文的研究。在"五四"前夜的北大國文系,桐城派和文選派先後成爲主導;後來新文化運動起來,"桐城謬種"和"選學妖孽"一起被打倒,新派人物占據了中心,但這兩派的影響力很久以後也並没有完全散去。

可惜阮元及其追隨者的寫作實踐遠遠跟不上他們的理論,例如阮元本人在《書梁昭明太子文選序後》一文中大講惟沉思翰藻乃可名之曰文,可是在他自己這篇文章中却未見什麽"沉思"和"翰藻",其文末且云"或問曰:子之所言,偏執己見,謬托古籍,此篇書後自居何等?曰:言之無文,子派雜家而已"[3]。解嘲雖頗有自知之明,但也不免令人懷疑其理論主張的可行性。晚年阮元作《揅經室集》自序,也承認"余三十餘年以來,説經記事,不能不筆之於書,然求其如《文選序》所謂'事出沉思,義歸翰藻'者甚鮮,是不得稱之爲文也"[4]。他也寫過駢體有韻之作,但僅有二卷,所占比例甚小,且無名篇。他那篇名聲很大、幫助他走向出仕之坦途的《御試擬張衡天象賦》,大受乾隆皇帝的誇獎,而現在看去,文學性甚弱,並没有多大意思。

阮元之子阮福(1801—1875)在《文筆對》中大力强調"有情辭聲韻者爲文","直言無文采者爲筆"[5];而他這篇文章本身也是直言無文采之"筆"而非情辭聲韻兼備的"文"。

---

① 劉開:《劉孟塗文集》卷四《與阮芸台宫保論文書》,轉引自《中國歷代文論選》第3册,上海:上海古籍出版社,1980年,第594頁。

② 詳見淩廷堪:《汪容甫墓誌銘》,《校禮堂文集》,第320頁。

③ 阮元:《揅經室三集》卷二,《揅經室集》,第609頁。

④ 阮元:《揅經室集自序》,《揅經室集》卷首。

⑤ 載《文筆考》一書(《叢書集成初編》本),又見阮元《揅經室三集》卷五《學海堂文筆策問》。

魯迅先生指出:“辭筆或詩筆對舉,唐世猶然,逮及宋元,此義遂晦,於是散體之筆,並稱曰文,且謂其用,所以載道,提挈經訓,誅鋤美辭,講章告示,高張文苑矣。清阮元作《文言説》,其子福又作《文筆對》,復昭古誼,而其説亦不行。”①阮氏父子之文筆論不能通行,無非是因爲古今文章本來就以散體之“筆”爲多,不僅經、史、子大抵爲“筆”,集部中也是以“筆”爲多,把這些全部排斥於一般意義上的“文”之外,只承認駢文才是“文”,當然很難行得通。把一個本來有些道理的東西絶對化,雖然可以言之振振,而終歸缺少可行性和可推廣性。

揚州學派中絶大多數人都是長於考據的樸學學者,而非作家,他們也寫些詩詞賦與駢文,但往往多見其學問,而較少靈氣。“考據之學,往往於文筆有妨,因不從道理識見上用心,而徒務鉤稽瑣碎,索前人瘢垢,用心既隘且刻,則聖賢真意不出,自家靈光亦閉矣”②。專攻一頭,不講兩化,也未嘗不可,在分工日趨細密的今天尤其是如此。當然,理想的境界自然是學者要作家化,而真要做到,很不容易;作家要學者化,也同樣不那麽容易。汪中之所以高出一頭,正在於他是真正實現了這兩化。

但這決不是説阮元標舉《文選》學大講文筆之分就没有意義,一則他們强調經、史、子與文之分,自有助於揚州學派在學術領域張大其聲勢,二則就文學創作而言,在桐城派之類的古文風行天下幾乎壓倒一切的時候,來一點不同的聲音是有益的,清中葉駢文的一度復興對於文學的繁榮亦復頗有貢獻。講究對偶和聲韻的辭賦,即使到今天偶爾也還有其用武之地(如前些年大報上有“名城賦”專欄,其中即以駢文爲多)。文學批評史上有影響的意見往往都有它的片面性,而亦自有其片面的深刻;倒是完全四平八穩的東西,一般很難産生重大的影響。這真是歷史的悖論,不以理論的考量爲轉移的。

四

焦循是揚州學派中最淵博的學者之一,而他對詩文創作也有著濃厚的

① 魯迅:《漢文學史綱要》,《魯迅全集》第9卷,北京:人民文學出版社,1981年,第346頁。

② 何紹基:《東洲草堂文抄》卷五《與汪菊士論詩》,轉引自《中國歷代文論選》第4册,上海:上海古籍出版社,1980年,第37頁。

興趣，甚至明確地説過“當世好循者，輒以經學見許，而循之所嗜，實在詩、古文、詞而已。雖不能工，性則好之”①。焦循不像凌廷堪、阮元那樣先讀書取功名，然後出而爲或小或大的官，也不像汪中那樣不得已而無意於功名，只是到處入幕爲官僚做文字工作，養家糊口；他考中秀才以後就做教書先生，中了舉人以後則大抵居家做學問，一天官也没有當過，雖然曾經幾次到阮元的衙門裏去，但並非一般意義的幕僚，只是在朋友那裏叙友情談學問，也幫老朋友指導子弟讀書，做些文化方面的事情。他有大量的時間從事學術和文學，作品數量巨大，其中論及文學的文字也比較地多。

焦循的文學思想主要有這樣幾點值得注意：

首先是他高度重視作品的内容，尤其强調其中應有學術内容特别是經學内容②，學問要淵博，這樣寫文章才能有充實的内容。焦循認爲，只有博通經史四部，遍覽九流百家，才談得上寫文章，他自己研究各種學問，就是爲寫文章做準備。焦循説：“倘無所以言之者，而徒質言之，諄諄於字句、開合、呼應、頓挫之間，是揚行潦以爲瀾，列枯骨、朽荄吹噓之以爲氣……是故學爲古文者，必素蓄乎所以言之者，而後質言之。古文者，非徒質言之者也。”③文章從學問特别是經學中來——經學家論文，立論往往如此。

焦循對八股文有著濃烈的興趣和深入的研究，他認爲理想中的八股文應當是只有在深刻領會儒家經典基礎上才能寫出的至文，而决非專門應付考試獲取功名利禄的一塊敲門磚④。文學“一代有一代之所勝”⑤，明代之所勝就是八股文。揚州學派諸公中，汪中對八股文最無興趣，很早就不復參加考試；凌廷堪則下過很大功夫，且得名師指教，一路比較順利地通關，而中了進士以後就不復措意，專門研究他的禮學去了；阮元科場最爲得意，功成名就以後也不再從事八股文，他是從文筆之辨的角度充分肯定八股乃是“文”

① 焦循：《里堂札記・與趙味辛司馬》，《焦循詩文集》，第 645 頁。

② 他甚至説“文莫重於注經”（《雕菰集》卷十四《與王欽萊論文書》，《焦循詩文集》，第 266 頁），經學家氣味至爲濃厚。一個專家往往會把自己的專長看成是最重要的東西，這可以理解，而其實流露出某種固陋。

③ 焦循：《雕菰集》卷十《文説一》，《焦循詩文集》，第 183 頁。

④ 詳見黄强：《論焦循與八股文》，《清史論叢》2013 年號，北京：中國廣播電視出版社，2013 年，第 190—205 頁。

⑤ 焦循：《易餘籥録》卷十五，《焦循詩文集》下册，第 843 頁。

之極致，“上接唐宋四六爲一脈，爲文之正統”①。對八股文的態度可以説是他們文學觀合乎邏輯的延伸，所以立論頗有異同。

第二，焦循青年時代學習寫文章，曾根據前輩汪中的指教，從《左傳》、《國語》、《史記》、《漢書》入手②，後來也一直寫散行文字，最佩服的作家是柳宗元③；他幾乎從來不寫以“粉飾”爲特色的“四六儷文”④，也不重視《文選》。在一封致孫星衍的信中他寫道：

> 蓋惟經學可言性靈，無性靈不可以言經學。故以經學爲詞章者，董、賈、崔、蔡之流，其詞章有根柢，無枝葉；而相如作《凡將》，終軍言《爾雅》，劉珍著《釋名》，即專以詞章顯者，亦非不考究於訓故名物之際。晉、宋以來，駢四儷六，間有不本於經者，於是蕭統所選，專取詞采之悦目。歷至於唐，皆從而仿之，習爲類書，不求根柢。性情之正，或爲之汩。是又辭章之有性靈者，必由於經學，而徒取詞章者，不足語此也。趙宋以下，經學一出臆斷，古學幾亡。於是爲辭章者，亦徒以空衍爲事，並經之皮毛亦漸至於盡，殊可閔也。⑤

朴學學究而如此立言，並不奇怪；值得注意的是，在揚州學派諸公高度重視《文選》，他的至友阮元大講文筆之辨的語境中，他並不一道同風，而始終堅持自己的見解，典型地表現了揚州學派内部和而不同的君子之風。

---

① 《揅經室三集》卷二《書梁昭明太子文選序後》，《揅經室集》，下册，第609頁。

② 詳見《容甫先生年譜》乾隆五十二年條下，《揚州學派年譜合刊》上册，第181頁。又閔爾昌：《焦裹堂先生年譜》乾隆五十二年條下，同上書，第325頁。《里堂札記·答汪孟慈》有云：“尊公於循實爲前輩……循得親笑貌。向來聞尊公捐館武林，即次述所知，爲别傳一篇，不專叙事，兼寫性情。”詳見《焦循詩文集》下册，第674頁。

③ 閔爾昌：《焦里堂先生年譜》乾隆五十七年條下載：“先生嘗謂‘……宜從《左》《史》入手，參之以《莊》《列》諸子，廣之以韓、柳諸集，大之能包括一切，細之能窮極毛髮，繁簡長短，所不拘也’。先生生平最愛柳州文，二十年習之不倦，謂唐宋以來，一人而已，昌黎文未能及也。”詳見《揚州學派年譜合刊》上册，第327頁。關於焦循激賞柳文，尚可參見《里堂文稿·與弟季蕃書》，《焦循詩文集》下册，第446—447頁。

④ 焦循：《里堂札記·答裔向之》，《焦循詩文集》下册，第699頁。

⑤ 焦循：《雕菰集》卷十三《與孫淵如觀察論考據著作書》，《焦循詩文集》，第246頁。

第三，焦循最强調文章的流暢通達，他說：

> 文有達而無深與博。達之於上下四旁，所以通其變，人以爲博耳；達之於隱微曲折，所以窮其原，人以爲深耳……故非深博，不可爲文；非深博，不可論人之文。①

要能通其變窮其原，一要多讀書，二要用散行文字。這是大有道理的，用歷史的長鏡頭來看，還是散行文字最爲重要。

最後，却是特别重要的一點，是焦循在傳統的詩古文詞之外，還關心戲劇，熱愛在下層民衆中流行的"花部"（地方小戲），著有《劇説》、《花部農譚》這樣的前所未有的著作。一方面用畢生的精力研究傳統悠久的儒家經典（特别是《周易》、《孟子》）以及高深的算學，一方面又欣賞草根文化，趕場子看民間戲劇演出，"每攜老婦幼孫，乘駕小舟，沿湖觀閲。天既炎暑，田事餘閒，群坐柳蔭豆棚之下，侈譚故事，多不出花部所演，余因略爲解説，莫不鼓掌解頤"（《花部農譚・序》），記録下來便成爲《花部農譚》一書。這樣的事情，是汪中、淩廷堪、阮元等人没有做過甚至根本想不到做的。焦循長期生活在民間，家住揚州城北三十里的農村，精神生活自有他特别的豐富性。就傳統的觀念看，像他這樣株守故園終身布衣，乃是讀書人的沉淪，而其實也自有其優勢。到處留心皆學問。重視民間流行的文藝，預示著日後學術研究的一個重要向度。阮元稱焦循爲"通儒"②，這兩個字當年已是對學者很高的評價；今天看去，還可以作出更高一層的發揮。

---

① 焦循：《雕菰集》卷十《文説二》，《焦循詩文集》，第183—184頁。

② 阮元：《揅經室二集》卷四《通儒揚州焦君傳》云："君善讀書，博聞强記，識力精卓，著書數百卷，尤邃於經。於經無所不治，而于《周易》、《孟子》專勒成書。"最後又説："焦君與元年相若，且元族姊夫也，弱冠與元齊名，自元服官後，君學乃精深博大，遠邁於元矣。"傳中列舉焦君的著作，並流露出當官不利於做學問的意思，見解甚高。詳見《揅經室集》，第476、481頁。

"一代有一代之所勝"説與揚州學派的文學史觀

趙　陽*

文學史的概念，是近代學者竇警凡、林傳甲、黄人等在他們撰寫《中國文學史》的過程中體現出來的。許多人以爲這是直接受到西方文學思想的影響，因爲我國古代的文學史研究從來是被忽略，或者是不成系統的。但事實上，我國古代文人學士對於文學發展歷史的探討從來没有間斷過。既有對文學發展的質疑，也有對文學進步的肯定。他們都試圖對文學的發展規律進行探討，雖然不成體系，但却是後世文學史成形的積累的基礎。周勛初先生認爲，"作爲清代學術主流的樸學家中，揚州學派一系人物，在此提出了很好的意見"①。胡雲翼、胡小石、王國維等學者在他們的文學史觀的建構中，都不同程度地吸納揚州學派的觀點，尤其對"一代有一代之所勝"説極爲關注②。可見揚州學派這一見解影響深遠，文學史觀是他們文學思想中極具生命力的部分。然而，讓我們疑惑的是，相對於學術，文學並非揚州學派之擅場，但爲什麽是他們而不是其他文學流派總結出在文學發展史中如此關鍵、甚至核心的理論？揚州學派想簡單地通過治學掌握義理，在形而上學方面缺少理論性的、體系性建樹，那麽，他們是如何完成這個觀念的建構的？在他們的觀念背後又蘊含了怎樣的文化形態和精神？關於這些問題，我們將從以下幾個方面來做探討。

---

* 趙陽，南京林業大學人文學院講師。

① 周勛初：《文學"一代有一代之所勝"説的重要歷史意義》，《文学遗产》2000年第1期，第21頁。

② 參見周勛初《文學"一代有一代之所勝"説的重要歷史意義》一文中對"胡小石先生在中國文學史領域中的貢獻"的論述，《文學遺産》2001年第1期，第28—32頁。

一、"文"的探知與文學史觀的理論開端

文學史觀屬於文學本論的範疇。揚州學派在他們所處的時代,不可能以現代科學的邏輯去建立一個嚴密的理論框架。但是在追源溯流的學術思維和知識結構的影響下,他們自覺地開闢了一條通過尋找某種根據或者本源以確定文學的意義和價值的路徑。他們對"文"的自覺探尋,實際上爲"一代有一代之所勝"的文學史觀的形成確立了理論的開端,開拓了富有張力的話語空間。

揚州學派考鏡源流,追溯"文"的源頭,以保證他們的文學發展能够與"文"這樣一種文化概念的原初性保持一致。他們對"文"的探索,表現出了一種歷史的意識。從"文"的源頭著手到文學的歷史過程和邏輯過程的展開,都可以看出揚州學派對文學的研究是自覺的。揚州學派對"文"做探求,實際上就是想在文學領域,建立自己的文化表達,樹立自己的理念。雖然這個過程不能一蹴而就,但是因爲有他們自己的文化資源做支撑,所以形成了具有自身特色的思維模式和思想規範。

揚州學派是將孔子"文"的觀念作爲自己文學理論的源頭的。孔子的觀念是傳統儒學文學觀的代表,有文獻記載的中國最早的文學觀念就是在孔子時出現的,而且"文"的概念在孔子的話語系統中涵義非常重要,地位非常突出。揚州學派有目的性地在孔子"文"義中選擇適當的觀念作爲他們文學認知的基礎①,並申發形成新的認識。他們對"文"的認知有廣狹之分。

狹義的是指揚州學派在特别論辨背景下發展出來的"文"。阮元尊奉《文言傳》。《文言傳》爲周易《十翼》之一,關於"文言"的解釋,歷來不盡相同。較傳統的觀點認爲《文言傳》是闡發《周易》中《乾》、《坤》二卦義理的。唐代孔穎達《周易正義》曰:"以《乾》《坤》,其《易》之門户也。其餘諸卦及爻皆從《乾》《坤》而出,義理深奥,故特作《文言》,以開釋之。"②朱熹認爲"《文

① 現代學者認爲《易傳》可能並非是孔子本人之著述,但古人却將《易傳》歸於孔子名下。這裏依揚州學派本來的説法,還是將之劃歸到孔子的話語體系中。這也正表明了揚州學派强調自己"文"的正統性。

② 孔穎達:《周易正義》,北京:中華書局,1980年,第15頁。

言傳》中《彖傳》、《象傳》之意，以盡《乾》《坤》二卦之蘊，而餘卦之説，因可以例推云”①。將《文言傳》從文辭角度來加以闡發的，可推至南北朝時代的劉勰。他在《文心雕龍・麗辭篇》中説：“《易》之《文》、《系》，聖人之妙思也。序《乾》四德，則句句相銜；龍虎感類，則字字相儷。乾坤易簡，則宛轉相承；日月往來，則隔行懸合。”②劉勰特别强調了《文言傳》中的形式美。而阮元却在傳統觀念的基礎上别有新解，自成一家之言。阮元説：

孔子於乾、坤之言，自名曰“文”。此千古文章之祖也。……於物兩色相偶而交錯之，乃得名曰“文”。文即象其形也。然則千古之文，莫大於孔子之言《易》。孔子以用韻比偶之法，錯綜其言，而自名曰“文”。③

阮元認爲《文言傳》是“孔子於乾、坤之言，自名曰‘文’”，具有深厚義蘊、經典意義。不過他的闡述的重點並不在此，而在講“文”。劉勰所説只是承認在《文言傳》中有文學美的存在，所謂“文”，有“文飾”之意。而阮元直接將“文”當作作品來講，而且將它恭奉到“千古文章之祖”的崇高地位。既然《文言》是典範之作，那麽人們就能從中總結出“文”之爲何，以及“文”之所以爲“文”的種種標準，進而瞭解到文的整體概念。從形式上來説，阮元認爲要講求聲色之美。他説“綜而論之，凡文者，在聲爲宫商，在色爲翰藻”。在聲爲宫商，就是講求爲文之韻律，那麽也就是“韻”和“偶”是爲文的必要條件。所以他説“不但多用韻，抑且多用偶。……凡偶皆文也”。文章不僅要有音韻美，還要有“色”美。“在色爲翰藻”，翰藻就是指的文辭之美。阮元又説：

舍《易》卦無以生六書，非六書無以傳庖犧之意與言。故《傳》曰：“書不盡言，言不盡意”者，此也。……《易傳》曰：“聖人立象以盡意，設卦以盡情僞，繫辭焉以盡其言。”④

① 朱熹：《周易本義》，上海：上海古籍出版社，1987 年，第 70 頁。

② 周振甫：《文心雕龍譯注》，北京：人民文學出版社，2002 年，388 頁。

③ 阮元：《揅經室集》，北京：中華書局，1993 年，第 605，606 頁。

④ 阮元：《易書不盡言言不盡意説》，《揅經室集》，第 1 頁。

所以：

……(孔子)費修詞之意，冀達意外之言。要使遠近易誦，古今易傳，公卿學士皆能記誦，以通天地萬物，以警國家身心。①

“達意”和“行遠”符合儒家傳統的文學觀念，而阮元强調的重點在於“費修詞之意”，也就是强調文之形式的重要性及合理性，一個“費”字，更表明要下一番工夫。

揚州學派還强調文應能體現出儒家思想，所以主張文要在經史中博求。雖然揚州學派對於文的形式非常重視，但是相對而言，他們更重視的是學術根柢。阮元晚年作《揅經室集》自序，“余三十餘年以來，説經記事，不能不筆之於書，然求其如《文選序》所謂‘事出沉思，義歸翰藻’者甚鮮，是不得稱之爲文也”②。這裏阮元似乎是在做一個自我解嘲，自己言詞鑿鑿地反對古文提倡駢文，可是三十餘年來用駢文創作的文章並不多。“甚鮮”一詞透露出他的文學創作並不是以文體爲嚴格的終極標準，而是另有準則存在。這就是作文需要根柢於六經諸史，揚州學派非常强調學術對於文學的介入。淩廷堪在《與江豫來書》中也表達了相似的觀點：

曩者所云，“近見爲文者，稽之於古，則訓詁有乖；驗之於今，則典章多舛”。又云，“能文者必多讀書，讀書不多必不能文”，此數語，僕俯首至地，以爲非真讀書人不能道也。蓋文者，載道之器，非虚車之謂也。疏於往代載籍，其文必不能信今，昧於當時掌故，其文必不能傳後……今之號稱能文者，以空疏之腹，作滅裂之談，懼讀書者之掎摭其後也，於是爲之説曰，“能文者不在多讀書也，吾讀書不屑屑於考據也”。又忌諱讀書者之淩駕其上也，於是爲之説曰，“多讀書者，類不能文也。即能文，亦往往不暇工也”。及其遇胸腹更陋於彼者，則又毛舉一二誤處，以自矜淹雅，竟忘其與前説之相剌謬也。③

① 阮元：《文言説》，《揅經室》，第606頁。

② 阮元：《揅經室集自序》，《揅經室集》卷首。

③ 淩廷堪：《與江豫來書》，《校禮堂文集》，北京：中華書局，1998年，第212頁。

他們還對“能文者必多讀書,讀書不多必不能文”的觀念做了闡釋,對社會中那些不屑於學術考據而從事文學創作的人進行了諷刺,由此可見揚州學派在文學創作問題上對於學術的倚賴。並非説只要用駢文的形式表達出來的就是“文”,而是指“文”一定要與學術相關聯,有了學術的介入,這樣的文才能稱作爲文。王引之還提出:“文章之原,出於經訓,故六經者,文章之祖也。其次則先秦諸子,兩漢遺書,皆無意爲文,而極天下之文之盛。”[①]這句話更是直白清楚地表明,真正的“文”不是刻意做出來的,而是無意爲文而文自盛,可見學術在文學的實現上有多麼重要的作用和意義。

爲什麽阮元等人要從《文言》出發去强調文的形式問題呢?這裏是有其特别的申發背景的。因爲他們提出“能文者必多讀書,讀書不多必不能文”的觀點,讀書要以六經、諸子、兩漢遺文爲典範,而他們作文又不認同古文,所以必然追溯到魏晉駢儷之文。那麽六經與韻偶翰藻的關聯又在何處呢?於是就有了上面阮元推出的對《文言傳》的新解。

揚州學派還從廣義層面對“文”作闡發。相對而言,廣義層面的“文”對文學史觀形成的影響更大一些。這個層面的理論支撑還是來自於儒家的《易傳》,《易傳》中强調了文學與自然的關聯。阮元説“孔子於乾、坤之言,自名曰‘文’”,他將文的外延擴張到無限大。所謂乾坤,代表了一種天地秩序。文就是世界形成的表現形式,它關聯著萬事萬物存在的空間,也貫通著歷史形成的時間。淩廷堪認爲:“蓋太空弗形,因人心而呈露;元始無眹,緣物象而流通。目所不暇瞬者,竹素能留之;舌所不遑宣者,鉛槧能達之。文之時義大矣哉。”[②]“文”的意義在於文能够體現出宇宙自然,而且能溝通社會人文。在這裏,“文”的存在近乎於古代儒家傳統文論中“道”的概念。劉若愚認爲,在中國的文論中,“道”屬於形上概念,多指宇宙原理。或者可以簡述爲萬物的唯一原理與萬有的整體[③]。而“儒家所説的‘道’,主要在於道德和社會意義,認爲它是一種生活方式,或者甚至是人生之道,可是他們認爲這

① 王引之:《蕭山王晚聞先生文集序》,《王文簡公文集》卷三,羅振玉編:《高郵王氏遺書》,南京:江蘇古籍出版社,2000年,第200頁。

② 淩廷堪:《祀古辭人九歌並序》,《淩廷堪全集》第3册,合肥:黄山書社,2009年,第42—43頁。

③ 劉若愚:《中國文學理論》,南京:江蘇教育出版社,2005年,第20頁。

種‘道’是與‘自然之道’一致的”①。揚州學派的認識基本思路也在於此，不過不同的是，他們把這種形而上意義賦予了“文”。如上所述，揚州學派對“道”本身没有過多的闡述，他們不否認“道”與“自然之道”的聯繫，但是他們並不特别强調抽象的自然之道，也不是將“道”的意義安放在普遍的道德和社會價值上，他們强調的是知識的存在，甚至可以特指典籍掌故。“道”在他們的話語模式中，某種程度上只是構建話語模式的形式前提。他們真正側重的是對“文”的闡述，“文”是探討的重點。以“文”爲本位，而把在以往的評論模式中占據話語中心位置的“道”推向了邊緣。

在這個意義上來説，揚州學派的“文”的場域相對於“道”是開放的，它具有更大的闡釋空間。文作爲一種表現途徑，使得那些本應在“道”的領域闡發的抽象性，也顯現其中，意義的存在和形式的實現都統攝在“文”中。這樣的闡釋模式對揚州學派構建他們的文學史觀是有益的。揚州學派一開始是通過訓詁的、實證的手段對文學的起源做探討，雖然是從古人的文獻中去尋找答案，但是已經具有一種歷史的因素。但是因爲僅憑這樣的手段，遠遠不足以去構建自己的文論，所以他們借助了經學中相關的“文”的價值維度。正是孔子的話語體系的介入，使得他們對於“文”的探求具有了思辨的、邏輯的色彩。而“道”的邊緣性處理，使得“文”不得不承擔起解釋本質的内在規定性的任務。所以揚州學派在解决“文”的起源這個問題的同時，也引發了對“文”的本質和發展的思考。從這一點來説，揚州學派已經具備了一種基礎的文學觀，並在文學本質基礎上與文學史的内在的發展結構發生了關係。揚州學派對於“文”的探討，爲文學史觀的展開提供了可能。

揚州學派對“文”的問題解决，並非只是簡單的知識性、概念性的梳理，背後藴含著他們的價值選擇和取向。

二、學術特徵與文學史觀的形成

在揚州學派對“文”的闡釋中，文既具有本質論意義，又具有創作論意義，“文”要確立自身，還要實現自身。揚州學派通過强調“文”與“學”的整合以解决這一問題。這裏的“學”的内涵是指經學文獻，也就是從文獻的角度

① 刘若愚：《中國文學理論》，第21頁。

强化對“文”本質的透視。他們在給文的本質找對應的思想的時候，不是去聯繫宇宙、自然之道，也不是關注現實秩序，而是强調回歸書本。揚州學派對於經學價值的依附，實際表明了他們認爲“文”發展的内在動力在於學術。揚州學派的學術特徵對文學史觀的構建因素的影響是至爲關鍵的。他們的“古”、“通”、“變”三大典型特徵直接影響了文學史觀的文化根據和學理構成，與上節所論述的“文”的定位一起，或可概括爲“一綱三目”。

(一) 古：文學精神的歸趨

揚州學派的文學史觀是揚州學派文學思想中最具閃光點的部分，它的形成不能脱離學術背景。他們“古”的學術指向和追求也影響到了文學精神的旨歸。以古爲尚是中國自先秦以來形成的傳統的文化心態，這個“古”可以是指理想的社會面貌，也可以是指古人文章，古人美好的德行①。而在揚州學派却將“古”定位在對儒家經典中聖人思想精粹的發覆。

他們認爲經學是天地文化之精華，如焦循《與孫淵如觀察論考據著作書》曰：“經學者，以經文爲主，以百家子史、天文術算、陰陽五行、六書七音等爲之輔，匯而通之，析而辨之，求其訓故，核其制度，明其道義，得聖賢立言之指，以正立身經世之法。以己之性靈合諸古聖之性靈，並貫通於千百家著書立言者之性靈，以精汲精，非天下之至精，孰克以與此！”他認爲經學是一個大的文化系統，是經文與百家子史、天文術算、陰陽五行、六書七音等學問匯通的産物，它具有聖人之道義和經世之法旨。但要明道義，得法指，還需要有“性靈”的溝通。而相對於經學而言，“不能得其精，竊其皮毛，敷爲藻麗，則詞章詩賦之學也”。然後焦循列舉了反面典型：“其在史曰賈山，涉獵書記，不能爲醇儒。山工於詞章，不得爲醇儒者，以習其粗，不知其精也。史又曰：廣川受《易》、《論語》、《孝經》皆通，好文詞方技。然則文詞與方技一類，屏諸通經之外，以其於經僅有皮毛也。”②所以如何能够使“文之成文”呢？學術的介入是至關重要的：

---

① 參見陳弱水：《柳宗元與中唐儒家復興》，《思想與學術》，北京：中國百科全書出版社，2005年，第77頁。

② 焦循：《與孫淵如觀察論考據著作書》，《焦循詩文集》，揚州：廣陵書社，2009年，第246頁。

故以經學爲詞章者，董、賈、崔、蔡之流，其詞章有根柢，無枝葉。而相如作《凡將》，終軍言《爾雅》，劉珍著《釋名》，即專以詞章顯者，亦非不考究於訓故名物之際。晉宋以來，駢四儷六，間有不本於經者，於是蕭統所選，專取詞采之悦目。歷至於唐，皆從而仿之，習爲類書，不求根柢，性情之正，或爲之汩。①

當然除了經學之外，史學、以及子部、集部也非常值得去借鑒。

余謂學問之業以屬文爲要。雖有堯舜之治，孔、顔之教，非文不傳。叙事之文尤爲重大，春秋、楚、漢之人，後世豈絶無之，得《左》、《史》以爲之傳，便精采百倍。……採入史傳，頓生光彩。至於難狀之狀，難寫之情，一經點次，如見如訴，宜從《左》、《史》入手；参之以《莊》、《列》諸子；廣之以韓、柳諸集；大之能包括一切，細之能窮極毛髮，緐簡長縮所不拘也。

焦循認爲像歷史上做得好的文都是從這樣的途徑而來。在選擇資源的時候，要按類取資，並不是没有原則的雜取。“不學則文無本，不文則學不宣。余十二三歲讀三蘇文即解爲論序。見東坡文《范增》、《晁錯》諸論，思擬而效，苦於不諳史事，乃閲《漢書》、《三國志》遂及南北史、唐書、五代史。又思不明地理何以作《水經序》？不通天文術算何以作李淳風、一行論？文之有序也，必提挈一書之精要而標舉之。序經學書必明於經，序史學書必明於史，一切陰陽、天地、醫卜、農桑，不少窺其疆域而微得其奥窔，何以各還其本末”②。這些從經典學術中學習來的知識不是文章的簡單緣飾，那樣不僅文不成文，而且“經史子集之部亦各失所歸”③。另外，文也要明意，“屬文不難，得乎屬文之本難”④。

文之爲文的依據，就在於能够符合“古”、顯示“古”。戴震《與方希原書》

① 焦循：《與孫淵如觀察論考據著作書》，《焦循詩文集》，第 246 頁。

② 焦循：《里堂家訓》，《續修四庫全書》第 951 册，上海：上海古籍出版社，2002 年，530 頁。

③ 焦循：《里堂家訓》，《續修四庫全書》第 951 册，第 530 頁。

④ 焦循：《里堂家訓》，《續修四庫全書》第 951 册，第 531 頁。

曰:“夫以藝爲末,以道爲本,諸君子不願據其末,畢力以求據其本,本既得矣,然後曰:是道也,非藝也……故文章有至有未至。至者,得於聖人之道則榮;未至者,不得於聖人之道則瘁。”①戴震的這個觀點極具代表性。所以焦循説:“窮經好古,嗣續先儒,闡彰聖道,竭一生之精力以所獨得者聚而成書,使詩書六藝有其傳,後學之思有所啓發,則百世之文也。”②這才是爲文之道。實際上,揚州學派的文論就表述層面來説,還是依循古文的内在結構,從文與道兩個方面去論説。但在揚州學派的眼裏,理學家推崇的古文是既無經學(只有理學),亦無詞章(皮毛)。所以他們要在這個兩個方面做出糾正,既要有内容,但内容非臆斷的義理、非空乏的性靈,而是六經與學問;也要有文采,但此文采不同於古文家(特别是桐城)提倡的神理氣味雅潔清澄之文,而是韻偶藻采之文。總之,揚州學派非常注重知識性層面的構戍,尤其是傳統的經學資源,由此文學才能達到“古”的旨趣,這正是對聖人思想的還原和宣揚。

(二)通:歷史觀念的構架

揚州學派通的觀念也在文學領域産生了作用。“尚通”是揚州學派的典型的學術品格。焦循説“古學未興,道在存其學;古學大興,道在求其通”③,這就是張舜徽所讚賞的“能見其大,能觀其通”。揚州學派學人之間以“通儒”相砥礪,阮元《傳經圖記》説:“篤信好古,實事求是,匯通前聖微言大義而涉其藩籬,此通儒之學。……吾鄉有汪容甫君者……殆所謂通儒之學者矣。”④這些都表現了對“通儒”的崇尚。他們涉及領域、門類很廣博。梁啓超在《中國近三百年學術史》中説:“此外尚有揚州一派,領袖人物是焦里堂(循)、汪容甫(中),他們研究的範圍,比較的廣博。”實際上,不僅是焦循、汪中二人,揚州學派學人的共同特點就是不僅博采經、史、子、集,而且旁通諸子百家。阮元在詁經精舍裏,不光講“經史、蒼雅、星緯、金石、考訂、文藝之學”,而且也講“兵、刑、漕、河諸經濟之學”。其《傳經圖記》説:

① 戴震:《戴震集》,上海:上海古籍出版社,2009年版,第189頁。

② 焦循:《與王欽萊論文書》,《焦循詩文集》,第266頁。

③ 焦循:《與劉端臨教諭書》,《焦循詩文集》,第248頁。

④ 阮元:《傳經圖記》,《新編汪中集》附録,第57頁。

> 有陋儒之學,有通儒之學。何謂陋儒之學?守一先生之言,不能變通,其下焉者,則惟習詞章,攻八比之是務,此陋儒之學也。何謂通儒之學?篤信好古,實事求是,匯通前聖微言大義而涉其藩籬,此通儒之學也。①

除了研究經典外,他們也研究自然科學、山川地理、金石文獻、編書刻書等,有著開闊的治學範圍和博通的學術成就。

揚州學派還主張打破門户之見,不拘泥於前賢定論。焦循《里堂家訓》中曰:

> 朱子之徒,道學爲門户,盡屏古學,非也;近世考據之家,唯漢儒是師,宋元説經,棄之如糞土,亦非也。自我而上溯之,漢,古也;宋,亦古也。自經而下衡之,宋,後也;漢,亦後也。唯自經論經,自漢論漢,自宋論宋,且自魏晉六朝論魏晉六朝,自李唐五代論李唐五代,自元論元,自明論明,抑且自鄭論鄭,自朱論朱,各得其意。而以我之精神血氣臨之,斯可也。②

焦循認爲經學研究不能自守門户,朱子之學盡摒古學,考據之家唯漢儒是崇,都是錯誤的。所謂"古"和"今"都是相對而言的。在不同的時代,經學都有不同的發展,會形成不同的特徵。從後人的角度講,漢代經學屬於古,宋代經學也屬於古,前代的學術文化都是值得借鑒吸收的。他更著重强調要考察思想的時代性。他説"自經論經,自漢論漢,自宋論宋,且自魏晉六朝論魏晉六朝,自李唐五代論李唐五代,自元論元,自明論明,抑且自鄭論鄭,自朱論朱,各得其意",每個時代的經學發展都有其特定的思想基礎和文化背景,焦循注釋《孟子》,旁通六經,以孟子與六經同時,這就是他所説的"自經論經"。而對不同時代的學術,則要考慮當代性。

這樣的觀念和思維方式進入文學領域,促使他們以歷史的眼光去審視文學,並探索出特定的内在框架來整合歷史上的文學現象。這個述史框架

---

① 阮元:《傳經圖記》,《新編汪中集》附録,第 57 頁。

② 焦循:《里堂家訓》卷下,《續修四庫全書》第 951 册,第 529 頁。

是講求經典秩序的。不過這並非是他們的首創，蕭統的《文選序》中已表現了這一點。蕭統先從文學的源頭探究起，

> 逮乎伏羲氏之王天下也，始畫八卦，造書契，以代結繩之政，由是文籍生焉。

然後他又對“物既有之，文亦宜然”的踵事增華現象以類比的方式作了説明。但是他認爲這種現象是“難以詳悉”的，只能嘗試著去做些探索。他以詩、賦爲例，

> 《詩序》云：“詩有六義焉：一曰風，二曰賦，三曰比，四曰興，五曰雅，六曰頌。”至於今之作者，異乎古昔。古詩之體，今則全取賦名。荀、宋表之於前，賈、馬繼之於末。自兹以降，源流寔繁。述邑居則有“憑虛”、“亡是”之作。戒畋游則有《長楊》、《羽獵》之制。若其紀一事，咏一物，風雲草木之興，魚蟲禽獸之流，推而廣之，不可勝載矣。①

賦本是古代詩歌中的一種表現手法，現在却發展成爲用“賦”命名的獨立文體。荀卿、宋玉之後，賈誼、司馬相如加以發揚。自此以後，這類作品源遠流長。張衡《西京賦》和司馬相如《上林賦》主要描寫城市園囿；有揚雄《長楊賦》、《羽獵賦》一類的創作是爲了勸戒帝王不要沉湎游獵。他認爲古今是不一樣的，從古代發展到今天，都有各自的經典，各個時代有各個時代的文學，各個時代有各個時代的文風。他的這種觀念不僅表現在他的《文選序》裏，而且在他《文選》整部書的選篇、定體、分類、編次等方面都可以看出。

揚州學派亦認爲每個時代都有各自的經典，不但在作品，也在文體。焦循對這一點有深刻的見解：

> 天下之道，同歸而殊途，一致而百慮。一人有一人之能，不得以己之能傲人之不能也。一事有一事之體，不得以此之體混彼之體也。以學問言之，經自不同於史，史自不同於子，子史又自不同於詩賦。以經

① 蕭統編：《文選》，北京：中華書局，1976 年。

而論,《易》自不同於《詩》,《詩》自不同於《禮》,《禮》自不同於《春秋》;以文章而論,序自不同於傳,傳自不同於記,書、牘、箋、奏自不同於騷、賦;以詩而論,詩自不同於詞,詞自不同於曲,七言自不同於五言,小令自不同於長調;以書法而論,八分、篆、隸自不同於真、草。凡事無不然,唯一事各還一事之體,緣其體而精之。不妨一人專精一事,養由基之射,王良之禦,田何之經,司馬子長之史,相如之賦是也。以一人兼之,亦必各如其體而不相雜,乃爲真博真通。①

關於文學作品本身,焦循還有更詳細的辨析:

詩之雖同於文而體則異,眼前之景,意中之情,以聲韻形容之,遂若人人所不能道而實人人所共知。吾不計其爲《三百篇》、爲漢魏、爲六朝、爲初盛中晚、爲西昆、爲江西、爲七子、爲袁中郎,爲鍾伯敬,爲阮亭,爲竹垞、爲沈歸愚,爲近時之隨園,唯本其志以爲詩。不剿襲,不堆垛,皆可以陳風而論世。……詩變而爲騷賦,爲四六駢體,爲詞曲……②

焦循對於文體的分辨,表明他注意到了不同文體具有不同的體式規範,這也是文體區别的重要特徵。更重要的是,他意識到了在不同文體背後折射出不同時代的風格。

“通”的學術特徵促使揚州學派在文學領域發展出史的觀念,並能以歷史的眼光去辨析不同的文學現象。

(三)變:文學發展的動力

揚州學派在“通”的基礎上,提出“變”,“通”與“變”是一組相輔相成的命題。張舜徽曾經評價焦循,認爲“這種分析事物的思想方法,體現在焦循的著述中,最爲突出。他無論在闡明性理討論經學、教戒子弟等方面,都强調‘會通’,强調日新’;反對‘據守’,反對所謂‘定論’。他經常把事物看成是變化不居的、前進不停的。……由於他没有把事物看成一成不變,才能提出一系列新穎的見解。這種見解,影響了他周圍的朋友和後起的學者,形成了比

① 焦循:《里堂家訓》,《續修四庫全書》第951册,第530頁。
② 焦循:《里堂家訓》,《續修四庫全書》第951册,第531頁。

較活躍的學風"①。焦循將自己的理論落脚點放在《易》上。《周易·繫辭上》中講到"一陰一陽之謂道"。《周易》認爲整個世界存在陰陽兩種相反相成的力量的互相作用。《繫辭下》有言:"《易》窮則變,變則通,通則久。"焦循深刻認同宇宙萬物都是經常變化的這一説法,並將此觀點引入社會政治生活中,他説"井田封建,聖人所制也,而後世遂不可行,則聖人之言且不定也。故有定於一時,而不能定於萬世者。有定於此地,而不能定於彼地者;有定於一人,而不能定於人人者,此聖人所以重通變之學也"②。揚州學派學人在肯定變化的基礎上,他們更看重的是發展,他們認爲所謂"變"就是爲了發展和進步。所以焦循批評説:"以時代言,則唐必勝宋,漢必勝唐;以先儒言,則賈、孔必勝程、朱,許、鄭必勝賈、孔。凡許、鄭一言一字,皆奉爲圭璧,而不敢少加疑辭,竊謂此風日熾,非失之愚,則失之僞。"③他們信古而不泥於古的治學態度,正是源於對於事物發展變化的認識的肯定。

當這種"變"的眼光落實在文學領域時,他們會自然地以這樣的思維方式去探討文學發展中出現的一些問題,比如阮元以"變"的眼光去分析詞學不振的原因:"詞人之作,小令以五代、十國爲宗。守其派者有晏氏父子、歐陽公、張先、秦觀、賀鑄、毛滂諸人。慢曲以清真、白石爲宗。沿其流者有吴文英、張炎……諸人。自元明以來,傳染《草堂》結習,而《花間集》、《樂府雅詞》、《絶妙好詞》諸書之遺意莫或窺尋,無怪乎詞學之不振也。"④

"古"、"通"、"變"思想是揚州學派文學史觀構成在關鍵所在,這樣的學術思維發散於文學領域,能够形成相對整合的史實觀念,辯證地對諸多文學史現象及理論予以揚棄與修正。揚州學派學人的文學史觀中深藏的心理積澱和審美底蘊正來源於此。而揚州學派對於文學史整體性的把握能力、判斷能力,正是依賴於這樣的學術思維認知達到的。當然這個過程並不簡單,因爲領域的不同,其中必然有融通的過程,也有超越的地方。

---

① 張舜徽:《清代揚州學記》,扬州:廣陵書社,2004年,第12頁。

② 焦循:《説定》下,《焦循詩文集》,第182頁。

③ 焦循:《復王侍郎書》,汪廷儒編《廣陵思古編》,揚州:廣陵書社,2011年,第170頁。

④ 阮元:《王竹所詞序》,《揅經室集》,第692頁。

三、"一代有一代之所勝"説

揚州學派文學史觀理論之大成者是焦循,他提出了"一代有一代之所勝"的理論。在焦循之前有一個是歷時較長的"一代有一代文學"言論的積累階段。可以看出,在古代已經有相當多的文學家,他們自覺或不自覺地將文學放到歷史的脈絡中去,他們的觀念中已經蘊含了樸素的文學史觀意識。不過這些評論並不完善,比較零碎、雜亂、片面。就可檢閲的資料來説,前人的論述大致有這樣幾個問題:第一,"代勝"理論涉及的物件並非專指文學。如虞集認爲:"一代之興必有一代之絶藝,足稱於後世者。漢之文章,唐之律詩,宋之道學,國朝之今樂府,亦開於氣數音律之盛。"①元末明初學者葉子奇認爲:"傳世之盛,漢以文,晉以字,唐以詩,宋以理學,元之可傳,獨北樂府耳。"②包括明代茅一相等人的言論,雖然有歷史脈絡做言論的框架,但是他們大多不是專指文學,而是指的"絶藝",甚而包括學術以及其他藝術形態。第二,對時代精神與經典的關係認識片面。王思任説:"一代之言,皆一代之精神所出。其精神不專,則言不傳。漢之策,晉之玄,唐之詩,宋之學,元之曲,明之小題,皆必傳之言也。"③確實每個時代的經典都能反應出各個時代的風貌,但是每個時代的經典自身都有發展的内在要求,這是不應該忽略的。第三,忽視前後時代不同文體變化發展的脈絡。清人對時代與文體關係的認識有了更大的發展。吴偉業則説:"有一代之興,必有一代之文以爲之重。"④李漁説:"文章者,心之花也。花之種類不一,而其盛也,亦各以時,時即運也。桃李之運在春,芙蕖之運在夏,梅菊之運在秋冬。文之爲運也亦然,經莫盛於上古,是上古爲六經之運;史莫盛於漢,是漢爲史之運;詩莫盛

---

① 孔齊:《至正直記》,上海:上海古籍出版社,1987年,第97頁。

② 葉子奇:《草木子》,北京:中華書局,2009年,第70頁。

③ 王季重:《王季重十種·雜序·唐詩紀事序》,杭州:浙江古籍出版社,2010年,第78頁。

④ 吴偉業:《陳百史文集序·序一》,《吴梅村全集》,上海:上海古籍出版社,1990年,第655頁。

於唐，是唐爲詩之運；曲莫盛於元，是元爲曲之運。運行至斯，而斯文遂盛。"①他們强調"有一代之興，必有一代之文以爲重"。雖然各個時代的文都被安放在各自的歷史坐標上，但是因爲缺少對文體變的探索，而使得各個時代的文體之間存在斷裂感。

而焦循的"一代有一代所勝"説，並非只是在前人觀點基礎上做簡單的字句增删，而是有所反思的。他把注意力更多地集中在文學，並更深入地探討了時代與文體之間的關係，在此基礎上，重新塑造了更爲合理的價值標準去看待文學，因而提出了一個具有新内涵的"一代有一代之所勝"的觀點，給後人以很大的啓發。他説：

> 商之詩，僅存頌。周則備風、雅、頌，載諸《三百篇》者尚矣。而楚騷之體，則《三百篇》所無也，此屈、宋爲周末大家。其韋玄成父子以後之四言，則《三百篇》之餘氣遊魂也。漢之賦爲周、秦所無，故司馬相如、揚雄、班固、張衡，爲四百年作者。而東方朔、劉向、王逸之騷，仍未脱周、楚之窠臼矣。其魏、晉以後之賦，則漢賦之餘氣遊魂也。楚騷發源於《三百篇》，漢賦發源於周末。五言詩發源於漢之《十九首》，及蘇、李而建安，而後歷晉、宋、齊、梁、周、隋，於此爲盛。一變於晉之潘、陸，宋之顔、謝，易樸爲雕，化奇作偶。然晉、宋以前，未知有聲韻也。沈約卓然創始，指出四聲，自時厥後，變蹈厲爲和柔。宣城、水部，冠冕齊、梁，又開潘、陸、顔、謝所未有矣。齊、梁者，樞紐於古、律之間者也。至唐遂專以律傳。杜甫、劉長卿、孟浩然、王維、李白、崔顥、白居易、李商隱等之五律、七律，六朝以前所未有也。若陳子昂、張九齡、韋應物之五言古詩，不出漢魏人之所範圍。故論唐人詩以七律、五律爲先，七古、七絶次之。詩之境至是盡矣。晚唐漸有詞，興於五代，而盛於宋，爲唐以前所無，故論宋宜取其詞。前則秦、柳、蘇、晁，後則周、吴、姜、蔣，足與魏之曹、劉，唐之李、杜相輝映焉。其詩人之有西昆、西江諸派，不過唐人之緒餘，不足評其乖合矣。詞之體，盡於南宋，而金、元乃變爲曲，關漢卿、喬夢符、馬東籬、張小山等爲一代鉅手。乃談者不取其曲，仍論其詩，失

① 李漁：《〈名詞選勝〉序》，《李漁全集》第1卷，杭州：浙江古籍出版社，1992年，第34頁。

之矣。有明二百七十年,鏤心刻骨於八股,如胡思泉、歸熙父、金正希、章大力數十家,洵可繼楚騷、漢賦、唐詩、宋詞、元曲,以立一門户。而李、何、王、李之流,乃沾沾於詩,自命復古,殊可不必者矣。夫一代有一代之所勝,舍其所勝,以就其所不勝,皆寄人籬下者耳。余嘗欲自楚騷以下,至明八股,撰爲一集。漢則專取其賦,魏、晉、六朝至隋,則專録其五言詩,唐則專録其律詩,宋專録其詞,元專録其曲,明專録其八股,一代還其一代之所勝,然而未暇也。偶與人論詩,而記於此。①

對於焦循的這段言論的價值評判,周勛初先生持肯定態度,而且認爲這一學説具有重要的歷史意義。那麽焦循的這種觀念是如何形成的呢?周先生指出:"揚州學派中的傑出人物焦循考察文學流變,觀其會通,提出了文學'一代有一代之所勝'的觀點,説明時代發展至此,已經具備了全面系統地總結文學發展的條件。焦循爲《易》學大師,考察問題時自然具有'窮則變,變則通,通則久'的通變觀點,而他又曾對各種文體進行過系統的研究,這樣才能形成其完整的文學史觀。"②又有學者通過探討焦循思想的淵源和内涵,論證焦循的文學史觀是他的學術思想體系的一部分③。而馮乾從創體與通變的角度闡析了焦氏"一代有一代之所勝"文學史觀的内涵,並深入分析了焦氏此論的學術思想背景④。

這些學者對於解讀焦循都提供了很好的路徑,給人以啓發。但是正如上文所述,揚州學派的文學史觀的形成是深受學術特徵的影響,他們將在學術領域發展出的歷史哲學,運用到了文學領域。那麽要探究焦循觀念的形成,不妨以他們的歷史哲學觀在文學領域的實現爲入口。

歷史哲學觀念要求既能够對歷史現象做出描述和總結,又要求對歷史現象總結中有規律性的昇華。雖然焦循的觀念不是那麽完善,但是他確實

① 焦循:《易餘籥録》卷一五,《焦循詩文集》,第 842—843 頁。

② 周勛初:《文學"一代有一代所勝説"的重要歷史意義》,《文學遺産》2000 年第 1 期。

③ 劉弈:《清代中期的"文筆説":産生、發展與演變》,《天津社會科學》2006 年第 4 期。

④ 馮乾:《創體思維與通變意識——焦循"一代有一代之所勝"文學史觀闡析》,《西北師大學報》2008 年第三期。

是有意識地在這兩個層面都去做了一些實際的工作。

首先,對文學領域中歷史現象的主體的選擇和認定,焦循應該是花了一番心思的。文學本來就是一種複雜的語言藝術的審美現象,在構成文學特徵的諸因素中取哪一面做爲考量的切入點,不是一件容易的事。在焦循之前的與文學代進説相似的這些言論,所選擇的評價的主體,是没有確定的切入點的。比如《文選序》中談文學的進化,從詩到賦的進化,是從詩的體裁談到賦的内容,這種比較其實很難成立,因爲他們所比的物件在邏輯上不能成立。而從元代虞集開始,直到清代的李漁,大多喜歡將文學的進化與時代風氣相聯繫。"一代之興必有一代之絶藝"和"有一代之興,必有一代之文以爲重"其實所説的意義相差不大。在他們看來,文學演進的原因更多的是與時代環境相聯繫。以時代這種外部因素去探討文學未嘗不可,法國歷史學家泰納寫的《英國文學史》所主張的理論就是,文學的産生决定於時代、種族、環境三要素①。但是在古代社會,文學觀念尚未明晰的情况下,僅憑外部環境去評價一種藝術形態的發展,肯定是不理智的。更何况就算到了後世,泰納的文學理論也不是無懈可擊。時代因素是否能够直接觸及到文學的内部,同時,由多元素構成的時代風氣是不是可以作爲一個確定的客觀標準,這些都是疑問。所以這些文人都没有能深論下去。

借助於西方的理論觀念,韋勒克、沃倫在《文學理論》中認爲,文學研究是由外部研究和内部研究組成的,外在的模式就是"外在於文學文本的何種因素導致了文學",比如可以説生活導致了文學,或者説文學家導致了文學,文學是作爲"何種因素"的特徵性結果而存在的;内部的模式則是"文學導致了内在於文學文本的何種因素"②。文學代進的問題,不僅牽涉到外部的一些因素,更重要的還是内在變化的驅使。蘇珊·朗格《藝術問題》説:"要想對一種理論以及這一理論的有關所有概念作出可靠的解釋,就必須先從解决一個中心問題著手,先從確立一個關鍵概念的確切含義著手。"③焦循的理論框架是時代積纍的結果,但是他並没有被動地接受,而是在積纍中重新

① [法]泰納:《英國文學史序言》,《西方文藝理論名著選編(中卷)》,北京:北京大學出版社,1994年,第150頁。

② [美]勒内·韋勒克、奥斯丁·沃倫:《文學理論》,北京:三聯書店,1984年,第65頁。

③ [美]蘇珊·朗格:《藝術問題》,北京:中國社會科學出版社,1983年,第3頁。

建構。他將研究物件的主體認定選擇在文體上。文體就是他面對的研究物件的關鍵概念。文體包含的内容是抽象的,内容是可以由著人的創作而不斷變化的。而文體相對於内容、思想這些内部因素而言,屬於形而下的,有實體的。所以容易掌控,也容易拿來去做衡量。當焦循找到文體這一個相對固定的點的時候,他的邏輯論證就能够展開了。錢鍾書先生雖然對焦循的理論頗有微詞,但還是有所肯定的。焦循在《雕菰集》卷一四《與歐陽制美論詩書》中説"若有不能已於言,又有言之而不能盡者,非弦而誦之,不足以通其志而達其情也","可見不能弦誦者,即非詩也","詩與文相亂,而詩之本失矣","詩亡於宋而遁於詞,詞亡於元而遁於曲"①,對此錢鍾書批判説:"詩、詞、曲三者,始皆與樂一體。而由渾之劃,初合終離。凡事率然,安容獨外。文字弦歌,各擅其絶。藝之材職,既有偏至;心之思力,亦難廣施。强欲併合,未能兼美,或且兩傷,不克各盡其性,每致互掩所長。即使折衷共濟,乃是别具新格,並非包綜前美。"且"文體遞變,非必如物體之有新陳代謝,後繼則前仆"②。雖然他對焦循的文體演變理論提出質疑,但是對焦循關注點在"文章演變之原"還是認可的。焦循正是在前人研究的基礎上改變了他們相對偏狹的理論基點,爲下一步進行較深刻的理論闡述做了準備。

文體的演變是在歷史的進程中推進的。對於這一點,很多學者都從焦循與《周易》的關係入手,做了大量的研究,這裏不再贅述。需要補充的是,在這個大的歷史維度中,其實還存在著一個邏輯上的時間模式。或者説是單一文體從萌生到漸變到成熟的過程。某種單一文體的内在發展就是一種活動。比如談《詩》,"商之詩,僅存頌。周則備風、雅、頌,諸《三百篇》者尚矣。而楚騷之體,則《三百篇》所無也,此屈、宋爲周末大家。韋玄成父子以後之四言,則《三百篇》餘氣遊魂也"。在這裏,他其實也是在説《詩》這種文體發展的内在的結構層次。從《詩》的興起,到《詩》的餘響。再比如他對五言詩發展的分析也是運用了這樣的模式,他先叙述五言詩發源於漢之《十九首》,經過魏、晉、南北朝到隋,達到興盛。其間一變於晉之潘、陸,宋之顔、謝,易樸爲雕,化奇作偶。再變於沈約創始四聲,自變蹈厲爲和柔,齊梁時五言詩介於於古、律之間,至唐遂專以律傳。由此我們完全可以説,在焦循的

① 焦循:《與歐陽制美論詩書》,《焦循詩文集》,第268、269頁。

② 錢鍾書:《談藝録》,北京:中華書局,1984年,第27頁。

文學史觀中基本遵循的是兩種時間模式，一種是歷史維度的，一種是邏輯的。

在一番論述之後，焦循揭示了他所總結的規律。他說“夫一代有一代之所勝，舍其所勝，以就其所不勝，皆寄人籬下者耳”。焦循“一代有一代之所勝”的文學史觀之所以形成，在於他能够從文學特徵出發，去探詢文學的歷史發展脈絡，並在古、通、變的學術特徵影響下，展開審美體驗和歷史理解，從而勾勒出文學發展的邏輯。

揚州學派稀見著述五種

劉建臻*

揚州學派刊刻之著不少，散藏各處之稿鈔本亦多，劉台拱《寶應鄉賢劉蓼野端臨喬梓遺劄》、朱彬《尚書異義》、焦循《焦理堂天文曆法算稿》、焦廷琥《論語集解偶識》、凌曙《金石録》即爲其中之五種。本文對此簡加介紹。

一、劉台拱《寶應鄉賢劉蓼野端臨喬梓遺劄》

《寶應鄉賢劉蓼野端臨喬梓遺劄》，稿本，一册，現藏國家圖書館，題爲劉世謩、劉台拱撰。

是書爲劉世謩、劉台拱父子書信集。劉世謩(1725—1801)，字彷魏，號蓼野。劉台拱之父。嘉慶元年(1796)，舉孝廉，著有《薛氏粹語》四卷等。劉台拱(1751—1805)，字端臨，寶應人。乾隆三十五年(1770)舉人。著有《論語駢枝》一卷，《經傳小記》三卷，《漢學拾遺》一卷等。

書中收有書信三十六通：劉台拱書信四通，劉世謩之信三十二通。次序錯雜，如第一通爲劉台拱與朱彬書，二、三、四則爲劉世謩與台拱書，五爲劉台拱與父家書，六爲劉世謩與侄兒書，七爲劉世謩與台拱書，八、九又爲劉台拱寫給二弟、十二弟的書信，餘則多爲劉世謩寫給劉台拱之信。

劉台拱與家人三信是從京城寄出的。致二弟、十二弟之信寫於“六月二十一”，與父書則爲“十一月廿八日”，惜未署明何年。從寫給父親一信之内容來看，因有“十三報尚未到”、“今日到吏部，查本月出兩缺，一東台缺……一阜陽缺”、“攜家上任，未嘗不有用處”諸語，知爲劉台拱授以教職候缺時

* 劉建臻，揚州大學社會發展學院教授。

所寫。

可是，對劉台拱授以教職的時間却存在兩種不同的記述：劉文興《劉端臨先生年譜》"乾隆四十六年辛丑"："大挑二等，以教職用。"朱彬《劉先生台拱行狀》："甲辰，大挑二等，以教職用。踰歲，銓授丹徒縣訓導。""甲辰"爲乾隆四十九年(1784)。劉文興乃劉台拱侄玄孫，所説以《家譜》爲據；朱彬爲劉台拱學友，兩人過從密切。孰是孰非，頗難定奪。好在有其餘檔案材料可爲佐證。從一檔館典藏之《朱批奏折》、《軍機處録副奏折》及嘉慶《欽定科場條例》、光緒《大清會典事例》等文獻可知，乾隆朝總共進行五次大挑：乾隆三十一年、三十七年、四十六年、五十二年和六十年。由此而知劉文興所説爲確，即乾隆四十六年(1781)劉台拱"大挑二等"。四年後，劉台拱方被授職丹徒訓導。民國《丹徒縣志》卷二十一《職官志・官師表・訓導》"劉台拱"中記述説"乾隆五十年任"，同卷《名宦》又有："乾隆五十年，以舉人授丹徒訓導。"

那麼，是信究竟寫於乾隆四十六年至五十年間中哪一年？乾隆四十六年九月，劉台拱已"自京師歸"，直至四十八年十二月，方又"自靖江入都"①，合乎十一月在京者，只有乾隆四十九年。或許，此信就寫於是年。至於致二弟、十二弟之信的寫作時間，有待進一步考訂。

劉台拱與朱彬書，亦僅有"九月四日"之時間，未標明寫作之年。信中説："在金壇，見段君《説文注》妙絶，殆所謂天授，非人力也。"藉此推知，是信當寫於嘉慶五年(1800)左右。理由有二：

其一，段玉裁《經韻樓集補編》卷下所收與劉台拱三十一通書信中，《與劉端臨第二十三書》中有這樣的記述："來書推許太過，弟以注此書爲讀鄭之階級。讀此《注》而知許、鄭之異，亦知許、鄭之同，而知天下之字無不異，而知天下之字無不同。其要在以經注許，以鄭注許，而尤要在以許注許。此書賴足下促之，功莫大焉。"段玉裁此信寫於嘉慶五年，劉台拱極力推許段玉裁《説文注》"妙絶"，應該就在此時。

其二，從《説文解字注》卷十五下陳焕《跋》可知，是書初名《説文解字讀》，但從段玉裁與劉台拱往來書信中，真正明確稱其書爲《説文注》，也在嘉慶五年前後。自乾隆五十八年《與劉端臨第五書》的"私懼《説文》等書不能成"，到《與劉端臨第八書》的"承尊意命完《説文》"，再到《與劉端臨第十三

① 劉文興：《劉端臨先生年譜》，《國學季刊》3卷2期，1932年。

書》的“弟之《説文》亦寫刻本二卷”、《與劉端臨第十四書》之“勉治《説文解字》”，以及嘉慶元年《與劉端臨第十六書》中“《説文》第三篇”等等，均稱其書爲“《説文》”。嘉慶五年之《與劉端臨第二十四書》中，則直接稱之爲《説文注》：“《經籍籑詁》一書甚善，乃學者之鄧林也，但如一屋散錢未上串。拙著《説文注》成，正此書之錢串也。”次年所寫之《與劉端臨第二十七書》中亦有：“《説文注》恐難成，意欲請王伯申終其事，未識能允許否。”

至於《寶應鄉賢劉蓼野端臨喬梓遺劄》的文獻價值，言其要者述之如下：一是有補劉台拱書信過少之缺。劉台拱的書信，此前可見者，僅《昭代經師手簡》所録《致王念孫書》兩通，《寶應鄉賢劉蓼野端臨喬梓遺劄》中的四封信，約略彌補了這一薄弱環節，爲研究劉台拱學術之重要資料。二是可補劉台拱、朱彬之學術生平。劉文興《劉端臨先生年譜》對此多所梳理，然簡略甚至空缺處尚多。同樣，朱彬生平亦多受材料所限而難於查知。這些信件，無疑成爲探析劉台拱、朱彬之生平及其交游的寶貴素材。三是可補劉世謩著述之缺。對於劉世謩的著述，民國《寶應縣志》卷二十三僅載《薛氏粹語》四卷，《寶應鄉賢劉蓼野端臨喬梓遺劄》中劉世謩的三十二通書信，是目前所見劉世謩惟一之書信集，其文獻價值和學術意義不言而喻。

而該書卷首所钞關涉劉世謩、劉台拱之文，既有《寶應縣志》所載劉世謩之記述，又有《中國人名大辭典》、《清史稿・儒林》和《昭代經師手簡》中劉台拱的資料，顯屬藏書者所增益，以期有助於了解劉世謩、劉台拱學術而已。

二、朱彬《尚書異義》

《中國古籍善本書目》、《清史稿藝文志拾遺》未見著録，《江蘇藝文志》著録爲“手钞本”，未明典藏之地。

實際上，是書有三种版本：

其一，钞本，五册，現藏國家圖書館。

其二，钞本，四册，題爲“寶應朱彬武曹甫遺著”，現藏揚州大學圖書館。第一册爲《尚書異義》卷一，共二十六頁，依次爲《堯典》三十八條，《舜典》五十條，《臯陶謨》十條，《益稷》二十條；第二册爲《尚書異義》卷二，二十一頁，有《禹貢》六十九條，《甘誓》四條，《湯誓》四條，《盤庚》十五條，《高宗肜日》三條，《西伯戡黎》四條，《微子》七條；第三册爲《尚書異義》卷三，三十三頁，包括《牧誓》五條,《洪範》三十三條,《金縢》十六條,《大誥》十一條,《康誥》十一條,《酒誥》七條,《梓材》四條,《召誥》七條,《洛誥》十條,《多士》六條,《無逸》十條,《君奭》九條,《多方》七條,《立政》六條,《顧命》三十二條,《吕刑》十四條,《文侯之命》一條,《費誓》五條,《秦誓》三條,以及卷四《序》四十七條,末有"曾孫勤壯"之跋;第四册有兩部分:前爲《尚書故訓别録》四頁,后爲《尚書是正文字》三十八頁,書口均作"尚書故訓别録"。每卷之末,均有"外孫陳彝校訂"六字。時有校訂之處,如卷一《納於大麓》之"麓",眉批:"麓";卷二《黑水西河惟雍州》,眉批:"惟";卷三《拜首稽首告嗣天子王矣用咸戒於王曰》,除對"拜首"之"首"字朱筆點示之外,又有眉批:"手"。《尚書故訓别録》,亦有校訂之文,如三十頁:"敬用五事。'敬',《漢書·五行志》、《孔光傳》并作'差'。"眉批:"羞"。

其三,鈔本,藍絲框格,每頁二十行,每行二十字,四册,題爲"寶應朱彬武曹甫遺著"。册數、頁數、條目數量、書口、題署、跋文等均與揚大鈔本一致,没有校文,却署"外孫陳彝校訂",且經校訂者此本不誤,知據揚大鈔本所録。該本現藏南京圖書館。

雖題爲《尚書異義》,實則涵有《尚書異義》、《尚書故訓别録》和《尚書是正文字》三部書。

(一)《尚書異義》

翻閲該書内容,確實多列釋解《尚書》之"異義",每卷各舉一例以明之:

卷一首條《稽古》:"《孔傳》安國:'稽,考也。能順考古道而行之者。'賈逵、馬融、王肅皆同。(《魏志》四)鄭玄訓'稽'爲同,訓'古'爲天,言能順天而行之,與之同功。稽古同天,言堯同於天也。(《魏志》四)稽,同也;古,天也。(《後漢書注》六十三)"分别羅列釋"稽"爲"考"、爲"同"之兩種觀點及出處。

卷二:《畎》:"《孔傳》:'畎,谷';顔師古云:'畎,小谷也。'"該條集《孔傳》及顔師古《漢書·地理志上》"岱畎絲枲"之注爲説。

卷三:《天邑商》:"鄭云:'言天邑商,亦本天之所建。'王肅云:'言商今爲我之天邑。'"集《尚書正義》中鄭玄、王肅注《多士》"肆予敢求爾於天邑商"之説。只是鈔録鄭玄觀點時,脱"商"字後之"者"字。

卷四:《序》:"康誥,《孔傳》:'康,圻内國名。'馬、王同。鄭云:'康,謚號。'"馬融《尚書注》釋"康"之文,與《孔傳》完全相同,王肅《尚書注》文字略異,但内涵一致:"康,國名,在千里之畿内。"鄭玄"康"爲"謚號"之説,確與孔、馬、王"異義"。

對於釋説制度有異者，亦加輯録。如卷三："王釋冕反喪服"："《孔傳》：'脱去黼冕，反服喪服，居倚廬。'鄭云：'王釋冕，反喪服，朝臣、諸侯亦反喪服。《禮·喪服篇》：臣爲君、諸侯爲天子皆斬衰。'"

在《尚書異義》中，朱彬還注意到版本的差異、句讀的區别和注音的不同。言及版本者，如卷一《璣》："馬本作'機'。(《史記索隱》九)鄭同。(《隋書》十九)。"卷二：《沿》："《孔傳》：'順流而下曰沿。'馬本作'均'，云'均平'。(《釋文》)。"卷三：《新逆》："馬本作'親迎'。"卷四：《遇汝鳩汝方》："《史記》'汝'作女，'方'作房。"述及句讀者，如卷一《曰若稽古皋陶曰》："鄭玄以'皋陶'下屬爲句。"卷三《不少》："馬讀'弗少延'爲句。(《釋文》)鄭、王同。"涉及注其音者，如卷三《弗辟》："《孔傳》：'辟，法也。'馬、鄭音'避'，謂避居東都。(《釋文》)。"凡此等等，也都與"異義"關聯密切。

此外，於一篇旨意亦偶有所録。如卷二《盤庚》："鄭玄以爲《上篇》是盤庚爲臣時事。"這與《尚書正義·盤庚上》"以君名篇，必爲君時事"之説大相徑庭。

與《禮記訓纂》相類，《尚書異義》中鮮有朱彬之見，直接標示"彬案"者僅有卷四《序》一處："《虞書》。彬案：馬融、鄭玄、王肅、《别録》題皆曰《虞夏書》。"至於卷四中有三處低一格書寫者，如"《正義》曰：案鄭序以爲《虞夏書》二十篇，《商書》四十篇，《周書》四十篇，《贊》曰'三科之條，五家之教'，是虞夏同科也。其孔於《禹貢》注曰'禹之王以是功，故爲《夏書》之首'，則虞、書[①]别題也，以上爲《虞書》則十六篇"。因未加標示，故鈔録者以小字注明："此條低一格，疑是案語。"是否爲朱彬"案語"，没有根據，只能存"疑"。

值得注意的，還有兩點：

其一，《尚書異義》第三册末之跋文：

先曾祖光禄公，經術湛深，著書家滿，所著《經傳考證》，阮文達曾採入《皇清經解》中，《禮記訓纂》等書，亦先後壽諸梨棗。唯《尚書異義》四卷晚年成書，世尠知者。先大父官豫省，攜庋行篋中，解組歸里，方擬手自校訂殺青，遽謝賓客。先嚴久宦三秦，捐館後隨身書籍亦多散失。丙

① "書"，《尚書正義》卷二《堯典第一》作"夏"。

戌春，偶檢舊簏，忽獲底本，悲手澤埋没已久，不禁潸然泣數行下。竊幸先世手澤什襲珍藏，未經蠹蝕，忽忽又數十年矣。將與諸兄弟謀付梓之資，用贅數言叙其顛末。至其書之薈萃前言，津逮後學，天下後世必有辨之者，不敢復贊一辭云。光緒丙戌仲夏之月曾孫勤壯謹識。

該《跋》清楚地表明了四方面的内涵：一是叙述了《尚書異義》的成書時間，即朱彬"晚年成書"；二是表明了後人開始鈔録的時間，這就是"光緒丙戌仲夏之月"，即1886年四月；三是記述了流傳的過程，經由四代人"珍藏"而不致散失；四是强調了"薈萃前言，津逮後學"的學術價值。

四點中，對流傳過程的記述特别重要。一方面，有無傳播源流是判斷書籍真僞的要素之一，而是《跋》簡略而清晰地對此予以記述，則《尚書異義》真僞問題不辨自明；另一方面，增强了清代寶應朱氏家譜及其家學的認識。朱彬四子朱士彦、朱士達、朱士廉、朱士辨當中，因記述簡略，朱士廉後嗣情況不太明晰。而《跋》中所述，正是朱士廉一支。

"先大父官豫省，攜度行篋中"，"先大父"即祖父輩。朱彬兒子一代，只有朱士廉"官豫省"，《民國寶應縣志》卷十二《朱士達傳》附《朱士廉傳》："道光癸丑進士，官直隸武强、山西石樓、河南固始等縣知縣。"則《尚書異義》先由朱士廉"珍藏"。之后，《尚書異義》爲父親"久宦三秦"時的"隨身書籍"。勤壯父輩居官"三秦"者共有三人：朱百珏曾任陜西洵陽、臨潼縣知縣，朱百祥任乾州、鄜州直隸州知州、佛坪同知，朱百思任同官縣典史。《清代硃卷集成》所收《朱百遂》、《朱湛霖》二份硃卷中，同輩之朱百遂和堂侄朱湛霖履歷中均如是記："百思，太學生，升用知縣，現任陜西同官縣典史。"當然，《朱百遂》、《朱湛霖》硃卷中分别記有"再從堂姪"、"再從昆弟"朱勤壯之名。這樣一來，不僅朱士廉一支譜系約略可知，而且，前後四代人爲《尚書異義》而做的努力亦明晰可辨。

其二，每卷末之"外孫陳彝校訂"。恰好，《清代硃卷集成》亦收有《陳彝》之硃卷，其中有："父嘉樹，母氏朱，乾隆乙卯舉人、國子監學録銜、誥封光禄大夫吏部尚書武曹公諱彬女。"則陳彝確爲朱彬外孫。

陳彝(1827—1900)，字六舟，號蜕翁。儀徵人。同治元年(1862)二甲一名進士，歷官修撰、甘肅按察使、安徽巡撫、禮部侍郎等職。儀徵陳氏在晚清因陳嘉樹、陳彝"父子傳臚"而一時稱美，陳彝次子陳延韡與修《清史稿》、女婿爲中國古典文學大家余冠英更爲學界津津樂道。但是,言及陳彝著作,只有民國《江都縣續志》卷二十七所述四種:《家書》四卷、《奏議》四卷、《伊園談異》八卷、《抱甕廬詩文存》二卷。所校《尚書異義》,對了解其"學問醇粹,深於宋明諸儒之書"[①]之學,多所助益。

附於《尚書異義》之後者,其實還有兩書:《尚書故訓别録》和《尚書是正文字》。

(二)《尚書故訓别録》

僅有四頁。究其内容,包括三部分:

第一部分,鈔録《爾雅・釋詁》條目,間及他書之文。如開篇一條:"《釋詁》:'初、哉、首、基、肇、祖,始也。'《正義》云:古文'哉'作'才'。《書》曰:'往哉汝諧。'《張平子碑》作'往才汝諧'是也。"又如:"下、降,落也;命、令、誥,告也;矢、引、延、順、劉、繹、旅,陳也;尸,寀也;寀,寮也;永、違、遐、逷、闊,遠也;永、悠、迴、遠,遐也。《正義》:逷、逖古今字;圮,毁也;職,主也。"末一條則爲:"殂、落,死也。"

第二部分,則録《釋言》之説。從首條"《釋言》:'殷、齊,中也。'"至"彌,終也"。未及他書所引。

第三部分,僅有七條:"明明,察也;穆穆,敬也;晏晏,柔也;蠢,不遜也;辟,拊心也;矜憐,掩之也;侜張,誑也。"未標所出,實爲《爾雅・釋訓》之文,且有脱、訛。《爾雅・釋訓》:"擗,拊心也";"矜憐,撫掩之也。"《尚書故訓别録》脱"撫"字,且誤"擗"爲"辟"。

不難看出,《尚書故訓别録》中條目次序大體與《爾雅》一致,但并未全録《爾雅》之文。譬如,所録《釋詁》文字,除摘取部分内容之外,即便是所録條目,也是選擇而爲,"矢、引、延、順、劉、繹、旅,陳也"一條,就未録《爾雅》原有之"雉"、"薦"、"尸"三字。因为,"尸"见於下條,而"雉"、"薦"不見於《尚書》,故不録。或者,字見於《尚書》而詮解異於《爾雅》者亦不選録,首條未録"元",就是如此。"元"多見於《尚書》之中,如《舜典》"月正元日",《大禹謨》"元后"、"元龜",《益稷》"元首"等,因"元"不作"始"義,固不録。正因爲如此,對選録之《爾雅》之文方名爲《尚書故訓别録》。

---

① 民國《江都縣續志》卷二十七《陳彝傳》,《中國方志叢書・華中地方》第28册,臺北:成文出版社,1970年。

(三)《尚書是正文字》

内容多少不等,《文侯之命》只三條,《堯典》達八十九條。主要就異於《尚書》之文字加以輯録。舉三例以概其餘:

《克明俊德》:"《史記》作'能明馴德','克,能',《釋言》文。徐廣曰:'馴,古訓字。'《索隱》曰:'《史記》馴字,徐廣皆讀曰訓。訓,順也,言聖德能順人也。'《大學》作'峻',鄭注:'峻,大也。'《説文》:'高也。'"

《曰昧谷》:"夏侯等書作'柳谷',徐廣曰:'一作柳谷。'《周禮·縫人》注引《書》曰'度西曰柳谷'。"

《俊乂在官》:"'乂',《漢書·谷永傳》作'艾'。"

與《尚書故訓別録》不同,《尚書是正文字》多匯《史記》之異文。如《皋陶謨》四十一條中,其中三十一條就引《史記》之文。其次則多引《漢石經》文,如《盤庚》之《汝悔身何及》:"'身',《漢石經》作'命'。"

書中時有缺文。《舜典》:"納於大麓烈風雷雨弗迷。《史記》:'堯□□□□□□澤,暴風雷雨,舜行不迷。'《尚書大傳》作'不'。"查《史記·五帝本紀》,所缺者爲"使舜入山林川"六字。

總體而言,《尚書異義》、《尚書故訓別録》和《尚書是正文字》三書,對探析揚州學派特別是朱彬的《尚書》學成就意義重大。

1. 揚州學派《尚書》學重要成就之一。

揚州學派《尚書》學著作,之前常被言及者總有七種:焦循《尚書補疏》二卷、《禹貢鄭注釋》二卷、《書義叢鈔》四十卷,焦廷琥《尚書伸孔篇》一卷,劉毓崧《尚書舊疏考正》一卷,成孺《禹貢班義述》三卷和《尚書曆譜》二卷。這些著作,代表著揚州學派中後期的《尚書》學成就。前期學者如汪中、王念孫、劉台拱諸人,所治《尚書》之説雜收於各自著述之中,未見專書行世。因此,《尚書異義》及附於該書之後的《尚書故訓別録》和《尚書是正文字》一種三書,就成爲目前所知揚州學派前期僅見的《尚書》學專書,其文獻價值不可小視。

2. 朱彬學術的有機組成部分。

朱彬的著述,自著者六種:《禮記訓纂》四十九卷,《經傳考證》八卷,《毛詩考證》二卷,《游道堂集》四卷、《邑乘志餘》一卷和《游道堂詩話》;編纂之書兩種:《朱氏支譜》和《白田風雅》二十四卷;批校四種:《周易音義》一卷,《易傳集解》十七卷,《毛詩注疏》二十卷和《大戴禮記》十三卷。則知朱彬於《禮記》、《毛詩》用力尤深。收於《經傳考證》中的《尚書》兩卷，也就成爲之前學人探析朱彬《尚書》學成就的僅有著述。而《尚書異義》諸書，無疑對認識朱彬《尚書》學之學術全貌及其特色，頗具學術深義。

三、焦循《焦理堂天文歷法算稿》

稿本，不分卷，題爲"江都焦循學"。現藏國家圖書館，以爲善本。

全書内容計有十七篇：《用橢圓面積爲平行》，《求橢圓大小徑之中率》，《橢圓角度與面積相求》，《交食總論》，《朔望有平實之殊》，《朔望用時》，《求日月距地與地半徑之比例》，《日月視徑》，《測太陰徑》，《求日月實徑與地徑之比例》，《地影半徑》，《兩朔相距之數曰朔策》，《日食用數》，《太陽食限》，《日食之限時刻》，《黄平象限白平象限之同異》，《日食三差》。

除《兩朔相距之數曰朔策》一篇中偶有"循按：月在日冲故也"等語，餘則多録自他書之文。譬如：

《用橢圓面積爲平行》，録自《四庫全書總目・御定歷象考成後編》之部分提要："太陽之行有盈縮，由於本天有高卑。春分至秋分行最高半周，故行縮而歷日多；秋分至春分行最卑半周，故行盈而歷日少。其説一爲不同心天，一爲本輪。而不同心天之兩心差即本輪之半徑，故二者名雖異而理則同也。第谷用本輪以推盈縮差，惟中距與實測合。"

《朔望有平實之殊》完全録自《皇朝通志》卷二十《天文略》之《朔望平實》："日月相會爲朔，相對爲望，而朔望又有平實之殊。平朔望者，日月之平行度相會相對也；實朔望者，日月之實乃度相會相度也。故平朔望與實朔望相距之時刻，以兩實行相距之度爲准。蓋兩實行相距之度，變爲時刻，以加減平朔望而得實朔望，故兩實乃相距無定度，則兩朔望相距亦無定時也。"《地影半徑》原文照録，標題亦與該書一致。

末一篇《日食三差》録自《欽定續通志》卷一百《天文略四》之《日月交食》："蓋食甚用時，以地心立算，人自地面視之，遂有地半徑差，而太陽地半徑差恒小，太陰地半徑差恒大，於太陰地半徑差内，減太陽地半徑差，始爲太陰高下差，高下差既變，其高爲視高，故經度之東西，緯度之南北亦皆因之而變也。……究之，必用白道，方爲密合，故今求東西南北差以白平象限爲本，然白平象限以黄平象限爲根，而白道高弧交角又以黄道高弧交角爲據，知太陰距黄平象限東西及黄道高弧交角，則可知太陰距白平象限東西及白道高弧交角矣。”

還有，《用橢圓面積爲平行》中有“具詳圖説如左”，而書中却無圖，疑有缺漏。

是書無序，亦無跋，難知撰於何時，只能略加推測。焦循熟知天文、曆算，在著述中多有所及，《里堂道聽録》卷二十四上《地球動太陽静》：“嘉慶壬戌，阮大中丞屬元和李鋭爲之校補。是年秋，循至浙，又爲校訂，補入三圖，中丞付之梓。今録其所説太陽静、地球動者。”“嘉慶壬戌”即嘉慶七年(1802)。焦循著手編訂《里堂道聽録》，就在這一時期。《里堂道聽録・序》：“余交游素少，然每有以著作教我者，無論經史子集以至小説詞曲，必詳讀至再至三，心有所契，則手録之，歷二三十年，盈二尺許矣。……壬戌、癸亥間，嘗編之，名《道聽録》。”《焦理堂天文曆法算稿》之録，或許成於嘉慶七年前後。

四、焦廷琥《論語集解偶識》

焦廷琥(1783—1821)，字虎玉，優貢生。刊刻之著有十種：附於文選樓刻本《雕菰樓集》後不分卷之《易多俗字辨》，《尚書伸孔篇》一卷，《冕服考》四卷，《三傳經文辨異》四卷，《地圓説》一卷，《讀書小記》二卷，《蜜梅花館文録》一卷，《蜜梅花館詩録》一卷，《因柳閣詞鈔》二卷，《焦氏遺書》卷末附之《先府君事略》。散藏各地之稿鈔本十八種：《明人説易》一卷，《段氏説易引文》十三卷，《周禮周官考》一卷，《周官録異》一卷，《論語集解偶識》不分卷，《後漢書衍義》一卷，《明史藝文志易類》一卷，《正朔考》一卷，《占象分考拾遺》，《群書録要》二卷，《古注參同契分箋注釋》一卷，《焦虎玉文稿》一卷，《蜜梅花館詩録》四卷，《因柳閣詩録》三卷，《湖干紀聞》二卷，《字典論説》三卷，《東坡事跡類要》十二卷，《因柳閣讀書録》一卷。

其中，《論語集解偶識》爲稿本，題爲“江都焦廷琥”。現藏於北京大學圖書館。

全書共有二十九條：《子游問孝》，《孝乎惟孝》，《大車無小車無》，《爲力不同科》，《管氏有三歸》，《無所取材》，《揖巫馬期而進之》，《拜下禮也》，《子畏於匡》，《河圖》，《子欲居九夷》，《未成一簣》，《唐棣之華》，《季氏富於周公》,《子路率爾而對曰》,《膚受之愬》,《繈負其子而至矣》,《期月而已可也》,《斗筲之人》,《何足算也》,《羽善射》,《子問公叔文子於公明賈曰》,《昔者先王以爲東盟主》,《伯夷叔齊餓於首陽之下》,《湼而不緇》,《五穀不分》,《植其杖而芸》,《君子不施其親》,《上失其道民散久矣》。

焦廷琥之"識",先列"孔曰"、"包曰"、"馬曰"、"孔曰"、"鄭曰"、"王曰",即孔安國、包咸、馬融、孔安國、鄭玄、王肅等人之説,繼有"琥案"以爲"識"。如《爲力不同科》:"馬曰:'力役之事,亦有上中下設三科焉。'琥案:《地官·小司徒》:'上地家七人,可任也者三人;中地家六人,可任也者二家五人;下地家五人,可任也者家二人。'故曰設三科。"

約略總結,所"識"主要涉及以下五個方面:

或釋文字。如《子路率爾而對曰》:"《注》:'率爾,先三人對也。'琥案:皇本'率'作'卒',卒、率古字通,《莊子·人間世》注'率然拊',《釋文》:'率,本或作卒。'"

或明禮儀。如《拜下禮也》:"王曰:'臣之於君,行禮者下拜,然後成禮。'琥案:拜下禮之見於經傳者,曰燕禮,曰覲禮,曰公食大夫禮,曰大射儀,曰聘禮,曰燕義。《左氏春秋》僖九年《傳》,皇《疏》僅舉燕義,固非。邢《疏》舉燕禮、覲禮,亦未備。"

或訂訛誤。《子問公叔文子於公明賈曰》:"孔曰:'公叔文子,衛大夫公孫枝。'琥案:皇本及《釋文》皆作'拔',作'枝'者,傳寫之誤也。詳閻百詩《四書釋地》。"

或解人名。如《揖巫馬期而進之》:"孔曰:'巫馬期,弟子也,名施。'琥案:《史記·弟子列傳》作'旗'。作'旗'是也。《説文》:'施,旗皃。齊欒施字子旗,知施者,旗也。'然《禮記·射儀》'耄期稱道不亂',《釋文》:'期,本作旗。'《秦策》'中期推琴',《説苑》皆作'旗'。《周禮·大司馬》'以旗致萬民',《注》云:'以旗者,立旗期民於其下也。'《釋名》'熊虎爲旗','旗',期也。則旗、期本可通用。"

或釋地名。《昔者先王以爲東盟主》:"孔曰:'使主祭蒙山。'琥案:蒙山,在蒙陰,邢《疏》引《地理志》以證之。于欽《齊乘》云:'蒙山者,在龜山東。二山連屬,長八十里。'又云:'龜山下有古顓臾城。山前玉虛宫,唐僊人賈神翁所建。有英烈昭濟惠民王祠,即顓臾也。'"

細繹焦廷琥之"識",持論有據,多所發明。如《孝乎惟孝》:"包曰:'孝乎惟孝，美大孝之辭。'琥案：今本以'孝乎'屬上，'惟孝'屬下，既用'《書》云'，又雜以己言，不辭甚矣。古人引經，未有此例。讀包《注》，可以正其誤矣。皇《疏》、邢《疏》皆謂與《書》文小異，則據世所出之《君陳》言之也。"焦廷琥之説，看似指斥"不辭"之妄，實爲訂正惠棟之説。《九經古義》卷十六《論語古義》："蔡邕《石經》亦作'于'。故包氏《注》云'孝于惟孝，美大孝之辭。'後世儒者據晉世所出《君陳篇》，改'孝于'爲'乎'，以'惟孝'屬下句。以今考之，若非《漢石經》及包氏《注》，亦安從而正是邪？"焦廷琥贊同惠棟"惟孝"不"屬下"之説，但顯然認爲應該作"乎"而非惠棟所説作"于"。這是有見地的。1974 年出土的定州漢墓竹簡本《論語・爲正》中，恰作"孝乎維孝"。

五、淩曙《金石録》

淩曙（1775—1829），字曉樓，江都人。先後師從包世臣、劉逢禄諸人。著有《春秋繁露注》、《公羊禮説》和《禮論略鈔》等。

淩曙之書，因多刻於《皇清經解》、《蜚雲閣淩氏叢書》和《木犀軒叢書》之中，故多存世。但有一種却鮮有學人提及，這就是《金石録》。

《金石録》一書，題爲"江都淩曙輯"。有兩種版本：兩册，内有眉批，末有"男毓瑞校畢"之文，可稱爲"毓瑞本"，典藏南京圖書館；一册，書口有"上元宗氏辟泉書室"八字，爲"上元本"，現藏上海圖書館。

與淩曙稿本《春秋繁露注》中字跡相校，兩種版本均非淩曙手稿，是爲鈔本。"男毓瑞校畢"諸字與正文出自一人之手，知爲淩毓瑞钞校而成。其中，對訛誤者時加校訂，如《漢泰山都尉孔宙碑》，"宙"原寫成"廇"，除對"廇"字紅筆標示外，還有眉批："宙，廇字誤。"又如《後魏濟南青相凉朔恒六州刺史高植墓誌》，亦在標示之時加有眉批："'南'，多字。"這些訛誤之處，"上元本"均不誤，且每頁行數、字數均與"毓瑞本"相同，知"上元本"依"毓瑞本"钞録而成。

全書共録金石一百七十八條。上册共十六頁，録西周至漢代金石九十二條，其目如下：

《周宣王石鼓文》《阮氏文選樓重摹天一閣宋拓石鼓文》《周壇山刻石》《周比干墓題字》《周武王封比干墓銅盤銘》《周虢叔大林鐘》《周東明

碑》《周留君簠》《周陳逆簠》《秦琅邪台石刻》《秦泰山殘碑》《秦繹山石刻》《漢五鳳石刻》《漢始建國石刻》《漢漢中太守鄐君開石門道碑》《漢祀三公山碑》《漢嵩山太室神道石闕銘》《漢少室神道石闕銘》《漢開母廟闕銘》《漢太室潁川太守石闕文》《漢延光殘碑》《漢敦煌太守裴岑紀功碑》《漢潁陽井券》《漢故益州太守北海相景君銘》《漢景君碑陰》《漢武氏石闕銘》《漢魯相置孔廟卒史碑》《漢孔德讓碣》《漢孔君碑》《漢魯相韓敕孔子廟碑》《漢司隸校尉楊孟文石門頌》《漢魯相韓敕孔子廟碑碑陰碑兩側》《漢泰山都尉孔宙碑》《漢泰山都尉孔宙碑陰》《漢延熹封龍山頌》《漢魯相史晨孔子廟碑》《漢竹邑侯相張壽碑》《漢衛尉卿衡方碑》《漢魯相史晨孔子廟後碑》《漢夏承碑》《漢陳德殘碑》《漢李翕黽池五瑞圖》《漢李翕西狹頌》《漢博陵太守孔彪碑》《漢博陵太守孔彪碑碑》《漢析里橋郙閣頌》《漢執金吾丞武榮碑》《漢司隸校尉淮表記》《漢司隸校尉魯峻碑》《漢魯峻碑陰》《漢熹平二年碑》《漢熹平石經尚書殘碑》《漢熹平石經魯詩殘碑》《漢熹平石經儀禮殘碑》《漢熹平石經公羊殘碑》《漢熹平石經論語殘碑》《漢聞熹長韓仁銘》《漢從事尹宙碑》《漢正直殘埤》《漢元孫殘碑》《漢劉君殘碑》《漢三公山碑》《漢校官碑》《漢白石神君碑》《漢尉氏令鄭季宣碑》《漢尉氏令鄭季宣碑陰》《漢曹全碑》《漢曹全碑陰》《漢蕩陰令張遷碑》《漢豫州從事孔褒碑》《漢魯王墓二石人題字》《漢魯相謁孔廟殘碑》《漢華廟殘碑陰》《漢昌邑聚殘石》《漢永元刻石殘文》《漢恭川李崧殘字》《漢朱君長殘石》《漢劉厲王胥宮殿紀數殘石》《漢武氏祠石室畫象》《漢嘉祥武宅山孔子見老畫象》《漢射陽石門畫象》《漢射陽石門畫象碑陰》《漢關聖帝君西湖照膽台玉印》《漢趙緁伃印》《漢陽嘉洗》《漢雙魚銅洗》《漢銅盤銘》《漢大吉壺》《漢射陽古墓疏布文磚》《漢長生無極瓦》《漢長樂未央瓦》《漢六畜蕃息瓦》

下册十一頁，録魏至隋金石八十六條，其目如下：

《魏公卿上尊號奏》《魏受禪碑》《魏封宗聖侯孔羡碑》《魏郃陽殘碑》《魏膠東令王君廟門碑》《魏盧江太守范式碑》《魏范式碑陰》《魏東武侯王基斷碑》《吴禪國山碑》《吴天發神讖碑》《晉齊太公吕望表》《晉征東將軍軍司劉韜並夫人沛國蔡氏墓誌》《前秦程疵家白石神君碑側題名》《梁

蕭公神道闕》《梁焦山瘞鶴銘》《後魏中嶽嵩高靈廟碑》《後魏兖州刺史鄭義碑殘本》《後魏洛州刺史始平公造象記》《魏雒州刺史刁遵墓銘》《後魏雒州刺史刁遵墓銘碑陰》《後魏兖州刺史賈思伯碑》《後魏兖州刺史賈思伯碑陰》《後魏濟青相凉朔恒六州刺史高植墓誌》《後魏邑師惠感等造彌勒象記》《後魏平州刺史司馬昞碑》《後魏魯郡太守張猛龍碑》《後魏鄭道忠墓誌名》《魏滎陽太守元寧造象記》《後魏懷令李超墓誌銘》《西魏僧演造象記》《西魏法顯造象玉石象記》《西魏田僧敬造象》《西魏雝州刺史松滋西元萇振興温泉頌》《東魏南秦州刺史司馬昇墓誌銘》《東魏中嶽嵩陽寺碑》《東魏比邱洪寶造象》《東魏凝禪寺三級浮圖頌》《東魏齊州刺史高湛墓誌》《東魏敬使君顯儁碑》《東魏李仲璿修孔廟碑》《東魏王雙虎等造觀音石象記》《東魏邑主造石象碑》《東魏武德於府君義橋石象記》《東魏修太公廟碑》《後齊清河王高嶽造西門豹祠碑》《後齊乾明元年鏤石班經記》《後齊乾明元年造象殘碑》《後齊鄉老舉孝義雋敬碑正面》《後齊鄉老舉孝義雋敬碑陰》《後齊薑纂造象碑》《後齊孫旿州等造象碑》《後齊少林寺董洪達造象碑》《後齊孟阿妃造象記》《後齊雲門寺法懃禪師塔銘》《後齊吴洛族供神佛碑》《後齊隴東王感考頌》《後齊比邱僧道略共邑義三百餘人造象碑記》《後齊殘碑》《後齊都邑師道興造象並古驗方》《後周華嶽頌》《隋淮安定公趙芬殘碑》《隋龍藏寺碑》《隋龍藏寺碑陰》《隋千佛山時沓造象》《隋千佛山殘石二種》《隋造象碑》《隋千佛山李景崇造象》《隋千佛山吴□造象記》《隋南宫令宋君造象碑》《隋千佛山宋□□造象》《隋諸葛子恒紀功碑》《隋千佛山楊文蓋造象》《隋陳思王曹子建廟碑》《隋千佛山女花紅造象》《隋鞏君墓誌銘》《隋李鐘葵造象》《隋美人董氏墓誌銘》《隋舍利塔銘》《隋岐州舍利塔天王畫象四種》《隋賀若誼碑》《隋鄭州刺史李淵爲男世民造象記》《隋姚恭公墓誌銘》《隋江夏縣緣果道場磚塔下舍利記》《隋太僕卿夫人姬氏墓誌》《隋宋君墓誌銘》《隋智永二體千字文》

南圖所藏“毓瑞本”實爲一册，只是分成兩册裝訂而已。因爲第一册末條僅有《漢六畜蕃息瓦》名，而第二册首行爲：“曙按：孫氏《訪碑録》云：‘江蘇吴江陸氏家藏。’”孫星衍《寰宇訪碑録》卷一確有《漢・六畜蕃息瓦》，出處與凌曙所引完全一致，知爲同一條之内容而分爲兩處。

翻檢該書所記,只登録金石名稱而無内容者有四十七條,如《漢熹平石經儀禮殘碑》、《晉征東將軍軍司劉韜並夫人沛國蔡氏墓誌》、《東魏中嶽嵩陽寺碑》等。其餘均有名稱和内容。而内容所涉,大體概括如下:

1. 介紹金石來源。

如《漢武氏石闕銘》"董友贈余真本";《漢太室潁川太守石闕文》"曙按:此文顧炎武、褚峻皆未録";《西魏法顯造象玉石象記》:"曙按:石藏劉氏燕庭家。"

2. 叙述著録情况。

如《漢李翕西狹頌》:"以磨崖極高,山深多虎,拓者不全,故洪氏諸人未見全碑,紀録多誤。余所得係全本,誠非易事。至考證,前賢已詳言之。"《後魏鄭道忠墓誌銘》:"此係新出土,歐、趙及近代金石書未著録。"《後齊乾明元年鏤石班經記》:"曙按:此碑金石諸書未著録,想是出石土未久也。"

3. 評析碑石書法。

如《東魏南秦州刺史司馬昇墓誌銘》:"曙按:書法跌宕飄逸,褚公始由此等入手。"《隋諸葛子恒紀功碑》:"曙按:碑係新出土,在今山東沂州,書法頗清勁有致,但列别本字亦沿六朝人舊習。"

4. 考訂相關問題。

(1) 明其時代,如《後魏兖州刺史賈思伯碑陰》:"朱銓甫云後魏神龜二年四月,金一鳳以爲三國時物,是誤以北魏爲曹魏。"

(2) 考正文字。如《周宣王石鼓文》:"趩,曙按:《玉篇》'走貌',《集韻》或作'踝',段氏以《説文》'趩'、'趯'本爲一字,曙謂《説文》'趯'下引《論語》'趨進趯如也','趩'下云'行聲',又云'不行',明分兩義,段謂'趩'、'趯'本一字,非。"

(3) 考訂史事。如《漢三公山碑》,據所引《詩》"或耘或芓"以考漢武帝從申公受習《魯詩》,且以爲漢碑多引《魯詩》:

> 曙按:此碑王氏《金石萃編》、孫氏《寰宇訪碑録》皆未收。《萃編》有篆書《漢祀三公山碑》,引黄氏易云:"《集古》、《金石》二録有《漢三公山碑》,乃隸書……考頌詞引《詩》'或耘或芓',與《毛詩》異,蓋本《魯詩》。《漢書·食貨志》:武帝末年,悔征伐之事,乃封丞相爲富民侯。下詔曰:

苗生葉以上，稍耨隴草，因隤其土，以附苗根。故其《詩》曰：'或芸或芓，黍稷儗儗。'芸，除草也。芓，附根也。"曙謂武帝習《魯詩》，《漢書》言蘭陵王臧從申公受《詩》，事景帝，爲太子太傅。武帝初即位，安車以蒲裹輪，迎申公。至見上，上問治亂之事。據此，則武帝從申公受《魯詩》無疑。漢碑亦引《魯詩》爲多，《漢志》所謂魯，最爲近之是也。

5. 强調金石之功。

如《後齊隴東王感考頌》"尤金石之有關風教者"；《隋淮安定公趙芬殘碑》"可補史之闕漏"；《隋龍藏寺碑》"乃如古人蒐討金承漢石之文，其於表微闡幽不爲無助也"。這方面的論述，雖屬片言只語，却爲凌曙羅致金石拓片進而撰成此書的學術出發點，值得重視。

論及凌曙《金石録》的價值，主要可歸納爲下述四點：

1. 反映著凌曙的金石學成就。

此前所知凌曙之著計有十五種：《曉樓雜著》不分卷，《儀禮禮服通釋》六卷，《禮論略鈔》一卷，《服制考》一卷，《禮説》四卷，《春秋繁露注》十七卷，《春秋公羊禮疏》十一卷，《公羊禮説》一卷，《春秋公羊問答》二卷，《四書典故核》六卷，《群書答問》二卷《補遺》一卷，《説文考正》二卷，《蜚英閣經解》一卷，《蜚英閣史論》一卷，《蜚英閣文集》一卷。究其内容，以經學爲主，且於公羊學成就最高。對此，前人多有評述，在此不贅。但是，在總結凌曙學術成就之時，鮮有學者提及《金石録》一書。就目前所見而言，該書爲凌曙惟一的金石學著作，故對總結凌曙的學術尤其是金石學成就，具有很高的學術價值。

2. 多記揚州學派其他學者的金石學成就。

凌曙《金石録》中，述言揚州學派學人者，有阮元、江藩、王引之、汪喜孫等人。《周虢叔大林鐘》："曙按：鐘，阮雲台先生家。"《漢大吉壺》："曙按：器藏阮太傅家。"《周東昍碑》："曙按：江鄭堂云：'昍，古瞿字之省。'"《漢長樂未央瓦》："二瓦藏秦郵王氏。"《漢永元刻石殘文》："庚寅夏，曙見汪孟慈有藏本漢石二紙，跋尾二章，一昌邑聚殘石，一永元殘石也。"《漢銅盤銘》："拓本，爲孟慈汪君所贈，左角標題古銅般，重四十斤。"涉及最多的，則是朱士端。

朱士端(1786—1872)，字銓甫，寶應人。道光元年(1821)舉人。在經學、文字學和金石學方面成就突出，著有《齊魯韓三家詩釋》十六卷、《説文諧聲舉要》十四卷、《説文校定本》十五卷、《强識編》八卷、《吉金樂石山房詩集》

和《文集》等。朱士端是揚州學派中繼阮元之後金石學成就最高的學者，著有《宜禄堂收藏金石記》六卷。作爲好友，淩曙在《金石録》所及者數以十計：或言其著述，如《魏受禪碑》："朱氏《强識編》亦詳言之。"或述金石來由，如《漢關聖帝君西湖照膽臺玉印》："曙按：朱銓甫先生《金石記》云於丁亥年間曾游西湖，竭照膽臺山僧，贈先生一紙。"或引用其説，如《隋龍藏寺碑》："朱銓甫云書法漢隸，下啓唐賢。"换句話説，對淩曙影最大的金石學家就是朱士端。反之，從淩曙《金石録》中，能知朱士端《宜禄堂收藏金石記》對淩曙所産生的重大影響。

3. 補充了淩曙之學術交游。

對淩曙之學術交游，學術界很少關注。淩曙與龔自珍之學術交游，提及者尤其少見。郭延禮《龔自珍年譜》了無所及，樊克政《龔自珍年譜考略》附《龔自珍交游資料補録》亦未涉獵。而淩曙《金石録》却提供了這方面的材料。《漢趙婕伃印》："拓本，爲仁和龔氏定盦所贈。"龔自珍，字璱人，號定盦。這是淩曙與龔自珍之學交術交游的真接證據，彌足珍貴。

4. 了解淩毓瑞學術。

對於淩曙子淩毓瑞的認識，此前主要集中於兩點：《清史稿·儒林三·劉文淇傳》："舅氏淩曙極貧，遺孤毓瑞，文淇收育之。延同里方申爲其師，並補諸生。"吴熙載曾爲淩毓瑞治印六方。從《金石録》末之"男毓瑞校畢"可知，淩毓瑞爲其父《金石録》亦曾用力。這是瞭解淩毓瑞之學不可多得的文獻資料。

王懋竑《讀書記疑・左傳説》述評

馮曉庭*

一、前　言

王懋竑(1668—1741)《讀書記疑》,俞樾(1821—1907)刊梓其書,序其端首云:

> 白田先生篤志經史,譔述甚富,《讀書記疑》十六卷,乃其隨筆劄記之書也。凡九經諸子之義藴、歷代史傳之事實、唐宋諸大家詩文之得失、古今音韻之變更,有所見輒記之,區其類而録之,實事求是,細入無間。……①

俞樾所謂"有所見輒記之"、"區其類而録之",除了有效地勾勒出王懋竑學問層次廣闊、不拘局於一端的學術性格之外,也充分描畫出《讀書記疑》非爲專經專史而作,或能呈現王懋竑初階直觀學術意見的書寫基調。

《讀書記疑》凡十六卷,關涉經學者五卷(含音韻之學)、史學九卷、子學一卷、文學一卷②,視其内容篇幅,則又與《序》文發端"白田先生篤志經史"

---

* 馮曉庭,臺灣嘉義大學中國文學系副教授。

① 俞樾:《讀書記疑序》,王懋竑:《讀書記疑》,《續修四庫全書》第1146册,上海:上海古籍出版社,2002年,第1頁。本文徵引之《讀書記疑》相關文字,全數依此版爲準,以下僅隨文標明卷次、頁次,不再重複記録版本。

② 書後王懋竑族玄孫王凱泰(1823—1875)《跋》文云,《讀書記疑》原名《白田草堂續稿》;《跋》文又推測,本書"經説"部分可能淵源自《先考王公府君行狀》(王箴聽等撰)所述列的《讀經記疑》,"史説"部分可能淵源自《讀史記疑》。

全般呼應。據此推考，則俞樾所設並非空言，是以欲研讀探究王懋竑學術成就與重心，先就其"經史"部分詳加檢覆，頗稱適宜。

《讀書記疑》一書，"讀史"的部分九卷、"讀經"的部分五卷，就篇幅而論，"讀史"顯然是重中之重。然而"讀史"九卷，其中四卷全爲"存校"，亦即史書文字校勘，如是的表現形式，雖然也可以被歸納爲王懋竑讀史所得，然而與純粹的"史論"、"史説"，在基本性質上頗見歧異，難以凸顯撰作者的史觀與史識。設若扣除此節，"讀史"部分顯然便與"讀經"部分在篇幅上相近。

就涵蓋範疇來看，"讀史"部分，除去"存校"四卷，尚包含"史"二卷、"南史"一卷、"北史"二卷。其中"南史"、"北史"名目清楚，厠録的是王懋竑閱讀《南史》、《北史》的心得，而此處所列心得，大多並非"史識"、"史論"的闡發，而是王懋竑參校比對相關文獻史料之後，針對《南史》、《北史》所提出的糾正與修訂，雖然能够彰顯《南史》、《北史》載録失實、文字欠詳等缺失，嚴格説來與單純的文字校勘距離並不太大。至於"史"二卷，可以明白察見時代先後的縱向鋪陳，然而所謂時代先後，僅是《讀書記疑》編列史料的形式條件，各時代之間，缺少主題性的横向關聯；换言之，在鈔撮史料之際，王懋竑並不抱持任何先决性主體意識，隨機式地擇取鋪陳，應該是操作的準則。因此，"史"二卷中，或論禮制，或品人物，或述得失，或見是非，面貌雜陳，單一性意見或可以據而知之，整體性觀點則難以據而掌握。無怪乎儘管關涉史料多方、朝代多元，《讀書記疑》也只能以籠統的"史"爲綱目，簡單地"區其類而録之"。

相較于"讀史"部分的表面單一而内部龐雜，"讀經"部分五卷涵蓋的範疇則顯得多元却單純而容易區畫。除去"音韻考"一卷之外，其餘四卷則涵蓋《周易》、《尚書》、《毛詩》、《禮記》、《左傳》、《論語》、《孟子》七部經書。如是的數量，在表面上雖與"十三經"有所差距，却已然包括《五經》以及《論語》、《孟子》，大多數知識分子著重的經部典籍，都在《讀書記疑》中被論及，不僅如此，對於各則論述的類别與性質，"讀經"部分也有比較正確以及清晰的區别。由此觀之，若單就《讀書記疑》所載而論，"讀經"部分所展現的，或許較"讀史"部分所展現的，更能够有系統的體現王懋竑的學問。

《讀書記疑》卷四收王懋竑"《左傳》説"三十一則，聯綴的魯國國君則有隱、桓、莊、閔、僖、文、宣、哀八位，三十一則經説全依關涉史事時代先後排序,彼此並不呼應,足見儘管可能經過若干編排整飾,條列於《讀書記疑》中的"《左傳》説"仍然無法脱離"隨筆劄記"的原始樣貌,而此般原始形態的表露,則又充分展現出撰作者對於論究的課題或者探討的物件雖然具備一定程度的認知與理解,却不具備完整性書寫計畫,所進行的僅只是隨機的疏解或詮釋。另一方面,三十一則經説於"春秋十二公"僅只關聯其八,也説明了《讀書記疑》的"《左傳》説"關照的層面確實不够完全,欠缺整體性。

《讀書記疑》收録的"《左傳》説"所以呈現不具備完整性書寫計畫,所行僅是隨機疏解或詮釋、關照層面不够完全等面相,在若干程度上固然植基於王懋竑對《左傳》的認識,而所謂"隨筆劄記"的書寫形式和創作心態,則是主要因素。由於不是針對專經專史而設的專門性著作,試圖藉此檢尋並且確認王懋竑對於《春秋》或《左傳》的整體性認識,似乎不切實際。然而,正因爲並非針對專經專史而設的專門性著作,王懋竑或許反而可以突破固有專門性經注經説的限制,從而清晰地體現個人對於歷史事件以及人物的評價;也或許可以忽略全面性經注經説必須顧及的平衡性,只針對某項問題進行深度分析,從而獲致推演更具説服力的結論。

基於以上認識,以下擬就《讀書記疑·左傳説》所録諸項進行分析、呈現其中梗概,一則就"讀經"層次展露王懋竑的經學見識,一則就"讀史"層次凸顯王懋竑的史識史觀,進而苴補學界於王懋竑治《左傳》成就認識的不足。

二、《讀書記疑》論證《左傳》翔實

(一)《左傳》稱隱公攝政於理有據

《春秋·隱公元年》:

> 元年春,王正月。(卷一,頁 5 上)

《左傳·隱公元年》:

> 元年春,王周正月。不書即位,攝也。(卷二,頁 13 下)夏四月,費

伯率師城郎，不書，非公命也。（卷二，頁 15 上）冬十月……公子豫……及邾人、鄭人盟於翼，不書，非公命也。（卷二，頁 25 下—26 下）新作南門，不書，亦非公命也。（卷二，頁 26 下）①

《讀書記疑》：

隱公元年城郎、盟翼、作南門，皆以非公命不書，豈以攝位國事未盡專屬乎？二年以後則無此矣。歐陽據《經》而力辨隱之非攝，恐《左氏》於此，未必皆妄，姑識之以俟考。（卷四，頁 33 上）

周平王四十九年（前 722），魯隱公柄政，是爲隱公元年。依照筆法正例，《春秋》應於此年經文端首書録"元年春，王正月，公即位"等語。然而，《春秋》於此却略去"公即位"，僅以"元年春，王正月"爲書。對於《春秋》所以在此出現特殊筆法，《左傳》清晰明快地認定原因在於"攝也"——隱公雖然執政，却並非正式即位，僅是"攝政"。

魯隱公究竟是繼體即位或者攝政，自《三傳》以來，歷代學者頗有論述，王懋竑讀《左傳》，於此題亦有發揮，以爲：

其一，參核《左傳》，可以發現發生于魯隱公元年的"城郎"、"盟翼"、"作南門"等三項要務，《春秋》均未予記載，而孔子（前 551—前 479）之所以不加書録，肇因于諸事所出皆"非公命"，亦即"城郎"、"盟翼"、"作南門"的落實與遂行，並非出於魯隱公親行號令。

其二，魯隱公"攝位"之初，於政權掌握未竟全功，"國事未盡專屬"，是以政自卿大夫出者，容或有之。迨至隔年，政事漸受收掌，政令一體出於攝位，而"不書"之事，於兹中止。

顯然，對於《左傳》所列"隱公攝位説"，王懋竑不僅贊可認同，並且在比對《經》、《傳》文字歧異之後，進一步深入解析推敲，編排出與事實情理能够有所呼應的觀點。如是的結論，雖然不見得能够確實貼合歷史事實，却不僅可以展現出王懋竑的確有能力針對《春秋》暨《左傳》進行理想性的合理詮

① 孔穎達（574—648）：《春秋左傳正義》，影印嘉慶二十年（1815）江西南昌府學刊《十三經注疏》本，臺北：藝文印書館，1985 年。

釋，也展現出王懋竑認定《左傳》翔實可取的態度①。

（二）《左傳》敘鄭莊公怨齊辭達事確

《春秋·隱公十一年》：

> 秋七月，壬午，公及齊侯、鄭伯入許。（卷四，頁18下）

《左傳·隱公十一年》：

> 秋七月，公會齊侯、鄭伯伐許。庚辰，傅于許。……壬午，遂入許，許莊公奔衛。齊侯以許讓公，公曰："君謂許不共，故從君討之。許既伏其罪矣，雖君有命，寡人弗敢與聞。"乃與鄭人。鄭伯使許大夫百里奉許叔以居許東偏，曰："天禍許國，鬼神實不逞于許君，而假手于我寡人，寡人唯是一二父兄，不能共億，其敢以許自爲功乎？寡人有弟，不能和協，而使糊其口于四方，其況能久有許乎？吾子其奉許叔，以撫柔此民也，吾將使獲也佐吾子。若寡人得没於地，天其以禮悔禍于許，無寧茲許公復奉其社稷，唯我鄭國之有請謁焉，如舊昏媾，其能降以相從也。無滋他族，實偪處此，以與我鄭國爭此土也。吾子孫其覆亡之不暇，而況能禋祀許乎？寡人之使吾子處此，不惟許國之爲，亦聊以固吾圉也。"乃使公孫獲處許西偏，曰："凡而器用財賄，無寘於許。我死，乃亟去之。吾先君新邑於此，王室而既卑矣，周之子孫，日失其序。夫許，大岳之胤也，天而既厭周德矣，吾其能與許爭乎？"君子謂鄭莊公於是乎有禮。禮，經國家，定社稷，序民人，利後嗣者也。許無刑而伐之，服而舍之，度德而處之，量力而行之，相時而動，無累後人，可謂知禮矣。（卷四，頁21下—24上）

---

① 歐陽修（1007—1072）駁《左傳》"魯隱公攝位説"云："隱公非攝也，使隱果攝，則《春秋》不稱公，《春秋》稱公，則隱公非攝無疑也。"羅大經（1196—1242）：《鶴林玉露》，卷五第14頁上。《文淵閣四庫全書》本，臺北：臺灣商務印書館，1983年，王懋竑於此節有所論述，或許曾受益于歐陽修的反論。

《讀書記疑》:

> 許近鄭,唯鄭能有許,齊、魯不相及也。鄭藉齊、魯之力,而入許者,鄭之功,鄭蓋欲自有之矣。齊不欲鄭之有許,而以與魯,迨魯不受,而後以與鄭。乃者,難辭。鄭伯知之,故亦不敢有許,而其心則怨齊之不與己也。故曰:"假手於我寡人。"自專其功之辭,其曰:"敢以許自爲功?"其意甚明。而又曰:"無滋他族。"蓋恐齊之欲奪也。又曰:"周之子孫,日失其序。"又曰:"許,太岳之胤也,吾其能與許争乎?"齊亦太岳之後,許既滅矣,更誰與争?皆怨齊之辭也,《左氏》所叙甚明。(卷四,頁34上—34下)

魯隱公十一年秋七月,魯隱公與齊僖公、鄭莊公共同帥師攻滅許國,《春秋》以"秋七月,壬午,公及齊侯、鄭伯入許"爲書。根據《左傳》所載,三國"入許"之後,許國爲鄭國所得,其歷程與結果如斯:

其一,許莊公逃奔衛國之後,許國覆滅,齊僖公"先以許讓"魯隱公,隱公謙拒,許國"乃與鄭人"。

其二,鄭莊公得許之後,進行了若干政治安排:一是"使許大夫百里奉許叔以居許東偏",表面上延續許國國祚;一是使鄭大夫"公孫獲處許西偏",掌控許國。

"入許"居首功、地理位置最爲接近的鄭國掌控許國,是最爲順當合理的安排,事件最終依此情勢演進,似乎可謂圓滿善終。然而,自三國"入許"至鄭國有許,其間歷程,却是充滿珠璣糾葛,遠較事件表面所現複雜錯綜,王懋竑根據自身的意見,進行了下述解讀:

其一,對於鄭國來説,許與鄭地理相近,"齊魯不相及","唯鄭能有許"的情勢原本就極爲明確。同時,鄭國雖然是"藉齊、魯之力",但是三國"入許",實爲"鄭之功","入許"既是其功,則鄭國"欲自有之"的企圖,就更加堅定。

其二,鄭國雖然具備"有許"的各方面條件,但是三國之首的齊國却"不欲鄭之有許",反而有意將許"與魯",待魯隱公表態謙辭不受,"而後以與鄭"。《左傳》叙此節,謂"乃與鄭人","乃"字充分地顯現出齊國將許與鄭的勉强與違拗。鄭莊公知曉齊國意圖,所以也"不敢"主張"有許",當然,其内心則對於"齊之不與己"甚爲怨懟。

其三，於齊有怨的鄭莊公，雖然最終仍舊"有許"，然而深知齊之不許於鄭，是以在不敢全力施爲的狀態下，將怨懟之情轉化隱喻於對許大夫百里、許叔與鄭大夫公孫獲的言語之中。

根據王懋竑的分析，鄭莊公的"怨齊之辭"，可以大致區畫成幾個層面：

其一，"自專其功"。三國"入許"，鄭居首功，事蹟明顯，而齊先是以許授魯，其後又勉强予鄭，足見齊僖公漠視鄭國之心。是以鄭莊公申告許大夫百里，首云"鬼神實不逞於許君，而假手於我寡人"，表面上將自身設定爲僅是代行鬼神之罰的執行者，實際上則充分地展現出内心對於"入許"之功的自矜自專。其後所謂"寡人唯是一二父兄，不能共億，其敢以許自爲功乎"諸語，在字面上雖然呈現出不敢"以許自爲功"的謙抑，然而設若鄭莊公真懷爲功不居之心，則於其關節處大可隱去不言，如此汲汲於表態，反而更凸顯斤斤與齊、魯論功較高下的意圖，更相對地凸顯對於齊國輕忽己功的怨怒。

其二，"恐齊之欲奪之"。三國之力，齊國居首，鄭國雖然終而有許，而實非齊國所願，得而復失，未必無稽。鄭莊公申告百里"無滋他族，實偪處此，以與我鄭國争此土"，魯國既無有鄭之心，則"他族"與"鄭國争此土"者，非强齊莫屬，懼齊奪許之心，明白呈現。除此之外，於申告公孫獲之際，鄭莊公先是强調"周之子孫，日失其序"，將鄭國描述成日益衰微周王室子孫，又以爲許國乃"太岳之胤"，强調勢衰力微的鄭國根本無能力與四岳之後的姜姓許國争勝，表露出對於"有許"的不安與惶恐。然而，史事確切，鄭國不但能與許國争勝，更能居滅許首功。如此，則鄭莊公此般言論，看似轉對許國而發，實際上却是含沙射影，暗指同爲姜姓太岳之後的齊國，此般影射，適切地表現出鄭莊公未敢與齊國争勝，而憂許於爲齊所奪的思維模式。

經過如是解讀，《左傳》所録三國"入許"文字，似乎可以進行兩端解讀。鄭莊公"入許"、"有許"事件歷程，忠實地保存於《左傳》的載録之中，更有意義的是，對於事件主要人物的言語細節，《左傳》也翔實地有所反應。從文字結構的完整性來看，兩者原本相互統合，目的性一致；然而，從言語心理解讀的角度來看，如是的二元建構，却似乎存在著若干深層暗示：

其一，從事件的發展與相關對話的配合程度來説，"有許"之後，鄭莊公扶傾濟危，諄諄懇言於許大夫百里與鄭大夫公孫獲，所表現的，正是"許無刑而伐之，服而舍之，度德而處之，量力而行之，相時而動，無累後人"的宏大氣象，鄭莊公行事"有禮"的風格，巍然明確，"君子"於此，盛讚其美。

其二,鄭莊公怨齊之漠視其功、懼齊之欲奪許國,是以行事言語,於齊國多有忿誹。所諄諄懇言者,無一不是針對强齊而作。"假手於我寡人"、"敢以許自爲功",怨鄭國"入許"首功而齊漠視之。"無滋他族"、"周之子孫,日失其序"、"吾其能與許争乎","恐齊之欲奪"之心,昭然若揭。如此,則諄諄之語,誠然點綴修飾而已,鄭莊公巍然"有禮",僅是假象,必然有許、懼齊之奪、貪欲憤恨,方才是其真實寫照。

《左傳》作者對於鄭莊公的真實評價,單就所録"君子"之論而言,其正面性格,固是無庸置疑;至於其中是否另存伏筆、隱藏諷喻,則端賴詮釋者是否具備發伏摘隱的能力與見識。所謂同般史事,借鑑各異,對於歷史事件的詮釋與評價,本就是見仁見智,是以《三傳》歧説,自來從未彌合。王懋竑擺脱《左傳》文字所規範的思想限制,另闢蹊徑,使鄭莊公"有禮"諄言一化而爲"怨齊之辭",於史實均能有所接應,所設所想,不能不説合理可據。筆者以爲,《讀書記疑》的表現,不僅展露了王懋竑於《左傳》有卓越認識、具備合理申説才具的可能性,同時也將《左傳》由單純的記事之文,昇華爲藴藏諷諫、能呼應孔子筆削大義的傳經(義理)之文。不但對於後世讀《左傳》此文者有所啓發,也直接地證實了《左傳》的確對於鄭莊公"怨齊"的情緒以及語辭有所留意,於此表現得辭達事確。

三、《讀書記疑》考核杜《注》得失

(一) 明杜《注》之得

1. 杜《注》説"寤生"義爲得:

《春秋・隱公元年》:

> 夏五月,鄭伯克段于鄢。(卷二,頁9下)

《左傳・隱公元年》:

> 初,鄭武公娶于申,曰武姜,生莊公及共叔段。莊公寤生,驚姜氏,故名曰寤生,遂惡之。(卷二,頁15下)

杜《注》：

> 寐寤而莊公已生，故驚而惡之。（卷二，頁 15 下）

《讀書記疑》：

> 莊公寤生，杜謂"寤寐而莊公已生"。應劭曰："兒墮地能開目視者爲寤生"。林唐翁引《史記》："寤生，生之難也。武姜困而後寤，因寤而驚。"按：三説皆未確，從杜爲長。（卷四，頁 33 上）

魯隱公元年，鄭國發生内戰，鄭莊公在鄢擊潰以共叔段爲首領的叛亂集團，《春秋》以"鄭伯克段于鄢"爲書。《左傳》爲其事張本，録其事件緣由始末，載有"鄭武公娶于申，曰武姜，生莊公及共叔段。莊公寤生，驚姜氏，故名曰寤生，遂惡之"數語。杜預《集解》釋"寤生"爲"寐寤而莊公已生"，以爲鄭莊公生於武姜眠卧之中，至其覺寤，則赤子儼然已出。

杜預爲"寤生"所設説解，王懋竑並未直接論其然否，而是列舉與之歧異的三個説法：

其一，司馬遷（前 145—前 86）《史記》之説："生太子寤生，生之難。"①

其二，應劭（153—196）《風俗通義》之説："兒墮地能開目視者爲寤生。"②

其三，林堯叟《增入音注括例始末胡文定公春秋傳》："杜氏謂'寤寐而莊公已生'，非也。如此當喜，何得復驚而惡之。《史記》云：'寤生，生之難'是也。此當爲難生，故武姜而後寤……因寤而驚。"③

三項説法之中，司馬遷與林堯叟相當，都認爲"寤生"是"生之難"，亦即

---

① ［日］瀧川龜太郎（1865—1946）考證：《史記會注考證》卷四二，臺北：洪氏出版社，1986 年，第 6 頁。

② 《風俗通義》原書三十卷，幾經流轉，至北宋僅剩十卷，"兒墜地能開目視者爲寤生"一語今本已然不存，僅能于後人徵引得見，文中所引乃顧炎武（1613—1682）：《春秋左傳補正》卷一（《文淵閣四庫全書》第 174 册，第 1 頁）所載。

③ 胡安國（1074—1138）傳，林堯叟標注：《增入音注括例始末胡文定公春秋傳》卷 1，《續修四庫全書》第 118 册影印元刻本明修本，第 3 頁。

難産。而應劭則以"寤生"爲小兒出生便能"開目"視物,兩項説法都與杜預"寐寤而莊公已生"意義扞格。面對三項歧説,王懋竑並未詳加申論,僅僅明快地以"三説皆未確,從杜爲長"作結,充分地展現出對於杜預此番説解的肯定。

2. 杜《注》説"羹"義爲得:

《春秋·隱公允年》:

> 夏五月,鄭伯克段于鄢。(卷二,頁9下)

《左傳·隱公元年》:

> 潁考叔爲潁谷封人,聞之,有獻於公。公賜之食,食舍肉,公問之,對曰:"小人有母,皆嘗小人之食矣,未嘗君之羹,請以遺之。"(卷二,頁15下)

杜《注》:

> 食而不啜羹,欲以發問也。宋華元殺羊爲羹饗士,蓋古賜賤官之常。(卷二,頁15下)

《讀書記疑》:

> 食而不啜羹,蓋解"食舍肉"句。《爾雅》:"肉謂之羹。"肉即羹也,下引華元殺羊爲羹,其義甚明。顧氏以杜爲誤,非也。(卷四,頁33上)

鄭莊公"克段","寘姜氏於城潁",並矢言"不及黄泉,無相見也",封人潁考叔欲爲彌合,是以"有獻於公",《左傳》於是有潁考叔"舍肉""請羹"之載。王懋竑認爲,杜預《集解》所謂"食而不啜羹",是專對"食舍肉"句而設,亦即杜預認定潁考叔受食"舍肉",所舍者,鄭莊公所饗之羹。

顧炎武《左傳杜解補正》云："解'食而不啜羹'，非也，改云《爾雅》'肉謂之羹'。"[①]引《爾雅》"肉謂之羹"[②]爲説，認爲杜解不確，羹即是肉，直解便可，是以"未當君之羹"，便是"未當君之肉"，與"食舍肉"得以對應。此般文字，對比於《讀書記疑》所列，則王懋竑意見之所由出，昭然可見。對於王懋竑來説，杜預《集解》所謂"食而不啜羹"，亦是與"食舍肉"相互對應，既然二者相互對應，那麽所謂"不啜羹"，意義便是不食肉；再者，羹是肉所爲，肉與羹，一爲原材，一爲成品，"殺羊爲羹"，所食者便爲羊肉，名義不同，實質不異。因此，杜預的解説與顧炎武的意見，基本上並無歧異，只是切入角度不同。兩者之間歧異不存，則顧以杜爲非，固是有誤；顧之質疑經王之論辨而得消逝，則《讀書記疑》於杜預此般説解的認同，明確表露。

（二）正杜《注》之失

1. 杜《注》説"使俱曰"之義不確：

《左傳·莊公二十八年》：

驪姬嬖，欲立其子，賂外嬖梁五與東關嬖五，使言於公曰："曲沃，君之宗也；蒲與二屈，君之疆也；不可以無主。宗邑無主，則民不威；疆埸無主，則啓戎心。戎之生心，民慢其政，國之患也。若使大子主曲沃，而重耳、夷吾主蒲與屈。則可以威民而懼戎，且旌君伐。"使俱曰："狄之廣莫，於晉爲都；晉之啓土，不亦宜乎。"晉侯説之。（卷十，頁13上—13下）

杜《注》：

獻公未決，故復使二五俱説此美。（卷十，頁13下）

《讀書記疑》：

使俱曰："狄之廣莫，於晉爲都。"杜謂："獻公未決，故復使二五俱説

---

① 顧炎武：《春秋左傳補正》，卷一，頁1下。

② 邢昺：《爾雅正義》(《十三經注疏》本)，卷五，頁14下。

此美。"此皆二五語,"使俱曰"指民與戎而言,以下云云,正所謂"旌君伐"也。如杜解,則"旌君伐"語未終,而前既云"賂外嬖梁五與東關嬖五,使言於公"矣,又著"使俱曰"一句,不幾贅乎?(卷四,頁35下)

魯莊公二十八年,晉國的驪姬爲了争取己出的公子奚齊受策爲太子,於是賄賂晉獻公的男寵"梁五"與"東關嬖五",令二人游説於晉獻公,《左傳》書記其事,並於"二五"之言有詳細的記載。根據《左傳》所載與傳統説解,"二五"的説辭有兩大單元:一則以散文體表現,主要是勸説晉獻公遣申生、重耳、夷吾三人出鎮曲沃、蒲、屈;一則以韻文體表現,主要是對於三人出鎮外地可爲晉國開疆闢土的頌贊。由於文勢所需,《左傳》並未將二者合併書寫,而是區分爲二,當間以"使俱曰"三字作爲聯綴。

杜預認爲,"使俱曰"三字的意義功能,是"獻公未决,故復使二五俱説此美。"——"使俱曰"三字的出現,代表"二五"一共進行過兩次游説,由於第一次游説未竟其功,不能令晉獻公有所決議,是以驪姬再召"二五",令二人再行鼓吹。

對於杜預的解釋,王懋竑不表認同,以爲:

其一,所謂"使俱曰",並非爲驪姬申命"二五"對晉獻公進言而設,其作用應該是"指民與戎而言以下"——是爲了前文所述之"戎之生心,民慢其政"的"民與戎"而設。换言之,杜預認爲"使俱曰"之下,是"二五"的再次進言;而王懋竑則認爲"使俱曰"之下,是"民與戎"對於申生三人出鎮外地開闢疆土、晉獻公武威彰顯的稱美之語。

其二,設若如杜預所説,兩段有關游説的言語,都出自"二五"之口,那麽文初已載"賂外嬖梁五與東關嬖五,使言於公",文義完足,其後又著"使俱曰","不幾贅乎",文句的鋪陳便顯得重複累贅。

其三,倘若"使俱曰"是爲"民與戎"而設,那麽其意義便能與前文"旌君伐"相互貫聯,所謂"狄之廣莫,於晉爲都;晉之啓土,不亦宜乎",也就成爲彰顯晉獻公武威的完美注脚。設若如杜預所釋,"使俱曰"是爲"二五"而設,則"旌君伐"以下缺乏相對的鋪陳,整體語義及文氣都顯得有所缺失。

顯然,王懋竑對於杜預有關"使俱曰"三字的説解抱持的是極度否定的態度,而如是全面的否定,不但瓦解了杜預《解集》的正確性,對於《左傳》文字的詮釋與所録史實的理解,也産生了若干的翻轉作用。

2. 杜《注》説“哭而遷墓”之義不確:

《春秋·哀公二年》:

> 十有一月,蔡遷于州來,蔡殺其大夫公子駟。(卷五七,頁 8 下)

《左傳·哀公二年》:

> 吴洩庸如蔡納聘,而稍納師,師畢入,衆知之。蔡侯告大夫殺公子駟以説,哭而遷墓。冬,蔡遷于州來。(卷五七,頁15 上)

杜《注》:

> 將遷,與先君辭,故哭。(卷五七,頁 15 上)

《讀書記疑》:

> “哭而遷墓”,杜《注》:“將遷,與先君辭,故哭。”則文當云“哭墓而遷”,若如今本,則《注》不合。且蔡自蔡叔以來,墓亦衆矣,時亦久矣,其可遷乎?(卷四,頁 39 上)

魯哀公二年,蔡國受吴國威迫,遷都城至州來,《春秋》以“蔡遷于州來”爲書,《左傳》叙其事蹟始末,有“哭而遷墓”一語。杜預《集解》釋“哭而遷墓”,以爲“將遷,與先君辭,故哭”。從字面意義來看,《左傳》所謂“哭而遷墓”,其義甚明,亦即哭畢而徙轉陵墓。然而,根據杜預《集解》,則“哭而遷墓”指的則是遷徙之前哭於“先君”陵墓。

“哭而遷墓”字義簡單易曉,是以杜預之説,的確容易啓人疑竇,王懋竑於此,亦有所警覺,以爲:

其一,若史實果如杜預所釋,則《左傳》“哭而遷墓”,當更改爲“哭墓而遷”。

其二,蔡自立國以來,國祚綿遠、先君代代,“墓亦衆矣,時亦久矣”,祖墓轉徙,根本就是滯礙難行。

王懋竑於此節，並非專意指摘杜預説解的缺失，而是根據《傳》、《注》文字的扞格提出質疑。簡單地説，設若《傳》文無誤，則杜解差池，設若杜解合理，則《傳》文闕疑。兩者之間，孰是孰非？是《傳》文誤刊？或是句式倒裝？是杜預誤解史實。或是所見文本不同？《讀書記疑》只是提出質疑，並未進行推考答覆，而即便如此，王懋竑讀《左傳》能確實有所見地，發現其中缺漏，則是毋庸置疑的事實。

四、《讀書記疑》申敘史識義理

（一）申"天王狩于河陽"之義

《春秋・僖公二十八年》：

> 天王狩于河陽。（卷一六，頁 16 下）

《左傳・僖公二十八年》：

> 晉侯召王，以諸侯見，且使王狩。仲尼曰："以臣召君，不可以訓。"故書曰："天王狩于河陽。"言非其地也，且明德也。（卷一六，頁 30 上—31 上）

《讀書記疑》：

> "晉侯召王，以諸侯見，且使王狩。"則狩者乃田獵之狩，非巡狩之狩。"狩"《穀梁》作"守"，臨川吴氏、盧陵李氏，皆以爲巡狩之狩。然於文則當云"王巡守，至於河陽"，不當云"狩於河陽"也。此與"公及齊人狩于禚"書法正同，可以公及齊人之狩爲巡狩乎？（卷四，頁 37 下）

魯僖公二十八年，晉文公召周襄王至河陽，受衆諸侯朝見，周襄王並且參與狩獵，《春秋》以"天王狩于河陽"爲書，《左傳》載録其事，並引申孔子意見，以爲《春秋》之所以如是書寫，是因爲"以臣召君，不可以訓"，因此於書記之際化周襄王之被動爲主動。

對以這件“不可爲訓”的歷史事實，王懋竑深感於心，竭力申述道：

其一，“晉侯召王，以諸侯見，且使王狩”，《左傳》言之甚明，“則狩者乃田之獵狩，非巡狩之狩”，《春秋》經文書“狩”，指的就是周襄王參與狩獵之事。

其二，“天王狩于河陽”，《穀梁傳》經文作“天王守于河陽”，將狩獵之“狩”轉化爲巡守之“守”，後世吴澄（1249—1333）等學者也抱持此見，以爲“狩”字應是“巡狩之狩”。倘若真是如此，周襄王確爲巡狩（守）而臨河陽，則《春秋》當以“王巡守，至於河陽”爲書，不當云“狩於河陽”。

其三，所謂“天王狩于河陽”，其書法與魯莊公四年“公及齊人狩于禚”全然一致，如若“天王狩于河陽”所述爲周襄王巡守之事，那麽“可以公及齊人之狩爲巡狩乎”，將魯莊公與齊人共同狩獵解釋爲巡狩，於理能得安然否？

對於從事文字訓詁工作的學者而言，文字需要有切確的定義；對於從事義理追求的學者來説，除了需要文字切確的定義，也需要思考的不變原則與對歷史正義的堅持。在王懋竑的認知之中，“狩獵”就是“狩獵”、“巡守”就是“巡守”，彼此的意義不可更替，嚴格説來字型也不能代换。如此“晉侯召王，以諸侯見，且使王狩”的史實確切不易，而“以臣召君，不可以訓”的筆削大法則顯而易見。王懋竑之所以能有此發揮，思考的不變原則與對歷史正義的堅持，便是最强烈的支持，在如是的狀態之下，《春秋》與《左傳》的叙述絶對契合，《春秋》與《左傳》書寫者的理想也得以展現，即使如是理想的展現不必定真、不必定美，但是善的因子絶對存在，孔子删述“六經”、託古改制，所追求的，即是理想之善，或許王懋竑在撰述此則之際，所秉持的態度亦是如斯。

（二）論“夫差”與“伍子胥”

《左傳·哀公二十二年》：

> 冬，十一月，丁卯，越滅吴。請使吴王居甬東，辭曰：“孤老矣，焉能事君？”乃縊，越人以歸。（卷六〇，頁 17 上）

《讀書記疑》：

> 闔閭爲越所殺，則勾踐者乃吴必報之仇也，雖寢處之，猶未甘心焉，可聽其臣妾於我而釋之乎？夫差此舉，背親忘仇甚矣，亡國之本，乃在

於此。鍾敬伯故謂其不失爲大度，何歟？觀《内》、《外傳》，伍員進諫之辭，可謂明且切矣，至以身殉焉而不惜，蓋員吴之大臣，其義自當如此。然獨怪其反復數千言，未嘗一及於其忘親之仇，而徒拳拳焉以越之必取吴爲懼。夫將來之禍，藏於未形，惟中智以上，乃能見之。夫差方自恃其强，以與齊、晉角，區區一越，曾何足以爲芥蒂？故聞其言也，如以水投石，愈激而愈莫之入也。倘從容以父子之意感動之，或庶幾其有近乎。不此之出，而徒殺其身以亡其國，悲夫。（卷四，頁 39 上—39 下）

《春秋》末期，吴、越二國相互争勝，戰事綿延二十餘年，直至魯哀公二十二年，"越滅吴"，吴王夫差自縊，此事方得告終。吴越之争，《春秋》自然不録其事，而《左傳》亦著墨甚少，僅有若干簡單記載。由於相關史事以及説解明確，王懋竑並未針對訓詁得失提出意見，而是針對事件當中的兩個重要人物夫差與伍子胥進行評論。

對於夫差其人，王懋竑如斯評價：

其一，夫差背親忘仇——夫差父闔閭爲越人所殺，就此而言，"則勾踐者乃吴必報之仇也"，就算是食其骨肉而寢處其皮，"猶未甘心焉"。然而，夫差却"聽其臣妾於我而釋之"。於勾踐一時臣服屈身爲奴之後，便縱放之而釋除不共戴天之仇，此舉直可謂"背親忘仇甚矣"。

其二，夫差輕卸殺父之仇，影響所及，絶非只關乎"予一人"，上之所好，下必風焉，國主既然忘仇在上，則臣民必然輕忽在下，除伍子胥等區區有識者之外，吴國上下，莫不"背親忘仇"，以釋越爲大度，安而忘危，"亡國之本"，於兹茁生。

對於伍子胥其人，王懋竑則如斯評價：

其一，縱觀《左傳》與《國語》所載，伍子胥對夫差所行的勸諫之辭，"可謂明且切矣"，甚至於"以身殉焉而不惜"。對於身爲吴國大臣的伍子胥來説，忠諫殉國，"其義自當如此"，是爲人臣當顯之大義。據此而言，忠臣之讚，伍子胥當之無愧。

其二，儘管伍子胥忠臣之名無可質疑，其忠諫之言亦無可質疑，然而最爲可怪的是，伍子胥"反復數千言"，"未嘗一及於其忘親之仇"，從來不曾從殺父之仇的立場勸戒夫差，而每每局限在表達對於"越之必取吴"的憂患。當時吴國勢大，"夫差方自恃其强"，"以與齊、晉角"，對於區區越國，完全不以爲意，對於伍子胥"越必取吴"之憂，自然毫不在意。既是如此，則伍子胥於勸戒一事，顯然未曾仔細估量，儘管忠耿不疑，而所言逆耳，策略全然偏失。

其三，夫差之聞伍子胥"懼越"之言，一如"以水投石"，"愈激而愈莫之入也"，伍子胥辯之愈疾，則夫差受之愈遲。倘若伍子胥能先明其中關鍵，"從容以父子之意感動之"，則或許能令夫差有感於父子天性，於越國重啓不共戴天之忿，而不致終而覆滅社稷。伍子胥不能以此爲據，"而徒殺其身以亡其國"，那麽便只能空留悲切，徒令識者唏嘘。

自古以來，針對吴越史事抒發意見的學者爲數甚衆，對於夫差、伍子胥有所評判的學者也不在少數，意見分陳，人人各取其好。王懋竑於此事，亦是取己所好。縱而論之，姑不論其説正確與否，《讀書記疑》能見他人所不能見，自夫差"背親忘仇"、伍子胥諫非其所入手，已是難能可貴。此説爲《讀書記疑·左傳説》最末則，王懋竑一反之前形態，大力申論於此，或許藴藏著讀經讀史不僅要能明訓詁，更要能立史識、辯大義，終而學至實用的暗示。

《五禮通考》的編纂背景及其價值

王　鍔*

《儀禮》、《周禮》、《禮記》包括《大戴禮記》是中華禮樂文明的淵藪，也是兩千多年來歷代王朝政府制定適合自己時代禮儀制度的根據。自東漢鄭玄給《儀禮》、《周禮》、《禮記》作注，三書始並稱《三禮》。研究《三禮》之學問，乃稱爲"《三禮》學"。《三禮》涉及内容廣泛，對中華文化産生了深刻影響。

東漢已降，對於《三禮》之研究，基本可分爲三大類：一是立足《三禮》本身，注疏經文，研討經義，若賈公彦《儀禮疏》、《周禮疏》、孔穎達《禮記正義》等；一是根據《三禮》記載，創建當代禮儀制度，若《大唐開元禮》、《大明集禮》等；三是綜合《三禮》内容，參考經史典籍，考察周代或西周已來之禮儀制度，若《通典·禮典》、朱子《儀禮經傳通解》、徐乾學《讀禮通考》、秦蕙田《五禮通考》等。

朱子《乞修三禮劄子》曰：

> 熙寧以來，王安石變亂舊制，廢罷《儀禮》，而獨存《禮記》之科，棄經任傳，遺本宗末，其失已甚。而博士諸生，又不過誦其虚文，以供應舉。至於其間亦有因儀法度數之實而立文者，則咸幽冥，而莫知其源。一有大議，率用耳學臆斷而已。若乃樂之爲教，則又絶無師授。律尺短長，聲音清濁，學士大夫莫有知其説者，而不知其爲闕也。故臣頃在山林，嘗與一二學者考訂其説。欲以《儀禮》爲經，而取《禮記》及諸經史雜書

* 王鍔，南京師範大學文學院教授。

所載有及於禮者，皆以附於本經之下，具列注疏諸儒之說，略有端緒。①

朱子因王安石"變亂舊制，廢罷《儀禮》，而獨存《禮記》之科，棄經任傳，遺本宗末"，導致"博士諸生，又不過誦其虛文，以供應舉。至於其間亦有因儀法度數之實而立文者，則咸幽冥，而莫知其源"，乃於晚年，彙集諸生，編纂《儀禮經傳通解》，"欲以《儀禮》爲經，而取《禮記》及諸經史雜書所載有及於禮者，皆以附於本經之下，具列注疏諸儒之說"，考察西周禮制沿革，以供當政者之參稽。然編纂未盡，成書三十七卷，親定者僅二十三卷，朱子僊逝。《喪禮》、《祭禮》二門，乃委託弟子黄幹、楊復，成《儀禮經傳通解續》二十九卷。

宋、明學者，研禮者多，然於凶禮，用功甚少。及至清朝，徐乾學撰《讀禮通考》一百二十卷。朱彝尊《讀禮通考序》曰：

迨宋講學日繁，而言禮者寡，於凶事少專書。朱子《家禮》盛行於民間，而世之儒者，於國恤不復措意。其僅存可稽者，杜氏《通典》、馬氏《通考》已焉。嗚呼！慎終追遠之義，輟而不講，斯民德之日歸於薄矣。刑部尚書崑山徐公居母憂，讀喪禮，撰《通考》一書，再期而成。尋於休沐之暇，瀏覽載籍，又增益之，凡一百二十卷。摭采之博而擇之也精，考據之詳而執之有要，此天壤間必不可少之書也。……彝尊因勸公并修吉、軍、賓、嘉四禮，庶成完書，公喜，劇即編定體例，分授諸子，方事排纂而公逝。②

《四庫提要》曰：

是編乃其家居讀禮時所輯。歸田以後，又加訂定，積十餘年，三易稿而後成，於《儀禮・喪服》、《士喪》、《既夕》、《士虞》等篇，及《大》、《小戴記》，則仿朱子《經傳通解》，兼採衆説，剖析其義。於歷代典制，則一

① 朱傑人、嚴佐之、劉永翔主編：《朱子全書》，上海：上海古籍出版社；合肥：安徽教育出版社，2002年，第2册，第25頁。

② 徐乾學：《讀禮通考》，文淵閣《四庫全書》第112册，上海：上海古籍出版社，1987年，第2—3頁。

本正史，參以《通典》及《開元禮》、《政和五禮》、《新儀》諸書，立綱統目。其大端有八：一曰喪期，二曰喪服，三曰喪儀節，四曰葬考，五曰喪具，六曰變禮，七曰喪制，八曰廟制。喪期，歷代異同則有表。喪服暨儀節、喪具則有圖，縷析條分，頗爲詳備。……又欲并修吉、軍、賓、嘉四禮，方事排纂而歿。然是書蒐羅富有，秦蕙田《五禮通考》即因其義例而成之，古今言喪禮者，蓋莫備於是焉。[①]

徐乾學仿《儀禮經傳通解》撰《讀禮通考》，以《儀禮》爲主，參考他書，兼採衆說，研討喪禮，縷析條分，頗爲詳備。“又欲并修吉、軍、賓、嘉四禮，方事排纂而歿”，十分可惜！

朱子曰：“禮樂廢壞兩千餘年，若以大數觀之，亦未爲遠，然已都無稽考處。後來需有一箇大大底人出來，盡數拆洗一番，但未知遠近在幾時。”[②]秦蕙田即此“大大底人”也，其發凡起例，編撰《五禮通考》二百六十二卷。正如秦氏所言：“吾之爲此，蓋將以繼朱子之志耳，豈徒欲作徐氏之功臣也。”[③]

秦蕙田，字樹峰，號味經，江蘇金匱（今無錫）人。生於清康熙四十一年（1702），卒於乾隆二十九年（1764）。據《清史稿》卷三〇四記載，秦蕙田於乾隆元年（1736）中一甲三名進士，授編修，南書房上行走，累遷至禮部右侍郎。二十二年（1757），遷工部尚書，二十三年（1758），調刑部尚書，仍兼領工部，加太子太保。二十五（1760）、二十八年（1763），兩任會試正考官。二十九年（1764），秦氏兩以病請解任回籍，高宗一再挽留，及准請，回家途中，九月九日巳時卒於滄州，謚曰文恭。錢大昕《潛研堂文集》卷四十二《光禄大夫經筵講官太子太保刑部尚書秦文恭公墓誌銘》曰：

公立朝三十年，治事以勤，奉上以敬，剛介自守，不曲意徇物。公退則杜門謝賓客著書，不異爲諸生時。後進有通經嗜古者，奬借不去口，蓋天性然也。公幼而穎悟，及長，從給諫公於京邸，何屺瞻、王若林、徐

① 《欽定四庫全書總目》上册，北京：中華書局，1997 年，第 264 頁。

② 黎靖德編：《朱子語類》第 6 册，北京：中華書局，1999 年，第 2177 頁。

③ 王鳴盛：《五禮通考序》，《西莊始存稿》卷二十四，《續修四庫全書》第 1434 册，上海：上海古籍出版社，2002 年，第 318 頁。

壇長諸先生，咸折輩行與之交。中歲居里門，與蔡宸錫、吴大年、尊彝、龔繩中爲讀經之會。嘗慨禮經名物制度，諸儒詮解互異，鮮能會通其説，故於郊社、宗廟、宫室、衣服之類，尤究心焉。上御極之初，江陰楊文定公領國子監事，薦公篤志經術，可佐教成均。既而值内廷，課皇子講讀，益以經術爲後學宗。嘗言："儒者舍經以談道，非道也；離經以求學，非學也。"故以窮經爲主，而不居講學之名。生平所爲文，號《味經窩類稿》者凡若干卷，而説經之文居其大半。公夙精《三禮》之學，及佐秩宗，考古今禮制因革，以爲禮自秦火而後，漢儒保殘守缺，什僅存一。朱子生於南宋，嘗有志編次朝廷、公卿、大夫、士民禮爲當代之典，而所撰《儀禮經傳通解》體例未備，喪、祭禮又續自黄氏、楊氏，未克竟朱子之志。乃按《周官》吉、凶、賓、軍、嘉之目，撰爲《五禮通考》二百六十二卷。……殫思二十餘年，稿三四易而後定。自言生平精力盡於是也。①

秦蕙田爲官近三十年，官運亨通，政績突出，深得乾隆皇帝賞識。然從政之餘，謝絶賓客，專心著述，於《五禮通考》，用力最多。

《五禮通考》之纂修，始於雍正二年(1724)，至乾隆二十六年(1761)告成，歷時三十八年，歷經三期：

雍正二年至雍正十三年爲第一期，秦蕙田與鄉人爲讀經之會，積稿成帙，都百餘卷；乾隆元年至十八年爲第二期，秦氏登第入京、任職禮部、讀校禮書、及丁憂回籍數事，於《五禮通考》之纂修，影響莫大焉，而成稿亦逾二百卷；乾隆十九年至本年止，爲第三期，秦氏得錢、戴衆新進才雋之助，續加葺補，終期大備。自雍正二年起，前後幾四十年，秦氏孜孜經營，今始垂成。此中甘苦，略可想見，而經始諸人如蔡德晉、吴鼐，均已徂謝，他若顧棟高輩，亦不及見此書之成②。

① 陳文和主編:《嘉定錢大昕全集》第9册，南京：江蘇古籍出版社，1997年，第713頁。

② 張濤:《述五禮通考之成書》，方光華、彭林主編:《中國經學論集》，西安：陝西人民出版社，2009年，第287—310頁。

先後參與纂修、參校《五禮通考》之人有蔡德晉、吴鼐、吴鼎、龔繩中、顧我鈞、陸登選、褚寅亮、盛世佐、錢大昕、戴震、王鳴盛、沈廷芳、王昶、方觀承、盧見曾、宋宗元、尹嘉銓、吴玉搢、盧文弨等人①,蔣汾功、顧棟高、盧文弨、盧見曾、方觀承、王鳴盛曾爲《五禮通考》作序。參與纂修、校訂之人,皆是經學文獻研究的大家,或以禮名家,或精於校勘,錢大昕、戴震是清代乾、嘉考據學的領軍人物。蔡德晉之《禮經本義》、褚寅亮之《儀禮管見》、盛世佐之《儀禮集編》、戴震《考工記圖注》、王鳴盛《周禮軍賦説》、盧文弨《儀禮注疏詳校》等著作,都是清代禮學研究之代表作。他們的參與,保證了《五禮通考》的質量。

《五禮通考》二百六十二卷,加目録二卷、卷首《禮經作述源流》和《歷代禮制沿革》四卷,共計二百六十八卷。就文淵閣《四庫全書》本而言,書首是《五禮通考目録》,其次是蔣汾功、顧棟高、秦蕙田等三人序,再次是凡例十四條,申述纂修緣由和原則,依次是接正文。全書按吉禮、嘉禮、賓禮、軍禮、凶禮分爲五大類,每大類下分小類,小類下分細目,徵引經史文獻資料及諸家之論説,後附案語發表己見。《凡例》曰:

> 自古禮散軼,漢儒掇拾於煨燼之餘,其傳於今者,惟《儀禮》十七篇,《周官》五篇,《考工記》一篇,文多殘闕;《禮記》四十九篇,删自小戴,及所存《大戴禮》,間有制度可考,而純駁互見,附以注疏,及魏、晉諸家人自爲説,益用紛歧。唐、宋以來,惟杜氏佑《通典》、陳氏祥道《禮書》、朱子《儀禮經傳通解》、馬氏端臨《文獻通考》,言禮頗詳。今案《通解》所纂王朝、邦國諸禮,合《三禮》諸經傳記,薈萃補輯,規模精密,第專録注疏,亦未及史乘,且屬未成之書;《禮書》詳於名物,略於傳注;《通典》、《通考》,雖網羅載籍,兼收令典,第五禮,僅二書門類之一,未克窮端竟委,詳説反約。《宋史·禮志》載朱子嘗欲取《儀禮》、《周官》、《二戴記》爲本,編次朝廷、公卿、大夫、士民之禮,盡取漢、晉而下,及唐諸儒之説,考訂辨正,以爲當代之典,未及成書。至近代,崑山徐氏乾學著《讀禮通考》一百二十卷,古禮則仿《經傳通解》,兼採衆説,詳加折衷,歷代則一本正史,参以《通典》、《通考》,廣爲搜集,庶幾朱子遺意,所關經國善俗,厥功甚鉅,惜乎吉、嘉、賓、軍四禮,屬草未就。是書因其體例,依《通典》五禮,次第編輯,《吉禮》如干卷,

① 參張濤:《述五禮通考之成書》。

《嘉禮》如干卷,《賓禮》如干卷,《軍禮》及《凶禮》之未備者如干卷,而《通解》内之王朝禮,别爲條目,附於《嘉禮》。合《徐書》,而《大宗伯》之五禮,古今沿革、本末源流、異同失得之故,咸有考焉。①

秦氏十分清晰的交待了《五禮通考》的撰作緣起。全書上自先秦,下訖明代,先經後史,各以類别,原原本本,條分縷析。正如錢大昕所言:"凡先儒所聚訟者,一一疏其脉絡,破其癥結,上探古人制作之原,下不違當代之法。"②堪稱禮學研究之寶藏。

綜合言之,《五禮通考》的價值,主要體現在以下三個方面:

一、會通經史,梳理禮制。古禮難考,蓋因禮書殘缺、禮制繁縟。兩漢以來,歷代因循,變化多端,故後人於禮日益疏略。秦蕙田對此深有體會,故於《凡例》曰:

考制必從其朔,法古貴知其意,而議禮之家,古稱聚訟,權衡審度,非可臆决。徐本於經文,缺略傳注,糾紛之處,必詳悉考訂,定厥指歸。兹特兼收異説,并先儒辨論,附於各條之後,以備參稽。或並存闕疑,於治經之學,不無補裨。

杜氏、馬氏所載歷代史事,大概專據志、書,而本紀、列傳,不加搜採。然史家記事,彼此互見,且《二十二史》,體例各殊,有詳於志而不登紀、傳者,亦有散見紀、傳而不登於志者,舉一廢一,不無挂漏。又其採輯之法,有時全載議論,一事而辨析千言;有時專提綱領,千言而括成一語,詳略不均,指歸無據。兹特遍採紀、傳,參校志、書,分次時代,詳加考核。凡諸議禮之文,務使異同並載,曲直具存,庶幾後之考者,得以詳其本末。③

秦氏以"會通"的眼光看待古代禮制之演變,先撰《禮經作述源流》、《歷代禮制沿革》,置於書首,述禮書之撰作,考禮制之沿革。正文以經書爲主,以史

① 秦蕙田:《五禮通考》,文淵閣《四庫全書》第135册,上海:上海古籍出版社,1987年,第62頁。

② 《嘉定錢大昕全集》第9册,第713頁。

③ 秦蕙田:《五禮通考》,文淵閣《四庫全書》第135册,第62—63頁。

書爲輔，兼及子部、集部之典籍，凡經、史、子、集中涉及禮儀、禮制的内容，幾乎搜羅殆盡，對禮制的發生和演變進行了詳細梳理和考證。

如吉禮第一類"圜丘祀天"禮，先輯録《周易》、《尚書》、《周禮》、《禮記》等經書中關於"郊祭"之資料，輔以《漢書》、葉時《禮經會元》、陳祥道《禮書》、羅泌《路史》、朱鶴齡之説，後加案語解釋"郊祭"，其文曰：

> 南郊北郊，天地分合祭，千古聚訟。考分祭，見於《周禮》之圜丘方澤、《禮記》之泰壇泰折，厥有明文，合祭則無之也。而後人以北郊不見經傳爲疑。案《漢書》志載，匡衡、張譚議，有祭天於南郊，瘞地於北郊。及翟方進等引《禮記》"南郊定天位，北郊就陰位"之語，去古未遠，其言必有所本，固不特注疏爲然，是不得謂之無據也。合祭自王莽始，後之君臣，圖宴安，憚勞費，於是曲爲附會，往往以《召誥》用牲於郊牛二，謂經文無北郊；及《昊天有成命》詩，歌天不歌地爲辭。夫《周禮》稱圜丘方澤，亦未嘗有南郊之名。《郊特牲》之變圜丘爲南郊，亦猶《祭法》之言泰壇，同實而異名耳。且言南，正以别於北。而經之泛言郊者，皆統天地可知，何必以無北郊之文爲疑也？……考天地之祭，漢時或分或合，後唯魏文帝之太和、周武帝之建德、隋高祖之開皇、唐玄宗之開元、宋神宗之元豐、元文宗之至順、明世宗之嘉靖，特主分祭，餘皆主合祭。……我朝定南北郊祭，天子歲必親行，破累代之陋規，遵古經之正禮，三代之盛，奚以加焉。①

郊祭分南、北，分祭天、地，《周禮》、《禮記》有記載，乃古經之正禮。王莽始主張合祭天地，後世樂便，曲爲附會，圖宴安，憚勞費，往往仍而不改。

自卷一至卷二十，秦氏用二十卷之篇幅，徵引經、史等文獻之記載，梳理先秦至明代圜丘祭天禮的儀式及其演變，具體細目有：郊名義、四代郊正祭、四代告祭、郊壇、配帝、日月從祀、玉帛、親耕粢盛秬鬯、酒醴、犧牲、籩豆之實、器用、服冕、車旗、告廟卜、誓戒擇士、齊、戒具陳設、省視、呼旦警戒、除道警蹕、祭日陳設省視、祭時、聽祭報、王出郊、燔柴、迎尸、迎牲殺牲、盥、薦玉幣、薦豆籩、薦血腥、朝踐王三獻宗伯四獻、祝號、享牲、薦熟、饋獻王三獻宗伯四獻、薦黍稷、饋食王五獻宗伯六獻諸臣七獻、祀神之樂、送尸、徹、告事

① 秦蕙田：《五禮通考》，文淵閣《四庫全書》第135册，第136—137頁。

畢、代祭、喪不廢祭、秦、漢、後漢、蜀漢、魏、吴、晉、宋、齊、梁、陳、北魏、北齊、北周、隋、唐、宋、遼、金、元、明,“郊名義”至“喪不廢祭”,考察圜丘祭天禮儀的具體儀式;秦至明,分别叙述各代的圜丘祭天禮儀。從這些細目,大致可以看出中國古代圜丘祭天禮的歷史,明代以前圜丘祭天禮的祭祀儀式、所用器物、參與人員、禮儀演變,一清二楚,而關於圜丘祭天禮的原始資料、主要觀點、争論焦點及其原因,全聚於此,爲我們研究圜丘祭天禮提供了極大便利。其他類目,無不如是。

二、分類詳明,徵引豐贍。《三禮》研究專家錢小雲先生在《三禮辭典自序》中説:

> 古之所謂禮,本指祭祀鬼神之事,隨社會發展,禮之範圍逐步擴大,由祭祀之禮而及於人倫之各種規範,再而至於有關政教之典章制度。今試以《儀禮》、《周禮》及大、小戴《禮記》所涉及之内容觀之,則天子侯國建制、疆域劃分、政法文教、禮樂兵刑、賦役財用、冠昏喪祭、服飾膳食、宫室車馬、農商醫卜、天文律曆、工藝製作,可謂應有盡有,無所不包。其範圍之廣,與今日“文化”之概念相比,或有過之而無不及。是以《三禮》之學,實即研究上古文化史之學。①

錢老之言,充分説明了《三禮》所涵蓋的内容是十分廣泛的。而以《三禮》爲源頭的中國古代禮儀制度,所涉及的範圍之廣,遠遠超過《三禮》之内容。所以,要考察先秦以來的禮制,分類就是第一大難事。鄭樵曰:“類例既分,學術自明。”②一語道破了學術分類的重要性。

《周禮·春官·大宗伯》將禮分爲吉、凶、賓、軍、嘉五類。清代以前,綜合考察禮儀制度且按照五禮分類的著作有唐代杜佑《通典·禮典》、鄭樵《通志·禮略》,但《禮典》、《禮略》均按吉、嘉、賓、軍、凶之次序分類。《五禮通考》在《通典·禮典》、《通志·禮略》的基礎上,仿照其吉、嘉、賓、軍、凶之次序,調整細小分類,彙編禮學資料。卷一至卷一百二十七卷是吉禮,分圜丘祀天、祈穀、大雩、明堂、五帝、祭寒暑、日月、星辰(附太一、太歲月將、風師雨

① 錢玄、錢興奇:《三禮辭典》,南京:江蘇古籍出版社,1993年,第1頁。
② 鄭樵:《通志·二十略》,北京:中華書局,1995年,第1806頁。

師雲神雷神)、方丘祭地、社稷(附城隍)、四望山川(附封禪)、五祀、六宗、四方、四類、高禖、蜡臘、儺、酺、盟詛、釁、宗廟制度(附律吕)、宗廟時享、禘祫、薦新、后妃廟、私親廟、太子廟、諸侯廟祭、大夫士廟祭、祀先代帝王、祭先聖先師、功臣配享、賢臣祀典、親耕享先農、親桑享先蠶、享先火、享先炊、享先卜、享先醫、古祭厲等四十一小類;卷一百二十八至卷二百一十九是嘉禮,共九十二卷,分即位改元、上尊號、朝禮、尊親禮、飲食禮(附爲人後)、冠禮、昏禮、饗燕禮、射禮、鄉飲酒禮、學禮、巡狩、觀象授時、體國經野、設官分職等十五小類;卷二百二十至二百三十二是賓禮,共十三卷,分天子受諸侯朝、覲禮、天子受諸侯藩國朝覲、會同、三恪二王後、諸侯聘於天子(蕃使朝貢附)、天子遣使諸侯國(遣使詣蕃附)、諸侯相朝、諸侯會盟遇、諸侯遣使交聘、士相見禮等十一小類;卷二百三十三至二百四十五是軍禮,共十三卷,分軍制、出師、校閲、車戰、舟師、田獵、馬政等七小類;卷二百四十六至卷二百六十二是凶禮,共十七卷,分荒禮、札禮、烖禮、禬禮、恤禮、唁禮、問疾禮、喪禮等八小類。如此分類,與《禮典》、《禮略》比較,均有很大不同。

《禮典》吉禮類細分郊天、大雩、大享明堂、朝日夕月、禋六宗、大褡、靈星、風師雨師及諸星等祠、方丘、社稷、山川、籍田、先蠶、天子宗廟、后妃廟、皇太子及皇子宗廟、諸侯大夫士宗廟、天子皇后及諸侯神主、卿大夫士神主及題板、諸藏神主及題板制、兄弟相繼藏主室、移廟主、師行奉主車、立尸議、時享、祫禘、功臣配享、天子七祀、宗室助祭議、庶子攝祭、庶子在他國不立廟議、兄弟不合繼位昭穆議、兄弟俱封各得立禰廟議、遭難未葬入廟議、亡失其親立廟議、喪廢祭議、旁親喪不廢祭議、緦不祭議、奪宗議、殤及無後廟祭議、祭殤、未立廟祭議、公除祭議、上陵、大學、諸侯立學、釋奠、祀先代帝王、老君祠、孔子祠、太公廟、巡狩、封禪、告禮、歷代所尚、享司寒、禜、祈禳、高禖、祓禊、諸雜祀、淫祠興廢六十二小類,計十四卷①。

《禮略》吉禮類細分郊天、大雩、明堂、朝日夕月、大褡、靈星、風師雨師及諸星等祠、方丘、社稷、山川、籍田、先蠶、宗廟、時享、功臣配享、天子七祀、上陵、釋奠、祀先代帝王、老君祠、孔子祠、太公廟、巡狩、封禪、歷代所尚、享司寒、禜、葦茭桃梗、高禖、祓禊、諸雜祀等三十一類,計二卷②。

① 杜佑:《通典》第1册,北京:中華書局,1988年,第15—18頁。

② 鄭樵:《通志·二十略》,上册第12—13頁。

《五禮通考》吉禮類分爲四十一小類，共一百二十七卷，幾乎占全書的一半。雖然數量大大增加，但分類更加符合禮制。

《禮典》軍禮類分皇帝親征類於上帝、纂嚴、齋戒、陳設、鑾駕出宫、薦玉帛、進熟、鑾駕還宫、皇帝親征告於太廟、齋戒、陳設、鑾駕出宫、晨祼、饋食、鑾駕還宫、解嚴、皇帝親征禡於所征之地、皇帝親征及巡狩郊祭有司軷於國門、皇帝親征及巡狩告所過山川、平蕩寇賊宣露布、遣使勞軍將、皇帝講武、皇帝田狩、皇帝射於射宫、皇帝觀射於射宫、制遣大將出征有司宜於太社、制遣大將出征有司告於太廟、仲春祀馬祖、仲夏享先牧、合朔伐鼓、大儺等三十一類，《禮略》軍禮類没有細分。《五禮通考》軍禮類分軍制、出師、校閲、車戰、舟師、田獵、馬政等七小類，顯然更加合理。

《五禮通考》於每小類下，又分細目，如"學禮"下分天子五學、門闈小學、鄉遂學、諸侯學、諸侯鄉學、教學之法、入學、考校、簡不帥教、漢國學、後漢國學、魏吴國學、晉國學、南北朝國學、隋國學、唐國學、後唐國學、宋國學、金國學、明國學、歷代郡縣學、天子諸侯視學、歷代視學、世子齒學、經筵日講、取士、兩漢取士、魏晉至隋取士、唐取士、五代取士、宋取士、遼金取士、元取士、明取士、養老之禮、優老之禮、歷代視學養老之禮、歷代優老之禮等三十八細目，先秦至明代學禮制度，若網在綱，一目了然。

《五禮通考》之三級分類，與《通典》、《通志》相比，更加科學。《清史稿》稱讚《五禮通考》"博大閎遠，條貫賅備"者，實非虚語。

《五禮通考》討論各種禮制，均大量徵引原始文獻，資料十分豐富。兹舉"禘祫"類徵引資料爲例，卷九十七至一百共計四卷討論禘祫禮儀，徵引資料的文獻有《周禮注疏》、《儀禮注疏》、《禮記正義》、《詩經正義》、《國語》、《春秋左傳注疏》、《春秋公羊傳注疏》、《春秋穀梁傳注疏》、《論語》、《爾雅》、《大戴禮記》、《史記》、《漢書》、《後漢書》、《三國志》、《晉書》、《宋書》、《漢舊儀》、《南齊書》、《魏書》、《隋書》、《舊唐書》、《新唐書》、《宋史》、《金史》、《遼史》、《元史》、《明史》、《通典》、《開元禮》、《册府元龜》、《禮書》、《四書集注》、《朱子語録》、《文獻通考》、《續文獻通考》、《山堂考索》、《明會典》、《明集禮》、《春明夢餘録》等四十多種，涉及人物有孔安國、劉歆、賈逵、許慎、何休、王肅、高堂隆、徐邈、權德輿、韓愈、王安石、程子、張載、吴仁傑、林之奇、趙匡采、陸淳、方愨、朱熹、楊復、馬端臨等二十多位。徵引資料之宏富，可見一斑。

三、時加按語，發表新見。《五禮通考》將經、史、子、集材料按類編排後，便加案語，發表意見。其中秦蕙田案語多達四千三百四十六條，方觀承案語一百七十二條，宋宗元案語二十六條，内容非常豐富，或交待分類緣由，或考辨注疏是非，或條理禮制流變，或辨證疑難争議，兹舉數端如下：

《五禮通考》卷一首條蕙田案曰：

禮莫重於祭，祭莫大於天，天爲百神之君，天子爲百姓之主，故惟天子，歲一祭天。《周禮》："冬日至，祀昊天上帝於圜丘。"冬至，取陽生。南郊，取陽位。圜丘，取象天。燔柴，取達氣。其玉幣、牲牢、尊俎、樂舞、車旗之屬，各以象類，雖一名一物之微，莫不有精意存於其間，故曰郊，所以明天道。又曰："明乎其義，治國其如示諸掌乎？"自禮經不明，章句之儒，群言淆亂，朝堂之上，議論紛拏，六天始於康成，合祭起於新莽，排擊者不遺餘力，然行之數千百載而未已。大都沿注、疏者，失之愚；因前代者，失之陋；樂簡便者，失之怠，皆非所以交於旦明之義也。兹輯祀天門，以經爲斷，以史爲案，經傳爲之綱領，疏解爲之條貫，正其紕繆，一其異同，而歷代典禮之得失，廷臣建議之是非，洞若觀火，議禮家可考覽焉。①

此案語陳述"圜丘祀天"的立類緣由，并指出鄭玄"六天説"之非。

卷三十五"星辰"蕙田案語曰：

鄭氏改"宗"爲"禜"，似屬無據。方氏訓如字，自可通。但鄭以"禜"爲"營"，疏謂"爲營域而祭之"，方氏謂祭星之所，謂之幽宗，義固相同也。然不言營域在何方何所。今案祭祀之地，見於經而有據者，祀天於南郊，祭地於北郊，兆五帝於四郊，朝日於壇，在東門之外，夕月於坎，應在西門之外。而祭寒暑，先儒謂相近於日月之坎壇，祭四方又有四坎壇，雩宗則諸神自郊徂宫，亦各有常祭之處。唯祭時之泰昭、祭星之幽宗，則未嘗别見。今案此節所祭，皆承上燔柴泰壇、瘞埋泰折而言，意者昭爲陽明之意，幽爲陰闇之意，岂四時乃天地之氣，四方皆有之，或在四郊壇兆之南，南爲離明相見之地，故曰昭星；乃天象隨月而見於夜，或在西郊月坎之北，坎爲隱伏，故曰幽，與言泰、言宗，皆尊之之意。注疏及

① 秦蕙田：《五禮通考》，文淵閣《四庫全書》第135册，第131—132頁。

方氏說，義似未足，今姑繹其字義，而略爲之說，以俟考。①

《禮記·祭法》："幽宗，祭星也。"鄭注："宗，皆當爲'禜'字之誤也。幽禜，亦謂星壇也，星以昏始見，禜之言營也。"孔疏："祭星，壇名也。幽，闇也。宗。當爲'禜'。禜，壇域也。星至夜而出，故曰幽也。爲營域而祭之，故曰幽禜也。"②方慤曰："幽言其隱而小。揚雄曰：'視日月而知衆星之蔑。'故祭星之所，謂之幽宗焉。幽、雩皆謂之宗，宗，尊也。祭祀無所不用其尊。詩曰：'靡神不宗。'無所不用其尊之謂也。泰壇、泰折不謂之宗者，天地之大，不嫌於不尊也。"③鄭玄認爲，幽宗即幽禜，祭星之稱。秦氏覺得鄭注、孔疏及方慤意見，義似未足，故繹其字義，發表己見。

卷一四〇"聖節朝賀"蕙田案語曰：

古者有上壽之辭，無賀生辰之禮。詩稱"躋彼公堂，稱彼兕觥，萬壽無疆"，又云"虎拜稽首，天子萬壽"。人臣受恩於君，無以報稱，惟有祝君壽考而已。至生日之說，自古無之，惟隋高祖仁壽二年詔："六月十三日是朕生日，宜令海内爲武元皇帝、元明皇后斷屠。"唐太宗亦以生日幸慶善宫，賦詩賜宴。是帝皇稱生日之始。然未置酒稱賀，至玄宗因源乾曜、張說之請，以生日爲千秋節，御花萼樓受賀。然御花萼樓，則尚非正衙也。且終唐之世，惟穆宗、文宗復行之，其餘諸帝，率集沙門道士，講論祈福，不稱賀也。五代、晉、漢、周，亦舉上壽故事。宋世，聖節上壽，或在紫宸殿，或在垂拱殿，或在崇德殿，較之正冬御乾元殿，其禮猶殺也。金史以元日、聖誕上壽，并爲一儀，則與元、正禮等。元、明以來，蓋承用之。唐、宋、遼、金，每一帝必别立節名，元則稱"天壽節"，或云"聖誕節"，明則惟稱"萬壽節"焉。④

---

① 秦蕙田：《五禮通考》，文淵閣《四庫全書》第135册，第881頁。

② 鄭玄注、孔穎達疏：《禮記正義》，吕友仁整理，上海：上海古籍出版社，2008年，第1787—1788頁。

③ 秦蕙田：《五禮通考》，文淵閣《四庫全書》第135册，第881頁。

④ 秦蕙田：《五禮通考》，文淵閣《四庫全書》第138册，第301頁。

此述上壽、生辰禮之演變。過生日之禮，始於隋高祖、唐太宗。

社祭、稷祭，鄭玄、王肅觀點不一，導致後人解説歧異。卷四十一蕙田案語曰：

> 兩家互有得失。鄭得者，勾龍配社，后稷配稷，一也；地稱后土，勾龍稱后土，名同而實異，二也；駁社是上公，駁勾龍、棄先五嶽而食，三也。其失者，社即地示，一也；稷爲原隰之神，二也；稷是社之細别，三也。王得者，社非祭地，一也；定地位一難，牲牢裘冕二難，二也；駁鄭自相違反，三也。其失者，社祭勾龍，稷祭后稷，皆人鬼，一也；無配食明文，不得稱配，二也；稷米祭稷，反自食，三也。朱子注《孟子》云："社，土神。稷，穀神。"最爲明白簡當。云"土神，則隨土之大小，皆得祭之。若云地示，則惟天子乃得祭，而非社之謂矣"。①

社是土神，又指祭社之祭名。土神與地示有别，自天子至庶民皆得封土立社，地示惟天子得祭祀。稷是穀神。秦氏對鄭玄、王肅之得失和社祭、稷祭之總結，十分明晰。

正由於此，《五禮通考》受到學術界的高度評價。四庫館臣評價説："蕙田之以類纂附，尚不爲無據。其他考證經史，原原本本，具有經緯，非剽竊餖飣、挂一漏萬者可比。較陳祥道所作，有過之無不及矣。"②顧棟高則稱秦氏之書："皇哉！唐哉！此數千百年來所絶無而僅有之書也，顧實有先得余心者。"③王鳴盛在《五禮通考序》説："秦公味經先生之治經也，研究義理，而輔以考索之學，蓋守朱子之家法也。嘗歎徐氏《讀禮通考》頗爲整贍，乃仿其體，以吉、嘉、賓、軍、凶，分禮爲五，編次爲書，而徐氏之書詳於史而略於經，公則爲之矯其弊，且凶禮之别有五，而荒禮、吊禮、禬禮、恤禮，徐氏俄空焉，公則爲之補其闕。"④曾國藩稱："秦尚書纂《五禮通考》，舉天下古今幽明萬

① 秦蕙田：《五禮通考》，文淵閣《四庫全書》第135册，第141—142頁。

② 《欽定四庫全書總目》上册，第282頁。

③ 顧棟高：《五禮通考原序》，《五禮通考》，文淵閣《四庫全書》第135册，第59頁。

④ 王鳴盛：《五禮通考序》，陳文和主編：《嘉定王鳴盛全集》第10册，北京：中華書局，2010年，第284—285頁。

事，而一經之以禮，可謂體大而思精矣。"[①]方觀承評價此書："上自六經，下迄元、明，凡郊廟、禋祀、朝覲、會同、師田、行役、射鄉、食饗、冠昏、學校，各以類附，於是五禮條分縷析，皆可依類以求其義。"[②]

從上述諸人評價可見，秦氏之書，確實是清代禮學集大成之傑作。

關於《五禮通考》的版本，《三禮研究論著提要》曾有著録，今結合張濤先生之研究成果[③]，綜述如下：

一、稿本。殘，朱砂印格，版心刻"五禮通考卷"字樣。半頁十三行，行大字二十一字，雙行小字二十一字，首蔣汾功、顧棟高二序，次《凡例》，次《目録》二卷，次《卷首》四卷，次正文二百六十二卷。書内有"大隆審定"（白文方印）、"復旦大學圖書館藏"（朱文長方印），七十三册。王欣夫《蛾術軒篋存善本書録》著録[④]，今藏復旦大學圖書館。

二、味經窩初印本。半頁十三行，行大字二十一字，雙行小字三十字。首蔣汾功、方觀承序，次《目録》二卷、次《卷首》四卷、次正文二百六十二卷。有"莫友芝圖書印"（朱文長方印）、"莫印彝孫"（朱文方印）、"莫友芝"、"郘亭長"、"莫印繩孫"（白文方印）、"吴興劉氏嘉業堂藏書印"（朱文方印）、"柳蓉村經眼印"（白文方印）、"博古齋收藏善本書籍"（朱文方印）、"王欣夫藏書印"（朱文長方印）、"大隆審定"（白文方印）等藏書印，有張廷濟、王大隆跋語，先後經張廷濟、莫友芝、劉承幹、王欣夫遞藏，今藏復旦大學圖書館。此本多眉批、浮簽，王氏謂是秦蕙田、盧文弨、姚鼐手校，又云"舊粘校簽日久往往脱落，莫郘亭得此書後用墨筆移識書眉，憑筆跡可驗。"[⑤]八十册，清乾隆二十六年（1761）前後刊印本。

一九九四年，臺灣聖環圖書有限公司以拍攝的膠片爲"底本"，將此本套

① 曾國藩：《曾國藩全集》（修訂版）第 14 册《詩文》，長沙：岳麓書社，2011 年，第 152 頁。

② 方觀承：《五禮通考序》，《五禮通考》，清光緒六年（1880）江蘇書局刻本。

③ 張濤：《五禮通考"喪禮門"編纂評析》，上海社會科學院編：《傳統中國研究集刊》第 3 輯，上海人民出版社 2007 年，第 489—509 頁；張濤：《述五禮通考之成書》；張濤：《關於味經窩五禮通考的刊印年代》，《中國典籍與文化》2011 年第 2 期，第 80—88 頁。

④ 王欣夫：《蛾術軒篋存善本書録》，上海：上海古籍出版社，2002 年，第 1134—1135 頁。

⑤ 王欣夫：《蛾術軒篋存善本書録》，第 1136—1137 頁。

彩影印出版,精裝爲八册。

三、味經窩通行本。此本即以味經窩初印本略加改訂,吸收浮簽、眉批,修版刊行。刊刻年代不早於乾隆二十九年(1764)。然各圖書館所收藏者之間,當略有所差異。

四、四庫全書本。乾隆三十七年(1772)開四庫館修書,《五禮通考》收入經部禮類五"通禮之屬",書前提要撰於乾隆四十三年十月(1778)。臺灣商務印書館將文淵閣《四庫全書》影印出版,上海古籍出版社於一九八七年縮小重印。上海人民出版社和香港迪志文化出版有限公司合作出版的文淵閣《四庫全書》電子版中收録其電子化文本。

五、江蘇書局本。清光緒六年(1880)刊印。

六、湖南新化三味堂本,清光緒二十二年(1896)刊印,一百册。《四川省圖書館藏古籍目録》著録。

如果説《四庫》本是在味經窩本基礎上加以修訂的版本,那麽光緒本則是在《四庫》本基礎上增補修訂的版本。與《四庫》本相比,光緒本增加的異文多達二千八百六十三處。光緒本增補的内容有以下幾種情況,一是在總目下增加了盧文弨、盧見曾、方觀承三人的序,二是增補了《五禮通考》節引的文字,多的接近上百字,三是增補了標題或篇名;光緒本也删減了原來一些文字,訂正了不少錯誤,當然也增加了一些新的文字錯誤。

閲讀《五禮通考》之餘,我們發現《四庫全書》本并不像人們一直認爲的那樣,没有什麽版本價值。就《五禮通考》而言,據秦氏的好友蔣汾功在序中稱,"素知其家多藏書,凡禮經疏義,外間絶少刊本,而皮貯緘題者數十笥",而這些外間絶少刊本,秦氏在書中未加説明。如阮刻本《十三經注疏》的文字,有不少訛誤而《四庫》本《五禮通考》不誤者;有經孫詒讓校勘認爲正確的文字,而《五禮通考》已是者。這足以説明不是秦氏所據版本的精善,就是《四庫》館臣校勘的精到。

二〇一二年六月五日初稿

二〇一三年五月二日二稿

西學東漸與戴震的自然科學觀

華　强*

戴震是中國十八世紀一位傑出的思想家、哲學家和漢學家，這是學界一致公認的，但對戴震同時也是一位不斷汲取西方文化、學貫中西的學者，是一位傑出的自然科學家，學界尚重視不够。

西學東漸促進了中國自然科學的發展

戴震自然科學觀的形成有深刻的時代背景，與當時中西文化的交流密切相關。

十五世紀中葉到十六世紀中葉，起源於歐洲的文藝復興點燃了近代世界文明的曙光。西方的自然科學在這一時期突飛猛進，不斷地改變著人民的生活。十七世紀，隨著西方資本主義的對外擴張和教會勢力對華滲透，西方一些先進的科學技術開始傳入中國。

西方先進的自然科學引起我國一些先進的知識分子的興趣。他們開始學習西方，研究西方。他們對自然科學研究的時代，是我國自然科學研究總體遠遠落後於西方的時代，因此這一時期的研究特別難能可貴。

西學東漸是西方文化對東方文化的挑戰，這一挑戰對於促進中國自然科學的發展極具積極意義。西學東漸是不可阻擋的世界潮流，但由於中國封建統治者的固步自封，明、清兩朝雖然出現了徐光啓，李之藻、梅文鼎、戴震、王錫闡等爲代表的自然科學家，但與西方國家群星燦爛的科學家陣容相比，差距甚大。中國封建統治者對西學的輕視，阻撓了西學對中國的滲透。

---

* 華强，南京政治學院上海校區教授。

明以後，利瑪竇、湯若望等一批傳教士在中國傳教的同時，將西方先進的數學、地理學、天文學、曆算學、醫學等自然科學知識介紹到中國。中國古代的科學技術曾經一度領先於世界，但明代以後已經落後。如中國雖然是世界上最早精於曆法的國家，但多年停滯不前，明崇禎年間使用的《大統曆》節氣誤差很大，已不能適應農業生産的需要。因此統治者不得不讓傳教士傳播一些中國當時急需的科學知識並允許出版相關著作。1695 年利瑪竇與徐光啓合作著述《乾坤體義》、《幾何原本》；1752 年戴進賢編纂《黄道總星圖》等，諸如此類的著作就是在這樣的背景下問世的。

清順治以後，洋人在朝廷做官成爲慣例，如湯若望掌握欽天監，南懷仁爲應天監監正等。康熙在科學技術上反對閉關自守，他愛好西洋科學，鼓勵學習西方並且身體力行，不恥下問。康熙請洋人爲他講課，他的學習範圍十分廣泛，舉凡天文、數學、幾何、力學、地理、生理，解剖等科學均曾一一涉獵。在他的主持下，1718 年完成中國歷史上第一部比較精確的地圖——《皇輿全圖》。康熙還主編了《歷象考成》、《數理精蘊》，親自撰寫了《捕蝗説》等著作。這些書籍和輿圖不同程度地汲取了西方先進的自然科學知識。正是由於康熙對西方自然科學的欣賞和提倡，清朝初年幾乎每年都有有關自然科學的著述或翻譯的書籍出版，這些書籍的出版影響了如戴震這樣的一批學者。

清雍正以後，風氣爲之一變。雍正對西學持排斥態度，他下詔傳教士只能在澳門一帶活動而不能進入内地。加之羅馬教皇頒布了傳教士在國外傳授科學知識的限制，雍正以後，西學東漸雖然餘韻尚存，但來自西方的新知幾乎中斷。中國學者學習西學，只能通過雍正前出版的書籍獲得，戴震研究西學就是在這樣的背景下進行的。

清初西方科學知識的傳入，對明末清初著名的天文、數學家梅文鼎産生了巨大影響，後世稱梅文鼎爲清代"曆算第一名家"和"開山之祖"。梁啓超説："我國科學最昌明者，惟天文演算法。至清而尤盛，凡治經者多兼通之，其開山之祖，則宣城梅文鼎也。"①梅文鼎將西方新法與中國曆法融會一起，冶中西數學於一爐，集古今中外之大成，總名之曰《中西算學通》。其主要著作有《明史曆志擬稿》、《曆學疑問》、《古今曆法通考》、《勿菴曆算書目》等。

① 梁啓超：《清代學術概論》，上海：上海古籍出版社，1998 年，第 32 頁。

戴震治數學和天文的路徑和方法，深受梅文鼎影響。

戴震是有清一代卓有成就的自然科學家

段玉裁《年譜》記，戴震有一個撰寫《七經小記》的計劃："《七經小記》者，先生朝夕常言之，欲爲此以治經也。所謂'七經'者，先生云：《詩》、《書》、《易》、《禮》、《春秋》、《論語》、《孟子》是也。"[①]《七經小記》第二部類是《原象篇》，内容包括天文學、數學、生物學和工程技術等。所以學者要解經，要成爲真正的經學大師，没有豐富的自然科學方面的知識是不行的。梁啓超稱戴震"其最專精者，曰小學、曰曆算、曰水地"[②]。

戴震豐富的自然科學知識，得傳於江西婺源著名學者江永和明末清初數學家梅文鼎。

江永治學數十年，精通三禮，兼及聲韻、天文、算學、地理。戴震師從江永，在學業上比江永鑽研得更深，日後成就也更大。在思想認識方面，江永推崇唯心主義的宋學，戴震師從江永研究自然科學的結果，却促成了他對於宋學的徹底反動，形成了唯物主義的思想體系。這一點，江永是始料未及的。然而，也正是在這一點上，戴震不但大大地超過江永，也遠遠地超過同儕。

梅文鼎致力於數學、天文、曆法，兼習經史，是明末清初將中西文化融會貫通的傑出學者。梅文鼎的學術特色是兼采中西，他説："法有可采何論東西，理所當明何分新舊，在善學者知其所以異，又知其所以用。"[③]面對西學，梅文鼎不妄自菲薄；面對中學，他不妄自尊大。他嘗試以中法解西法，著有《用勾股法解幾何原本之根》等多部著作。

乾隆三十八年（1773），朝廷爲籠絡知識分子，特開四庫全書館。由於紀昀等人的推薦，戴震以舉人特招，入四庫館任纂修官。這一年，戴震已經51歲。作爲四庫館的纂修官，戴震閲讀西學應當没有任何障礙。事實上，戴震

---

① 段玉裁：《戴東原先生年譜》，戴震：《戴震文集》，北京：中華書局，1980年，第216頁。

② 梁啓超：《清代學術概論》，第38頁。

③ 李迪：《梅文鼎評傳》，南京：南京大學出版社，2006年，第112頁。

對西學的研究和汲取,從他青年時代就已經開始了。

當時參加編撰《四庫全書》的學者有兩百多人,皆中國知識精英中的出類拔萃者,可謂群英薈萃,然其中精通自然科學的人並不多。清代對於數學、天文、地理等自然科學領域的研究,除戴震外,另有李潢、莊存與、陳際新、郭晨發、倪廷梅等①,這些學者對自然科學各有專攻,但對於經學的建樹遠遜於戴震。在自然科學領域,戴震對於數學、天文學著力最勤。

恩格斯説:"天文學只有借助於數學才能發展。"②農業生產依賴天文學,而天文學依賴數學,戴震爲解决古經中的天文問題開始研究數學。

中國古典經籍中包含著大量算學問題,不通算學便不能透析全文。乾隆九年(1744),22 歲的戴震寫成《籌算》一卷,後更名爲《策算》,不曰籌而曰策,是爲了有别於古籌算。《策算》一書介紹了乘、除、開平方的籌算方法,戴震列舉了《易經》、《論語》、《漢書》等古典經籍中適於計算者凡 20 例,詳細叙述了籌算方法的具體步驟。這是戴震熱衷於《策算》研究的目的和出發點。《策算》一書從自然科學方面反映了戴震的治學思想,"尤其是數學的嚴密性和邏輯性,對他的哲學著作有著巨大的影響。數學上邏輯推理的方法,更爲他直接引用,形成他著作上的獨特風格"③。

西方學者注意到戴震的《籌算》,認爲"可能是受了十七世紀中葉傳入中國的,創造對數計算法的耐普爾計算法的影響"④。戴震受西方耐普爾計算法的影響,反映在他的著作裏。戴震是直接受耐普爾計算法的影響,還是間接受耐普爾計算法的影響,説法不一。有學者認爲戴震是通過梅文鼎間接地受到西方耐普爾計算法的影響。葉光立評價説:"明清之際,國外數學其中包括西方的籌算方法,通過傳教士傳入我國。明末數學家梅文鼎曾撰《籌算》一書,書中引進了西方籌算方法,並作了改進。戴震的《策算》就方法而論,大體是梅氏所述方法的繼承,只是在形式上稍有不同。"⑤

---

① 李開:《戴震評傳》,南京:南京大學出版社,1992 年,第 188 頁。

② 恩格斯:《自然辯證法》,北京:人民出版社,1971 年,第 162 頁。

③ 葉光立:《從〈策算〉看戴震的哲學思想》,《戴震學術思想論稿》,合肥:安徽人民出版社,1987 年,第 214 頁。

④ 戴密微:《中國和歐洲最早在哲學方面的交流》,《中國史研究動態》1982 年第 3 期。

⑤ 葉光立:《從〈策算〉看戴震的哲學思想》,《戴震學術思想論稿》,第 213 頁。

乾隆十七年(1752),戴震33歲時著成《勾股割圜記》上、中、下三篇,後由秦蕙田載入《古今演算法大全》一書之中。清初著名的曆算家王錫闡著成《曉菴新法》和《圜解》等著作。《圜解》旨在以西法解勾股割圓之法。戴震所著《勾股割圜紀》,其精神與王氏之《圜解》最爲相似,也試圖以西法解勾股割圜。戴震的以西法解勾股割圜,發展了中國自《周髀》以來的勾股弦求法,是一個創造。李開在《戴震評傳》一書中評價説:"戴震的《勾股割圜記》,以特有的方式系統推演了平面三角形和球面三角形的勾股原理,大大發展了自《周髀》以來的勾股弦求法,戴震的傳統勾股學以其個人的努力達到了同時代的平面三角和球面三角函數學的水準,是一了不起的奇跡。"①"戴震的勾股原理及五十一術在數學史上是個了不起的貢獻。"②

戴震受西學影響較大的兩部書《籌算》和《勾股割圜記》均作於入四庫全書館前。戴震作《籌算》的時間在乾隆九年(1744),時年22歲。戴震作《勾股割圜記》時間在乾隆十七年(1752),時年33歲。《籌算》和《勾股割圜記》兩書表明戴震在年輕時即對西學發生興趣。戴震是清代爲數不多的以西學研究中學並將中西學相結合的學者之一。

戴震入四庫全書館充任纂修官以後,對我國古代算學著作進行了廣泛的搜集、整理和校勘工作。乾隆三十九年(1744),他在《永樂大典》中發現了乾隆時即已失傳的《九章算術》九卷。《九章算術》是我國古代數學的一部重要典籍,即九類算學問題的解法。戴震將它排纂成編並考證僞異,又據文意爲該書補圖,終於使這部有價值的算術專著起死回生。乾隆皇帝聞訊後十分高興,特作御詩冠於篇首以示嘉獎。同年十月,戴震校《五經算術》二卷成。

乾隆四十年(1775),戴震在《永樂大典》中陸續發現了久已失傳的古代《算經十書》之一的《海島算經》和《五曹算經》,均一一勘校整理成書。乾隆三十八年(1773)至四十二年(1777),戴震又先後校定了《周髀算經》二卷以及《孫子算經》、《張丘建算經》、《夏侯陽算經》等。由於他的努力,我國一批瀕於失傳的古代算學文籍得以保存和流傳。段氏《年譜》説,戴震在四庫全書館期間共校八種算學書。

---

① 李開:《戴震評傳》,第222頁。

② 李開:《戴震評傳》,第242頁。

在四庫館,館閣通人對戴震在天文學方面的見識十分讚賞。在天文學方面,戴震著有《與丁升衢書》、《再與丁升衢書》、《九道八行説》、《原象》一卷、《曆問》一卷、《記夏小正星象》、《迎日推策記》三卷、《古今歲實考》、《續天文略》(又名《古曆考》)二卷等。梁啓超説,"《四庫全書》天算類提要全出其手,他部亦多參與焉"①。

有學者認爲,戴震還撰寫了《續通志・天文略》。《續通志・天文略》的作者一直存在争議。1924年,學者周良熙經過一番考證説:"《續通志・天文略》,説它全出於東原手筆,大概不生疑問了。"②1991年,清華大學出版社出版《戴震全集》,將《續通志・天文略》作爲附録收入。編者説:"《欽定續通志・天文略》六卷,與戴震《續天文略》二卷兩書互校,其一、二卷綱目體制文字基本相同,後人多有以爲亦戴震所撰者。兹據上海圖書集成局校印本全文附録,以備讀者考證。"③

戴震受徐光啓、湯若望等編制《崇禎曆書》的啓發,系統總結了我國曆法學的成就,著成《古今歲實考》一書。乾隆二十年(1755),戴震著《五禮通考》中的《觀象授時》。同年夏著《周禮大史正歲年解》二篇,又有《周髀北極璿璣四游解》二篇。戴震對天文、氣象的客觀認識成爲他自然觀和唯物主義世界觀的重要基礎。

在地理學方面,戴震花費了近10年時間校訂了《水經注》四十卷。北魏酈道元爲《水經》作注,詳細記載了書中137條河流的流經區域、地理沿革、民情風俗及農田水利等。但自唐代以後,《水經注》在流傳之中經、注混淆,錯誤百出,竟至於不可通讀,失去了它原有的價值。戴震43歲時首先考證了《水經》的立文定例,然後據酈道元的注文來考定經文,使經、注大體有别。50歲那年,戴震再次勘校《水經注》,更正了若干經、注相淆之處。戴震入四庫館後,偶然讀到酈道元的《水經注》,於是第三次校訂《水經注》,他爲《水經注》補缺漏字2128個,删妄增字1448個,正臆改字3715個。一部《水經注》,三次勘校,十年而成,基本上還原了原書的本來面貌。戴震鈎沉用力,

---

① 梁啓超:《清代學術概論》,第38頁。

② 《東原續天文略與續通志天文略》,《晨報叢書》第十三種《戴東原二百年生日紀念文集》。

③ 戴震:《戴震全集》,北京:清華大學出版社,1991年,第305頁。

心神交瘁,於此可見一斑。

乾隆三十三年(1768),戴震應直隸總督方恪敏之邀,修《直隸河渠書》110卷。因方恪敏不久去世,書未成。此書初稿完成後由王履太易名爲《畿輔安瀾志》刊行。三十四年(1769),戴震修成《汾州府志》34卷。三十六年(1771)修成《汾陽縣志》。此外,他完成的有關地理方面的著述有:《水經酈道元注序》、《書水經注後》、《答曹給事書》、《應州續志序》、《記洞過水》、《與段若膺論縣志》、《水地記》等。

戴震不僅地理著述繁多,且多有獨特之處。如我國歷代記叙地理沿革以郡縣爲主,而以山川走向依附於郡縣,大自然被人爲肢解了。戴震却以記山川走向爲主,而以郡縣沿革依附於山川,這是一個重要的創造。戴震的這一創造得到後世許多地理研究工作者的認同和讚賞。戴震善於繪地圖,他多次應邀批覽有關地圖册,發現錯誤,即要求重繪。有的人起初不服,認爲戴震不過是紙上談兵罷了。及至實地調查,往往竟果如戴震所言,因而心悦誠服,而戴震亦聲名遠播。其實戴震並不是神人,他的經驗來源於他平時細緻的觀察和精確的校勘。

乾隆十年(1745),戴震著《考工記圖》三卷,這是戴震在建築學、鑄造學及古代典章制度方面的一部著作。此外,另著有《明堂考》、《樂器考》、《記冕服》、《記朝服》等。在機械學方面,戴震著有《釋車》、《自轉車記》和《贏旋車記》。在生物學方面,戴震對《詩經》中提到的各種植物和動物做了若干細緻考釋。

綜上所述,戴震除精通經學、小學外,對算學、天文學、地理學乃至於機械學、建築學、鑄造學、動植物學等均作過研究,而在算學、天文學、地理學方面著力最勤,成就最大。

戴震以自然科學爲工具而始終以"聞道"爲目標

王茂在《戴震哲學思想研究》一書中説:"戴震首先是一位自然科學的學者,然後才是一位經學家和哲學思想家。不瞭解作爲自然學科學者的戴震,也就不瞭解作爲哲學家的戴震。"①王茂對戴震思想脈絡的發展作了細緻的

① 王茂:《戴震哲學思想研究》,合肥:安徽人民出版社,1980年,第6—7頁。

解剖,從中發現了戴震唯物主義哲學思想在其形成和發展過程中的特點。

戴震自然科學觀的形成與他在青年時代立志聞"道"的志向密切相關。戴震17歲那年立志聞"道",探索古今治亂之源。戴震生活的那個時代,展現在他眼前的世界迷離而又混沌。窮人爲什麽窮?富人爲什麽富?出入車馬者爲什麽貪贓枉法?金銀滿窖者爲什麽惜金如命?戴震帶著疑惑立下了聞"道"的宏大志向。

世人皆以爲六經載"道",年輕的戴震讀經後却不知"道"之所以。戴震經過深刻的反省後,終於認識到"非從事於字義、制度、名物,無由以通其語言"。也就是説,没有數學、天文學、地理學等自然科學知識,讀不懂經,自然聞不到"道"①。他總結了聞"道"的方法:"必由字以通其辭,由辭以通其道。"②此後,戴震開始致力於自然科學,以爲入門聞"道"的鑰匙。

在學習自然科學、解讀六經的過程中,戴震繼承清初顧炎武的學風,實事求是地從字義、制度、名物著手研究古經及其注疏,力求恢復孔、孟之學的本義,從中聞"道"。錢大昕在《戴先生震傳》稱戴氏"實事求是,不偏主一家"。段玉裁記戴震説:"先生之治經,凡故訓、音聲、算數、天文、地理、制度、名物、人事之善惡是非,以及陰陽、氣化、道德、性命,莫不究乎其實,蓋由考據以通乎性與天道。"③

戴震研究了《策算》、《勾股割圓記》等許多數學問題,在天文學、地理等方面也頗多建樹,但戴震既没有成爲數學家,也没有成爲天文學家和地理學家。客觀地説,戴震在數學、天文、地理等理論和方法上並没有重大創建,例如他研究《策算》,其重點不在於方法本身,而在於把它作爲解決古典經籍中所載有關算術問題的工具,目的與出發點與梅文鼎不同。戴震對自然科學雖有一定創造和發展,但總的來説,是對前人經驗的總結和繼承。這説明戴震研究自然科學的目的並不是自然科學本身,而是經學。研究前者是爲研究後者服務的。

經學是一門博大精深、包羅萬象的學問。没有哲學和數學的知識,就無法研究《易經》;没有歷史和地理的知識,就無法研究《書經》。戴震治學,始終以聞"道"爲目標。正是因爲他對於聞"道"至誠的追求,所以他首先成爲一個自然科學家,然後成爲一個經學家和思想家。

---

①②③ 段玉裁:《戴東原集序》,《戴東原集》卷首,宣統二年渭南嚴氏刻本。

聞“道”是目的，從事字義、制度、名物是手段，戴震全身心地投入了對於字義、制度、名物的研究。戴震主張“由字以通詞，由詞以通道”，運用小學訓詁方法研究經注。“戴震爲學，遍治故訓、聲韻、天文、曆算、地理沿革、名物制度，並且都取得很大成就。但他將這些方面的研究，看作是治經明道的手段，從不把它們當作目的”①。

戴震對自然科學廣泛的研究，形成了他對自然界的認識。他將所涉及的當代最新自然科學的成果運用於哲學研究，宣導要重視物質世界的規律，提倡“經世致用”，並由此逐步形成了唯物主義的自然科學觀和哲學思想體系，成就爲一代偉大的哲學家和思想家。

戴震的哲學思想是建築在自然科學基礎上的，他的唯物主義認識論的形成與他對自然科學的研究是密不可分的。戴震從自然觀和認識論出發，從理與欲的關係上揭露程、朱理學吃人的本質，對程、朱理學客觀唯心主義體系進行全面、系統的批判，具有重大的意義。戴震的《孟子字義疏證》、《原善》、《答彭進士允初書》、《與某書》邏輯嚴密，論述具體，四篇哲學著作貫穿著一條要求批判封建等級、要求平等的綫索，閃耀著戴震唯物主義思想的戰鬥光輝。

戴震畢生著述、校勘之作近 50 種。戴震自己認爲“生平論述最大者，爲《孟子字義疏證》一書”②。戴震在《孟子字義疏證》一書中針對孟子的“性善論”、荀子的“性惡論”，提出了一種新的“自然人性論”的觀點。他認爲所謂“道”就是陰陽氣的運動變化，“氣化流行，生生不息”③，而這種變化又是極有規律的。他不同意“理能生氣”的謬論，提出“理在氣中”並對“氣”、“道”、“理”三者的涵義和關係作了精闢的論述。《疏證》一書比較系統、比較完整地表達了戴震的唯物主義世界觀和認識論。戴震在哲學思想上的創見和特色是他將對於自然科學的研究反映和運用到哲學上的結果。

戴震的自然科學觀基本上是唯物主義的，但是由於社會和階級的局限，戴震未能完全擺脱唯心論的影響。在自然觀上，他認爲“氣化”生人生物以後便“千古如是”，不再發生質的變化。反映到歷史觀上，他認爲只有聖人才

① 戴震：《戴震全集》卷首，第 3 頁。

② 段玉裁：《戴東原先生年譜》，《戴東原集》卷首，宣統二年渭南嚴氏刻本。

③ 戴震：《孟子字義疏證》，北京：中華書局，1961 年，第 43 頁。

能察照萬物，而愚人則需要不斷學習，把聖人超越於社會實踐之上，否認了千百萬人民群衆革命實踐的創造作用，認爲是英雄創造了歷史。這是戴震自然科學觀的缺陷和不足。

晚明以降，中國已經出現了以徐光啓，李之藻、梅文鼎、戴震、王錫闡等人爲代表的科學思潮，表明中國思想文化的近代化進程在那時已開始啓動，可惜這一進程在雍正朝以後被扼殺，並没有結成豐碩的科學之花，以至於中國在世界近代化的進程中落後於人，令人扼腕歎息。

戴震以後，"繼承戴震之學的學者多爲揚州人，如高郵之王念孫父子，興化之任大椿，江都之汪中，甘泉之焦循，儀徵之阮元"①。戴震以後，揚州學派中人對戴震遺風多有繼承。阮元非常重視自然科學，尤其是天文學和數學。他説："敬天授時，帝王之首務，故聖人重其事。"②又説："昔者黄帝迎日推策而步術興焉，自時厥後，堯命羲和，舜在璿機，三代迭王，正朔遞改，蓋效法乾象，布宣庶績，帝王之要道也。"③他曾經花費四年時間專門編寫了四十六卷的科學史專著《疇人傳》，收入自黄帝至清世的中國科學家 243 人，另附外國科學家 37 人。

在有清一代的漢學家中，戴震是佼佼者，"以他的有生之年，對算學、地理等自然科學作出了如此卓越的貢獻，在我國自然科學發展史上是值得爲其大書一筆的"④。戴震，一位偉大的自然科學家，一位偉大的經學家，一位偉大的哲學思想家，他是皖南人民的驕傲，也是中華民族的驕傲。

---

① 華强：《戴震》，南京：江蘇古籍出版社，1984 年，第 80 頁。
② 阮元等：《疇人傳彙編》卷一，揚州：廣陵書社 2009 年，第 2 頁。
③ 阮元等：《疇人傳彙編》卷首，第 1 頁。
④ 華强：《戴震》，第 70 頁。

王念孫《史記雜志》商補

趙生群*

清代乾嘉時期是中國傳統學術的鼎盛期，而高郵王念孫、王引之父子，又是這一時期的傑出代表人物。王念孫所著《讀書雜志》、《廣雅疏證》，至今被學者奉爲圭臬。他的學術成就，學界早有公論，無庸贅述。近年來從事《史記》點校，採用王氏之説實多，雖偶有可以商補之處，然小疵大醇，不足爲病。今剌取若干條目，略加討論，以爲引玉之資。

歷日縣長

《孝文本紀》："朕獲執犧牲珪幣以事上帝宗廟，十四年於今，歷日縣長，以不敏不明而久撫臨天下，朕甚自愧。"②

王念孫《雜志》曰："'縣'當爲'綿'，字之誤也。《漢書》作'歷日彌長'，彌亦綿也。"③

中華書局點校本據王説改作"綿"。

按："縣"有"久遠"之義。"縣"，《漢書》卷四《文帝紀》作"彌"。《廣雅·釋詁》："彌、曠，久也。"④《荀子·性惡》："今使塗之人伏術爲學，專心一志，思索孰察，加日縣久，積善而不息，則通於神明，參於天地矣。"縣久，謂久長。《漢書·賈誼傳》："今淮南地遠者或數千里，越兩諸侯，而縣屬於漢。"王念孫

---

* 趙生群，南京師範大學文學院教授。

② 司馬遷：《史記》卷十，北京：中華書局，1959 年，第 429 頁。

③ 王念孫：《讀書雜志·史記第一》，南京：江蘇古籍出版社，1985 年，第 82 頁。

④ 王念孫：《廣雅疏證》卷三下《釋詁三》，南京：江蘇古籍出版社，1984 年，第 105 頁。

曰:"《淮南·主術篇》注曰:'縣,遠也。'言越兩國之地而遠屬於漢也。上文云'今淮南地遠者或數千里'是其證矣。《荀子·脩身篇》'彼人之才性之相縣也,豈若跛鼈之與六驥足哉',相縣謂相遠也。《史記·高祖紀》'縣隔千里',謂遠隔也。"①《漢書》卷九十七《外戚傳上》:"皇后轝駕侍從甚盛,賞賜官屬以千萬計,與許后時縣絶矣。""縣絶",謂相去絶遠。考之典籍,時空遠隔,皆可云"縣"。

於是楊可告緡縱矣

《平準書》:"天子既下緡錢令而尊卜式,百姓終莫分財佐縣官,於是楊可告緡錢縱矣。"②

王念孫《雜志》曰:"'楊可'二字,後人依下文加之也。《食貨志》作'於是告緡錢縱矣',顔師古曰:'縱,放也,放令相告言也。'無'楊可'二字。《索隱》於此處無注,至下文'楊可告緡徧天下'始云'楊,姓;可,名也'。則此處本無'楊可'二字明矣。"③

原點校本删"楊可"二字。

按:"楊可"二字未必爲衍文。《通鑑·漢紀十二·武帝元狩六年》云"於是楊可告緡錢縱矣",文與《史記》同。景祐單《集解》本亦有"楊可"二字。《索隱》於"楊可告緡徧天下"始作注,殆偶疏。

如齊故俗諸儒以百數

《曹相國世家》:"天下初定,悼惠王富於春秋,參盡召長老諸生,問所以安集百姓,如齊故俗。諸儒以百數,言人人殊,參未知所定。"④

王念孫《雜志》曰:"'如齊故俗諸儒以百數'本作'如齊故諸儒以百數','齊故諸儒'四字連讀,'如',與'而'同。言參問所以安集百姓,而齊之故儒

① 王念孫:《讀書雜志》四之九《漢書第九》,第302頁。

② 司馬遷:《史記》卷三十,第1434頁。

③ 王念孫:《讀書雜志·史記第二》,第98頁。

④ 司馬遷:《史記》卷五十四,第2028頁。

以百數,言人人殊也。《漢書》作'而齊故諸儒以百數',是其明證矣。今本《史記》'故'下有'俗'字者,後人不知'如'與'而'同,而以'如齊故'三字連讀,遂於'故'下加'俗'字。"①

原點校本删"俗"字。

按:"俗"字不當删。"故俗"一詞,《史記》多見。如:《平準書》"且以其故俗治"(《史記》卷三十,第1440頁);《商君列傳》"常人安於故俗,學者溺於所聞"(《史記》卷六十八,第2229頁);《衛將軍驃騎列傳》"因其故俗,爲屬國"(《史記》卷一百一十一,第2934頁);《平津侯主父列傳》"秦不行是風而循其故俗"(《史記》卷一百一十二,第2958頁)。

并葬黄石冢

《留侯世家》:"留侯死,并葬黄石冢。每上冢伏臘,祠黄石。"②

王念孫《雜志》曰:"'并葬黄石'下不當有'冢'字,此涉下文'上冢'而誤衍也。《漢書》作'并葬黄石',《藝文類聚·地部》、《太平御覽·時序部·臘類》及《地部》引《史記》亦作'并葬黄石'。《初學記·歲時部》引作'并黄石葬',《御覽·時序部·伏類》引作'并黄石葬之',皆無'冢'字。"③

原點校本删"冢"字。

按:"并葬黄石冢"者,謂并葬黄石於冢。《通志·列傳九》作"并葬黄石冢",《太平御覽·禮儀部》引《漢書》同。據此,則《漢書》亦有"冢"字,後人删之也。

藜藿

《仲尼弟子列傳》:"孔子卒,原憲亡在草澤中。子貢相衛,而結駟連騎,排藜藿入窮閻,過謝原憲。"④

---

① 王念孫:《讀書雜志·史記第三》,第111頁。

② 司馬遷:《史記》卷五十五,第2043頁。

③ 王念孫:《讀書雜志·史記第三》,第113頁。

④ 司馬遷:《史記》卷六十七,第2208頁。

王念孫《雜志》曰:"'藜藿'當爲'藜藋'。《爾雅》'拜蔏藋',郭《注》曰'蔏藋似藜'。藿爲豆葉,豆之高不及三尺,斯不可以言排矣。"①

按:王説是。《通志·列傳一》正作"藜藋"。

趙服

《張儀列傳》:"今秦發三將軍:其一軍塞午道,告齊使興師渡清河,軍於邯鄲之東。一軍軍成皋,驅韓梁軍於河外。一軍軍於澠池,約四國爲一以攻趙,趙服必四分其地。"②

王念孫《雜志》曰:"'服'字義不可通。'趙服',當爲'趙破',字之誤也。《趙策》作'破趙而四分其地',是其證。"(《讀書雜志·史記第四》,第124頁)

原點校本改"服"爲"破"。

按:"趙服",謂趙服於秦,文自可通。《通鑑·周紀三·赧王四年》亦作"趙服"(《通鑑》卷三,第97頁)。

欲而不知止失其所以欲有而不知足失其所以有

《范雎蔡澤列傳》:"欲而不知止,失其所以欲;有而不知足,失其所以有。"③

王念孫《雜志》曰:"'止'、'足'二字互誤。'足'與'欲'爲韻,'止'與'有'爲韻。有古讀若以。"(《讀書雜志·史記第四》,第132頁)

按:王説是。《重廣會史》引《史記》正作"欲而不知足,失其所以欲;有而不知止,失其所以有"。

自投

《屈原賈生列傳》:"於是懷石遂自投汨羅以死。"④

---

① 王念孫:《讀書雜志·史記第四》,第117—118頁。

② 司馬遷:《史記》卷七十,第2296頁。

③ 司馬遷:《史記》卷七十九,第2424頁。

④ 司馬遷:《史記》卷八十四,第2490頁。

王念孫曰:"《索隱》本'自投'作'自沈'。案:下文云'自屈原沈汨羅後',又云'側聞屈原兮,自沈汨羅',又云'觀屈原所自沈淵',則作'自沈'者是也。東方朔《七諫》亦云'懷沙礫以自沈'。"①張文虎曰:"《索隱》本作'沈'。《雜志》云'沈'字是。"②

中華本改作"自沈"。

按:景祐本、紹興本、耿本、黄本皆作"自投"。《後漢書·寇榮傳》"從屈原之悲"李賢《注》、《文選·江賦》"悲靈均之任石"李善《注》引《史記》並作"投"。《漢書·賈誼傳》亦作"自投",《文選》卷六十賈誼《弔屈原文》同。

前　溲

《扁鵲倉公列傳》:"臣意飲以火齊湯,一飲得前溲,再飲大溲,三飲而疾愈。"③

王念孫《雜志》曰:"'一飲得前溲','前'下當有'後'字,言一飲而前後溲始通,再飲則大溲也。大溲二字,兼前後言之,則上句原有'後'字明矣。《太平御覽》引此正作'一飲得前後溲',下文'齊王太后病,臣意飲以火齊湯,一飲即前後溲',事正與此相類也。"④

原點校本改作"前後溲"。

按:王説誤。"前溲",謂小便;"大溲",謂大便。《索隱》:"前溲謂小便。後溲,大便也。"下文曰:"齊王太后病,召臣意入診脈,曰:'風癉客脬,難於大小溲,溺赤。'臣意飲以火齊湯,一飲即前後溲,再飲病已,溺如故。"(第2801頁)"大小溲"與"前後溲"相對,大溲即後溲,小溲即前溲也。"一飲"三句,謂一飲得小溲,再飲得大溲,三飲而病癒也。《册府元龜》卷八百五十八、《通志·藝術一》並同。

---

① 王念孫:《讀書雜志·史記第四》,第136頁。

② 張文虎:《校勘史記集解索隱正義劄記》卷五《屈原賈生列傳》,北京:中華書局,1977年,第563頁。

③ 司馬遷:《史記》卷一百五,第2799頁。

④ 王念孫《讀書雜志·史記第五》,第149頁。

負私從馬

《匈奴列傳》:"乃粟馬發十萬騎,負私從馬凡十四萬匹。"①

王念孫《雜志》曰:"當依《漢書》作'私負從馬'。負從馬者,負衣裝以從之馬也,非公家所發,故曰'私負從馬'。"②

原點校本改作"私負從馬"。

按:"負私從馬"不誤。《正義》云"謂負擔衣糧,私慕從者,凡十四萬匹",是其證。《大宛列傳》:"赦囚徒材官,益發惡少年及邊騎,歲餘而出敦煌者六萬人,負私從者不與。"(《史記》卷一百二十三,第 3176 頁)《漢書·李廣利傳》"負私從者不與"顔師古《注》:"負私糧食及私從者,不在六萬人數中也。""負私從馬"與"負私從者"相對,一指馬,一指人。

行十餘日

《滑稽列傳》:"爲具牛酒飯食,行十餘日。共粉飾之,如嫁女床席,令女居其上,浮之河中。"③

王念孫《雜志》曰:"'行'字蓋涉下文而誤衍。《太平御覽·方術部》引此無'行'字。"④

原點校本删"行"字。

按:"行",經也,爲經歷之義。《册府元龜·令長部》有"行"字(《宋本册府元龜》卷七〇六),《通志·游俠一》同。

巴寡蜀婦清

《貨殖列傳》:"而巴蜀寡婦清,其先得丹穴,而擅其利數世,家亦

① 司馬遷:《史記》卷一百十,第 2910 頁。
② 王念孫:《讀書雜志·史記第六》,第 153 頁。
③ 司馬遷:《史記》卷一百二十六,第 3211 頁。
④ 王念孫:《讀書雜志·史記第六》,第 164 頁。

不訾。"①

王念孫《雜志》曰："'蜀'字亦因下文'巴蜀'而衍。《索隱》曰'《漢書》作"巴寡婦清",巴,寡婦之邑;清,其名也'。"②

按:徐鍇《説文解字繫傳》"負"字條引《史記》無"蜀"字。

① 司馬遷:《史記》卷一百二十九,第3260頁。
② 王念孫:《讀書雜志・史記第六》,第156頁。

《讀書雜志》據對文校勘述例

張其昀*

作爲著名的“高郵王氏四種”之一的王念孫《讀書雜志》，其主體是關於《逸周書》、《戰國策》、《史記》、《漢書》、《淮南子》等古籍的校勘劄記（書中，王氏吸收了其子王引之的一些意見）。王念孫堪稱清乾嘉時期和整個校勘學歷史上成就最大的一個代表性人物。《讀書雜志》集中體現了王念孫的校勘學成就。

自漢儒始事校勘以降，迄於王氏，一千多年來的校勘學歷史上，所有的基本上只是校勘學實踐，而没有校勘學理論。王氏書以校勘爲主要内容。其校勘，雖偶爾有理論性的表述，但是從整體來看仍屬校勘學實踐。然而，在其細緻、豐富而周密的校勘實例中，藴涵著經由作者豐富和發展了的、方方面面的校勘學知識。據其校勘實例，加以條理發明，就可成就一套完整的校勘學理論。

本文將論列《讀書雜志》據對文進行校勘之實例①，從一個側面展示王念孫對於校勘學方法論之貢獻。

“對文”一語，創自唐代孔穎達。這是個歧義術語，孔氏或用它來指對應於意義上的細小差别而相應地使用兩個詞，與“散文”相對；或用它來指語詞文句的對稱爲文，近乎“對偶”的意思。比如，《易・蠱》：“《象》曰：‘幹父之蠱，意承考也’。”孔氏疏曰：“對文父没稱考，若散[文]而言之，生亦稱考。”這

* 張其昀，揚州大學文學院教授。

① 本文所據《讀書雜志》，爲南京：江蘇古籍出版社 2000 年據嘉慶年間王氏家刻本影印本。

是與"散文"相對的用法。而他在《尚書正義·序》中說:"若其言必托數,經悉對文,斯乃鼓亂浪於平流,震驚飆於静樹,使教者煩而多惑,學者勞而少功,過猶不及,良爲此也。"這裏的"對文"即謂對稱爲文。

宋代以後,對稱爲文或稱"相對爲文",多用於訓詁。直至清初,學者們方將之用於校勘。

《荀子·榮辱》:"材愨者常安利,蕩悍者常危害。"汪中曰:"材,疑當作朴,字之誤也。朴愨與蕩悍,安利與危害,皆對文。"這裏,"材愨"與"蕩悍"不成對文,而"朴愨"與"蕩悍"適成對文。汪中據此而指出材字乃朴字之訛,其説爲王念孫所採納(參看"材愨"〔《荀子第一·榮辱》〕條)。《後漢書·耿弇傳》:"諸將擅命於畿内。"四庫館臣按:"下云:'貴戚縱横於都内。'二句相對爲文,畿内當作畿外。諸將方征伐四方,不得云内也。"這裏,與"都内"相對者當是"畿外",而非"畿内",其訂正即據是而爲之。

運用對文進行校勘,王氏尤爲擅長。此類校勘個例非常之多。王氏進行此類校勘在"對文"之外,多運用術語"相對爲文",然而其運用相當靈活,只是重在文句意義,只要文句整體意義大致相對即可,而不拘泥於其詞語義類之一一對應。比如,《淮南子·人間》:"利害之反,禍福之門户,不可不察也。"王氏謂:户字爲衍文,"利害之反"與"禍福之門"相對爲文(參看後《淮南内篇第十八·人間》"門户"條)。這裏,固然"利害"與"禍福"之爲對可謂較工,但是反字及門字之義類則不能對應。其"對文"不僅不拘泥於詞語義類對應,而且不講究句式的對應,即未必是四字句對四字句,五字句對五字句,等等。比如,《漢書第九·爰盎鼂錯傳》:"未嘗不止輦受其言。不可用,置之;言可采,未嘗不稱善。"王氏謂:"受其言"下當更有一言字。"言不可用"正與"言可采"對文,今本脱一言字(參看"不可用"(《漢書第九·爰盎鼂錯傳》)條)。這裏,作爲所以形成對文的,是"言不可用"與"言可采",一爲四字句,一爲三字句。如果是認爲單字與單字相對爲文,那麽就更不講究整個句式的對應了。比如,司馬遷《報任少卿書》:"恨私心有所不盡,鄙陋没世而文采不表於後也。"王氏謂:"鄙陋没世"本作"鄙没世",此句鄙字與上句恨字相對爲文,陋字爲衍文(參看後《餘編下·文選》"鄙陋没世"條)。這裏,論上下句之句式,可以説是很不相同的了。

少數場合,王氏謂"與某相對"、"與某相反"、"對某而言",也是表示據對文校勘。

《讀書雜志》據對文進行校勘的個例,如:

位長(《逸周書第二》,10)①

此與下文"什長"相對,本作"伍長",位爲伍之誤②。

"位長以遵之" 念孫案:"位長"本作"伍長"。下文"什長以行之","什長"與"伍長"文正相對。《大聚篇》曰"五户爲伍,以首爲長;十夫爲什,以年爲長",此之謂也。今本"伍長"作"位長",蓋以伍、位字形相似而誤。《玉海》六十七引此正作"伍長"。

土地之宜(《逸周書第二》,11)

或疑土字爲衍,此與下句"水土之便"對文,土字非衍。

《大聚篇》:"相土地之宜,水土之便。"趙曰:"土地之宜,土字疑衍,以下句言'水土之便'故也。" 念孫案:趙説非也。古人之文,不嫌於複。"土地之宜"與"水土之便"對文,删去一字,則句法參差矣。

農民(《逸周書第二》,11)

此與"水性"對文,當作"民性",農爲民之誤。

"水性歸下,農民歸利。" 念孫案:此本作:"水性歸下,民性歸利。"(間注:《漢書·食貨志》:"民趨利如水走下。")"民性"與"水性"對文。民字總承上文士、農、商賈而言,非專指農民而言。今本作"農民"者,即涉上"農民歸之"而誤。《玉海六十》引此正作"民性歸利"。

---

① 本文援引《讀書雜志》條目,在標題後面用圓括號標出書名、篇次、篇名和條目標題所在頁碼。原無標題者,由筆者酌立,在圓括號中於書名前以"筆者立"説明之。原標題若過於簡單,不能反映條目内容,則或酌情另立,而在圓括號中以"原爲"注明原標題。

② 這是該條目的内容提要,由筆者據原文概括而成。

因也(《戰國策第三·韓》,65)

此與下文"則曰"相對爲文,當爲"因曰",也爲曰之誤。

"韓咎立爲君而未定也,其弟在周。周欲以車百乘重而送之,恐韓咎入韓之不立也。綦毋恢曰:'不如以百金從之。韓咎立,因也以爲戒;不立,則曰來效賊也。'" 念孫案:"因也"當爲"因曰",與下文"則曰"相對爲文。《韓子·説林篇》作"得立,因曰爲戒",是其證。

足下皆(《戰國策第三·燕》,66)

此與下文"僕者"相對爲文,當爲"足下者",皆爲者之誤。

"足下皆自覆之君也;僕者,進取之臣也。" 念孫案:皆字義不可通。皆當爲者,"足下者"與"僕者"相對爲文。今作皆者,因上文"皆自覆之術"而誤。

前方而後高兑而卑(《史記第二·天官書》,93)

卑與高對,兑與方對,此當作"前方而高,後兑而卑"。

"前方而後高兑而卑者郤(閒注:兑與鋭同)",《漢書·天文志》作"前方而後高者鋭,後鋭而卑者郤",《晉志》作:"前方而高、後鋭而卑者郤。"武進顧子明曰:"下文云:'氣相遇者,卑勝高,兑勝方。'卑與高對,兑與方對,當依《晉志》作:'前方而高、後鋭而卑者郤。'"今本《史記》高、後二字互易;《漢書》則高上衍後字,高下又衍者、鋭二字。

北迫(《史記第三·吴太伯世家》,100)

此與下文"内措"相對爲文,北當爲外之誤。

"燕北迫蠻貉,内措齊晉。" 念孫案:北當爲外,字之誤也。隸書外字形與北相近,因誤爲外。"外迫"、"内措"相對爲文。蠻貉,故言外;齊晉爲中國諸侯,故言内。若云"北迫",則與下句不對矣。案:措者,迫也。

飯菽(《史記第四·張儀列傳》,124)

此與“藿羹”相對爲文,當爲“菽飯”,二字誤倒。

“民之食,大抵飯菽藿羹。” 念孫案:“飯菽”當爲“菽飯”。“菽飯”、“藿羹”相對爲文。《韓策》作“豆飯”,豆亦菽也。姚宏校《韓策》引《春秋後語》亦作“菽飯”。

漢士卒(原爲:士卒,《史記第六·匈奴列傳》,153)

此與“漢馬”對文,卒字當爲誤加。

“初,漢兩將軍大出,圍單于,所殺虜八九萬。而漢士卒物故亦數萬,漢馬死者十餘萬。” 念孫案:卒字後人所加。“漢士”與“漢馬”對文,士即卒也,無庸更加卒字。索隱本及《漢書》皆無卒字。

統業(《史記第六·太史公自序》,171)

此與“末流”相對爲文,當作“絶業”,統爲絶之誤。

“維我漢繼五帝末流,接三代統業。” 念孫案:“統業”,當從《漢書》作絶業,字之誤也,“絶業”與“末流”相對爲文。下文“秦撥去古文,焚滅詩書”云云,正申明“絶業”二字之意。司馬相如《難蜀父老文》云“反衰世之陵夷,繼周世之絶業”,意與此同也。若作“統業”,則非其指矣。《文選·頭陀寺碑文》“惟齊繼五帝洪名,紐三王絶業”李善注引《史記》正作“絶業”。

莫大乎承天之序(《漢書第五·郊祀志》,231)

此與“莫重於郊祀”相對爲文,“之序”二字當爲誤衍。

“帝王之事,莫大乎承天之序;承天之序,莫重於郊祀。” 念孫案:“莫大乎承天”下本無“之序”二字,此因下文而衍也。“帝王之事,莫大乎承天;承天之序,莫重於郊祀”,四句相對爲文。序亦事也。《孟子·萬章篇》“孝子之至,莫大乎尊親;尊親之至,莫大乎以天下養”,文義正與此同。若第二句内有“之序”二字，則詞重意複矣。《通典・禮二》有此二字，則所見《漢書》本已誤；《漢紀・孝成紀》無此二字（間注：《續漢書・祭祀志》注引《黄圖》載《王莽奏》亦云“帝王之義，莫大於承天；承天之序，莫重於郊祀”）。

至南鄭（《漢書第六・地理志》，249）

此與“北至湄”對文，當作“南至南鄭”，至前脱南字。

“武功，斜水出衙領山，北至湄，入渭。褒水亦出衙領，至南鄭入沔。”念孫案：“至南鄭”當作“南至南鄭”，與“北至湄”對文。以今褒水自漢中府鳳縣東界流過褒城縣，東入漢，皆南流。

馬上治（《漢書第九・酈陸朱婁叔孫傳》，295）

此與上文“馬上得之”對文，治下當有之字。

“馬上得之，寧可以馬上治乎！” 念孫案：治下亦當有之字，與上“得之”對文。《太平御覽・人事部一百七》、《治道部四》引此並作“治之”，《史記》《漢紀》、《通鑒》同。

不可用（《漢書第九・爰盎晁錯傳》，304）

此與下文“言可采”對文，當作“言不可用”，脱言字。

“未嘗不止輦受其言。不可用，置之；言可采，未嘗不稱善。” 念孫案：“受其言”下當更有一言字。“言不可用”正與“言可采”對文，今本脱一言字。《太平御覽・人事部一百二》引此正作“言不可用”，《史記》同。

勁不足以扞寇（《漢書第九・賈鄒枚路傳》，309）

此與“權不足以自守”相對，勁當爲埶之訛。

“權不足以自守，勁不足以扞寇。” 念孫案：勁當爲埶字之誤也（間注：俗書埶、勁二字形相似）。權輕則不足以守國，埶弱則不足以扞寇，埶與權正相對。若作勁，則與權不相對矣。師古云“權謀勁力，不能扞守”，加謀、力二字以曲通其義，而不知勁爲埶之訛也。《漢紀・孝景紀》作："勢不足以扞寇"，以是明之。

正始受命之統（原爲：始受命，《漢書第九・賈鄒枚路傳》，311）

此與"改前世之失"對文，命字當爲誤衍。

"宜改前世之失，正始受命之統。" 念孫案：命字涉上文"受命"而衍。上文云"春秋正即位，大一統而慎始也"，故此云"正始受之統"。且與"改前世之失"對文，則本無命字明矣。《漢紀》及《説苑・貴德篇》皆無命字。

天下之功（《漢書第十・竇田灌韓傳》，312）

此功字與上文"私怒"相對爲文，本作"功（公）義"，脱義字。

"夫聖人以天下爲度者也，不以己私怒，傷天下之功。" 念孫案："傷天下之功"本作"傷天下之功義"。功與公同，"公義"與"私怒"相對爲文。報讎雪耻，一己之私怒也；按兵恤民，天下之公義也，故曰："不以己私怒，傷天下之公義。"公借爲功，又脱去義字，詞意遂不完備。《群書治要》引此已誤，《新序・善謀篇》作"不以己之私怒，傷天下之公義"，《漢紀・孝武紀》作"不以私怒傷天下公議"，皆其證也。（間注：議與義同。《莊子・齊物論篇》："有倫有義"，《釋文》："崔本作議"。）

網紡繳（《漢書第十・李廣蘇建傳》，316）

下言"紡繳"，上當言"結網"，以爲對文，脱結字。

"武能網紡繳，檠弓弩"，宋祁曰："網字上疑有結字。" 念孫案："結網"與"紡繳"對文，宋説是也。《太平御覽・人事部百二十七》引此正作"結網紡繳"，《漢紀》同。

揚旌拙（《漢書第十・司馬相如傳》，320）

此與"浮文鷁"等上下句相對爲文，當作"揚桂枻"，旌、拙爲桂、枻之訛。

"浮文鷁,揚旌栧",張揖曰:"揚,舉也。析羽爲旌,建於船上。栧,拖也。"《史記》作"揚桂枻",集解引韋昭曰:"枻,楫也。"《文選》作"揚旌栧(間注:本作枻,李善避太宗諱,故改爲栧)",李善注引郭璞曰:"栧,船舷,樹旌於上。" 念孫案:當從《史記》作"揚桂枻",韋昭訓枻爲楫是也。桂枻,謂以桂爲楫,猶《楚辭》言"桂棹兮蘭枻"也。"浮文鷁,揚桂枻,張翠帷,建羽蓋",皆相對爲文。旌字隸書或與桂字相似,枻與栧亦相似,故"桂枻"訛爲"旌栧"。張揖謂建旌於船上,而訓栧爲拖;郭璞訓枻爲船舷,而謂樹旌於其上,揆之本句及上下文義,均有未安。

和起(《漢書第十·公孫宏卜式兒寬傳》,325)

此與"害生"對文,和當爲利之誤。

"天德無私親,順之和起,逆之害生。" 念孫案:和當爲利,草書之誤也。順、逆,利、害,皆對文。若作和,則與利不相對矣。《漢紀》(昀案:實爲《西漢文紀》或《西漢年紀》,王氏誤記)作和,亦後人以誤本《漢書》改之。《文選·永明十一年策秀才文》注引此正作利。

因物興舍(原爲:興舍,《漢書第十一·司馬遷傳》,328)

此與"因時爲業"相對爲文,興當爲與之訛。

"有法無法,因時爲業;有度無度,因物興舍",師古曰:"興,起也。舍,廢也。"

念孫案:《史記》作"因物與舍",於義爲長。舍者,居也,言因物與居而無成心也。《鶡冠子·世兵篇》亦云:"聖人捐物,從理與舍。""因物與舍"與"因時爲業"相對爲文。

以肉爲食(《漢書第十五·西域傳》,393)

此與上句"穹廬爲室"相對爲文,以字當爲誤加。

"穹廬爲室兮旃爲牆,以肉爲食兮酪爲漿。" 念孫案:肉上本無以字,後人以上下文皆八字爲句而此句獨少一字,故加以字耳。不知"穹廬爲室"、

“旃爲牆”,“肉爲食”、“酪爲漿”,皆相對爲文,不得獨於肉上加以字也。《太平御覽·樂部八》所引已誤,《北堂書鈔·樂部二》、《藝文類聚·樂部三》、《文選·答蘇武書》注所引皆無以字。

象法(《管子第一·版法》,419)

此與上句“法天”對文,當作“象地”,法爲地之訛。

“法天合德,象法無親。” 念孫案:“象法”當從朱本作“象地”。“象地”與“法天”相對爲文,故尹注曰:“地之資生,無所私親。”後解正作“象地無親”。

方心(《管子第五·霸言》,450)

此與下文“整齊”、“平易”相對爲文,當爲“方正”,心爲正之誤。

“夫先王之事天下也以方心,其立之也以整齊,其理之也以平易。” 念孫案:“方心”當爲“方正”。隸書正、心二字相似,又涉上文“王者之心方而不最”而誤。“方正”、“整齊”、“平易”,三者相對爲文。

變其美(《管子第六·侈靡》,464)

此與上句“化之美”相對爲文,其當爲之之誤。

“變其美者應其時”,念孫案:此當作“變之美者應其時”與上句“化之美者應其名”相對爲文。尹注云:“事應其時,故美也。”即其證。今本之作其者,涉上下諸其字而誤。

有貴其成(《管子第七·白心》,470)

此與下文“貴其無成”相對,當作“貴其有成”,有字失其次。

“無成,有貴其成也;有成,貴其無成也。” 念孫案:“有貴其成”當作“貴其有成”,與下文“貴其無成”相對。“無成,貴其有成”者,功未成,則貴其有成也;“有成,貴其無成”者,功成而不有其功,即上文所云“棄功與名而還反無成”也。

道躁(《管子第七・白心》,474)

此與下文“淖弱”、“濁重”等相對爲文,當爲“遒躁”,道爲遒之誤。

“夫齊之水道躁而復”,念孫案:道當爲遒,字之誤也(間注:隸書酋字形與首相似,故遒字訛而爲道。《荀子・議兵篇》“鰌之以刑罰”,《漢書・刑法志》鰌作道,即遒字之訛)。遒,急也,字本作迺。《説文》曰:“迺,迫也。”《廣雅》曰:“迺,急也。”《楚辭・招魂》曰:“分曹並進,遒相迫些。”是遒爲急也。“遒躁”二字連讀,猶言“急躁”耳。下文之“淖弱而清”、“濁重而洎”、“泔最而稽”、“淤滯而雜”、“枯旱而運”、“莝下而弱”、“輕勁而清”,並與此相對爲文。

九暑(《管子第七・四時》,476)

此與下文“大寒”對文,九當爲大之誤。

“九暑乃至,時雨乃降。” 引之曰:九當爲大,字之誤也。“大暑乃至”與下“大寒乃至”對文。“大暑乃至,時雨乃降”,猶《月令》言“土潤溽暑,大雨時行”耳。

遇亂(《管子第八・内業》,482)

此與下文“愛欲”對文,當爲“過亂”,遇爲過之誤。

“愛欲静之,遇亂正之。” 念孫案:遇當爲過,字之誤也。“過亂”與“愛欲”對文;言當静其愛欲,正其過亂也。

收穀賦(《管子第九・七臣七主》,487)

上言“紡繳”,下當言“賦錢”,以爲對文,脱錢字。

“收穀賦”,念孫案:《續漢書・五行志》注引作“收穀賦錢”,是也。《説文》:“賦,斂也。”“賦錢”與“收穀”對文。

火暴(《管子第九·七臣七主》,487)

此與“大水”、“大風”對文,當作“暴火”,二字誤倒。

“大水漂州流邑,大風漂屋折樹,火暴焚地燋草。” 念孫案:“火暴”當爲“暴火”,與“大水”、“大風”對文。“焚地燋草”亦與上二句對文。燋與焦同。

隨而不忠(原爲:隨,《管子第十·形勢解》,496)

此與上文“能盡力事上”相對,隨當爲墮(惰)之訛。

“臣下隨而不忠,則卑辱困窮。” 念孫案:隨,當依宋本作墮,墮與惰同;言怠惰而不盡力也。上文云“臣下能盡力事上,則當於主”,正與此文相對。洪説同。

不任衆人之智(原爲:衆人,《管子第十·形勢解》,497)

此與上文“任聖人之智”相對,“衆人”當爲“聖人”之誤。

“亂主獨用其智,而不任衆人之智。” 念孫案:“衆人”,當依朱本作“聖人”。此涉下文“不任衆人之力”而誤也。上文云“明主不用其智,而任聖人之智”,正與此文相對。《群書治要》亦作“聖人之智”。

朋黨(《管子第十·立政九敗解》,497)

此與“寡黨”相對,朋當爲多之誤。

“如是,則朋黨者處前,寡黨者處後。” 念孫案:朋當爲多(間注:下“朋黨”同),多與寡正相對。多、朋字形相似,又涉上文“朋黨”而誤。

導害(《晏子春秋第一·内篇諫下》,530)

此與“從邪”正相反,當作“道善”,二字皆誤。

“從邪者邇,導害者遠。” 念孫案:“導害”二字義不可通,“導害”當爲

"道善",字之誤也。道亦從也(間注:見《禮器》注)。"道善"與"從邪"正相反。下文"讒諛萌通",言從邪者邇也;"賢良廢滅",言道善者遠也。

其君離(《晏子春秋第一·内篇問上》,532)

此與下句"上怨其下"對文,當作"民離其君",離字失次,又脱民字。

"其君離,上怨其下。" 念孫案:"其君離"三字文不成義,當作"民離其君",與"上怨其下"對文。今本離字誤在"其君"下,又脱去民字耳。

小國不爲與(原爲:不爲與,《晏子春秋第一·内篇問上》,533)

此與下文"諸侯爲役"對文,爲字當爲誤衍。

"景公自爲而小國不爲與,爲人而諸侯爲役。" 念孫案"小國不爲與",爲字涉上下諸爲字而衍。"小國不與",與"諸侯爲役"對文,則與上不當有爲字。"百姓不與"、"小國不與",兩與字正同義。

喪亡(《晏子春秋第一·内篇問下》,541)

此與"危身"對文,當作"喪己",亡爲己之誤。

"是以進不喪亡,退不危身。" 念孫案:"進不喪亡"文不成義。亡當爲己,字之誤也。"喪己",失己也。"失己"與"危身"對文。下文"交通則辱,生患則危"(間注:辱謂"喪己",危謂"危身"),正與此相反。

逝淺(《墨子第一·親士》,559)

此與"溪狹"對文,當爲"游(流)淺",逝爲游之誤。

"是故溪狹者速涸,逝淺者速竭。" 引之曰:"逝淺"二字義不相屬,逝當爲游。俗書游字作遊,與逝相似而誤。游即流字也(間注:《曲禮》注"士視得旁游目五步之中",《釋文》游作游,云:"徐音流")。"流淺"與"溪狹"對文。

夏則絺綌輕且清(《墨子第一・辭過》,562)

此與"冬則練帛之中足以爲輕且暖"對文,本作:"夏則絺綌之中足以爲輕且清",脱"之中足以爲"五字。

"冬則練帛之中,足以爲輕且暖,夏則絺綌輕且清。"畢云:"舊脱暖夏則絺綌輕且七字,據《北堂書鈔》增。" 念孫案:"夏則絺綌輕且清",本作:"夏則絺綌之中,足以爲輕且清。"與"冬則練帛之中,足以爲輕且暖"對文。《北堂書鈔・衣冠部三》引作:"冬則練帛輕且暖,夏則絺綌輕且清。"省文也。若下二句內獨少"之中足以爲"五字,則與上二句不對矣。《群書治要》所引,上下皆有此五字,當據補。

名立而功業彰而惡不生(《墨子第一・尚賢上》,564)

依對文之例,此當作:"名立而功成,美彰而惡不生。"脱成字,美字譌作業。

念孫案:《群書治要》引作:"名立而功成,美章而惡不生。"是也。"功成"與"名立"對文,"惡不生"與"美彰"對文。今本脱成字,美字又譌作業,則文不對而句亦不協矣。美、業字形相似,故譌。(間注:《漢書・賈誼傳》:"一動而五美附",今本美譌作業。)

小用之(《墨子第一・尚同下》,570)

此與"尚用之"、"中用之"對文,當作"下用之",小爲下之誤。

"政當尚同之爲説也,尚用之天子(間注:舊本用作同,涉上句"尚同"而誤,今據下文改),可以治天下矣;中用之諸侯,可而治其國矣;小用之家君,可而治其家矣。" 引之曰:"小用之",當作"下用之",與"尚用之"、"中用之"對文。下文"小用之",則與"大用之"對文(昀案:其文曰:"大用之治天下而不窕,小用之治一國一家而不横")。

王民(《墨子第二·非攻中》,574)

此與“土地”對文,當作“士民”,王爲士之誤。

“然則土地者,所有餘也;王民者,所不足也。” 念孫案:“王民”二字義不可通,當是“士民”之誤。“士民”與“土地”對文。下文“王民”同。(昀案:其文曰:“今盡王民之死,嚴下上之患,以争虚城,則是棄所不足而重所有餘也。”)

羸飽(《墨子第三·非儒下》,596)

此對“饑約”而言,當作“贏飽”,羸爲贏之訛。

“夫饑約,則不辭妄取以活身;羸飽,僞行以自飾。” 念孫案:“羸飽,僞行以自飾”,本作:“贏飽,則僞行以自飾。”贏之言盈也。《僖二十八年左傳》:“我曲楚直,其衆素飽。”杜注曰:“直,氣盈飽。”“盈飽”即“贏飽”,正對上文“饑約”而言。今本飽下脱則字,“贏飽”又訛作“羸飽”,則義不可通。

國治(《墨子第四·公孟》,607)

此與“國富”相對,當作“國貧”,治爲貧之誤。

“國亂則治之,國治則爲禮樂(間注:舊本脱國字,據下文補)。國治則從事,國富則爲禮樂。” 念孫案:下“國治”當爲“國貧”。治與亂對,富與貧對(間注:“國亂則治之”,即上文所謂“君子聽治”也;“國貧則從事”,即上文所謂“庶人從事”也。《非儒篇》曰“庶人怠於從事則貧”,故曰“國貧則從事”)。今本貧作治者,涉上文“國治”而誤。

草木疇生禽獸群焉(《荀子第一·勸學》,631)

“群焉”與“疇生”不成對文,當作“群居”。

劉[台拱]云:“‘群焉’,當從《大戴禮》作‘群居’。” 念孫案:“群居”與“疇生”對文。今本居作焉者,涉下文四焉字而誤(昀案:下文云:“質的張而弓矢至焉,林木茂而斧斤至焉,樹成蔭而衆鳥息焉,醯酸而蜹居焉。”)。

遵道(《荀子第二·儒效》,666)

此與“誇誕”對文,當作“遵遁”(逡巡),道爲遁之誤。

“遵道則積,誇誕則虛。” 念孫案:道當爲遁,字之誤也。“遵遁”即“逡巡”。《文選·上林賦》注引《廣雅》曰:“逡巡,却退也。”(昀案:今《廣雅》無此語)《管子·戒篇》作“逡遁”,《小問篇》作“遵遁”(間注:與《荀子》同);《晏子·問篇》作“逡遁”,又作“逡循”;《莊子·至樂篇》作“蹲循”;《漢書·平當傳贊》作“逡遁”,《萬章傳》作“逡循”;《三禮》注作“逡遁”,並字異而義同。“遵遁”與“誇誕”對文。“遵遁則積”,承上文“讓之則至”而言;“誇誕則虛”,承上文“争之則失”而言。故下文云:“君子務積德於身,而處之以遵遁。”(間注:今本亦誤作“遵道”。),言以退讓自處也。若作“遵道”,則與“誇誕”不對,且與上文不相應矣。

名聲日聞(《荀子第三·王制》,671)

此與“天下願”對文,當作“名聲白”,因白字訛作日而衍聞字。

“名聲日聞,天下願(間注:楊注:“願謂人人皆願。”),令行禁止,王者之事畢矣。” 念孫案:“名聲日聞”,本無聞字;日本作白。“名聲白”者,白,明也,顯也,謂名聲顯著於天下也。《致士篇》曰:“貴名白,天下願,令行禁止,王者之事畢矣。”文正與此同。“貴名白”,即“名聲白”也。《樂論篇》曰“名聲於是白,光輝於是大”,《堯問篇》曰“名聲不白,徒與不衆,光輝不大”,皆其證也。“名聲白”,“天下願”,二句相對爲文。若於上句内加一字,則句法參差矣。此因白字訛作日,後人不得其解,故於日下加聞字耳。

錯之險則危(原爲:錯之險,《荀子第四·王霸》,683)

此與“塗薉則塞”對文,之字當爲誤衍。

“國者,天下之大器也,重任也,不可不善爲擇所而後錯之。錯之險則危。”(間注:宋吕本如是。)宋錢本作“錯險則危”,無之字;元刻世德堂本同。

盧從吕本。　念孫案："錯險則危"與"塗薉則塞"對文，則無之字者是也。吕本有之字者，涉上句"錯之"而衍。

一天下(《荀子第四·王霸》,684)

此與下句"名配堯禹"不成對文，當作"功一天下"，脱功字。

"若是則一天下，名配堯禹。"　引之曰："一天下"上有功字，而今本脱之，則與下句不對。下文"功壹天下，名配堯禹"，是其證。

商賈敦慤無詐則商旅安貨通財而國求給矣(《荀子第四·王霸》,687)

"貨通財"，此與"商旅安"對文，當作"貨財通"，財、通二字誤倒。

念孫案："商旅安，貨通財"，當作"商旅安，貨財通"。"貨財通"與"商旅安"對文。今本作"貨通財"，則義不可通。《王制篇》"使商旅安而貨財通"，是其證(間注：今本商誤作賓，辯見《王制篇》)。

行之爲(《荀子第六·正論》,708)

此與"知慮"、"志意"相對爲文，不當有之字。

"其知慮至險也，其至意至闇也(間注：楊注："'至意'當爲'志意'。")，其行之爲至亂也。"　引之曰："知慮"、"志意"、"行爲"相對爲文，則行下不當有之字。(間注：《荀子》書"行爲"字皆作僞。今作爲者，後人以其所知，改其所不知耳)

已所臧(《荀子第七·解蔽》,719)

此與"所將受"對文，當作"所已臧"，已、所二字誤倒。

"不以已所臧(間注：古藏字)害所將受，謂之虚。"盧云："已所臧"，元刻作"所已臧"。　念孫案："所已臧"與"所將受"對文，元刻是也。楊注"積習"二字，正釋"所已臧"三字。宋錢本、世德堂本並作"所已臧"。

愛下民(《荀子第八·成相》,730)

此與“上能尊主”對文,當作“下愛民”,愛、下二字誤倒。

“上能尊主愛下民。” 念孫案:“愛下民”當作“下愛民”,與“上能尊主”對文。《不苟》、《臣道》二篇並云“上則能尊君,下則能愛民”,是其證。

寢不逾廟設衣不逾祭服(《荀子第八·大略》,739)

對“祭服”而言,此“設衣”當爲“讌衣”,設爲讌之誤。

念孫案:設當爲讌,字之誤也,故楊注云:“讌,宴也。(間注:今注文讌字亦誤作設)”寢對廟而言,“讌衣”對“祭服”而言。《王制》“燕衣不逾祭服,寢不逾廟”,是其證。

少不諷(《荀子第八·大略》,741)

此與“壯不論議”對文,當作“少不諷誦”,脱誦字。

“少不諷,壯不論議。” 念孫案:“少不諷”,當從《大戴記》作“少不諷誦”。“諷誦”與“論議”對文,少一誦字,則文不足意矣。楊云“諷謂就學諷詩書”,則所見本已脱誦字。

我身(《淮南内篇第一·原道》,771)

此與人相對爲文,當作身,我字爲誤衍。

“天下之要不在於彼,而在於我;不在於人,而在於我身。身得則萬物備矣。” 念孫案:“不在於人,而在於我身”,我字涉上句而衍。彼、我,人、身,相對爲文,身上不當有我字。劉本移我字於下文“身得”之上,而讀“我身得”爲一句,亦非。《文子·九守篇》正作:“不在於人,而在於身。身得則萬物備矣。”

兵重三罕(《淮南内篇第三·天文》,794)

“兵重”,此與“祭祀”、“喪紀”相對爲文,重當爲革之誤;又罕爲軍之誤。

“故祭祀,三飯以爲禮;喪紀,三踴以爲節;兵重,罕以爲制。” 念孫案:重、罕二字義不可通,重當爲革,“祭祀”、“喪紀”、“兵革”,皆相對爲文。革字古文隸省與重相似而誤。罕,當爲軍;言兵革之事以三軍爲制也。軍字草書與罕相似而誤。

壯土(《淮南内篇第四·地形》,810)

此對下文“牝土”而言,當作“牡土”,壯爲牡之誤。

“壯土之氣,禦乎赤天。”《太平御覽》引注云:“壯土,南方土也。” 念孫案:“壯土”當爲“牡土”,此對下文北方土爲“牝土”而言。壯字俗書與牡相似而誤。

煙火(原爲:煙,《淮南内篇第六·覽冥》,814)

此與“波水”對文,當作“熛火”,煙當爲熛之誤;又,“煙之上尋”,此與“水之下流”對文,煙亦爲熛之誤。

“旱雲煙火,涔雲波水。” 引之曰:煙當爲熛,字之誤也(間注:高注同)。《説文》:“熛,火飛也。讀若標。”“旱雲熛火,涔雲波水”,猶言“旱雲如火,涔雲如水”耳。“熛火”與“波水”對文;若作“煙火”,則與下句不類矣。又,《齊俗篇》:“譬若水之下流,煙之上尋也。”煙亦當爲熛。“熛之上尋”,猶言“火之上尋”,故與“水之下流”對文。《天文篇》曰“火上尋,水下流”,是其證也。若以煙、水相對,則非其旨矣。《藝文類聚·火部》“煙”下引此作“煙之上尋”,則此字之誤已久。

燧之取火于日(原爲:取火于日,《淮南内篇第六·覽冥》,816)

此與“慈石之引鐵”等相對爲文,“于日”二字當爲誤衍。

“夫燧之取火於日。” 念孫案：“於日”二字因上文“取火於日”而衍。（昀案：上文云：“陽燧取火於日，方諸取露於月。”）“夫燧之取火，慈石之引鐵，蟹之敗漆，葵之鄉日”，各相對爲文，則此處不當有“於日”二字。

蝮蛇（《淮南内篇第六・覽冥》,819）

此與“禽獸”相對爲文，當爲“蟲蛇”之訛。

“當此之時，禽獸蝮蛇，無不匿其爪牙，藏其螫毒。” 念孫案：“蝮蛇”本作“蟲蛇”，此後人妄改之也。“禽獸”、“蟲蛇”，相對爲文，所包者甚廣。改“蟲蛇”爲“蝮蛇”，則舉一漏百，且與“禽獸”二字不類矣。《文子・精誠篇》正作“禽獸蟲蛇”，《韓子・五蠹篇》亦云“人民不勝禽獸蟲蛇”。

無損於心（《淮南内篇第七・精神》,825）

“損於心”，此與“戒形”相對爲文，不當有於字。

“且人有戒形而無損於心，有綴宅而無耗精。” 念孫案：“無損於心”，於，衍字也。“戒形”與“損心”，“綴宅”與“耗精”，皆相對爲文，則損下不當有於字。《莊子・大宗師篇》：“且彼有駭形而無損心，有旦宅而無情死。”即《淮南》所本。

夏槁（《淮南内篇第八・本經》,828）

此與“絶而不流”相對爲文，當作“宛而夏槁”，上當有“宛而”二字。

“是以松柏箘露夏槁”，《藝文類聚・治政部上》引此，“夏槁”上有“宛而”二字。 念孫案：“松柏箘露，宛而夏槁；江河山川，絶而不流”，四句相對爲文，則有“宛而”二字者是也。宛與苑同。《俶真篇》：“形傷於寒暑燥濕之虐者，形苑而神壯。”高注曰：“苑，枯病也。苑，讀南陽宛之宛。”

雷震（《淮南内篇第八・本經》,829）

此與“天地”、“星月”、“風雨”相對爲文，當作“雷霆”，震爲霆之誤。

"天地之大,可以矩表識也;星月之行,可以曆推得也;雷震之聲,可以鼓鐘寫也;風雨之變,可以音律知也。" 念孫案:"雷震"當爲"雷霆",字之誤也。"天地"、"星月"、"雷霆"、"風雨",相對爲文。《太平御覽·天部十三》引此正作"雷霆",《文子·下德篇》同。

身無患(《淮南内篇第八·本經》,832)

此與"百節莫苑"相對爲文,當作"終身無患",脱終字。

"故閉四關,則身無患,百節莫苑;莫死莫生,莫虚莫盈。" 念孫案:"身無患",當依《文子·下德篇》作"終身無患";"終身無患","百節莫苑",相對爲文。下二句亦相對爲文。脱去終字,則句法參差不協矣。

血流(《淮南内篇第八·本經》,833)

此與"暴骸"相對爲文,當作"流血",二字誤倒。

"血流千里,暴駭滿野。" 念孫案:"血流"當爲"流血",與"暴骸"相對爲文。《群書治要》引此正作"流血",《兵略篇》亦云:"流血千里,暴骸盈場。"

入榛薄險阻(《淮南内篇第九·主術》,835)

此與"騎騵馬,服騊駼"相對爲文,險上當脱出字。

"伊尹,賢相也,而不能與胡人騎騵馬而服騊駼;孔墨博通,而不能與山居者入榛薄險阻也。" 念孫案:險阻上脱出字。"入榛薄,出險阻"與"騎騵馬,服騊駼"相對爲文。《群書治要》引此有出字。

勇力(《淮南内篇第九·主術》,835)

此與上文智字相對爲文,力字當爲誤衍。

"由此觀之,勇力不足以持天下矣。" 念孫案:力字因勇字而衍。"勇不足以持天下",與上文"智不足以治天下"相對爲文,不當有力字。《群書治要》及《太平御覽·人事部七十六》引此皆無力字;下文"勇不足以爲强",亦無力字。

楫楔(《淮南内篇第九·主術》,839)

此對"柱梁"而言,當爲"椄槢"二字之誤。

"大者以爲舟航柱梁,小者以爲楫楔。" 念孫案:"楫楔",本作"椄槢",此後人以意改之也。椄、楫並在葉韻,槢在緝韻,楔在薛韻。"椄槢",疊韻字也;"楫楔",則非疊韻矣。"椄槢"謂梁之小者,對上文大者爲"柱梁"而言。《莊子·在宥篇》:"吾未知聖知之不爲桁楊椄槢也",釋文:"崔云:'椄槢,桎梏梁也。'《淮南》曰:'大者爲柱梁,小者爲椄槢也。'"案,小梁謂之椄槢,故桎梏之梁亦謂之椄槢。《集韻》:"椄槢,梁也。《淮南子》:'大者爲柱梁,小者爲椄槢。'"蓋高注以"椄槢"爲梁,而今本脱之也。據《集韻》引此作"椄槢",則北宋本尚未誤。

其主言可行(《淮南内篇第九·主術》,840)

此與"其計乃可用"相對爲文,當作"其言而可行",衍主字且脱而字。

"明主之聽於群臣,其計乃可用;不羞其位,其主言可行,不責其辯。"劉本作:"其言可行,而不責其辯。" 念孫案:此當作:"其言而可行,不責其辯。""其計乃可用","其言而可行",相對爲文。而、乃,皆如也。道藏本作"其主言可行",主字因上下文而衍,又脱而字;劉本而字在"可行"下,皆非也。《文子·上仁篇》作:"其言可行,不責其辯。"

縣法者法不法也(《淮南内篇第九·主術》,841)

此與"設賞者,賞當賞也"相對爲文,上二法字皆當爲罰。

"縣法者,法不法也;設賞者,賞當賞也。" 念孫案:"縣法者,法不法也",上二法字,皆當爲罰;與"設賞者,賞當賞也"相對爲文。下文"中程者賞",謂賞當賞也;"缺繩者誅",謂罰不法也。今本二罰字作法,後人依《文子·上義篇》改之耳。

以其言(《淮南内篇第九·主術》,841)

此與“非謂其”相對爲文,當作“以言其”,言、其二字誤倒。

“無爲者,非謂其凝滯而不動也,以其言莫從己出也。” 念孫案:“以其言”當作“以言其”,與“非謂其”相對爲文。今本言、其二字誤倒,則文不成義。《文子·上義篇》正作“言其”。

心中(《淮南内篇第九·主術》,842)

此與“馬志”相對爲文,當作“中心”,二字誤倒。

“内得於心中,外合于馬志。” 念孫案:“心中”當爲“中心”。“中心”與“馬志”相對爲文。《太平御覽·治道部五·獸部八》引此並作“中心”,《列子·湯問篇》、《文子·上義篇》皆同。

不使應敵(原爲:離,《淮南内篇第九·主術》,844)

此與“能以制勝”對文,當作“不可使應敵”,當有可字。

“故握劍鋒以離北宫子司馬蒯蕢,不使應敵;操其觚,招其末,則庸人能以制勝。” 念孫案:“握劍鋒以”之下脱去一字;離字與上下文皆不相屬,當是雖字之誤。“不使應敵”,使上當有可字,言手握劍鋒,則雖北宫黝、司馬蒯蕢亦不可使應敵;若操其本而舉其末,則庸人亦能以制勝也。“可使”與“能以”,文正相對。

效善(《淮南内篇第九·主術》,845)

此與“宣樂”、“飾怒”、“喻哀”相對,當作“效喜”,善爲喜之誤。

“故古之爲金石管弦者,所以宣樂也;兵革斧鉞者,所以飾怒也;觴酌俎豆酬酢之禮,所以效善也(間注:高注:“效,致也。”),衰絰菅屨辟踴哭泣,所以喻哀也。” 念孫案:“效善”當爲“效喜”,字之誤也。此以喜、怒、哀、樂相對;作善,則義不可通。《群書治要》引此正作“效喜”。

僞匿之本(《淮南内篇第十一·齊俗》,855)

此與“相食之魚”、“自肉之獸”相對爲文,當作“僞匿之士”,本爲士之誤。

“夫水積則生相食之魚,土積則生自宍(開注:宍與肉同。各本宍誤作穴,辯見《原道》“欲寅之心”下),禮義飾則生僞匿之本。”《太平御覽·禮儀部二》引此,“僞匿之本”作“僞慝之儒”,又引注曰:“僞,詐;慝,奸。” 念孫案:慝、匿古字通(開注:説見《泰族》“民無匿情”下)。本當爲士。“僞匿之士”,與“相食之魚”、“自肉之獸”相對爲文。若云“僞匿之本”,則與上文不類矣。《御覽》作“僞慝之儒”,儒亦士也。隸書士字或與本相似,又涉上文“禮義之本”而誤。

所以巧(《淮南内篇第十一·齊俗》,861)

此與下文“所以爲悲”相對爲文,當作“所以爲巧”,當有爲字。

“若夫規矩鉤繩者,此巧之具也,而非所以巧也。” 念孫案:“巧也”上當有爲字。下文云:“故弦,悲之具也,而非所以爲悲也。”與此相對爲文。《太平御覽·工藝部九》引此正作“非所以爲巧”,《文子·自然篇》同。

無爲知　弗知之深(《淮南内篇第十二·道應》,865)

“無爲知”,此與“無窮之弗知”相對爲文,當作“無爲之知”。“弗知之深”,此與“弗知内”相對爲文,當作“弗知深”,是之字失其次。

“‘若是,則無爲知,與無窮之弗知,孰是孰非?’無始曰:‘弗知之深而知之淺,弗知内而知之外,弗知精而知之粗。’” 念孫案:“弗知之深”,之字當在上文“無爲”下。“無爲之知”,與“無窮之弗知”相對爲文。今本“無爲”下脱之字,則文不成義;“弗知”下衍之字(昀案:此字字原誤作事,今正),則與下二句不對。《莊子·知北游篇》作:“‘若是,則無窮之弗知,與無爲之知,孰是而孰非乎?’無始曰:‘弗知深矣,知之淺矣;弗知内矣,知之外矣’。”是其證。

道而先稱古(《淮南内篇第十三・泛論》,882)

此與"存危治亂"相對,當作"道先稱古",道字當在而字下。

"夫存危治亂,非智不能;道而先稱古,雖愚有餘。" 念孫案:道字當在而字下,"道先稱古"與"存危治亂"相對。《群書治要》引此正作"道先稱古"。

求於一人(原爲:一人,《淮南内篇第十三・泛論》,885)

此與"自修"相對爲文,當作"求於人",不當有一字。

"求於一人,則任以人力;自修,則以道德。" 念孫案:"求於一人",劉[績]本無一字,是也。道藏本有一字者,因上文"責備於一人"而誤。"求於人",與"自修"相對爲文,人上不當有一字。下文"責人以人力,自修以道德",即其證。《文子・上義篇》作:"於人以力,自修以道。"

法令者罔其奸邪(原爲:法令者,《淮南内篇第十三・泛論》,887)

此與"勒率隨其蹤跡"相對爲文,者字當爲誤衍。

"夫法令者罔其奸邪,勒率隨其蹤跡,無愚夫惷婦,皆知爲奸之無脱也,犯禁之不得免也。" 念孫案:"法令"下衍者字;"法令罔其奸邪","勒率隨其蹤跡",相對爲文。

殽臑(《淮南内篇第十四・詮言》,895)

此與"鐘鼓"相對,當作"殽腝",臑當爲腝。

"周公殽臑不收於前,鐘鼓不解于縣",高注曰:"臑(間注:那到反),前肩之美也。" 引之曰:《大雅・既醉》箋:"殽,牲體也。"牲體多矣,不應獨言臑;臑當爲腝(間注:奴低反。凡隸書從耎從需之字多相亂,故腝誤爲臑)。《説文》:"腝,有骨醢也;或作臡。"《爾雅》:"肉謂之醢,有骨者謂之臡。"《周官・醢人》:"朝事之豆,其實有麋臡、鹿臡、麇臡。"是也。殽,俎實也;腝,豆實也。

“殽膜”,猶言“俎豆”耳。“殽膜”、“鐘鼓”,各爲一物,文正相對。

却笠　發笱(《淮南内篇第十五·兵略》,901)

“却笠”,此與“龍蛇”相對爲文,疑當作“簦笠”。“發笱”,此與“羊腸”相對爲文,當作“魚笱”。

“硤路津關,大山名塞,龍蛇蟠,却笠居,羊腸道,發笱門。”　念孫案:“却笠居”,《後漢書·杜篤傳》注引作“簦笠居”,是也。“簦笠”與“龍蛇”相對爲文,謂山形偃覆如簦笠。故高注有“偃覆”之語。今本作“却笠居”,注云:“却,偃覆也;笠,登。”(間注:《太平御覽》引同)案:“却笠”二字文不成義;訓却爲偃覆,亦義不可通。疑傳寫錯誤也。(間注:注内登字即簦字之誤,疑當作“偃覆如簦笠”)“發笱”二字,於義無取。“發笱”當作“魚笱”,“魚笱”、“羊腸”,相對爲文。高注:“發笱,竹笱所以捕魚,其門可入而不得出。”“發笱”二字亦因正文而衍。《太平御覽·兵部二》及《後漢書》注引此,並作“魚笱門”。《御覽》引注文亦無“發笱”二字。

食草(《淮南内篇第十六·説山》,910)

此與“水居”相對爲文,當作“草食”,二字誤倒。

“故食草之獸,不疾易藪;水居之蟲,不疾易水。”　念孫案:“食草”本作“草食”,“草食”與“水居”相對爲文,寫者誤倒耳。《太平御覽·蟲豸部一》引此正作“草食”,《莊子·田子方篇》同。

不可慮(《淮南内篇第十六·説山》,910)

此與“不可前規”相對,殆作“不可豫慮”,蓋脱豫字。

“事或不可前規,物或不可慮。”　念孫案:“物或不可慮”,文義未明,且與上句不對。《文子·上德篇》:“事或不可前規,物或不可豫慮”(間注:賈誼《鵩鳥賦》:“天不可豫慮兮,道不可豫謀。”),即用《淮南》之文,今本蓋脱豫字。

必先始於(《淮南内篇第十六・説山》,911)

上句言"必先",此"始於"與"必先"相對爲文,不當更有二字。

"欲學歌謳者,必先徵羽樂風;欲美和者,必先始於陽阿采菱。" 念孫案:下"必先"二字因上"必先"而衍。"始於"與"必先"相對爲文,不當更有"必先"二字。《北堂書鈔・樂部一》、《藝文類聚・樂部一》、《太平御覽・樂部三》引此,並作"始於陽阿采菱",無"必先"二字。

謾他(《淮南内篇第十六・説山》,912)

"謾他"與"鬥争"相對爲文,各本作"謾也",誤。

"媒但者,非學謾他,但成而生不信;立慬者,非學鬥争,慬立而生不讓。" 念孫案:但與誕同,他與詑同;"謾詑",詐欺也。《急就篇》:"謾訑首匿愁勿聊。"顔師古曰:"謾訑,巧黠不實也。"或謂之訑謾,《楚辭・九章》:"或訑謾而不疑。"詑、訑、他字異而義同。《燕策》:"燕王謂蘇代曰:'寡人甚不喜訑者言也。'蘇代對曰:'周地賤媒,爲其兩譽也。之男家,曰女美;之女家,曰男富'。"故曰"媒但者,非學謾他,但成而生不信"也。"謾他"與"鬥争"相對爲文。各本"謾他"並誤作"謾也",或又於"鬥争"下加也字,以與"謾也"相對,其謬滋甚;惟道藏本不誤。莊刻仍依各本,故特辯之。

醯酸不慕蚋蚋慕於醯酸(《淮南内篇第十七・説山》,916)

此與上三句相對爲文,當作:"醯不慕蚋,蚋慕於醯,醯酸也。"既衍且脱。

"羊肉不慕蟻,蟻慕於羊肉,羊肉羶也。醯酸不慕蚋,蚋慕於醯酸。" 念孫案:下三句(昀案:此標作兩句)當作:"醯不慕蚋,蚋慕於醯,醯酸也。"與上(昀案:此字原譌作下,今正)三句相對爲文。今本"醯不慕蚋"句内衍一酸字,"醯酸也"句内又脱醯字、也字,則文不成義。《太平御覽・蟲豸部二》引此已誤,唯也字未脱。

戰兵死之鬼(原爲:戰兵死,《淮南内篇第十七·説山》,917)

此與“盜賊之輩”相對爲文,戰字當爲誤加。

“戰兵死之鬼憎神巫。” 念孫案:戰字後人所加。古人所謂兵者,多指五兵而言。“兵死”,謂死於兵也。《曲禮》曰“死寇曰兵”,《釋名》曰“戰死曰兵,言死爲兵所傷也”,《周官·冢人》曰“凡死於兵者,不入兆域”,皆是也。後人謂“戰士”爲兵,故妄加戰字耳。“兵死之鬼憎神巫”,“盜賊之輩醜吠狗”,二句相對爲文。加一戰字,則文不成義,且與下句不對。

吟於巷　精相往來也(《淮南内篇第十七·説山》,920)

“吟於巷”,此與“懷於荆”對文,巷字當爲燕。又“精相往來也”乃是正文而誤入於注文。

“行者思于道,而居者夢於床;慈母吟于巷,適子懷于荆”,今本注曰:“精相往來也。”念孫案:巷當爲燕,字之誤也。道與床相對,燕與荆相對。今本燕作巷,則非其指矣。“精相往來也”五字,乃是正文,非注文。《吕氏春秋·精通篇》:“身在乎秦,所親愛在於齊,死而志氣不安,精或相往來也。”高彼注曰:“《淮南》記曰:‘慈母在於燕,適子念于荆,言精相往來也。’”《太平御覽·人事部十九》:“《淮南子》曰:‘適子懷于燕,慈母吟于荆,情相往來也。’”詞雖小異,而字皆作燕,且“精相往來”句皆與上二句連引。

欲以利之　門户(《淮南内篇第十八·人間》,924)

“欲以利之”,此與“欲害之”相對爲文,不當有以字。“禍福之門户”,此與“利害之反”相對爲文,户字當爲誤衍。

“事或欲以利之,適足以害之;或欲害之,乃反以利之。利害之反,禍福之門户,不可不察也。” 念孫案:“或欲利之”,“或欲害之”,相對爲文,利之上不當有以字,此因下句以字而誤衍也。《太平御覽·學部三》引此無以字。“禍福之門户”,户字亦因上文“禍福之門户”而衍(昀案:上文曰:“知慮者,禍福之門户也;動静者,利害之樞機也。”)。“利害之反”,“禍福之門”,相對爲文，則户字可省。《覽冥篇》"利害之路，禍福之門"，即其證。《太平御覽》引此無户字，《文子·微明篇》同。

雲起（《淮南内篇第十八·人間》，926）

此與"蛟龍生"相對爲文，當作"雲雨起"，脱雨字。

"山致其高而雲起焉，水致其深而蛟龍生焉。" 念孫案：雲下脱雨字，"雲雨"、"蛟龍"，相對爲文。《太平御覽·鱗介部二》引此，正作"雲雨起焉"；《説苑·貴德篇》、《文子·上德篇》及《論衡·龍虚篇》引傳並同；《荀子·勸學篇》："積土成山，風雨興焉；積水成淵，蛟龍生焉。"亦以"風雨"、"蛟龍"相對。

陰行（《淮南内篇第十八·人間》，926）

此與"昭明（名）"相對，當作"隱行"，陰爲隱之誤。

"夫有陰德者，必有陽報；有陰行者，必有昭明。" 念孫案："陰行"本作"隱行"，此涉上文"陰德"而誤也。陰與陽相對，隱與昭相對。今本隱作陰，則非其指矣。《説苑·貴德篇》、《文子·上德篇》並作"隱行"；下文"有陰德也"、"有隱行也"，即承此文言之。昫案："昭明"，明乃名之訛，是乃王氏誤書。

暑以强耘（《淮南内篇第十八·人間》，930）

暑與上下文之春、秋、冬不對，當作夏。

"民春以力耕；暑以强耘；秋以收斂；冬間無事，以伐林而積之，負軛而浮之河，是用民不得休息也。" 念孫案："暑以强耘"，當從《齊民要術》所引作"夏以强耘"。夏與春、秋、冬相對；變夏言暑，則與上下文不類矣。昫案：又，"以伐林而積之"，以字當作又。王氏亦有所辯證。

九夷歸之　天下懷其德（《淮南内篇第十八·人間》，934）

"九夷歸之"與"四十國朝"相對爲文，當作"九夷歸"。"天下懷"下無"其德"二字。

"湯教祝網者而四十國朝;文王葬死人之骸而九夷歸之;武王蔭暍人於樾下,左擁而右扇之,而天下懷其德。"《太平御覽·疾病部四》引此,"九夷歸之"作"九夷順",無之字;"天下懷"下無"其德"二字。念孫案:"九夷歸","天下懷",與"四十國朝"相對爲文,則歸下本無之字,懷下亦無其德二字。

禹之爲水　湯旱(《淮南内篇第十九·修務》,937)

此相對爲文,當作:"禹爲水","湯苦旱",一衍之字,一脱苦字。

"是故禹之爲水,以身解於陽眄之河(間注:莊本改眄爲盱。説見《覽冥》"眄眄"下);湯旱,以身禱於桑山之林。" 念孫案:"禹之爲水",《蜀志·郤正傳》注、《齊民要術·序》、《文選·應璩·與岑文瑜書》注、《太平御覽·皇王部七·禮儀部八》引此並無之字。"湯旱",《蜀志》注、《齊民要術·序》並引作"湯苦旱";《太平御覽》引作"湯爲旱"。案,爲者,治也。水可言爲,旱不可言爲,作"苦旱"者是也。"禹爲水","湯苦旱",相對爲文。今本禹下衍之字,湯下又脱苦字耳(間注:劉本作"湯之旱",亦非)。昀案:又,"桑山之林",林字當作際。王氏亦有所辯證。

事起天下利(《淮南内篇第十九·修務》,937)

此與"除萬民之害"相對爲文,當作"事天下之利",衍起字且脱之字。

"是以聖人不高山,不廣河,蒙恥辱以干世主(間注:《藝文類聚》、《太平御覽》引此,主下並有者字),非以貪禄慕位,欲事起天下利,而除萬民之害。"

念孫案:"事起天下利"本作"事天下之利",故高注云:"事,治也。"今本利上脱之字。其事下起字,則後人依《文子·自然篇》加之也。"事天下之利","除萬民之害",相對爲文,事下不當有起字。《藝文類聚·人部四》、《太平御覽·人事部四十二·七十二》引此,並作"欲事天下之利,除萬民之害"也,是其證(昀案:二書所引,皆無"不高山,不廣河"二語)。

順風(《淮南内篇第十九・修務》,942)

此與"銜蘆而翔"相對爲文,下本有"而飛"二字。

"夫雁順風以愛氣力,銜蘆而翔,以備矰弋。" 念孫案:"順風"下本有"而飛"二字,與"銜蘆而翔"相對爲文。今本脱此二字,則與下文不對。《藝文類聚・鳥部中》、《白帖九十四》、《太平御覽・羽族部四》引此,並作:"從風而飛,以愛氣力"。《説苑・説叢篇》作"順風而飛,以助氣力",皆其證。

正心(《淮南内篇第二十・泰族》,949)

此與"弩力"相對爲文,本作"人心"。

"夫矢之所以射遠貫牢者,弩力也;其所以中的剖微者,正心也。" 念孫案:"正心"本作"人心",與"弩力"相對爲文。今作"正心"者,後人妄改之耳。《群書治要》及《太平御覽・工藝部二》引此,並作"人心"。

故立父子之親(《淮南内篇第二十・泰族》,950)

此與下文"以立君臣之義"等相對,故字當爲以之訛。

"乃澄列金木水火土之性,故立父子之親而成家;别清濁五音六律相生之數,以立君臣之義而成國;察四時季孟之序,以立長幼之禮而成官。" 念孫案:"故立君臣父子之親",亦當爲"以立君臣父子之親",與下文相對。《文子・上禮篇》正作"以立"。另,"清濁五音",亦當依《文子》作"五音清濁"。

一人之德(《淮南内篇第二十・泰族》,954)

此與"南面之名"相對爲文,德本作譽。

"紂有南面之名,而無一人之德,此失天下也。" 念孫案:德本作譽;"無一人之譽",謂無一人稱譽之也。此言紂失人心,故雖有南面之名,而實無一人之譽。譽與名相對爲文。後人改爲"無一人之德",則文不成義矣。《太平御覽・皇王部八》引此,正作"無一人之譽";《文子・下德篇》同;《御覽・皇王部七》又引譙周《法訓》云:“桀紂雖有天子之位,而無一人之譽。”

見禍福(原爲:禍福,《淮南内篇第二十·泰族》,957)

此與“慮患”相對爲文,不當有禍字。

“聖人,見禍福於重閉之内,而慮患於九拂之外者也。” 念孫案:禍字因上文兩禍字而衍(昀案:上文一言“知禍之爲福”,一言“畏福之爲禍”)。“見福於重閉之内”(間注:此承上文鮑叔輔小白,咎犯輔重耳,及句踐修政於會稽言之),“慮患於九拂之外”(間注:此承上文史蘇歎晉獻,子胥憂吴王,及襄子再勝而有憂色言之),相對爲文,則福上不當有禍字。《文子·微明篇》即無禍字。

水道壅塞不行其原(《餘編上·吕氏春秋》,1021)

此與“陰多滯伏”相對,“水道”當作“陽道”;又,原當爲序之誤。

“昔陶唐氏之始,陰多滯伏而湛積,水道壅塞,不行其原。”舊校云:“一作‘陽道壅塞,不行其次’。”孫氏詒穀云:“李善注《文選·傅武仲·舞賦》、《張景陽·七命》俱引作‘陽道壅塞’。” 念孫案:作“陽道”者是也;“陽道壅塞”與“陰多滯伏”正相對。後人以高注云:“故有洪水之災,遂改陽道爲水道。”不知高注自謂陽道壅塞,故有洪水之災,非正文内本有水字也。原,當爲序,字之誤也。陽道壅塞,故行不由序。别本作“不行其次”,次亦序也。《漢書·司馬相如傳》注引此,正作:“陽道壅塞,不行其序。”

酌清酤(《餘編下·文選》,1047)

此“清酤”與“芳鮮”相對爲文,清當作醪。

《蜀都賦》:“酌清酤,割芳鮮。”五臣本“清酤”作“醪酤”。 念孫案:“醪酤”與“芳鮮”相對爲文,則作醪者是也。今作“清酤”者,後人以李注引《詩》“既載清酤”而改之耳,不知李注自解酤字,非兼解“清酤”二字,其醪字已見《南都賦》,故不重注也。《北堂書鈔·酒食部八》引此正作“酌醪酤”。

齷齪而算(《餘編下·文選》,1048)

此與"旁魄而論都"相對爲文,算下當有地字。

《吴都賦》:"齷齪而算,顧亦曲士之所歎也;旁魄而論都,抑非大人之壯觀也。" 念孫案:"齷齪而算"下當有地字。"齷齪而算地","旁魄而論都",相對爲文。劉逵注云:"算量蜀地,亦是曲僻之士",則算下原有地字明矣。

冒六英五莖(《餘編下·文選》,1049)

"英莖"與"韶夏"相對爲文,六、五二字當爲誤加。

《魏都賦》:"冠韶夏,冒六英五莖。" 念孫案:"冒六英五莖",句法甚累。且"英莖"與"韶夏"相對爲文;若加六、五二字,則與上句不協。後人以李善注引《樂動聲儀》"帝嚳樂曰六英,帝顓頊樂曰五莖",因加六、五二字,不知李注自解英、莖二字,非並解六、五二字也。

憯悽惏慄(《餘編下·文選》,1052)

此與"清涼增欷"相對爲文,當作"惏慄憯悽",誤倒。

《風賦》:"故其風中人,狀直憯悽惏慄,清涼增欷。" 引之曰:"憯悽惏慄",當爲"惏慄憯悽",寫者誤倒耳。"惏慄"、"清涼",皆謂風之寒也(間注:李善注曰:"惏,寒貌;慄,寒氣也。");"憯悽"、"增欷",皆感寒之貌也。二句相對爲文。且悽、欷爲韻,古音俱在脂部;若慄字,則在質部,不可與欷爲韻矣。

鄙陋没世(《餘編下·文選》,1063)

"鄙陋",此與上句恨字相對爲文,陋字當爲誤加。

"恨私心有所不盡,鄙陋没世而文采不表於後也。" 念孫案:"鄙陋没世",本作"鄙没世"。鄙,恥也(間注:《楚辭·九章》:"君子所鄙。"王注曰:"鄙,恥也。"《廣雅》同),恥没世而文不著也。此句鄙字與上句恨字相對爲文。後人於鄙下加陋字,謬矣。吕向斷“恨私心有所不盡鄙陋”爲句,其謬益甚。《司馬遷傳》及《藝文類聚》引此,俱無陋字。

猶鷦鵬已翔乎寥廓之宇(《餘編下·文選》,1065)

此“鷦鵬”云云與“羅者猶視乎藪澤”相對爲文,“之宇”二字當爲誤加。

“猶鷦鵬已翔乎寥廓之宇(間注:今李善本如此),而羅者猶視乎藪澤。”念孫案:“之宇”二字後人妄加之也。“鷦鵬”二句相對爲文。且澤字古讀若鐸(間注:説見《唐韻正》),與廓爲韻。若加“之宇”二字,則非特句法參差,而韻亦不諧矣。五臣本及《史記》與《漢書》、《漢紀》皆無“之宇”二字。

匿亡回而不泯(《餘編下·文選》,1068)

此與“微胡瑣而不頤”相對爲文,回當爲迴之訛。

“匿亡回而不泯(間注:匿,古慝字也。《管子·七法篇》“百匿傷上威”,匿與慝同。《漢書·五行志》“朔而月見東方謂之仄慝”,《周官·保章氏》疏引《書大傳》作“側匿”),微胡瑣而不頤”,吕延濟曰:“回,邪也。”《班固傳》作:“慝亡迴而不泯”,李賢曰:“慝,惡也;迴,遠也;瑣,小也;頤,養也。言兇惡者無遠而不滅,微細者何小而不養也。” 念孫案:迴與瑣相對爲文,則作迴者是也。迴訛爲廻,因訛爲回耳。吕訓回爲邪,則是惡無邪而不泯,不詞之甚矣。微讀爲徽。徽,善也。説見《班固傳》。

朱彬與阮元《尚書》古訓研究之比較*

陳　樹**

有清一代，經學昌盛，揚州學派爲學術重鎮。該派代表學者朱彬和阮元，皆曾措意於《書》經的研究。《尚書》爲商周歷史文獻，文辭古奥，加之流傳屢遭厄難①，致使歧解紛出。朱、阮二氏注重《尚書》古訓，尤其是先秦两漢文獻引《書》和注家釋《書》条目的梳理，编秩成册。今試對之展開分析，比較二者研究異同，發掘其學術價值。

一、朱、阮《尚書》古訓研究著述

朱彬(1753—1834)，字武曹，號郁甫，乾嘉道時期揚州府寶應縣人，其族祖父是理學名儒朱澤澐。他熟稔經傳，曾致力於經書訓詁研究，清代樸學大師王念孫稱許朱彬的研究成果，譽之爲“傳注之功臣”。世人知朱氏著有《禮記訓纂》和《經傳考證》，其實在《書》經研究方面，除了有《經傳考證》中的《尚書》詞句訓詁考據，還有梳理和比勘前人訓詁材料的著述《尚書異義》和《尚

* 江蘇省社會科學基金青年項目：清代揚州學派《尚書》訓詁研究(12YYC012)階段成果。

** 陳樹，揚州大學文學院講師。

① 段玉裁曾歷數宋前《尚書》先後遭遇“七厄”，參見《古文尚書撰異》，上海：上海古籍出版社，2002年，第1頁。

書古訓别録》[1],揚州大學敬文圖書館藏有手抄本。

《尚書異義》(以下簡稱爲《異義》)版式爲黑色邊欄,左右雙邊,單頁10行,抄録整齊,每行21字,黑口,單魚尾,版心題有書名、卷數和頁碼。全書4卷3册,每卷第二行書有“寶應朱彬武曹甫遺著”,每卷結束最後一行書有“外孫陳彝校訂”。書首有“尚書異議目録”,列舉卷數和條目數,其中卷一包括《虞夏書》中的《堯典》、《舜典》、《皋陶謨》、《益稷》,總計118條,卷二包括《虞夏書》中的《禹貢》和《甘誓》以及《商書》全部篇目,總計106條,卷三包括《周書》全部篇目,共197條,卷四爲《書序》,計47條。每則條目首列《尚書》經文内容,另起一行低一格分録僞孔安國傳、馬融注、鄭玄注及王肅注對同一句經文的不同訓解,條目后偶有“彬按”、“彬案”語。該書最後有一頁識語:

> 先曾祖光録公經術湛深,著書家满,所著《經傳考證》阮文達曾採入《皇清經解》中,《禮記訓纂》等亦先後壽諸梨棗,唯《尚書異義》四卷晚年成書,世尠知者。先大父官豫省,攜庋行篋中,解組歸里,方擬手自校訂殺青,遽謝賓客。先嚴久宦三秦,捐館後隨身書籍亦多散失。丙戌春偶檢舊簏,忽獲底本,悲手澤埋没已久,不禁潸然泣數行下,竊幸先世手澤什襲珍藏,未經蠹蝕,忽忽又數十年矣。將與諸兄弟謀付梓之資,用贅數言叙其顛末。至其書之薈萃前言,津逮後學,天下後世必有辨之者,不敢復贊一辭云。光緒丙戌仲夏之月曾孫勤壯謹識。

據朱爲弼《誥封光禄大夫國子監學録郁甫朱公墓誌銘》所載,朱彬以子官贈光禄大夫,其子四人:朱士彦、士達、士廉、士辨,除士辨早卒,餘皆爲進士[2]。從《民國寶應縣志》所記三人列傳來看,朱士彦未“解組歸里”,而是“卒於任”;朱士達任官安徽、陝西等地,而未曾“官豫省”;只有朱士廉曾“官直隸武

① 筆者曾就朱彬《經傳考證》中的《尚書》詞句訓詁考證成果專文討論,參見《朱彬〈尚書〉訓詁平議》,《揚州大學學報》2013年第1期。朱彬《尚書異義》和《尚書古訓别録》重在前人訓釋材料的輯録,與阮元《詩書古訓》性質接近,故作比較。

② 《中國地方志集成·民國寶應縣志》,南京:江蘇古籍出版社,1991年,第188—190頁。

强、山西石樓、河南固始等縣知縣"。所以識語中的"先大父"應指朱士廉。朱士廉有二子,次子百珏(字雙之,號省吾),附貢生,同知銜,歷任陝西洵陽、臨潼縣知縣,與"久宦三秦"所述相符,因此"先嚴"當指朱百珏,所稱"曾孫勤壯"當是其子①。

另朱彬有女二人,次女"適儀徵道光壬午進士山東濟東泰武臨道陳嘉樹"②。《道光重修儀徵縣志》有陳嘉樹傳,交代有"子輅,甲辰舉人,軺、彝皆庠生"③。故朱彬爲陳彝外祖父,陳彝曾爲表兄朱念祖(朱士達之子)妻撰《高大夫人傳》④,文中交代陳彝與寶應朱家交往甚密,陳彝女配於朱彬曾孫蓮生(朱念祖之子)。又據《禮記訓纂》後朱士達《序》提及曾"囑大甥陳孝廉輅詳校"朱氏《禮記訓纂》,所以"外孫陳彝校訂"外祖父遺著《尚書異義》和《尚書故訓別録》還是合情理的。

《尚書故訓別録》(以下簡稱爲《別録》)1 册,86 頁,版式爲黑色邊欄,左右雙邊,單頁 10 行,抄録整齊,每行 21 字,黑口,單魚尾,版心題有書名、卷數和頁碼。首頁第二行書有"寶應朱彬武曹甫遺著",書末頁末行書有"外孫陳彝校訂"。该著内容首先是輯録《爾雅》釋詁、釋言中與《尚書》字詞有關的故訓,第 5 頁往後爲"《尚書》是正文字"部分,收録宋以前古籍經典中引《書》的異文,文中偶有"彬謂"的按語。從篇幅分量來看,實質上《尚書故訓別録》的主體是《尚書》異文的比勘,而不是故訓的輯録。

比較《異義》與《別録》的書寫字形并不一致,在文中和天頭處,《異義》僅有一兩處朱筆修改,《別録》則有多處。《異義》附於每卷后的"外孫陳彝校訂"與其他文字同爲墨字且字形一致。但《別録》末頁"外孫陳彝校訂"用朱筆書寫,與全册正文字形并不一致。從條目排列上看,《異義》的條目與今《尚書》傳本一致,而《別録》則有些條目顛倒錯亂,例如《皋陶謨》"願而恭,亂而敬"置於"剛而塞"之後。《異義》書後識語提及刊印,而《別録》無識語。綜合以上分析,《異義》可能是經陳彝校訂之后又重抄將刊印的本子,而《別録》

---

① 據朱彬後人朱慶裴先生所藏《寶應朱氏家譜》所記,朱勤壯本爲朱百珏之子,後過繼給朱士廉長子朱百穫。

② 《中國地方志集成·民國寶應縣志》,第 462 頁。

③ 《中國地方志集成·道光重修儀徵縣志》,南京:江蘇古籍出版社,1991 年,第 494 頁。

④ 《中國地方志集成·民國寶應縣志》,第 433—434 頁。

可能就是陳彝的校訂本。

阮元(1764—1849),字伯元,號芸台,爲有清三朝閣老、九省疆臣、一代名儒。他不僅仕途通達、政績顯赫,而且博才多識、熱衷學術。凡履跡所至,必以振興文教爲己任,一生徵輯、整理、刊刻圖書典籍頗豐。《詩書古訓》(以下簡稱爲《古訓》)有兩個版本,一是道光二十一年六卷刻本,《續修四庫全書》174 册據此本影印,《粤雅堂叢書》本及《叢書集成初編》本亦六卷本。其中《詩》四卷,《尚書今文》一卷,《尚書逸文》一卷。二是《皇清經解續編》本將原來六卷本分爲十卷本,其中《詩》七卷,《尚書今文》二卷,《尚書逸文》一卷。

《詩書古訓》從初步謀畫到成書付刊經歷了很長時間。"歲乙未(道光十五年,1835),余(阮元)入内閣,每宿集賢院,在《經郛》中録出《詩》、《書》二經,爲《詩書古訓》六卷"[①]。六卷本前有《序》交代"元録《詩書古訓》六卷","道光十六年序於集賢院直廬"。其后識語:

> 昔,家大人撰集《十三經經郛》,一時所采之書,未得詳盡,且抄胥遺錯,不能付刊,久藏於篋,在京師欲撰《詩書古訓》,將《詩》、《書》二經提出,録成六卷,付門下士畢韞齋(光綺)校訂之,删節之,增補之,遂爲完書。道光十九年冬十二月男福、祜謹識。

從上文看出,其實《詩書古訓》是在《十三經經郛》的基礎上提取加工而來。阮元編纂《經郛》事,肇始於乾隆末年山東學政上,《小滄浪筆談》卷四:"余向有《易》、《書》、《詩》三經古學之輯,惜尚未成,少暇當補成之。"[②]據《阮元年譜》記載,嘉慶六年(1801)阮元在《海塘覽要序》中自述邀陳壽祺入其幕,與之討論《經郛》編例。嘉慶八年(1803)編纂《經郛》事正式啓動,"其夏,師選校官及高才生十有六人,采唐以前説經文字,親授義例,纂爲《經郛》數百卷"[③]。嘉慶十五年(1810)正月阮元在北京親自編録《十三經經郛》,邀淩曙

---

① 阮元:《揅經室再續集》卷二《畢韞齋母郭孺人墓誌銘》,《續修四庫全書》第 1479 册,上海:上海古籍出版社,2002 年,第 597 頁。

② 阮元:《小滄浪筆談》卷四,《叢書集成初編》,上海:商務印書館,1936 年,第 123 頁。

③ 陳壽祺:《左海文集》卷八《西湖講舍校經圖記》,《續修四庫全書》第 1496 册,上海:上海古籍出版社,2002 年,第 318 頁。

助校輯事。嘉慶十六年(1811)四月,一百餘卷的《經郛》編成。《雷塘菴主弟子記》補充説:“是書采擇未周,艱於補遺,是以未刻。”①這一放就是二十多年,直至阮元晚年入京爲體仁閣大學士才有機會對《經郛》的《詩》、《書》部分細加修訂,纂成《詩書古訓》,道光十八年(1838)阮元致仕歸揚,道光二十一年(1841)阮元已 78 歲,《詩書古訓》六卷方刊印。一部書的編纂伴隨阮元大半生,在他的著述中,除了《古訓》,恐怕再没有第二部了。這部書的纂成離不開阮元的深思熟慮和堅持不懈,還有陳壽祺、淩曙等的竭心盡力,的確來之不易。

就筆者目前掌握的資料來看,阮元和朱彬雖同爲揚州學者,但並没有直接的往來。不過作爲學派内部代表,他們有著間接的聯繫,寶應劉台拱、高郵王氏父子就是他们連接的紐帶。劉台拱和朱彬是表兄弟關係,朱爲弼云:“同里劉端臨先生台拱,以經術名於時,公與相砥礪,同爲訓詁、聲音、文字之學。”②阮元和劉台拱是親家關係,阮元子阮常生娶劉氏之女爲妻。劉台拱爲揚州學派之重鎮,著述頗豐,惜其病革時亦未見刊本。嘉慶十年(1805),劉台拱卒後,朱彬痛惜之余,以为其兄整理遺稿为己任,“俟秋凉返里,辑其遺文。就正有道,亦后者之责也”③。朱彬最先對劉氏遺著作了搜輯和校勘的工作,並爲劉氏撰寫《劉端臨先生行狀》。劉台拱辭世翌年春,其弟劉台斗攜兄遺稿並行狀來揚晤阮元。阮元評價“先生之考證極精且確”④,命其子孫先後三次編刻劉氏遺書,足見阮元赤誠之心。在朱、阮與劉氏的交往中,應當已經知道有其人,後來阮元編纂《皇清經解》收録了朱彬《禮記訓纂》即是明證。

朱彬治經,從訓詁學家王念孫處獲益最多。乾隆六十年(1795)朱彬進京參加順天鄉試並中舉,在京期間曾與王念孫相聚。後來,王念孫在寫給劉台拱的書信中讚許朱彬:“博聞强記而有卓見。他日吾見蔑之面,今吾見其心矣。”⑤嘉慶三年(1798),朱彬在北京與王念孫皆寓居楊梅竹斜街,他時常

---

① 張鑒等:《阮元年譜》,北京:中華書局,1995 年,第 97 頁。

② 《中國地方志集成·民國寶應縣志》,第 462 頁。

③ 羅振玉:《羅雪堂先生全集》第 13 册,臺北:大通書局,1973 年,第 5461 頁。

④ 阮常生:《劉端臨先生遺書書後一》,《寶應劉氏集》,揚州:廣陵書社,2006 年,第 41 頁。

⑤ 王念孫:《高郵王氏遺書》,南京:江蘇古籍出版社,2000 年,第 154 頁。

向王氏父子請教。朱彬著述《經傳考證》與王氏多次書信討教，并請王念孫賜序。朱彬在收到序文後，回信致謝外，又示意王氏能否出面請阮元爲諸亡友（李惇、任大椿）搜尋、刊印遺著①。從中可看出朱彬對阮元有間接的瞭解。乾隆五十一年（1786），阮元鄉試後抵京師，謁見鄉里先進王念孫。"先生之學，精微廣博。語元，元略能知其意。先生遂樂以爲教。元之稍知聲音、文字、訓詁者，得於先生也"②。阮元與王氏多有學術交流，如王引之《經義述聞》、《經傳釋詞》著成後，請阮元爲之賜序。

朱、阮二人都關注過《尚書》的古訓問題，在探討過程中没有直接的溝通，所以兩者研究視角和思路存有差别是必然的。但是，二位同處一個學派内部，在經書研究方面都注重由訓詁通經義，所交師友亦有相同者，這就帶來他們在研究上又有趨同的一面。下面就二人《尚書》古訓研究的資料作詳細比較和分析。

二、朱、阮《尚書》古訓研究内容之異同

朱彬的《尚書異義》與《尚書故訓别録》各有側重，前者主要是比較同一句經語，賈、鄭、王、孔等注家的不同解釋。而後者除了輯録了少量的《爾雅》故訓，其主體是比勘不同典籍引《書》的異文現象。詳細比較兩書，條目經文相同或相近約有167處，但是實際上闡述的内容可以説各有特點，擇取數例説明。

(1)《堯典》：方命圮族。

《異義》：《孔傳》："好此方名，命而行事，則毁壞善類。"馬云："方，放也。"(《釋文》)鄭、王以"方"爲放，謂放棄教命。

《别録》：《史記》作"負命毁族"。《説文》"圮"一作酵，曰：圮或从手、非，配省聲。

(2)《禹貢》：島夷。

《異義》：《孔傳》："海曲謂之島。"馬云："島夷，北夷國。"(《釋文》)鄭

① 王章濤：《王年孫、王引之年譜》，揚州：廣陵書社，2006年，第260頁。

② 阮元：《揅經室續集》，上海：商務印書館，1935年，第93頁。

云:"島夷,東方之夷,搏食鳥獸者也。"王肅云:"島夷,東北夷國也。"顔師古云:"一説居在海曲,被服容皆象鳥也。"

《别録》:《史記》、《漢書》並作"鳥夷",鄭康成曰:"鳥夷,東北之國,搏食鳥獸者。"王肅云:"鳥夷,東北夷國名也。"胡朏明曰:"孔疏曰:孔讀鳥爲島字。則唐初亦作鳥字,今作島蓋開元中改。"

從以上兩例看出,《異義》重在比較釋義的異與同,而《别録》比較異文。所以引書往往有所不同,前者主要是引注釋類資料,後者會引用像《史記》、《漢書》等典籍文句。即使是同引注文,如例(2)鄭玄、王肅的注文,但著眼點不同,後者是爲了指明"島夷"本作"鳥夷"。再看下例:

(3)《多士》:非我小國敢弋殷命。

《異文》:馬本"弋"作"翼"(《釋文》)。鄭、王同。

《别録》:弋,《釋文》馬、鄭、王本並作翼。

(4)《洛誥》:王在新邑。

《異文》:馬、孔絶句,鄭讀王在新邑烝。

《别録》:鄭讀王在新邑烝。

雖是同一文字或句讀問題,但兩書闡述并不一致。從全書來看,兩書絶大多數擇選的經文條目和闡述引録都不同,出現像例(3)、(4)同一經文下闡述又相近的情況寥寥無幾。綜合分析,我們推測兩書的撰寫并没有直接的必然聯繫,而是各有取向。

比較朱氏《尚書異義》、《尚書古訓别録》與阮氏《詩書古訓》,既有宏觀上的共同學術追求,但在研究目標和內容等方面都有一定差異。

两位学者均注重《書》經語言的時代性,重視早期訓詁和引文的收集和整理。例如,朱彬《尚書異義》主要是收集鄭、贾、馬、孔、王的各種注解。其中鄭玄《古文尚書注》没有全本存世,通過這種輯佚性質的整理就能够爲後學展開進一步的研究奠定材料基礎。《尚書古訓别録》分析《爾雅》,《尚書是正文字》中引《史記》、《説文》、《漢石經》、《釋文》以及先秦經典進行比勘,將《書》經傳承過程出現的異文彙集起來,便於還原典籍原貌。

阮元此書采輯晉代以前典籍中引《書經》文,至爲繁富。經書如《論語》、

《孝經》、《孟子》、《禮記》、《大戴禮記》、《春秋》三傳、《爾雅》等，子書如《墨子》、《荀子》、《孔叢子》、《淮南子》等，史書如《國語》、《史記》、《漢書》、《後漢書》等，其他還有《韓詩外傳》、《列女傳》、《鹽鐵論》、《白虎通》、《吕氏春秋》、《説苑》、《新書》、《新序》、《晏子春秋》、《中論》、《獨斷》等文獻。

同時二氏著述各有特點。《古訓》所引主要是先秦漢魏晉文獻中引用《尚書》的文句，而《異義》主要是彙集和比較漢晉經師的訓解，二者在材料來源方面明顯存在不同，因此條目下引述的内容幾乎没有相同的。至於《古訓》與《故訓》相比，且不説兩者引《書》有差别的條目，就是《書》經同一文句下分析引述的思路亦有不同。

首先兩者的材料側重不同。

(5)《無逸》：懷保小民，惠鮮鰥寡。

《古訓》：《漢書・谷永傳》："……經曰：'懷保小人，惠于鰥寡。'未有德厚吏良而民畔者也。"

《故訓》：石經"民"作"人"，"鮮"作"于"，"鰥"作"矜"。《谷永傳》同石經。

(6)《康誥》：殺越人於貨，暋不畏死：罔弗憝。

《古訓》：《孟子・萬章下》："《康誥》曰：'殺越人于貨，閔不畏死，凡民罔不譈。'是不待教而誅者也。殷受夏，周受殷，所不辭也。"

《故訓》："暋"，《説文》作"㕧"，《孟子》作"閔"。

《故訓》："憝"，《孟子》作"凡民罔不譈"，《説文》有"凡民"字。

例(5)《古訓》以傳世文獻《漢書》爲主，而《故訓》還引用漢石經，并與傳世文獻作異文比較。例(6)《古訓》用《孟子》引《康誥》，而《故訓》不僅比較《尚書》與《孟子》，而且還比較了《説文》中的異文。

其次，兩著引書的目的亦有不同。

(7)《洪範》：沉潛剛克，高明柔克。

《古訓》：《春秋左氏》文五年傳：晉陽處父聘于衛，反過寧，寧嬴從之，及温而還，其妻問之，嬴曰："以剛。《商書》曰：'沈漸剛克，高明柔克。'夫子壹之，其不没乎？天爲剛德，猶不干時，況在人乎？"

《故訓》:《史記》作"漸",《左傳》文五年引作"漸",《谷永》"湛漸",師古曰:"沈與湛,漸與潛並同。"

(8)《吕刑》:敬忌罔有擇言在身

《古訓》:《禮記·表記》:子曰:"君子不失足於人,不失色於人,不失口於人。是故君子貌足畏也,色足憚也,言足信也。《甫刑》曰:'敬忌而罔有擇言在躬。'"

《故訓》:《表記》作"躬"。

例(7),《古訓》僅引《左傳》文公五年,《故訓》則將它作爲文字校勘一則材料,還引《史記》、《漢書》出現的文句用字,并引顔師古注來溝通"沈"與"湛","漸"與"潛"的同義關係。例(8)兩著同引《禮記·表記》,但《故訓》只引"身"的異文"躬",可以看出而《故訓》是重在文字的對勘。而《古訓》不憚繁瑣,如例(7)、(8)不僅將《書經》引文完整抄録,而且所引經句相關的上下文也都移録過來。無疑它反映出阮元關注點不僅是《書》經經文,更重視傳世文獻引用《尚書》文句的歷史語境,體會《書》經對古人言論的重要作用。

綜合分析來看,阮元重在分析古人言談行事徵引《尚書》文句爲訓,意在用《書》、教《書》方面的研究;而朱彬比較注家訓詁和經文流變,著力於《尚書》原始狀態的探討,重在釋《書》、傳《書》方面的研究。這是兩者最大的不同。

三、朱、阮《尚書》古訓研究理念發微

朱、阮二氏在治《書》的研究思路、方法方面既有一致性,也有差異。這些外顯的學術表徵與他們個人内在的治學理念有著必然的聯繫,下文試著結合兩位學者的學術背景和氣質作深入發掘。

兩位學者皆有尋本求真的學術追求。朱彬在學術思想方面闡述不多,在他的《禮記訓纂》中自序:"唯《大學》、《中庸》不加訓釋,仍依《鄭注》,列經文於次,以還四十九篇之舊。"① 可以看出一些端倪:通過古籍的整理和研究,來還原經典文獻的本來狀態和真實面目。阮元多次闡述古籍研究的要

① 朱彬:《禮記訓纂》,北京:中華書局,1996年,第1頁。

求"事當求其始"[①]。原因在於"聖賢之道存於經,經非詁不明。漢人之詁,去聖賢爲尤近,譬之越人之語言,吴人能辨之,楚人則否;高、曾之容體,祖、父及見之,雲、仍則否,蓋遠者見聞終不若近者之實也"[②]。阮元以形象的比喻説明空間和時間距離容易造成經典原意理解的偏差,因此他在處理後人説經、釋經的材料講求"醇古"。阮元在《詩書古訓》中將儒經與子史的引《書》典籍區别對待,他説:"子史引《詩》、《書》者,多存古訓。唯恐不能盡醇,則低寫一格,附之於後。"他解釋引文材料以晉代爲斷的原因:"漢晉以前尚未以二氏爲訓,所説皆在政治言行,不尚空言也。"也就是晉代以後訓釋經典往往受到佛、道學説的影響而不能貼近古義。所以,朱彬與阮元《尚書》古訓資料主要集中於先秦兩漢時代。

兩位學者皆有兼采求是的學術視野。朱彬在《禮記訓纂》自序説:"鄭君注《禮》,如日月在天,江河之行地,而千慮之失,亦間有之。後儒規其闕失,補其瑕間,是知經傳之文,非一人一家之學所能盡也。"王念孫曾評價朱彬《經傳考證》"惟期有當於經,迥非求古而不求是者所可同日語也"[③],《尚書異義》的編纂正説明朱彬治《書》不是拘守一家,而是將今、古文治學名家的解釋彙集起來綜合比較。阮元《研經室集自序》言:"余之説經,推明古訓,實事求是而已,非敢立異也。"[④]他上求先唐的經典文獻,不僅廣泛搜尋引今文《尚書》語例,還收集了古文《尚書》的語例,編成《尚书逸文》一卷。其實惟是以求、不拘門户是揚州學者共同的治學理念,這在曾授學朱、阮的王氏、劉氏身上亦有體現。王引之《經義述聞敘》中引其父王念孫的觀點"熟於宋漢之門户而不囿於漢學之藩籬"[⑤],朱彬曾撰《劉端臨先生行狀》評價劉兄"傳注有未確,雖自古經師相傳之訓詁,亦不爲苟同,於漢宋諸儒絶無依傍門户之見"[⑥]。學術前輩如是説,自然也會影響朱、阮研治《尚書》古訓。

不過,由於朱彬和阮元的學術氣質并不同,所以同樣是研究《尚書》古

① 阮元:《書梁昭明太子〈文選序〉後》,《揅經室集》,北京:中華書局,1993年,第608頁。

② 阮元:《西湖詁經精舍記》,《揅經室集》,第547頁。

③ 王念孫:《王石臞文集補編》,南京:江蘇古籍出版社,2000年,第12頁。

④ 阮元:《揅經室集》,第1頁。

⑤ 王引之:《經義述聞》,南京:江蘇古籍出版社,2000年,第154頁。

⑥ 朱彬:《游道堂集》卷三,同治七年(1868)刻本,第21頁。

訓,却呈現出不同的研究思路和治學方向。

我們將朱彬的《尚書異義》、《尚書古訓別傳》与他早作《經傳考證》作一比較,《經傳考證》共考證《尚書》字句訓詁問題104條,其中與晚作相同的條目只有17條。擇取《堯典》"克明俊德"一則來比較分析。

> 《考證》:鄭注:"俊德,賢才兼人者。"《史記》作"馴德",徐廣曰:"馴,順也。"彬謂馴、順同,馴德即順德,《詩》曰"應侯順德"是其證,堯之克明馴德猶《易》之"自昭明德",《大學》之"明明德",皆此義也。
>
> 《故训》:《史記》作"能明馴德"。克,能,《釋言》文。徐廣曰:"馴,古訓字。"《索隱》曰:"《史記》馴字,徐廣皆讀曰訓,訓,順也。言聖德能順人也。"《大學》作"峻",鄭注:"峻,大也。"《説文》"高也"。

《考證》、《故訓》皆引《史記》所記"馴德",前者引《詩》、《易》、《大學》目的在於訓解《書》經"俊德"即"明德"義,而後者又引《大學》,説明又有異文"峻"。這則條目一方面證明《異義》、《故訓》爲朱彬所著,延續了前期的研究思路:皆文字訓詁之學通經;另一方面,也可看出《故訓》圍繞異文現象展開了專門研究,是對前期研究的深化。如果將比較的視野擴大至《考證》與《異義》、《故訓》全書,後兩著研究在前者的基礎上,將研究範圍擴大到今文《尚書》的全部篇目,在注家故訓梳理和文本變異辨析這兩個專題上展開了系統研究。

阮元《詩書古訓》的"古訓"有其獨特内涵,阮元在《序》中交代:

> 萬世之學,以孔、孟爲宗。孔、孟之學,以《詩》、《書》爲宗。……孔孟之學,所以不雜者,守商、周以來《詩》、《書》古訓以爲據也。《詩》三百篇,《尚書》數十篇,孔、孟以此爲學,以此爲教,故一言一行,皆尊奉不疑,即如孔子作《孝經》,子思作《中庸》,孟子作七篇,每講一義,多引《詩》、《書》,以爲證據。若曰世人亦知此事之義乎?《詩》曰某某,即此也。《書》曰某某,即此也。否則尚恐自説有偏弊,不足以訓於人。是周時孔、孟之引訓於《詩》、《書》,猶今人之引訓於《論語》、《孟子》也。……又春秋時,列國君卿大夫,引《詩》、《書》者,亦皆明著者也。

在這段序文中,阮元首先明示孔孟之學以《詩》、《書》爲宗祖,孔、孟尊奉

《詩》、《書》的訓導，研究和傳授《詩》、《書》思想和内涵，每闡發自己思想和學説，以《詩》、《書》作爲依據。春秋時代文獻出現的《詩》、《書》引文反映了列國君卿大夫也是借《詩》、《書》來彰顯自己的觀點。就此看出，阮元的"古訓"之"訓"當指思想訓導，而朱彬的"故訓"之"訓"是文字訓釋，兩者存在著很大差别。

阮元之所以有此觀點，是導源於他的"古學"思想。前文所述，阮元早在山東學政時作《小滄浪筆談》，卷四云：

> 後儒説經，每不如前儒説經之確。何者？前儒去古未遠，得其真也。故孔、賈雖深於注疏，要不若毛、鄭説經之確；毛、鄭縱深於《詩》、《禮》，更不若游、夏之親見聞於聖人矣。予謂《易》、《書》、《詩》皆有古學。古學者何？商周之卿大夫，魯、鄒之諸聖賢，秦、漢之諸儒是也。故《書》曰"俊克明德"，則《大學》所論，勝於孔、馬矣。《詩》曰"夙興夜寐，無忝爾所生"，則《孝經》所論，勝於毛、鄭矣。而且孟子深於《詩》、《書》，荀卿嫻於禮制，董仲舒、賈誼注入所引經以證事者，皆可反引其事以注經。

阮元"古學"思想頗爲深刻和富有創見。他從經義傳播有時代差異的角度出發，論述"商周之卿大夫，魯、鄒之諸聖賢，秦、漢之諸儒"所論和所引在準確釋讀上古典籍具有重要作用。《詩書古訓》的底本是《十三經經郛》，這部書的編録可説是阮元"古學"思想的偉大實踐。《經郛條例》作如是説：

> 《經郛》薈萃經説，本末兼賅，源流具備。闡許、鄭之閎眇，補孔、賈之闕遺。上至周秦，下訖隋唐，網羅衆家，理大物博，漢魏以前之籍，搜采尤勤，凡涉經義，不遺一字，其大端有十。一曰探原本。以經解經，厥義最古，如"三傳"、《禮記》所引，《易》、《書》、《詩》、《爾雅》所釋訓詁是也。①

阮元《十三經經郛》計劃是從十個角度來研究儒家經典的意義和内涵，而將

① 陳壽祺：《左海文集》卷四《經郛條例》，《續修四庫全書》第1496册，第137頁。

“以經解經”列爲首條，這樣就大膽地擺脱了兩漢以後，甚至是許、鄭、孔、賈等，諸位注釋家觀點的局限，提倡訓詁的本義是求真求古，將學術眼界一下上溯至周秦時代，去尋找更能貼近經典原意的闡述。對這樣的學術嘗試，張舜徽先生給予了很高的評價，他説“突破了傳注的重圍”，“這書（《詩書古訓》）一出，便替研究經學開闢了一條途徑”①。

《尚書》文本在西漢尊爲經典之前，已基本定型。據馬士遠對周秦文獻的系統梳理，在先孔時期，《尚書》的核心篇章就已經成爲王官之學的重要内容，孔子及其之後的春秋戰國相交之際更成爲官教、私教并用的必備教科書，在戰國時期又成爲一些諸子創派立説所依託的傳統文化背景②。《尚書》作爲一部周秦政教記録的史書，在各政治階層有著較爲廣泛的受衆，在政治生活中會以《書》贊治，或申述立説引《書》爲據，推動《尚書》的詮釋和傳播。至西漢《尚書》尊爲經典後，用《書》、釋《書》、傳《書》、教《書》成爲一種風尚。可以説先秦兩漢傳世文獻引《書》語例就是《書》學史的時代記録。阮元從士大夫的立場，雖然有誇大孔、孟尊奉《書》經之嫌，但是，他關注以《書》贊治的研究方向無疑是正確的，他所輯録的大量文獻資料爲周秦兩漢《書》學史的描寫奠定了重要基礎。

朱彬仕途不達，後半生方致力於經書的研治，受乾嘉小學興盛及揚州學派樸學風氣的影響，一直對語言文字之學孜孜以求。從《經傳考證》到《禮記訓纂》，他的研究逐步深化和成熟，因此，他系統梳理《尚書》故訓和異文資料也是一種個人學術專精的必然。朱氏的治《書》實踐指明《書》學專題探討的必要性。

阮元力於政事，治學注重“通經致用”，他説：“聖賢之道，無非實踐。”③即儒家學説的價值依靠實踐來實現。因此，他在研究《尚書》古訓資料時就自然會關注到傳世文獻中引《書》的用例，不僅如此，他還注重昔人引《書》的歷史語境，這就跳出了釋經的框框，意圖啓發當世者以《書》爲訓，這種治學眼界頗高。其實，時至今日，用《書》的研究和實踐都還關注得不够，這可以説是阮元《詩書古訓》留給我們的最重要的啓示。

① 張舜徽：《清代揚州學記》，揚州：廣陵書社，2004 年，第 13、169 頁。

② 馬士遠：《周秦尚書學》，北京：中華書局，2008 年，第 3 頁。

③ 阮元：《大學格物説》，《揅經室集》，第 55 頁。

焦循論八股文的經學性

黄　强*

迄今爲止的科舉文化研究中,有一種觀點依然很常見:科舉制度就是封建統治者誘惑荼毒天下讀書人的一種制度。這種觀點顯然忽視了不少常識:延續一千三百多年的科舉制度,其中包括五百年左右的八股取士制度並非是無效操作,也就是説,這種制度不可能是特意爲了誘惑荼毒天下讀書人而制定;科舉制度的逐步確立與實施,不是一朝一代統治者的個體行爲,而是一千三百多年中科舉社會的群體行爲,歷史上不少具有雄才大略的君主,不至於愚蠢到選才衹爲了選取功名利禄之徒;社會發展的每一個階段都必須選拔人才,都有特定的選才制度,哪一種選才制度可以完全撇開競争意識與功利因素呢? 明乎此,可以知道,明清八股取士制度的實施,其根本目的仍在於場外培養、場内選拔具有忠實的儒家思想信仰,並輔以一定的實際才幹的人進入統治集團。忠實的儒家思想信仰表現爲"德"的要求,明清兩代對人才的要求,"德"始終在"才"之上。要考察士人是否具有忠實的儒家思想信仰,用於選拔人才的八股文也就必然具有經學性方面的要求,誠如清人張瀚《辨文體》所云:"明興以來,獨以制義取士,取明經而已。昔人曰:經術所以經世務也。國家有大典禮,則援經以證之;有大疑獄,則引經以斷之……則明經之學,上紹三代,下軼漢唐,有非雕蟲小儒之技所可方駕明矣。士應科舉之文,誠能釋孔孟之心傳,闡程朱之理解,則所進皆端人正士,豈不甚盛!"①因此,八股文的經學性指這種文體服務於作者理解與接受儒家經

* 黄强,揚州大學文學院教授。

① 清張景雲:《奚囊蠹餘·附録》卷下,《叢書集成續編》第116册,上海:上海書店,1994年,第658頁。

典思想體系的特殊性質。

傳統意義上的八股文的經學性主要通過三個方面得到體現：一、題目必須出自“四書”“五經”，而且以意義完整、界限清晰的大題爲正宗；二、以朱熹的《四書章句集注》作爲闡釋“四書”題的依據；三、入口氣代聖賢立言。追求這種傳統意義上的八股文經學性，事實上限制了作者個體在沉潛經史的基礎上厚積薄發的表達，導致内容的無差别化，缺乏判斷高下的可比性，越到後來越受到有識之士的普遍質疑和公開挑戰。清代乾嘉時期，盛極一時的樸學風氣不可避免地滲透到弊端日益嚴重的八股文領域，一向壁壘森嚴的八股文的衡文標準出現了明顯的鬆動跡象①，或風生水起，或暗流湧動，要求改良八股文的呼聲不絶如縷。“揚州學派”的代表人物之一焦循，與八股文結緣長達三十年之久，從少年時學習撰寫八股文，到青年、中年時運用傳授八股文，再到晚年時研究總結八股文，其在八股文中切入之深，有超乎今人想象者②。焦循作爲經學家，對八股文的經學性有自己豐富而且獨特的理論見解，其對傳統意義上的八股文經學性的質疑帶有全局性。在質疑的基礎上，焦循提出了帶有對八股文經學性進行救贖意義的理論主張。研究焦循對八股文經學性的論述，能够爲科舉制度、科舉文化的研究提供有益的啓示。

焦循論八股文的小題文

不管作爲經學家，還是作爲科舉考試的參與者，焦循都會接受並支持八股文以經言命題的根本舉措。但是在題型上，他出人意料地充分肯定小題。

① 方苞在總結明人八股文時説：“明人制藝，體凡屢變：自洪、永至化、治，百餘年中，皆恪守傳注，體會語氣，謹守繩墨，尺寸不逾。至正、嘉作者，始能以古文爲時文，融液經史，使題之意藴，隱顯曲暢，爲明文之極盛。隆、萬間兼講機法，務爲靈變；雖巧密有加而氣體茶然矣。至啓、禎諸家，則窮思畢精，務爲奇特，包絡載籍，雕刻物情，凡胸中所欲言者，皆借題以發之。就其善者，可興可觀，光氣自不可泯。”（《進四書文選表》，《方苞集・集外文》卷二，上海：上海古籍出版社，1983 年，第 579 頁）據此，明代八股文的衡文標準就已經發生了很大的鬆動。

② 參見拙文：《論焦循與八股文》，中國社會科學院歷史研究所清史研究室編《清史論叢》2013 年號，北京：中國廣播電視出版社，2013 年，第 190—205 頁。

《易餘籥録》卷八有云：

> 宋掌禹錫考試開封學進士，命題皆奇奥，士子憚之，目爲“難題掌公”。按《歸潜志》載：趙秉文爲省試，有司得李欽叔賦，大愛之，擢爲弟一人，擢麻知幾爲策論魁，於是舉子譁然，愬於臺省投狀，陳告趙公壞了文格。後欽叔復爲省試，有司得史學優賦，大愛之，亦擢爲第一人。於是舉子輩復大譟。賦中多用禽獸屬對，衆言可號學優爲“百獸家”。掌公，正秉文、欽叔一流人。乾隆甲午、乙未間，彭雲楣尚書時以詹事督學江蘇，以經解詩賦取士，《四書》題多取一二字，虚仄枯寂，不能預爲擬者……以難題試士，何可譏邪？《宋史》撰自元人，元人空疏，本不足知此耳。

所謂“《四書》題多取一二字，虚仄枯寂，不能預爲擬者”，正是八股文的小題。因爲小題是難題，所以焦循情有獨鍾，將好出難題的試官，從宋代的掌禹錫，元代的趙秉文、李欽叔，一直到清代的彭雲楣，順序列出，以示讚賞。焦循何以如此肯定作爲難題的八股文小題呢？

寫八股文的基本要求是“尊題”和“如題”。“尊題”即根據題目的要求闡述題中原有之義，“如題”即揣摩題目中體現的聖人的神情口吻、精神實質、意義範圍。八股文既然用於科舉考試，而題目又出自“四書”“五經”，這就使得一代代讀書人必須潛心研習儒家經典，八股文經學性的基礎由此奠定。

對於題型，明清統治者的主流意見是主張出大題。這同樣是出於維護八股文經學性的考慮。大題即以經典的一句數句或一節全章爲題，題義相對確定，與所屬章節乃至全書思想體系的聯繫相對緊密，熟諳經典即可知曉。戴名世云：“今夫大題也者，其體崇，其勢閎闊，固可以縱横馳騁。”①這是就體系内而言，大題可以作豐富的延伸與拓展，作者可以縱横揮灑，游刃有餘，但是從另一方面看，越出體系外的可能性微乎其微。這就决定了大題對於命題者而言有可控性，對於作文者而言有可把握性。人人都有可把握性，則難度相對降低，相似度增加，依據文章的水準判别高下就成爲困難的

① 戴名世：《甲戌房書小題文序》，《戴名世集》卷四，北京：中華書局，1986 年，第 90 頁。

事。焦循對此深有感觸。在《時文説(二)》中,其記述了自己與弟弟季蕃的一段對話:

> 季蕃問曰:"時文莫善於章、陳兩家之文,往往深僻其意。然則何如而後能深僻其意也?"余曰:"深僻者,形也,非意也。兩家之意,雖初學俗手亦能之。夫章、陳之文之深僻者,其形則然也。匪獨章、陳,凡時文皆然,庸、奇;清、濁;淺、深;華、樸;均以形别之。古文以意,時文以形,舍意而論形,則無古文;舍形而講意,則無時文,故二者不可以相通。然則時文易工乎?曰:惟以形工之尤難。"①

管窺所及,焦循的上述回答是同題時文之意無差别化的最直率的表述,乃至於號稱八股文名家的章大力、陳際泰"兩家之意,雖初學俗手亦能之"。確實,對於古代文人而言,《四書》中有歧義的字句畢竟不是大多數,對於章句義理明白曉暢的大題而言,高手與俗手的理解又能有多少區别?

小題則不同,是典型的斷章取義,題目越小,意義的取向就越多,與所屬章節乃至全書思想體系的聯繫就越隱蔽,這就爲作者的闡釋提供了更多的選擇,更大的自由。但是從另一方面看,小題並不必然導致作者偏離題目所屬經典的原義,衹有刻意者或對經典一知半解者,才會下筆千言,離題萬里。對於忠實於儒家經典的高明者而言,照樣能够將小題還原到所屬經典原來的意義範圍之内,作出正確的闡釋,體現八股文所追求的經學性,衹不過是曲徑通幽而已。這就決定了小題對於命題者而言有不可控性,對於作文者而言有陌生化和不可把握性。人人都不可把握,則難度大大提高,衹有那些真正潛心於儒家經典,並能够厚積薄發運用於場上的士人,才能脱穎而出。

上述討論還衹是就題論題,如果考慮到《四書》章句有限,明清數百年中,可供選擇的新鮮大題越來越少,重複使用過的大題越來越多,也即司一題或相似題目的範文越來越多,於是模仿剿襲乃至於鼠竊狗偷的現象便不可避免。在這種危機下,命題者搜尋一好題用於考試尚且難以爲繼,遑論追求八股文的經學性了。因此,小題的出現實在有其歷史的必然性。小題存在的前提是衹能在《四書》中出現過一次,不會令考生無所適從,讓考生能够

① 焦循:《時文説(二)》,《雕菰集》卷十,清道光嶺南節署刻本,下同,不另注。

將題義還原到特定的經典章節的語境中，完整地、準確地加以闡釋，通過小題寄寓八股文的經學性。因此，即使是正統學者如清人陸隴其亦云："先輩作文，必擇明白正大之題，雖虚縮亦不屑爲，以聖賢精義不在此也……虚縮題雖非精義所在，然猶是聖賢口氣，可以漸求其精義。"①虚縮題即小題，仍可以"漸求其精義"。正因爲如此，明清科舉考試的主持者們並不一概否定小題。

焦循充分肯定小題，正是對八股文經學性的一種救贖。他曾以誇張形象的比喻，説明小題文應以摇曳生姿的文字，回環往復，直探經言本義的過程："題有截上截下，以數百字而適完此一二句之神理，古文無是也。題有截，因而有牽連鉤貫者，其即離變化，尤未可以苟作，故極題之枯寂險阻，虚仄不完，而窮思渺慮，如飛車於蠶叢鳥道中，鬼手脱命，争於纖毫，左右馳騁，而無有失。"②這裏無非是指作小題文時作者的思維過程的驚險與激烈，因爲稍有不慎，就可能錯失題義之精微。但也因此而將小題文的寫作，納入了文學的範疇。八股文的文學性指這種文體被運用於作者理解與接受儒家經典思想體系的過程中，所具有的文學因素與文學特徵。

要想明瞭小題文照樣可以求得題之精義，最好對讀焦循所例舉的範文。

明人金正希（金聲）的小題文受到焦循特别推崇，他説："八股惟肖乎題，題有虚縮不完，則文亦必肖其虚縮不完，此有明二百七十年，惟金聲一人。題之至虚縮不完、難於措手者，莫如'豈不曰以位'五字，而金文之深曲盤折，真宇宙未有之奇。而後之作虚縮不完題者，變化轉换，不出乎此。""豈不曰以位"五字小題出於《孟子·萬章章句下》，題目所屬原文云："子思之不悦也，豈不曰：'以位，則子，君也；我，臣也；何敢與君友也？以德，則子事我者也，奚可以與我友？'"僅截下五字爲題，故稱虚縮不完題。作此小題文須入孟子口氣代子思立言。題既僅包含"以位"一層意思，則"以德"一層意思衹可隱射而不可直説。文云：

君所以挾以傲士者，皆士所籌及者也。（破題）

夫以友士爲異者，以千乘耳。位果可以衡士也，子思豈未念及此，

① 梁章鉅：《制藝叢話》卷一引，上海：上海書店，2001年，第21—22頁。

② 焦循：《時文説（一）》，《雕菰集》卷十。

而漫爲是不悦也哉?(承題)

嘗謂古之賢王,好善而忘勢者也。今人不能自忘,以之輕天下士,又若惟恐人之忘己貴焉,而漫以草野倨侮應也。夫分位之懸,此人所共知,亦人所共守。獨至於自重之士爲不知,而出此也耶?則子思之不悦於繆公者,大可怪矣。(起講)

友之不足安責以事,似未有從旁示以分位,而使之瞿然自失也。

乃友實未足應極之事,即繆公固明與之言千乘之國,而不能無拂然於中也。(二起股)

天下勢之所各伸,即兩者不能以相屈。士偏持所伸,而其出所伸以與我持者,固未有以低昂也。君之所伸於士者,位也,子思豈不於此一量度其不可屈之勢也哉?

天下勢之所偏屈,即傲者不能以强伸,士持其所以屈人,而必破人之所屈我者,使之茫然盡失所持也。君之所以屈士者,位也,子思豈以量度夫勢所不必伸者哉?(二中股)

以爲士必置位弗論,而後士得以行其志,則亦無以見士矣。明知有位在,而不可以位讓也,乃可以定士之重。不然,友士之千乘,有以驕語貧賤責子思者,子思其亦何辭以對?是子思固亦以餘地授人指摘也。

即以爲君必置位弗論,而後得以下其身於士,則亦無以見君矣。明見有位在,而不敢以位肆也,乃見士之不得不重。不然,去其位以友士,且有忽念其位而中淡者,位自不礙謙主,是子思固不妨以位較量也。(二後股)

以位則不敢與君友,而實不足以勝士,則繆公者,亦奚必斤斤於千乘之位,而以友士自賢哉!(落下)

全文先以破題一語道破魯繆公居高臨下的傲慢心態早已在士之預料之中。承題反問一句,點明子思之不悦,難道没有道理嗎?起講在古今對比的基礎上,揭示"自重之士"在芸芸衆生中的特别怪誕之處:對於"人所共知、亦人所共守"的懸殊地位並不買賬。起二股言在地位高貴的傲士者面前,子思決不會"瞿然自失也",更不能"無拂然於中也"。中二股筆酣墨飽,淋漓盡致地表明:在權勢與地位面前,士人自有其"不可屈之勢",而且能"持其所以屈人而必破人之所屈我者,使之茫然盡失所持也"。後二股以退爲進:士人並不否認地位的懸殊,但不會去攀附權勢,由此“乃可以定士之重”,“乃見士之不得不重”。最終以調侃魯繆公“斤斤於千乘之位”,而以與士人交友爲賢收結全文。從破題到落下,各部分扼定題旨,剥繭抽絲,層層深入,左右盤旋,或據理力争,或以退爲進,題目所屬原文的神情、口吻、意藴,没有一處不揣摩得妥帖到位,可謂題無剩義。虚縮不完之題,做出了一氣呵成、神完氣足之文,無怪乎焦循喻之爲“宇宙未有之奇”。這樣的小題文,儼然是孟子口吻,有着文學的虚構性;深曲盤折,跌宕起伏,充滿文章的趣味性;而左右馳騁,却扼定題旨,無有閃失,其經學性又是無可挑剔的。

在焦循的八股文理論體系中,小題文的經學性和文學性是可以互相激發和共存的。他説:“八股有小題,或枯窘,或游戲,如詩之咏物,宜出以古雅,令人解頤。明末王遂東(王思任)最工於此。”並摘引王思任小題文“曾元養曾子”、“馮婦”、“人莫知其子之惡”、“許子冠乎”四篇爲證[①]。焦循如此欣賞小題文,並在自己嚴謹的學術劄記《易餘籥録》中予以摘録品味,明清文人中没有第二人。此四文或爲王思任興之所至,走筆而成,但游戲其貌,正經其心,依然不失題義之精微。

焦循論八股文的尊經與守注

以朱熹的《四書章句集注》作爲闡釋“四書”題的依據,其目的明確,衆所周知。然而,焦循以自己的實踐質疑守注的可靠性,也即質疑守注能够維護八股文的經學性。他在《群經補疏自序·論語何氏集解》中云:“余幼時讀《毛詩》訖,即讀《論語》,已而學爲科舉文,習高頭講章,凡《存疑》、《蒙引》等不下十數家,愈求之,愈不得其要。既見注、疏,遂舍去講章舊説,仍不能豁然也。”[②]從講章舊説到注疏,再從注疏到經典本文,中間層次越多,經典本義越模糊,捨棄中間層次,以己心直探經典本文,反而豁然有悟。此處所言“注疏”,針對科舉文而言,自然主要是指朱熹的《四書章句集注》。

若謂焦循因排斥宋學而質疑朱熹的《四書集注》,又不僅如此,事實上,焦循入宋學還在漢學之先。其在《上王述菴侍郎書(一)》中云:“循,賤士也,

① 焦循:《易餘籥録》卷十六,光緒戊子夏德化李氏刊本。

② 焦循:《群經補疏自序·論語何氏集解》,《雕菰集》卷十六。

家世寒微，僻居下里，惟以先祖、父之訓，不敢爲世俗學。成童而後，涉獵經書，始究程、朱，漸探服、鄭。幸私淑於良友，乃尋求於舊説。然而賦資庸劣，朝誦夕忘，好爲深思，往往自塞。或以循蹈無益之艱途，失科舉之近效，誠爲知言。特相守有年，神與之習，不能舍也。”①可見其乃由程、朱而上溯服、鄭，之所以循此途徑，如其所述，實乃受家教之影響：“先君好五子書，因命學周、程之學。時甘泉姚雨田先生授徒於崇聖祠，閲説《太極通書》，僕是年居安定書院，每逢講日，往聽之，稍得其門徑。”②焦循之父焦葱好周敦頤、邵雍、程顥、程頤、張載等“北宋五子”之書，其對焦循治學之初的影響是不言而喻的。焦循一生雖宗漢學，但並不排斥宋學，他反對的是假宋學，空洞的義理之學，爲騙取功名以八股文糟蹋義理者。其《王處士纂周易解序》云：“今學究之談義理者，起於爲八股時文，而中於科第爵禄之見。其童而習者，惟知有講章，講章之所引據，則採摘於宋儒語録，故爲是學者，舍宋人一二剩語，遂更無所主，不自知其量，猶沾沾焉假義理之説以自飾其淺陋，及引而置之義理之中，其茫然者如故也。”焦循作此説，是以之對比他所崇敬的處士王方魏：“蓋先生無志榮禄，不爲科舉文，特津津於義理中者數十年，精熟於宋儒道學之書，又能見諸躬行，信於鄉里。此真能學宋儒之學，非中於科第爵禄之見所可擬之爲倫也。”③若一概而論，恒以爲焦循鄙薄宋儒之學，是不符合事實的。

直至焦循二十六歲治學有成之時，對宋學中人依然持公允態度，關鍵在於要以實學支撑義理，不尚空談。其爲陸佃所著《埤雅》一書跋云：“乾隆辛丑，於泰州買得《埤雅》一部，爲人索去。戊申，又得此本……陸佃爲王介甫學，故學者多非之。竊謂王氏亦未可盡非也。王介甫不朽之業有三：曰雇役，曰經義，曰《字説》……經義爲八股濫觴，元明以來用以取士，五百年不替；《字説》之書不傳，近時講六書者，依聲取義，極盡精妙，推其源，實即介甫《字説》之遺。”④這裏最值得注意的是，焦循將經義與《字説》並稱爲王安石的兩項“不朽之業”。經義標舉義理，《字説》包含實學，這種並稱，説明焦循

① 焦循：《上王述菴侍郎書之一》，《雕菰集》卷十三。

② 焦循：《與秦敦夫太史書》，《焦循詩文集》，第439頁。

③ 焦循：《王處士纂周易解序》，《雕菰集》卷十五。

④ 焦循：《里堂書跋》卷一，《焦循詩文集》，揚州：廣陵書社，2009年，第567頁。

將王安石區别於程、朱、陸等人,因爲王氏研究文字學,可謂宋人中復興漢學的先驅,故焦循又云:"王氏之文,獨成一家,其善正在不與人同,其經術學問皆然。"①即使對朱熹的《四書集注》,焦循也没有完全否定,玩味其所云"既見注、疏……仍不能豁然也",言外之意,仍有可取。

焦循質疑朱熹的《四書集注》,是由他作爲經學家的尊經立場所决定的,也是其堪稱齊備的經學知識結構所帶來的自信所决定的。"既見注、疏……仍不能豁然也",固然主要是指朱熹的《四書集注》,但又不限於此,既包括今注,又包括古注;既針對宋人之注,也針對漢人之注。在焦循看來,惟有尊經,恰恰才能真正體現八股文應有的經學性。尊經就不會守注,此理固然,但尊經又不意味着必須破注。對於《四書》章句,己見與諸注相同,固無論矣,這種類型實際上占了《四書》章句總數相當大的比例;己見與諸注相異或相反,毫無疑問,應當堅持己見,無須以他人之是非爲是非,無論是宋人之注還是漢人之注,皆不例外。如此非自幼沉潛於經典、博學如焦循者所不能。

章太炎云:"注疏者,八股之先河。"②確實,注疏釋經與八股文的出發點其實是一致的,好的八股文的破題必須在直探經典章句本義的前提下確立全文的論述中心。有時候朱注、古注與白文一致,有時候朱注與白文不一致,有時候朱注與古注皆不符合或不完全符合白文本義,諸般情况既涉及字句的訓詁考辨,也關係到在字句訓詁考辨基礎上的義理的闡發。無論作爲治學的經典闡釋,還是作爲八股文破題,都會碰到這些情况。而要在古今各種闡釋中或擇善而從,或撥亂反正,需要在完整準確地把握儒家經典思想體系的基礎上而形成的判别能力。高明的經典闡釋者和八股文作者都必須具備這種判别能力,而對於後者而言,一破中的,才是八股文經學性的根本。

焦循既是經學家,又是八股文作者和研究者,他反對俗濫的功名八股文,但充分肯定厚積薄發的實學八股文。《易餘籥録》是一部涵蓋經史子集四部的學術雜記,其中有許多條涉及"四書"章句的訓詁考釋、校勘辨析。值得注意的是,八股文試題的考釋與辨析亦穿插其中,乃至於將場内場外對"四書"章句的闡釋予以對照,並不將與八股文有關的問題視爲另類,排斥於學問之外。試舉三例,以見其嚴正的尊經立場,以及他所追求的八股文的經

① 焦循:《易余籥录》卷十六,光緒戊子夏德化李氏刊本。

② 陳柱:《中國散文史》,上海:上海書店,1984年,第267頁。

學性。

第一例，朱注、古注與白文一致：

> 朱子《集注》於此章"宗廟"直用鄭氏《論語注》，以祭祀解之，絶無指天子宗廟之説。蓋諸侯祭宗廟，士大夫相之，或時而會同，如《秋宫》"司儀"，注疏言會同之擯數，亦士大夫相之。曾晳問邦，夫子以諸侯明之，則宗廟會同，與邦與諸侯一貫。玩經文，正未一言及天子。至謂會同爲天子之事，不知主之者天子，而其禮究爲諸侯而設，則亦諸侯之事也。諸侯助祭，惟見《周頌・小序》，亦止稱諸侯因朝助祭，不聞諸侯之臣亦助祭。必以宗廟屬天子，則公西華之願欲爲諸侯歟？夫子之云將亦許子華爲諸侯歟？必不然矣。白文、朱注及古注皆不指天子言，而必添設言之，此講章不學之陋也。或謂宗廟不稱於諸侯，則《曲禮》一則云"君子將營宫室，宗廟爲先"，一則云"國君下齊牛，式宗廟"，是諸侯亦有宗廟矣。上言志子路稱"千乘之國"，冉子稱"方六七十，如五六十"，俱指侯國言，則子華亦本侯國可知，是又不得指小相之稱爲冢宰司馬，天子卿大夫贊襄於宗廟會同也。仁和東寒十八號立言雅正，挑爲首卷，以聽尊酌。（三月二十四日）①

嘉慶元年丙辰，焦循奉阮元之召佐浙江學幕，批閲諸生八股文月課卷，批閲過程中涉及關於《論語》"子路曾晳冉有公西華侍坐"章的有關問題，寫給阮元這封信。筆者以虔誠恭敬之心録下此劄，固然因爲焦循批閲諸生八股文月課卷的責任心，更因爲其對相關經典以及注疏旁徵博引、信手拈來的熟悉程度。爲了證明此章中公西華所云"宗廟之事"非指天子宗廟，而是指諸侯祭宗廟，焦循一是以本章内容互證；二是明察白文、朱注及古注（鄭氏《論語注》）三者一致，"皆不指天子言"；三是引證《周禮・秋官》、《周頌・小序》、《禮記・曲禮》的相關記載。以此實證爲基礎，方判定"仁和東寒十八號立言雅正"。

第二例，朱注與白文不一致：

① 焦循：《答阮芸臺先生》，《焦循詩文集》，第614—615頁。

謝少宰金圃先生墉督學江蘇,以“禹思天下有溺者由己溺之也稷思天下有饑者由己饑之也”命題,士人皆讀“由”爲猶,以爲己雖未溺之,猶己溺之;己雖未饑之,猶己饑之。少宰以爲非是,“由”當讀如字,謂己既爲司空,則天下之溺由於己;己既爲后稷,則天下之饑由於己。此真得古聖人之心,而孟子立言之本意也。①

題出《孟子·離婁章句下》,朱子《集注》云:“由,與猶同。”士人應試自然按朱注理解,謝墉却主張無須别解,“由”當讀如字,則“天下有溺者”、“天下有饑者”,皆是當政者失職的結果。此説更見得禹、稷自感身任其職而有切膚之痛,故焦循大爲讚賞,認爲真正體驗到古聖人之心和孟子立言之本意。

第三例,朱注與古注皆不符合或不完全符合白文本義:

乾隆乙卯鄉試,同號生剌剌談經,大約祖鄭康成而左朱考亭。明日題下,爲“旅酬下爲上”,是生則深斥朱注之非,以爲“賓弟子、兄弟之子各舉觶於其長”非古意。予詰之曰:“此正鄭氏注,而朱子依之未易也。君謂鄭氏爲學者所當守而不可易,然則此獨千慮之一失而宋子偶拾之邪?”其人默然。適見馮山公駁閻百詩譏朱注“岑蔚”二字杜撰,不知朱子正本鄭氏《大學》注。因憶乙卯闈中事,書於此。②

此例尤可見焦循闡釋經典時獨立不移、充滿自信的風格。“旅酬下爲上”一題出於《中庸》第十九章,同號生根本就不知道朱注出於鄭玄,焦循認爲:鄭玄千慮之一失在前,不能把錯誤歸於朱子,由此可見鄭氏之説亦並非全然正確,而爲學者所當守而不可易。“岑蔚”本義爲草木茂密,乃朱子爲《大學》引《詩經·緜蠻》“緜蠻黄鳥,止於丘隅”句中的“丘隅”所注,丘隅爲山坡角落之處,朱子解爲草木茂密,已屬引申想象,故閻若璩斥之爲杜撰,殊不知此注亦本鄭氏《大學》注,博學如閻若璩亦失知。焦循認爲:若説杜撰,鄭康成首先杜撰。乾嘉時期,受樸學風氣影響,“祖鄭康成而左朱考亭”成爲時髦,焦循則實事求是,一切以自己對經典的理解爲取捨,而博覽經典的古今

①② 焦循:《易餘籥録》卷三,光緒戊子夏德化李氏刊本。

注疏,是其獨立不移、充滿自信的基礎。

上引三例皆與科舉考試有關,當然,亦皆與經典章句的闡釋有關,孰謂場内與場外漠不相關,八股文與經典闡釋就判然分爲兩途?乾嘉時期,實學風氣相當深入地影響了八股文的寫作。八股文以經言命題,是尊經還是守注?如何對待今注與古注、宋人之注與漢人之注?這些問題同時也是現實中經學研究所不可回避的問題;而經學研究中經典闡釋的準確,又有助於提升八股文的經學性。不能因爲"四書"章句用於八股文題目,其字句意義的考釋辨析就不再是學問了,至少焦循是很認真地將之視爲學問的,這三例就是最有力的證明。

焦循論八股文"代聖賢立言"

傳統意義上的八股文經學性,其三項基本要求亦自成體系,環環相扣:以意義相對完整的經言命題,遵朱熹的《四書集注》,這兩項要求均服務於核心的原則,即"代聖賢立言"。這個原則的主要標誌是不得稱述三代以下之事實和話語,以保持聖人口吻的純潔性。第一項爲"代聖賢立言"提供了出發點;第二項爲"代聖賢立言"既排斥了異端思想,又提供了參照,因爲朱子解經的最大特點就是"以此心比孔孟之心,將孔孟心作自己心"①。清代著名學者陸隴其《讀朱隨筆》有云:"(朱子)《答張元德》曰:'大抵讀書須且虚心静慮,依傍文義,推尋句脈,看定此句指意是説何事,略用今人言語,襯貼替换一兩字,説得古人意思出來。先教自家心裏分明歷落,如與古人對面説話,彼此對答,無一言一字不相肯可。此外都無閒雜説話,方是得箇入處。'愚按:此是朱子解經高於諸儒處。觀其與張南軒商訂《癸巳論語説》,都是此法。明之先輩作經義,多祖述此,故其制雖始於安石,其體雖定於王、唐、瞿、薛,而其法實本於朱子。明乎朱子此法,方爲真經義。誰謂舉業盛而聖學亡哉?"②陸隴其此説正是將朱熹解經之法視爲明清經義即八股文"代聖賢立

① 黎靖德編:《朱子語類》,《朱子全書》本,上海:上海古籍出版社、安徽教育出版社,2002年,第649頁。

② 陸隴其:《讀朱隨筆》卷四,《四庫全書》第725册,上海:上海古籍出版社,1987年,第544頁。

言”的淵源的。

然而，與肯定八股文小題、主張以己心直探經典本文兩個方面相適應，焦循質疑八股文“代聖賢立言”的可能性：“夫時文之理法，第時文之理而已矣，時文之法而已矣……執時文之理與法，遂以爲即聖賢修己、治人、齊家、治國之理與法，然乎哉？”①對於士人而言，時文真的能代聖賢立言嗎？“習之既久，忘其由來，莫不自詡爲聖賢立言，不知敷衍描摹，亦仍優孟之衣冠。至摹寫陽貨、王驩、太宰、司敗之口吻，敘述庾斯抽矢、東郭乞余，曾何異傳奇（唐人傳奇小説——本文筆者注）之局段邪？而莊、老、釋氏之恉，文人藻繢之習，無不可入之，第借聖賢之口以出之耳”②。這就着眼於八股文的發展脈絡，從根本上否定了八股文代聖賢立言的神話。另一方面，焦循却前所未有地張揚八股文的文學性，認爲八股文具有作爲文體形式的綜合性，作爲文學樣式的延續性，作爲文學作品的虛構性，作爲文章體裁的趣味性，直至將八股文推舉爲有明“一代之所勝”③。

既否定八股文代聖賢立言的可能性，又大肆張揚八股文的文學性，然則焦循將八股文的經學性置於何地？在焦循的八股文理論體系中，經學性與文學性究竟有何邏輯聯繫？欲辨其中三昧，首先應明晰焦循心目中八股文的經學性與傳統意義上的八股文經學性的差別。

焦循推許的是不溺於科舉爵禄之見，根柢經術，厚積薄發，以行爲本，能够經世致用的實學八股文。在應試動機方面，不將八股文作爲“敲門磚”騙取功名，不爲世俗學，不求科舉之近效，而是究習經書，博覽典籍，見諸躬行，以備一旦爲官，堪爲世用。在八股文的功用方面，焦循特别讚賞明人章大力寓經濟之才，見實學功夫之文。他説：“然果抱經濟之才如大力，自能爲大力之時文，能爲大力之時文，則時文之用又何害之有？時文而於學問經術，朝廷正大得其用，登科後何必束之高閣邪？”在八股文作者的知識結構方面，焦循認爲應當能够出入經史子集，留心事務，具有健全的知識結構④。對比之

① 焦循：《時文説（三）》，《雕菰集》卷十。

② 焦循：《易餘籥録》卷十七，光緒戊子夏德化李氏刊本。

③ 參見拙文：《折戟沉沙鐵未銷，自將磨洗認前朝——焦循文學視野中的明代八股文》，載《中山大學學報》2012 年第 4 期。

④ 參見拙文：《論焦循與八股文》，中國社會科學院歷史研究所清史研究室編《清史論叢》2013 年號，第 190—205 頁。

下,焦循所追求的八股文的經學性顯然躍升到了一個更高的層次,一種理想的境界。無論這個層次,這種境界能否達到,至少焦循的態度是相當認真的。

而八股文寫作的清規戒律適足以阻礙焦循所追求的經學性的表達:章句相對完整的大題不足以判别應試者對經典的熟悉程度;遵朱熹的《四書集注》意味着闡釋者必須放棄自己認爲正確的理解;"代聖賢立言"不許稱述三代以下的事實話語,何以見應試者出入經史、留心時務的胸襟懷抱?因此儘管焦循不是八股取士制度的執行者,但這並不妨礙他作爲一個曾經經歷過的科舉中人,作爲一個八股文的清醒的研究者,提出改良八股取士之制的意見。

平心而論,博覽精研經典之焦循,自能嫻熟辨明章句意藴,故易於忽視時文之"意",但同題的八股文主要區别不在於表達的意義,而在於意義的表達,也許是不爭的事實。如何將一個衆所周知的意藴表達得與衆不同,此所謂"舍形而講意,則無時文"也。焦循的主張是以文學之"形"載經學之"意"。無怪乎其前所未有地張揚八股文的文學性。

張揚八股文的虚構性,也就意味着作者可以在代言的名義下表達自己對經典的理解,突破"代聖賢立言"的束縛。張揚八股文作爲文章體裁的趣味性,可以增加八股文的附加值,從文章技巧方面增加更多的可比性。在分析八股文具有作爲文學樣式的延續性時,焦循突出强調八股文與唐人傳奇小説一脈相承:"此文亦可備衆體:史才、詩筆、議論。"將八股文等同於小説,同樣可以用來叙事、抒情、議論,這無疑大大解放了八股文這一文體,確認其具有融匯經史、直抒胸臆的功能。爲了展現八股文作爲文體形式的綜合性,焦循説了如下一段話:

> 其考核典禮,似於説經,拘於説經者不知也;議論得失,似於談史,侈於談史者不知也;駢儷摭拾,似於六朝,專學六朝者不知也;關鍵起伏,似於歐蘇古文,橅於歐蘇古文者不知也;探賾索隱,似於九流諸子,嚴氣正論,似於宋元人語類,而矢心莊老,役志程朱,又復不知也。①

① 焦循:《里堂家訓》卷上,《續修四庫全書》第951册,上海:上海古籍出版社,2002年,第532頁。

經史子集,韻文散文,在焦循看來,八股文幾乎兼容了中國古代所有文體的要素。要寫好八股文,對幾乎所有的中國古代文體不僅要入乎其内,而且要出乎其外,這就賦予了八股文其他文體無可比擬的表達空間:能够考察作者能否準確地闡釋經典,能否通曉古今治亂,能否嫻熟運用聲韻格律,能否以古文之法爲時文,能否像九流諸子、宋元人語類那樣"禦寬平而有奥思,處恒庸而生危論"①?

焦循理論上充分張揚八股文的文學性,實踐中亦以此作爲衡量的標準。其應阮元之召佐浙江學幕,閲諸生八股文月課卷,所作的批語可見一斑:"雪夜,閲錢塘月課卷二十本,仁和月課卷三十本。錢塘若林成棟、魏繼栩……皆佳美,仁和高調元之文,能於虚處刻畫。"②"會稽文字美不勝收,極盡精力,得五卷……李泰伯説禮,文字韻語亦佳。東劍十四號截開上三比,下三比,字字描寫,運用之雅,筆墨之韻,在西寅十七號之上。""西張十九號三大比,格正而醖釀經史,故淵穆之氣令人生敬……東盈五號截'去讒'作主,串下'色貨',以賢與德隱於語中,筆力嚴峭。""西珍五號氣煉神完,淵雅古懋,金玉錦繡中,不可無此周鼎商盤也。"③所謂"虚處刻畫"、"美不勝收"、"字字描寫"、"醖釀經史"、"氣煉神完"、"淵雅古懋"云云,皆表現出焦循對諸生卷中以文學之形載經學之意的讚賞。爲友人寫傳記,焦循亦注目於此,《魏篁中傳》謂傳主"尤善時文,取徑偪仄……往往造於深微,波流瀠洄,頃刻百變,非世俗所能知也"④。清人爲人寫傳記,很少突出傳主善時文者,即使真相如此,亦隱而不論,焦循却毫無顧忌,不吝詞費,從文學性的角度讚美之。從學者或原不善於此,甚至不免有種種先入爲主之病,焦循因人而宜,重新加以調教:"來學者,或本無病,或受病有深淺邪正之不一,各如其病而益其不足,裁其太過,甚至盡伐其壅腫拳曲,以待新肄之發,或依其深幽奥晦而達諸天陽之光。於是格有奇正,詞有淡豔,意有浮沉,筆有嚴肆,不專一律,紛見錯出。"⑤所謂"格有奇正,詞有淡豔,意有浮沉,筆有嚴肆",亦經學之意寓於文學之形中也。明清兩代文人中,像焦循這樣張揚八股文的文學性,主張以

① 焦循:《里堂家訓》卷上,《續修四庫全書》,第951册,第532頁。

② 焦循:《寄阮芸臺先生》,《焦循詩文集》,第613頁。

③ 焦循:《寄阮芸臺先生》,《焦循詩文集》,第614頁。

④ 焦循:《魏篁中傳》,《焦循詩文集》,第464—466頁。

⑤ 焦循:《欲香集自叙》,《焦循詩文集》,第449頁。

八股文的文學性“深僻其意”者也没有第二人。

焦循論八股文經學性之平議

在中國科舉史上，也可以説在中國古代文學史上，是焦循爲八股文作了最全面、最系統的總結。在他身後，興化劉熙載的《藝概·經義概》雖然以羅列虛實結合的八股文作法見長，但論宏觀視野，論理論的穿透力，則大爲遜色。焦循賦予八股文經學性以新的内涵，充分肯定八股文的文學性，主張八股文以文學之“形”載經學之“意”，其實質在於賦予八股文以更多的表達自由，以便出入經史，兼容實學，真正實現八股文用於科舉考試以選拔人才的功能。

焦循這種八股文理論體系的出現决不是偶然的。首先是科舉史上歷史傳統的延續，從宋代的朱熹到清代的章學誠，均主張士人應試作經義或八股文應厚積薄發，並見諸躬行，以不負科目取人之意。其次是八股取士制度發展到清代中期的必然結果。讓每一位士人借八股文代聖賢立言，不僅理論上難以自圓其説，實踐中到了清中葉，隨着儒家思想維繫人心的力量日益削弱，這種號召已難以奏效。第三是乾嘉時期“樸學”風氣對科舉考試和八股文的影響與滲透。最後不可否認，這種八股文理論體系由焦循這樣的經學家提出，與其“變而通之”、“當其時則良”的知時達變的思想理念密切相關①。

焦循這種八股文理論體系又是充滿理想主義色彩的。其所追求的八股文的經學性内涵中，作者不溺於科舉爵禄之見，以行爲本，即言聖賢之言，必能行聖賢之行，這些都無法通過八股文本身表現出來。根柢經術，兼容實學，能够經世致用，固然可以通過八股文本身檢驗出來，但又與八股文的文學性結合在一起，須以文學之“形”，載經學之“意”，因此，即使在焦循的八股文理論體系中，經學性與文學性也是矛盾的對立統一。一方面它們互爲依存，不可分離，另一方面它們又互相衝突，不可偏倚，衹能維持在雙方可以接受的範圍和程度内。過於强調根柢經術，兼容實學，八股文的文學之“形”難以承載；過於張揚八股文的文學性，全力以赴追求之，下者會置義理於不顧，

① 焦循：《説權一》，《雕菰集》卷十。

純粹經營辭章，高者也會使經學之"意"深隱而不彰，經學性均會受到削弱，甚至被顛覆。傳統意義上的八股文經學性要求文學性絶對服從於它，甚至完全排斥文學性。陸隴其云："夫科舉之設，原非取其辭也……自學者見上之人所取在辭也，於是日夜磨礪其辭，以求當於有司。孔孟程朱之道，鍊習於筆端，言之侃侃，真若可信，而問其志，則曰：'吾以是求吾所欲耳，豈真思實其言哉？'譬之拙匠，不務精其業，而徒拾魯般之陳言，以應對主人，幸而獲其稍食，則吾事畢矣。其室之成壞堅脆，於吾何有哉？爲主人者，方慶其獲良工，而廣厦曲榭可藉以成，孰知其志之不在斯耶？所謂鷦鷯已翔乎遼廓，羅者猶視乎藪澤，而科舉於是弊矣。"①所謂"所取在辭"，即以辭章爲準，而置義理和以義理修養身心於不顧，辭章代表的是文學性，義理代表的是經學性。出於對經學性的維護，陸隴其對"上之人所取在辭"的現實憂心忡忡。但是當同一試場的所有考生均依據統一的試題，統一的闡釋標準，統一的思維模式揣摩成文，那真是無可避免地千篇一律了。失去了科目選人的基本功能，所謂的經學性又何在？所以，無論是傳統意義上的八股文經學性，還是焦循充滿理想主義色彩的八股文經學性，都有一個如何與文學性相依共存的問題，都會面臨一種兩難的選擇。

時至今日，誰也不會懷疑作爲經學家的焦循理解與闡釋經典的準確性，更不會懷疑他既是充滿理想主義色彩的八股文經學性的倡導者，同時又是堅定實踐者。但是焦循既然如此張揚八股文的文學性，如此强調"舍形而講意，則無時文"，作爲獨得之秘傳授給乃弟，那麼他自己寫八股文時特别注重文學之"形"，以文學性"深僻其意"，便是不言而喻的。當其意過於深僻，須循文學之"形"細細尋覓，這樣的八股文即使碰上的不是堅持傳統意義上的八股文經學性的試官，而是與焦循取向相同的試官，其結果也可想而知，即雙方對經言理解或局部、或整體的錯位。

何以焦循歷鄉試十一次，至嘉慶六年辛酉，其三十九歲時才取中舉人？何以嘉慶七年壬戌科會試是焦循參加的唯一的一次會試，又失意而歸？其間原因自然是多方面的，但由於作者以文學性"深僻其意"，導致其與閲卷者對經言理解或局部、或整體的錯位，當也是原因之一。十次鄉試的敗北不論，這裏僅就嘉慶七年壬戌科會試而言。該科《四書》文三題，首藝題爲《大

① 陸隴其：《同邑文序》，《三魚堂文集》卷九，清同治七年(1868)刻本。

學》"爲人君,止於仁;爲人臣,止於敬"四句;次藝題爲《論語·爲政》"道之以德,齊之以禮,有恥且格"一節;三藝題爲《孟子·滕文公章句下》"居天下之廣居,立天下之正位,行天下之大道"三句。三題皆爲大題,除了次藝題中"格"的解釋須斟酌,幾乎没有不確定的意義。焦循所作三文今日已不可復睹。該科考官爲禮部尚書紀昀等四人,同考官爲侍讀學士汪滋畹等十八人①。焦循是同考官未予薦出,還是已經被薦出而在考官定奪環節被淘汰出局?今日已無從考知。但焦循本人對於此次會試失利心有不解,又有不甘,先當年四月於京師作《文章强弱辨》②,自許文章之强;又在五月作《壬戌會試記》③,自記傳聞爲會元與實際落第之間的巨大反差,讀之令人心有戚戚然。

《壬戌會試記》記試前座師英和對作者云:"考試不必趨風氣,主師好尚之不同,往往至於相反,莫如據己之所學而自用之,一聽人之去取,庶不失乎己也。"焦循後來回憶説:"余質木,不善自轉移,每持此論,聞師言,益自信。"入場後,"場中紛紛以趨風氣爲説,余不知所趨,乃核是題神理以爲文法"。此處乃針對首藝而言。焦循既然"不善自轉移"、"核是題神理以爲文法",那麽對這種在他看來無法"舍形而講意"的題目,就一定會以文學性"深僻其意"。這種文卷自有識者,出場後焦循抄録示人,友人李冠三"甚稱道之",張開虞謂"是可得元",而更有姚鼐之子,"已欲得元,見余文而自失曰:'元當讓焦某矣!'"而到了不欣賞辭章文學性,不承認"舍形而講意,則無時文"的同考官或主考官手中,棄而不取,實在是再正常不過的事情。所以儘管公衆輿論因焦循其人的學術聲譽,傳聞其得元:"初六日,忽有傳余爲會元者,已而販夫販婦皆言之。至初十日早,則公然有報録者、賀者十餘起,皆曰會元,聞之者且亦曰此固不愧爲會元者。"乃至於焦循"趨避於外,然言者固牢不可破"。戲劇性的結果却是:"是夜榜發,下第。"極端失意之情,呼之欲出。

對於自己唯一的一次會試意外落第,焦循向阮元傾訴過自己的不解:"場中亦自竭力,方自愧文筆太强,乃榜後落第,批之爲弱,殊可怪也。"④《文

① 材料來源見法式善等撰:《清秘述聞三種》中的《清秘述聞續》卷一"鄉會考官類一",卷十三"同考官類一",北京:中華書局,1982年,第536、820頁。

② 焦循:《文章强弱辨》,《雕菰集》卷八。

③ 焦循:《壬戌會試記》,《雕菰集》卷二十。

④ 焦循:《寄阮芸臺先生》,《焦循詩文集》,第631頁。

章彊弱辨》可謂中國科舉史上少見的一篇落第舉子爲自己所作的辯護詞,文不長,過録如下:

> 文之彊弱,不在形而在骨,不在骨而在氣,不在氣而在神。得乎形者知形,得乎神者知神。善繪事者,先以淡墨,一山一樹,至百十漬,仍著以淡;俗手以濃墨取之,齷齪盈幅,按之索然;其彊弱可知也。有人焉,頎然皾然,介胄而立,左持矛,右挾盾,力不能勝一匹雛,可謂彊乎?有人焉,若不勝衣,臞然而骨立,千鈞可舉也,可謂弱乎?舉物若有物者,力不勝也;舉物若無物者,力有餘也。舉物若有物,其力見;舉物若無物,其力不見。以力之見爲力,弗等其物焉,且以爲不足舉也。蟻之負粒,蜣之轉丸,見其負不見其粒,見其轉不見其丸,以爲蟻之力彊也,不亦傎乎?故形之肥,不必壽於形之瘠,其神不同也。善醫者,切其脈以窮其神,不執其形也。然則形弱者神彊與?神彊形亦必彊,神弱形亦必弱。彊弱,非肥瘠之謂也。黄楊之細,自堅於樗櫟之大數圍,方寸之鐵,可以殺人,豈徑丈之楮所能抗乎?
>
> 壬戌四月在京師,有論文之彊弱者,乃爲之辨。

焦循之大不解者,自己尚懼文筆太强,而閲卷者批之爲弱。今日看來並不奇怪,其與試官取捨之標準不一耳。試官"得乎形者知形",焦循本人"得乎神者知神"。焦循將文章示人者由外向裏區分爲四個層次:形、骨、氣、神,其作八股文以文學之"形"深僻其經學之"意",自謂能達到"氣"、"神"兩境,亦所謂"舉物若無物"也。但其境須循文學之"形"自外向内深尋之,方得其妙。而試官淺嘗輒止,僅停留在"形"、"骨"兩個層面,不復知向内更有遠者大者,便斷定焦文不能直探經言本義,而徒事於辭章末技。説到底,還是八股文的文學性與經學性的關係問題。焦循自許文章經學性之强,因爲達到藴氣凝神之境,而試官却責其經學性之弱,因爲其文重"形"而輕"意"。這或許是焦循過於强調"舍形而講意,則無時文",進而大力張揚與追求八股文文學性並付諸實踐的結果,但就根本而言,仍然是八股文固有的經學性與文學性的内在矛盾問題。

焦循《毛詩》地理學探賾

——以未刊稿本《毛詩地理釋》爲考察中心

孔祥軍 *

《毛詩地理釋》四卷，焦循撰，爲未刊手稿，今藏上海圖書館①。卷首焦循自序云："乾隆丁未，館於東城壽氏，偶閲王伯厚《詩地理考》，苦其瑣雜無所融貫，更爲考之，迄今十七年，未及成書。今春家處，取舊稿删其繁冗，録爲一册。凡《正義》所已言者，不復臚列。附以氏族，得四卷。嘉慶八年癸亥二月春分日。"據此，焦循乃因不滿王應麟所考毛詩地理，而有此篇之作②。是書之撰，歷時彌久，前後達十七年，細觀今存手稿，前三卷釋

---

* 孔祥軍，揚州大學社會發展學院副教授。

① 是書歷來多有著録，如阮元《通儒揚州焦君傳》云："君謂王伯厚《詩地理考》繁雜無所融貫，作《毛詩地理釋》四卷。"(《碑傳集》卷一百三十五，北京：中華書局，1993 年，第 4058 頁。)《清史列傳》卷六十九《焦循傳》："(焦循)又著《禹貢鄭注釋》一卷，《毛詩地理釋》四卷。"(北京：中華書局，1987 年，第 5587 頁)然《焦氏遺書》未收此書，公私目録未見刻本著録。而《毛詩地理釋》手稿四卷尚存人間，今藏上海圖書館，其爲深入研究焦循毛詩學、輿地學，提供了全新資料，助益甚大，可謂彌足珍貴，惜乎學界對此稿關注不多，理應引起研治清代學術史者之注目。本文所引《毛詩地理釋》原文，皆據上海圖書館所藏此本，下不贅注。

② 民國二十一年(1932)，孫常叙在吉林省立圖書館發現焦循批注《詩地理考》一部，並加以輯録，集爲一册名爲《揚州焦氏讀〈詩地理考〉劄記》，並由吉東印刷社於 1935 年出版。《古籍整理研究學刊》1985 年第二期刊發了《揚州焦氏讀〈詩地理考〉劄記》(選載)一文，僅節取了《孫叙》、《繫年》以及焦循極少批注。據此文所録焦循《詩地理考叙》批注："閲二過矣，終宋儒之學也，庚戌循又記。余近有《詩釋地》一書，視此較精善，今亦尚未脱稿也，嘉慶戊午夏月記。"可見焦循確實在《詩地理考》上用了很大功夫，但此批注與《毛詩地理釋》顯爲兩書，可資互參。

地，後一卷釋人[①]，釋地部分每先表地名，下繫《毛傳》，凡《毛詩正義》未及者則附案語以考其實。其底本謄寫工整、一絲不苟，而施以眉批，又多删改、增入、倒乙等等修改符號，這顯然是所謂"取舊稿删其繁冗"的痕跡，於此處正可見焦循研究之深入與學問之遞變。然而既屬未刊手稿，或爲焦氏未定之見，稿本中自論點至句法，多有蒙昧含糊，甚或抵牾不通之處，此亦不足爲怪也。

焦循爲清代《易》學三大家之一，梁啓超云："可以代表清儒《易》學者不過三家，曰惠定宇，曰張皋文，曰焦里堂……里堂精於算理，又精於聲音訓詁。"[②]故其考據地理邏輯縝密，步步爲營，又不惜文字，長篇追索，此爲其顯著之特色，惟閻若璩《尚書古文疏證》差可比肩。如其辨浚地所在，即盡顯此長。卷一"寒泉浚"《傳》"浚衛邑也"："循按：《水經注》：（瓠子水）東逕浚城南，西北去濮陽三十五里，城側有寒泉岡，即《詩》所謂'爰有寒泉，在浚之下'。《通典》濮州濮陽縣引此《詩》，又云寒泉在縣東南有古浚城。濮陽縣爲衛地，浚在於此，當有然者。寒泉，傳無所解，則不必實有其地，後世名阪、名岡，取號於《詩》，謂之寒泉，不得轉以爲《詩》證也。"焦氏先據《水經注》、《通典》考實浚地所在，繼而又以通識眼光辨明"寒泉"非實有其地，後世所指多有附會，其見解之通脱，甚得釋地之要。至此，似已無疑問，然而"《太平寰宇記》於開封之浚儀縣云：寒泉陂在縣西六十里，《詩》云'爰有寒泉，在浚之下'，其水冬夏常冷，因曰寒泉。歐陽忞《輿地廣記》云：開封縣有浚溝，《詩》所謂浚郊、浚都也；祥符縣北有浚水，故謂浚儀，有寒泉阪，《詩》所謂'爰有寒泉，在浚之下'。"焦氏並未回避矛盾、簡化問題，而是實事求是的拈出文獻二則，從而引出"浚在浚儀之説"。對此，焦循又深辨其非，"此以浚儀之浚偶與《詩》同，遂取《詩》之'寒泉'以名其陂。乃浚儀漢屬陳留，班氏自注云：大梁，魏惠王自安邑徙此"。焦氏認爲此乃後人望文生義，而謂浚儀爲浚地，據《漢志》此浚儀乃西漢時名，戰國時稱大梁，

① 焦循《毛詩地理釋》卷四小序云："余既釋《詩》之言地者，次爲三卷。竊以杜征南撰《春秋集解》，又爲《土地名》、《氏族譜》以相經緯。《詩》與《春秋》表裏，釋其地亦宜釋其人……豈非有地則有人，有人則有事，序傳中有及時事者亦考而説之，附諸卷末云。"則焦氏實仿杜預之意，而續以釋人之述。

② 梁啓超：《中國近三百年學術史》，《梁啓超論清學史二種》，上海：復旦大學出版社，1985年，第296—297頁。

與浚自無關係。繼而，焦循又從疆域角度駁正浚在浚儀之説，焦氏的思路是，《毛傳》既謂浚爲衛邑，只需證明浚儀非爲衛邑，則前説不攻自破。“衛之疆域跨河東西，南平乎河。何以言之，陳留郡之長垣、封邱[①]皆在浚儀之北，孟康言長邱在封邱，杜曰宋地[②]；《續漢郡國志》封邱有桐勞亭，或曰古蟲牢，杜曰鄭地[③]。《春秋》匡在長垣，文八年晉侯歸匡戚之田於衛，杜曰：匡本衛邑中屬鄭；又蔡仲，杜言陳留長垣縣東北有祭城；是長垣爲衛、鄭交界之地。長垣之東爲沛陰，杜以鄭之武父在東北[④]，封邱之東爲酸棗，杜以鄭廪延之别名[⑤]，又以鄭之城棣在西南”。此段考辨略欠從容，稍顯繁亂迫促，而旨意甚明。焦氏擇定陳留郡長垣、封丘二縣，第一步説明二縣皆在浚儀之北，第二步努力證明此二縣縣境分屬鄭宋，衛又何能跨二國而遥領浚儀之地？“《漢志》東郡南燕縣，南燕國；《通典》滑州胙城縣，漢南燕縣，古南燕國；隱公五年‘衛以燕師伐鄭’，《土地名》云東郡燕縣；然則封邱以北、長垣以西尚有南燕國介於其間，莊二十年燕仲父尤見於《傳》矣，《郡國志》東郡燕縣有平陽亭、有瓦亭，平陽、瓦，皆衛地，杜皆以爲在燕縣東北”。焦氏考出長垣、封丘之北尚有南燕古國，又增有力之證。“又衛之平邱、宛濮、蒲，杜皆以在長垣，劉昭引《陳留志》鞠居在封邱，則以漢縣計之，衛之境止得長垣，多得封邱、南燕，自此而南皆鄭宋之地，衛不得而有之，浚郊、浚都何得在此?”焦氏總成上文，浚儀非屬衛地，明矣。焦氏無法直接論證其説，而是通過證明浚儀與衛之間相隔他國之境土，最終考辨成理．其思路新異高明，堪稱妙絶。然焦循並未止步於此，又引出一問題，“劉昭引

① “封邱”典籍本作“封丘”，焦循改丘爲邱，似因尊孔而避諱，下仿此。

② 《漢志》陳留郡封丘縣顔師古注引孟康云：“《春秋傳》敗狄於長丘，今翟溝是。”《左傳》文公十一年：“敗狄於長丘。”杜注：“長丘，宋地。”

③ 《春秋》成公五年：“公會晉侯齊侯宋公衛侯鄭伯曹伯邾子杞伯同盟于蟲牢。”杜注：“蟲牢，鄭地，陳留封丘縣北有桐牢。”

④ 《春秋》桓公十二年：“公會鄭伯盟于武父。”杜注：“武父，鄭地，陳留濟陽縣東北有武父城。”又《漢志》陳留郡有濟陽無沛陰，焦氏作“沛陰”，顯誤。

⑤ 《水經注》卷七：“濟瀆又東徑酸棗縣之烏巢澤澤北……濟瀆又東徑封丘縣北，南燕縣之延鄉也，其在《春秋》爲長丘焉。”據此，酸棗當在封丘之西，《中國歷史地圖集・秦漢圖組》所繪若此，焦氏云“封邱之東爲酸棗”方向適反，誤甚。又《左傳》魯隱公元年：“至於廪延。”杜注：“廪延，鄭邑，陳留酸棗縣，北有延津。”

《晉地道記》謂《論語》儀封人即此縣[①]，《論語集解》鄭注云：儀蓋衛邑”，浚儀爲儀，儀又爲衛邑，則浚儀爲衛邑，問題似乎又回到了原點。“《正義》云：以《左傳》衛侯入於夷儀，疑與此是一。《郡國志》東郡聊城有夷儀聚，此齊衛之界，孔子至衛，未嘗由齊，非謂此也。夫曰‘蓋衛邑’，未知果衛否也，或非衛邑，則浚儀可矣。《水經注》於浚儀引《西征記》論儀封人即此縣非也[②]，酈氏非之，信矣”。焦循據孔子適衛之途以駁儀爲夷儀之説，誠是；然其僅引酈道元所謂“非也”以證儀不在浚儀，殊欠考據。《論語補疏》卷上“儀封人”條焦循云：“使儀封人在浚儀，當今祥符、蘭陽之間，雖爲由陳至衛之道，而邑非衛邑矣。”[③]此處又以儀在浚儀爲是，兩相矛盾，可見焦氏於此陷入困境，而難解其惑。劉寶楠云：“按《明一統志》：儀城在蘭陽縣西北二十里，即‘封人請見’處。蘭陽、祥符地本相通，以浚儀之名，附會爲封人所官邑。又浚儀始見於《郡國志》[④]，不若夷儀爲尤古矣。”[⑤]劉氏以爲古儀地本近浚儀，後人見浚儀有儀字，而附會此爲古儀地，庶幾近之。其實，焦氏上文歷歷所考，已證明浚儀非衛地，儀既近浚儀，鄭玄謂儀蓋衛邑，顯誤。此例既可見焦循推求古地之細密精審，也可見考不勝考，終陷繁瑣而不可自拔。

焦氏亦復能從《毛詩》所涉地名入手，細繹其命名之義，進而由此辨析地望方位，區分同名異地，如卷一“中露”《傳》“中露，衛邑也”：“循按：鄭氏爲此序箋云‘黎侯爲狄人所逐，棄其國而寄於衛，衛處之以二邑，因安之’，二邑，即依《毛傳》爲説也。《水經注》：瓠子河東逕黎縣故城南，孟康曰今

① 《續漢志》陳留郡浚儀縣劉昭補注。

② 《水經注》卷二十二：“《西征記》論儀封人即此縣，又非也。”

③ 焦循：《論語補疏》，阮元編：《清經解》，南京：鳳凰出版社，2005 年，第 8825 頁。又王鎏：《四書地理考》卷一“儀”條引《王中川集》云：“（浚儀）此地爲儀者有五證：此去衛故都謹百數十里，自衛適陳，道必經由，證一也；《水經》浚水實出邑下，《衛詩》云‘孑孑幹旄，在浚之郊’，浚之爲儀，實爲一所，二證也；秦漢去古未遠，縣名浚儀，必有所據，三證也；儀又加浚者，見浚爲衛水，此實衛地，四證也；儀封在漢爲東昏縣，後易東明，宋元始易爲儀封，今縣治又國初所遷築，去衛適陳，必不由此，封人官名，偏取儀封，此不足信，五證也。”（《續修四庫全書》第 170 册，第 327 頁。）浚儀非衛地，焦循已考實，其所謂五證，皆浮泛而不可信據也。

④ 《漢志》陳留郡已有浚儀縣，此處劉氏稱浚儀始見於《續漢志》，誤甚。

⑤ 劉寶楠：《論語正義》，《諸子集成》影印本，上海：上海書店，1986 年，第 72 頁。

黎陽也，薛瓚言按黎陽在魏郡非此黎陽縣也，世謂黎侯城，昔黎侯陽寓於衛，《詩》所謂‘胡爲乎泥中’，毛云泥中邑名，疑此城也，土地污下，城居小阜，魏濮陽郡治也。此以泥中爲邑，無畔於傳。至《元和郡縣志》於鄆州鄆城縣云：黎邱在縣西四十五里，春秋時黎侯寓於衛，因以爲名，黎之臣子諷黎侯歸國作詩曰：‘胡爲乎泥中。’蓋惡其卑濕也。此以卑濕解泥中，似本《水經注》‘污下’之說而誤者，實爲畔傳之始。”《毛傳》雖爲古文經學，然傳自西漢，當淵源有自，《水經注》未違毛傳，《元和志》則申説轉異，頗有望“泥中”文而生“卑濕”義之嫌，焦氏點出二説釋解地名之異，自可見出古説流傳而致訛誤之跡。繼此，焦循指出又有另一説法：“乃《水經注》於河水過黎陽又云：黎侯國也，《詩·式微》黎侯寓於衛。《元和志》衛州黎陽縣云：古黎侯國。此黎陽在漢屬魏郡，晉灼曰：黎山在其南，河水經其東，其山上碑云縣取山之名，取水之陽，以爲名也。即臣瓚所謂‘黎陽在魏郡非黎縣’是也。蓋魏郡之黎陽以黎山得名，在今衛輝府之浚縣，唐之衛州，宋之浚州也；東郡之黎以黎侯寓得名，在今曹州府鄆城、壽張之間，唐屬鄆州，宋屬濟州也……黎陽既非本國，亦非寓地，孟康誤舉，故臣瓚破之，酈道元、李吉甫之書兩繫之，殊屬惑人，地書紛雜，誠未易讀也。”焦氏從地名命名角度入手，細繹兩黎得名之因，魏郡黎陽名自黎山河陽，鄆城黎城乃因黎侯所寓得名，一出自然山川，一出人文史事，此端既明，則地望自分，此段考辨確鑿明晰，堪稱精彩。焦循又云：“黎侯寓衛，衛處以泥中、中露二邑，後因以所寓之地名黎，得黎侯所寓之地，即得泥中、中露之地也矣。”若此高見實已觸及古史地名遷移之普遍規律，錢穆先生曾總結道：“一民族初至一新地，就其故居之舊名，擇其相近似而移以名其僑居之新土。”[①]“因人事變動，常常有後起的新名來掩蓋故名”[②]，焦氏由《式微》詩義揭示中露、泥中實乃黎侯所寓，再依據地名遷移規律，由已知之黎地，推求未知之中露、泥中，實開考古證地之一大法門。

傳世典籍中關於先秦地理的説法往往方枘圓鑿、矛盾抵牾，通過排比前後文獻記載，則流傳中所産生的訛誤便自然呈現出來，孰是孰非，不辨自明，

① 錢穆：《史記地名考·序》，北京：商務印書館，2001年，第6頁。

② 錢穆：《提議編纂古史地名索引》，《禹貢》半月刊第一卷第八期，收入《古史地理論叢》，北京：三聯書店，2004年，第298頁。

辨章學術、考鏡源流的學術史研究思路，被焦氏極好地運用到了先秦地理研究中。其著例，如卷一"楚堂"傳"楚邱有堂邑者"條："循按：《漢書·地理志》山陽郡成武，有楚邱亭，齊桓公所城，遷衛文公於此，子成公徙濮陽；又東郡濮陽，衛成公自楚邱徙此，故帝丘顓頊墟。後漢《郡國志》成武屬濟陰郡，補注云：《左傳》隱七年戎執凡伯於楚邱。《正義》所引杜預注即此七年注也[①]。《晉地理志》沛陽成武有楚邱亭，晉改沛陰爲沛陽，杜預時尚未改，故仍曰濟陰[②]，杜於隱七年之楚邱及僖二年之城楚邱，並云衛邑，則固以齊之所城、戎之所伐爲一地，與班《志》同也。"班固、杜預均認爲楚邱在成武，並無疑問，焦氏先定下一基點，隨後便引出異説："康成東漢人，時成武屬沛陰，不屬東郡，而疑在東郡界中者，蓋不以成武之楚邱，爲衛之楚邱也。"焦氏所謂康成云云者，實指孔穎達《正義》所引："《鄭志》：張逸問楚宫今何地？仲梁子何時人？答曰：楚丘在濟、河間，疑在今東郡界中。仲梁子，先師魯人，當六國時在毛公前。然衛本河北，至懿公滅乃東徙渡河，野處漕邑，則在河南矣。又此二章升漕虚望楚丘，楚丘與漕不甚相遠，亦河南，明矣，故疑在東郡界中。"鄭玄所疑頗有道理，據《左傳》閔公二年："冬十二月，狄人伐衛……衛師敗績，遂滅衛……及敗，宋桓公逆諸河，宵濟，衛之遺民男女七百有三十人，益之以共、滕之民爲五千人，立戴公以廬於曹。"據此，至魯閔公二年衛方由北渡河，

① 《毛詩·定之方中》孔穎達《正義》云："杜預云：楚丘，濟陰成武縣西南。"《春秋》隱公七年"戎伐凡伯于楚丘"杜注："楚丘，衛地，在濟陰城武縣西南。"

② 魏有濟陰郡，宋本《晉志》作"濟陽郡"，中華書局標點本《晉書》校勘記據錢大昕《廿二史考異》及《宋書·州郡志》、《左傳》杜注以爲當作"濟陰郡"，並改《晉書·地理志》正文爲"濟陰郡"，方愷《新校晉書地理志》、吴士鑒《晉書斠注》皆同之，並誤。今檢《左傳·隱公七年》經文杜注有濟陰城武縣，則太康元年仍作濟陰郡。《宋書·州郡志》："城武令，前漢屬山陽，後漢、《晉太康地志》屬濟陰。"則太康三年仍作濟陰郡。而《通典》卷一百七十七《州郡七》："曹州……漢改爲梁國……宣帝更名定陶，後爲濟陰郡。後漢因之。晉爲濟陽郡。"又《輿地廣記》卷七京東西路都督興仁府望濟陰縣條："二漢置濟陰郡，晉爲濟陽郡。"又《輿地廣記》卷七京東西路東輔洪州畿楚丘縣條；"漢爲己氏縣，屬梁國。後漢屬濟陰郡。晉屬濟陽郡。"則西晉確有"濟陽郡"。而《晉書·地理志》政區斷代在太康四年(詳參孔祥軍《〈晉書地理志〉政區斷代考》，《書品》2007 年第 3 期)，則晉時改"濟陰郡"爲"濟陽郡"當在太康四年，故《太康地志》爲"濟陰郡"，而《晉書·地理志》爲"濟陽郡"，中華書局標點本《晉書》誤改。焦循此處所云甚得政區沿革之實，誠是也。

隱公七年衛何得河南地境之有?“戎伐凡伯於楚丘”,杜注:“楚丘,衛地。”大誤[①]。然國屬雖誤,杜氏所釋地望則不誤。焦循於鄭玄東郡之説,有以辨之:“《水經注》菏水分沛於定陶東北,北逕已氏縣故城西,又北逕景山東,《衛詩》所謂‘景山與京’者也,又北徑楚邱城西,《郡國志》曰成武縣有楚邱亭[②],杜預云:楚邱在成武縣西南,衛懿公爲狄所滅,衛文公東徙渡河,野處曹邑,齊桓公城楚邱以遷之,即《詩》所謂‘升彼墟矣,以望楚矣,望楚與堂,景山與京’。此同於《班志》。”焦氏並未正面回答鄭説之疑,而是援引《水經注》作爲新證,又云:“惟《鄭志》答張逸問疑在東郡界中,未言何縣,亦未明載經注中,蓋未定也。”焦氏云云,未及根本問題,實欠論辯之力。然焦氏揭發訛誤源流之功,則不可没,“《水經注》言:濮水枝津,上承濮渠,東逕鉏邱縣南,京相璠曰:今濮陽城西南十五裏有沮邱城,六國時沮楚同音,以爲楚邱,非也。然則京相璠始以濮陽有楚邱,亦未即指文公所徙之楚邱,酈氏於古事舊跡,往往兩載,獨此直斥其非,則真非矣”。據焦氏此段所揭,京相璠實爲誤説源頭,而後世以訛傳訛,則更甚矣,“至唐人作《括地志》乃以爲在滑州衛南縣[③],《通典》及《元和郡縣志》皆於滑州言衛文公自漕邑遷於楚邱即衛南縣。《太平寰宇記》於澶州衛南縣言:楚邱城在縣西北四里,《詩》曰‘定之方中,作于楚宫’,引《城冢記》云:齊桓公築楚丘之城即此。此本《括地志》之説,然於河

① 江永:《春秋地理考實》隱公七年“楚邱”條云:“《經》:戎伐凡伯于楚邱以歸。杜注:衛地,在濟陰城武縣西南。《彙纂》:今兖州府曹縣東楚邱亭是也。今按:曹縣今屬曹州府。《一統志》:楚邱城在曹縣東南五十里,春秋時戎州己氏之地,漢改爲己氏縣,隋改曰楚邱,明省入曹州。又考二年戎城亦在曹縣,則此楚邱爲戎邑,凡伯經其地,戎遂伐之以歸,非衛邑也。因此楚邱與滑縣楚邱衛文公所居者同名,杜遂以爲衛地,不知此楚邱去衛遠,衛不得有此。説者因杜注遂謂‘于楚邱’者,罪衛不能救王臣之患,考之亦不詳矣。若論近楚邱之國,則曹都定陶者爲近,凡伯經戎人之邑而戎伐之,雖曹亦不能救也。《春秋》書‘于楚邱’詳其爲戎地,以見戎之横,周之微耳,于曹、衛乎何責。”(《春秋戰國史研究文獻叢刊》影印清道光九年學海堂刊《皇清經解》本《春秋地理考實》,北京:國家圖書館出版社,2009年,第15—16頁)江氏雖不明兩楚邱實爲一地,然其釋此衛地乃涉後而誤,是也。

② 今傳世本《續漢書·郡國志》濟陰郡成武縣無楚邱亭之載,王先謙《詩三家義集疏》謂此《郡國志》系《地理志》之誤(北京:中華書局,1987年,第240頁),或是。

③ 王應麟:《通鑒地理通釋》卷四“十二諸侯”條“齊桓城楚丘而居文公焉”小注:“《括地志》:楚丘,滑州衛南縣。”

南道宋州楚邱縣則又云：古之戎州即己氏之城邑，景山在縣北三十八里，高四丈，蓋《詩》云'景山與京'也，又棠水在縣北四十五里，從單州成武縣入界，南行五里合泡溝，《詩》云'望楚與堂'也，又古楚邱城在縣北三十里，《詩》云'定之方中，作于楚宫'，《左傳》隱公七年戎伐凡伯於楚邱，杜預注云在濟陰成武縣西南。是兼兩地而言之。至歐陽忞《輿地廣記》辨成武之楚邱云：漕、楚邱二邑相近，今拱州楚邱非衛之所遷，縣有景山京岡，乃後人附會名之。於是近世學者，遂以楚邱在開州滑縣，而成武楚邱在今曹縣，爲宋地。而戎之所伐，與齊之所城，竟爲兩地！[①]"通過焦氏此番排比羅列，一條紅綫赫然在目，鄭疑權輿，京相璠濮陽之説遂起；濮陽近滑州，遂自《括地志》至《通典》、《元和志》則有楚邱滑州衛南之説；再至《寰宇記》則兩載其説而未定孰是；又至《輿地廣記》則楚邱一分爲二，各爲一地，此後遂成不刊定論[②]。源流既明，焦氏又據史實事理再辨之，"循因論之，閔公二年，立戴公廬於曹，齊桓公使公子無虧戍曹，僖西元年，諸侯城楚邱封衛[③]，於是去曹而遷楚邱矣。十二年，爲狄難，諸侯城衛楚邱之郛，十八年、二十年，狄皆侵衛[④]，三十一年

① 焦氏所謂"近世學者"，如顧棟高，其《春秋大事表》卷四《春秋列國疆域表·衛表》云："僖二年遷楚邱，今爲衛輝府之滑縣。"(《春秋大事表》，北京：中華書局，1993年版，第530頁)今人則有楊伯峻，其閔公二年"封衛于楚丘"注云："楚丘，衛地，在今河南省滑縣東。"(《春秋左傳注》，北京：中華書局，1990年修訂版，第273頁)

② 王先謙云："自隋開皇十六年，同時置兩楚丘縣，一在漢己氏縣，即杜注所云城武縣西南；一在漢白馬、濮陽之間，正用京説，旋改衛南，於是言輿地者本之，遂一成而不可易。"(《詩三家義集疏》，第241頁)王氏此言可作焦氏所譜楚邱諸説源流之補充。又顧棟高有詩云："衛邑原來兩楚丘，開皇並置本《春秋》。班書謬列從成武，滑縣漫同己氏州。"小注詳考："《穀梁》于兩楚丘皆言衛邑，而不明其處，至隋開皇十六年同時置兩楚丘縣，一在漢己氏縣，以戎伐凡伯之楚丘爲名。己氏，春秋時爲戎州，在今山東曹州府曹縣東南四十里。一在漢白馬縣，即齊桓公所封者，在今河南衛輝府滑縣東六十里。"(《春秋大事表·春秋列國地形口號》，第1023頁)王説似本此，然顧氏此言易致誤解，據《隋志》："開皇四年又置己氏，六年改曰楚丘。"則開皇六年改己氏爲楚丘，非開皇十六年置楚丘。而衛南之楚丘，據《隋志》："衛南，開皇十六年置。"《元和郡縣志》："衛南縣，本漢濮陽縣地，開皇十六年于此置楚丘縣，後以曹州有楚丘縣，改今名。"則顧氏、王氏宜言隋開皇十六年同時有兩楚丘，庶幾契合史實。

③ 《左傳》閔公二年，《春秋》、《左傳》僖公二年，皆載僖公二年諸侯城楚丘封衛，焦氏此處謂僖西元年，似誤。

④ 《春秋》僖公二十一年：二十有一年春，狄侵衛。焦氏此處謂僖公二十年，似誤。

冬，狄圍衛，衛遷於帝邱。是必帝邱可以避狄，故去楚邱而適此，若楚邱在滑縣，則與帝邱接壤，相去不百里，狄可圍楚邱於滑，獨不可圍帝邱乎？必不然矣。唯楚邱在成武爲衛之東南，與宋、魯接壤，狄人出没於此，凡侵魯、侵宋、侵衛皆在此。帝邱，西憑大河，北擁清、濟，地近於漕，實遠於楚邱。自遷之後，狄乃移患於魯、宋，雖文十三年乘衛侯在會，亦爲患於邊，不足爲衛難矣。故未遷則苦之，既遷且乘狄亂，侵以報之，蓋狄雖無定，而出没之地亦有常，河、濟之間非其所及矣。"焦氏精熟《春秋》，貫通《左傳》，衛國數遷前後之史事，如視諸掌，隨手拈來，寓釋地於考索史事，其所辨析皆中衛、狄交争之情，衛遷成武，固近史實也。經此長篇考證，楚邱諸説之争蓋可息矣。

"《詩》與《春秋》(本相)表裏"①，援《春秋》史事以考《毛詩》地理，以經證經，史詩互證，亦爲焦循考據之重要手法。如卷二"汶水"箋"汶水之上蓋有都焉襄公與文姜時所會"："循按：《漢書地理志》有二汶，一出泰山郡萊蕪入濟，此《禹貢》之汶也；一出琅邪郡朱虚至安邱入濰，此《詩》之汶也。"焦氏先列出二汶首尾所逕，經義之别，繼而考辨此説之由來，"何以言之？《禹貢》言'浮於汶達於濟'，入濰之水，不可達泲也"。此自《禹貢》而言，誠爲顯而易見之證，所辨甚是；焦氏又自《春秋》而辨："文姜之會齊侯，《春秋》備書之：莊二年會禚，七年會穀，爲齊地；四年會祝邱，七年會防皆魯地。《詩》刺襄公入魯境，則當指祝邱、防二地。祝邱即桓五年城以備齊之邑，《地理志》東海郡即邱，孟康云古祝邱，在今沂州府境。魯有二防，西防本宋地，隱十年魯取之，杜注高平昌邑縣西南。晉高平昌邑在漢屬山陽郡，今爲兖州金鄉縣地，於魯爲南境，齊侯不應遠至此。東防，隱九年公會齊侯之地，杜注在琅邪華縣東南，亦在今沂州府境。防及祝邱皆在齊都之南，魯境之東，襄公至此必由臨朐而南渡入濰之汶，汶全在齊，齊人咏其地之水，則必不遠引萊蕪所出之流也。"齊襄會文姜，《春秋》所載有四，其二在齊，其二在魯，而本詩《齊風・載驅》有"魯道有蕩"之語，則爲赴魯無疑。焦氏遂筆鋒一轉，遂詳考祝邱、防二地所在，皆處今山東臨沂一圍，襄公欲赴文姜於此，豈能由泰山之汶而折回遠繞，其必經之汶則爲入濰者無疑，此汶在齊，適可與《齊風》諷詩相配，焦氏此例所辨真可謂左右逢源、處處貼合。且於齊之禚、穀二地，焦循亦有説："若穀在東阿，禚爲西境，襄公至此，無容過汶也。"二地皆在今山東長清周

① 《毛詩地理釋》卷四小序。

圍，與二汶均相隔已遠，確不關涉。考據之滴水不漏，焦氏當之。

焦氏所考亦有似是而非者，如卷一“汜”傳“決復入曰汜”：“循按：《爾雅》有二汜，一在《釋水》‘決而復入’之謂也；一在《釋邱》‘涘爲厓窮瀆汜’是也。《説文》兼采之，字從巳午之巳。鄭氏注《禹貢》以夏水首出江、尾入沔爲沱，《水經注》以夏水爲江之汜。蓋自江之決處言之爲沱，自決而復入言之爲汜，自水決復入之間言之爲渚，三者一也。汜可通名爲沱，汜者沱之復入江者也，故夏水鄭言沱，酈言汜。”焦氏謂“汜可通名爲沱”此本不誤，而强分江決爲沱，復入爲汜，經由爲渚，則分辨太過，顯屬牽强。而其説訛誤有三：其一，曲解《爾雅》。《爾雅》爲釋經而作，《毛傳》亦取之爲解，明謂“決而復入”爲汜，非謂“江決爲沱，復入爲汜”，焦循以意改志、六經注我，甚非。其二，不通地理。今檢《水經注》卷三十二經文：“夏水出江津於江陵縣東南”，酈道元注云：“江津豫章口東有中夏口，是夏水之首，江之汜也。”江陵爲江水決出衍爲夏水之津口，據此可謂“江決處爲汜”，而焦循滅去“之首”二字，引作“以夏水爲江之汜”，擇此去彼，斷章取義，遂稱“自決而復入言之爲汜”，而與地理實情轉相違背，殊無謂也。其三，專通不分。汜、沱本皆爲通名，而非專名，實指枝江而復入於江之義，《爾雅·釋水》早已明言，又《水經注》卷三十四：“江汜枝分，東入大江，縣治洲上，故以枝江爲稱，《地理志》曰江沱出西東入江是也”，《水經注》卷四十經文：“荆州沱水在南郡枝江縣。”則此枝江，可稱汜，亦可稱沱，夏水亦然，可稱汜，也可稱沱，確無所謂分段命名之義，焦氏所辨太晰故而太過，成也在精，敗也在精，此之謂也。

焦循讀錢大昕文集述論

蔣秋華*

一

焦循與錢大昕爲乾嘉時期的著名學者，兩人均有龐多的著作，而且内容兼及四部，足見其學識之淵博，因而皆獲得"通儒"之美譽。

錢大昕，字曉徵，一字辛楣，號竹汀，江蘇嘉定人，生於雍正六年(1728)，卒于嘉慶九年(1804)，乾隆十九年(1754)進士，選翰林院庶吉士，散館授編修。官至詹事府少詹事。焦循，字理堂，一字里堂，江蘇甘泉人，生於乾隆二十八年(1763)，卒于嘉慶二十五年(1820)。以年歲論，焦氏小於錢氏三十五歲，自屬晚輩，但兩人論學頗契合，成爲忘年之交。

乾隆六十年(1795)秋八月，焦循過吴門，謁見錢大昕，以所撰《釋弧》三卷向其請益，獲其撰序爲報。其《釋弧序》曰：

> 江都焦子里堂，好讀書，邃于經學，所著《群經宫室圖》，已久行世，今又出其餘力，竭二旬之功，撰《釋弧》三卷。以余昔嘗從事於斯，而屬序焉。讀之，其於正弧、斜弧、次行、矢較之用，理無不包，法無不備，舉其綱而陳其目，以視梅、戴二君之書，無異冰于水，青于藍也。①

---

* 蔣秋華，臺灣"中央研究院"中國文哲研究所副研究員。

① 此序錢大昕《潛研堂集》未收，見於《焦氏遺書・里堂學算記》。參見賴貴三：《焦循年譜新編》，臺北：里仁書局，1994年，第118—119頁。

對於焦氏之算學，亟爲稱賞，以爲超越梅定久、戴震。次年(1796)，焦循又以所撰《釋輪》請益，其《上錢辛楣少詹事論七政諸輪書》曰：

循頓首：所呈《釋弧》三卷，蒙賜覽，並給序文，不勝愧謝之至。循又有《釋輪》二篇，明七政所以用弧三角之理，以有數條未能以舊説爲信，請以就正有道……循愚鈍，多疑惑，梅、江之説有不能了然於心，惟明教之。幸甚！①

觀其所言，誠爲虚心討教。錢氏復書有謂：

推闡入微，以實測之術，假立法象，以求其合，尤爲洞徹根原。②

也是給予極佳的讚賞。

焦循對錢大昕亦頗推崇，撰《讀書三十二贊・二十一史考異》曰：

詹事之學，博大精微。於何爲極？遷、固、修、祁。地詳沿革，算澈中西。職官制度，考核靡遺。以斯治史，乃得會歸。孰云乙部，易於經師？③

大力稱揚錢氏之史學。

此後，焦循曾一再致函錢大昕。嘉定元年(1796)，焦循《答錢竹汀先生》曰：

三月二十日，自紹興府回會城，接讀手諭，又接李君商(尚)之劄。李君之學，精深了晰，實足爲循之師，已作劄答之矣。晦之先生于正月

① 焦循：《雕菰集》卷十四，《焦循詩文集》，揚州：廣陵書社，2009 年，第 256—257 頁。

② 錢大昕：《復焦里堂論七政書》，阮元：《揅經室二集》卷四引録。參見陳文和輯校：《潛研堂文集補編》。陳文和主編：《嘉定錢大昕全集》第 10 册，南京：江蘇古籍出版社，1997 年，第 30 頁。

③ 焦循：《雕菰集》卷六，《焦循詩文集》，第 117 頁。

二十日到浙，同往寧波、紹興，往來共舟楫，同起居者月餘。讀所著《説文》、《廣雅》、《毛詩古訓》諸書，時承教益，不勝欣幸之至。①

向錢氏稱道友人李鋭（字尚之，1768—1817）之學，又提及與其弟錢大昭（字晦之，1744—1813）同游浙江，以及閲讀其所撰諸書。嘉慶二年（1797），焦循《寄錢竹汀先生》曰：

甘泉諸生李君冠三，名周南，博學多聞，家於新城之東，因修宅掘地，得碎石三枚。塵上封裹，隱約有字，以水洗之，則晉、宋以來法帖。以明人諸刻本較之，字畫有異。考金石諸書，揚州未有刻閣帖者。且李君之居垂百餘年，此石不知何年埋没地下？冠三以拓本遍詢諸人，皆無以應，因匄循求先生爲之覆，欲得一言以示本末。謹此代爲請問，並拓本呈閲。②

爲好友李周南掘獲之碑石，呈送拓本，請錢氏爲之辨識。

綜觀焦、錢二人之交誼，似乎焦循以後輩身份，常向錢氏請益，因而多次致函諮商，且大都能保留于文集中。錢大昕以長者之尊，雖亦曾回函焦氏，但均不見收録于其文集中。因此，兩人之交往，焦循比較積極與主動，但雙方保持友善的態度，相互論學，成爲一段佳話。

二

嘉慶九年（1804），錢大昕逝世，過了三年，其文集刊成。但直到嘉慶十九年（1814），亦即錢大昕已過世十年，焦循才讀到他的文集。閲讀之後，撰寫了幾篇文章。如《書潛研堂文集後一》針對錢氏《跋隸續》一文中，提及：

洪氏載魏三體石經《左傳》遺字，蓋洛陽蘇望氏模刻本。頃金壇段若膺諦審之，如有《尚書》、《大誥》、《吕刑》、《文侯之命》三篇文錯雜其

① 焦循：《里堂劄記・丙辰手劄》，《焦循詩文集》，第615頁。

② 焦循：《里堂劄記・丁巳手劄》，《焦循詩文集》，第621頁。

間，向來考石經者，未之聞也。[1]

謂段玉裁（字若膺，1735—1815）首先指出魏三體石經中有《尚書》的《大誥》、《吕刑》、《文侯之命》三篇文錯雜其間，而臧庸（字在東，1767—1811）在爲其高祖父臧琳（字玉林，1650—1713）刊刻的《經義雜記》中，録有“魏三體石經尚書”一條，謂：

> 《隸續》載魏三體石經《左傳》遺字，云……琳嘗以《左傳》校之，見内有《尚書》《大誥》、《吕刑》、《文侯之命》三篇錯于《左傳》中，蘇氏題爲《左傳》遺文，洪氏承之，皆不知有《尚書》，蓋未嘗徧讀而細考之也，今爲正之。[2]

則是臧琳先發此説。如此一來，時代在後的段玉裁便非最早發現者。錢大昕撰有《臧玉林經義雜識序》[3]，却未提及此一争議。焦循復曰：

> 若膺之學，不必以此一端見，其不襲臧氏説，余信之。在東誠篤君子，其不致取段氏獨得之見，以誣其先人，余亦信之。[4]

他認爲臧庸和段玉裁都不是會襲取旁人成果的人，因而對此令人迷惑的現象，他只能説：

> 錢氏既存序文于集中，宜不爲徵辭。吾恐後之學者持此以疑臧氏也，而明辨之如此。[5]

焦循認爲錢大昕既然在自己的文集當中，保存了爲臧琳著作所寫的序文，在《跋隸序》中所言，應該是單純的推介段玉裁的創見，對臧琳並没有任何懷疑

① 焦循：《雕菰集》卷十八，《焦循詩文集》，第333頁。

② 臧琳：《經義雜記》卷十二，《續修四庫全書》第172册，上海：上海古籍出版社，2002年，第6—9頁。

③④⑤ 焦循：《雕菰集》卷十八，《焦循詩文集》，第334頁。

的"微詞"。他爲維護錢氏,而替他開脱,却又爲文指出疑問,雖説不欲世人"疑臧氏",但如此作法,仍舊表示了懷疑的態度。

《書潛研堂文集後二》曰:

> 《潛研堂文集》載《周易讀易揆方序》一篇,極稱其善言《易》,論揲蓍,左扐,得一、得三爲奇,得四爲偶,皆獨有所得,不苟同乎先儒。余甚疑其但言左扐,不言右扐,甚欲求見其書。夫得一、得三爲奇,得四爲偶,無以見其不苟同於先儒也。①

焦循讀錢大昕《周易讀易揆方序》一文,發現錢氏甚推崇此書,指出與前人不同處。他雖然感到好奇,但是也存有疑問。後來得到此書,才發現其謬誤,乃曰:

> 歲甲戌冬,方購得此書,内説揲蓍,謂所得六、七、八、九多寡不齊,改爲左扐得三、得一爲陽,合右扐之一與三而並爲陽,左扐得四、得二皆陰,則右扐當以四從四、以六從二並爲陰。如是則太陽八,太陰八,少陽象《震》八,象《坎》八,象《艮》八,少陰象《巽》八,象《離》八,象《兑》八,依張轅二變三變不用挂一,於是乃知錢氏之微辭矣。按:以四四數之,所扐止有一、二、三、四,不得有六,此以右手得六,於數爲謬,顧得六則必留一,四數不揲,以合奇二爲六。夫奇者,奇於母數也。母爲四而子爲六,子大於母,何以爲奇?揆之日法餘分,以九十四爲日法,未有以九十五爲餘分者也。作《讀易揆方》者,於是説爲非矣!②

明確指出其書之誤。然而錢大昕爲何要用許多讚美之語呢?焦循曰:

> 錢氏此序,但舉左手所得,不舉右手。又但言左手得一、得三、得四,而不言得二,正以左手得二,則右手必不容六,以不言右手明右之

① 錢大昕:《潛研堂文集》卷二十四,《嘉定錢大昕全集》第 9 册,第 367 頁。錢文標題作《周易讀翼揆方序》。

② 焦循:《雕菰集》卷十八,《焦循詩文集》,第 334 頁。

非,以不言左手得二,明右得六之非。此錢氏之微辭也。然則稱其善言《易》,不苟同於先儒,皆泛爲譽耳!錢氏文外似平和,而可否寓於内,如此類,閲者審焉。[①]

原來錢氏表面上稱道,這只是虚譽,實際上却又寓有微辭。焦循指這是錢氏撰文的特别處,讀者應用心體會。

三

焦循另有讀錢大昕文集的文章,稱爲《翼錢三篇》,其小序曰:

少詹事錢竹汀先生,通儒也。愚嘗謁之吴門,其容和,其言達,藹藹可親。身後十年,始讀其《潜研堂文集》。譚者或疑之,蓋其言有有爲言之者,乃爲疏通之。以爲之翼,凡三篇。[②]

除叙説交往因緣,並説明讀其文集所生之疑惑,然而他却將致疑之因,推諉給旁人,而自任調人,爲之疏通,故以"翼"名篇。

焦循《翼錢上篇》曰:

錢先生曰:父子兄弟,以天合者也。夫婦,以人合者也。以天合者,無所逃於天地之間,而以人合者,可制以去就之義。堯、舜之道,不外乎孝弟。

孝弟之衰,自各私其妻始。妻之于夫,其始固路人也,以室家之恩聯之,以情易親,至於夫之父母,夫之兄弟姐妹,皆路人也。非有一日之恩,第推夫之親以親之,其情固已不相屬矣。矧婦人之性,貪而吝,柔而很,而築里姑姊之倫,亦婦人也,同居而志不相得,往往有之,其真能安於義命者,十不得一也。先王設爲可去之義,義合則留,不合則去。

---

① 焦循:《雕菰集》卷十八,《焦循詩文集》,第334—335頁。

② 焦循:《雕菰集》卷七,《焦循詩文集》,第126頁。

俾能守婦道，可守從一之貞，否則惟割伉儷之愛，勿傷骨肉之恩。故嫁曰歸，以此坊民，恐其孝衰于妻子也。然則聖人于女子，抑之不已甚乎？曰去婦之義，非徒以全丈夫，亦所以保匹婦。後世閭里之婦，失愛于舅姑，讒間于叔妹，抑鬱而死者有之；或其夫淫酗兇悍，寵溺嬖媵，淩逼而死者有之。准之古禮，固有可去之義，亦何必束縛之，禁錮之，置之必死之地以爲快乎？先儒戒寡婦之再嫁，以爲"餓死事小，失節事大"，予謂全一女子之名，其事小，得罪于父母兄弟，其事大。故父母兄弟不可乖，而妻則可去，去而更嫁，不謂之失節。使其過在婦，與不合而嫁，嫁而仍窮，自作之孽，不可逭也。使其過不在婦，與出而嫁於鄉里，猶不失爲善婦，不必强而留之，使夫婦之道苦也。自七出之法不行，而牝雞之晨日熾，夫之制於婦者，隱忍而不能去，甚至於破家絶嗣，而有司之斷斯獄者，猶欲合之。知女之不可事二夫，而不知失婦道者，雖事一夫，未可以言烈也。知臣之不可事二君，而不知失臣節者，雖事一君，未可以言忠也。此未諭先王制禮之意也。[1]

此引錢大昕文集卷八《答問五》之語[2]，乃謂妻子如果失和于夫家，婦人可以改嫁，不當視之爲失節。他先指出父子兄弟是以血緣結合，是出於天生的，是不可分割的。夫婦則以婚姻而結合，是出自于人爲的，故可以離異。他認爲夫妻以義相結，一旦不合，則准其去，不僅可以保全夫家，也讓婦人有所保障。否則其留之不得去，將造成家庭不寧，甚至婦人可能受欺淩而死。因而，反對女子改嫁，是"未論先王制禮之意"。

此一論法，焦循不贊同，《翼錢上篇》曰：

此言，蓋目擊夫厚妻子、薄骨肉，及寵妾而棄妻，恃悍而逆夫者，而有激言之也。吾聞之《序卦傳》云："有天地然後有萬物，有萬物然後有男女，有男女然後有夫婦，有夫婦然後有父子，有父子然後有君臣，有君臣然後有上下，有上下然後禮儀有所措。"男女生於天地，夫婦定于人，夫婦定而後君臣父子乃定。陸賈《新語·道基篇》云："先聖仰觀天文，

① 焦循：《雕菰集》卷七，《焦循詩文集》，第126—127頁。

② 錢大昕：《潛研堂文集》卷八，《嘉定錢大昕全集》第9册，第106—107頁。

俯察地理，圖畫乾坤，以定人道，民始開悟，知有父子之親，君臣之義，夫婦之道，長幼之序。於是百官立，王道乃生。"《白虎通》暢其説云："古之時，未有三綱六紀，民人但知其母，不知其父……於是伏羲仰觀象於天，俯察法於地，因夫婦，正五行，始定人道，畫八卦，以治天下。"譙周《古史考》稱："伏羲制嫁娶，以儷皮爲禮。"然則伏羲之前，夫婦之道不定，夫婦不定，則有母而無父，同父然後有兄弟，兄弟不可以母序也，故父子兄弟雖天屬，而其本則端自夫婦之道定。《昏義》云："男女有别，而後夫婦有義；夫婦有義，而後父子有親；父子有親，而後君臣有正。"鄭氏《注》云："言子受氣性純故孝，孝則忠矣。夫婦之别，關乎忠孝。"如是，苟夫可以去妻，妻可以去夫，則夫婦之道仍不定。天下之爲夫婦者，稍一不合，紛紛如置弈棋，非其道也。且七出者，以其婦之可出也，若過不在婦而出之，先王無是法矣。且夫由人道之不定，而一旦定之，或有不便者，故立法爲可去，數千載後，夫婦之道久定矣，則可去之法不能行。如古者一聚一都，各爲君長，則不得不封建，久而定於一，則封建不可行。古今之道，不可一端視也。夫婦道，雖事一夫不可言烈，然則不妨事二夫矣。失臣節，雖事一君，未可言忠，然則不妨事二君乎？先生之言激矣。其出也，仍返之母家乎？抑嫁之鄉里乎？其嫁也，夫家嫁之乎？聽婦自適人乎？或有司主之乎？抑私出之乎？嫁之鄉里，而夫又不良，乃一嫁再嫁之不已乎？①

他認爲錢氏所以爲此言，乃因見"夫厚妻子、薄骨肉，及寵妾而棄妻，恃悍而逆夫者"，故出此有激之言，而這些在焦循看來，都是極偏差的例子，不可視爲通則。於是他引《周易》、《新語》、《白虎通》、《古史考》、《禮記》等古書之言，爲之申説。他指出夫婦之道雖出自于人爲，但是如果人道不得定，則父子君臣之天道亦無法得定。人道一旦定立，遇有不便者，遂立可去之法，然而久定之後，則可去之法亦不必再用。焦循極力反對婦人改嫁，搬出經典之言，以爲論述之基礎。其觀點在今日看來，似乎固弊，然而他是從維護綱常名教而發論，和錢大昕的立論相較，有保守傳統的一面。

① 焦循：《雕菰集》卷七，《焦循詩文集》，第127—128頁。

四

焦循《翼錢中篇》曰：

> 錢先生曰：古之孝者，立身行道，揚名於後世，以顯父母。揚名者，揚己之名也。父母之樂，莫樂乎有令子，而人子之善，莫善於爲聖賢。身爲聖賢，而父母即爲聖賢之父母。古稱大聖，惟周公、孔子。周公之父，聖也，孔子之父，未必聖也，而其爲聖人之父，則叔梁與文王並稱無愧也，何顯如之？後之君子，不務立己之身，而務飾親之美。余見近人家傳行述，日繁一日，學必程、朱，文必韓、柳，詩必李、杜，書必鍾、王，究之，皆妄説也。夫過情之聲聞，君子恥之，子孫而以無實之名，加諸先人，是恥其親也。欺人而人不信，欺親而親不安，以是爲孝，何孝之有？《論語》二十篇，嘗言郰人之子，而不言郰人行事。孟母之賢，見於他書，而七篇略不及焉。豈孔、孟之欲顯其親，不如後之君子哉？顯親之道，在乎立身，親果有善，何待子孫言之？子孫言之，徒使後人疑之，惡在其能顯親也？親之名，聽諸公論，而己之名，可以自勉。"君子疾没世而名不稱"，其斯以爲孝乎？①

此處引錢氏文集卷十七《原孝上》之語②，乃謂世人撰寫傳行述，敘述父母之行事，或有誇大不實者，因而欲人立身行道，以揚一己之名，自可顯親之名。若是由子孫自道親人之善，實不可取，宜聽諸公論。

錢氏之説，焦循不同意，《翼錢中篇》曰：

> 此亦先生有激之言也。人子不能實述其親之善，顧程、朱之，韓、柳之，李、杜之，誠妄也。然人子之妄，不在程、朱、韓、柳、李、杜其親，而在不能知其親之善，而縷述之，而泛程、朱、韓、柳、李、杜其親也。夫爲人子而程、朱、韓、柳、李、杜其親，不可以爲孝。惟徒以虚名而遺其實事，

① 焦循：《雕菰集》卷七，《焦循詩文集》，第128—129頁。

② 錢大昕：《潛研堂文集》卷八，《嘉定錢大昕全集》第9册，第270—271頁。

乃爲欺其親。隱微之節,外人不知之,人子心乎其親,則知之,故有外人不能知,必俟人子述之者。抑即外人言之或不詳,亦必人子細言之。《祭統》曰:"鼎有銘,銘者,自名也。自名以稱揚其先祖之美,而明著之後世者也。爲先祖者,莫不有美焉,莫不有惡焉。銘之意,稱美而不稱惡,此孝子孝孫之心也,惟賢者能之。"又云:"其先祖無美而稱之,是誣也。有善而弗知,不明也,知而弗傳,不仁也。"誣固不可,不明不仁又惡乎可?親有善,聽之公論,不待子孫傳之,是知而弗傳也。稱美而不稱惡,爲孝爲賢,經之教人如是,其意深矣。先生稽古有年,詎不知《記》之文如是?第以世俗不能左右其親,親之善不能知、不能傳,而徒程、朱、韓、柳、李、杜其親,正所謂不明、不仁,正所謂誣。不然,先生固自述其先大父、先考矣。妻有善,尚曰"豈有賢如吾妻而無後者",而乃禁人之賢其祖父乎?先生賢其妻,即縷述妻之事,賢其先大父、先考,即縷述其先大父、先考之事。然則先生爲是言也,欲人實述其親之賢,而不徒程、朱、韓、柳、李、杜其親也。不然,何先生之大父、之考、之亡妻王恭人,不畏人疑,不聽諸公論也?①

他認爲這也是錢氏有激之言。在他看來,人子以前賢之行事來比喻父母,並非不恰適,問題出在無法真正瞭解父母之善,而以虚名稱之。何况自家之事,惟有人子知之較切,必待己述之,否則外人何由知之?於是引《禮記》之言,予以申説,以爲誣親固不可,若無法彰顯親名,傳諸後世,亦屬不當。末了,焦循指出錢氏也曾爲自己的祖父②、父親③、妻子④,撰述行事,則有違自身之立論。

---

① 焦循:《雕菰集》卷七,《焦循詩文集》,第 129—130 頁。

② 錢大昕:《潛研堂文集》卷五十《先大父贈奉政大夫府君家傳》,《嘉定錢大昕全集》第 9 册,第 820—821 頁。

③ 錢大昕:《潛研堂文集》卷五十《先考贈中憲大夫府君家傳》,《嘉定錢大昕全集》第 9 册,第 822—823 頁;《潛研堂文集》卷五十《先考小山府君行述》,《嘉定錢大昕全集》第 9 册,第 825—829 頁。

④ 錢大昕:《潛研堂文集》卷五十《亡妻恭人行述》,《嘉定錢大昕全集》第 9 册,第 820—821 頁。

五

焦循《翼錢下篇》曰：

> 錢先生曰：孟子言："孔子成《春秋》而亂臣賊子懼。"孟子固言"《春秋》者，天子之事也"，述王道以爲後王法，防其未然，非刺其已然也。太史公曰："撥亂世，反之正，莫近乎《春秋》。"又曰："有國家者，不可以不知《春秋》。前有讒而弗見，後有賊而不知。爲人臣子者，不可以不知《春秋》。守經事而不知其宜，遭事變而不知其權。"《春秋》之法行，而亂臣賊子無所容其身，故曰懼也。凡篡弑之事，必有其漸，聖人隨事爲之，杜其漸。楚商臣、蔡般之弑，子不子，父亦不父也。許止不嘗藥，非大惡，而特書弑，以明孝子之義，非由君有失德。故楚、蔡之君不書葬，而許獨書葬，所以責楚、蔡二君之不能正家也。書"閽弑吴子餘祭"，戒人君之近刑人也。書"盗弑蔡侯申"，戒人君之疏大臣而近小人也。楚子虔弑於乾谿，書其地，著役之久也。宋公與夷、齊侯光、楚子虔，以好戰而弑，晉侯州蒲，以誅戮大臣而弑，經皆先文以見義，所以爲有國家者戒，至深切矣。《左氏傳》曰："凡弑君，稱君，君無道也；稱臣，臣之罪也。"後儒多以斯語爲詬病。愚謂君誠有道，何至於弑？遇弑者，皆無道之君也。其賊之有主名者，書名以著臣之罪，其微者不書，不足書也。無主名者，亦闕而不書，史之慎也，非恕臣之罪也。聖人修《春秋》，述王道以戒後世，俾其君爲有道之君，正心修身，齊國治家，各得其所，又何亂臣賊子之有？若夫篡弑已成，據事而書之，良史之職耳，非所謂"其義則竊而取之"者也。秦、漢以後，亂賊不絶于史，由上之人無以《春秋》之義見諸行事故爾，故惟孟子能知《春秋》。①

此處引錢氏文集卷七《答問四》之語②，對孔子成《春秋》以懼亂臣賊子，是爲了防止未來再出現類似的行爲，而非譏刺已經發生過的事。因此，對於《左

① 焦循：《雕菰集》卷七，《焦循詩文集》，第130—131頁。
② 錢大昕：《潛研堂文集》卷七，《嘉定錢大昕全集》第9册，第81—83頁。

傳》"凡弒君，稱君，君無道也；稱臣，臣之罪也"之言，遭到後人批駁，他認爲凡是爲被弒之君，均有其致禍之由，有憑據，則書弒者之名，闕而不書，蓋無實據，是史臣謹慎的作法，並没有《左傳》所説的書法條例。

焦循反對錢氏的見解，《翼錢下篇》曰：

先生此言，顧司業棟高嘗言之也，云："元兇劭及安慶緒、史朝義之徒，雖日揭其策，以示於前，而彼不知懼也。且亦夫人能書之，何待聖人？況人已成篡逆而懼之，亦復何益？聖人作《春秋》，蓋有防微杜漸之道，爲爲人君父者言之，則《書》所云：'制治於未亂，保邦于未危。'是也。爲爲人臣子者言之，則《禮》所云：'齒路馬有誅。'是也。"（見《春秋大事表》卷四十五）顧司業之説如此，先生本之也。雖然，孟子自謂亂臣賊子懼，不謂君父懼也。萬充宗氏曰："《春秋》弒君，有稱名、稱人、稱國之異，《左氏》定例，以爲稱君，[君]無道，稱臣，臣之罪。甚矣！其説之頗也。孟子曰：'世衰道微，邪説暴行有作。'所謂暴行即弒父弒君是也。所謂邪説，即亂臣賊子是也。與其儕類，將不利於君，必飾君之惡，張己之功，造作語言，誣惑衆庶是也。有邪説以濟其暴，遂若其君可弒，而己可告無罪然者。相習既久，故柄下移，群臣知有私門而不知公室。且鄰封執政，相倚爲姦，凡有逆節，多蔽過於君，鮮有罪及其臣者。如魯、衛出君，師曠、史墨之言可證也。《左氏》之例，亦猶是耳。於弒君而謂君無道，是《春秋》非討亂賊，而反爲之先導矣。邪説之惑，亦至此乎？"先生言後儒以《左氏傳》爲詬病者，指萬氏此言也。夫萬氏之言，是也。人之性所以異於禽獸者，以其知有父子君臣也。孔子贊《易》，謂："子弒其父，臣弒其君，由辨之不早辨。"人知辨，即知懼。《易》之教，示人以辨，《春秋》之教，示人以懼，惟邪説蔽之，則不知懼。自孔子作《春秋》，直書其弒，不論其君父之無道，而臣子之惡，無可飾免。自有《春秋》，而天下後世，無不明大義所在。宋劭、梁珪，固即伏誅，即司馬師、劉裕、蕭道成、高歡、宇文泰之流，奸竊已成，而舉義師以討賊者，代不乏人。明成祖，亦歡、泰之類也，以靖難爲名，自飾以周公輔成王，一聞方正學、卓惟恭等篡奪之言，遂怒而磔其身，夷其族。其怒也，即其懼也。蓋《春秋》既成，不能使亂臣賊子絶跡於天下，而能使天下知其爲亂臣賊子。天下人人皆知亂臣賊子之惡無所容，雖有元兇劭、安慶緒、史朝義之徒，豈能晏然於心，不一動乎？孔子作《春秋》，蓋知亂臣賊子必由是而知懼，此聖人通神明之德，類萬物之情，與伏羲、文王作《易》之心，一以貫之者也。至許止之不嘗藥而書葬，萬氏直據《左氏》之文，斷爲有心毒殺，不當以偶不嘗藥，即加以極惡之名，顧司業且暢言之，斥《穀梁》爲誣妄矣。萬、顧之書俱在，學者其參而觀之。①

焦循指出錢氏的觀點，本于顧棟高（1679—1759）《春秋大事表》②，這也是認爲將《春秋》大義向惡人陳説，根本起不了作用，無法使其畏懼，而且篡弑已成，懼之又有何益？因此，對人君或臣子而言，《春秋》之作，都是爲了預防篡弑的發生。然而焦循以爲《春秋》所欲警示的是亂臣賊子，並非君父。於是，他引萬斯大（字充宗，1633—1683）《春秋隨筆》之言以反駁③。萬氏對《左傳》弑君之書法條例，認爲是偏頗的。因爲亂臣賊子的弑君弑父之行爲，往往有自我開釋之辭，即張大君父之過惡，以掩飾自身之罪行。而孔子作《春秋》，直接書弑君，即在使爲惡者有所畏懼，焦循舉出許多歷史事件，以爲佐證，指亂臣賊子當下即可能獲至聲討，縱使生前逃過，也難逃後世之譏議。

六

綜合以上之論述，可知焦循與錢大昕之交往，以論學爲主，焦氏以晚輩向錢氏請益，蒙其稱賞，彼此均有書信相通。然而今日焦氏之信函留存較多，于文集可見，錢氏之函，則文集中並未保存，或許是二人之身份地位的差異，導致刊刻錢氏文集者，未將與晚生焦循之函文，予以收録。而在錢氏身後，文集刊行，焦循得以獲睹，雖對其中文字有所疑惑，但都以翼護的心態，多方爲之申説，而鮮有譏諷之言。在清代文人論學之際，動輒反目成仇，這種良好的情誼，實不多見。

---

① 焦循：《雕菰集》卷七，《焦循詩文集》，第131—132頁。

② 顧棟高：《春秋大事表》卷一，《文津閣四庫全書》本，北京：國家圖書館，2005年，第330頁。

③ 萬斯大：《春秋隨筆》卷一，《續修四庫全書》第139册，上海：上海古籍出版社，2002年，第15—16頁。

阮元與金石篆刻

趙昌智[*]

清代篆刻是中國篆刻藝術史上的一座高峰,流派紛呈,名家蜂起,尤以浙派和皖派的崛起爲最著。究其原因,與清代樸學大興關係密切。衆多學者嗜好金石,辨析名物,研覃文字,雖然其意趣在於考證經史,但客觀上爲篆刻藝術提供了學術依據。加之學人交游,有的本身即是篆刻家,或爲愛好者,團結和引領了一批印人,從而推動了篆刻藝術的繁榮發展。阮元可算是其中翹翹者。

金石與篆刻學術關係的辨析

金石與篆刻是兩個既有區别又有聯繫的學術概念。

一般而言,金石學屬於歷史學的範疇,主要是研究考證鑄刻在鐘鼎彝器、碑版、璽印、磚瓦上的銘文,探幽燭微,獲取有關歷史資訊。"金石"一詞始見於《墨子·兼愛下》第十六:"以其所書於竹帛,鏤於金石,琢於盤盂,傳遺後世子孫者知之。"《吕氏春秋·求人》云:"故功績銘乎金石,著於盤盂。"高誘注:金,鐘鼎也;石,豐碑也。五代以前,雖然也有學者關注金石,但無專著,宋代歐陽修集十八年之功,得金石文字拓本上千卷,成《集古録》,開創了金石學。此後,洪适、吕大臨、趙明誠等繼之而起,金石之學蔚爲風氣。清代樸學興盛,金石學亦臻鼎盛,顧炎武、錢大昕、畢沅、桂馥、王昶、翁方綱、阮元等皆一時大家。不過他們研究的目的,莫不以證經史爲能事。

篆刻學則屬於藝術學的範疇。篆,《説文·竹部》曰:"篆,引書也。"段玉

---

* 趙昌智,揚州市揚州文化研究會、揚州學派研究會會長。

裁注:“引書者,引筆而著於竹帛也。因之李斯所作曰篆書,而謂史籀所作曰大篆,既又謂篆書曰小篆。”①“篆刻”一詞出現較早,如《文選》任昉《爲范尚書讓吏部封侯第一表》云,“固嘗鑽厲求學,而一經不治;篆刻爲文,而三冬靡就。”李善注引《法言》曰:“童子雕蟲篆刻。”吕延濟注:“篆爲篆書,刻爲雕刻文章也。②”从文義上分析,似以濟注爲是。李善所指當爲治印。但普遍接受以雕刻印章爲篆刻,應是元以後的事了。

金石與篆刻之間的聯繫點是文字。金石的銘文是文字,璽印篆刻的內容也是文字,所以氣息相通。漢字之構成有六法:象形、指事、形聲、會意、轉注、假借,也叫“六義”。篆字是成熟的漢字,符合“六義”,規律性强,所以將其選作刻印的主要字體是有道理的。當然隨著文字的發展,也有變化,但大體方向、格局不變。秦漢時期是璽印的輝煌時期,大部分印章爲銅印,其文字與同時代的鐘鼎碑碣應該是相似的。此後,篆刻藝術經過一段沉寂,直到元代趙孟頫在文化上打出復古旗號,才出現一片生機,而且一直影響到明清乃至今日。趙孟頫感慨於人心不古,“余嘗觀近世士大夫圖書印章”,“其異於流俗,以求合乎古者,百無二三焉”,於是自己動手摹拓集古印譜,“采其尤古雅者,凡摹得三百四十枚,且修其考證之文,集爲《印史》。漢魏而下典型質樸之意,可仿佛而見之矣!”其目的就在於“諗於好古之士,固應當於其心,使好奇者見之,其亦有改弦以求音,易轍以由道者乎!”③《印史》已不存,自序收在《松雪齋文集》中。同時代的吾丘衍作《學古編》,首列三十五舉,詳述書體正變及章法鎸法,倡導篆書和篆刻回歸秦漢古印,影響巨大。他在《三舉》中認爲“學篆字,必須博古,能識古器,其款識中古字,神氣敦樸,可以助人。又可知古字象形、指事、會意等未變之筆,皆有妙處,於《說文》始知有味矣”④。明代印人實遵此而行,沈野《印談》云:“每作一印,不即動手,以章法、字法往復至眉睫間隱隱見之,宛然是一古印,然後乘興下刀,庶幾少有得

① 段玉裁:《說文解字注》,上海:上海古籍出版社1990年,第190頁。

② 《日本足利學校藏宋刊明州本六臣注〈文選〉》,北京:人民文學出版社,2008年,第588頁。

③ 趙孟頫:《印史·序》,轉引自韓天衡:《歷代印學論文選》,西泠印社,1999年,第420頁。

④ 吾丘衍:《三十五舉》,轉引自《歷代印學論文選》,第11頁。

意處。[1]”朱簡則曰“維皇羲肇立奇偶，象鳥圖雲，荒乎莫剖；碑鼓所遺，鼎彝所識，惟金石是則；爰契以蕃，分隸代興，惟金石是徵”[2]。所以他把印學也上升到經的角度上來認識。

到了清代，特別是乾嘉以來，樸學成爲主流，加上鐘鼎彝器、碑碣古璽大量出土發現，極大地促進了金石學的發展，從而把篆刻藝術的源頭也理清了。這一時期，衆多學者注重考據，以金石爲取證之源。如王昶竭五十年之力，著成《金石萃編》一百六十卷，取器一千五百餘通，每器銘文都一一摹寫釋讀。在《嶧山刻石》的“又按”中論及，鄭文寶記稱是刻模本，徐鉉晚年所得，鉉校定《説文》末附篆文筆跡，小異者十三字。他從偏旁部首的字理上剖析，認爲異者“必傳寫之訛”。對《琅琊台刻石》作了詳盡的考證，力求還原歷史真相，同時指出前人在碑刻書體的論述中“鑿空抵牾，莫此爲甚，附辨其誤於此”[3]。衆多印人也以古學自勉，宗法秦漢。徽派鼻祖程穆倩是一個典型。李斗《揚州畫舫録》云，程邃“博學工詩文，精金石篆刻、鑒別古書畫及銅玉器，家藏亦夥”[4]。董洵云：“程穆倩能變化古印者，陰文得力於鑄印工穩一種，陽文得力於厚邊秦印。”[5]魏錫曾云：“穆倩崛起文、何之後，真豪傑士。”“穆倩朱勝於白，仿秦諸制，蒼潤淵秀，雖修能、龍泓、完白皆不及，餘子無論矣。”[6]他們讚揚程邃，其所變化古印者，最重要的是以款識録文字入印，即摹擬鐘鼎彝器款識上的大篆文字。這顯然與他的學識、收藏、鑒別能力密切相關。浙派開山丁敬亦然，“好金石文字，窮岩絶壁，手自摹拓，著《武林金石録》。分隸入古，於篆尤篤。嗜嘯堂《集古》、吾丘《學古》，兼入其室，非性命之契，不能得其一字。秦漢銅器，宋元名跡，入手即辨。居武林，與金農比鄰，構小樓，樓上屈戹滿屋，叢殘不整，皆異書也”[7]。那個時代，成名的篆刻家莫不以學問立身，而恥以印人自居。所以“黄山程穆倩邃以詩文書畫奔走天下，偶然作印，乃力變文、何舊習，世翕然稱

① 《歷代印學論文選》，第 63 頁。

② 朱簡：《印經》，《歷代印學論文選》，第 135 頁。

③ 王昶：《金石萃編》，清光緒十九年(1893)石印本。

④ 李斗：《揚州畫舫録》卷十，揚州：廣陵書社，2010 年，第 118 頁。

⑤ 董洵：《多野齋印説》，《歷代印學論文選》，第 304 頁。

⑥ 魏錫曾：《古賴古堂殘譜後》，《歷代印學論文選》，第 524 頁。

⑦ 李斗：《揚州畫舫録》，揚州：廣陵書社，2010 年，第 48 頁。

之。穆倩於此道實具苦心,又高自矜許,不輕爲人作,人索其一印,經月始得,或經歲始得,或竟不得。以是頗爲不知者詬厲”①。丁敬“其鐵筆有求之者,白鏹十金,爲鐫一字,方制府觀成索一二方不得”②。由此可見,靠文字實質上也是靠學問聯繫起來的金石與篆刻,兩者有著内在的邏輯關係,但篆刻不等於金石,金石也不能代替篆刻。本文即按此邏輯展開論述阮元與金石篆刻。

爲什麽談這個問題,陳振濂《篆刻形式美學的展開》一書談到西泠印社八十周年大慶(1983)時,沙孟海與朱復戡兩位老先生曾有一場學術討論。沙孟海先生堅決主張把篆刻回歸到藝術中來,反對以“金石”代篆刻,更反對在篆刻界泛泛地提什麽“金石書畫”的籠統口號。而朱復戡先生則堅持應該稱“金石書畫”,篆刻即是金石。陳振濂認爲“兩位老人的討論只是名實之争,而以篆刻藝術美學立場與篆刻史觀立場去對這個主題加以深化,恐怕會抽出比當年討論豐富得多的歷史内涵來的”,“毫無疑問,不解决這個積五百年未解的觀念命題,篆刻要走向藝術製作、走向現代是不可能的”③。本文論述的重點不在此,只是反映阮元那個時代他研究金石、篆刻以及與金石家、篆刻家交游的實際情況,故兩者並稱。

阮元一生雅好金石

阮元(1764—1849),字伯元,號雲(芸)台,别號雷塘菴主,晚號頤性老人,節性齋老人,北湖跛叟。他出生並世居揚州府城,占籍儀徵,實爲清甘泉縣公道橋人。

阮元是清代漢學的集大成者,他明確指出:“聖賢之道存於經,經非詁不明。”④“余之説經,推明古訓,實事求是而已,非敢立異也。”⑤在治學中,能抛開漢、宋門户之見,總領一代學風。其一生致力金石之學。《揅經室三集·

① 周亮工:《印人傳·書程穆倩印章前》,《四庫禁燬書叢刊補編》第25册,北京:北京出版社,2005年,第677頁。

② 李斗:《揚州畫舫録》,揚州:廣陵書社,2010年,第48頁。

③ 陳振濂:《篆刻形式美學的展開》,杭州:西泠印出版社,2006年,第7頁。

④ 阮元:《西湖詁經精舍記》,《揅經室集》,北京:中華書局,1993年,第547頁。

⑤ 阮元:《揅經室集自序》,《揅經室集》卷首,第1頁。

金石十事記》云：

客有問於余曰："子於金石用力何如?"余曰："數指而計之，有十事焉。余裒山左金石數千種，勒爲《山左金石志》，事之一也。余裒兩浙金石千餘種，勒爲《兩浙金石志》，事之二也。余積吉金拓本五百餘種，勒爲《積古齋鐘鼎彝器款識》，事之三也。揚州周散氏南宫大盤，東南重寶也，歲丁卯，鹺使者獻於朝，余模鑄二盤，極肖之，一藏府學，一藏文選樓，事之四也。天一閣北宋石鼓拓本凡四百七十二字，余摹刻爲二，一置杭州府學明倫堂，一置揚州府學明倫堂，事之五也。余步至揚州甘泉山，得西漢"中殿第廿八"二石於厲王冢，天下西漢石，止此與曲阜五鳳石共二石耳，事之六也。余遣書佐至諸城琅邪臺，剔秦篆於榛莽中拓之，多得一行，事之七也。漢府門之倅大石人之二，仆於野，爲樵牧所殘，余連車運至曲阜矍相圃中，並立之，事之八也。余得四明本全拓《延熹華山廟碑》摹刻之，置之北湖祠塾，事之九也。余又摹刻秦《泰山殘篆》、吴《天發神讖》二碑，同置北湖祠塾，事之十也。"客曰："善，此十事於金石爲有力矣。"余曰："不敢不勉，尚願增其事焉。"

這篇文章大致寫於嘉慶十四年(1809)阮元調離浙江之時，實際上雅好金石、用力金石伴隨了他的一生。

揚州是個繁華之地，康乾時期達到鼎盛。兩淮鹽商富甲天下，收藏甚豐，天下士子往來其間，鑒賞把玩，助推了好古之風。阮元生於斯，長於斯，耳濡目染，從小便雅好金石。入仕後，在京城結識翁方綱、紀昀、王昶、桂馥等學壇前輩、金石行家，頗得教益。乾隆五十六年至五十八年奉命著録内府收藏書畫，成《石渠寶笈》，使其學識、眼力大增。以後，到山東任學政，得巡撫畢沅支持與指點，編《山左金石志》。在浙江學政、巡撫任上，於公暇搜訪摹拓金石遺文，編《兩浙金石志》。在江西、湖北、兩廣、雲貴等地都有他尋訪金石的勝跡佳話。

即在解任之後亦不忘此好。道光十八年(1838)阮元經過再三奏請，五月獲准致仕，時七十五歲。就在這一年，他還命子阮福拓取《齊侯罍銘》，審識出"韶夏"二字，常與吴式芬、何紹基、許翰等討論金文異同①。八月底，離京返揚。

道光十九年(1839)，朱建卿旅經揚州，向阮元出示徐籀莊(士燕)著《從古堂款識字》，阮元贊而題記，云"己亥冬，朱建卿世兄過揚州，出示徐籀莊明經款識釋文，其中諸器有未見之文，且審解精確。今都中有續《鐘鼎款識》之作，是册必多採擇矣"。是年，僧達受屬几谷、懲雲繪《詩燈閣圖》，旋寄阮元乞題，阮元有七絶一首題圖："道是南中金石僧，南屏應見五元燈。殘雲不但能金石，除却傳燈又九能。"一時和者數十家，俱用原韻②。

道光二十三年(1843)正月一日，沈濤在原由阮元收藏後歸其婿韓泰華的宋刻《金石録》上作跋。韓泰華自己也有記録，載《無事爲福齋隨筆》卷上，其中透出一句"文達自撫浙至入閣，恒攜以自隨。既屢跋之，復爲其如夫人所記，蓋竊比諸明誠、易安云"。王章濤認爲，阮元十分珍重宋刻《金石録》，絶無出售之理。應是道光二十年長江下游局勢緊張時，無賴趁亂竊取所爲③。這是有道理的。我舉此例，意在説明阮元嗜好金石，心愛之物常攜以自隨。還有個例子，嘉慶十四年(1810)，阮元在京師參加爲朝鮮學者金正喜踐行宴會，事後，金正喜有詩咏之："我生九夷真可鄙，多愧結交中原士。""芸台宛是畫中睹，經籍之海金石府。土華不蝕貞觀銅，腰間小碑千年古。""畫中睹"與"千年古"下有夾注："余曾藏芸台小照"，"芸台佩銅鑄貞觀碑。"④這很有意思，金石小件竟隨身佩戴，可見愛之深。

道光二十二(1842)、二十三年(1843)，嘉興金石家張叔未多次來揚。二十三年(1843)四月十三日，張叔未謁阮元，阮元屬稽樞繪兩人全像，並撰《張叔未眉壽圖説》貽之。阮充《雲莊印話》云："嘉興，張叔未解元廷濟，頗結金石之癖，下至破錢殘瓦，罔不搜羅，洵好古之士。著有《清儀閣詩鈔》，[從]子某工刻印，於道光壬寅、癸卯隨其[從]父來揚州，曾爲文達公鑄印甚多。"⑤按張廷濟侄，張卒，字受之，著名篆刻家。

道光二十四年(1844)，阮元八十一歲，爲林鴻《小碧琅玕館印譜》作序，

---

① 王章濤:《阮元年譜》，合肥:黄山書社，2003 年，第 929 頁，

② 王章濤:《阮元年譜》，第 948 頁。

③ 王章濤:《阮元年譜》，第 987 頁。

④ 王章濤:《阮元年譜》，第 516 頁。

⑤ 王章濤:《阮元年譜》，第 991 頁。

感慨萬分,云:"余有漢印五百鈕,半以入貢,只存百鈕一合,癸卯毁於火。入火者石堅於銅。又存宋元花押、篆古字印百鈕,在福兒處。每憶舊印,爲之惘惘。今椒生之印,亦以成名,是以敘之,而悵觸舊懷也。"①

阮元爲什麽如此鍾愛金石,我以爲原因有四:

一是以證經史,阮元《商周銅器説上》云:"形上謂道,形下謂器,商、周二代之道存於今者,有《九經》焉。若器則罕有存者,所存者,銅器鐘鼎之屬耳。古銅器有銘,銘之文爲古人篆跡,非經文隸楷縑楮傳寫之比,且其詞爲古王侯大夫賢者所寫,其重與九經同之。"②

《積古齋鐘鼎彝器款識序》又云:"古器銘字多者或至數百字,縱不抵《尚書》百篇,而有過於汲冢者遠甚。""余心好古文奇字,每摩挲一器,拓釋一銘,俯仰之間,輒心往於數千年前,以爲此器之作,此文之鑄,尚在周公、孔子未生之前,何論秦、漢乎?由簡策而卷軸,其竹帛已灰燼矣,此乃巋然獨存乎世,人得西嶽一碑,定武片紙,即珍如鴻寶,何况三代法物乎?世人得世綵書函、麻沙宋板,即藏爲秘册,何况商、周文字乎?"③

《積古齋記》云:"李義山詩云:'湯盤孔鼎有述作,今無其器存其詞。'義山唐人,尚不見器而重其詞,况今又千年,不但存其詞且有其器耶。所以予於鐘鼎古器有深好也。與吾同好者,有平湖朱子右甫。右甫得一器,必摩挲考證之,頗於經史多所創獲。"④

可見,他把金石看作與經史同樣重要,雅好金石是爲了在經史上有所創獲。

二是以爲清娱。《山左金石志序》云:"元在山左,卷牘之暇,即事考覽。"⑤"卷牘之暇"四個字表明,不廢政事。《積古齋記》中説得更明白:"於政事之暇,借此羅列以爲清娱,且以償案牘之勞。兒子常生好兒童之篆刻,亦刷拭以侍。"⑥

觀其一生行跡,可以發現,阮元在官邸,在京師揚州會館,在家鄉選樓,都有召集友人觀賞研討金石的記載。

① 王章濤:《阮元年譜》,第1001頁。
② 阮元:《揅經室集》,第632頁。
③ 阮元:《揅經室集》,第636頁。
④⑥ 阮元:《揅經室集》,第649頁。
⑤ 阮元:《揅經室集》,第637頁。

三是以資學問。阮元重視金石，他以爲，藉此"辨識疑文，稽考古籍、國邑、大夫之名，有可補《説文》所未備者"[①]。宋刻《金石録》，自撫浙以來即隨身自攜，便於自學，也便於與友人切磋。嘉慶二十三年(1818)，即阮元節制兩粤之第二年，阮常生奉父命攜至京師，邀諸家題識。朱爲弼想到"當日侍函丈前，詮釋鐘鼎彝器文字，賞晰疑義，每竟日忘倦"[②]。朱爲弼題跋，陳鴻豫、朱大源、朱大韶同觀。九月，洪頤煊以别本參校阮元向其出示的宋刻《金石録》，得校勘記數條，跋於後，"如此類甚多，皆足以證近本之失，宜前人收藏之珍秘也"[③]。

嘉慶二十四年(1819)閏四月，陳均浪游嶺南，首謁阮元於節署，阮元又向其出示宋刻《金石録》，陳均"攜歸寓館，以篋中所有金石拓本校正一二，欣喜無量"[④]。五月，桐城姚元之客廣南獲見之，"惜不得以之校所藏寫本之訛誤，因借抄一過，攜歸以備異日之校讎焉"。同時，他發現"此本間不免誤字，覃溪先生、洪筠軒已爲標出，然仍有筆誤者"，如"天"誤爲"夫"，"不辨"誤爲"下辨"等[⑤]。可見，阮元收藏金石，不是爲了炫耀，而是用以資學。所以他在浙江手定體例，親自指導編成《天一閣書目》，同時特編《金石目》，是很有學術眼光的。

四是以佐政事。阮元不僅把金石看作是學問的一部分，而且當作政事的一部分。他在山東，爲編《山左金石志》，除利用已有資料外，"其未見著録者，分遣拓工四出，跋涉千里，岱麓、沂鎮、靈岩、五峰諸山，赤亭或舂糧而行，架岩涸水，出之榷脱，捆載而歸，雖曰山左古跡之多，亦求者之勤，有以致之也。""各郡守、州牧、縣令、學博、生徒之以拓本見投欲編入録者，亦日以聚。"[⑥]這在客觀上助推了一種好古求是的學風，後山東金石考據之風以及印家蜂起，阮元是功不可没的。

嘉慶七年(1802)在浙江，阮元編纂《兩浙防護録》，刻印成書，飭發各司、府、州、縣以及各府、州、縣府。雖然談的是陵寢、祠墓，實際上也就包含了金石文物。同時，爲防止胥吏作奸犯科，滋事擾民，特地强調"此後並無再應飭

① 阮元:《積古齋鐘鼎彝器款識序》,《揅經室集》,第 637 頁。

② 潘祖蔭:《滂喜齋藏書記》卷一,《續修四庫全書》第 926 册,上海:上海古籍出版社,2007 年,第 433 頁。

③④⑤ 《滂喜齋藏書記》卷一,《續修四庫全書》第 926 册,第 433 頁。

⑥ 阮元:《揅經室集》,第 637 頁。

查之處。該州縣毋得混聽書吏慫恿,出票濫差,或傳問後裔,或旁及鄰墓,需索滋擾,反爲地方之害”[①]。可能正是出於這樣的考慮,在雲貴總督任上,其子阮福撰成《滇南金石録》,自序云:“此册自漢至唐,只得五種。此外唐宋石刻聞尚多存,並聞有漢碑之説,但恐在蠻夷土司各山之中,家大人止福,勿可訪求。”[②]這與阮元在山東“求者之勤”的態度截然相反,不是興趣轉移了,而是外部環境變了,“恐在蠻夷土司各山之中”,引起不必要的糾紛與矛盾,影響大局穩定。這就是從資治出發。

道光十六年(1836)梁章鉅由甘藩擢桂撫,陛見出京時,阮元告訴他:“昨聞關中本《華山碑》現將出售,似應歸君,其勉爲之。”據梁瞭解議價很貴,已爲粵東洋商所物色,但經不住阮元再三催促,硬著頭皮買了。實際上,阮元是怕《華山碑》流到外國去。梁章鉅出京後,還有人彈劾他以勢欺人。但因爲皇上置之不理才作罷。還有件有意思的事,劉鳳誥與阮元同年進士,是探花,阮元撫浙時,劉任學政,阮贈以一枚古銅印“持衡秉鑒之任”,很切對方身份,且有勖勉之意。而後來劉鳳誥就是栽在科場舞弊案上,還牽連了阮元。

阮元與金石篆刻家的交游

阮元的這一學術意趣,吸引和凝聚了一大批金石學人,有前輩,而更多的則是同輩和後生。

他在山東任學政時,恰好太倉畢沅任山東巡撫,二人志趣相投,共商編刻《山左金石志》,因畢沅年老,精力不濟,阮元獨力承當此事,但得畢沅指點不少。阮元在《山左金石志》中云:“先是,先生撫陝西、河南時,曾修《關中》、《中州金石》二志,元欲以山左之志屬之先生,先生曰:‘吾老矣,且政繁,精力不及此,願學使者爲之也。’元曰:‘諾。’先生遂檢《關中》、《中州》二志付元,且爲商定條例,暨搜訪諸事。”“元以是書本與先生商訂分纂,先生莅楚,雖羽檄紛馳,而郵筒往復,指證頗多。先生爲元詞館前輩,與元父交素深,先生又元妻弟衍聖公孔冶山慶鎔之外舅也,學術情誼,肫然相同。”阮元對這位學術

① 阮元編:《兩浙防護録》,《中國祠墓志叢刊》第 47 册,揚州:廣陵書社,2004 年,第 38—39 頁。

② 王章濤:《阮元年譜》,第 815 頁。

前輩的指教銘記在心，對畢沅未見成書而去世深感悲痛。

在《山左金石志》成書過程中得朋輩、諸生之助更多，他在《序》中説："元在山左，卷牘之暇，即事考覽，引仁和朱朗齋文藻、錢塘何夢華元錫、偃師武虚谷億、益都段赤亭松苓爲助。兖、濟之間，黄小松司馬搜輯先已賅備，肥城展生員文脈家有聶劍光鈫《泰山金石志》稿本，赤亭亦有《益都金石志》稿，並録之，得副墨。""曲阜顔運生崇槼、桂未谷馥、錢塘江秬香鳳彝、吴江陸直之繩、巨野李退亭伊晉、濟寧李鐵橋東琪等，皆雅志好古，藏獲頗富。各郡守、州牧、縣令、學博、生徒之以拓本見投欲編入録者，亦日以聚。舊家藏弆之目録，如曲阜孔農部尚任、滋陽牛空山運震等，亦可得稽。"對往來於山左的金石學者，阮元也注意抓住機會，"故孫淵如觀察莅兖、沂、曹、濟，其所藏鐘鼎即以入録"。後釐訂時，"更屬仁和趙晉齋魏校勘，凡二十四卷"①。

對《序》中提到的幾個人有必要作點介紹。

黄易(1744—1802)，字小松，號秋盦，浙江錢塘人。《揚州畫舫録》在介紹他父親黄樹穀時提到了他，他曾隨任學博的父親生活在揚州。《清史稿・列傳二七三・文苑三》有傳，云："黄易，字小松，錢塘人。父樹穀，以孝聞，工隸書，博通金石。易承先業，於吉金樂石，寢食依之，遂以名家。官山東運河同知，勤於職事。嘗得《武班碑》及武梁祠堂畫像於嘉祥，乃即其地起武氏祠堂，砌石祠内。又出家藏精拓雙鉤鋟木。凡四方好古之士得奇文古刻，皆就易是正，以是所蓄甲於一時。"黄易曾於丁敬門下學治印，得其真傳，丁敬也預言："他日繼龍泓者，必爲小松。"黄易與西泠前四子中的另兩位蔣仁、奚岡交誼深厚，爲羅聘治過不少印。阮元編《山左金石志》，兖、濟二州即用黄易先已搜輯賅備的資料。出試曲阜時，與黄易見面，適逢黄易訪得《漢熹平殘碑》，審視得七十三字，不全者六字。嘉慶二年(1797)，阮元已督學浙江，《山左金石志》編成將付刊，又得黄易書，云："郭巨石室，尚有建安二年高令春及天保九年劉章、武定二年南青州刺史鄭伯猷題刻，嚮未見者。又云近日濟南、泰安一帶新出六朝、唐人石刻甚多，皆未録入，待好古者勒爲續編。"②可見，黄易對此事極爲認真，阮元所用得人。不過現在尚未發現黄易爲阮元治印的資料。

① 阮元：《山左金石志序》，《揅經室集》，第638、639頁。

② 畢沅、阮元編：《山左金石志》，《續修四庫全書》第909册，第462頁。

武億(1744—1799),字虚谷,一字小石,自號半石山人,河南偃師人。少從大興朱筠游。士大夫慕其學,與之交,而武億遇話不投機者,掉臂不屑。乾隆四十五年(1789)進士,授博山知縣,因得罪和珅而罷官。家貧,教授齊、魯以終。武億工於考據,尤好金石,聞同縣農家掘井得晉劉韜墓誌,急往買之,自負數十斤重的石碑,行二十餘里,抵家幾死。著有《群經義證》、《經讀考異》、《讀史金石集目》、《金石三跋》、《金石文字續跋》等。這麽一個孤傲不馴的學者,與阮元似乎很投緣,《小滄浪筆談》卷一特别提到"偃師武虚谷億,説經鏗鏘,探求漢氏之學……尤精於金石學,嘗佐予裒輯《山左金石志》。"

段松苓,字勁伯,亦字赤亭。十二歲喪母,十七歲喪父,艱難竭蹶,博涉群書,然於舉業不能屈就繩尺,久困童試。恰逢錢塘周嘉猷任知縣,覆試時,發策問青州郡縣沿革、疆域、古跡,通場無人置對,而松苓條分縷析,洋洋灑灑。周大歎,録爲榜首,以第一入府學。段尤好金石,阮元很賞識他,"君既任其事,由泰安抵濟寧,又折而南至臨朐沂鎮,往返千有餘里。所至披榛棘,攜拓工,手拓數百紙,及獲前人所未及收者又數十本,輦致以歸"[①]。松苓於《山左金石志》之成實有大功。而他又是一個不計名利的人。嘉慶元年,孫星衍署山東按察使,欲以孝廉方正舉,力辭不就。

朱文藻,精通六書,自《説文繫傳》、佩觿汗簡,及鐘鼎款識、博古圖書等,無不貫串源流。他曾應王傑之請入京佐校《四庫全書》,這次到山東則是應黄易之招游而爲阮元所請。此後阮元到浙,又應聘助編《兩浙輶軒録》。

何元錫(1766—1829),字夢華,號蜨隱,錢塘人。監生,官至主簿,嗜古成癖,家富收藏。曾到山東曲阜訪求古印,搜討漢碑於深山峻嶺中。阮元延請他大概就是在這時候。阮元任職浙江,何元錫亦在幕中。嘉慶十三年(1808)年,何元錫與兒子何澍輯丁敬、蔣仁、黄易、奚岡之印成《西泠四家印譜》,首創"西泠四家"之名,繼之纔有"西泠八家"及"浙派"之名,爾後纔有"徽派"之名。在印學史上《西泠四家印譜》寫下了濃墨重彩的一筆。

桂馥(1736—1805),字未谷,山東曲阜人。清代傑出學者,著名的文字學家、書法家、篆刻家,翁方綱、阮元極推崇之。治文字與段玉裁齊名,善隸分,與伊秉綬齊名。而尤精六書,擅篆刻,治印取法秦漢,不染時習。有感於

① 武億:《益都金石記序》,段松苓輯:《益都金石記》卷首,《石刻史料新編》第1輯第20册,臺北:新文豐出版社,1977年,第14806頁。

其時印人用字多有舛誤,名家時亦不免,乃著《繆篆分韻》以正之,又作《續三十五舉》、《再續三十五舉》,有功於印壇。從阮《序》中看,桂未谷雖未直接參與《山左金石志》的編輯,但是有貢獻的。在山東期間,二人交往也較多。阮曾爲桂未谷《晚學集》作序,云:"士人所學苟一日得見根柢,何晚之有?"①於小滄浪亭、積古齋中時有唱和。乾隆六十年(1975)年八月,阮元聞孫星衍赴任山東兖沂曹道,以詩促其速來,云:"萬朵荷花五名士,一時齊望使君來。"孫及桂未谷、朱文藻均有和詩。阮元將詩收入《揅經室集》時,注:"五人,謂馬秋藥、桂未谷、武虚谷、顔衡齋、朱朗齋。"

趙魏(1746—1825),字恪用,號晉齋,仁和人。康熙中歲貢生。中年游關中畢沅幕,與孫星衍、錢坫等切磋學問,長於碑版考證,於金石文字獨具特識。曾收藏宋本《金石録》十卷,歷經江立、鮑廷博、阮元、韓泰華等人遞藏,他亦刻有"金石録十卷人家"印章。所以阮元請他最後校勘《山左金石志》。後又入阮元浙署。

有了在山東的經驗,到了浙江,阮元於公暇繼續搜訪摹拓金石遺文,共得數千種,編爲《兩浙金石志》。大概當時未刊刻,道光四年(1824)才在廣東刻成。阮元作序,云:"余在浙,久游浙之名山大川殆遍,録浙人之詩數千家,成《兩浙輶軒録》刻之;訪兩浙帝王賢哲之陵墓,加以修護,成《防護録》刻之;以其餘力及於金石刻,搜訪摹拓,頗窮幽遠,又勒成《兩浙金石録》一書。爾時,助余搜訪考證者,則有趙晉齋魏、何夢華元錫諸君子,許周生兵部宗彦亦多考證增益,且録全稿以去,忽忽十餘年矣。道光四年,粵中有鈔本十八卷,校原稿,文有所删,鐘鼎錢印之不定爲浙物者亦多所删,然亦簡明可喜,李鐵橋廉訪澐率浙人之官於粵者校刻之,不兩月而工畢。今而後,藏板於浙,印書通行,使古金石自會稽秦石刻以下迄於元末皆著於篇,好古者得有所稽,不亦善歟!夏五月望日書於嶺南節院之定静堂。"②由此我們得知,在浙搜訪時主要得力於趙魏、何元錫等,過了十多年,在廣東刊刻主要靠李澐等在粵做官的浙人。

實際上,在浙十年,阮元與金石家、與印人接觸最多,一時江浙名士胡廷森、張若采、林道源、程贊和、江安、焦循、錢林、陳文傑、張鑒、江鏐、趙魏、張

---

① 王章濤:《阮元年譜》,第61頁。

② 阮元:《揅經室集》,第1070頁。

燕昌、陳曼生等與之游，對浙派印風的形成起了極大的指導和推動作用。直到道光二十四年（1844）年有位浙江印人徐士燕字谷孫，還爲阮元治印"揅經學壽"，以表敬仰之意。

這裏略舉幾例，説明阮元在浙與金石篆刻家的交往。

乾隆六十年（1795）阮元自山左移任浙江，十月過揚州，二十三日，諸友人於虹橋净香園爲阮元踐行。阮元有留别詩，因次日渡江，故有"舊雨今宵聯舫聽，暮雲明日隔江飛"之句。奚岡爲作《虹橋話舊圖》。奚岡其時或在揚，這應是目前所見奚岡與阮元第一次交往的資料。第二年即嘉慶元年，阮元奉詔舉孝廉、方正，這是他作爲學政的重要職責，浙江舉者十二人，其中有著名金石篆刻家海鹽張燕昌。辭不就者四人，其中就有奚岡。

奚岡（1746—1803），初名鋼，字純章，後更字鐵生。關於他更字鐵生有個故事。《國朝耆獻類徵初編》"奚岡"條云：奚岡"弱冠以畫名，方應童子試。純皇帝南巡，浙江行在堊白壁，需畫。或以岡言杭州府知府王瑞，使人縶之至，曰："速畫壁。"岡笑曰："焉有屬畫而縶至者乎？"居壁下三日，不畫，曰："頭可斷，畫不可得。"縶者曰："爾非童生，乃鐵生也。"後釋歸，因自號"鐵生"。嘉慶二年八月上巳（初三日）阮元至山陰，邀同人修禊蘭亭，一時逸興，不減永和，奚鐵生爲之補圖。嘉慶七年（1802），阮元從揚州運菊花至杭，一時瓶盎軒階俱滿，奉嚴親宴花下，饒有家鄉風景，屬奚鐵生繪《秋江載菊圖》，並題七絶四首。阮元對奚岡之畫讚譽有加，"予昔謂浙士能畫者，石門方蘭坻熏、錢塘奚鐵生岡，求一鼎足者不可得。"並説："鐵生亦布衣，爲詩人兼精山水花卉，性孤介，不謁長官，予在浙七年，未見其人。"①賓主之品性於此可見，相互尊重，不强人所難。大概奚岡其時以畫名著，後因列入西泠四家，又以印名著。

陳鴻壽（1768—1822），字子恭，號曼生，又號曼公、種榆道人，浙江錢塘人。嘉慶三年（1798）正月阮元試杭州府，識拔士子多人，其中就有陳文述、陳鴻壽堂兄弟及趙魏等。此後陳鴻壽在阮元幕中多年，不僅從事文牘，還曾隨軍蕩寇，公暇則參與詩文唱和、賞玩金石。如：嘉慶五年阮元修禊於皋亭山，曼生參與；七年，阮元出所藏秦漢十銅印，邀同仁分咏，曼生咏《後漢李忠印》；阮元翻刻《王復齋鐘鼎款識》，曼生等同觀；八年，阮元集同人於"八磚吟

---

① 阮元：《種榆僊館三畫記》，見《瀛洲筆談》卷七，嘉慶二十五年（1820）刻本。

館”分咏漢晉八磚詩，曼生咏《西漢黄龍磚》；阮元選商周十三酒器爲父七十壽，集同人分咏，陳曼生咏《商子執戈觚》；九年，陳曼生向阮元出示《種榆僊館三圖》手卷，阮元特撰文論畫，兼以紀傳。阮元收藏既富，學識又廣，其幕中人才濟濟，一度有十子。陳鴻壽在幕中獲益良多，促進了其藝術觀的形成與發展。

陳豫鍾(1762—1806)，字浚儀，號秋堂，浙江錢塘人。乾隆末廩生。阮元《定香亭筆談》云：“豫鍾深於小學，篆隸皆得古法，摹印尤精，與曼生齊名。”①嘉慶七年，阮元鑄造杭州文廟鎛鐘成，屬程瑶田撰文，阮元撰銘，復命陳豫鍾摹古文爲之銘，“既成，公歎賞，招之不往。”看來陳豫鍾也不願意與權要打交道。但他與阮元門生在浙江撫署作幕的趙魏、陳曼生關係都極好。阮元曾把陳豫鍾與陳鴻壽藝術作過一個比較，“秋堂專宗丁龍泓，兼及秦漢，曼生則專宗秦漢，旁及龍泓，皆不易作者也”②。一個專宗龍泓兼及秦漢，一個專宗秦漢旁及龍泓，看上去賓語調了個位置，區别還是很大的，鴻壽學印直奔源頭，所以氣勢更爲宏大。由此可見阮元對篆刻的評價極在行。

趙之琛(1781—1860)，字次閑，號獻父，浙江錢塘人。一生未嘗做官，布衣終老。阮元纂《積古齋鐘鼎彝器款識》，趙之琛曾任摹刊之事。嘉慶九年(1804)八月十五日，阮元自序《積古齋鐘鼎彝器款識》，云：“友人之與余同好者，則有江侍御德量、朱右甫爲弼、孫觀察星衍、趙銀台秉冲、翁比部樹培、秦太史恩復、宋學博葆醇、錢博士坫、趙晉齋魏、何夢華元錫、江鄭堂藩、張解元廷濟等，各有藏器，各有拓本，余皆聚之，與余所自藏自拓者，集爲《鐘鼎款識》一書，以續薛尚功之後。薛尚功所輯共四百九十三器，余所集器五百六十，數迨過之。”阮元序中並未提及趙之琛，因爲《序》中所提及的人多半是曾爲之購獲、與之考釋者。趙之琛年輕，也不在阮元幕中，故未提及。他之充任摹刊，當在刻書之際，應出於陳豫鍾、陳曼生的介紹。古人刻書没有今天這樣的製版技術，一般刻書普通寫手即可，而刊刻“鐘鼎款識”非金石高手不行，趙之琛應是合適人選，而且他從中亦當獲益匪淺。這應是他與阮元的間接交往。趙之琛治印師事陳豫鍾，對陳曼生極爲佩服，誼兼師友。他一生刻

① 阮元：《定香亭筆談》，《續修四庫全書》第 1138 册，上海：上海古籍出版社，2002 年，第 462 頁。

② 阮元：《定香亭筆談》，《續修四庫全書》第 1138 册，第 462 頁。

印數量甚多,又壽逾古稀,在浙派中影響極大。

屠倬(1781—1828),字孟昭,號琴隝,晚號潛園,錢塘人。嘉慶六年(1801)阮元在杭州西湖立詁經精舍,延請名師講學,屠倬成爲阮元門下士,經常參加阮元幕中的一些詩文活動。同時,他在清平山葺屋數椽,名“小檀欒室”,與長其十餘歲的浙西名士陳鴻壽等談論詩文、書畫、篆刻,成爲終生好友。此後,他在赴京趕考途中,曾多次逗留揚州,特别是嘉慶十一年(1806),在揚州受到太守伊秉綬、兩淮鹽運都轉曾燠等熱情接待,暢談詩書畫印。屠倬嘉慶十二年(1807)中進士,入庶常館學習,恰好阮元因劉鳳誥科場案牽連革職在京,常相聚會。嘉慶十四年(1809)秋冬授儀徵知縣,第二年春到任,嘉慶二十年歲末卸任,在任前後六年,仁政惠民,循聲大著。“聊欲微行人已識,道旁都解説儀徵”,且各級官員對之亦有好評。阮元對之十分欣賞,《是程堂集序》云:“予於浙西見文筆三人,曰陳白雲,曰查伯揆、曰屠孟昭。”“儀徵吾邑也。地處大江之濱,北接淮河,繁劇難治,孟昭領此邑,裕如也……民間頌聲日騰,達聞於遠方,其政成矣。而其文章復裒然成集,知不以政廢其學,且其所以爲學者,即其所以爲政也。”①屠倬書畫爲嘉道年間一大家,篆刻的藝術造詣也很高,惜傳世不多,據上海博物館藏《團雲書屋藏印譜》載,内收藏印蜕 162 方,多爲清屠倬、王錫原、梁同書、江青、趙賢、汪彤雲等錢塘名士用印。譜中收録屠倬自用印最多,計四十七方,其中不少是屠倬自刻者。而團雲書屋系阮元長子阮常生的書屋名號。屠倬作爲阮元門生,又在儀徵爲官多年,與阮元子弟交往頗多,最後又病故於儀徵,屠倬自用印和收藏印最後由阮常生輯録,無論是贈送還是委託整理,都應是情理之中的事。

董洵,字小池。嘉慶十五年,阮元得董洵爲之鐫刻“雷塘菴主”印,款云:“老客京華舊部名,蕭蕭白髮不憂貧。平生幾度揚州住,惜未逢公作主人。”阮元認爲董小池印亦絶佳,而世少傳之。因爲在浙時,印皆出曼生手,請小池刻的少。不過幸運的是,道光二十三年遭火災而斯印未毁。

從上述可以看出,阮元在山東、在浙江,其幕府實在已形成了一個學術團體,通過編輯《山左金石學》和《兩浙金石志》,更形成金石學研究團體。西泠前四家中的黄易、奚岡,後四家中的陳豫鍾、陳鴻壽、趙之琛與之有直接聯

① 阮元:《揅經室集》,第 689 頁。

繫，其他如屠倬、董洵等也都受到不同程度的影響，可以説，阮元是印壇浙派形成的大功臣。

此外，阮元宦跡所至以及服闋、致仕在鄉，都常有金石聚會，而且常與金石同好書信交流。比如與翁方綱，乾隆五十五年(1790)曾共同接待朝鮮學者朴齊家、柳得恭。五十八年，阮元接替翁任山東學政，石帆亭上，翁還特地交代："琅琊台秦篆，世皆稱存十行耳。予以壬子夏按試青州，訪諸學官、弟子，此篆刻在諸城縣海濱懸崖，極難拓。有段生松苓善氈蠟，諾爲予拓之，時以夏秋，海水盛長不可往。明年予北歸，以語學使阮梁伯。"①後來阮元把這事辦成了，以拓本數份，"更思寄同好，南北翁、孫、錢"②。即寄贈翁覃溪、孫淵如、錢辛楣。嘉慶七年，阮元翻刻《王復齋鐘鼎款識》，題識記其顛末，諸家題詩頗多，翁方綱作七古二十四韻，高度讚揚阮元的貢獻。八年，阮元將自己的收藏編成《積古圖》一卷，翁方綱作《積古圖記》，稱揚"於是古今奇秘、江山粹精，皆在阮氏積古齋矣。蓋馬鄭之傳注，孫郭之詁訓，吕薛之考訂，歐趙洪樓之鑒藏，備於一卷者，世未嘗有也"③。十一年，阮元守廬在揚，於甘泉山獲石，其一石可辨者"中殿第廿八"凡五字，阮元與伊秉綬、江藩考證認爲"此漢淮南厲王胥冢上石也"。再寄翁方綱，翁認爲"此文稱'中殿第幾'，則是胥爲王時自造宫殿有此刻文，非冢中石也"。阮元雖未接納翁的意見，但將翁跋附於文後。1980年代考古發現厲王劉胥墓在高郵神居山，證明翁的意見是有道理的，但阮元不避諱不同意見的治學態度也是值得稱讚的。嘉慶二十二年(1817)，阮元得宋槧趙明誠《金石録》殘本，翁方綱就其所校，標注異同，詳論得失，復又作七古十八韻，囑阮元查訪欽州魚山馮氏所藏《金石録》全帖，摹刻行世。並親刻"金石録十卷人家"印章贈阮元。第二年翁便過世了，詩也是絶筆，其情感人。所以阮元有詩云："公遽歸峨眉，遺集今悲閲，集中惠我詩，一一字不滅。十卷《金石録》，小印爲我剟。欽州竟無書，詩筆從此絶。"④阮元與錢大昕、王昶、孫淵如等學術交往也很頻繁，恕不一一。

學人交流的目的在於廣見聞。嘉慶四年，劉墉贈阮元一硯並作銘文是

① 翁方綱：《跋琅琊台秦篆》，《復初齋文集》，《續修四庫全書》第1455册，上海：上海古籍出版社，2002年，第545頁。

② 阮元：《題秦二世琅琊台石刻》，《揅經室集》，第762頁。

③ 翁方綱：《積古圖後記》，見阮亨：《瀛洲筆談》，清嘉慶二十五年(1820)刻本。

④ 王章濤：《阮元年譜》，第634—635頁。

一個很好的説明。阮亨《瀛洲筆談》云:"兄所藏各硯,嘗屬奚鐵生寫《譜硯圖》。石菴(劉墉)相國爲大書卷首,並贈一硯,仍作銘硯側云:"宗伯文章,如玉如金。繪圖譜硯,寄懷静愔。匪硯之寶,石友是尋。忠義研磨,二人同心。我往公來,交乃逾深。猗歟久要,學海文林。"①

阮元對印章的獨特見解

古印是金石學的一部分,治印是書法學的一部分。阮元於金石學、書法學都深有研究,且藏印、用印、咏印、評印甚多,有其獨特的見解。

《石渠隨筆》係阮元入直南書房釐定内府儲藏書畫時所記。阮元"本工於賞鑒,持論能發前人所未發,每一真跡必備録其題咏、跋語、年月、姓名,尤足以資考證,微特本末源流,瞭若指掌也。論者以宋米元章方元,良是"。我以爲在鑒定中,阮元十分注重印章,書後專有一篇《論鈐寶》,云:"鈐用寶璽,曰八璽全者'乾隆御覽之寶','乾隆鑒賞','石渠寶笈','宜子孫','三希堂精鑒璽','石渠定鑒','寶笈重編'。凡列朝及臣工書畫,皆用此七璽。其藏乾清宫者,則用'乾清宫精鑒璽',寧壽宫、養心殿、御書房皆如之。此璽並上七璽,爲八璽。其在圓明園者,惟七璽而已。"而且一一注明璽印的形狀,朱文還是白文。阮元發現御書不入書者,收藏各處,恐無分别。於是請旨"敬擬鎸'石渠寶笈所藏璽'(方,朱文),鈐入書者,不入書者不鈐,以此志别"。奉旨允行。他還注明:"乾隆五十六年,奉旨校刻蔣衡《十三經》,因刻'表章經學之寶'(翠森石,方約五寸,貯國子監)。又御書字畫,有乾隆四十年以前之筆,而鈐用'五福五代堂'、'古稀天子壽'、'八徵耄念'等寶者,皆隨時補鈐也。又按'石渠定鑒'、'寶笈重編'二璽,乃乾隆五十六年纂書時擬請鎸者。凡入書之列朝及臣工字畫始用之。若無此二璽,則非入書之件"。交代如此清晰,不僅是收藏管理的需要,也爲後來的鑒定開無上方便之門。凡纂書時請鎸之璽印均由阮元監刻。對歷代臣工書畫用印,阮元也予以關注,如"方士庶山水册",就注明"皆自鈐'偶然拾得'四字墨印於畫角"②。

阮元收藏古印很多,僅漢印就曾達500余鈕,後半以入貢,只存百數。

① 阮亨:《瀛洲筆談》,清嘉慶二十五年(1820)刻本。

② 阮元:《石渠隨筆》,《續修四庫全書》第1081册,第477頁。

在《秦漢六朝唐廿八名印記》云："余所藏古人名印以百數，子常生以其姓名考之，列史有所見者，自漢至唐得廿八鈕，余因第而録之，即命常生釋注之。一曰秦秦嘉璽。作曲矩形，旋轉五字曰'海上嘉月鈢'。此印形曲甚，古世所罕見。秦嘉立楚王，陳涉之倫也。""二十二曰竇武。大將軍也。此印模範嚴正，篆跡明切，凛然有生氣焉。""二十八曰雞林道經略使印。方二寸。此唐劉仁軌之印也。曷由知爲仁軌印也？雞林道經略使惟仁軌專之，雖官印，可以姓名定之。""嗚呼！古人姓名銅印多矣，其於正史無考者，未必絶無可傳之人也。或謂漢人鑄名印千百以殉葬，好名好事，今人亦不如古耶？若不見於史，而唯以一鈕之銅傳數千年後，亦可悲矣！"①

嘉慶元年(1796)七月，阮元督學浙江時，撰《秦漢十印記》，並以之命題試士。在《定香亭筆談》卷四中云："余遴秦漢印佳者凡十，貯以王晉卿鏤金小字鐵匣，作文記之。海鹽吴侃叔東發博古能文，識古文奇字。予試嘉興，以《秦漢十印歌》命題，語幕中人曰'此題吴生必擅場'，已而果然。别以漢印一與之，曰以此獎實學。"自己收藏秦漢印，用它命題考學生，考得好的獎一方漢印，看上去有點標新立異，但其目的很明確，"以此獎實學"，古印關乎學也。

嘉慶七年(1802)壬戌九月，阮元集同人分咏十印：《秦海上嘉月鈢》，朱爲弼；《漢李廣印》，陳文述；《漢劉勝印》、《漢薛長卿印》，顧漢綸；《漢司馬遷印》，焦循；《漢王禁印》，張鑒；《後漢李忠印》，陳鴻壽；《後漢竇武印》，蔣征蔚；《後漢張成印》，方建瑚；《晉劉淵印》，阮元。劉淵，字元海，新興匈奴人，冒頓後裔。因漢高祖以宗女爲公主，以妻冒頓，約爲兄弟，故冒頓子孫遂姓劉氏，實際是已漢化了的胡人。據《晉書》記載，劉淵生有異相，左手文有淵字，故名。幼好學，師事上党崔游，習《毛詩》、《京氏易》、《司馬尚書》，尤好《春秋左氏傳》、《孫吴兵法》，略皆誦之，《史》、《漢》、諸子，無不綜覽。曾經慨歎："吾每觀《書》《傳》，常鄙隨、陸無武，絳、灌無文。道由人弘，一物之不知者，固君子之所恥也。"在晉内亂時，劉淵起兵反晉，稱大單于，後改稱漢，都平陽，表明自己承漢而起。劉淵死後，其子劉和即位，旋被劉聰所奪。劉聰攻下洛陽、長安，俘虜了懷帝、愍帝，大體上統一了中原。聰死，經過一番内亂，劉淵的族子劉曜奪了皇位，遷都長安，改國號爲趙，史稱前趙。阮元在詩

① 阮元：《揅經室集》，第651—657頁。

中大致描述了這一歷史過程，看來他對劉淵還是讚賞的，“隨、陸文兼絳、灌武”，“朱、范同門傳五經”；同時對其後繼者表示不滿，“惜哉和、曜性不仁，不及李淵生世民。若使石符奉漢璽，諱淵久已如唐人”，如果劉淵之後像李世民那樣，歷史就要改寫了。他的歷史觀包括當時揚州學派學人如淩廷堪等人的歷史觀是值得研究的。但他的詩雖在述史，却不離印，“漢寶缺角威斗亡，永嘉六璽歸晉陽”，“劉淵名但鎸頑銅”，“此銅鎸印尚青組”，“曾以書緘封印土”，“無端玉璽來河汾，改元刻瑞增三文”，“我今得印系之肘，剛卯金刀辟邪鈕。回水爲淵屬象形，想見單于文在手”，可謂不隔也①。

嘉慶九年(1804)春，朱爲弼摹輯《續鐘鼎款識》，作《秋齋摹篆圖》屬題，阮元認爲前人論詩、論詞、論畫皆有絶句，因此作《論鐘鼎文絶句十六首》，在詩中，阮元論鐘鼎文之“古”：“説與時人渾不解，四千年上古人心”，“誰識齋中鐘鼎字，鑄當周、孔未生時”；鐘鼎文之“功”：“《尚書》二十九篇外，絶勝訛殘汲冢書”，“半訂傳訛半補逸，聚來能敵左邱明”；鐘鼎文之“精”：“象形指事最精微”，“一字寫成百凝注”，“屋漏折釵皆不似，濃如挑漆結如繩”，“一字經人十日思，却從許慎上推之”；鐘鼎文之“用”：“有篆方增彝器重，無斑始見煉金純”，“或交繶帶或雲雷，半是鎔成半鑿開”；鐘鼎文之“學”：“七百年來零落盡，一函圖篆印方圓”，“百千古字金猶在，第一勳推薛尚功”；批評不懂鐘鼎文之“謬”：“那如隸草任人揮”，“晉、唐俗字不知古”；表明自己的志趣，稱讚朱爲弼的學識：“先生嗜好與吾同，日日齋中篆古銅”，“今日秋齋圖句裏，古人若見也應疑。”②這無疑爲金文入印提供了學識依據。

阮元在《散氏敦銘拓本跋》中，指出“太史(指陶梁)又謂此篆瘦刻勁挺，蓋亦有故，余所見鐘鼎文字，揣其製作之法，蓋有四焉。一則調極細泥以筆書於土笵之上，一次書之不高，則俟其燥而再加書之以成陽文，以銅鑄之成陰文矣。三則刻土笵爲陰文，以銅鑄之成陽文矣。四則鑄銅成後鑿爲篆銘。漢時銅印有鑿刻者，用此法亦陰文也。其刻木之法，即《周禮·梓人》之法。”“梓人刻字有工拙、肥瘦、出鋒不出鋒之别。此《散敦銘》以刀刻木之跡顯然可見，蓋而出鋒者。”③這裏講的是鐘鼎文字的製作方法，對印人的治印技法

① 阮元：《揅經室四集》詩卷五。

② 阮元：《揅經室四集》詩卷七，第864—865頁。

③ 阮元：《揅經室三集》卷三，第646頁。

也有一定的指導價值。

阮元曾爲揚州方槐《秦漢官印臨本》作序，贊許方槐："古人之印有鑄者，有鑿者，有精工者，有粗略者，各極其妙，今悉以刀法摹得之，可謂形神畢肖矣。"特別强調："秦、漢人文字不多見，此印文一帙可以備秦、漢摹印之法，兼以補證《漢書》官制、地理之遺，豈徒篆刻哉?"①一方面指明，制印還是要從秦漢印入手，另一方面講摹秦漢印重在補證史實，不僅僅在篆刻，真是三句不離本行。

阮元在嘉慶元年(1796)時，還有一首詩《印泥》，叙述了印章由鈐於封泥到施諸縑素的過程，並叙述了印泥製作的材料和方法，這是不多見的。詩云："秦家玉鈕漢金龜，五色泥封天上詞。"就是説秦漢時候是以封泥封書、封物，加鈐璽印，以檢奸盟，而且封泥之"泥"有一定等級區分。據《太平御覽》引《東觀漢記》記載，封禪玉檢用水銀和金爲泥，天子詔書用紫泥，常人則用青泥。"五色泥封"是寫實而非誇飾。由封泥轉爲施之紙素，是在隋代，有學者認爲，用朱紅色印泥鈐印的起始時間可能早於廢止封泥的時間，但直到目前尚未發現確鑿的實物證據，所以阮元出言很慎重，講"濕抹紅沙翻繆篆，未知佳制創何時? 宋人抹印猶調水，誰煉丹膏落縑紙?"表現治學的嚴肅態度。怎麼製作印泥，看來阮元是有實踐至少是親眼所見。"銀綬三年艾吐綿，箭鋒九轉朱飛紫。雲笈真沙蘇合油，銷凝暑日又經秋。珊瑚枝共明珠碎，琥珀花同桂屑投"②。明甘暘《印章集説》一卷，曾論及"制印色方"：飛净朱砂七錢三分，油二錢，艾綿七分，欲有光彩，加赤金箔十張，珊瑚末三分，珍珠末二分，愈久愈紅，光彩奪目。朱砂有老坑、新坑之分，有箭頭、豆瓣、劈砂等數種，紅黑不一，以箭頭爲最；以朱砂之紅而有光彩者，用燒酒洗過，曬乾細研，反復淘、漂，待黄水盡，曬乾取去頭脚用之，謂之"飛來砂法"；霜降取蓖麻子，待次年霉過、炒熟、入榨取油，再加芝麻油藜蘆、豬牙皂、大附子、乾薑、白醋、藤黄、桃仁、土子等物，以一定比例，以武火滾數百遍，繼以文火，三日爲度，去渣、去水氣用之；治艾必擇蘄州者，以石灰水浸葉，再加碱水，煮一晝夜，再入長流水洗净、曬白、舂熟。這些原料都備好了，再和泥色，工序十分複雜。印色惟欲玉器、瓷器貯之不壞，阮元詩云："晶盤玉椀花瓷合。"可見阮元對此

① 阮元:《揅經室三集》卷三，第 661 頁。

② 阮元:《揅經室集》，第 788 頁。

是很内行的，清康熙年間朱象賢《印典》也述及印泥製作，大體相似。

阮元一生用印很多，他與印人交往也多，品味高，目前所知的有畢旋之曾爲其治田黄石“阮元印”，隨用六十年，可惜癸卯年毁於火；翁方綱曾爲之刻“金石録十卷人家”；董小池爲之刻“雷塘菴主”，劫後猶存；八十歲時張受爲之刻“頤性老人”。

阮元對金石的興趣也感染和影響了其家人。阮常生，字彬甫，一字壽昌，號小雲，原爲阮元族子，後過繼爲阮元長子。嘉慶二十二年(1817)以蔭生考授主事，官至直隸河清道，署直隸按察使，爲官清正廉直，道光十三年(1833)因病卒於任。阮常生考據甚精。嘉慶十九年(1814)冬，阮元從江西巡撫任上寄齊侯罍拓片給常生，屬釋之。而且常生工鐵筆，書法柳公權。著有《團雲書屋詩抄》、《團雲書屋藏印譜》。特别是《藏印譜》前面已介紹，所收印蜕多爲清屠倬等錢塘名士用印，其中包括丁敬、黄小松等珍貴印作，而尤以屠倬自用印爲最多。故此譜價值很高。常生自己也能治印，師法文彭、朱簡。阮福(1801—1875)，阮元三子，字賜卿，號喜齋。官至甘肅平凉知府，候選郎中。通經學，尤好金石考據，著有《小嫏嬛叢記》四卷、《兩浙金石志補遺》一卷。阮充(1826—1892)，阮元從弟，字實齋，號雲莊。工詩畫，精篆刻，著有《雲莊印話》、《雲莊文集》、《北湖耆舊集》、《北湖續志》等。林鴻，字茉生，一字椒生，清甘泉人，阮元表侄。隱居不仕。善畫，尤善山水，曾爲阮元畫《禮祀洲圖卷》。工篆刻，風格近陳鴻壽，輯有《小碧琅玕館印稿》。阮恩高(1830—1890)，阮元從孫，字景岑，性嗜金石，尤工篆刻，摹拓彝器最爲精到，治印必宗《説文》、小篆，揚州人稱爲“阮派”。

阮府女眷也十分了得。阮元側室劉文如對文史、對金石都頗有研究。嘉慶二十三年，特地跋家藏《宋刻金石録》，實有以清照自比，記夫婦志趣相同之意。到晚清，阮元後裔阮玉芬，字蘋香，工詩書畫印，曾供奉福昌殿，深得慈禧太后賞識。

二零一三年四月二十五日至三十日

阮元佚文《致法式善函》考釋

——兼論阮、法交誼

王章濤*

法式善，蒙烏吉氏，蒙古正黄旗人。乾隆四十五年進士，官至國子監祭酒。阮元《梧門先生年譜》記："先生始名運昌，字開文，號時帆。乾隆五十年以陞庶子具謝摺，高宗純皇帝特改名法式善。法式善者，滿洲語黽勉上進也。又自號梧門，以幼時韓太淑人課讀之所，每日散學，視梧陰逾門限耳。"①式善自入仕途，"即以研求文獻、宏獎風流爲事。在詞垣著《清秘述聞》、《槐廳載筆》，記載成均，著備遺録，餘有資典故，著而未刻者甚多。所居在厚載門北……有詩龕及梧門書屋。室中收藏萬卷，間以法書名畫。……經師文士，一藝優長，莫不被其容接。爲詩質而不瞿，清而能綺，故問字求詩者往往滿堂滿室"②。

法式善爲阮元館閣前輩，在館日私誼甚好，尤於詩文、學術問學相長，無輩份之隔閡。自乾隆五十八年阮元外放後，阮、法多以函信交流，惜兩家《集》皆未收，存世亦無多。今獲見久佚的阮元《致法式善函》六件，始自乾隆五十九年(1794)，迄嘉慶元年(1796)。每函所涉事皆前所未聞，通過解讀和考證，可知阮、法兩人的著述、交游情況，及當時的背景信息。另見法式善《存素堂文集》、《續集》中有阮元批語，在輯佚的基礎上加以考釋，瞭解阮元在文學、史學、目録學諸端的論見，對深入研究阮元頗有價值。復見法式善

* 王章濤，揚州市揚州學派研究會理事。

① 阮元：《梧門先生年譜》，北京：北圖社古籍影印編輯室編《乾嘉名儒年譜》第10册，北京：北京圖書館出版社，2006年，第3頁。

② 張維屏：《國朝詩人徵略》卷四七，廣州：中山大學出版社，2004年，第681頁。

《梧門詩話》,涉阮元事頗多,取其爲證,做些解讀,可展現阮、法間的交誼及論學情況,探討他們的文學、學術價值取向的異同。至於綜括其他資料,對阮、法的交誼做些解析,也是本文關注並略加探索的所在。

一、阮元致法式善六函考釋

1. 致法式善函一

都門握别,將已經年,遥惟老前輩文祉安和,興居納吉,定符遠頌①。晚到山東以來,卷牘車馬,略無寧晷②。此間人士亦間有穎異者,爲録其詩作刊行之,以爲鼓勵。今寄呈一帙,乞大雅教之,如多大謬者,乞即示知,以便修板。此書未編卷數,俟有續刻,再爲寄覽③。秋史侍御去冬物化,吾鄉不幸也,不意客秋在潘家河沿三人坐談時,斯人遂有此變也④。今乘便羽⑤,草肅數行,虔請近安。諸惟朗照,不具。時帆老前輩閣下,晚生阮元頓首。

注釋:

① 法式善(1753—1813)。簡介見前。補:中進士後,改庶吉士,散館授檢討,旋幫辦翰林院清秘堂事,充《四庫》提調,歷官左庶子、侍講學士、侍讀學士。式善十歲喪父,家貧無力延師,受母韓氏教讀。十六歲入咸安宫官學肄業。入仕後,終其一生皆在館閣供職,又用心搜考玉堂故事、科名故實之類,編有《同館試律彙鈔》、《補鈔》,《同館賦鈔》,《成均課士録》,以及《清秘述聞》、《槐廳載筆》等,被視爲科試圭臬。亦能文善詩,有《存素堂詩文集》等。

都門握别:乾隆五十八年(1793)六月二十五日,阮元奉旨出任山東學政。七月十五日離京,與法式善諸師友别。阮稱法爲老前輩,一是年長十一歲,二是入館閣早九年,故若此。

② 初就外任,業務不熟悉,且幕友無多,奔走於魯省各地,衡文校士,甚忙。

③ 阮元輯有《山左詩課》四卷,乾隆五十八年(1793)七録書閣刻本。版本作如此題,雖定名,又始刻於斯年,然而時到次年,即阮發此函與法時,尚未得全本。所寄示一帙,即此刻首刊先印之部分。

④ 秋史,江德量號,江德量(1752—1793),字成嘉、秋水,又號量殊,儀徵人。乾隆四十五年探花,授編修,歷官御史。承家學,通小學。好金石,盡閱漢以上石刻,篆、籀靡不綜覽;工書,其隸書卓然成家;擅篆刻;能繪畫,以北宋人爲法,花卉、人物能兼之。富收藏,精鑒賞,多舊搨碑版及宋版書。有《泉誌》三十卷。德量逝於乾隆五十八年冬,即函中"去冬物化"説;"坐談"句是阮元回憶去年初秋出京前,與法、江坐談於潘家河沿之情景。江、阮是同縣、同居於郡城,素友善;江、法爲同年、同爲京官;阮与法親善,實有江之

推介與聯絡。

⑤ 便羽:指托便人帶的書信。

附識:分析函中提及時日,另互參别函,並參考《阮元年譜》,此函當發自乾隆五十九年四五月間。此函及下述二至五函,均爲上海圖書館收藏。

2. 致法式善函二

徑啓者:濟寧王生宗敬乃侍所舉優生,詩文並略可觀,在齊則爲巨擘,特令其晉謁文軒,倘蒙賜之青目,則龍門聲價當增,侍亦深感耳①。肅此,並請即安。不具。時帆老前輩。館後學阮元頓首。

注釋:

① 王宗敬,字禮思,别號未了山人,濟寧人。嘉慶五年(1800)舉人,官晉州知州,工八分,專學桂馥。當時與郭敏磐、翟雲生鼎峙。阮元説:"宗敬孤寒好學,文筆皆長。以館穀奉母,歷城郭小華[敏磐]爲畫《負米圖》。"曾被阮元召入學政署四照樓讀書。所賦《咏古》四首爲時人稱道。

文軒:一作雕飾華美之車;一作用彩畫雕飾欄桿和門窗的走廊。此處指代法式善寓第。

附識:阮元於乾隆五十八(1793)、五十九年(1794)兩次按試兖州、曲阜、濟寧州、沂州,且皆於十二月回省。而試濟寧,前次爲第三站,後次爲末一站,大體皆試於十二月。推想在第一次即拔取王宗敬,並召來濟南。次年即乾隆五十九年春,法式善任國子監祭酒,阮元薦之,時在該年春夏之交。此説不誣。

3. 致法式善函三

前接復函,並題秋史畫詩,披咏再三,不讓古人情誼。俟少暇,當爲奉和①。兹又接近函,備悉起居安吉。前月閲邸鈔,知蒙恩擢大司成,以老前輩之學之望,天下學者得師表矣②。晚頃試畢泰安,登岱而還,行將牓考本省③。諸凡鹿鹿,竟豪無少暇,略親筆墨也。承索館課賦,元作本不足存,前曾將大考卷奉上,今又鈔來二首,仰祈大雅采擇,如可存,尚希改訂附入,已不勝榮幸矣④。外令家奴呈上白金十兩,乞老前輩轉發刻字人是荷。月來秋闈伊邇,成均考試繁劇,諸惟珍攝⑤。不宣。時帆老前輩閣下。晚生阮元頓首。

注釋:

① 秋史,見函一釋④。阮元和詩,《揅經室集》未收。

② 大司成:唐國子監祭酒,掌儒學訓導之政,相當於西漢的博士僕射、東漢的博士祭

酒。高宗龍朔二年改國子監爲司成館,祭酒爲大司成,咸享元年復舊。入清沿舊制,正名祭酒,别稱大司成。乾隆五十九年(1794)四月(参見下考),阮元從《邸報》中獲知法式善升任國子監祭酒。

③《阮元年譜》載:乾隆五十九年(1794)五月十五日按試泰安,其間登泰山頂,於二十九日返濟南。六月試濟南府。

④ 法式善爲編《同館賦鈔》,遍徵同館師友、弟子之作,阮元爲應徵者之一。"大考卷"指乾隆五十六年(1791)二月初十日,圓明園大考翰詹,欽命題爲《擬張衡天象賦》、《擬劉向請封陳湯、甘延壽疏,並陳今日同不同》,賦得《眼鏡》詩,阮元所呈應試卷。其所作《賦》、《疏》極優,被乾隆帝改擢一等第一名。函中所説又寄兩篇,未著録篇名。阮元《揅經室四集》卷一收有《炙輠賦(以炙輠中膏其流無盡爲韻。翰林館課)》。或許即其一。

⑤ 京官素貧。法式善所編乃同人書,當集資付刻。函中婉詞頗得體。

成均,古之大學。後泛指官設最高學府。唐垂拱元年改國子監爲成均監。清代循前朝舊制設國子監,亦以"成均"指代。秋闈即鄉試,考期在八月中旬。肄業國子監之監生,亦須經選拔方能參加順天鄉試,此時離考期將近,身爲祭酒的法式善忙於考核諸事,故有此問候。

附識:理順函中有關日期的關鍵詞,互参注②③⑤,知此函發自乾隆五十九年(1794)六月初。

4. 致法式善函四

頃接手書,敬悉老前輩近履清吉爲慰。見示刻賦,過蒙宏奬,今將稿二篇徵上①,乞檢是荷。草此,並請即安。不具。時帆前輩侍史②。館後學阮元頓首。

注釋:

① 徵,此處作"抄"解。

② 侍史:古時侍奉左右、掌管文書的人員。法式善宦蹟,除前注外,可補其曾充日講官、起居注官、文淵閣詳校官、功臣館提調、办翰林院事,故謂"侍史"。

附識:此函"今將稿二篇徵上",與函三"今又鈔來二首",實爲一事。函三寫定將郵之際,收到法式善來函及新刻《賦》(即"大考卷"),於是追加此箋,與前函及文稿二篇一併寄出。時間略耽擱二三日而已。

5. 致法式善函五

接張孝廉寄來手翰,忻悉起居清勝爲慰。張孝廉現寓省中,俟元回省時自與撫軍商議位置之[①]。蒙示賦稿，感謝莫名，其《花象賦》中第五行"潭國"訛刻"揮國"，乞正之[②]。匆此布達，並請鈞安。不宣。時帆老前輩。館後學阮元頓首。

注釋：

① 乾隆五十八年(1793)九月十四日，福寧由鄂撫改山東巡撫。次年八月二十日，福寧與豫撫穆和藺互調。十天後穆回任，改由湖廣總督任降職之畢沅互調。畢沅最快當在十月抵山東任。推算，此處所指巡撫是福寧。張孝廉，不詳。是法式善請阮元爲之謀職。阮元正視學外地，且無力，故言待回省城時，與福寧商議方能定。然阮元於十二月十二日回省，與之議者已是畢沅。

②《花象賦》，即《緬甸進奇異花象賦》，是阮元庚戌(乾隆五十五年)館課。道光十五年(1810)，阮元教習庶常，從館賦中録出，輯入《揅經室續集》卷四中。

6. 致法式善函六

制科之事，惜未成書，侍欲總爲《徵車摭言》一書，因思老前輩博覽古今，尤精熟本朝館中掌故，如有事關康熙己未者，能開數條，以便書中録載，當更爲詳備也[①]。草此，奉候近安。不具。時帆老前輩。館侍阮元頓首。十月十七日，桐廬舟次[②]。

回書送江薫亭敝同年處爲速[③]。

注釋：

① 制科：封建王朝臨時設置的考試科目，由皇帝稱制詔提出問題，親自策問，始於西漢。王應麟《玉海》指出唐代制舉有五十九科，實不止此，較重要的有賢良方正直言極諫科、才識兼茂明於體用科等。對録取者優予官職。宋代廢置無常，且科目不多，高宗後設博學宏詞科。清代沿設，另有孝廉方正科、經濟特科等。

康熙己未：指康熙十八年(1679)設置的博學鴻詞科。"宏"改作"鴻"，係日後避乾隆諱而改。據專記阮元浙江學政任内事的《定香亭筆談》載：輯成《康熙己未詞科摭録》。綜合論之，即原擬《徵車摭言》中獨立成篇的内容。推想因同時秦瀛輯《詞科録》梓行，阮書未刻。

徵車：古代徵召賢達使用的車子。此處指代康熙、乾隆兩朝所舉博學鴻詞科等求賢事。推想乾隆朝有關事實，阮元有稿，皆前述原因，弃而不刊。

② 桐廬：嚴州府轄縣。參見《阮元年譜》嘉慶元年譜，知阮元出試嚴州行程，與函中所署過桐廬時日合。可確定該函繫時爲嘉慶元年(1796)十月十七日。

③ 江薫亭：當是乾隆五十四年(1789)與阮元同中進士的福建閩縣江有本。

附識：此函録自《中國歷代書法家名人墨蹟》。

二、《存素堂文集》、《續集》阮元評語考釋

《存素堂文集》四卷。法式善撰。嘉慶十二年(1807)揚州程邦瑞刻本。該刻本卷首有法式善自叙,署"嘉慶丁卯[十二年]六月"。有云:"程子素齋[邦瑞]來京師,寓佑聖寺,距余居近,數數過從。見余文,袖歸鈔成副本,余未之知也。既别去,一日自揚州寄書來,謂方梓家集,俟工竣,將並鐫余文。……亟作書止之,書至而鐫已半矣!"同年十二月十五日,邦瑞在卷末識云:"時帆先生爲藝林宗匠,名滿天下,嘗請刻其詩未獲也。近見所作古文四卷……因亟録付剞劂。"另有《存素堂文續集》四卷。卷一,刻本,戊辰(嘉慶十三年)編年;卷二,鈔本,己巳(嘉慶十四年)編年;卷三,佚;卷四,鈔本,庚午、辛未(嘉慶十五、十六年)編年。細審之,依編年,當將卷四庚午編年文移出作卷三。

法式善《文集》、《文續集》有定稿後,皆鈔録交友人閲覽,要求對方加批。最後併之。今觀每篇末皆有批文,批者一至五六人不等。批閲者有阮元、陳用光、石韞玉、孫星衍、王芑孫、翁方綱、洪亮吉、趙懷玉、秦瀛、吴鼒、汪廷珍、謝振定、楊芳燦、初彭齡、何夢瑶、陳鶴、吴嵩梁、李保泰、馬履泰、陳希曾、言朝標、朱文翰、王澤、蔡之定等。各人批閲篇次不等。阮元點評的二十二條未爲《揅經室集》輯存。現過録如下,並加考釋。

1.《存素堂文集》(其下簡作《集》)卷一《洞麓堂集序》。阮批:"簡質中風神溢出。"

《洞麓堂集》,明尹臺撰。尹臺(1506—1579),字崇基,號舊山、洞山,吉安永新人。嘉靖十四年進士,官至南京禮部尚書。《四庫全書總目》著録其《集》,凡文六卷,詩四卷。元標序稱"其詩數百首,力推唐雅。制、疏、書、序、記、銘、狀、表數百篇,出入漢宋,闡繹名理,不屑綺語"。法式善《序》言及"從尹臺裔孫尹鵬得其《全集》三十三卷"。贊鵬"能守護先人遺業,傳於無窮也!"並感嘆道:"公[尹臺]之節不顯於生前,而彰於身後;公之文不著於當時,而隆於右文之代。"以此數語比照,知阮評切中肯綮。

2.《集》卷一《吴雲樵編修詩序》。阮批:"筆力圓折處是古人。"

該《序》有云:"欣然讀之,則凡我所欲言之情未能言,言之而不暢者;我所欲寫之景未能寫,寫之而不真者,忽然自君言之,言之而暢;自君寫之,寫

之而真焉!""蘭生空谷中,自開自謝,不期其香之聞於世也;一旦致聞於世,無論其爲何人,無論其人之爲何如嗜好,未有不以香多之者也。"這兩段文字極能體現阮評至精至妙。

3.《集》卷一《借觀録序》。阮批:"此文用筆全似介甫。"

介甫,王安石字。安石爲文雄健宏肆。强調文章應該以内容爲主,而内容有關"禮教治政","有補於世",起到社會作用。文章的形式、辭藻的文采必須服務於内容。對照法式善《序》中文字:"則以爲吾所得者,吾觀之,不必私爲吾有也;人所得者,吾亦觀之,不必定爲吾有也;且吾得之而人失之,能保吾之不失,人之不得乎?"進而以借觀書畫作喻,發"勳名遇也,富貴寄也"的感慨。豈不是王安石筆法。

4.《集》卷一《同館試律彙鈔序》阮批:"是虞文靖、楊文貞一派文字。"

虞集(1272—1348),字伯生,號邵菴,謚文靖。元臨川崇仁人。少受家學,讀諸經,通其大義。嘗從吴澂游。成宗大德初官大都路儒學教授,歷國子助教、博士。仁宗時,遷集賢修撰,議學校事,主張學官當用經明行修成德之士。文宗即位,官至奎章閣侍書學士。領修《經世大典》。另著有《道園學古録》、《道園遺稿》。楊士奇(1365—1444),名寓,以字行,號東里,謚文貞。明江西泰和人。早年力學,授徒自給。建文初以薦入翰林與修《太祖實録》。先後歷惠帝、成祖、仁宗、宣宗、英宗五朝,官至禮部侍郎兼華蓋殿大學士、兼兵部尚書,廉能爲天下稱。著有《東里全集》、《文淵閣書目》,編選《歷代名臣奏議》等。阮元將法式善與虞、楊作比,意在取其亦有大臣風和熟諳館閣詩文事。

5.《集》卷一《同館試律續鈔序》。阮批:"淵雅是東漢人手筆。"

該《序》開篇即報《同館試律彙鈔》"梓行於丁未[乾隆五十二年]之春"。此舉在館閣中成爲亮點,尤其在"丁未科館中諸君子"中成熱議,於是"各以課藝惠貽"式善。式善"次第録之","先鐫丁未科詩",名《同館試律續鈔》。"續"者,備增輯。録《序》中文字:"夫文人之心,日出不窮。試律雖詩之一體,緣情體物,亦各有懷抱所存,學識所藴焉。譬之山川出雲,百卉春生,往者已故,而來者方新,其蹟未嘗相襲,而其機則各自具也。"阮元譽其深遠高雅,不爲過也。

6.《集》卷一《重刻己亥同年齒録序》。阮批:"此文安章宅句無一不合古人。其疏暢淵雅真北宋人文學也。"

乾隆癸丑(五十八年,1793)四月,法式善邀集己亥(四十四年,1779)同舉之士會於宣南陶然亭,繪圖紀事,並輯《己亥同年齒録》。乙卯,乾隆帝御極六十年,詔開恩科,“於是同舉之士來集輦下,視前尤盛,予又爲會以合之,别書其姓名鄉貫鎸爲書,而重序之。曰:夫農之合耦而耕者,他日或遇於都邑,其話言色笑之相親,必有異乎人人者矣。賈之共廛而市者,他日或遇於江湖,其贏縮有無之相急,必有異乎人人者矣。而況士以文章相取質,道義相摩厲,功名相激勸,偕薦於有司,共登於天府者哉。然則予之流連於同舉,豈獨一人和宜,亦諸君子之所共拳拳者已”。該《序》謀篇布局無不合古文章法。文筆深遠高雅、流利通暢,無不酷肖歐、蘇、王、曾。

7.《集》卷二《北海鄭君年譜序》。阮批:“於書中提出二事,見文識之高。於前半烘托處見文情之妙,古人之能事備矣。”

此《序》是爲陳鱣撰《鄭玄年譜》所作。阮元所云二事,一指:“《本傳》有‘不爲父母群弟所容’之文;據《史承節碑》證定爲無‘不’字。”參見《阮元年譜》乾隆五十九年八月譜,有詳述。簡言之,阮元修鄭玄墓,得碑證無‘不’字;陳鱣又得元本《後漢書》,亦無“不”字。另一指:“又引魏晉時有鄭冲與何晏同解《論語》,在康成後,證《周禮疏》鄭冲之孫語爲謬誤。”式善謂“有關於知人論世之大者”,而得阮元“文識之高”的贊譽。前半講“鄭氏之學至今日極盛”。舉盧見曾輯刻鄭玄書,及“其他蒐羅遺説横經之士相望繼起”,又一境界。

8.《集》卷二《王晉亭詩文集序》。阮批:“歐曾遺格。”

此篇評語,與前第二篇評語“真北宋人文字”相桴鼓,爲法式善崇尚唐宋八大家加一注。

9.《集》卷三《吴草亭六十壽序》。阮批:“翛然絶俗。”

該《序》狀吴草亭貌:“青鞋布襪,放浪於山水間,日與漁樵爲伍,望之者以爲神僊中人。興會所至,或泚筆作樹石,皆淋漓有生氣。偶題小詩,得王、裴遺韻。”(王裴指唐人王維、裴迪,均工山水,且擅詩)此《序》無拘束,洗浄鉛華,脱離媚俗,深遠高雅,文情並茂,以超脱之文狀超脱之人。

10.《集》卷四《詩龕圖記》。阮批:“得大解脱,得大自在。坡翁海外文字有此奇特。”

該《記》前半云:“人之處境,君子恒有餘,衆人恒不足,有餘則心逸,不足則心勞,非境有以逸之勞之也,人自逸焉勞焉而已。余性不諧俗,而好與賢士大夫交；於書弗能盡讀，而藏弆逾萬卷；身未出國門外，而名山大川無日不往來於胸中；凡余之不足者，未嘗不以有餘處之也。余尤癖嗜詩，遂榜所居曰‘詩龕’，夫盈天地間皆詩也，發於心，觸於境，鳥獸之吟號，花葉之榮落，雲霞之變滅，金石之考擊，無一非詩包含而蓄納之，則龕之義大矣哉！”

此篇加批者尚有王芑孫、洪亮吉、何夢瑶等五人。趙懷玉評爲“是宋人得意文字”。孙星衍有“唐宋人得意可传之作”的赞誉。阮元肯定此文類苏文，尤類蘇轼“海外文字”，故奇特。並道出他人未及道之“得大解脱，得大自在”之關鍵語。

11.《集》卷四《戒臺圖裕軒、曹慕堂兩先生祠記》。阮批：“氣味淵雅。”

圖鞳布，字裕軒，號德裕，圖色里氏，滿洲鑲紅旗人。乾隆十三年進士，由檢討累官侍講學士。喜爲詩。有《枝巢詩草》。曹學閔，字孝如，號慕堂，山西汾陽人。乾隆十九年進士，授檢討，官至内閣侍讀學士、宗人府府丞。能詩擅文，有《紫雲山房詩文稿》。阮元曾過戒壇，拜祭圖、曹兩先生祠，並爲《戒壇圖》題詩，下述阮、法交游有記。此處先言之，意在表達阮元清楚式善表述的對象。故知其文深遠高雅。

12.《存素堂文續集》（其下簡作《續集》）卷二《容雅堂詩集序》。阮批：“詩中境地，言之鑿鑿，而於天人難易之間，未嘗不三致意，爲真知灼見，非比泛常應酬。”

《容雅堂詩集》，奇豐額著。奇豐額字麗川，滿洲正白旗人。乾隆三十四年進士，官至江蘇巡撫。此《序》開篇即云：“有學人之詩，有才人之詩。學人之詩通訓詁、精考據，而性情或不傳。才人之詩神悟天解，清微超曠，不可羈紲。唐之太白、樂天，宋之放翁、誠齋，各得其所近。國朝漁洋尚書以神韻爲主，悔餘編修以透露爲主，則又各得才人之一体者也。而近世或以其平近少之，豈知水性虚而文生，竹性虚而節生，是有天焉，不可學而至也。”細審上述文字，自知阮評卓識。

13.《續集》卷二《谷西阿詩集序》。阮批：“以拙勝、以味勝，得詩中三昧，恐入漁洋口中不能如此了了。”

谷際岐（1740—1816），字西阿，雲南趙州人。乾隆四十年進士，授編修，与校《四庫全書》。歷御史任，官至禮部給事中。乞養歸，曾主講五華書院；乞休後，貧不能歸，主講揚州孝廉堂垂十年。此《序》寫道：“詩以工勝，亦以拙勝；以澤勝，亦以味勝，吾則有取於拙焉、味焉，非謂工與澤之不可爲也。”

“道愈變而愈通,事屢變而屢敝,詩之拙而味者,其有道之言乎!”録此數語,可見阮評不誣。

14.《續集》卷二《王子文秀才詩續集序》。阮批:“寫其詩之分量,與其人之性情,不差銖黍。筆重心長,一氣蕭灑,神來之作。”

王祖昌,字子文,號秋水,新城人。性剛介,尚信義,喜吟詩,愛山水,嘗縱覽名山大川之勝,尤好與當世豪俊交游。工詩。孫星衍稱其“性情古茂,詩有漁洋家法”。著有《秋水亭集》。該《序》記:“二十年來,子文數抵京師,至則詣余所,握手不叙寒温,即朗誦别後得意詩,高下長短,與湖上水聲、林間黄葉聲相間。余傾耳聽,童子則掩口笑,子文不問也。”窺此一斑,知其人性情,無須讀其詩而知其詩。阮元、孫星衍的評點,可稱有的放矢;而謂式善文是“神來之作”,非阿私。

15.《續集》卷二《洪稚存先生行狀》。阮批:“不朽之人得不朽之文以傳之,愈樸質愈精采也。”

洪亮吉(1746—1809),初名蓮,字華峰,改亮吉,字君直、稚存,號北江、更生居士,江蘇陽湖人。乾隆五十五年榜眼,授編修,充國史館纂修官。曾出任貴州學政。嘉慶四年上《極言時政啓》,痛陳時弊,遭發戍伊犂。次年賜歸,居里,以著述、游歷度餘生。朱筠、畢沅招其入幕。一時名流。如黄景仁、汪中、章學誠、翁方綱、蔣士銓、程晉芳、趙翼、袁枚等爲文字交。平生研讀經籍,校訂古書,修撰史志,爲一代學問家;吟詩作文,稱乾嘉間有數的文學家。著述甚豐,有《春秋左傳詁》、《六書轉注録》、《卷施閣集》、《更生齋集》等。洪亮吉於阮元爲前輩,然阮元早亮吉一年中進士,有同值館閣之誼,此後交日密,對法式善撰《行狀》中所叙事,極清楚,感知也愈深,以兩“不朽”定性,非妄説。

16.《續集》卷二《贈武功將軍雲南通判岸亭陳公墓表》。阮批:“語簡而意長,淵然之光,蒼然之色,不可迫視。”

陳廣寧,字雪樵,號默齋,山陰人。少習舉子業,工詩文。二伯聖傳官臺灣縣丞,死林爽文之難,應得蔭,無嗣,以廣寧爲子,襲雲騎尉。官海塘守備時,爲浙撫阮元賞識。官至雲南馬越鎮總兵。上述,爲《墓表》中“後於儀徵阮侍郎[元]所知陳君[廣寧]工詩”句加一注。此《墓表》是廣寧爲本生父聖修字念祖號岸亭者求表墓文。阮深知陳氏伯叔、父子事蹟,見式善文故能有感而發。認爲該《墓表》充分表述了陳氏伯叔、父子的胸襟是何等的深廣開闊;其形象足以爲人瞻仰。

17.《續集》卷二《校〈永樂大典〉記》。阮批:“詳備可當一代藝文志,《千頃堂書目》不能如是簡核辨晰。文獻興替,讀此殊有證據。”

該《記》講及:解縉編書奏進,賜名《文獻大成》。永樂帝覽畢,嫌未完備,命姚廣孝、劉季篪及縉監之,簡選翰林學士王景以下二十五人爲正副總裁,集纂修、繕寫諸職官二千餘人,積十年功而竣事,名《永樂大典》,計二萬二千餘卷。嘉靖四十一年,敕閣臣徐階辦副本一部,旋集書手一百零八名,歷時六年完成。萬曆二十二年,南京祭酒陸可教請分頒巡方御史校刊,議允未行。指出:上引諸説“散見於張元忭之《館閣漫録》、郎瑛之《七修類稿》、朱國楨之《涌幢小品》、姜紹書之《韻石齋筆談》、阮葵生之《茶餘客話》”。並言及:今翰林院所貯,僅一萬册。據每册後署“《實録》總校官、侍郎高拱(嘉靖二十年進士),足證其爲嘉靖本”。復點明:“此書‘發凡起例’實未美善”;“唐隋以前書仍寥寥耳!”其下列舉唐人張燕公等十四人“行世本外,各有增益,[多]者數十篇,少者亦五六七篇,其不習見於世之人,盖往往而有之也”。全《記》五百餘字,在有“據”的前提下“簡核辨晰”,可謂確評。

18.《續集》卷四《完顔太淑人七十壽序》。阮批:“閒曠之筆,沈摯之思。”

該《序》叙道:太淑人“擇傅俾諸子讀書。夜則躬自督誦,持針黹辟苧相伴”。待四子貴,“親戚族黨莫不羨之,以爲榮,而太淑人持針黹辟苧自若也”。又説:曾孫英幹剛六歲,教之嚴,小有過失,其子“恒率子若孫跽而受訓誨”。轉而講:“吾每過其書堂聽其稚孫誦二《南》,琴聲晝影,家庭和樂之象,不禁爲之神往。”就此一斑,能證阮元謂其文悠閒放達,深沉直摯,不誣。

19.《續集》卷四《諸臣恭和詩卷跋》。阮批:“足資掌政。”

該《跋》雖屬例行之文,僅得一百一十三字,記親歷之事,存史,誠如《跋》中有云:“玉堂給札,金炬聯吟,事隔百餘年即爲人間不可得之蹟也。”阮評恰當。

20.《續集》卷四《誥授奉政大夫、工部屯田司員外郎楊君墓表》。阮批“學昌黎馬少監、廬陵張子野兩墓志,而得其髓。”

阮評所云兩墓志,即韓愈(昌黎)撰《殿中少監馬君[繼祖]墓志銘》及歐陽修(籍廬陵)撰《張子野墓志銘》。姚鼐纂集《古文辭類纂》,即將此兩墓志精選輯入,可見珍重。阮元就法式善文與之作比,以爲規模有致“而得其髓”,表達出此《墓表》不弱韓、歐的認識。

21.《續集》卷四《江安糧道前江蘇按察使司按察使於公墓志銘》。阮批："廉訪一生清德，藉此縝密之筆，足以傳矣。不必恢張中蹈爲也。"

該《墓志》記於鰲圖宦績："揀發江南候補知縣……委賑揚州，嘗步行八九十里。縣丞某邀樂人侑饗，公曰：'是何時，尚忍行樂乎！'宰常熟，歷勘盜案，未嘗用刑。乾隆五十九年，知太倉州，蟲災，議煮粥以賑，[擇]僧寺爲廠，男入由左，女入由右，領賑出則由中，人咸得食。訖事，無擁擠踐蹋患，全活數萬衆。"就此片段，能見大概。真是"縝密之筆"，雖不事張揚，而傳主清德美名千秋，可爲定案。

22.《續集》卷四《萬柳堂記》。阮批："《帝京景物略》、《日下舊聞》皆不能敘述明切，此文可作志乘讀。"

《帝京景物略》八卷。明麻城劉侗、宛平于奕正同撰。崇禎八年乙亥刊。《日下舊聞》四十二卷，《補遺》附。秀水朱彝尊撰。康熙二十六年至二十七年六峰閣刊。兩書爲北京地方文獻，記城池、坊巷、建築及人、事、風土人情等，皆屬志乘之佳著。法式善《記》，三百八十餘字，然將"萬柳堂"出處交待清楚。考證元廉希憲别墅"萬柳堂"遺址在彰義門外豐臺；清初，馮溥擇址海岱門東、沙河門内置别墅，慕廉希憲而懸"萬柳堂"匾。復講及其友人阮元、朱鶴年探訪拈花寺，而本人亦爲親歷者，考定斯地即馮溥雅意"萬柳"之處，使萬柳堂名復享譽京師。身爲親歷者的阮元，下此佳評，非私好，實爲保護古蹟作一宣傳。何況，其《記》實有"地方史志"之價值。

張舜徽著《清人文集别録》卷十著録《存素堂文集》四卷、《續集》二卷。嘉慶間程氏精刻本。評曰："刻意求工，不脱唐宋窠臼。每文篇幅皆短，雅潔有餘，而氣不足以振之。"①張説後阮元一百餘年，未脱其窠臼。何況阮元細審全書，二十二條批語皆其心得，非泛泛語。

三、從《梧門詩話》涉阮元事論其交誼

法式善"凡官撰之書，無不編校"，對本朝典章制度"該博審諦"，又熟諳館閣内諸事，勤於著述，皆能推校成書，以史家名世。又擅長文學，能文章；善詩，爲海内詩人尊爲名家。他的文學理論也有相當的水準，頗得時譽。其

① 張舜徽：《清人文集别録》，北京：中華書局，1963 年，第 277—278 頁。

《梧門詩話》中的評説，深爲現今文學理論家首肯。然詩話非專一指歸。以《梧門詩話》而言，誠如著者所説："每遇宗工哲匠，有所著咏，必爲之推尋其體格，窮極其旨趣而後已。數十年間，師友投贈，朋舊談説，鈔存篋笥者頗夥。"故有《梧門詩話》出。《梧門詩話例言》云："是編或紀其人，或紀其事，皆與詩相發明。間出數語評騭，亦第就一時領悟所到。"①

《梧門詩話》(其下簡作《話》)涉阮元事極多，選其有代表性且内涵豐實者，當從卷九第 37 條載："翠屏洲在金、焦北岸，春來桃花燦如雲錦，竹木尤幽邃。王柳村家於其上，一時名流韻士，造訪無虚日。阮雲臺中丞考其地，即古之曲江，建亭以存漢蹟。中丞撫浙時，作七古寄柳村，有句云：'此日披圖似夢醒，清聲還向月中聽。錢塘八月西樓卧，錯認揚州月下亭。'其深情眷戀如此。中丞嘗憩亭中，與柳村纂輯江蘇八郡之詩，徵文考獻，成書二百卷。姚修撰秋農(文田)題其撰著之室曰'詩徵閣'，旁有阮梅叔聯云：'八月望宜枚叔筆，千年前是廣陵濤。'"解讀如下：

出揚州鈔關，東南行二十四里深港之南，焦山之北，有康熙間新漲之翠屏洲，一名佛感洲。阮元讀乾隆帝《廣陵濤辨》，與己所考合，該洲故揚子江心、枚乘《七發》狀"廣陵濤"之"曲江"所在。爲存此古蹟，阮元囑族弟阮亨買地數畝，構屋三楹、亭一笠於其中，柳村從江上郭璞墓移一佳石置屋中。阮元爲屋題"爾雅山房"(郭璞精《爾雅》)，爲亭懸"曲江"額。時在嘉慶十二年冬，阮元有《曲江亭記》記其事。阮元在翠屏洲的舉動，緣於探訪柳村。柳村，王豫號。王豫(1768—1826)，字應和，江都人。布衣。道光初元，舉孝廉方正，辭不就。性酷嗜詩，"論詩以王、孟、韋、柳爲宗，高澹醇雅，不爲風氣所轉移"。有《種竹軒詩文集》、《儒行録》、《明世説新語》、《王氏法言》、《王氏清菉録》，輯《江蘇詩徵》、《群雅集》及《二集》、《京江耆舊集》等。

阮元在其壯年難得的居鄉期間訪王豫，初爲慕其詩名。復見王豫藏入清以來江蘇人詩集甚多，且勤於採訪，委其編輯《江蘇詩徵》。附請其助阮亨續編《淮海英靈集》。次年即嘉慶十三年八月下旬，王豫游杭州，向阮元出示自繪《曲江亭圖》，阮元題七古十二韻，後輯入《揅經室四集》詩卷八。一時如阮亨、王效成、唐庸、黄理、袁廷檮、趙元益、蔡之銘皆有題咏。王豫來杭的重

① 法式善著，張寅彭、强迪藝編校：《梧門詩話合校》，南京：鳳凰出版社，2005 年，第 27 頁。

要任務應該是請阮元確認《江蘇詩徵》的編例、目録、草擬的樣本，兼及續編《淮海英靈集》。從中也顯示出王豫與阮亨因編詩而興的聯絡。《話》卷八第16條載："雲臺侍郎纂輯揚郡耆舊詩，刊之，名《淮海英靈集》。品詩表人，如《明詩綜》之例。李漁衫呈詩云：'一郡八州十二邑，文章奇氣吐虹霓。月旦操持從古有，最難風誼故鄉敦。'［二首，録一首］侍郎恐搜羅未備，致有遺珠之嘆，特留己、庚、辛三集，囑丹徒王柳村暨弟梅叔（亨）採訪增補。侍郎闡幽表微，宅心之厚如此。"爲《話》卷九第37條增一注。另，阮元在《江蘇詩徵序》中說：王豫移寓焦山佛閣中編輯，時任兩江總督的鐵保聞而異之，因題其閣曰"詩徵閣"。與阮元弟子姚文田書題並存，或一題於翠屏洲，一題於焦山。

談阮、王關係，法式善最有意味的記叙，當指《話》卷十六第37條載："王碧雲詩，清超絶俗，西沚宗伯擬以蘭質蕙心，紙上有香氣；述菴司寇有'秋水芙蓉'之喻。一時名媛，如張霞城（絢霄）、畢智珠（慧）、孔經樓（璐華）、劉書之（文如）、江瑶峰（秀瓊）、侯香葉（芝）、張净因（因）、鮑茝香（之蕙）、張小謝（少蘊），皆寄聲定交，賡和盈帙，華亭女史王凝香（燕生）先刻之，名《曲江亭唱和集》。"參加曲江亭唱和的大多是阮元與王豫兩家族。參見《話》卷十六第39條載："經樓夫人，孔子七十三代嫡長孫女，阮雲臺中丞室，天性敦厚，崇尚雅音。……有《唐宋舊經樓集》。"同前第50條載："劉書之（文如），阮雲臺侍郎副室，與經樓夫人唱和如良友。予於張净因夫人《緑秋書屋集》中讀其《閨中雜咏》數十首，句如……《熨衣》云：'簾前一桁安排好，却念貧家織未成。'具此胸次，安得以巾幗中人語目之。"同前第40條載："張净因，甘泉黄秋平明經（文旸）室，著《緑秋軒集》。工畫花鳥，精天文之學。［所賦詩］……語意真率，想見賢媛風範。"增補：張因（1741—1807），字净因、淑華，甘泉人。有《雙桐館詩鈔》、《淑華集》；另有《緑秋書屋詩鈔》二卷，嘉慶十年揚州阮氏文選樓刻本。嘉慶八年十日，張因隨夫黄文暘來杭州，居阮元撫署。黄文旸課阮元弟亨、子常生。張因則以詩與孔璐華相唱和；兼任阮元副室劉文如、謝雪、唐慶雲的詩書畫指導老師。推衍這段資料，知謝雪、唐慶雲也是曲江亭唱和者。同前38載："畢智珠，秋帆尚書愛女，與其母霞城夫人選訂《全唐詩》行世，有别裁僞體之功。"並評其詩"有味外味"、"更覺超妙"語。增補：智珠，名慧，畢沅女，陳曝妻。有《遠香閣吟草》，另說有《蓮汀吟草》。慧之姐某經阮元父保媒嫁衍聖公孔慶鎔，爲孔璐華弟媳，屬阮氏姻親來會者。至此，要提及阮氏族中另一女史，即《曲江亭唱和集》的選刻者王燕生。燕生字凝香，華亭人。其父王錫奎（1739—1794），字文一，號荔亭、飲禪。乾隆四十九年（1784）進士，官潁州府知府。書畫印兼擅。燕生出自舊家，通文墨。嫁阮氏，爲阮亨婦。《話》卷十四第 33 條載："王錫奎歿後，阮梅叔（亨）選其詩入《瀛舟筆談》，因編定六百首，爲《嘉藻堂詩集》。"《話》卷九第 47 條載："儀徵阮梅叔（亨）字仲嘉，嘗隨其兄雲臺中丞浙幕，杭人能詩者争相唱和，因撰《瀛舟筆談》。所著《珠湖草堂詩》，佳句甚多。……深得唐賢三昧。又與王柳村同纂《淮海英靈集[續]》、《廣建陵詩事補》等書。"曲江亭一别，以疆臣宦九省，百事纏身的阮元極少與王豫促膝的機會，後之十數年間，與之交通詩文事，除郵筒往來外，實由阮亨聯絡。法式善對此了如指掌，寫來詳盡，多爲他處失載。

曲江亭唱和，王豫家族的女詩人則以其妹王瓊爲首。《話》卷十六第 22 條載："丹徒王愛蘭女史，柳村之妹。著《愛蘭集》、《名媛詩話》。柳村長女迺德，字子一，著《竹净軒集》。次女迺蓉，字子莊，著《浣桐閣集》[三家詩摘句略]阮雲臺中丞稱三女史所作詩得斜川、輞川之遺意。詩人天趣亦因所居而得其妙耳。因選其詩刻之，名《王氏聯珠集》。"同前第 23 條載："愛蘭之姊名淑，適白沙詩人季雲崖。女如蘭（芳），十一歲即工韻語，著《環翠閣集》。[詩摘句略]阮中丞愛其詩格之清，附刻《聯珠集》後，故柳村《和如蘭》詩有'兩家兒女工吟咏，喜煞村翁昔授書'句，風雅之盛，令人羨絶。"

表述《梧門詩話》透析出的阮、王兩家女眷的詩會，乃服務於展現、解析阮、法關係。不再漫衍，俟另作專題討論。

《梧門詩話》記阮元事跡的另一要點，則是其倡導的唱和活動。《話》卷十三第 12 條載："小滄浪亭在明湖西北隅，即昔之北渚也。魚鳥浮枕，水木明瑟；白蓮彌望，青山嚮人。乙卯夏，學使阮雲臺偕馬秋藥、桂未谷、顏運生、武虛谷、朱朗齋宴集於此，適孫淵如觀察兖沂，雲臺以詩促其之官。[其下阮詩，孫報詩，桂和詩，略。阮詩摘句]：'萬朵荷花五名士，一時齊望使君來。'緣湖中花事將殘，最後得碧蓮一枝，四朵並蒂，而觀察又以足疾遲至，故云。秋藥和韻句云：'唱與滄浪亭子聽，百年曾見幾人來。'皆雋永有味。"系列活動，參見《阮元年譜》乾隆六十年五月初、夏、八月初、八月初八日、八月二十四日稍後等五譜目。

《話》卷十二第 24 條載："阮雲臺督學浙中，有《蘭亭秋禊詩序》。"端木國瑚等應邀參加蘭亭秋禊，奚岡爲之補圖。參見《阮元年譜》嘉慶二年八月初三日譜。《話》卷十一44載："阮雲臺祖昭勇將軍征苗，曾以全家保降苗，所活數千人。雲臺督學兩浙，以將軍所佩刀出示諸生，並命賦詩。吴澹川爲作長歌，雲臺閲至'白是刀光赤人血'，已拍案驚異，乃閲至'此刀殺人復活人'句，乃向澹川且笑且揖，曰：'得子七字，使先王父含笑重泉矣。'"朱彭、湯禮祥、朱爲弼、陳文杰等皆賦《招勇將軍寶刀歌》。參見《阮元年譜》嘉慶二年春譜。

《話》卷十四第17條載："嘉慶庚申，翰林院修撰趙介山（文楷）、内閣中書李墨莊（鼎元）奉命敕封琉球。道出武林，適阮雲臺中丞撫浙，賦詩爲餞，並命其門下士和之。同作者數十人，以仁和錢金粟（福林）爲第一。……餘若顧鄭鄉、陳荔峰、陳曼生、陳雲伯、徐雪盧[當爲廬]、李白樓（方湛）[等]，標新領異，並擅勝場。"附識：阮元詩題作《送趙介山（文楷）殿撰、李墨莊鼎元舍人奉使册封琉球》，爲七律一首，後輯入《揅經室四集》詩卷五。另，《詁經精舍文集》卷十三輯有胡敬、錢福林、陳嵩慶、顧廷綸、陳鴻壽、陳文述、蔣炯、李方湛、徐熊飛、汪家禧等《送趙殿撰文楷、李舍人鼎元册封琉球》同題詩。參見《阮元年譜》嘉慶五年四月譜。同前35載："西湖第一樓在詁經精舍之左，阮雲臺侍郎所建。侍郎自題云：'學海經神收兩漢，江聲湖氣入雙峰。'王蘭泉司寇云：'掄才欲樹千秋業，釋詁先徵六藝功。'孫淵如觀察云：'回瞻玉宇三霄近，平視吴山萬仞低。'阮梅叔上舍云：'六星文耀垂三浙，四海才人聚一樓。'陳曼生大令云：'馬帳生徒人似玉，鄴候風度望如僊。'屠琴塢嘗爲予誦之。"阮元詩題作《題西湖第一樓》，爲七律一首，後輯入《揅經室四集》詩卷五。然並無上引一聯内容，疑輯集時改動，或另有含上聯之詩而未輯入《集》中。詳情及諸家詩著録情况，參見《阮元年譜》嘉慶五年五月初八日、十二日譜。

《話》卷十四第1條載："阮雲臺中丞得西漢定陶鼎，以官牘達鎮江府，付焦山寺僧，以配周鼎，並餞以詩。[詩略]周銘漢器，照耀江山，洵佳話也。並有二跋，一則辨焦山本作'譙山'，孝然事附會之訛；一則辯證周鼎舊説，尤非尋章摘句者所能。"附識：阮元詩題作《置西漢定陶鼎於焦山，媵之以詩》，爲七古十九韻，後輯入《揅經室四集》詩卷五。詩前有長序，爲定陶鼎考證文字。末云："予得此鼎，因思焦山衹有周鼎，若以漢鼎配之，經史引徵，可增詩事，爰以官牘達之鎮江府丹徒縣，付焦山寺僧永守之，並加册於櫝，繪圖，搨款,鈐印,備録諸詩。時嘉慶七年季秋月。”詩末有二跋,同上述。阮元徵詩於師友弟子,衆皆應和。據《詁經精舍文集》卷十四載:阮元詩爲程作,同賦者有謝江、謝淮、徐熊飛、顧延綸、方廷瑚、張鑒。《焦山志》卷四載:賦《西漢定陶鼎》詩者有阮元、齊彦槐、王宗敬、洪亮吉、張鑒、張井、阮亨、顧廷綸、方廷瑚、莫瞻菉、許珩、吴廷琛、陳文述、焦循、朱爲弼、清恒諸人。張鑒復有《西漢定陶鼎序》。另,《八磚吟館刻燭集》卷一亦收録數人賦定陶鼎詩。《話》卷十四第2條載:“焦山舊有仰止軒,在水晶菴内,祀楊忠愍公,久圮。阮雲臺同王柳村留憩山中,讀《山志》,至姜如須‘六義風流今不減,十行疏草未全焚。原因報國成忠愍。翻似完身傍隱君’之句,乃於漢隱菴隙地葺精舍,以奉忠愍栗主,並以忠愍手書疏草墨跡,付寺僧藏之。姜詩蓋先爲這兆也。”忠愍,明名臣楊繼盛謚號。嘉慶十二年,阮元與王豫、焦山僧秋屏、覺燈議,以漢隱菴後軒名“仰止軒”,加以修葺,立楊繼盛木主祀之。阮元復將舊藏楊繼盛墨蹟五紙共一卷,鈐以官印,跋而歸藏軒中。王豫亦以所藏《楊忠愍文集》板一並送藏。阮元有《送楊忠愍公墨蹟歸焦山記》、《焦山仰止軒記》,兩記皆收入《揅經室三集》卷四。重設楊繼盛祭祀場所的行舉,引發社會的關注。時任兩淮鹽運使的曾燠,揚州知府伊秉綬、名士彭兆蓀等皆應征賦詩紀事。相關情節參閲《阮元年譜》嘉慶十二年夏譜。

阮元領銜的詩文雅集活動不爲上述所限,但法式善抓住要點,或因人繫事,或因事繫人,講述了許多重要的文化活動。阮元更以推崇學人,舉薦幹才,提少年才俊,啓迪後進爲己任。每至任所,以廣交精學術,通文筆之人士互爲師友。《梧門詩話》中不乏這類人事記載。

《話》卷六第4條載:“錢塘陳雲伯孝廉(文述),阮雲台中丞入室弟子。博學工詩,尤善七言歌行,遠宗浣花,近法婁東。所著《碧城僊館詩鈔》……皆卓然名貴,不以艷才掩風骨者。與曼生(鴻壽)齊名,時稱浙江二陳。”同前:“雲伯才大而捷,數日不見,即盈册矣。嘗攜中丞爲灤河之游,往返二旬,得詩二百餘首,半馬上之作。”阮元試杭州時,以《仿宋畫院製新團扇》命題賦詩,陳文述所作最佳,時呼“陳團扇”。自嘉慶元年爲阮元弟子始,一直追隨其宦游京浙間。以師生交長達五十年。

同前第6條載:“朱青湖(彭)詩,述菴[王昶]稱其不染厲、杭習氣,杭州詩人允推正宗。惜以諸生終老,阮雲臺以孝廉方正薦,堅辭不受。”時在嘉慶元年五月。參見《阮元年譜》是時譜。

《話》卷十一第 43 條載："吴明經澹川(文溥),嘉興人。清才偉識,兼精韜略,嘗參苗疆、臺灣諸戎幕,爲諸公所引重。其詩各體俱工,五言清微澄淡,直造斜川、輞川妙境,宜阮雲臺中丞《定香亭筆談》稱爲浙江詩士之冠。……皆非吟風弄月家所能道其隻字也。在臺灣時,檄文多出其手,有句云:'一紙將軍檄,賢於十萬師。'澹川之抱負可知。著《南野堂詩集》七卷、《南野堂筆記》十二卷。"嘉慶元年七月,阮元按試至嘉興,與試詩人雖多,未得所期望者。試畢將行,有諸生獻其父詩《南野堂集》,知爲吴文溥所作,其中《關中草》、《閩游篇》尤爲直逼古人,謂爲兩浙詩人第一。阮元延請入其幕,校《兩浙輶軒録》,助文案諸事。

《話》卷十三第 18 條載:"邵夢餘詩善寫性靈,才筆清艷,阮雲臺稱爲商寶意後一人。名篇雋句,《定香亭筆談》已詳載之。"阮元在《定香亭筆談》卷二記:"山陰邵夢餘(無恙),詩學極深,各體皆善,標格稍遜吴澹川,而性靈才調過之,真勁敵也。"下録佳作之截句若干,復録其《蕉雪齋詩》中優者《京江晚渡》、《題唐陶山仲冕〈岱覽圖〉》等二十七篇。《話》同前載:"韓城相國以老乞休,特恩予告,寵錫便藩,洵太平盛典也。一時同館後輩七十餘人,皆有詩餞之,以陳荔峰(嵩慶)七律八首爲最。……荔峰爲雲臺中丞督學時所拔士,旋以大考第一超遷侍讀學士。琅嬛[指阮元]弟子,固是不凡。"附識:韓城相國指王杰。乾隆五十四年己酉恩科會試主考官。阮元爲其所拔貢士,例稱弟子。陳嵩慶,錢塘人,阮元創辦的詁經精舍高材生。

《話》卷十三第 41 條載:"吴門三蔣,兄弟皆才。於野之詩,余既久録之。仲氏蔣山(徵蔚)學問淹博,尤工駢儷,阮雲臺中丞折輩行訂交。所著《經學齋詩》力追唐人。……皆於抒寫性靈之中不失風格。其弟希甫(夔),詩格頗似其兄,著《青荃集》。"阮元在《定香亭筆談》卷一記:"蔣山年甫冠,弱不勝衣,而學問淵博,未可輕測。""蔣山兄於野(莘)、弟望甫(夔),皆能詩,幾於王謝家子弟人人有《集》矣。人稱三蔣。"

阮元師友弟子遍天下,此處録《梧門詩話》中明確標示與阮元有涉的記載,而有涉却未及點明的則有若干。以篇幅所限,未及羅列,得此幾條足以起到管窺蠡測之效。

綜括此節,通過《梧門詩話》中既述且論阮元與王豫合作編詩,以阮、王兩家女眷爲代表的曲江亭唱和,阮元倡導的詩文雅會,阮元重視人才、獎掖才俊的事實,證明阮元推動文化建設的作用;也深刻地體味到法式善對阮元的深刻了解及高度評價。

四、阮、法交游補述

阮、法交游，上據資料的分類作專題論述。惜受分類制約，尚有未及攬入者，故補述如下。

嘉慶六年春，阮元向法式善寄贈《經籍籑詁》一部、綢緞二端。法式善賦詩兩首紀事，其《存素堂詩初集録存》卷十一輯存。其一云："君今任封疆，何暇弄楮墨。吾聞古書生，厥功在社稷。操尺遂秉節，兩浙仰名德。人人皆飽暖，誰甘爲盜賊。補偏即救弊，大臣此其職。春風無所私，被物有餘力。結習或未忘，江山亦生色。"在稱頌阮元的從政能力和治理成效的同時，更爲其不忘書生本色，重視文教，提倡學術而歡欣，由衷地發出"江山亦生色"的美譽。式善在《陶廬雜録》卷二中評述："近人著書，當以邵學士晉涵《爾雅正義》、王觀察念孫《廣雅疏證》、阮巡撫元《經籍籑詁》爲最典洽。"同書卷三涉阮元著述事有二：一爲"《淮海英靈集》二十二卷。阮元輯揚州一郡之詩也。其《凡例》云：'通州、如皋、泰興舊隸揚州，今詩托始國初，未便區分畛域。分卷仿顧嗣立選元詩例，以十干爲次。甲集四卷，乙集四卷，丙集四卷，丁集四卷，戊集四卷，皆以得詩先後爲序。壬集一卷，閨秀詩。癸集一卷，方外詩。己庚辛三集，虛以有待。'考校審定，足備揚州文獻云"。另一云："阮芸臺中丞督學兩浙時，有《兩浙輶軒録》。己未年夏，芸臺官侍郎，退直，邀余至瑯環僊館讀畫品詩。遂以此書委勘，尚未分卷數，束爲十六捆，余約十日閱兩捆，歷三月始畢。間有爲增入者。今其書分四十卷，得三千一百三十三人，詩九千二百四十一首。刻版於嘉慶六年。"式善從阮元處賞畫品詩歸不久，有《寄題方薰奚岡畫陳瀫水希濂〈舊廬圖〉》，見《存素堂詩初集録存》卷八。題寫：'學使（阮芸台侍郎）昨邀我，垂簾坐清晝。品鷺浙中畫，方、奚實領袖。我亟修竿牘，雁飛思弗就。方擬詩龕南，又挺青兩岫（余近作札寄謝蘊山、秦小峴乞方、奚二處士畫）。"嘉慶三年十月二十六日，浙江學政阮元任滿抵京；次年十月十五日，離京赴浙江巡撫任，僅得短暫的一年，法式善爲之校勘《兩浙輶軒録》三閱月，其間就此書往返論證，即不在少數，何況還有其他交流。

法、阮友誼是建立在文化、學術交流的基礎上。嘉慶八年春夏間，法式善有《懷遠》詩六十四首，之十五爲《阮芸臺撫軍》，見《存素堂詩初集録存》卷十六。詩云:“經濟文章妙兼擅,求諸古人不數見。海風萬里吹樓船,破賊歸來滌詩硯。一榻舊同秋史齋,秦權漢布親摩揩。故人墳上已秋草,零縑未使塵沙埋(余藏江秋史遺詩,君輯《游淮海英靈集》爲録存之)。”館閣前輩法式善對阮元的高度評價,從該詩起句中得到最大的量化,這不是一般人可副的。詩中“秋史”指式善之同年江德量,前已介紹。式善以爲阮元“積古齋”與“秋史齋”相輝映,互證阮、江在金石文字、音韻訓詁諸方面皆有成就。

還有一事力證阮、法倆視學術爲公器的無私精神。嘉慶十年夏秋間,法式善將《補輯康熙己未詞科掌録》寄示阮元,隨稿附上就斯事所賦五古十三韻。有云:“天南故人札,諄懇勞下問。恭維制科興,煌煌垂大訓。如何百餘年,姓名半堙紊。殘書檢官府,斷字辨邑郡。……賢者識其大,吾惟述舊聞。”(《補輯康熙己未詞科掌録寄阮芸台撫軍》《素堂詩初集録存卷》二二)見本文第一節載:阮元《致法式善函六》,與此處所述互證,阮、法二人爲《詞科掌録》的撰寫,前後十年間交流未斷。

阮元再度撫浙後,首務是剿滅猖獗於東南沿海地區二十餘年的中外海盜。儘管戎馬倥偬,阮元仍熱心於文化事業,尤於館閣前輩的詩文集的存世特別用心,故於嘉慶十三年(1808)組織刻印。十四年(1809)二月,法式善、朱珪、翁方綱諸家詩文集刻印將成。此舉不單是刻幾部書稿,促成幾家詩文集傳世,而是引發了近代藏書史的大變革,推動中國第一所公共圖書館在杭州創立。二月十九日,阮元邀顧宗泰、陳廷慶、石韞玉、郭麐、何元錫、劉春橋、顧翰、趙魏等文宴於靈隱寺,席間議立靈隱書藏,以阮元新刻法式善等諸家書入藏,並倡議“凡願以其所著、所刊、所寫、所藏之書藏靈隱者,皆裒之,其爲藏也,大矣”!繼文瀾閣後,靈隱書藏爲杭州又一藏書勝地,而且是真正意義上的供大衆閲讀藏書的處所,被譽爲近代圖書館的雛形。

這年八月二十二日,阮元解浙撫職入京,使他與法式善獲得較多的接觸機會。最能體現兩人交游之密切的事,當稱嘉慶十六年四月阮、法偕游京郊西山事。當時阮、法先過八里莊慈壽寺,觀明李太后及神宗像。阮元咏五律二首紀事,其一云:“城裏看西山,遥青未可攀。峰巒邀客夢,車馬趁春閒。學士還清健,書生本劣孱。一筇偕一笠(法學士攜筇,元戴笠),好與叩松關。”①

① 阮元:《與法梧門前輩式善同游西山,先過八里莊慈壽寺》,《揅經室集》,北京:中華書局,1993年,第906頁。

復游戒臺寺，拜謁圖鞳布、曹學閔二公戒壇祠，歸途祭掃朱珪墓。

參見本文第二節第十一條記載，知法式善先前曾登臨戒臺，撰有《戒臺圖裕軒曹慕堂兩先生祠記》。此次阮、法偕游，繪製《圖鞳布曹學閔二公戒壇祠圖》。該年即嘉慶十六年冬，阮元賦詩一首題圖，詩云："西山有古壇，苕嶢出塵界。誰是登壇人？先當受孔戒。二老共遺榮，山僻性逾愛。松石寄精神，栗主一祠對。我曾入山游，高風想先輩。讀《記》念我師，更下祠中拜（祠中碑記乃朱文正師撰）。山南二老莊，我師墓亦在。歸途謁墓門，梁木悲茲壞（文正師墓在盧溝橋西十里二老莊北之吕邨）。"①

法式善據三勝，一是有詩龕及梧門書屋，富收藏；二是詩文兼擅、學問出衆，爲大家所折服；三是喜交友，有雅量，遠來近悦，莫不被接納；故談經論道、問字求詩者往往滿堂滿室。阮元是法式善與之交游的名臣名儒之一。在阮元宦游五十年的生涯中，在京日並不多，且式善長阮元十一歲，而早辭世三十六年，故相處的時間也不多。本文從四個方面解讀，能知阮、法二人學術交誼深厚。阮元以名臣名儒爲學人深究，此處解讀與法式善交往的種種情事，使之了解就阮元個案而言，還多有待挖掘、研究的餘地。

① 阮元：《揅經室集》，第 911 頁。

阮元、翁方綱與韓儒金正喜師生情緣與學術交流探論

賴貴三 *

一、前　言

筆者自 2011 年 9 月至 2012 年 8 月，客座講學於首爾"韓國外國語大學校中國學部"，在韓國外大講學期間研習韓國語文，基本掌握韓國歷史文化與中國儒學極爲密切相關的思想發展脈絡；復因地緣之便，得與韓國相關研究學者認識交流，更加接觸理解韓國國學、儒學歷史，并親往參觀成均館大學校"尊經閣"①、首爾國立大學"奎章閣"②、國立中央圖書館以及韓國國學振興院等重要典藏研究機構③，驚覺韓國尚有如此豐碩的漢學傳統典籍珍寶，除了具有深厚的歷史文獻典藏價值外，還是非常值得開發其中潛德幽光的學術園地。

韓國朝鮮李氏王朝(1392—1910)原奉明正朔，以朱子儒學爲學術主流，深受宋明理學影響；明亡之後，與清廷若即若離，而正祖(李祘，1752—1800)

* 賴貴三，臺灣師範大學國文系教授。

① 案：成均館"尊經閣"收藏之古籍文獻的整理研究，請參看 Ho Kim：《成均館大學校尊經閣所藏中國古籍文校價值研究——集部古籍中心》，《中國學報》第 56 期，2007 年，第 39—69 頁。

② 案：相關奎章閣的詳細歷史與介紹，可參看韓永愚：《奎章閣》，知識産業社，2008 年。

③ 案：韓國最爲著名的儒學相關研究機構，有翰林大學校"泰東古典研究所"，此所爲大學内保留傳統書院形式的教育機構；"奎章閣韓國學研究院"、"韓國學中央研究院"，此二院爲收藏朝鮮王室古籍文獻的研究機構；"韓國古典翻譯院"爲漢籍文獻翻譯成韓文的研究機構，"韓國國學振興院"爲專研儒學研究機構。

時期正逢清朝乾嘉盛世，學術頗受其霑溉影響，另開創“實學”的新風氣；而19世紀中葉之後，朝鮮王朝屢受日本侵淩，又漸受日本維新政治影響，國家發展態勢又爲之一變，據此可以考察探討中、韓、日三國之間，儒學學術文化交流融攝的底蘊。因此，本文擬以清儒揚州學派巨擘阮元(字伯元，號芸臺，1764—1849)，及因緣燕行隨訪的韓儒金正喜(字元春、號秋史、阮堂，1786—1856)跨國交誼爲主題，締結師生情緣與從事學術交流的探討。

學界目前有關韓儒金正喜與清朝學者的交流情況研究，據筆者考察所知，專書部分以藤冢鄰(1879—1948)《清朝文化東傳的研究——嘉慶・道光的學界與李朝的金阮堂》①、王章濤《阮元年譜》②與夫馬進著，伍躍議《朝鮮燕行使和朝鮮通信使——使節視野中的中國・日本》③三書最爲詳實周全，論文部分則有蘇意雯《從一封函札看中韓儒家明算者的交流》④、趙太順《書法家跨越時空之相遇——略論蘇軾對翁方綱及金正喜之影響》⑤、葉國良《韓儒金正喜的中韓學術因緣》⑥。其中，蘇意雯《從一封函札看中韓儒家明

① 詳參[日]藤冢鄰:《清朝文化東傳の研究——嘉慶・道光學壇と李朝の金阮堂》(《清朝文化東傳的研究——嘉慶・道光的學界與李朝的金阮堂》)，東京:國書刊行會，1975年。有關清朝文化如何東傳朝鮮，藤冢鄰博士有相當深入的研究，在此專著中，對當時清、朝兩國學者魚雁往返的情形，更是多所觀照。

② 詳參王章濤:《阮元年譜》，合肥:黄山書社，2003年。相關資料收録後文之中。

③ 詳參[日]夫馬進著、伍躍譯:《朝鮮燕行使和朝鮮通信使——使節視野中的中國・日本》，上海:上海古籍出版社，2010年。

④ 詳參蘇意雯:《從一封函札看中韓儒家明算者的交流》，2001年，臺灣師大數學所“韓國數學文本討論班”，刊載於《HPM通訊》第四卷第八、九期合刊，第1—6頁。

⑤ 詳參趙太順:《書法家跨越時空之相遇——略論蘇軾對翁方綱及金正喜之影響》，《屏東教育大學學報・人文社會類》，第二十七期，2007年6月，第67—100頁。

⑥ 詳參葉國良:《韓儒金正喜的中韓學術因緣》，宣讀於“中央研究院”:“2012年第四届國際漢學會議”，中國文哲研究所:“東亞視域中的儒學”，2012年6月20—22日。本文旨在討論嘉道新興學術中的今文學與經世致用之學，論述金正喜的學説如何透過與華夏學者(如翁方綱、阮元)結交、通信、圖書購贈等方式，促成中韓學術交流。文中並指出，清初時期的韓國經學仍主宋明理學(高麗時期傳入)，但金氏因持有《皇清經解》，故對清人學術頗能掌握；此外，其對丁若鏞之詆毁五經之言亦多持保留態度。會議論文集正在編輯之中，尚未正式出版問世，可參考蘇凰蘭、劉家瑜合撰:《2012年“中央研究院”第四届國際漢學會議“東亞視域中的儒學”專題紀要》，刊於《明清研究通訊》第34期，2012年8月15日。

算者的交流》一文，主要聚焦於清朝算學家徐有壬（字君青、鈞卿，浙江烏程，今湖州市人，1800—1860），以及被藤冢鄰譽爲韓儒集清學大成的第一人——金正喜的一封函札，此封信札可爲清儒與李朝學人之密切互動的最佳例證之一，從中探討出中、韓學人的文化交流梗概。史載徐氏爲人耿介端正，不苟言笑，除了崇尚程朱之學外，"精於推步"，醉心西學，於算學深造自得，爲1830—1880年間晚清八大算學家之一，與羅士琳、項名達、戴煦、顧觀光、夏鸞翔、鄒伯奇和李善蘭並享盛名。兹録徐有壬致金正喜之函札原文，提供参考如下：

有壬頓首：秋史人大先生執事。

日昨東琛入貢使者劉用先三兄賫到盛赐十件，再拜當楣銘谢無已。詢悉先生道履綏和，甚慰私頌。有壬自束髪從师，側聞長者緒論，耳先生之名非一日矣。徒以關山阻隔，未得一識荆州，方以緣慳爲恨。忽焉而寵赐之頒，出於意外。正不知蚩蚩賤名何以得達於左右，又不知誰爲此過情之譽，致先生误聽而誤信之。蓋在先生爲好士若渴之誠，在鄙人則不免受寵若驚，且驚而至於惑也。有壬自十五歲以前，讀十三經粗畢；甫讀《史記》，而先君子見背，時人遂授以速化之術，誘以利禄之塗，致不能耽心經史，迄用無成，至今思之悔恨無及。徒以性之所好，稍究心於聖門六藝之學，而禮樂淵徵，射御久佚，僅於六書九數之粗淺者，窺見一二，暇日姑以自娱，初不敢出以問世。自己丑（道光九年，1829）以後，一行作吏，此事久荒，早已置之無可如何之地。昨歲有友人問算，因録數條就正，而此友遽付之梓人，殊非良工不示人以璞之意，况本非良工，何璞之有？徒以成事不説，不能不聽其流行以供萬世之嗤笑。兹寄一本呈政，伏祈斧削，寄示以開茅塞，幸甚幸甚。至於生平之志願，嘗以爲孔子之謂聞人者，太史公以吕不韋當之，班固以王莽當之。每一念及，未嘗不通身汗下，故凡著書以立名，而不免爲《吕氏春秋》之類。砥行以立名，而不免爲王莽謙恭之類，皆鄙人所甚不願。然而清夜自勘，其所谓操守氣節，不能不色厲而内荏也。其所謂學問文章，不能不道聽而塗説也，而且有鄉愿之似是而非，有鄙夫之患得患失。有時而飽食終日，無所用心。有时而群居終日，言不及義。以此自省自訟，無一事不得罪於聖門。回憶先師姚鏡塘先生，所講求而砥礪者，已如隔世。尚曷足稱於大君子之門哉？乃不意溝澮之盈，意有不虞之譽，致好士如執事，亦遠貴而獎飾之，是重吾聞人之懼也。願先生有以教之，幸甚。先师姚鏡塘先生，躬行實踐，不欲以著述名。門弟子輯其遺書而梓之，今其板藏於家，距京師三千餘里，頗不易得。容俟購來再行寄上，兹先呈《四書藝》兩册，亦足見其一斑。至同門鄧守之，落拓不偶，久不得其音耗，足見有壬近日沉浮郎署，德不加修，業不日進，致見棄於故人，即此是其明驗矣。外附秦刻《九經》（[明]秦鏷《秦氏巾箱本九經》）兩函，《劉禮部集》（[清]劉逢禄）一函，《四元玉鑑》三册，《白鶴山房詩詞》六册，《友蓮詩詞》一册。聊將寸芹之敬，伏乞哂存是幸。《四元玉鑑細草》一書，久已無問津者，有壬嘗以己意步爲《細草》（《四元玉鑑細草》），尚似不失古人之意，聞江南有好事者，已將此草付刻，有壬尚未及見。異日當呈教正。其中"艾草"一門，即郭太史垜積招差之遺法，别録一紙以塞明問。招差之法，所該尤廣，凡西人所謂八宗三要、大弧小弧、弦矢切割互求之術，舉可以此術馭之。有壬所刻《測圜密率》三卷，大旨不出乎此。相隔數千里，恨不能面罄所懷。因貢使東還之便，輒布區區，伏希教督。有壬謹啓。①

至於其他一二手研究參考文獻②，就不在此贅述，將隨本文撰述内容另加注互見補充説明。以下先簡要知人論世，再分别列項探討詮釋相關資料内容。

二、阮元與金正喜師生情緣史證

阮元字伯元，號芸臺，生於乾隆二十九年（1764），卒於道光二十九年（1849），江蘇儀徵人（自述"元但通籍儀徵而已，實揚州郡城北湖人也"）③。

① 案：此函於前述[日]藤冢鄰：《清朝文化東傳の研究——嘉慶・道光學壇と李朝の金阮堂》（《清朝文化東傳的研究——嘉慶・道光的學界與李朝的金阮堂》）中，有詳細解讀，可參。

② 如金正喜：《阮堂先生全集》，漢城：新誠文化史，1972 年。崔完秀：《金正喜集》，漢城：玄言社，1976 年。俞弘濬：《阮堂評傳》，漢城：學古齊出版社，1991 年。

③ 詳參阮元：《揅經室二集》卷二《揚州北湖小志序》，《揅經室集》，北京：中華書局，2006 年，第 391 頁。

他是清朝乾隆、嘉慶二朝時，歷任中外要職的中央大吏、學界泰斗，所至提倡經學，主持風氣，力持不懈，不愧是清代乾嘉漢學鼎盛時期的一位經學名臣，也是清代學術史上第一流的代表人物。因此，《清史稿》卷三六四《阮元傳》稱其：

身歷乾、嘉文物鼎盛之時，主持風會數十年，海内學者奉爲山斗焉。

有關阮元史傳、年譜論述甚多，如王章濤《阮元傳》、《阮元年譜》，陳居淵《阮元評傳》①等，皆其犖犖大者，檢閲甚便，故於此省略，不加引述。

金正喜字元春，號秋史、阮堂，生於清乾隆五十一年、朝鮮正祖十年(1786)，卒於清咸豐六年、朝鮮哲宗八年(1856)，享年七十一歲②。他是通曉清朝學術精髓的經學大家，要了解朝鮮李朝韓、中學術的交流情形，就不得不對其人加以了解。金正喜，本家出慶州名族，出生於朝鮮忠清道禮山，是金魯敬(西堂，1766—1837)的長子。他聰敏好學，有四方之志。當聽聞朴齊家(字修其、次修、在先，號檢書、楚亭、貞蕤，1750—1805)③的燕行經驗後，不禁心生嚮往，遂以詩明志：

慨然起别想，四海結知己。如得契心人，可以爲一死。日下多名

① 詳參陳居淵:《焦循阮元評傳》，南京:南京大學出版社，2006年。

② 並可參趙太順:《翁方綱研究》(臺北:中國文化大學藝術研究所碩士論文，1998年，第59—60頁。)云:金正喜字元春，號阮堂，秋史、秋齋、覃揅齋，韓國忠清道禮山人。生於乾隆五十一年(1786)，卒於咸豐六年(1856)。少年時受教於朝鮮學者貞蒙生、朴齊家學習"清朝學"，其後隨父入清，後以通曉《易》學、天文、地理、史學、經學、金石、音韻、佛學等，贏得清朝學界贊賞，並獲拜師事翁方綱和阮元的機遇。……金正喜二十四歲時拜訪翁方綱(時年七十八)，翁方綱稱金正喜爲"海東英物"，又説他"經術文章，海東第一"，訂爲忘年交。

③ 案:朴齊家，朝鮮漢城(今韓國首爾)人。他是十八世紀朝鮮思想史上空前絶後、構築獨特思想體系的思想家，卓越詩人、重要散文家、文人畫家與書法家，爲朝鮮"詩文四大家"之一。著有《暫游集》、《貞蕤稿略》、《北學議》、《燕行録》等。他先後四次爲朝鮮使臣前往清朝首都北京，與清代詩人進行廣泛的文學交流，其中與大詩人、大書畫家張問陶(字仲治，號船山。遂寧，今屬四川蓬溪人，1764—1814)交游甚密。朴齊家把清詩介紹到朝鮮，把朝鮮詩介紹到中國，在中、朝文學交流史上有重要貢獻。

士，艷羡不自已。

金正喜認爲東國無可交之士，因此翹首等待入燕時機。終於在二十四歲，嘉慶十四年(1809)十月，隨同其父金魯敬(時年四十四)入燕。由於早年從朴齊家處對清朝碩學鴻儒心儀已久，故此行最主要之目的就是晤訪這些名流，而他在中國停留的一段時間裏，確實結交了不少學者，也奠定了彼此間尺牘往來、文籍贈答的基礎。

金正喜回國後的三十年内，仍與清朝學界保持聯繫。在他的門生中。最傑出的首推李尚迪(藕船)，李氏博學多才，文望日隆，隨貢使入燕達十二次。所交往的對象，也都是巨卿通儒。金正喜於道光二十年(1841)五十五歲時，因連坐被謫放到濟州島。李藕船在老師濟州謫居的時候，常常寄贈書籍以慰其寂寥。金正喜感其情誼，於五十九歲時，自畫《歲寒圖》送給藕船；藕船在同年隨冬至使入燕，並隨身帶著此圖。隔年，在故友所辦之宴會上向衆賓客出示，並請在座的客人題贊。在這些文辭中，不但對金正喜遭遇寄與同情，也欽佩他的高風亮節，更對師生情誼多所稱道，爲清、韓的海外墨緣再添一樁嘉話①。

王章濤《阮元年譜》書影頁13，收有《阮元與朝鮮友人箋》行草書，試釋其文如下：

前日所寄《雲山滄海圖》五字，前三字乃帶眼鏡寫，後二字乃除鏡寫，是以大小迥異。且白紙生澀，竟成惡札，宜即索回火之。今檢得一高麗紙，另寫送上，換回可也。元頓首。

此箋未書明對象，不知是否寄與金正喜者。復據《阮元年譜》，檢閱共有以下三處有關阮元與金正喜師生之間的交游資料，逐一全文迻録於下，以備

① 筆者於客座韓國外大期間，曾親訪金正喜於濟州島大静縣之流放處，現已設置金正喜紀念博物館，於館中購得復製之《歲寒圖》卷，並獲得館方服務人員印贈之《歲寒圖》題贊詩釋文一份，均攜回臺灣師大，《歲寒圖》卷已裱褙典藏於研究室，並題贊詩文，可供時時賞翫。案：並可參考王章濤《阮元年譜》，第1003—1004頁。道光二十五年(1845)，阮元八十二歲，正月二十五日，張穆爲朝鮮貢使李尚迪題其師金正喜所繪《歲寒圖》，謳歌正喜仰慕阮元及相互之間進行文化學術交流的情況。

參考：

(一) 1809 年，己巳，嘉慶十四年，阮元四十六歲(第 509—510 頁)

十月二十八日，朝鲜青年学者金正喜隨父親[朝鲜冬至兼谢恩使副使]金魯敬來北京，與翁方綱、阮元等結交問學。

父金魯敬，冬至兼謝恩使副使燕(北京)行十月二十八日，秋史隨行。於燕京與曹江、徐松、翁方綱、翁樹培、翁樹崐結交問學①。

唐以前舊文，尚今在足利。拙古破體書，恰是齊梁字。誰知百濟時，還後我之自。(足利學所藏古書似齊梁金石，百濟時購去者)

《七經》與《孟子》，《考文》析縷細。昔見阮夫子，嘖嘖嘆精詣。隨月樓中本，翻雕行之世。(余入中國，謁阮芸臺先生，盛稱《七經孟子考文》以揚州隨月讀書樓本板刻通行)

隋唐殘本書。中國之所遺。并收佚存中，片羽亦珍奇。嗟哉《孝經注》，同歸梅頤僞。(《佚存叢書》收輯隋唐殘本書，《孝經注》是僞書也)

篆刻有漢法，精雅蒹葭堂。古梅御油烟，直欲抗程方。借問長崎舶，西梅翰墨光。(顧西梅洛曾從商船入長崎，書法大爲和人貴重)②

(二) 1810 年，庚午，嘉慶十五年，阮元四十七歲(第 516—517 頁)

二月初一日，阮元出席爲朝鲜青年學者金正喜餞行宴會。會後，金正喜爲與諸公未曾以詩訂契深惜之，旋歌之抒懷。

二月初一日，秋史餞别筵。參席者：阮元、李鼎元、洪占銓、譚光祥、劉華東、翁樹崐、金勇、李林松、朱鶴年。《餞别册》：李林松《餞詩》，朱鶴年《餞别筵圖》，劉華東題簽《贈秋史東歸詩》③。

我生九夷真可鄙，多愧結交中原士。樓前紅日夢裏明，蘇齋門下瓣香呈。後五百年唯是日，閲千萬人見先生。(用聯語)芸臺宛是畫中睹，

① 詳參《金正喜年譜》二十四歲，純祖九年(嘉慶十四年)譜。

② 王章濤注曰："金正喜《仿懷人詩體歷叙舊聞，轉寄和舶大板浪華間諸名勝當有知之者十首》録四首。《阮堂先生全集》卷九。"

③ 詳參《金正喜年譜》二十五歲，純祖十年(嘉慶十五年)譜。

(余曾藏芸臺小照)經籍之海金石府。土華不蝕貞觀銅,腰間小碑千年古。(芸臺佩銅鑄貞觀碑)化度始自蘇齋(心蕃號),攀覃緣阮并作梯。君是碧海掣鯨手,我有靈心通點犀。野雲墨妙天下聞,句竹圖曾海外見。况復古人如明月,却從先生指端現。(野雲善摹古人真像,多贈我)翁家兄弟聯雙璧,一生難遣愛錢癖。(蓄古錢屢巨萬)靈芝有本醴有源,爾雅迭宕高一格。最憐劉伶作酒頌,(三山)徐邈聊復時一中。(夢竹)名家子弟曹玉水,秋水爲神玉爲髓。覃門高足劇清真,落筆長歌句有神。(介亭)却憶當初相逢日,但知有逢不有别。我今旋踵即萬里,地角天涯在一室。生憎化兒弄狡獪,人每喜圓輒示缺。煙雲過眼雪留爪,中有一段不磨滅。龍腦須引孔雀尾,琵琶相應蕤賓鐵。黯然銷魂别而已,鴨緑江水杯中渴。①

從阮元與金正喜隨親燕行的相識結師生緣來看,後來多以阮堂、覃揅齋②、老阮自稱,就是爲了紀念此行與阮元與翁方綱相會。而事實上,清代乾隆年間書壇仍以帖學爲主,宗帖學而不趨時俗,可自成一家者,只有北方的翁方綱、劉墉(1719—1804)、成親王永瑆(1752—1823)、鐵保(1752—1824),南方的梁同書(1723—1815)、王文治(1730—1802)。北方的翁、劉、成、鐵在書壇的聲譽尤著,故被稱爲"乾隆四家",成爲書壇上的佼佼者③。

在金正喜的年代裏,正是朝鮮新舊思潮交替著的年代,他的高祖父金興慶擔任過宰相,曾祖父金漢藎(1720—1758)則是英祖第一駙馬月城尉的名

① 王章濤注曰:"金正喜《我入京與諸公相交,未曾以詩訂契,臨歸,不禁悵觸,漫筆口號》,《阮堂先生全集》卷九。"案:此詩紙本墨書,收録於濟州島西歸浦市所編印之《海國圖墨》,第96頁。筆者購於濟州島大静縣"金正喜流放處紀念博物館",爲韓文説解本。

② 案:"覃揅齋"即是指覃溪翁方綱、揅經室阮元,皆爲金正喜青年相會後,一生所師事碩儒。翁方綱字正三,又字忠,號彝齋,一號覃溪。因得宋本蘇詩,言其齋曰寶蘇齋,自號蘇齋。順天府大興縣人(今北京)。雍正十一年癸丑(1733)八月十六日出生,卒於嘉慶二十三年戊寅(1818),享年八十六歲。清朝書法,經過順治、康熙二代的醖釀發展,到了乾隆時期,已經開始形成清朝自己的書法風貌。清朝中期公認的四大書法家,當推劉墉、翁方綱、成親王、鐵保。

③ 詳參朱仁夫:《中國古代書法史》,北京:北京大學出版社,1992年,第487頁。亦有人説"清代四大書法家"是翁方綱、劉墉、梁同書、王文治。

家,亦即是朝鮮第二十一代英祖大王的女婿,其大堂姑母則爲英祖的繼配。秋史金正喜可説是出生於朝鮮時代的"兩班"[①]貴族。金正喜十五歲時與李氏完婚,同年大堂姑母則開始垂簾聽政。二十歲時,其父金魯敬才以四十多歲之齡高中狀元,可謂大器晚成。但同年他亦失去第一位妻子,三年後金正喜二十三歲再度娶親,其妻姓氏仍爲李氏。五十七歲時第二任妻子過世,從此鰥居。

金正喜青少年時期家境無憂虞,然而當時在朝中,除了金正喜家族頗有勢力外,與之抗衡的則爲歷代家族中共有四女都嫁給皇帝的安東金氏。安東金氏與金正喜的父親金魯敬不合,因此屢次上書奏言金氏家族之不是,誣告其貪污、腐敗,皇帝終於信其言,將金魯敬發配邊疆,金魯敬因受不了這樣的打擊,一年後病逝。整起事件經過十年,後因金正喜表現出色,安東金氏家族妒其英姿,因而重提金魯敬一事,藉此壓迫金正喜,金正喜因受其累,五十五歲時被貶至濟州島。濟州島當時爲流放罪人最後埋葬的地方,因爲地處荒涼爲一孤島,所有的基礎建設全無,連同地下水都滲有海水的味道,實爲尚未開墾之地。

在貶謫的生活裏,金正喜每日飲用鹹水,吞著難以入口的食物,幾年下來,經不起滄桑歲月的折磨,以致水土不服因而得病,其腸胃失調和口舌生瘡,視力衰退,種下了日後難以復原的疾病。也由於濟州島没有醫生,因此金正喜得經常忍受病痛的煎熬。這在他常給的親朋好友書信中透露出這樣的信息,如他給草衣禪師的信中所説:

> 四大,地、水、火、風;跟六塵,色、聲、香、味、觸、法裏,所居住的惡魔,常給予痛苦。[②]

可知他當時深受病痛的折磨。朝鮮末期最有名的畫家許維(號小痴),亦曾到濟州島探望恩師金正喜,並用畫記録其生病的態樣。

金正喜在濟州島居住了八年,這段期間,金正喜的朋友不斷爲其伸冤,

---

① 案:朝鮮李朝以科舉制度培植封建統治階級,文官屬於東班,武官屬於西班,所以文武班合稱爲"兩班"。

② 詳參俞弘濬:《阮堂評傳》,第 362 頁。

終於六十三歲時,皇帝特赦金正喜回鄉。但因長年的營養不良,加以生病無人照料,晚年的金正喜一直和病痛對抗。好景不常,六十六歲時再度受到安東金氏的誣告,那時金正喜歷經一次流配後,早已以寫書法爲樂,不問世事,但世事多磨,這次被貶至寒冷的北方。六十七歲時,年邁的太后終於停止垂簾聽政,因此,金正喜得以回至果川。

金正喜一生共有兩子,老大爲養子,次子爲第二任妻子所生。二子皆在壯年時期因病過世,没有留下任何子女,以致所存留下的作品,最後都無人妥善保存,因而散落不見蹤影。

三、阮元與金正喜師生學術交流探討

(一) 書法方面

金正喜爲一位天才型書法家,六歲時即寫下立春的對聯貼在門上,路過的書家朴齊家(1750—1815)驚覺爲一英才,因此登門拜訪,並和其父約定即長收其爲徒。金正喜祖父和伯父的思想觀念開明且有遠見,也因爲昔曾有約,金正喜十五歲時即拜師北學的旗手朴齊家。

少年時跟隨朴齊家學習"清朝學",亦學習朝鮮的性理學,另一方面學書法,因其深具慧根,年少時就已完成"清朝學",二十多歲遂成爲一家。又其家庭背景是李滉(1501—1570)栗谷系的朝鮮性理學老論系統,所以他受的教育都是朝鮮傳統的性理學。其後隨父入清,後以通曉經學、天文、地理、史學、金石、音韻、佛學等,贏得清朝學界贊賞。金正喜以天才性格將新舊思潮融爲一體,二十四歲時到清朝的首都燕京拜師考證學的大師翁方綱與壯年學者阮元等,接受翁方綱與阮元學問與書藝一致的理念,並通達碑文的書體研究。

由於他的學術背景和經歷與清代碑派書家中的"金石家書派"極爲相似,因此他的書法與治學也深受影響,當時清朝的藝術界研究金石學,展開新書學運動,研究秦漢以來的碑文書體。法帖裏刻印的歷代名家書體,經過一千多年的時間,常常湮滅掉本來的真蹟,且書家們相信王羲之(字逸少,號澹齋,約321—379)書體的根源就是八分隸書。隸書的美麗是書法美的最高境界,嘗言:"行書、楷書、草書的根源,乃是隸書。"所以主張碑書是書法練習的根本。

但碑學運動的方法各有所異,翁方綱派主張碑主帖從兼修,而阮元則著作南北書派論、北碑南帖論①。結果是清朝書學界急變碑學一色,這樣的情況下,清朝的書法界只有理論而無法務實。然而,金正喜聰穎的天性不只是學問而已,且兼有卓越的藝術表現。金正喜和翁方綱、阮元之間的師徒關係仍然持續延長,他收容二者的書學,並發揮自己的藝術天才,他做到碑學學派希望的書體,那就是"秋史體",所以秋史體的根本是八分隸法的書體,但另有融合篆書、隸書與草書的筆意,更加上歷代名家的特長,可説是"青出藍,勝於藍",書法到此爲巔峰。

從金正喜的高祖父以來,家傳的韓體、蜀體、晉體的傳統,全部被他所融合,並變爲己的風格,再加上繼承老論的書脈,以及八分隸書脈,清朝的碩學、新生碑學的理論,轉眼即融會貫通,並合而爲一成爲自己的書體。所以金正喜的書體可説是朝鮮固有的藝術感覺,持明正剛硬多變性,也像是花崗岩的岩山,剛硬骨氣隨四季變化般造形遞變。金正喜的秋史體理論"圓嶠書訣"的出現,使得以前無法辨别的固陋書體,現在逐行的被辨破,無論是前期書家或晚輩都注重秋史的書法,因而形成一派。秋史金正喜回國後致力於金石考證學,並先後發現了《北漢山碑》峰碑石和新羅《真興王巡狩碑》。日本學者藤冢鄰云:"秋史金正喜是研究清朝學的朝鮮第一人者。"金正喜同時也是朝鮮四大書法家之一,可以説詩、書、畫、文、史、哲的大家。實學中金石學和考證學更是當代的箇中翹楚。

金正喜良好的家庭身世,使他過著富裕的生活,却也因家世遭逢政敵的鬥争,受到牽累,貶謫濟州島和北方,過著貧困且潦倒的生活。這些惡劣的環境,反而促使他在書法中留露出對生命的豁達! 貧困的物質生活狀況,使藝術家更廣泛地了解社會生活,體驗生命的痛苦和世事的艱辛。所謂"詩必天地畸人,山林退士,然後有標誌;必空乏拂亂,顛沛流離,然後有感觸",厄運和悲慘,讓書法藝術家在人類的痛苦和悲哀中尋找到了靈感,在貶竄流徙的命運打擊之下,胸中之氣抑郁蜿蜒,於是在書法中找到了答案。因此,在書法上的境界,從朝鮮時代迄今,無人能出其右。在金正喜生活的朝鮮時代,此時中國正爲乾隆在位之時,亦是乾隆時期文治武功最爲鼎盛的年代,舉凡金石學、經學、考據學等,皆猶如百花齊放般鼎盛。於此刻前往北京的

① 詳參阮元:《南北書派論》與《北碑南帖論》,《揅經室集》,第 591—598 頁。

朝鮮學人,對於如此澎湃的豐富文化非常震驚。因發覺自身的渺小,於是脱離以往的成見,移入了新興的文化,特别是在文學方面的輸入。而與儒家文化的往來密切,也更深受其影響,並致力以此啓發國人,結果造成當時朝鮮學界普遍的接受了新興文化的刺激。

金正喜晚年因政治因素得罪當朝,以致流配生活十多年,流放結束後,回到果川,成爲虔誠的佛教徒。他五十九歲時畫出來的作品《歲寒圖》是秋史現存中最高的傑作。金正喜的書法清古高渾並重視隸書的寫法,在韓國稱爲"秋史體",實深受燕行師事翁方綱書藝①與阮元書體論的影響。

金正喜由於和翁方綱與阮元的空間距離甚遠,因此彼此思慕多以書信往來,現今共剩餘四封信在韓國。對金正喜來説,拜師翁方綱與阮元是一生最驕傲的事。日本人藤冢鄰喜愛收集翁方綱和金正喜的書信,但第二次世界大戰時,幾乎全部燒毁,2006 年初,剩餘的書信由藤冢鄰先生之子歸還韓國政府②。

此外,金正喜書法受到蘇軾(字子瞻,號東坡居士,1037—1101)之影響,可以説完全拜翁方綱之賜。早年金正喜雖到燕京只作短暫停留,但他都能吸收到翁方綱書學學派的精華,當時金正喜所學的書法多以明朝遺留下的爲主,如董其昌和文徵明等,但自從認識翁方綱後,金正喜開始學習蘇東坡和米芾的書法,也因受翁氏的影響。加以自己的處境和東坡極爲相似,因此晚年流放濟州島期間的書法,也多臨摹蘇東坡。其弟子許小痴到濟州島上

① 案:《秋史作品集·紫霞先生入燕詩》云:"萬里入中國,瑰景偉觀,吾不知其千萬億,而不如見一蘇齋老人也。"金正喜每年都托人贈給翁方綱及弟子一些禮物,包括碑版字畫,古董及人参。如金正喜二十六歲時,值翁方綱七十九歲的生日,金正喜雖在朝鮮,仍沐浴畢,焚香禱祝翁方綱長命百歲,並間始著手準備明年的禮物,完全用朝鮮時代的儀式慶賀翁方綱生日;翁方綱亦常托人給他一些著作和最近出版的其他人的著作以及可供賞玩和紀念的書畫對聯之類,如當金正喜二十七歲生日時,翁方綱拜托著名的畫家朱鶴年,畫宋朝歐陽修和金正喜並列的畫像,送給金正喜,因爲金正喜和歐陽修同一天生日。

② 《翁方綱題跋手札集録》,《致金正喜》第一札,第 541—542 頁,此札見《復初齋文集》卷十一第 4 頁。《丙子正月廿五日,致金正喜》第二札,第 542—543 頁,此札爲日本昭和七年十二月藤冢鄰據手跡影印。版權頁作"翁覃溪手札帖"。封面上署"覃溪手札帖　怡堂收藏",扉頁上有日人書"核實在書,窮理在心,考古證今,山海崇實"。信封上署,"蘇齋寄第二封　臺印秋史金進士尊兄手啓",爲翁方綱手書。此影印本藏北京圖書館。另可參見翁方綱:《復初齋文集》卷十一《答金秋史》,臺北:文海出版社,第 438 頁。

看到老師如此深愛蘇軾，並爲此畫了一幅蘇東坡像送給金正喜。這時他不只在書法上學蘇東坡，其詩、文方面的造詣也多受翁方綱、元好問的影響，並一路承襲由王維到蘇東坡所倡導的文人書畫。金正喜從燕京回到朝鮮，書法方面受到蘇東坡和翁方綱很深的啓示，其《周聲帖》、《贈樊上村莊墨蘭畫題》、《與芝山帖》就像蘇軾的《寒食帖》一般，可以看出書者所流露出的情感和百迴千轉的情緒轉折。晚年所書"新安舊家" 四個大字則有蘇軾逝世前所書的"六格"二大字般的灑脱與粗獷。

金正喜充滿佛意的書法也和蘇軾一樣，盈蕩在字裏行間。當時朝鮮時代盛行佛禪，著名的佛僧草衣，則是金正喜年輕到老的摯友之一；白坡禪師和他的交情就像蘇軾與佛印一般，常有禪機往還。因此晚年的金正喜，多半的時間都在佛寺中渡過，其臨終前三天於佛堂大殿中所寫的"板殿" 二大字，純真一如赤子，毫無塵埃沾染，反樸歸真見本色的書體，令人莞爾。目前此二字置放於首爾"江南奉恩寺"的大殿，百年後見此二字仍可感到秋史金正喜超凡入聖的魅力。

金正喜從小就喜愛讀書，並且記憶力超强。金正喜甚愛古文，清朝時文人該看的著作，他也全部都涉獵過，可知其中文古文程度之佳。貶謫後，他也没有間斷，常托請親朋好友帶書給他，七十多歲時仍請人至燕京購買吴仲倫寫的《初月樓集》給他，可以知道他愛書、讀書直到謝世都不曾間斷。金正喜兩個弟弟都是他的學生，大弟仲氏金命喜（1788—1857），小弟季氏金相喜（1794—1861），他們二者都是學金正喜體，金命喜得到秋史體的神髓，他的小字即使代筆金正喜亦無法分辨真僞。另有學生怡堂趙冕鎬（1803—1887）、朝鮮王子興宣大院君李昰應、閔奎鎬（1836—1878）等等均爲官員，素衣的有趙熙龍（1797—1859）、李上迪（1804—1865）、田琦（1824—1854）、金奭準（1831—1915），都學秋史體，大院君得到金正喜的筆意，趙熙龍和許維傳承他的筆法，他們都是當時的代表書家。

二、經學方面

阮元在《揅經室集・自序》中説：

室名"揅經"者，余幼學以經爲近也。余之説經，推明古訓，實事求是而已，非敢立異也。

“推明古訓，實事求是”正足以説明阮元恪守漢學以古訓求義理的正統與傳統。

1592年壬辰，豐臣秀吉(1536—1598)出兵侵略朝鮮半島，對韓國造成了極大的衝擊，史稱“壬辰倭亂”。因此，朝鮮知識分子開始關心政治，他們不但對舊秩序的原則多所批判，也提出了替代方案。這一群以實用和實證爲觀點的知識分子開創出一個嶄新的時代，是爲代表近代韓國文藝復興運動的實學派。至於從李朝(1392—1910)後期十六世紀中葉到十九世紀中葉，這三百年間的知識活動，則稱爲韓國歷史上的實學期。史家金容雲、金容局認爲造成實學派啓蒙活動的直接契機可分爲西學和北學。所謂西學，就是歐洲的科學技術以及基督教等西洋文化。至於北學，即是清代物質文明的研究取向。由於李朝原視明朝爲宗主國，因此當明朝滅亡時，韓國也對清廷有不共戴天之反感。但是在看到康熙、雍正、乾隆所塑造出清代文化的精粹，這種崇明排清的正統主義立場，已被積極攝取如此偉大文明的現實主義所取代。所以在進貢途中也有不少士大夫隨行，這些赴燕使對清朝文化的東傳，貢獻卓著。另外，還要加上士大夫對於內部的關心，那就是以科學的方法，展開關於朝鮮學的研究。這是因爲朝鮮民族受到了武力的侵害，以及外來優越文明的雙重刺激，所激起韓國文化的自覺。

實學派的活動可分爲三期。第一期是十八世紀前半，以土地制度、行政機構等制度上的改革爲重點的“經世致用派”時代。第二期是於十八世紀後半，在工商業流通的生産器具以及一般技術面上的革新，是“利用厚生派”的時代。至於十九世紀前半的第三期就是“實事求是派”的時代，以經書、金石、典故的考證爲主。金正喜(1786—1856)師事朝鮮北學派巨擘朴趾源之弟子朴齊家，爲繼丁若鏞(茶山，1762—1836)之後發展實學之核心人物。

與金正喜同時的大部分實學家大致可分爲經世致用、利用厚生、實事求是這三大主流，他們各自提倡自己的意見。其中，實事求是派接受從明末清初到清中朝在中國發展的經世致用的學問乃至考證學的影響，以考證爲主的學問態度試圖提醒朝鮮民族的意識。金正喜爲這派的代表人物。他身爲一名儒學、金石學、考證學、訓詁學、佛教學者，並兼卓越的書法家。他繼承被稱爲前時代實學主體的楚亭朴齊家(1750—1815),還親自參加燕行(訪問燕京)與覃溪翁方綱、芸臺阮元等很多清代碩學交流,積極地接受他們的理論,尤其是翁方綱的漢宋不分論和阮元的實事求是論。由此可見,以清朝的理論根據爲主的金正喜的思想明顯表現出批評精神、實際性和博學性。

金正喜學問的本質就是經學,其目的在於窮究聖賢之道的本源而實踐躬行,其學問方法具有以存古精神爲本的折衷性和綜合性。而且,金正喜的學問態度持有明顯的目標意識,不只著重於學問本身,如在儒學强調實踐一樣,他在金石學方面顯出了科學的考證性。並且,在藝術方面,他發現了比形似重視品格的高層次的作品性。因爲金正喜接受中國的學問論,故其學問論研究不能只誇獎其獨特性而讚頌,反而要保持均衡的觀點而判斷。但是,通過研究可以得知,在方法論的角度上,金正喜折衷中國與韓國的學問,實現了與衆不同的自我融化。朝鮮半岛如此追求實事求是的學問,到了金正喜更是發揮到了極致。朝鮮李朝經學大師秋史金正喜是第一位能够通達清朝文化的核心,升門登入經學深奥的大門者,於其以降數百年間,無人能出其右,因此也是第一位值得中外給予高度評價的大師。

而有清一代,學術文章之盛莫如乾、嘉。此時期人才輩出,涉及各領域的重要學者不知凡幾,諸如戴震(1723—1777)的經學,趙翼(1727—1814)的史學,段玉裁(1735—1815)的文字學,王念孫(1744—1832)與王引之(1766—1834)父子的訓詁學,錢大昕(1728—1804)的金石學等,都是罕有其匹的大家。而其他深究經史小學,旁及諸子百家,長於考據校讎者也不少。然高壽在八十五歲以上的重要學者,僅有錢載(1708—1793)、翁方綱(1733—1818)、阮元(1764—184 9)、鮑廷博(1728—1814)、趙翼、王念孫、程瑶田(1725—1814)、梁同書(1723—1815)八人而已①。翁方綱與阮元即是其中極爲突出的學者,無論是在經學、詩學、金石考據學以及書法藝術等方面,都甚有貢獻。

清代既爲中國學術文化集大成之時期,其經學之盛,遠超過前代。歷經

---

① 詳參沈津:《翁方綱年譜》,臺北:"中央研究院"中國文哲研究所,2002 年,第 5 頁。

明代二百餘年之經學衰微時代後①，清初康熙、雍正、乾隆三帝，相繼獎勵學術、懷柔漢人，並興大規模之修纂事業，清代經學進入一興盛時期②，經學亦成爲清代學術之主流，梁啓超(任公，1873—1929)云："清代自當以經學爲中堅，其最有功於經學者，則諸經殆皆有新疏也。"③故經學在清代的研究十分興盛，尤其在乾嘉時期，更是達到極盛的階段，經學的研究風氣，十分盛行，在中國學術史上形成堪與先秦諸子、兩漢經學、魏晉玄學、隋唐佛學、宋明理學相媲美的清代乾嘉之學。這一派重考據，提倡樸實學風，主張實事求是，無徵不信；論必有據，反對空談。隨著漢學的興起，清代的傳統學術研究以求實切理爲幟志，並崇尚樸實無華的治學風格。明末清初，在黄宗羲(梨洲，1610—1695)、顧炎武(亭林，1613—1682)等學者的影響下，樸學在與宋明理學的對立和觀照中發展起來，注重於資料的收集和證據的羅列，以漢儒經説爲宗，從語言文字訓詁入手，主要從事審訂文獻、辨别真僞、校勘謬誤、注疏和詮釋文字、典章制度以及考證地理沿革等等，少有理論的闡述及發揮，也不注重文采，因而被稱作"樸學"或"考據學"，成爲清代學術的主流學派④。

在中國學術史上，清朝有其獨特的地位。樸學家都以嚴肅的態度，刻苦的精神，孜孜不息的努力，在學問上用工夫。無論經學、史學、諸子學、校勘學、小學、地理、金石、辨僞、輯佚各方面，得到了相當的成績。他們從事學問的精神，是反對主觀的冥想，傾向實事求是的考察，排除空論，提倡實際。這

① 參見皮錫瑞：《經學歷史》，臺北：藝文印書館，1987年，第317—318頁。其言曰："經學至明爲極衰時代。而剥極生復，貞下起元，至國朝，經學昭昌明，乃再盛而駸駸復古。"

② 盧元駿：《經學之發展與今古文之分合》："清代則發而爲經學之中興時代。何以中衰了宋元明三代的經學，到清代能中興呢？揆其原因，約有二端：一爲宋代理學，至明王陽明時已經盛極而敝，内容且流於放誕空虚，無補實際；而附從之輩，又類皆不學無行之人。空妄的理學遂引起了一種反動，於是樸實無華的經學，便又應運而興了。二爲滿族入主中原，文字之獄迭起，一時通儒碩學，爲苟全性命，遂競向與世無争的經學，作深入的研究，有了這二大原因，於是經學遂蓬勃起來。"見《經學研究論文集》，臺北：黎明文化事業股份有限公司，1981年，第95—96頁。

③ 參見梁啓超：《清代學術概論》，臺北：臺灣商務印書館，1954年，第43頁。

④ 參見吴雁南、秦學頎、李禹階主編，張曉生校訂：《中國經學史》，臺北：五南書局，2005年，第413頁。

種精神的來源,一面是反對明末王學末流的空虛浮淺,由於黄宗羲、顧炎武、王夫之(船山,1619—1692)等人出來,大聲疾呼,攻擊明心見性的空談,提倡經世致用的實學。這些人學問淵博,加以人品道德能表率群倫,一倡百和,學風因爲之一變①。因考據學在引證取材時,多極於兩漢,故亦有"漢學"之稱。乾嘉考據學歷來多分作吴、皖二派,吴派的宗師惠棟,力闢宋儒之説,以遵循漢人經師爲要,提出棄宋復漢的學術主張。因此自清儒開始,"漢學"、"宋學"分立,《四庫全書總目·經部總叙》曰:

> 國初諸家,其學徵實不誣,及其弊也瑣。要其歸宿,則不過漢學、宋學兩家互爲勝負。夫漢學具有根柢,講學者以淺陋輕之,不足服漢儒也。宋學具有精微,讀書者以空疏薄之,亦不足服宋儒也。②

近人周予同(1898—1981)《章學誠"六經皆史説"初探》説:

> 一般説來,乾嘉漢學可分起源吴中(今江蘇蘇州)惠周惕而成於惠棟的"吴派",和起源於江永而成於皖南戴震的"皖派"兩大支。"吴派"以遵循漢人學説爲主,主張搜集漢儒經説,加以疏通,而旁及史學與文學。"皖派"主張以文字學爲基礎,從訓詁、聲韻、典章制度方面考釋經義。③

張舜徽(1911—1992)云:

> "漢學"、"宋學"之名,發自清儒。名之不正,孰甚於此。最初見於《四庫提要》,其後江藩撰《漢學師承記》、《宋學淵源録》,於是門户之見,

---

① 參見劉大杰:《校訂本中國文學發展史》,臺北:華正書局,1999年,第1142頁。

② 參見永瑢、紀昀等撰:《四庫全書總目·經部總叙》,《景印文淵閣四庫全書》,臺北:臺灣商務印書館,1983年,第1—2頁。

③ 詳參周予同著,朱維錚編:《周予同經學史論著選集》,上海:上海人民出版社,1996年,第721頁。

牢不可破，彼此攻訐，視同水火。①

由此可知，漢學分“吴派”、“皖派”兩大支。“吴派”遵循漢儒經説以明經義，而“皖派”從文字、聲韻、訓詁方面考釋經義。所謂“漢學”偏向考據，而“宋學”偏向義理之説，乃成學界主流的看法。而乾嘉漢學熾盛，當時學者多專務經籍之文字訓詁，而不重其義理思想，以與宋學作區别。在這樣“家家許鄭，人人賈馬”②的學術氛圍下，翁方綱與阮元却能不囿門户之見，認爲治學要兼採漢宋之長。翁方綱在寫給朝鮮學者金正喜（阮堂，1786—1856）的回信中，提到：

愚今年衰齒八十有四，眼昏不能多看，而嗜學之心，計倍於往昔。每日卯刻起來，即取舊草稿輪流覆看，竟往往有自己脱誤字句處，又或引繹未詳審處，即於架上抽查。今又無人代查，每一條費幾許功夫。每日清晨必有改增、改删之一二處。此則焉能遽借出與友共商乎？家中無識字相助之人，亦思欲就其略可自信者，先就近覓一人寫出，而其事尚未易就緒。去冬以來，就所記憶諸經諸史（如《損》卦，朱注“兩貝四朋”，俗刊作“兩龜四朋”。“築城伊淢”，朱注“成溝也”，俗刊“城溝也”之類甚多）以及詩文集，以及金石文字宜記出者，撮記爲《蘇齋筆記》十六卷，此内無一間談猥雜之俚語，若果寫有底本，當以副稿奉鑒也。③

翁方綱即使高齡八十四，眼昏不能多看他書，仍每日修訂以往所作的草稿舊章，足見其嗜學多聞、謹慎踏實的治學態度。翁方綱八十四歲時左足跌傷，不能伸動。嘉慶二十三年（1818）正月二十七日丑時，翁氏辭世。葉志詵致金正喜札云：

---

① 參見張舜徽：《四庫提要叙講疏》，《舊學輯存》，濟南：齊魯書社，1988 年，第 1653 頁。

② 參見梁啓超：《清代學術概論》，第 82 頁。

③ 詳參沈津：《翁方綱題跋手札集録》，桂林：廣西師大出版社，2002 年，第 543 頁。

飛白者:我師覃溪老夫子,於本月二十六日夜火半逝矣。痛哉!痛哉!師於本月十五六日,偶患痰喘,旋已就愈。十八九日,寫完《金剛經》全部。二十三日,頗健飯。二十五日,精神仍如常。二十六日午後,忽思睡,卧睡至夜半,呼家人,起坐,坐小刻,忽聞喉中庶壅聲。家人呼叫,已瞑目逝矣。痛哉!痛哉!煢煢弱孫,舉目無親,誂與一二子弟,親視含殮,附身裍棺,可稱無憾。現在酌籌葬地,撫育孤兒,頗不易易,然不敢弛此重負也。①

此書札中明白寫出翁方綱辭世前幾日之景況,或許即所謂“迴光返照”。翁氏晚年頗窘,卒後僅遺一子,後事尚賴門生及友人相助。翁方綱傾心金石,至八十餘歲仍是如此,沈津《翁方綱年譜》中有此記載:

阮元寄宋刻本《金石録》至京師,呈翁方綱鑒賞。翁方綱撰《重鐫金石録十卷印歌》奉贈阮元,阮元有跋述及此事:“嘉慶廿二年,余以此書寄至京師,呈翁覃溪先生鑒賞。先生甚喜之,留之案頭,玩之累月,作跋數百字,手書册後,復撰《重鐫金石録十卷印歌》見贈,此冬月十二月事也。時先生年八十五矣,其精神如此,俄于次年正月廿六日以疾終。讀葉東卿跋,知人日同人尚集蘇齋,共觀此書,同人論之,以爲此則先生之絶筆也。人實不朽,書亦增重,哀哉!②

翁氏搜羅金石之勤,《粤東金石略》是翁方綱搜羅粤東的精心之作,翁氏視學廣東歷時八年,環歷五周,甚有專爲一碑,數度前往者,詳審精密③。對蒐輯粤東一地金石貢獻良多。其後阮元修《廣東通志》,其金石一門即據此而成,且多取翁氏考訂之説。

在清朝乾嘉樸學的學術風氣與精神影響之下,以及翁方綱與阮元之獎掖之下,金正喜秉持漢宋兼采的立場,既尊崇程朱理學,復重視訓詁考訂,所以處於乾嘉考證學盛行之際,他能汲取漢學之長,在闡發義理的同時注意考

① 詳參沈津:《翁方綱年譜》,第 490 頁。

② 詳參沈津:《翁方綱年譜》,第 486 頁。

③ 李豐楙:《翁方綱及其金石學》,《中華學苑》16 期,1975 年 9 月,第 137 頁。

據，並以考據爲義理服務，强調小學研究對於治經的重要，"考訂"可以説是金正喜治經通經的方法與工具，而這正是緣於翁方綱與阮元的教示[①]。故翁方綱《致金正喜札》中亦云：

> 惟義理之學不可空作議論，處今日經學大備，"六經"如日中天之際，斷不可只管講性理道德之虛辭……惟經傳中有一説、二説相歧出者，則必當剖析之。所以學問之事，惟有時刻敬奉聖言，曰多聞、曰闕疑、曰愼言，三者盡之矣。[②]

金正喜身爲朝鮮學者，亦拜爲翁方綱與阮元之門生。翁氏致其札中，亦重申"多聞、闕疑、愼言"三者實爲最重要的治學方法。清代經學大盛，如日中天，翁氏認爲義理之學不可懸空議論，泛談虛辭，應"多聞、闕疑、愼言"，如此做學問才能踏實有所得。翁方綱既以"多聞、闕疑、愼言"三者自勉，也以此三者勉人。故金正喜於其《易》學專著二種——《周易虞義考》、《易箋辨》[③]，尤盡心致力於此三事。此外，兼容漢宋之學，也是金正喜師承翁方綱與阮元的重要經學蘄嚮。翁、阮二儒所處的時代背景是漢學風靡、考證盛行的乾嘉時

① 案：翁方綱喜談考訂，著有《考訂論》上、中、下八篇，開宗明義首先申明考訂之學，衷於義理的要旨，曰："考訂之學，以義理爲主。其嗜博、嗜瑣者，非也；其嗜異者，非也；其矜己者，非也。不矜己，不嗜異，不嗜博、嗜瑣而專力於考訂，始可以言考訂。考訂者，對空談義理之學而言之也。凡所爲考訂者，欲以資義理之求是也。而其究也，惟博辨之是炫，而於義理之本然反置不問者，是即畔道之漸所由啓也。"詳參翁方綱：《考訂論上之一》，《復初齋文集》卷七，第296—321頁。

② 詳參沈津：《翁方綱題跋手札集録》，第543頁。

③ 金正喜《周易虞義考》、《易箋辨》二書，原收刊於《阮堂集》中，後復收録於首爾：成均館大學校"大東文化研究院"於1996年複印原典出版之《韓國經學資料集成》第七、八輯《易經》，總37大册之第27册。此套《韓國經學資料集成》基本搜羅完整朝鮮李氏王朝(1392—1910)韓國儒者對於儒家經學研究的傳世成果，藉此可觀韓國朝鮮李朝經學研究的一手資料。此外，筆者嘗與京畿道翰林大學校泰東研究所嚴連錫教授商論，將《韓國易學資料集成》依性質概分爲三大類：一、《易學啓蒙》類；二、"義理《易》學"類；三、"象數《易》學"類。筆者擬先就其中作者與文獻論著目録進行探討分析，期望透過基本的歸納分析，發現並總結出韓國朝鮮王李朝傳統儒者的《易》學樣貌與面向，及其與中國《易》學的薪傳脈絡關係，進而理解中韓《易》學同源分殊的異趣與同歸。

期，雖然當時學風如此，但二儒學宗程、朱，並不排斥漢學，能充分理解宋學與漢學的優缺點，故翁氏曾云："考證即義理之學，不分二事。"①認爲兼採宋、漢學之優點才是最佳治經之法。翁、阮二儒指出當時學界之現象，言宋義理學者認爲宋學勝於漢學，漢儒之名物、象數不足以言學，於是吐棄漢唐注疏，導致宋儒多不省《説文》、《玉篇》，故咸認爲治學不應偏執一邊，如此則畫地自限；其實，漢儒之名物與象數，亦有益於宋儒之訂證，二者是可相互參考援用，不必固執於一端。翁、阮二儒似有意調和漢學與宋學，此亦可體現其兼容並蓄之學術性格。誠如翁氏《致曹文埴札》云：

> 聖人在上，實學光照。乃得萃漢儒之博贍與宋儒之精微，一以貫之。學者束髮受書，皆從朱子《章句集注》始，及其後見聞漸廣，必從事於考證焉。則博綜漢唐注疏以旁及諸家遞述之所得，皆所以資辨訂而暢原委也。顧其閒師友所問難，名義所剖析，漸多漸衍，緒言日出，則考證之途，又慮其旁涉，必以衷於義理者爲準，則博綜馬鄭，而勿畔程朱。②

"博綜馬、鄭，而勿畔程、朱"，誠爲翁方綱治學的準則，也可以看出他實事求是、客觀好學的學術性格。此札明白指出研究經典須綜合漢儒與宋儒的學問要義。學習之初，先以宋學爲主，其後以漢學考證作爲佐證，但仍須以義理爲準，對於義理考證的過程中，不免會有疑義處；有疑義處，並非以己意解經，而是藉助客觀分析的漢學考證之法，探究聖人之旨。二者皆不可偏廢，若只重視其中一種，都會産生弊病。因此，此一思想深刻影響到金正喜的經學進路與歸趣。

治學應取漢宋之長，唯有兼採，格局才不會狹隘，視野才能宏闊。聖人之學既是萃漢宋之精，研究聖人之學的學者，更應該兼容漢宋，才能真正瞭解聖人之學。因此，翁氏《致金正喜札》中云：

> 一言以蔽之，此事惟在專精而已，有義理之學，有考訂之學。考訂之學，漢學也；義理之學，宋學也。其實適於大路則一而已矣。千萬世仰瞻

① 詳參沈津：《致金正喜》，《翁方綱題跋手札集録》，第543頁。
② 詳參翁方綱：《與曹中堂論儒林傳目書》，《復初齋文集》卷十一，第426—427頁。

孔、孟心傳，自必恪守程、朱爲指南之定程，士人束髪受讀，習程、朱大儒之論，及其後博涉群籍，見聞日廣，遂有薄視宋儒者，甚且有倍畔程、朱者，士林之蠹弊也。然而義理至宋儒日益精密矣，而宋時諸儒，自恃見理之明，往往或蔑視古之訓詁，即如《爾雅》、《説文》，實經訓所必資，豈可忽略。①

翁方綱在此札中簡單定義漢學爲考訂之學，宋學爲義理之學，雖然有此分别，但“適於大路則一而已”，此“大路”或可解釋爲“道”，孟子曰：“夫道若大路然，豈難知哉？”翁氏認爲義理之學與考訂之學皆是通往聖人之道的途徑。世人仰瞻孔、孟之道，則必恪守程、朱之學，清代仍以程、朱《易》學課試諸生，故翁氏云士人自束髪即習讀程、朱大儒之論，及其後來所見日廣，竟逐漸薄視宋儒之學，甚至違背程、朱之學，翁氏認爲這是當時士林之積弊。另一方面，宋時諸儒亦存有一個缺點，即自恃其見義理之明，往往輕視古之訓詁考訂，不知《爾雅》及《説文》實爲解經之必需，不可忽略。故翁氏曾云“考證即義理之學，不分二事”②，有兼採宋學與漢學之意。

翁、阮二儒治經不嗜異，不嗜博，考訂亦衷於義理，目的即在回歸經傳根本，惟有回歸經傳，熟讀本經，則無論是學問或行爲方面，皆不至流於離經叛道，背離正統規範。專力於本經，則可通貫一切，無論漢儒與宋儒皆需如此才能不流於叛道。對翁氏來説叛道應是最嚴重的錯誤與缺點。若不能本之經傳，異説紛呈，將更難明白經義，故翁氏《致金正喜札》復云：

《尚書》每篇之序，《毛詩》每篇之序皆古師訓義，豈可輕議！其至歐陽永叔并《易繫辭》而疑之。《易》理難明，全恃聖人《十翼》。只因學者不能深思《彖傳》、《象傳》、《繫辭》、《説卦》諸篇，所以後人愈多其解説而愈不明白也，只在人博聞約取，平心虚懷，細玩《彖傳》、《象傳》、《繫辭上下傳》、《説卦》、《文言傳》，已用之不盡矣。所以聖言云，知者觀其《彖辭》，則思過半矣。

歐陽修撰《易童子問》，認爲《繫辭傳》、《文言傳》、《説卦傳》、《序卦傳》、《雜卦

① 詳參沈津：《翁方綱跋手札集録》，第542頁。

② 詳參沈津：《翁方綱跋手札集録》，第543頁。

傳》並非出自一人之手,未可視爲孔子所作,自是疑古學風漸啓。後學者也許受此影響,不盡信聖人之《十翼》,欲自爲立説,結果“愈多其解説而愈不明白”,《易》理更難明。翁方綱認爲應回歸經傳,細玩《易傳》則已可“思過半”,所悟必然豐富。此種觀點,金正喜也傳習而體現於經典的注解詮釋之中,並能發揮考證詳實、徵引廣博、謹慎踏實的考證工夫。

四、結　論

翁方綱與阮元身處乾嘉時期,漢學如日中天的學術環境中,却能兼採漢宋,不廢一家,以兼容並蓄的態度作爲治學根基,在當時的背景下,非常難得。金正喜在翁方綱與阮元二位碩學鴻儒的傳習教示影響之下,除了書藝視野與境界的突破提升之外,同時也造就他兼容並蓄的治學風格——“博綜馬鄭,勿畔程朱”;並能以“考訂”作爲治經通經的方法與工具,把握考訂之學衷於義理的要旨,以及“多聞”、“闕疑”、“慎言”治經三原則。此外,金氏之解經特色,也能充分表現出漢宋兼採的學術態度;因此,整體而言,金氏承紹繼創翁、阮二儒之學風,融攝貫通之後,概括而論具有以下六項治學的風格特質:(一)存古精神;(二)實事求是;(三)金石書法學;(四)考證樸學;(五)聖賢之道;(六)實踐躬行。

總上所述,可知中、韓學者的交流,以金正喜與中韓學術交流爲顯例,多以函札、書籍形式藉著貢使入燕之便交换智識①。這些學者彼此間聲氣相通,在知識圈内形成一個巨大的人事脈絡。以中國來説,從十九世紀初到

① 如前文所述徐有壬致金正喜函,談及中國元朝數學家朱世傑(字漢卿,號松庭,燕山人,1249—1314)的代表作《四元玉鑒》;至於朱氏另一數學著作《算學啓蒙》,於中土已亡佚多時,其後藉由金正喜之手,才得以重現中國。案:關於道光十八年戊戌(1838),金正喜贈與徐有壬《算學啓蒙》這件事,可在道光二十五年(1845),張穆(名瀛暹,字誦風,一字碩州,號石舟,山西平定人,1805—1849)在金正喜《歲寒圖》(1844,59 歲作)上的題詩自注中得見:“朱氏《算學啓蒙》,中國久軼,阮堂於其國得之。戊戌春來京師,以贈徐鈞卿觀察。”同年金正喜在《寄與汪孟慈手札》(所謂《海外墨緣》,案:汪孟慈,即汪喜孫,字孟慈,號甘泉,1786—1848,揚州府甘泉縣人。汪中之子,汪中病逝時,年僅九歲。精於經學、史學,爲揚州學派人物)中,並列了羅茗香、沈俠侯和徐君青(鈞卿)等人名,誠如所謂“精深孤詣,夙所寤想”。又道光十九年(1839)九月,阮元六十七歲時,爲揚州新刻朱世傑《算學啓蒙》作序,《揅經室集》未收;詳參王章濤:《阮元年譜》,第 943—945 頁。

1840年鴉片戰爭爲止，他們相互間多有密切的關係，或爲師生、或爲學友，往來頻繁，儼然自成一種研究社群或團體。因此，在充分吸收了彼此學術的精華之後，也能開始有所創新。在朝鮮李朝方面，有心從事文化交流的赴燕行使，一旦能够進入如此延伸廣大的學術社交圈中，自然頗多斬獲。雖然在傳統上，韓國總被視爲"文化入超國"，但其實從十八世紀以來，在吸收中國學術精髓的同時，韓國儒學也逐漸出現"轉化"的風貌，到了實學末期，韓國研究西學的風氣愈來愈盛，此時尊崇儒家經典傾向已經不復見，或許是出自富國强兵之危機意識，西學也開始被視爲獨立的科學。於是，出現了韓國史上最大規模的西學開化時代，爲韓國後來的自主發展，提供了穩固的根基。

儒學思想乃是朝鮮正統思想。回顧此一思想歷程，我們即能看出朝鮮的學者將此儒學從"他者"轉化爲自我認同之歸屬，但此一認同歸屬在近代化帶來的巨大思想激盪中，再次轉化爲"他者"。這一不斷的引進、轉化、新生之韓國儒學思想，在韓國思想土壤中扎根，開始發顯自我生命。由此而言，儒學進至韓國社會政治文化歷史環境，進行不斷互動的結果，已經充分顯示"韓國的儒學"與"儒學的韓國"之間的雙向架構，凡此都凸顯出儒學在韓國的獨特風貌。儒家思想進至韓國，幾近兩千年，相關文獻之龐大，影響之深遠，可想而知。

淩廷堪及其《禮經釋例》略述

陳功文*

清代是經學"復盛"時代,"經學各學派相繼再現,各種學派之間出現了對壘、融合交錯的格局"①。隨著乾嘉盛世的來臨,傳統的"漢學"已發展成爲一種專門之學,此時"家家許鄭,人人賈馬,東漢學爛然如日中天矣"②。在漢學如日中天之際,其内部逐漸衍化出吴派、皖派、揚州學派等派系,各派系在治學方面既有相通之處,也存在一定的差異。著名學者張舜徽先生曾對此時的漢學三派的治學特色加以概括,其言:"余嘗考論清代學術,以爲吴學最專,徽學最精,揚州之學最通。無吴、皖之專精,則清學不能盛;無揚州之通學,則清學不能大。"③張氏概括自有道理。張先生還指出,揚州學者的治學特點,首先在於能"創",其次在於能"通"④。"創"即創新,"通"爲融會貫通。"創"與"通"即是對揚州學派學者治學特色的較爲精確的诠释。揚州學派也確實出現了很多名副其實的通儒,他們在自然科學、哲學、史學、音律、專經研究以及校勘、辨僞、訓詁、編書等方面做出了較大的貢獻,淩廷堪就是其中較爲知名的一位。

* 陳功文,商丘師範學院文學院副教授。

① 吴雁南:《清代經學史通論·内容簡介》,昆明:雲南大學出版社,2001 年。

② 梁啓超:《清代學術概論》,《梁啓超論清學史二種》,上海:復旦大學出版社,1985 年,第 60 頁。

③ 張舜徽:《清代揚州學記》,揚州:廣陵書社,2004 年,第 2 頁。

④ 張舜徽:《清代揚州學記》,第 3 頁。

一、淩廷堪生平及學術取向

(一) 生平及著述

淩廷堪(1757—1809),字仲子,一字次仲,祖籍安徽歙縣,生於江蘇海州,六歲而孤。幼年聰穎,善讀書。年十二,家貧輟學,但仍自學不輟。年過二十,亟思發奮讀書,著《辨志賦》,抒發嚮學之志。淩氏善交游,所交多爲學術大儒。乾隆四十四年(1779)始客居揚州,與揚州學者劉台拱、汪中、焦循、阮元、黄承吉等交往甚密,彼此切磋,於學無不增益。乾隆四十八年(1783),至京師,從翁方綱習舉子業。在京師期間,結交邵晉涵、任大椿、王念孫、孔廣森、章學誠等知名學者,一時名動京師。乾隆五十二年(1787),結交河南巡撫畢沅,入其幕府協助撰寫《史籍考》。乾隆五十三年(1788)應順天恩科鄉試,中副榜貢生。乾隆五十四年(1789),應己酉科江南鄉試,中舉人。乾隆五十八年(1793)補殿試,中進士。後改教職,選寧國府學教授,居此職達十三年之久。此後又曾主講敬亭、紫陽書院,講學終生。

淩氏"於學無所不窺,凡六書九數,以迄古今疆域之沿革,職官之異同,史傳之參錯,外屬之源流,靡不井然條貫。自就官陵陽,尤專攻於禮學"①。淩氏好友江藩稱之云:"近時學者喜讀六書,孜孜於一字一音,苟問以三代制度,五禮大端,則茫然矣。至於潛心讀史之人,更不多得。先進中惟錢竹汀、邵二澐兩先生,友朋中則李君孝臣、汪君容甫及君三人而已。"②可見,淩廷堪治學之廣博是世人所公認的。

淩氏精通史學,且特重《資治通鑑》,認爲該書是"史家之絶業","讀一次則有一次之益,二次三次則有二次三次之益"③。淩氏入畢沅幕府時,曾參與撰寫《史籍考》。後擬撰《通鑑翼胡》、《後漢書音義》等書,惜未成。

淩氏深研樂律,著《燕樂考原》六卷,系統地探索了我國隋唐燕樂之性質及二十八調之源流,開創我國詞樂研究之先河。其《論曲絶句》三十余首,對

---

① 支偉成:《清代樸學大師列傳》,上海:上海泰東圖書局,1925年,第160頁。

② 江藩撰,漆永祥箋釋:《漢學師承記箋釋》,上海:上海古籍出版社,2006年,第771頁。

③ 淩廷堪:《與張生其錦書》,《校禮堂文集》,北京:中華書局,1998年,第226頁。

元、明、清劇作名家進行評價，時出新見。淩氏還認爲《宋書·律曆志》中記載有關荀勖笛律理論有誤，便一一進行匡謬，成《笛律匡謬》一卷。

淩廷堪對天文、數學也深有研究，當初入阮元幕府時，就曾協助其編寫《疇人傳》，内容涉及曆代天文曆法推算資料、論天學説、儀器制度以及算學等諸多方面。在禮學研究方面，淩廷堪貢獻尤大，著《禮經釋例》十三卷，同時撰有《復禮》三篇，提出了自己獨特的禮學觀點。除此以外，淩廷堪還撰有《梅邊吹笛譜》二卷、《充渠新書》二卷、《元遺山年譜》二卷、《校禮堂文集》三十六卷及《校禮堂詩集》十四卷等。

（二）學術取向

1. 對漢學、宋學之態度。淩廷堪治學非常推崇戴震“由字以通其詞，由詞以通其道”的治學主張，形成了揚漢學之長而避其短、取宋學之精而去其弊的學術取向。淩氏注重考據之學，崇尚漢學實事求是的治學風格，反對佞漢泥古之弊，認爲元和惠氏、休寧戴氏“諧聲詁字必求舊音，援傳釋經必尋古義，蓋彬彬乎有兩漢之風焉”。對那些“浮慕之者”甚爲不滿，説他們“襲其名而忘其實，得其似而遺其真。讀《易》未終，即謂王韓可廢；誦《詩》未竟，即以毛鄭爲宗；《左氏》之句讀未分，已言服虔勝杜預；《尚書》之篇次未悉，已云梅頤僞古文。甚至挾許慎一編，置《九經》而不習；憶《説文》數字，改六籍而不疑。不明千古學術之源流，而但以譏彈宋儒爲能事，所謂天下不見學術之異，其弊將有不可勝言者”①。

淩氏反對宋明理學的鑿空之弊，曾將典章制度之學與宋明理學做過比較，認爲：“昔河間獻王實事求是。夫實事在前，吾所謂是者，人不能强辭而非之，吾所謂非者，人不能强辭而是之者也，如六書九數及典章制度之學是也。虚理在前，吾所謂是者，人既可别持一説以爲非，吾所謂非者，人亦可别持一説以爲是也，如理義之學是也。”②由此可以看出，淩廷堪對宋明的“虚理”之學頗有微詞。當然，淩氏對宋明的義理之學並未完全擯棄，從他對戴震“義理存乎典章制度”的學術理念之推崇就可以看出。淩氏曾指出：“先生（筆者按：指戴震）則謂義理不可舍經而空憑胸臆，必求之於古經。求之古經而遺文垂絶，然後求之故訓。故訓明則古經明，古經明則聖人賢人之義理

① 淩廷堪：《與胡敬仲書》，《校禮堂文集》，第206頁。

② 淩廷堪：《戴東原先生事略狀》，《校禮堂文集》，第317頁。

明，而我心之所同然者乃因之而明。義理非他，存乎典章制度者也。……義理不存乎典章制度，勢必流入於異學曲説而不自知。故其爲學，先求之於古六書九數，繼乃求之於典章制度；以古人之義，釋古人之書，不以己見參之，不以後世之意度之；既通其辭，始求其心，然後古聖賢之心不爲異學曲説所汩亂。蓋孟荀以還所未有也。”①可見，淩氏對宋學之態度，反對的是其鑿空之“虚理”；而對從典章制度中探求出的義理，還是持肯定態度的。淩氏这种獨具特色的義理學説，在清代經學史上占據重要的地位。

2. “以禮代理”思想的提出。淩氏曾作《復禮》三篇，作爲卷首，收入《禮經釋例》之中。淩氏作《復禮》，诋訾宋明理學的蹈空之弊，推崇古代禮制，主張“以禮代理”，其云：“聖人之道，至平且易也。《論語》記孔子之言備矣，但恒言禮，未嘗一言及理也。《記》曰：‘道之不行也，我知之矣，知者過之，愚者不及也。道之不明也，我知之矣，賢者過之，不肖者不及也。’彼釋氏者流，言心言性極於幽深微眇，適成其爲賢知之過。聖人之道不如是也。其所以節心者，禮焉爾，不遠尋夫天地之先也；其所以節性者，亦禮焉爾，不侈談夫理氣之辨也。是故冠昏飲射，有事可循也；揖讓升降，有儀可按也；豆籩鼎俎，有物可稽也。使天下之人少而習焉，長而安焉。其秀者有所憑而入於善，頑者有所檢束而不敢爲惡；上者陶淑而底於成，下者亦漸漬而可以勉而至。聖人之道所以萬世不易者，此也；聖人之道所以别於異端者，亦此也。……聖人之道本乎禮而言者也，實有所見也；異端之道外乎禮而言者也，空無所依也。……聖人不求諸理而求諸禮，蓋求諸理必至於師心，求諸禮始可以復性也。”故而他認爲“聖學，禮也，不云理也”②。正是因爲有了這種觀點，淩廷堪進而提出“聖人之道，一禮而已矣”的主張，他説：“夫人之所受於天者，性也。性之所固有者，善也。所以復其善者，學也。所以貫其學者，禮也。是故聖人之道，一禮而已矣。……自元子以至於庶人，少而習焉，長而安焉。禮之外，别無所謂學焉。……蓋至天下無一人不囿於禮，無一事不依於禮，循循焉日以復其性於禮而不自知也。”③淩廷堪這種以“禮學”代替“理學”的大膽主張，得到了當時學者的高度評價，阮元稱其“説經之文，發古人所未

① 淩廷堪：《戴東原先生事略狀》，《校禮堂文集》，第 312—313 頁。

②③ 淩廷堪：《校禮堂文集》，第 27—32 頁。

發。其尤卓然可傳者，則有《復禮》三篇，唐、宋以來儒者所未有也”①。江藩云：“《禮經釋例》一書，上紹康成，下接公彦，而《復禮》三篇，則由禮而推之於德性，辟蹈空之弊，探天命之原，豈非一代之禮宗乎？”②

我們知道，有清一代《禮》學研究異常興盛。清儒不僅注重研究《禮》學，也善於總結自己的禮學思想。從清初顧炎武的“經學即理學”，到乾嘉淩廷堪“復禮”説與“以禮代理”思想的提出，到道咸以降陳澧的“理學即禮學”思想，再到黄式三、黄以周父子的“禮學即理學”思想，這些禮學思想的産生，對於當時從事《禮》學研究的學者來説，産生了很大的影响。淩廷堪遠承顧炎武，私淑戴震，其“以禮代理”思想，既是對顧炎武“經學即理學”思想的繼承與創新，也是對戴震“訓诂明而後義理明”、“理義存乎典章制度”等思想的具體發微，它們是一以貫之的，所以有學者稱“清初顧炎武提倡實學思想，其後戴震建立以欲爲首出之義的新思想，到淩廷堪‘以禮代理’之説出，然後清儒通經致用、重欲務實的學風，才有了承先啓後的完整思想體系”③。可以説淩廷堪“以禮代理”思想是清初以來批判理學之學術潮流的進一步闡揚，對學界深有影響，並形成一種學術思潮，就連以诋訾漢學爲能事的方東樹也承認此種思潮“海内風靡”，他説：“考漢學者之始，生於深忌《宋史》《儒林》、《道學》分傳，因之痛疾朱子補《大學格致傳》窮理之説。故謂孔、孟書中不言‘理’，言‘理’是宋人捕風捉影之説。而度數、名物、訓诂，皆是一貫上達之道，學者只講小學便盡孔子之道，並無所謂義理之學。一時碩學通儒，皆主此著書，海内風靡。”④而道咸以降的陳澧、黄式三、黄以周等人所提出的禮學思想，也無不深受淩氏禮學思想的影響。

① 阮元：《次仲淩君傳》，《揅經室集》，中華書局，1993 年，第 468 頁。

② 江藩：《校禮堂文集序》，《校禮堂文集》卷首。

③ 張壽安：《以禮代理：淩廷堪與清中葉儒學思想之轉變》，石家莊：河北教育出版社，2001 年，第 33 頁。

④ 方東樹：《漢學商兑》（卷中上），江藩：《漢學師承記》（外二種），北京：三聯書店，1998 年，第 277—278 頁。

二、《禮經釋例》成書、版本及解經特色

(一)《禮經釋例》之成書

淩廷堪《禮經釋例》是其《禮》學研究的代表作,也是清代《儀禮》學研究的傑作。清代《儀禮》學研究非常興盛,内容涉及到《儀禮》研究的方方面面。梁啓超曾對清代《儀禮》研究之成績有過概括,他説:"試總評清代禮學之成績,就專經解釋的著作論,《儀禮》算是最大的成功。淩、張、胡、邵四部大著,各走各的路,各做到登峰造極,合起來又能互相爲用,這部經總算被他們把所有的工作都做盡了。"①其中之"淩",指的就是淩廷堪。淩廷堪的《禮經釋例》是《儀禮》"釋例體"方面的登峰造極之作,在《儀禮》研究方面具有重要的學術價值。

淩廷堪撰著《禮經釋例》,前後歷時二十二年、五次易稿而成。淩氏初著《禮經釋例》是在乾隆五十二年(1787)。其弟子張其錦撰《淩次仲先生年譜》卷一稱:"(乾隆)五十二年丁未,先生三十一歲。……是年撰《禮經釋例》初稿。"②淩氏此次撰稿,初取名《禮經釋名》,乃仿《爾雅》爲之。在撰著的過程中,漸覺《儀禮》非他經可比,認爲"其宏綱細目必以例爲主,有非訓詁名物所能賅者",並認爲:"《儀禮》十七篇,禮之本經也。其節文威儀,委曲繁重。驟閱之如治絲而棼,細繹之皆有經緯可分也;乍睹之如入山而迷,徐歷之皆有塗徑可跻也。是故不得其經緯塗徑,雖上哲亦苦其難;苟其得之,中材固可以勉而赴焉。經緯塗徑之謂何?例而已矣。"③正是因爲有了這種想法,淩氏於乾隆壬子年(1792)著手修改《儀禮釋名》,他"刪蕪就簡",仿杜預《春秋釋例》,將《禮經釋名》定爲《禮經釋例》。此爲《禮經釋例》之初稿。

淩廷堪在撰著《禮經釋例》初稿之後,即聽説婺源江慎修撰有《儀禮釋例》一書,後又見杭世駿《道古堂集》有《禮例序》,"慮其雷同,輟而弗作者經歲"④。後來,淩廷堪檢《四庫書存目》,發現其存目載《儀禮釋例》一卷,且其

---

① 梁啓超:《中國近三百年學術史》,北京:東方出版社,1996年,第233—237頁。

② 張其錦:《淩次仲先生年譜》,《揚州學派年譜合刊》,揚州:廣陵書社,2008年,第227頁。

③ 淩廷堪:《禮經釋例序》,《校禮堂文集》,第241頁。

④ 淩廷堪:《禮經釋例序》,《校禮堂文集》,第242頁。

《提要》云:"江永撰。是書標目釋例,實止《釋服》一類,寥寥數頁,蓋未成之書。"於是,凌氏"復考杭氏《禮例序》,又似欲合《周禮》、《儀禮》而爲之者,且似《大射》爲天子禮,《公食大夫》爲大夫禮,則於《禮經》尚疏。然則江氏、杭氏皆有志而未之逮也。於是重取舊稿,證以群經,合者取之,離者則置之,信者申之,疑者則闕之,區爲八類:曰通例,上下二卷;曰飲食之例,上中下三卷;曰賓客之例,一卷;曰射例,一卷;曰變例,一卷;曰祭例,上下二卷;曰器服之例,上下二卷;曰雜例,一卷:共爲卷十三。至於第十一篇,自漢以來,説者雖多,由不明尊卑之旨,故罕得經意,乃爲《封建尊尊服制考》一篇,附於《變例》之後。不别立宫室之例者,宋李氏如圭《儀禮釋宫》已詳故也。"[①]凌廷堪見杭世駿《禮例序》後,發現自己的作品與江永《儀禮釋例》並非雷同,便"重取舊稿,證以群經,合者取之,離者則置之,信者申之,疑者則闕之,區爲八類"[②]。凌氏所做的這個過程,爲《禮經釋例》之二稿。《凌次仲先生年譜》卷二云:"(乾隆)五十九年甲寅(1794),先生三十八歲……《禮經釋例》二稿。"[③]卷三云:"(嘉慶)四年己未(1799),先生四十三歲,官寧國府教授,《禮經釋例》三稿。"[④]可見,二稿始於 1794 年,終於 1799 年之前。三稿始於 1799 年,此年凌廷堪曾作《禮經釋例序》,《序》稱:"回憶草創之初,矻矻十余年,稿凡數易矣,困學之中,聊借爲治絲登山之一助。知禮君子矜其失之煩而規之,則幸甚焉。嘉慶四年(1799)……歙凌廷堪次仲書於寧國學署之杞菊軒中。"[⑥]由此可見凌氏撰著之用力。

凌氏於嘉慶四年三稿之後,後又兩次易稿。《凌次仲先生年譜》卷三云:"(嘉慶)九年甲子(1804),先生四十八歲,官寧國府教授,《禮經釋例》四稿。"卷四云:"(嘉慶)十三年戊辰(1808),先生五十二歲……《禮經釋例》五稿。"[⑦]《禮經釋例》最終於嘉慶十三年戊辰卒業,凌廷堪《禮經釋例後序》之《記》語云:"《禮經釋例》十三卷,乾隆丁未歲創始,嘉慶戊辰歲卒業,凡二十有二年,五易稿而後成。用力既久,未忍棄置,録存於笥,俟就正於有道……"凌廷堪撰著《禮經釋例》,從而立之年即潛心鑽研《儀禮》,歷經二十

① 凌廷堪:《禮經釋例序》,《校禮堂文集》,第 242—243 頁。

②⑥ 凌廷堪:《禮經釋例序》,《校禮堂文集》,第 243 頁。

③ 張其錦:《淩次仲先生年譜》,《揚州學派年譜合刊》,第 283 頁。

④ 張其錦:《淩次仲先生年譜》,《揚州學派年譜合刊》,第 287 頁。

⑦ 張其錦:《淩次仲先生年譜》,《揚州學派年譜合刊》,第 289 頁。

二年，至去世前一年才完稿。該書十三卷，卷首爲《復禮》上中下三篇，卷一爲《通例》上，附《周官九拜解》一篇；卷二爲《通例》下；卷三爲《飲食之例》上；卷四爲《飲食之例》中；卷五爲《飲食之例》下，附《周官九祭解》一篇，《儀禮釋牲》上下二篇；卷六爲《賓客之例》，附《覲義》一篇；卷七爲《射例》，附《周官鄉射五物考》一篇、《射禮數獲即占算位説》一篇；卷八爲《變例》，附《封建尊尊服制考》一篇；卷九爲《祭例》上；卷十爲《祭例》下，附《詩楚茨考》一篇；卷十一爲《器服之例》上；卷十二爲《器服之例》下，附《論語黄衣狐裘説》一篇；卷十三爲《雜例》，附《燕樂二十八調説》上中下三篇。

（二）《禮經釋例》主要版本

《禮經釋例》自成書之後，經過多次刻印，形成了多種版本。具體主要有以下幾種版本。

1. 稿本。《禮經釋例》現存一份稿本，今殘存 10 卷（卷 1—10）。儘管全文並非淩氏手迹，但所用稿紙鎸有淩廷堪的堂名“校禮堂”字樣。此稿本今藏上海圖書館，對研究《禮經釋例》具有重要意義。

2. 揚州文選樓本系統。

（1）嘉慶十四年刻本。此版本由阮亨校勘，揚州阮氏文選樓清嘉慶十四年（1809）刻本，6 册。半頁 10 行，每行 21 字，白口，四周雙邊，單黑魚尾，無刻工。卷首有嘉慶十四年（1809）揚州阮常生撰《禮經釋例序》，淩廷堪嘉慶四年（1799）撰《禮經釋例序》，阮元撰《次仲淩君别傳》。卷末有淩廷堪《禮經釋例後序》，序末附有淩廷堪的記語。

（2）清吕賢基校、李慈銘跋本。此版本屬《文選樓叢書》本，爲清嘉慶十四年（1809）刻本，6 册，半頁 10 行，每行 21 字，小字雙行同，白口，四周雙邊，單黑魚尾。今藏國家圖書館。

（3）清阮亨珠湖草堂本。此版本爲刻本，清道光二十二年（1842）儀徵阮亨珠湖草堂彙印，半頁 10 行，每行 21 字，小字雙行同，白口，四周雙邊，單魚尾。

（4）清孫詒讓批校本。此版本 4 册，清孫詒讓批校，有“玉海樓”藏印。今藏浙江大學圖書館。

（5）《續修四庫全書》本。此本據清嘉慶十四年阮氏文選樓刻本影印，《續修四庫全書》第 90 册。書題後附有李慈銘的手書“淩次仲先生禮經釋例十三卷，同治紀元正月購於京師廠肆”等字樣。書前依次冠有：阮常生《禮經釋例序》,淩廷堪《禮經釋例序》,淩廷堪的《禮經釋例後序》、《序》末附有清嘉慶戊辰穀雨日淩廷堪的跋以及李慈銘的跋,阮元《次仲淩君别傳》等。書後附有原書紙簽若干。

3. 學海堂本系統。

(1) 學海堂刻本。《禮經釋例》,13 卷,無卷首 1 卷,每卷都在卷首列該卷之目録。廣東學海堂清道光九年刻本,6 册(分屬第 784—796 卷),書屬《皇清經解》(叢編)。該版本每半頁 11 行,每行 24 字,小字雙行同,白口,左右雙邊,單魚尾。尾上印"皇清經解",尾下依次印"卷七百八十四"至"卷七百九十六",卷數下印"淩進士禮經釋例"數字,卷端下方印有"學海堂"三字,著者署爲"歙淩進士廷堪著",每卷末署校字者姓名。該版本書前只有淩廷堪《禮經釋例序》、《禮經釋例總目》。書後無跋。

(2) 學海堂刻本之補刻本。咸丰七年(1857)九月,英法聯軍入侵廣東,《皇清經解》的書版曾因戰事而毁壞過半。咸丰十年(1860)庚申,兩廣總督勞崇光等人捐資補刻。此次補刻,增刻馮登府著作七種,計八卷。補刻後的《皇清經解》被稱爲"咸丰十年庚申學海堂補刊本",淩廷堪的《禮經釋例》也在列,凡五册,版式同道光九年廣東學海堂本,只是在書口下方多"庚申補刊"四字。此版本每卷末分别附舊校與新校者姓名。

(3) 上海點石齋本。光緒十一年(1885)三月,上海點石齋據學海堂本石印《皇清經解》,此次石印,一書一卷,淩廷堪的《禮經釋例》在列。石印時,將學海堂本九頁拼縮成一頁,分爲上、中、下三欄排版(故此版本也俗稱爲三截本),每欄 33 行,每行 24 字,白口,四周單邊,單魚尾,小字印刷。今藏國家圖書館。

(4) 上海書局本。由於點石齋《皇清經解》分三欄印刷起讫不明,上海書局於光緒十三年丁亥(1887)重新開始印行《皇清經解》,淩廷堪的《禮經釋例》也在列。此次印刷,將點石齋本行款逐一迻正,一律直行。該版本每半頁 28 行,每行 60 字,小字雙行同,白口,左右雙邊,單魚尾,石印,書口有"丁亥石印"字樣。

(5) 湖南船山書局本。光緒十六年(1890),湖南船山書局將學海堂本《皇清經解》打亂順序,進行改編,重新依經爲類,淩廷堪的《禮經釋例》十三卷屬《儀禮》類,8 册。該版本每半頁 11 行,每行 24 字,白口,四周單邊,單魚尾。

（6）上海鴻寶齋本。該版本與點石齋本相仿，一書一卷，光緒十七年辛卯（1891）由上海鴻寶齋石印，分爲上、中、下三欄，每欄 33 行，每行 24 字，白口，四周單邊，單魚尾，小字印刷。今藏國家圖書館。

4. 叢書集成本系統。

（1）上海商務印書館本。《禮經釋例》，13 卷，卷首 1 卷，據《文選樓叢書》本排印，中華民國二十五年（1936）上海商務印書館印刷並發行，5 册（凡 393 頁）。書屬《叢書集成初編》系列。書前冠淩廷堪《禮經釋例序》、阮常生《禮經釋例序》、阮元《次仲淩君别傳》等。書末附淩廷堪《禮經釋例後序》，《序》末附有清嘉慶戊辰穀雨日淩廷堪的跋。

（2）北京中華書局影印本。1985 年，北京中華書局曾根據民國二十五年上海商務印書館本影印過一次。此次影印，分别訂裝，三十二開本，比原本稍大一些。

5.《安徽叢書》本。《禮經釋例》收於《安徽叢書》第四期，屬《淩次仲先生遺書》之一。書首頁題“安徽叢書第四期全書”，“張啓後書首”，钤“張啓後印”；扉頁題“民國二十四年安徽叢書編印處印行”；書前依次附黄賓虹序、《安徽叢書》第四期目録。《禮經釋例》是《淩次仲先生遺書》第一種，書名題《禮經釋例十三卷》，正文前依次附淩廷堪《禮經釋例序》、阮元《次仲淩君别傳》、阮常生《禮經釋例序》、淩廷堪《禮經釋例後序》、《禮經釋例總目》及卷首《復禮》上中下三篇。此版本半頁 10 行，每行 21 字，小字雙行同，白口，四周雙邊，單魚尾，共八册，由《安徽叢書》編審會輯，民國二十四（1935）年上海《安徽叢書》編印處出版。此版本序文、目録、卷首及正文每卷後均屬校者姓名，且刻工精細。

6. 彭林點校本。彭林點校本有兩種。其一，由臺北“中央研究院”中國文哲研究所於 2002 年出版的點校本。此次點校，是以北京圖書館所藏清嘉慶十四年（1809）揚州文選樓阮氏刻本爲底本，取臺灣通行之《皇清經解》本（復興書局、藝文印書館、漢京文化事業公司影印本）作校勘本，遇有異同，酌情出校。全書施以新式標點，繁體豎排版，裝幀精美。正文前依次附圖六幅、前言、點校凡例、阮常生序、淩廷堪自序及後序、阮元《次仲淩君别傳》以及總目等。點校時，原書引《儀禮》經、注、疏，依次取質於唐《開成石經》、中華書局《四部叢刊》本所收長沙葉氏觀古堂藏明徐氏嘉靖仿宋刻本及《嘉業堂叢書》本所收《儀禮疏》，凡有正訛補脱，去衍乙錯，或見文字互歧之處，均出校記，以便讀者安覆、查驗。因此該點校本學術價值較大。

其二，由北京大學出版社於 2012 年出版的校點本，屬清代經學著作叢刊系列。此次校點，也以揚州文選樓本爲底本，以皇清經解本爲校本，又吸收了國家圖書館所藏的吕賢基校本的校勘成果，同時對 2002 年文哲研究所出版的點校本也有所校訂。相較於前一種點校本，該版本價值更大。

（三）《禮經釋例》解經特色

《儀禮》一經，向稱難讀，又加上其節文威儀委曲繁重，歷來治《儀禮》者甚少。凌廷堪認爲《儀禮》之所以難讀，是由於讀者不明禮例之緣故。凌氏認爲讀者若不得禮例，"雖上哲亦苦其難"；若得禮例，雖"中材固可以勉而赴焉"①，所以不遺餘力地歸納《儀禮》條例，以例釋禮。

所謂"例"，即爲義例、凡例，它是《儀禮》成書的主旨與體例，也是讀者研讀《儀禮》一經的門徑。《儀禮》經文、《記》中常見言"凡"者，故黄侃先生云："發凡言例，本《儀禮》之舊法。"②而研究《儀禮》之凡例，最早可追溯至漢代的鄭玄。鄭玄注《儀禮》，"大抵先就經以求例，復據例以通經，故經文所無，往往據例以補之；經文之誤，往往據例以正之"③。惜鄭注過於簡略，不成體系，没有貫通，不易於把握，且鄭注中的凡例爲數不多。鄭玄之後，唐賈公彦疏解《儀禮》時，也曾對經例進行發掘，惜數量甚少。此後研究《儀禮》者，很少有人涉及禮例，即使向江永這樣的皖派經學大家，其撰《儀禮釋例》也僅僅是涉及《喪服》一篇之義例，且其數目也極其有限，更何况研究《儀禮》全經之義例。凌廷堪注意到了禮例之價值，遂癡迷於此，潛心研究，披文摘句，尋例析辭，使聞者冰釋。他在撰著《禮經釋例》的過程中，先是推翻了他先前的"釋名"體解經方法，進而改用"釋例"體。他運用歸納的方法，發明義例，反復鑽研，將《儀禮》一經打亂開來，對《儀禮》中原本各自不同的典禮所采用相近似的禮儀進行歸納，比較異同，然後將相同或相近者納爲一例，共歸納出二百四十六例，並據性質依次區爲八類。這是凌廷堪《儀禮》學研究的最大貢獻之一。

首先，凌氏釋例的最大特點在於能於禮例之間求得貫通。他説："不會

---

① 凌廷堪：《禮經釋例序》，《校禮堂文集》，第 241 頁。

② 黄侃：《禮學略説》，《黄侃論學雜著》，北京：中華書局，1964 年，第 458 頁。

③ 黄侃：《禮學略説》，《黄侃論學雜著》，第 459 頁。

通其例一以貫之,只厭其膠葛重複而已耳。烏睹所謂經緯途徑者哉!”[1]淩氏釋例的“貫通”之處表現於三方面。一是能指出不同禮節中的相同或相通之處,如他指出《鄉飲酒》、《鄉射》、《燕禮》、《大射》、《特牲少牢》、《有司徹》中的“丈夫之拜”之例相同。再如他認爲《鄉飲酒》、《鄉射》、《燕禮》、《大射》中的“獻酢酬旅酬無算爵”之例完全相通。

二是在一條凡例之後能羅列出符合凡例(或不符合凡例)的所有經文與鄭注。如“俠拜”之例,淩廷堪羅列出《儀禮》中所有的“俠拜”之例:《士冠禮》“冠者取脯,見於母,母拜受,子拜送,母又拜”、“入見姑姊,如見母”。《士昏禮》“婦見舅姑,執笲棗栗,自門入,升自西階,進拜,奠於席。舅坐撫之,興,答拜。婦還,又拜”、“贊醴婦,婦東面拜受。贊西階上北面拜送。婦又拜。又啐醴拜,贊答拜,婦又拜”。《士昏禮記》“不親迎,婿見主婦一拜,婿答再拜,主婦又拜”。《少牢饋食禮》“主婦亞獻,酌拜獻尸,尸拜受。主婦西面拜送爵”。《有司徹》“主婦拜獻尸,尸拜於筵上受,主婦西面拜送爵。不賓尸之禮,尸酢主婦,主婦拜受爵,尸答拜,主婦反位又拜”。難能可貴的是,淩廷堪同時也指出了《儀禮》中的非“俠拜”之例,他説:“至於《特牲饋食禮》‘主婦亞獻’、‘主婦致爵於主人’、‘主婦自醋’;《少牢饋食禮》‘尸酢主婦’、‘主婦獻祝’、‘主婦獻兩佐食’;《有司徹》‘主婦獻侑’、‘主婦致爵於主人’、‘主婦自酢’、‘賓致爵於主婦’、‘受爵’、‘送爵’、‘啐酒’、‘卒爵’,皆不俠拜。”

三是淩氏在釋《儀禮》經例之餘,對他經或他書中論及與《儀禮》經例相關的禮儀等内容進行尋章摘句,加以考論,並以附録的形式附在某類經例之後,具體做法是:在“通例”類後附《周官九拜解》一篇,在“飲食之例”類後附《周官九祭解》一篇,在“賓客之例”類後附《覲義》一篇,在“射例”類後附《周官鄉射五物考》一篇及《射禮數獲即占算位説》一篇,在“變例”類後附《封建尊尊服制考》一篇,在“祭例”類後附《詩楚茨考》一篇,在“器服之例”類後附《論語黄衣狐裘説》一篇,在“雜例”類後附《燕樂二十八調説》上中下三篇。淩氏的這種做法,其實也是在求得經例之間的貫通。他在每類經例之後附文,也是匠心獨運的,如在卷一“通例上”末附《周官九拜解》,就是在梳理了《儀禮》中各種不同的“拜”之儀節之後,采取以經證經之法,對《周禮》中的“九拜”之儀節在加以條分縷析、理其端緒,使之與《儀禮》中各種“拜”之儀節

[1] 淩廷堪:《禮經釋例序》,《校禮堂文集》,第242頁。

相對照，考其異同，審其差別，以求得經書中"拜"之儀節之會通。

其次，淩氏歸納條例，以例釋禮，實是從制度中探求禮義，闡揚儒家制禮之思想，復歸三代禮學之主張，從而達到經世致用之目的。淩廷堪私淑戴震，繼承了戴震"理義存乎典章制度"之觀點，重在通過明曉典章制度而達以通經致用。淩氏苦心積慮鑽研《禮》例，不僅僅是爲了讓初學者"睹所爲經緯途徑者"，他認爲，"其所以節心者，禮焉爾，不遠尋夫天地之先也；其所以節性者，亦禮焉爾，不侈談夫理氣之辨也。是故冠昏飲射，有事可循也；揖讓升降，有儀可按也；豆籩鼎俎，有物可稽也。使天下之人少而習焉，長而安焉。其秀者有所憑而入於善，頑者有所檢束而不敢爲惡；上者陶淑而底於成，下者亦漸漬而可以勉而至。聖人之道所以萬世不易者，此也；聖人之道所以别於異端者，亦此也"①。還認爲，潛研《儀禮》，能"知其間同異之文與夫詳略隆殺之故，蓋悉體夫天命民彝之極而出之，信非大聖人不能作也。學者舍是奚以爲節性修身之本哉"②。同時還提出"禮之外，别無所謂學也"③之觀點。由此可見，淩廷堪研究《儀禮》，歸納條例，實是借之爲手段，幫助人們踐履古禮，並通過"復禮"而實現"復性"，以敦厚人心風俗，從而實現倫理教化之目的。

再次，淩氏撰著《禮經釋例》，運用的仍是乾嘉學者所慣用的考據方法。淩氏曾提出他在《禮經釋例》中所用到的解經方法是"證以群經，合者取之，離者則置之，信者申之，疑者則缺之"④。不难看出，这种解經手段与乾嘉學者所慣用的考據方法并无二致。首先，淩氏釋例采用"以經證經"之法，既包括以《儀禮》證本經，也包括以他經證《儀禮》，即是從《儀禮》本經或他經中反復爬梳，尋求或考證禮例之相同或相通。其次，淩氏治學主張"第學貴虛中，事必求是"⑤，强調科學的、實事求是的解經方法，在釋例時講究實證。他所提出的"合者取之，離者則置之，信者申之，疑者則缺之"的解經方法，就是乾嘉學者無徵不信、實事求是解經方法的具體體現。

總之，淩廷堪遠承鄭、賈，私淑戴震，其對《禮》例進行整體歸納，實爲推

---

① 淩廷堪：《校禮堂文集》，第 27—32 頁。

② 淩廷堪：《禮經釋例序》，《校禮堂文集》，第 242 頁。

③ 淩廷堪：《復禮上》，《校禮堂文集》，第 27 頁。

④ 淩廷堪：《禮經釋例序》，《校禮堂文集》，第 243 頁。

⑤ 淩廷堪：《復孫淵如觀察書》，《校禮堂文集》，第 219 頁。

求《禮》例之巨擘。《禮經釋例》是《儀禮》學研究史上的一大貢獻，爲研究《儀禮》開辟了新的學術路徑，對研究《儀禮》極有幫助。後來，淩氏學生胡培翬在撰著《儀禮正義》時，凡涉及到對《儀禮》經例的疏解，基本上逐一援引了《禮經釋例》一書中的内容。歷來學界對《禮經釋例》評價也較高，江藩曾評價《禮經釋例》云："尋例析辭，聞者冰釋。"①錢大昕認爲："《禮經》十七篇，以樸學，人不能讀，故鄭君之學獨尊。然自敖繼公以來，異説漸滋，尊制一出，學者得指南車矣！"②盧文弨也稱："此書出，而天下始無有畏其難讀者矣。"③梁啓超認爲："淩次仲廷堪的《禮經釋例》十三卷，將全部《儀禮》拆散了重新比較整理貫通一番，發現出若干原則。……其方法最爲科學的，實經學界一大創作也。"④衆家之言均不爲過。

① 江藩：《國朝漢學師承記》，北京：中華書局，1983 年，第 121 頁。
② 錢大昕：《錢辛楣先生書》，《校禮堂文集》卷首，第 4 頁。
③ 盧文弨：《校禮堂初稿序》，《校禮堂文集》卷首，第 1 頁。
④ 梁啓超：《中國近三百年學術史》，第 233—237 頁。

溯源尋流　繼往開來

——論江藩《國朝漢學師承記》

田漢雲*

江藩(1761—1831)是繼王念孫、汪中諸家而起的揚學名家。《國朝漢學師承記》是他考述清代樸學史的傑作。據漆永祥先生考定,該書於嘉慶十二年至十六年(1807—1811)間撰著成書,刊行則在嘉慶二十三年(1818)①。該書卷七記阮元,説"今官詹事府少詹事"。阮元任此職在嘉慶十六年七月二十三日,至十二月初十授内閣學士禮部侍郎銜②。其説可證江藩撰成此書的確切時間。

江藩何以在此時撰著此書呢? 朱維錚先生提出,這很可能是針對阮元《國史儒林傳》漢宋兼容傾向的③。漆永祥先生則認爲,江藩鑒於考據學趨於衰微,且廣受非議,故起而總結當代學術,分析利弊得失④。這兩説都值得參考,但也有可商之處。阮元既然是奉旨纂修《國史儒林傳》,則必須遵循清廷的文化政策。其《擬國史儒林傳序》説:"我朝列圣,道德純備,包涵前古,崇宋學之性道,而以漢儒經義實之。聖學所指,海内嚮風。"⑤這種言論,有"持漢宋之平"的意味。但他還是含蓄地表達了特崇漢學的意向,如云:"綜而論之。聖人之道,譬若宫牆,文字訓詁,其門逕也。門逕苟誤,跬步皆

---

* 田漢雲,揚州大學文學院教授。

① 漆永祥:《漢學師承記箋釋・前言》,上海:上海古籍出版社,2006 年,第 19 頁。

② 張鑒等編:《雷塘菴主弟子記》,《揚州學派年譜合刊》,揚州:廣陵書社,2008 年,第 433 頁。

③ 朱維錚:《漢學師承記(外二種)・導言》,北京:三聯書店,1998 年,第 6—7 頁。

④ 漆永祥:《漢學師承記箋釋・前言》,2006 年,第 17—18 頁。

⑤ 阮元:《揅經室集》,北京:中華書局,1993 年,第 37 頁。

歧，安能升堂入室乎？學人求道太高，卑視章句，譬猶天際之翔，出於豐屋之上，高則高矣，户奥之間未實窺也。或者但求名物，不論聖道，又若終年寢饋於門廡之間，無復知有堂室矣。”①其批評考據之疏離“聖道”，僅指止於“求名物”一端，此言微意值得玩味。江藩説：“凡御纂群經，皆兼采漢、宋先儒之説，參考異同，務求至當，遠紹千載之薪傳，爲萬世不刊之鉅典焉。”此與阮元之言，大旨相同。江藩之所以撰《漢學師承記》，阮元撰《國史儒林傳》有可能是一種因緣。但兩者關係，未必是對立的，更大的可能性是闡揚阮元引而不發之意。至於説，嘉慶年間考據學趨於衰微，似難成爲共識。面對宋學一派的抨擊，漢學家需要作出回應。這確實是江藩著書立説的學術背景。然而其回應的出發點，主要還是突出漢代學術的價值與本朝漢學的成就。簡言之，江藩著書的出發點，在於確認以經學爲主幹的漢代學術爲傳統學術之正宗，並論證漢學在清學中的崇高地位。

一、綜論漢學的價值及傳承之方

清代樸學的興起，與學界矯治宋學末流空談心性之弊、探尋群經真諦的訴求有密切關係。樸學一系的學者幾乎一致選擇漢代經學作爲基本資源，則取決於他們對其價值的認知。

儒學的傳承，有賴於經傳的傳習。秦漢之際是儒家經傳存亡絶續的關鍵時段。秦朝焚書坑儒，導致包括儒家經傳在内的大量文獻散亡。漢興，劫後尚存的部分陸續得到蒐輯、整理，逐漸擴大傳播範圍與影響。關於漢儒傳經之功，歷代學者都是承認的，但評價高低不等。大體言之，自唐至清的評價呈現由低到高的趨勢。韓愈《與孟尚書書》中説：“漢興且百年，尚未知脩明先王之道。其後始除挾書之律，稍求亡書，招學士，經雖少得，尚皆殘缺，十亡二三。故學士多老死，新者不見全經，不能盡知先王之事，各以所見爲守，分離乖隔，不合不公，二帝、三王、群聖人之道於是大壞。後之學者無所尋逐，以至於今泯泯也。”②他認爲，漢儒“傳經”，收穫不多，功績不著。其價值判斷的標準，自表面看是漢儒傳承經傳的完備程度，就實質言是能否承續

① 阮元：《揅經室集》，第 37—38 頁。

② 馬其昶校注：《韓昌黎文集校注》，上海：上海古籍出版社，1986 年，第 214 頁。

道統。他對儒家之道的闡釋，以道德爲核心，並以孟學爲周孔聖道之嫡傳。其實漢儒並未輕忽道德，只是没有將其提到儒學理論的首要地位。因此，在他看來，漢儒的貢獻終究有限。程頤説："《禮記》之文多謬誤者。《儒行》、《經解》，非聖人之言也。夏后氏郊鯀之篇，皆未可據也。"[①]朱熹説："《禮記》乃秦漢上下諸儒解釋《儀禮》之書，又有他説附益於其間。"[②]程、朱認爲，漢儒所傳經説不盡可靠。這是從另一方面貶低漢儒傳經之功。

清代漢學家的看法與唐、宋儒者不同。他們認爲，漢儒對先秦儒家基本文獻的傳承雖然受制于歷史條件而難稱完備，仍具有一定系統性。汪中在《荀卿子通論》中援據舊籍，認爲漢儒傳習的《毛詩》、《魯詩》、《韓詩》、《左氏春秋》、《公羊春秋》、《穀梁春秋》、《禮記》，都與荀子存在聯繫；并説聖經作於周公，述由孔子，傳自荀卿。其著眼點是表彰荀子之學，推言之，似以荀子傳經之系統性爲立論之基點。程瑶田著《儀禮喪服文足徵記》，列出 29 種圖表叙述喪服制度，認爲《喪服》經傳所載喪服制度是完備的，足見其傳世之文本是完整的。阮元説："荀卿著論，儒術已乖，然《六經》傳説，各有師授。秦棄儒籍，入漢復興。"[③]他雖然不似汪中那樣極言荀子在儒家學統中占有崇高地位，還是肯定其爲傳經之關鍵人物；對漢儒傳經之功，則加意推許。江藩持論與阮元略同。《漢學師承記》説："秦併天下，燔《詩》《書》，殺術士，聖人之道墜矣。然士隱山澤巖壁之間，抱遺經，傳口説，不絶於世。漢興，乃出。'言《易》，淄川田生；言《書》，濟南伏生'；言《詩》於魯則申培公，於齊則轅固生，於燕則韓太傅；言《禮》，魯高堂生；言《春秋》，於齊則胡毋生，於趙則董仲舒。'自兹以後，專門之學興，命氏之儒起。《六經》、《五典》，各信師承，嗣守章句，期乎勿失。"此據《漢書・儒林傳序》，概言漢儒傳經之品類甚繁，在經學史上具有不容忽視的功績。其説與唐、宋諸儒顯然不同。

江藩認爲，漢代經學有一得天獨厚的優勢，即"去古未遠"。此説有其特定内涵。比如，時代相近，則地理之情實、地名之指稱則易於通解。《漢學師承記》卷三述錢大昕解《孟子》"决汝漢排淮泗而注之江"云："漢儒趙邠卿注《孟子》，于此文未嘗致疑，宋以後儒乃疑之。予謂孟子長於《詩》、《書》，豈不

① 程顥、程頤：《二程集》，北京：中華書局，1981 年，第 1201 頁。
② 黎靖德編：《朱子語類》，北京：中華書局，1986 年，第 2186 頁。
③ 阮元：《揅經室集》，1993 年，第 36 頁。

能讀《禹貢》！且生於鄒嶧，淮泗之下流，近在數百里之間，何至有誤！蓋天下之水，莫大於海，而江即次之，故《老子》以‘江海爲百谷王’。南條之水，皆先入江，後入海。世徒知毗陵爲江入海之口，不知朐山以南餘姚以北之海，皆江之委也。漢水入江二千餘里，而尚有北江之名，淮口距江口僅五百里，其爲江之下流何疑。《禹貢》云：‘沿于江海，達於淮泗。’此即淮泗注江之證。注江者，會江以注海，與導水之文，初不相悖也。《説文》云：‘江水至會稽、山陰爲浙江。’浙江者，漸江也。漸江與江水不同源，而得名江者，源異而委同也。《國語》：‘吴之與越，三江環之。’韋昭以爲吴松江、錢塘江、浦陽江也。錢塘江即浙江，吴松、浦陽亦注江而後注海，故皆有江之名。漢儒去古未遠，其言江之下流，不專指毗陵一處，如知會稽、山陰亦爲江水所至，則無疑乎‘淮泗注江’之文矣。”錢大昕釋《孟子》之文，即從戰國之孟子、東漢之趙岐對古經所涉地理較後儒易於知曉著眼，並加考證，以見宋以後儒者懷疑經文之失。再如，時代相近，制度、語言之繼承性也較强，縱有變遷亦較易辨析。《漢學師承記》卷二記載惠士奇語：“康成三《禮》、何休《公羊》，多引漢法，以其去古未遠，故借以爲説。賈公彦於鄭《注》‘飛茅’、‘扶蘇’、‘薄借綦’之類，皆不能疏，所讀之字亦不能疏，輒曰從俗讀，甚違‘不知蓋闕’之義。夫漢遠於周，而唐又遠於漢，宜其説之不能盡通也，况宋以後乎？周秦諸子，其文雖不盡雅馴，然皆可以爲《禮經》之證，以其近古也。”程瑶田説：“夫説經者之於一名一物，所據而知者，秦漢諸儒之説耳。”①究其學理，也是秦漢儒者距離群經産生時代較近，其説之確鑿乃爲後儒所不可違。阮元《國朝漢學師承記序》開篇即説：“兩漢經學所以當尊行者，爲其去聖賢最近，而二氏之説尚未起也。”②這是他與江藩共同的見解。

清代樸學家特别看重漢代經學，緣於深切體會到漢儒經説深湛。如吴派經師褚寅亮精研《儀禮》，認爲歷來注家莫如鄭《注》精確，自號“宗鄭”，撰《儀禮管見》“力掃衆説，獨申鄭義”③。錢大昕《儀禮管見序》説：“三《禮》之有鄭《注》，所謂懸諸日月不刊之書也。”④江藩持論與上述諸家契合。他説：

---

① 程瑶田：《九穀考》，《皇清經解》，南京：鳳凰出版社，2005 年，4503 頁。

② 阮元：《揅經室集》，第 248 頁。

③ 褚寅亮：《儀禮管見》，王先謙編：《清經解續編》，南京：鳳凰出版社，2005 年，第 906 頁。

④ 錢大昕：《嘉定錢大昕全集》，南京：江蘇古籍出版社，第 373 頁。

“西都儒士，開横舍，延學徒，誦先王之書，被儒者之服，彬彬然有洙泗之風焉。爰及東京，碩學大師，賈、服之外，咸推高密鄭君，生炎漢之際，守孔子之學，訓義優洽，博綜群經。故老以爲前修，後生未之敢異。”江藩推許鄭玄“守孔子之學，訓義優洽，博綜群經”，不獨指訓詁文字、考釋名物，亦包括闡發大義。清儒認爲，漢學之所以值得尊奉，正在於其中有經學大義。江藩持這種見解，雖然是取資于前賢，却也融合了自身治經的體會。其《隸經文》中《廟制議》、《公羊親迎辨》等篇，皆彙聚衆説，精心比勘，而後得出鄭義優洽的結論。《公羊親迎辨》以天子之婚禮是否親迎爲議題①。《公羊傳》主天子至庶人皆親迎，《左傳》説天子不親迎。鄭玄從《公羊》義。杜佑《通典》引鄭玄説：“文王‘親迎於渭’，則天子親迎也。天子雖尊，其於后，夫婦也。夫婦無判，禮同一體。所謂無敵，豈施于此哉。《禮記・哀公問》曰：‘冕而親迎，不已重乎？’孔子對曰：‘合二姓之好，以繼先聖之後，以爲天地宗廟社稷之主，君何謂已重焉？’”後來杜預注《左傳》，以祭公逆王后於紀而《傳》謂合禮爲據，以文王迎娶太姒在即位前，從而否定鄭義。其實在鄭玄之前，班固《白虎通》對此已有論述，其釋《詩》“文定厥祥，親迎於渭”，以爲“文王定昏在即位之後，非爲公子時”。江藩據此裁斷，班固、鄭玄所釋并從《公羊》家言，體會孔子對哀公問之言，鄭義與孔子見解相合，固不可廢。《廟制義》以辨天子廟數四、五、六、七之歧異爲議題，申發鄭義之確②。鄭玄注《禮記・喪服小記》“王者禘其祖之所自出，以其祖配之……而立四廟”，説：“高祖以下與始祖而五”，“無主不上”。鄭注《禮記・王制》“天子七廟，三昭三穆，與太祖之廟而七”，説：“此周制。……殷則六廟，契及湯與二昭二穆。夏則五廟，無太祖，禹與二昭二穆而已。”江藩指出，鄭玄論三代廟制，嚴於時代之别，當出於“古禮家言”，而廟制的變遷則與服制相匹配。他以發展變化的觀念考論古禮，驗核漢儒之説，與阮元論明堂制度，在方法上比較接近。

東吴惠氏高揭漢學旗幟，搜檢漢儒遺説不遺餘力，以其豐富著述令繼起者傾倒。在惠棟身後，隨著樸學研究的進展，有學者留意檢討其不足。《四庫全書總目・經部・春秋類四》評惠棟經學：“其長在博，其短亦在於嗜博；

① 江藩：《江藩集》，上海：上海古籍出版社，2006 年，第 16—17 頁。

② 江藩：《江藩集》，第 7—12 頁。

其長在古,其短亦在於泥古也。"[①]四庫館臣之意,以爲惠棟一派之學存在疏於裁斷的弊端。據王鳴盛《古經解鉤沉序》記述,戴震曾説其學與惠棟有别,以爲"定宇求古,吾求是"[②]。王鳴盛則不以爲然,斷言惠棟"求古,即所以求是"。本來,經學研究中的"求古"是"求是"的基礎,不"求古"則不能"求是",然"求古"並不等於"求是"。漢代經學作爲樸學家所求之"古"的主要對象,本身即存在正誤精粗和説解歧異的問題。江藩認識到這一點,故在《漢學師承記》中並不簡單化地以爲"凡漢皆好",而是主張擇善而從。

不僅如此,他特意指出,吴派宗師並非一味"嗜古"、"泥古",他們已經力求擇善而從。《漢學師承記》卷二記惠棟論《易・明夷》,指出:"孔氏《正義》據馬融、陸績説,以爻辭爲周公所作,與鄭學異。其所執者,《明夷》六五云'箕子',《升》六四云'王用享于岐山',皆文王後事也。先生獨能辨之。"江藩引惠棟《周易述》解《明夷》六五,説:"'箕子',當從古文作'其子'。'其',古音亥,亦作'萁'。劉向云:'今《易》,"其子"作"荄兹"。'荀爽據以爲説,讀'萁子'爲'荄兹'。'其'與'亥','子'與'兹',文異而音義同。《三統曆》云:'該閡于亥,孳萌于子。''該'、'荄'亦同物也。五本《坤》也,《坤》終於亥,《乾》出於子,用晦而明,明不可息,故云'其子之明夷'。馬融俗儒,不識七十子傳《易》之大義,讀'其'爲'箕',蓋涉《彖傳》而謁。五爲天位,箕子臣也,而當君位,乖於《易》例甚矣。謬種流傳,兆於西漢。博士施讐讀'其'爲'箕',蜀人趙賓述孟氏之學,以爲'箕子明夷',陰陽氣無'箕子'。'箕子'者,萬物方荄兹也。賓據古義,以難諸儒,諸儒皆屈,於是施讐、梁邱賀皆嫉之。孟喜、讐、賀同事田王孫,喜未貴而學獨高。喜所傳《易》家候陰陽災變書,得自王孫,而賀惡之,謂無此事。語聞於上,宣帝遂以喜爲改師法,中梁邱之譖也。……蓋魏晉以後,經師道喪,王肅詆鄭氏而禘郊之義乖,袁準毁蔡、服而明堂之制亡,鄒湛譏荀諝而《周易》之學晦,郢書燕説,一倡百和,何尤乎後世之紛紜也。"關於《明夷》六五的解釋,在清代也是聚訟不休的問題。無論惠棟之説正確與否,《周易述》這段疏文確實表明,惠棟對於漢儒經説之分歧,已經致力於辨析裁斷。又如《周易・升》之六四"王用享於岐山",《周易述》指出,"文王爻辭皆據夏、商之制",則此"王"指夏后氏。服虔《解誼》説:"堯

① 永瑢等:《四庫全書總目》,北京:中華書局,1965年,第242頁。

② 王鳴盛:《嘉定王鳴盛全集》第10册,北京:中華書局,2010年,第280頁。

居冀州，虞、夏因之。"如其説，"岐山"之地望是否屬冀州呢？皇甫謐《帝王世紀》説："夏與堯、舜同在河北冀州之城，不在河南也。"惠棟引《禹貢》"冀州既載"、"壺口治梁及岐"之文，及《爾雅·釋山》、《公羊傳·僖公三十一年》相關資料，證明梁山、岐山均屬冀州之望。江藩以此爲例，也是爲了説明惠棟注重求"古"之"是"。

漢代經師，師法多門，家法紛歧。就一家之説而論，往往瑕瑜互見。江藩認爲，吴派宗師已經注意到這一點，并提出取精用弘之方。《漢學師承記》卷二記惠士奇語："《春秋》三《傳》，事莫詳於《左氏》，論莫正於《穀梁》。韓宣子見《魯春秋》，曰：'周禮盡在魯矣。'然則《春秋》本周禮以記事也。《左氏》褒貶，皆春秋諸儒之論，故紀事皆實，而論或未公。《公羊》不信國史，惟篤信師説，師所未言，則以意逆之，故所失常多。要之，《左氏》得諸國史，《公》、《穀》得之師承，雖互有得失，不可偏廢。後世有王通者，好爲大言以欺人，乃曰：'三《傳》作而《春秋》散。'啖助、趙匡之徒争攻三《傳》，以伸其異説。夫《春秋》無《左氏》，則二百四十二年，盲焉如坐闇室之中矣。《公》、《穀》二家，即七十子所傳之大義也。後之學者，當信而好之，擇其善而從之。若徒據孟子'盡信書不如無書'之説，力排而痛詆之，吾恐三《傳》廢而《春秋》亦隨之而亡也。《左氏》最有功於《春秋》，《公》、《穀》有功兼有過，學者信其所必不可信，疑其所必無可疑，惑之甚者也。"其中確有對漢儒經説去粗取精之意。《漢學師承記》卷二又記惠士奇語："《易》始於伏羲，盛于文王，大備於孔子，而其説猶存於漢。……漢儒言《易》，如孟喜以卦氣，京房以變通，荀爽以升降，鄭康成以爻辰，虞翻以納甲，其説不同，而指歸則一，皆不可廢。今所傳之《易》，出自費直，費氏本古文，王弼盡改爲俗書，又創爲虚象之説，遂舉漢學而空之，而古學亡矣。"既然漢代經師《易》説不同，"指歸則一，皆不可廢"，如何觀其會通，加以整合，便成爲漢《易》研究的命題。惠棟《周易述》以及江藩《周易述補》皆以此爲務。《漢學師承記》卷二説：惠棟《周易述》"專宗虞仲翔，參以荀、鄭諸家之義，約其旨爲《注》，演其説爲《疏》。漢學之絶者千有五百餘年，至是粲然而復章矣"。此言《周易述》在漢學研究領域具有典範意義。

江藩歷覽當代樸學家關於漢代經學價值的論述，加以全面總結，對於當時及其後學者繼續發掘、利用這一學術寶藏，具有一定推動作用。他依託前賢時彦的學術思想與治學實踐，提出如何正確對待漢代學術遺産，亦具有深刻的啓示意義。

二、揭示清代漢學流派之構成與發展脈絡

清代漢學因其名家衆多而成爲重要學術流派。準確地揭示這一學者群體的内部構成，是江藩撰著《國朝漢學師承記》的基本目標。以往的學術史類著述，爲他提供了可資借鑒的學術經驗。學者之行年時序，是考察學術史的重要維度。歷代正史"儒林傳"記述一朝學者，莫不以年輩先後爲編次原則。學者之間的傳承關係，是考察學術源流的重要依據。如朱熹《伊洛淵源録》，宋端儀《考亭淵源録》，黄宗羲《宋元學案》、《明儒學案》，均注意載明諸儒源流分合。

《漢學師承記》也以年輩先後作爲編次漢學諸家的主要原則。這一原則的貫徹分爲兩個層次。一是從學界大系統著眼。全書八卷，其分卷的主要依據即學者的行年。如閻若璩、胡渭、張爾岐、馬驌諸家均爲順、康時期學人，故編列卷一；惠棟、沈彤、余蕭客、江聲、褚寅亮諸家爲雍正、乾隆時期學人，故編列卷二；錢大昕、王鳴盛於惠棟爲後學，故編爲卷三；主要生活於乾隆朝的學人，亦略依年輩先後編列第四至第七卷。以黄宗羲、顧炎武編列爲同一卷，是鑒於兩家爲一代樸學先導大師的特殊地位，所謂"有明一代，囿於性理，汩於制義，無一人知讀古注疏者。自梨洲起而振其頽波，亭林繼之，於是承學之士，知習古經義矣"。將黄、顧兩大家編爲全書最後一卷，是特例。關於江藩作此變通處理的緣由，學界多有討論。筆者認爲，决定性的因素還是爲了免遭猜忌、迫害。清廷出於提倡綱常倫理的需要，對明末抗清志士的節操予以肯定。就江藩等揚州士人而言，最熟悉的莫過於清廷表彰史可法一事。但更多的事實表明，直至清中葉，朝廷對於士大夫的故國之思依然實行嚴厲的防範、鉗制政策。例如，戴名世被誅數十年之後，談論其事仍然可能招禍。據法國學者戴廷傑《戴名世年譜・后譜稿》[①]記述，乾隆三十二年(1767)，華亭人蔡顯因所著《閒漁閒閒録》議論戴名世案而蒙禍。三十三年(1768)，原内閣學士李紱卒已18年，因其有與戴名世同飲詩，江西巡撫奏請削秩，并革子孫職。高宗雖然諭示事在戴名世犯案之前，"無足深究"，仍下

① ［法］戴廷傑：《戴名世年譜》，北京：中華書局，2004年，第980—981頁。

令“將各項書本版片，逐一查明，盡行銷燬”。查禁戴名世著作的舉措延續多年，東南各省進呈銷毁爲數可觀。龔自珍年輩晚於江藩，尚有“避席畏聞文字獄”之嘆。江藩談論黄宗羲、顧炎武之學，也難免心存忌憚。在《漢學師承記》篇末所設問答之辭中，江藩叙初不記黄、顧學行的理由，最關鍵之點在於兩家對清廷持對抗、疏離的立場，至於他們在漢宋之間存“騎牆之見，依違之言”，當在其次。

二是從學界子系統著眼。所謂子系統，有以下類型：首先是家學。如東吴惠氏祖孫同卷，是從其世代以樸學治經的實際出發。如錢大昕及錢塘、錢坫，汪中及汪喜孫，集中編次，亦以家學爲據。其次是師承。如閻若璩與張弨、吴玉搢、宋鑒，江永與金榜、戴震，戴震與王念孫、段玉裁，大致以師承爲類聚。又次是區域。如第七卷記揚州諸家是其例。又次爲學術宗尚。如卷六諸家是其例。學人之間的關聯，往往是複雜的。江藩確定其傳記編次時，依據的是最重要的學術聯繫。卷七專門記述揚州諸家，而王念孫學行則附於卷五戴震之後，以此可明其學所出。卷七既以記述揚州諸家爲限，而淩廷堪編列其中，這是基於淩氏“久客揚州”，又與揚郡諸多樸學家爲友。至於其他學術聯繫，則採用“互見”法載明。如卷六諸家雖不與戴震編于同一卷，在戴震傳後已先載明“盧學士文弨、紀相國昀、邵學士晉涵、任侍御大椿、洪舍人榜、汪孝廉元亮，皆同志之友而問學焉。孔檢討廣森，則姻婭而執弟子之禮者也”。

清代漢學一派諸家年輩先後、淵源分合，雖然有其錯綜紛繁之處，畢竟較爲顯而易見。這方面的考察有助於體認學術源流，但是尚不能充分反映學術史的發展機理。故江藩從更深層次上進行過探索。

在官方對社會政治具有掌控能力的情況下，學術的發展會受其文化政策制約。清王朝歷來重視對思想文化領域的控制，因而學術文化的發展不免打上官方學術的印記。清代官方的學術文化政策，以崇儒尊道爲綱領，尤其推崇程朱理學，但《十三經注疏》也著于功令。江藩論清代漢學的興起，以古今對比的視角，突出朝廷對於注疏之學的重視。他説：“元、明之際，以制義取士，古學幾絶。而有明三百年，四方秀艾，困於帖括，以講章爲經學，以類書爲博聞，長夜悠悠，視天夢夢，可悲也夫！……此所以儒罕通人，學多鄙俗也。”而清代諸帝，莫不重視經學。如，順治十三年，世祖以明儒《周易大全》繁冗蕪陋，敕大學士傅以漸等刊其舛訛，補其闕漏，撰《易經通注》，頒之學官。康熙中,"凡御纂群經講疏","皆兼采漢、宋先儒之説,參考異同,務求至當,遠紹千載之薪傳,爲萬世不刊之鉅典焉"。雍正年間,世宗"雅重《七經》",刊行聖祖欽定《詩經傳説匯纂》、《書經傳説匯纂》,編定聖祖《日講春秋解義》,敕儒臣新纂《孝經集注》,"折衷群書,勒爲大訓"。乾隆中,高宗更爲積極地提倡經學,尤以徵實爲顯著特色,"於是鼓篋之士、負笈之徒,皆知祟尚實學,不務空言,游心《六藝》之囿,馳騖仁義之途矣"。嘉慶年間,"誕敷文教,敦尚經術"的國策相沿不變。總之,"列聖相承,文明于變,尊崇漢儒,不廢古訓。所以四海九州强學待問者,咸沐菁莪之雅化,汲古義之精微。縉紳碩彦,青紫盈朝;縫掖巨儒,弦歌在野,擔簦追師,不遠千里,講誦之聲,道路不絶,可謂千載一時矣"。江藩説朝廷"尊崇漢儒",與元、明相比,不爲溢美。以此爲漢學興起的根本原因,則未必全面。考慮到清代士大夫持論往往不免於頌圣之習尚,江藩這樣説容有誇飾。他的實際認識應當是,清廷優容漢學的政策,爲漢學思潮的興盛提供了寬鬆的環境。

漢儒治經重家法、師法。清儒治漢學亦重師承。《國朝漢學師承記》以"師承"標目,其注重學術傳授之意自不待言。書中載某人之學出於某人,其例甚多,無需羅列。但是,清代漢學的先驅者離宋返漢,則很難從師承方面作出解釋;即便在清中葉,也有漢學家師承淵源不明者。這些學者歸宗漢學,謂之自發、獨創,當更適宜。《漢學師承記》江藩正是這樣評述部份樸學名家的。例如:

卷八載:顧炎武"留心經世之術,游歷所至,以二馬二騾載書自隨。至西北阸塞,東南海陬,必呼老兵退卒,詢其曲折,與平日所聞不合,即發書檢勘。其所著《天下郡國利病書》,聚天下圖經、歷朝史籍以及小説、筆記、明《十三朝實録》、公移、邸報之類有關於朝政民生者,酌古通今,旁推互證,不爲空談,期於致用。《肇域志》則專論山川要阨、邊防戰守之事。蓋炎武周流西北垂三十年,邊塞亭障,皆經目擊,故能言之了了也。"此言顧炎武之成學,非得之於某家,而是緣於經世之志堅定、學風篤實。

卷一載:"顧祖禹,無錫人。徙居常熟,客於釣渚渡,依范九鼎,後居膠山黄守中家。父柔謙,字剛中,精于史學,著《山居贅論》一書。祖禹少承家訓,不事帖括,經史皆能背誦如流水。性好遠游,足跡遍天下,無所遇,歸而閉户著書,撰《歷代州域形勢》九卷、《南北直隸十三省》一百十四卷、《川瀆異同》六卷、《天文分野》一卷,共一百三十卷。又用開方法繪《地圖》□卷,名曰《讀史方輿紀要》。凡職方廣輿諸書,承訛襲謬,皆一一駁正,詳於山川險要及古今戰守之跡,而景物名勝皆在所略。讀其書,可以不出户牖,而周知天下之形勝,爲地理之學者,莫之或先焉。"此言顧祖禹史地之學成就極高,雖然稱其"少承家學",但未明言其漢學一系的師承淵源。

卷一載:"黄儀,常熟人,篤信古學,于經史中地理及各家輿地書,靡不究心。謂《班書·地志》所載諸川,第言其所出所入,而中間經歷之地不可得聞,惟《水經注》備著之,然非繪畫,讀者不能了然于心目。乃反復尋玩,每水各爲一圖,如某水出某縣,向某方,流逕某縣某方,至某縣合某水,某縣入某水,無一不具。閻若璩見之,不忍釋手,歎曰:'酈道元千古以下第一知己也!'"此言其"篤信古學",似出於深造自得。

卷四載:大興朱筠,"其先家浙之蕭山,曾祖必名,始居京師,遂爲大興人。祖登俊,湖南長陽、四川珙縣知縣,後官中書科中書。父文炳,大興諸生,官陝西盩厔縣知縣。先生年十三,通《七經》。十五作詩文,才氣浩瀚,老宿見之咋舌。與弟文正公珪讀書,同時起,手鈔默誦,雞鳴不已。"雍、乾時期,樸學興于東南,而朱筠、朱珪兄弟以先人世居北方,早年無緣獲得樸學家指授。其通漢學,得力于治經勤奮、篤實。

卷五載:江永"少就外傅,爲世俗學。一日,見明邱濬《大學衍義補》引《周禮》,求之有書家,得寫本《周禮》白文,朝夕諷誦。閉户授徒,束修所入,盡以購書,遂通經藝"。此言江永成學之關鍵,在於讀書精博。

卷五載:戴震十歲乃就傅讀書,過目成誦。從塾師習《大學章句》,居然有追根問底的意識,以致其師不能答。"師惡其煩,乃取許氏《説文解字》令檢閱之。學之三年,通其義,於是《十三經》盡通矣。……年甫二十,同縣程中允恂一見奇之。時江君慎修來歙,見君,目爲儒者。一日,舉曆算中數事曰:'吾積疑十有餘年,而未剖析者。'君爲之比較,言其所以然。江君驚喜曰:'今之定九也。'"此言戴震成學,得力于精研《説文》,以小學爲治經之根基。

江藩考述樸學家深造自得而歸宗漢學的實例,於其動機也有所發明。如説顧炎武"留心經世之術",這是清初樸學大師崇實黜虚的主要動力。而朱氏兄弟、江、戴諸家最初趨近樸學,則本乎求真、求是的治學志趣。循著江藩的考述,聯繫相應時期的學術文化背景,可以看出某些學人即便是自發、獨創地趨近漢學,也並不意味著此種學術宗尚的確立,純粹是其個人思辨的結果。這對於把握漢學一派崛起的歷史必然性，大有裨益。

由於清王朝承認漢代經學、宋明理學都具有儒門正宗的地位，有不少學者的學術思想具有漢宋兼容的特點。判斷特定學者屬漢、屬宋，有時也成爲問題。筆者認爲，《漢學師承記》對於學者學派歸屬的裁斷，没有大的失誤。江藩在這方面的學術經驗，大要有二。

一是看學者的主導傾向。以《漢學師承記》所載清初諸家而論，他們都不是純粹、專門的漢學家。例如，顧炎武反對空談心性，主張以禮學撥亂反正。他認爲這一理念與朱熹相合。他在復汪琬書中說："至於憫禮教之廢壞，而望之斟酌古今，返百王之季俗，而躋之三代，此仁人君子之用心也。然斯事之難，朱子嘗欲爲之而未就矣，况又在四五百年之後乎？"[①]其論以禮學濟世，視爲繼承朱熹未竟的學術理想。但顧炎武的學術宗旨與學風，還是近於漢而遠于宋。其論禮學傳統，最重鄭《注》，所謂"大哉鄭康成，探賾靡不舉"[②]；論治學方法與旨趣，謂之"因句讀以辨其文，因其文以識其義，因其義以通制作之源，則夫子所謂以承天之道而治人之情者，可以追三代之英"[③]。又如閻若璩，雖以《尚書古文疏證》等著作爲後世漢學家推許，其自述則强調與宋學的聯繫。康熙四十三年(1704)閻咏刻《朱子古文書疑》，序云："家大人徵君先生著《尚書古文疏證》若干卷，非之者亦復不少，徵君意不自安，曰：'吾爲此書，不過從朱子引而伸之，觸類而長之耳。'因命咏取《語類》四十七條，《大全集》六條，彙次成編，名《朱子古文書疑》，就京師刻以行世。"[④]再如胡渭，有感於"學者不能痛絶圖書之謬種"[⑤]而撰《易圖明辨》，使得包括朱熹《周易本義》在内的圖書之學影響急劇下降。康熙四十五年(1706)，其自撰《易圖明辨題辭》說："《先天之圖》與聖人之《易》，離之則雙美，合之則兩傷。伊川不列於經首，故所以尊聖人，亦所以全陳、邵也。觀吾書者，如以爲西山(蔡元定)之戎首、紫陽(朱熹)之罪人，則五百年來有先我而當之者矣，吾其可末减也夫。"這也是在斷言宋《易》圖書與孔門《易》學無關的同時，肯定其學術價值。關於上述諸家與宋學的聯繫，江藩必定是瞭解的，將其列爲漢學

① 顧炎武：《顧亭林詩文集》，北京：中華書局，1983年，第60頁。

② 王冀民：《顧亭林詩集箋釋》，北京：中華書局，1998年，第763頁。

③ 顧炎武：《顧亭林詩文集》，第32—33頁。

④ 張穆：《閻若璩年譜》，北京：中華書局，1994年，第123頁。

⑤ 胡渭：《易圖明辨》，北京：中華書局，2008年，第130頁。

先驅，乃是從主要方面看問題。

二是看學者的論學實踐。清中葉部分漢學家是由理學營壘中蜕分出來。如《漢學師承記》卷五記，江永由“世俗之學”而折入漢學。也有學者漢宋兼治，其人雖始終服膺理學，但也不廢漢學。卷七所記程晉芳是其例。對此，論者或予嚴厲指斥，以爲是出於鄉曲之私的影響之談。在筆者看來，程晉芳雖然未嘗徹底地離宋返漢，趨近漢學的軌跡也還是可以考見的。

程晉芳(1718—1784)《春秋左傳翼疏序》自述經學淵源，説到青年時期曾與顧棟高游，得知治《左傳》以博學精思爲正途。其《尚書古文解略序》中也談到閻若璩、惠棟等辨《古文尚書》之僞，“抉摘無遺蘊”。據《勉行堂文集》，可知他讀過《日知録》、《易圖明辨》、《春秋大事表》、《易漢學》、《周易述》等考證學名著。

其《周易知旨編序》云：“晉芳非能注《易》者也，學《易》而已。學之既久，於漢唐以來講貫有得者，好之甚，斯著之；其不合者，間有辨論，亦記於篇，積以歲月，遂成卷軸。將以自誨，疇敢誨人？獨念《易》經輔嗣之廓清，又得康伯、仲達纂續疏解，宋賢輩出，大義愈明。……而三十年來，學士大夫復倡漢學，云《易》非數不明，取輔嗣既掃之陳言，一一研求，南北同聲，謂爲復古，使其天資學力，果能上逮九家，吾猶謂不知《易》也。……諸君子窮極漢學，果克知來也耶？京傳焦學，而焦謂得其道以亡身。程子謂邵子別是一種學問。就令數學造極精微，尚與周、孔間隔數層，而况聖人所不及知者，後學轉欲知之，蘄勝於聖人，毋乃蹈至愚之誚乎？”①此篇可見程晉芳對於惠棟提倡的漢《易》象數之學與宋《易》邵雍之學，均持否定態度。

程氏《春秋左傳翼疏序》云：“余入都后，甲戌、乙亥間，始取《左傳注疏》反覆讀之，乃知元凱之注，尚意而不尚辭，于典物猶多未備，孔仲達不長於地學，詮釋多遺；賈、服遺文，往往散見他書，未及收録，是皆可爲補葺者也。丙申之秋，治《尚書》漸有端緒，乃取唐以前書詳加校閲，其有關于《左氏》者，皆摘録之。又録宋以降諸家數十種，補正高氏《春秋地名考略》三百餘條，荏苒四年，得書三十二卷，命之曰《春秋左傳翼疏》，非敢規杜也，埤孔而已。”②文中“甲戌、乙亥間”，即乾隆十九至二十年(1754—1755)。“丙申”即乾隆四十

① 程晉芳：《勉行堂詩文集》，合肥：黄山書社，2012年，第713—714頁。

② 程晉芳：《勉行堂詩文集》，第718頁。

一年(1776),下延四年,即乾隆四十五年(1780),其時程晉芳62歲。成于此際的《左傳翼疏》以搜輯"賈、服遺文",規杜《解》之失,補孔《疏》未備,顯然比較接近漢學。

程氏《尚書今文釋義》成書於乾隆四十九年(1784)。其《序》云:"竊謂士君子治經之道,必鉅細弗遺,本末該貫,而後其學成。……凡治經者,視此矣。《孔傳》雖晚出,而得于周、秦、漢之舊聞者多,數典辨物,中者十之六七;宋人取諸心得,不免武斷之譏,而于漢、晉詁訓蔽塞叢結處,亦頗爬梳一二,均未可偏廢也。"①他認爲,欲治經,考據訓詁不可輕忽。宋人《書》說,在準確性上遠遜於周、秦、漢人。這一認識,大致與漢學家相同。

《毛鄭詩異同考》是程晉芳研究漢代經學的專著。該書專注于辨析毛、鄭《詩》說之歧異得失,"同者不録";"是書之作,非特辨毛、鄭得失,兼欲學者博觀宋以降書。凡有裨于二家者,咸載之,而陳長發《稽古編》所採尤備"②。其裁斷不事旁徵博引,但注意以宋以下《詩》說參證。程氏自序其書云:"宋賢之説經也,一則苦于瀾翻,一則好爲臆斷。然去取毛鄭之間,亦間有合者;而自出新義,有夐出毛鄭之外、足以勝之者。士人或泥古以疑今,或是今而棄古,皆未可爲平心善學者也。"③此序表明,程晉芳力主持漢宋之平的學術思想。

程晉芳爲乾隆年間江淮著名文士,江藩習聞其學行,故能言其與漢學之關聯。以其列於《漢學師承記》,確有依據。至於不載其服膺宋學的一面,應是基於著書宗旨,而非出於私意扭曲程晉芳的學術面貌。《漢學師承記》於所載學人,多不言其取資宋學的一面,不獨對程晉芳作如此取捨。這應當是江藩縱論本朝學術,立意開明之處。假定以純粹漢學爲選録學人的標準,漢學家的群體構成,漢學發展的脈絡,都難以如實展示。

三、弘揚漢學的學術訴求

清代漢學延續到嘉慶年間,已經處在一個決定其未來走勢的關節點上。

① 程晉芳:《勉行堂詩文集》,第715頁。

② 程晉芳:《毛鄭異同考》,《續修四庫全書》第63册,上海:上海古籍出版社,2003年,第371頁。

③ 程晉芳:《勉行堂詩文集》,第717頁。

江藩在《漢學師承記》卷一序論中説："經術一壞於東、西晉之清談，再壞于南、北宋之道學，元、明以來，此道益晦。至本朝，三惠之學盛于吴中，江永、戴震諸君繼起於歙，從此漢學昌明，千載沈霾，一朝復旦。"這是説惠、戴之學相繼興起，漢學的復興已經成爲輝煌的現實。江藩聲稱《漢學師承記》的撰著是"備國史之採擇"，還有没有借以促進漢學發展、實現其治世效能的願望呢？對於這一問題的回答應是肯定的。至少，面對學界對於漢學思潮的質疑，江藩不能不思考如何回應。

其時學界對漢學家的質疑，主要集中在以下諸端：首先，漢學家熱衷於瑣細的考據訓詁，無助於掌握群經要義、聖賢之道。姚鼐《安慶府重修儒學記》説：近時"異道又興。學者稍有志於勤學法古之美，則相率而競於考證訓詁之途，自名漢學，穿鑿瑣屑，駁難猥雜。……而輒敢上詆程朱，豈非今日之患哉？"①程晉芳《正學論四》説："古之學者日以智，今之學者日以愚。古之學者，由音釋、訓詁之微，漸臻於《詩》《書》《禮》《樂》廣大高明之域；今之學者，瑣瑣章句，至老死不休。何雅俗、大小之不同也。"②其次，漢學家迂曲不通世務，無益于治世。章學誠在《丙辰劄記》中説："自四庫館開，寒士多以較書謀生，而學問之途，乃出一種貪多務博而胸無倫次者，於一切撰述，不求宗旨，而務爲無理之繁富。……即明知其載非倫類，輒以有益後人考訂爲辭，真孽海也。"③第三，漢學家輕忽心性之學，不過是一群博取虚名的俗儒。姚鼐在《儀鄭堂記》中説："嗟夫！世之説經者，不蘄明聖學詔天下，而顧欲爲己名，其必王肅之徒者與？"④對於此類批評，江藩力辨其非。

針對理學家輕視考據訓詁的傾向，江藩闡明，這原本是學者在治經實踐中探明的可靠路徑，不容否定。以考據訓詁治經的理念，在清初已經形成，發端于顧炎武、閻若璩。顧炎武《與李子德書》説："讀九經自考文始，考文自知音始。以至諸子百家之書，亦莫不然。"⑤這是説研究經籍的首要程序是考正文字。其《儀禮鄭注句讀序》進而提出明句讀以辨其文、因文而識其義、因其文義而通其大義的研究方法。《漢學師承記》卷八叙顧炎武之學雖不言

① 姚鼐：《惜抱軒詩文集》，上海：上海古籍出版社，1992 年，第 396 頁。

② 程晉芳：《勉行堂詩文集》，第 693—694 頁。

③ 章學誠：《章氏遺書》，北京：文物出版社，1985 年，第 390 頁。

④ 姚鼐：《惜抱軒詩文集》，第 216 頁。

⑤ 顧炎武：《顧亭林詩文集》，第 73 頁。

其治學方法，但在卷一叙張弨之學時點明其“受業崑山顧炎武，究心小學”，校正婁機《漢隸字原》，“悉準《説文》”。卷一記閻若璩，指出他“平生長於考證，遇有疑義，反覆窮究，必得其解乃已”。他的學生吴玉搢著《别雅》，“考古書文字之異，取字體之假借通用，各注所出，爲之辨正”。繼顧、閻諸家之後，惠棟、戴震也力主其説。《漢學師承記》記惠棟，引其《九經古義述首》語：“《禮經》出於屋壁，多古字古音。經之義存乎訓，識字審音，乃知其義，故古訓不可改也。康成注經，皆從古讀，蓋字有音義相近而譌者，故讀從之。後世不學，遂謂康成好改字，豈其然乎？”此以讀經、讀漢儒經説，都必須通小學。《漢學師承記》記戴震，亦引其語：“經之至者，道也；所以明道者，辭也；所以成辭者，字也。必由字以通其辭，由辭以通其道，乃可得之。”其説嚴謹、簡明，是清儒以小學治經之説的典範表述。其他如江聲、朱筠，持論與惠棟、戴震略同，《漢學師承記》都有陳述。卷四記朱筠，述評其提倡《説文》學的觀點，意在申論以字説經，必本《説文》。

江藩認爲，漢學家注重考據訓詁，本來即出於研尋義理的需要。如朱筠序《説文解字》，認爲許慎“發揮六書之指，使百世之下，猶可以窺見三古制作之意者，固若日月之麗天，江河之由地”。卷五記戴震語，亦詳述考據訓詁之用。

江藩認爲，漢學家治經，往往於經傳大義有重要發明。如，惠棟於《易》“精堅三十年，引伸觸類，始得貫通其旨，乃撰《周易述》一編”，“漢學之絶者千有五百餘年，至是而粲然復章矣”。又因學《易》而悟明堂之法，撰《明堂大道録》八卷、《禘説》二卷。他認爲：“禘者，禘其祖之所自出，故四大祭皆蒙禘名。禘禮上溯遠祖，旁及毁廟，下逮功臣。聖人居天子之位，行配天之祭，推人道以接天，而天神降，地示出，人鬼格。夫然而陰陽和，風雨時，五穀孰，草木茂，群生咸遂，物無疵厲，所謂‘《既濟》定也’”；“禘行於明堂，明堂之法本于《易》。《中庸》言至誠可以贊化育，與天地參，此明堂配天之義也”。又如，江藩在京師，與人討論喪服禮中叔嫂是否有服的問題，他當時未能作出圓滿的回答。南歸後，讀沈彤《儀禮小疏》，始冰釋其疑。他感歎：“自愧不能潛心尋討傳文及鄭、賈之説，至爲夫己氏所折，乃知果堂肄《禮》之精審如此。嗟乎！先輩之用心縝密，烏可及哉！”又如，卷七記淩廷堪，謂其“邃於《士禮》，披文摘句，尋例析辭，聞者冰釋”。清代三《禮》之學的興盛，漢學家功不可没。

天理、人欲關係是漢、宋論争的焦點之一。江藩轉述戴震人性論説：情、欲生於性，“生養之道，存乎欲者也；感通之道，存乎情者也。二者自然之符，天下之事舉矣。盡美惡之極致，存乎巧者也，宰御之方，由斯而出；盡是非之極致，存乎智者也，聖賢之德，由斯而備。二者亦自然之符，精之以底于必然，天下之能舉矣。君子之治天下也，使人各得其情，各遂其欲，勿悖于道義；君子之自治也，情與欲使一于道義”。他認爲，人類之情與欲，出於自然，本於性；治民之道在於順其情、遂其欲；修身之道，在於節制情與欲，使之不悖於禮義。這是與理學所主張的存天理、去人欲截然相反的理念。《漢學師承記》備載戴震之説，以示其“見道之深”。

《漢學師承記》考述漢學家的學術成就，以經學爲突出重點。卷二記惠棟，分别論述其所著《周易述》、《易漢學》、《易例》、《古文尚書考》、《左傳補注》、《九經古義》諸書。卷三記錢大昕，譽其“深於經史之學”，然主要據《潛研堂文集》論其《易》學、《尚書》學、《毛詩》學、《春秋》學、《禮》學、《孟子》學，於其史學僅評述其元史研究。江藩既撰《漢學師承記》，又編《國朝經師經義目録》一卷，以專經爲綱，臚陳漢學家之作務精不務全。如，於《易》録胡渭《易圖明辨》，惠士奇《易説》，惠棟《周易述》、《易例》、《周易本義辨證》，洪榜《易述贊》，張惠言《周易虞氏義》、《虞氏消息》，顧炎武《易音》，焦循《易學》，凡七家十種。這些著述，既反映出清代《易》學離宋返漢的過程，也足以體現清代《易》學由博綜漢儒遺説到專主虞氏《易》，再到直尋經傳的發展脈絡。清代漢學家考三《禮》最勤，創獲甚富，故分專經、“三禮總義”，舉《周禮》類六種、《儀禮》類九種、《禮記》類五種，“總義”類三種。《國朝經師經義目録》以書目舉要的形式，對於漢學家治經的實績加以總結，對後學有重要參考價值。

《漢學師承記》論漢學家的學術成就，涉及範圍甚廣。舉凡小學、史學、輿地、天算、治術等方面，亦無所不包。就其内容而言，多非漢學所能涵蓋，但在學風上仍以樸學爲取捨之準繩。江藩這樣記述漢學家，意在提倡精博淵通的學風，期於糾正漢學研究中捨本逐末、視野狹隘的弊端。《漢學師承記》卷三記錢大昕，在稱述錢氏史學之餘，感歎“自惠、戴之學盛行於世，天下學者但治古經，略涉三史；三史以下，茫然不知，得謂之通儒乎！”卷七記淩廷堪，篇末發表這樣的評論：“近時講學者，喜講六書，孜孜於一字一音，苟問以三代制度、五禮大端，則茫然矣。至於潛心讀史之人，更不能多得也。先進之中，惟錢竹汀、邵二雲兩先生；友朋中，則李君孝臣、汪君容甫及君三人而已。”

江藩認爲，漢學家的學術研究雖然以古學爲中心，却與經綸世務緊密關聯。《漢學師承記》卷一評胡渭：“漢唐以來，河道遷徙，雖非《禹貢》之舊，要爲民生國計所繫，故《導河》一章，備考歷代決溢改流之跡。論今日淮黄之勢云：‘清口不利，海口愈塞。加以淫潦，而河淮上流，一時並決。洪澤諸湖，衝盪高堰，人力倉卒難支，必決山、鹽、高、寶諸湖，而淮南海口，沙壅更甚，爲禍愈烈。近日治河，乃遏之使不得北，而南入於淮，以便運耳。南行非河之本性，東衝西決，率無寧歲，非治河治漕也。……’其説可稱卓論，豈不通時務之迂儒所能哉！”治理黄淮爲清代之大政。江藩認爲，胡渭治《禹貢》，不僅長於考古，且足資今人參考。卷七記陳厚耀，特重會通中西科學技術，也是江藩學術思想開明之處。江藩還認爲，漢學家或居官或在野，其中不乏既於治術者。記江永，謂其“爲人和易近人，處里黨以孝悌仁讓爲先，人多化之。嘗援《春秋》豐年補敗之義，勸鄉人輸穀立義倉，行之三十年，一鄉之人不知有饑饉云”。卷四記武億，具言其勤政愛民、移風易俗、不畏權貴；記洪亮吉糾察時弊，不畏災禍，從不同側面反映了漢學家的政治品格與才具。江藩評武億云：“古人云：‘以經術飾吏事。’不通經術而能爲循吏者，蓋有之矣，吾未之見也。”這可以説是斷然否定樸學於世無補的論調。江藩甚至認爲，傳播經學，本來就是經世之舉。卷一記惠士奇：“嘗謂漢時蜀郡僻陋，文翁守蜀，選弟子就學，遣雋士張叔等東受《七經》，還以教授。其後司馬相如、王褒、嚴遵、揚雄相繼而起，文章冠天下。漢之蜀，今之粵也。於是毅然以經學倡。三年之後，通經者多，文體爲之一變。”

值得注意的是江藩對乾嘉時期公羊學的記述。《漢學師承記》卷二載惠棟之學，譽其能考辨漢代經學源流。惠棟論東漢學者對《嚴氏春秋》的傳承云：“《公羊》有嚴、顔二家。蔡邕《石經》所定者，《嚴氏春秋》也。何劭公所注者，《顔氏春秋》也。《石經公羊》末云‘桓公二年，顔氏所見有異辭’云云；僖公三十年，顔氏言‘君出則己入’，今何本皆有之。”又云：“《嚴氏》無‘伐而不言圍者，非取邑之辭也’，今何本亦無之。以此知何所注者，顔氏本也。鄭康成注三《禮》，引隱二年‘放於此乎’，隱五年‘登戾之’，桓十一年‘遷鄭焉而鄙留’，皆與何氏異，與《石經》同。蓋鄭所據，嚴氏本也。”同卷記褚寅亮：“早年爲《公羊》何休之學，撰《公羊釋例》三十卷，謂三《傳》惟《公羊》爲漢學，孔子作《春秋》，本爲後王制作,皆譏《公羊》者實違經旨。又因何邵公言禮,有殷制,有時王之制,與《周禮》不同,作《周禮公羊異義》二卷。"這些記述,有助於探討常州今文學的淵源。如所周知,近代借經論政之風的倡導者正是常州學人。

《漢學師承記》不僅精心評述漢學家的學術成就,還重視對其道德品格、濟世之業的表彰。這一方面是回應一些人對漢學家攻訐,另一方面也是爲繼起者樹立楷模。江藩記述學林人物的品格,最重視政治節操。《漢學師承記》卷八記載黄宗羲、顧炎武生平,敘其出處大節最詳,筆端隱含崇敬之情。由於清廷實行高壓政策,江藩對涉及現實政治而與官方意志抵觸者很少談論。《漢學師承記》不載杭世駿,是比較突出的例子。杭世駿尊漢儒,通禮學,長於考史,與翁方綱、程晉芳相比較,更有理由列於漢學家之林。汪中治經,曾得其指授。江藩對他的學行必定是瞭解的,之所以不記其人,應是有意避免非議。江藩論清代漢學家之爲人,每每表彰其孝友仁義。激賞學者之耿介脱俗,尤其不吝筆墨。如,卷二記其師江聲云:"先生性耿介,不慕榮利。交游如王光禄鳴盛、王侍郎蘭泉先生、畢制軍沅,皆重其品藻,而先生未嘗以私事干之,所以當事益重其人";"晚年,因性不諧俗,動與時違,取《周易》'艮背'之義,自號艮庭,學者稱爲艮庭先生云。"卷三記錢大昕:"先生淡于名利,慕邴曼容之爲人,嘗謂官至四品,可以歸田。故奉諱家居之後,即引疾不出。嘉慶四年,今上親政,垂詢大昕家居狀,朝貴寓書敦勸還朝,婉言謝之。"卷四記朱筠:"先生性愛山水,探黄山、武夷之勝,峭壁巉巖,不通樵徑,攀藤附葛,必登其巔,題名鐫石而下。性又喜飲,至連舉數十觥不亂,拇戰分曹,雜以諧笑。每酒酣耳熱時,議論天下事,自比李元禮、范孟博,激揚清濁,分别邪正,慷慨激昂,聞者悚然";"所居之室,名曰椒花吟舫,亂草不除,雜花滿徑,聚書數萬卷,碑版文字千卷,終年吟嘯其中。足不詣權貴門,惟與好友及門弟子考古講學,釃酒盡醉而已。藩年十六,即受知于先生,每酒闌燈灺時,嘗謂藩曰:'吾儕當以樂死,功名利鈍,何足介意哉!'先生之襟期磊落,蕭然遠矣。"

江藩對漢學家的政治境遇是不滿意的。他説:"三代之時,弼諧庶績,必舉德於鴻儒;魏晉以後,左右家邦,咸取才於科目。經明行修之士,命偶時來,得策名廊廟;若數乖運舛,縱學窮書圃,思極人文,未有不委棄草澤,終老邱園者也。甚至飢寒切體,毒螫瘠膚,筮仕無門,賫恨入冥。雖千載以下,哀其不遇,豈知當時絶無過問之者哉!是記於軒冕則略記學行,山林則兼誌高風。非任情軒輊，肆志抑揚，蓋悲其友麋鹿以共處，候草木以同彫也。”他以三代聖王之世與魏晉以來作對比，以見真學問家的際遇古今相去甚遠。雖云委之於時命，未嘗不是譏刺銓選失準。漢學家懷著經世致用的理想，不畏艱辛，刻苦治學，却被委棄草澤，他認爲這其實是現實政治體制的弊端。《漢學師承記》卷五記江永：“所著《鄉黨圖考》、《四書典林》，帖括之士，竊其唾餘，取高第、掇巍科者數百人，而永以明經終老於家。豈《傳》所謂‘志與天地擬者其人不祥’歟？”卷七記汪中也有同樣的感慨。

江藩一方面欣賞淡泊名利的人生態度，另一方面則爲寒士失路而鳴不平，這看起來相互抵觸，其實相輔相成。平民經師的人生理想往往不是終老邱園，他們所接受的以儒學爲本位的學術文化决定了這一點。當他們淪爲統治階級的棄兒時，疏離世務、獨善其身，也就成爲他們合乎邏輯的選擇。但他們並不因此自暴自棄，而是執著地從事學術研究，期望以獨特成就體現其人生價值。

《國朝漢學師承記》問世於漢學如日中天的乾嘉之際，以總結當代學術史的方式表彰漢學的卓越成就，凸顯其一代學術大宗的崇高地位。江藩在世時，該書即受到學界的關注。阮元爲之撰《序》，説：“讀此可知漢世儒林家法之承授，國朝學者經學之淵源，大義微言，不乖不絶。”此言其義蘊醇正、深刻。他作爲“漢學”的護法，如此盛讚該書，可見兩家學術思想之一致。如龔自珍則反對江藩以“漢學”爲其書標目，其《與江子屏箋》的主旨是强調漢代學術與清代學術的區别，反對復古，力主趨新。而方東樹《漢學商兑》則站在宋學立場上决絶地反對漢學家，他顯然感受到《漢學師承記》對宋學的衝擊力量。學者的個人見解只有在合乎學術發展趨勢與規律的歷史條件下才能産生影響。就嘉慶以後清學發展的情形看來，漢學依然保持著强勁的發展勢頭。江藩崇尚的漢代學術依然是樸學家所依託的主要資源，他所揭櫫的當代漢學的治學路徑與方法久爲繼起者遵用，他所期待的重建儒家經學體系的目標也在一定程度上得以實現。在這一進程中，《漢學師承記》保持著旺盛的活力。咸豐四年(1854)，伍崇曜撰《跋》，盛稱該書爲“上下二百年一大著作，談漢學者决不可少之書”[1]。這一評價，是關於《漢學師承記》發揮深廣影響的歷史證言。

---

① 江藩撰，漆永祥箋釋：《漢學師承記箋釋》，第891頁。

漆永祥整理本《江藩集》校點商兑*

高明峰**

上海古籍出版社於2006年推出漆永祥先生撰著或整理的三部著作，即《〈漢學師承記〉箋釋》、《江藩與〈漢學師承記〉研究》以及《江藩集》。此誠可謂江藩研究乃至清代學術史研究的重要創獲。來新夏、白化文等名家均撰文褒贊。如來新夏先生《漆永祥與江藩研究》(《博覽群書》2006年12期)稱漆氏三書“搜求之完備，研究之深邃，包羅萬家之廣泛，稱此三書已臻涸澤而漁，或非虚譽”，白化文先生《讀漆永祥著有關江藩三書》(《中華讀書報》2007年2月28日第006版)稱此三書“配合緊密”、“下苦功夫”、“箋釋作地十分到家”，“堪稱近年來古籍整理與研究體大思精之作”。對於這些評價，筆者亦表贊同。此處想重點談談漆先生整理的《江藩集》。此書有兩點非常突出，很值得肯定。一是資料搜集完備，這從漆先生輯録的江藩十九篇佚作以及附録的130余篇江藩交游資料即可看出；二是校點肯下功夫。譬如書中的人名、地名、書名等均標有專名綫，這是極其費事且是很見功力的。又譬如書中收録的《隸經文》，乃是江藩解説儒家經典的篇章，内中旁徵博引，資料繁雜，漆先生一一校對引文，注其異同，勘其訛誤。正如漆先生在該書“前言”中所説，“是書面世後，相信會爲讀者提供一部較爲全面可讀的江藩别集之善本”。然而，由於江藩博通經史，兼善辭章，整理工作本身具有極高難度，加之漆先生間有疏忽，本書還存在若干問題。兹不揣淺陋，予以提出，祈請漆先生及學界同好指正。

據筆者校核所見，漆先生整理的《江藩集》共有疑誤127處。含文字疑

* 本文为2012年教育部全國高校古委會資助項目“《江藩全集》編校”階段性成果。

** 高明峰，遼寧師範大學古籍研究所副教授。

誤 75 處,其中訛誤 30 處,脱誤 33 處,衍誤 10 處,倒誤 2 處;另有標點疑誤 52 處,含標點詞句不當 34 處,標示專名綫不當 18 處。文字疑誤方面,筆者皆用漆先生在"前言"中説明的版本進行校勘,發現這些問題主要是由於漆先生移録文獻時的疏忽造成的。標點疑誤方面,致誤的原因較爲複雜,包括不解文意、不明引文、不諳典制、不詳體例、不曉詞格、不辨專名等。下面一一列出。爲便於核查,均注明具體出處及所在頁碼。用按語的形式説明致誤的原因或校改的理由。漆書原有的專名綫,除確有必要予以保留外,或將書名專名綫改成書名號,或將人名、地名等專名綫徑直省去。

一、文字之誤

(一) 文字訛誤

1.《隸經文·明堂議》:《禮記·喪大記》:"君夫人卒于路寢。小斂,夫人髽,帶立于房中。"鄭《注》曰:"此蓋諸侯禮。帶麻于房中。則西房。"(頁 4)

按:據阮元校刻《十三經注疏》本《禮記正義》,"帶立"作"帶麻"。依其後所引鄭玄《注》文,亦當以"帶麻"爲是。漆氏未校改。

2.《隸經文》卷三《較説》:陳、鮑方睦,遂伐欒高氏。(頁 45)

按:《春秋左傳正義》"昭公十年""齊惠欒、高氏皆耆酒……陳、鮑方睦,遂伐欒高氏"下孔穎達《正義》云:"齊惠公生公子欒、公子高。高生子尾,尾生子良。欒生子雅,雅生子旗,旗是欒孫,良是高孫。孫以王父子爲氏,皆出惠公,故曰惠欒、高氏。"據此可知,"欒"字本作"欒",形近而誤。

3.《隸經文》卷四《釋車制尺寸》"兵車自較而下,凡五尺五寸"句"自"字後有注云:"漆案:'自'原作'之',據《考工記·輿人》改。"(頁 61)

按:校對漆氏整理時所用底本,即《續修四庫全書》影印道光元年刻本《隸經文》,本即作"自",不知漆氏所言何據。

4.《隸經文》卷四《原名》:國氏人名字子(《公羊傳》),書爵書官爵.從周也。(頁 68)

按:核校漆氏整理時所用《續修四庫全書》影印道光元年刻《隸經文》,"公羊傳"作"公羊疏"。

5.《隸經文》卷四《公羊先師考》:徐彦《疏》引戴宏《序》云:"子夏傳與公羊高……至漢景帝時,壽乃與弟子齊人胡毋子都,著於竹帛,與董仲舒皆見

於圖讖。"(頁 69)

按:核校漆氏整理時所用《續修四庫全書》影印道光元年刻《隸經文》,"與"作"其"。再查引文出處,即《春秋公羊傳注疏》卷首徐彦疏何休《春秋公羊傳注疏序》,依阮元校刻《十三經注疏》本,亦作"壽乃其弟子齊人胡毋子都"。

6.《續隸經文·顧命康王之誥辨》:子謂天子諸侯未即位皆稱子。(頁 81)

按:核校漆氏整理時所用《續修四庫全書》影印道光元年刻《隸經文》,第一個"子"作"予"。

7. 錢坤《江鄭堂河賦注》:赤水出東北耳取。(頁 134)

按:核校漆氏整理時所用《藕香零拾》本《河賦注》,"北"作"南"。

8. 錢坤《江鄭堂河賦注》:《上林賦》:"洶湧滂潰。"(頁 137)

按:核校漆氏整理時所用《藕香零拾》本《河賦注》,"滂潰"作"砰湃"。

9. 錢坤《江鄭堂河賦注》:所竭忽移,商、周更遞。(頁 145)

按:核校漆氏整理時所用《藕香零拾》本《河賦注》,"所"作"忽"。

10.《半氈齋題跋》卷上《群賢小集》:方回《瀛奎律髓》云:"賣書陳彦木,亦曰陳道人,寶慶初,以'秋雨梧桐皇子府,春風楊柳相公橋'詩,爲史彌遠所黥。詩禍之興,捕敖器之、劉潛夫等下大理獄,鄭清之在瑣闥,上之。"(頁 157)

按:據元方回選評、李慶甲匯評校點《瀛奎律髓匯評》(正文及方回原評,以明成化三年紫陽書院刻本《瀛奎律髓》爲底本,參校元至正二十年刻巾箱本《瀛奎律髓》、清康熙五十一年吴寶芝黄葉村莊刻本《瀛奎律髓》、清嘉慶五年侯官李光垣校刻本《瀛奎律髓刊誤》。上海古籍出版社 1986 年版),"彦木"作"彦才","上之"作"止之",甚是。屬形近而誤。漆氏未校改。

又按:清查慎行於"彦才"後有校語云:"'彦'當作'秀'。"(《瀛奎律髓匯評》第 1536 頁)可信從。陳起,字宗之,號芸居,亦號陳道人,錢塘(今浙江杭州)人。事見元韋居安《梅磵詩話》卷中、元方回《瀛奎律髓》卷二十、四十二等。以"彦才"指稱陳起,僅此一見,殊爲可疑。陳起開肆賣書,亦能作詩,因鄉貢第一名,時人亦稱陳起爲"陳解元"。清朱彭《南宋古跡考》載:"陳宗之,錢塘人,寧宗時鄉貢第一,時稱陳解元。事母至孝,居睦親坊,開肆賣書以奉母。""四靈派"詩人趙師秀曾稱陳起是"賣書陳秀才"。方回《瀛奎律髓》卷四十二載趙師秀《贈賣書陳秀才》云:“四圍皆古今,永日坐中心。門對官河水,檐依柳樹陰。每留名士飲,屢索老夫吟。最感春(趙師秀《清苑齋詩集》作“書”)燒盡,時容借檢尋。”後有方回注云:“陳起字宗之,睦親坊賣書開肆。予丁未至行在所,至辛亥年凡五年,猶識其人,且識其子。今近四十年,肆毁人亡,不可見矣。”在《瀛奎律髓》卷四十二卷末收録劉克莊《贈陳起》一詩,後有方回注,即上文所引“此所謂賣書陳彦木【才】,亦曰陳道人,寶慶初,以‘秋雨梧桐皇子府,春風楊柳相公橋’詩,爲史彌遠所黥。詩禍之興,捕敖器之、劉潜夫等下大理獄,鄭清之在瑣闥,上【止】之”云云。由於之前引録趙師秀《贈賣書陳秀才》一詩,此處方回有“此所謂賣書陳秀才”之語,自然是順理成章的。若作“此所謂賣書陳彦才”,則毫無史料支撑,且行文突兀,與所録趙師秀《贈賣書陳秀才》詩及方回注文多有不諧。故“彦才”當作“秀才”。

11.《伴月樓詩鈔》卷上《僕劄墨莊述天平之游墨莊有詩憶山中禪客見示僕次韻答之》“淮南子升之不能大於石也”句“之”字下有按語云:“‘之’原作‘子’,據《淮南子·説山訓》改。”(頁 187)

按:核查漆氏整理時所用鈔稿本《乙丙集》、清鈔本《伴月樓詩鈔》,原本即作“之”字,乃漆氏誤認。

12.《伴月樓詩鈔》卷上《王郎歌並序》:隔院忽聞鐵撥聲,郎疑名吕郎姓王。(頁 189)

按:核校漆氏整理時所用鈔稿本《乙丙集》、清鈔本《伴月樓詩鈔》,“鐵撥”作“皃鐵”,“吕”作“昌”。

13.《伴月樓詩鈔》卷中《梅窗獨坐憶文洲歸舟遇雪用山谷竹軒咏雪韻寄之》:幸有破臘梅,未花傲夜月。(頁 205)

按:核校漆氏整理時所用鈔稿本《乙丙集》、清鈔本《伴月樓詩鈔》,“未”作“末”。

14.《伴月樓詩鈔》卷中《春風有感寄墨莊遠齋》:峰放衙時催蜜課,伎成圍裹竊花權。(頁 206—207)

按:核校漆氏整理時所用鈔稿本《乙丙集》、清鈔本《伴月樓詩鈔》,“峰”作“蜂”。

15. 江璧《伴月樓詩鈔跋》:予今於公故人處,與予兄筱素搜羅公之舊作,得百餘首。(頁 227)

按:核校漆氏整理時所用清鈔本《伴月樓詩鈔》,第二個“予”作“余”。

16. 顧廣圻《扁舟載酒詞序》:清真典雅,流麗諧婉。(頁 228)

按:核校漆氏整理時所用《江氏叢書》本《扁舟載酒詞》,"諧"作"諧"。

17.《扁舟載酒詞·八歸汪大飲泉招同人集東柯草堂送石大遠梅返吴門》:祝布帆無恙,棹回射瀆涷波皺。(頁 232)

按:核校漆氏整理時所用《江氏叢書》本《扁舟載酒詞》,"皺"作"皴"。

18.《扁舟載酒詞·玉簟凉·雨後見新月有感》:愁紅衣亂草,早雨冷蓮房。(頁 240)

按:核校漆氏整理時所用《江氏叢書》本《扁舟載酒詞》,"草"作"落"。

19.《扁舟載酒詞·六州歌頭·出古北口有感》:單車出寒,山色馬頭前。(頁 247)

按:核校漆氏整理時所用《江氏叢書》本《扁舟載酒詞》,"寒"作"塞"。

20.《扁舟載酒詞·采緑吟》附江藩按語引周密《采緑吟序》云:"余得'塞垣春翁爲番誤'數字,短簫按之,音極諧婉,因易今名云。"(頁 253)

按:唐圭璋編《全宋詞》(中華書局 1965 年版)據《彊村叢書》本《蘋洲漁笛譜》收録該篇詞序,"番誤"作"翻譜",甚是。漆氏未校改。

21.《扁舟載酒詞·齊天樂·同汪容甫訪江豫來留飲》:淵淵細剖,漸暝色蒼然,月窺虚牖。(頁 310)

按:核校漆氏整理時所用《江氏叢書》本《扁舟載酒詞》,第二個"淵"作"源"。

22. 漆永祥《江藩交游資料彙編·江順銘·周易述補識語》:周易述補識語。(頁 369)

按:此處所引題名"周易述補識語"應改作"節甫老人雜著識語"。該《識語》主要叙述江藩的生平學行以及刊刻《節甫老人雜著》的緣由、經過等,並未提及《周易述補》,且《識語》中有云:"補其殘缺,重修而匯萃之,顔曰《節甫老人雜著》。"據此可知,該《識語》乃爲《節甫老人雜著》(含《周易述補》四卷附清惠棟撰《易大義》一卷、《國朝漢學師承記》八卷、《國朝經師經義目録》一卷、《國朝宋學淵源記》二卷《附記》一卷、《隸經文》四卷《續》一卷,計五種二十二卷)而作,非僅爲收入《節甫老人雜著》且位列第一的《周易述補》而作,故當題作"節甫老人雜著識語"才是。其致誤原因,當是因《識語》亦居《節甫老人雜著》卷首,以至漆氏誤題"周易述補識語"。

23. 閔爾昌《江子屏先生年譜》:淵淵細剖,漸暝色蒼然,月窺虚牖。(頁

376）

按：漆氏未對整理閔爾昌《江子屏先生年譜》所用底本加以説明，但據《江藩集》所附《炳燭齋雜文續補·與焦理堂書一》後注明的出處——閔爾昌《江子屏先生年譜》，北京圖書館出版社 1999 年版《北京圖書館珍藏年譜叢刊》本第 122 册第 598 頁，可知整理《江子屏先生年譜》所用底本當是《北京圖書館珍藏年譜叢刊》本。此本乃影印民國十六年江都閔氏刻本。今核校《北京圖書館珍藏年譜叢刊》本《江子屏先生年譜》，並參校民國十六年江都閔氏刻本，"淵"作"源"。

24. 閔爾昌《江子屏先生年譜》：文勤大怒，謂藩與君互相標榜。（頁 378）

按：核校漆氏整理時所用《北京圖書館珍藏年譜叢刊》本《江子屏先生年譜》，並參校民國十六年江都閔氏刻本，"藩"作"先生"，"君"作"稚存"。

25. 閔爾昌《江子屏先生年譜》：每相遇，輒日旰望食，夜分不寢。（頁 380）

按：核校漆氏整理時所用《北京圖書館珍藏年譜叢刊》本《江子屏先生年譜》，並參校民國十六年江都閔氏刻本，"望"作"忘"。

26. 閔爾昌《江子屏先生年譜》：恐魂魄一去，將同秋草。（頁 385）

按：核校漆氏整理時所用《北京圖書館珍藏年譜叢刊》本《江子屏先生年譜》，並參校民國十六年江都閔氏刻本，"同"作"安"。

27. 閔爾昌《江子屏先生年譜》：海内學者惟先生及顧君千里二三人。（頁 386）

按：核校漆氏整理時所用《北京圖書館珍藏年譜叢刊》本《江子屏先生年譜》，並參校民國十六年江都閔氏刻本，"者"作"友"。

28. 閔爾昌《江子屏先生年譜》：皇情顔忻悦，召傳俞未譴。（頁 390）

按：核校漆氏整理時所用《北京圖書館珍藏年譜叢刊》本《江子屏先生年譜》，並參校民國十六年江都閔氏刻本，"顔"作"頗"，"譴"作"遣"。

29. 閔爾昌《江子屏先生年譜》：惟《續隸經文》粤雅堂及《經解續編》皆無之。（頁 390）

按：核校漆氏整理時所用《北京圖書館珍藏年譜叢刊》本《江子屏先生年譜》，並參校民國十六年江都閔氏刻本，"皆"作"並"。

30. 閔爾昌《江子屏先生年譜》：《蠅須館雜記》（計五種，爲《槍譜》、《葉

格》、《茅亭客話》、《淄流記》、《名優記》,見《揚州畫舫録》。)、《舟車筆談》、《舟車聞見録》十卷。(頁 391)

按:據中華書局點校本《揚州畫舫録》,“茅亭客話”作“茅亭茶話”,漆氏未校改。

(二) 文字脱誤

1.《隸經文》卷二《公羊親迎辨》:言繼先王之後爲天地之主。(頁 16)

按:核校漆氏整理時所用《續修四庫全書》影印道光元年刻《隸經文》,“言”前脱“此”字。

2.《隸經文》卷四《釋車制尺寸》:注又云:“大穿實五分轂長去二,則得六寸五分寸之二……”(頁 58)

按:核校漆氏整理時所用《續修四庫全書》影印道光元年刻《隸經文》,“去二”後脱“去二”二字。再查引文出處,《周禮注疏》卷三十九《輪人》“五分其轂之長,去一以爲賢,去三以爲軹”下鄭玄注云:“大穿實五分轂長去二也。去二,則得六寸五分寸之二。”可知江藩引文無誤。

3.《續隸經文·用然後郊解》:卜不從,乃免牲,不爲失禮。(頁 91)

按:核校漆氏整理時所用《續修四庫全書》影印道光元年刻《隸經文》,“卜”後脱“郊”字。

4.《炳燭室雜文·六安州沿革説》:《漢書·孝武紀》:“五年冬,行南巡狩……”(頁 101)

按:核校漆氏整理時所用《積學齋叢書》本、《滂喜齋叢書》本《炳燭室雜文》,“漢書”前脱“考”字。

5.《炳燭室雜文·與張篠原書》:《朱博傳》,博家貧,小時吏之田,非民田也。(頁 106)

按:漆氏於“小時吏之田”下有按語云:“《漢書》卷八三《朱博傳》:‘家貧,少時給事縣爲亭長。’江藩所引,遍檢《前、後漢書》不得,不知其所據者何書也。”漆氏《江藩集》“前言”提到整理《炳燭室雜文》乃“以《積學齋叢書》本爲底本,校以《滂喜齋叢書》本”。今查《滂喜齋叢書》本,上引文句作:“《朱博傳》,博家貧,少時給事縣爲亭長。又云博本武吏,不更文法。據此,武吏即亭長也。亭長,縣令所屬也。然則豁然表陳者,乃武吏之田,非民田也。”可知漆氏於此處並未校以《滂喜齋叢書》本《炳燭室雜文》,以致未發現上引大段脱文。

6.《炳燭室雜文·爾雅釋魚補義》：鰋，《説文》本作"鰋，鮀也。從晏。"何也？（頁129）

按：核校漆氏整理時所用《積學齋叢書》本《炳燭室雜文》，"從晏"前脱"鰋"字。另外，此處標點亦誤，依《説文》，"【鰋】從晏"非《説文》釋"鰋"之語，故應在引號之外。

7. 錢坤《江鄭堂河賦注》：鼉，蛟龍四靈也。故謂之靈鼉。（頁142）

按：核校漆氏整理時所用《藕香零拾》本《河賦注》，"鼉"前脱"黿"字。

8.《半氈齋題跋》卷上《宋本四書》：又《孟子》今本"古之爲市者"，宋本作"古之市也"，與《注》石經同。（頁150）

按：核校漆氏整理時所用《功順堂叢書》本《半氈齋題跋》，"注"後脱"疏"字。

9.《半氈齋題跋》卷上《國語》：是本錢士興取宋刊宋庠補音本、明道二年刻本參校，甚精。（頁151）

按：核校漆氏整理時所用《功順堂叢書》本《半氈齋題跋》，"明道"前脱"與"字。

10.《半氈齋題跋》卷上《群賢小集》：壬寅歲，讀《群賢小集》。（頁158）

按：核校漆氏整理時所用《功順堂叢書》本《半氈齋題跋》，"壬寅"前脱"至"字。

11.《半氈齋題跋》卷下《孔子見老子畫像》：據《隸續》之説，則孔子後人，南宫敬叔也。（頁163）

按：核校漆氏整理時所用《功順堂叢書》本《半氈齋題跋》，"人"前脱"一"字。

12.《扁舟載酒詞·鶯啼序》：憎秋到垂楊，夢遠江天，挂帆北去。（頁233）

按：核校漆氏整理時所用《江氏叢書》本《扁舟載酒詞》，"憎"前脱"生"字。

13.《扁舟載酒詞·暗香疏影》：倚聲之難也如此。（頁244）

按：核校漆氏整理時所用《江氏叢書》本《扁舟載酒詞》，"倚"前脱"嗟乎"二字。

14.《扁舟載酒詞·彩雲歸·記湘雲事》：愛河翻割柔腸。（頁249）

按：核校漆氏整理時所用《江氏叢書》本《扁舟載酒詞》，"割"後脱

"斷"字。

15.《扁舟載酒詞·彩雲歸·記湘雲事》:當乍晴乍雨,心情惡如酒,轉側方床。(頁 249)

按:核校漆氏整理時所用《江氏叢書》本《扁舟載酒詞》,"如"後脱"中"字。

16.《扁舟載酒詞·采緑吟》:如第七句當填"平入平平"。(頁 253)

按:核校漆氏整理時所用《江氏叢書》本《扁舟載酒詞》,"平入平平"作"平平入平平",漆氏整理本脱一"平"字。

17.《炳燭室雜文續補·漢延熹西嶽華山碑序》:漢延熹西嶽華山碑序。(頁 271)

按:核校漆氏輯録此篇文獻之來源——《叢書集成新編》本《漢延熹西嶽華山碑考》卷首,"序"前脱"考"字。

18. 漆永祥《江藩傳記資料選編·江鄭堂象贊並序(黄承吉)》:屬伯道之嗟嗣,旁治罔獲先疇,浮沉筲斗。(頁 282)

按:核校漆氏輯録此篇文獻之來源——燕京大學 1939 年鉛印《夢陔堂文集》卷一,"嗣"後脱"從"字。

19. 漆永祥《江藩交游資料彙編·江順銘·周易述補識語【節甫老人雜著識語】》:侄順銘敬識。(頁 370)

按:核校漆氏輯録此篇文獻之來源——道光九年重修《江氏叢書》卷首,"侄"後脱"孫"字。

20. 閔爾昌《江子屏先生年譜》:《儒林傳稿》既載《續碑傳集》中筱珊先生一傳,已從删汰,不識果何意也。(頁 371)

按:核校漆氏整理時所用《北京圖書館珍藏年譜叢刊》本《江子屏先生年譜》,並參校民國十六年江都閔氏刻本,"筱珊"後脱"入民國復爲清史館撰儒學傳余嘗假得其手稿觀之"二十一字。

21. 閔爾昌《江子屏先生年譜》:居江都。(頁 372)

按:核校漆氏整理時所用《北京圖書館珍藏年譜叢刊》本《江子屏先生年譜》,並參校民國十六年江都閔氏刻本,"居"前脱"後"字。

22. 閔爾昌《江子屏先生年譜》:《二録》、《三録》當通其可通者,不可强通其不可通者。(頁 373)

按:核校漆氏整理時所用《北京圖書館珍藏年譜叢刊》本《江子屏先生年

譜》，並參校民國十六年江都閔氏刻本，“二”前脱“讀”字。

23. 閔爾昌《江子屏先生年譜》：受學於元和惠氏。（頁373）

按：核校漆氏整理時所用《北京圖書館珍藏年譜叢刊》本《江子屏先生年譜》，並參校民國十六年江都閔氏刻本，“受”前脱“先生”二字。

24. 閔爾昌《江子屏先生年譜》：此依吴子修《續疑年録》年四十七，與《漢學師承記》合。（頁374）

按：核校漆氏整理時所用《北京圖書館珍藏年譜叢刊》本《江子屏先生年譜》，並參校民國十六年江都閔氏刻本，脱“續疑年録”四字，本作：此依吴子修《續疑年録》。《續疑年録》年四十七，與《漢學師承記》合。

25. 閔爾昌《江子屏先生年譜》：示次仲，有先生。（頁376）

按：核校漆氏整理時所用《北京圖書館珍藏年譜叢刊》本《江子屏先生年譜》，並參校民國十六年江都閔氏刻本，“有”前脱“中”字。

26. 閔爾昌《江子屏先生年譜》：繹其意，疑“豫來”即先生。（頁376）

按：核校漆氏整理時所用《北京圖書館珍藏年譜叢刊》本《江子屏先生年譜》，並參校民國十六年江都閔氏刻本，“意”後脱一“義”字。

27. 閔爾昌《江子屏先生年譜》：先生又有《秋江聽潮圖》，見汪鋆《雅安詩集》。（頁377）

按：核校漆氏整理時所用《北京圖書館珍藏年譜叢刊》本《江子屏先生年譜》，並參校民國十六年江都閔氏刻本，“汪”前脱“歙”字。

28. 閔爾昌《江子屏先生年譜》：又“藩於六月間自豫章歸吴……”。（頁377）

按：核校漆氏整理時所用《北京圖書館珍藏年譜叢刊》本《江子屏先生年譜》，並參校民國十六年江都閔氏刻本，“藩”前脱“藩啓理堂先生足下”八字。

29. 閔爾昌《江子屏先生年譜》：原作録下：“鼠姑香殘過穀雨……”（頁379）

按：核校漆氏整理時所用《北京圖書館珍藏年譜叢刊》本《江子屏先生年譜》，並參校民國十六年江都閔氏刻本，“原”前脱“先生”二字。

30. 閔爾昌《江子屏先生年譜》：且昔年謂笥河師太丘道廣。（頁381）

按：脱“先生”二字，本作：且昔年先生謂笥河師太丘道廣。核校漆氏整理時所用《北京圖書館珍藏年譜叢刊》本《江子屏先生年譜》，並參校民國十六年江都閔氏刻本，“謂”前脱“先生”二字。

31. 閔爾昌《江子屏先生年譜》:文達於道光乙酉退息里門,殆先一年歸里矣。(頁 386)

按:核校漆氏整理時所用《北京圖書館珍藏年譜叢刊》本《江子屏先生年譜》,並參校民國十六年江都閔氏刻本,"於"後脱"丙戌六月調雲南,而先生侄孫順銘則云"十六字。

32. 閔爾昌《江子屏先生年譜》:侄順銘等請於先生。(頁 389)

按:核校漆氏整理時所用《北京圖書館珍藏年譜叢刊》本《江子屏先生年譜》,並參校民國十六年江都閔氏刻本,"侄"後脱"孫"字。

33. 閔爾昌《江子屏先生年譜》:博覽九流,精史學。(頁 389)

按:核校漆氏整理時所用《北京圖書館珍藏年譜叢刊》本《江子屏先生年譜》,並參校民國十六年江都閔氏刻本,"精"前脱"尤"字。

(三)文字衍誤

1.《隸經文》卷四《釋由》:此甲字之倒文,同倒子爲𠫓使之例,象形也。(頁 64)

按:核校漆氏整理時所用《續修四庫全書》影印道光元年刻《隸經文》,衍一"使"字。

2. 顧廣圻《扁舟載酒詞序》:善用宫律而辭句兼美者,吾友江藩子屏,方今之一也。(頁 228)

按:核校漆氏整理時所用《江氏叢書》本《扁舟載酒詞》,衍一"藩"字。

3.《扁舟載酒詞·采緑吟》:粉香熏到了,搔頭裹。歌聲出花園,圍撥琵琶,吴絲緊依稀。詞苦韻凄。(頁 252)

按:核校漆氏整理時所用《江氏叢書》本《扁舟載酒詞》,衍一"園"字。

4. 漆永祥《江藩交游資料彙編·江順銘·周易述補識語【節甫老人雜著識語】》:復爲王文定公延入幕布府。(頁 369)

按:核校漆氏輯録此篇文獻之來源——道光九年重修《江氏叢書》卷首,衍一"布"字。

5. 閔爾昌《江子屏先生年譜》:至周旋窈窕歸周窈窕二韻。(頁 377)

按:核校漆氏整理時所用《北京圖書館珍藏年譜叢刊》本《江子屏先生年譜》,並參校民國十六年江都閔氏刻本,衍一"窕"字,本作:至周旋、窈窕歸周、窈二韻。

6. 閔爾昌《江子屏先生年譜》:未及平山堂而返。(頁 379)

按：核校漆氏整理時所用《北京圖書館珍藏年譜叢刊》本《江子屏先生年譜》，並參校民國十六年江都閔氏刻本，衍一“堂”字。

7. 閔爾昌《江子屏先生年譜》：從游者若鶩若蟻。（頁 380）

按：核校漆氏整理時所用《北京圖書館珍藏年譜叢刊》本《江子屏先生年譜》，並參校民國十六年江都閔氏刻本，衍“若蟻”二字。

8. 閔爾昌《江子屏先生年譜》：墨莊寄食江上舍藩家，聞余至揚，偕江來訪，因同至傍花村看菊。明日，因攜之謁揚州太守伊君秉綬，屬爲之地。（頁 382）

按：核校漆氏整理時所用《北京圖書館珍藏年譜叢刊》本《江子屏先生年譜》，並參校民國十六年江都閔氏刻本，衍二“因”字。

9. 閔爾昌《江子屏先生年譜》：盡以易端谿石硯。（頁 386）

按：核校漆氏整理時所用《北京圖書館珍藏年譜叢刊》本《江子屏先生年譜》，並參校民國十六年江都閔氏刻本，衍一“以”字。

10. 閔爾昌《江子屏先生年譜》：阮文達《高密遺書・序》云：“黄右原奭言幼讀書，入安定書院，曾賓谷先生異之曰：‘爾勿爲時下學，余薦老師宿儒一人與爾爲師，乃甘泉江鄭堂子屏藩也。’右原以重修禮延之館其家。四年，子屏老病卒。”（頁 388）

按：核校漆氏整理時所用《北京圖書館珍藏年譜叢刊》本《江子屏先生年譜》，並參校民國十六年江都閔氏刻本，衍“鄭堂”二字，所引曾賓谷之語本作：爾勿爲時下學，余薦老師宿儒一人與爾爲師，乃甘泉江子屏藩也。查《續修四庫全書》本《揅經室再續集》卷三《高密遺書序》，作“爾勿爲時下學，余薦老師宿儒一人與爾爲師，乃甘泉江鄭堂子屏藩也”。漆氏若是於此處徑改，亦應出校説明。

（四）文字倒誤

1.《隸經文》卷四《原名》：畫經界使之樹藝，名之曰井田，則共財矣。（《祭法》）（頁 66）

按：核校漆氏整理時所用《續修四庫全書》影印道光元年刻《隸經文》，“祭法”在“共財”之後，本作：畫經界使之樹藝，名之曰井田，則共財（《祭法》）矣。

2. 閔爾昌《江子屏先生年譜》：徧游齊、晉、燕、趙、閩、粤、江、浙。（頁 380）

按：核校漆氏整理時所用《北京圖書館珍藏年譜叢刊》本《江子屏先生年譜》，並參校民國十六年江都閔氏刻本，"江浙"作"浙江"。引文出自阮元《定香亭筆談》卷四，據《叢書集成初編》本，作：遍游齊、晉、燕、趙、閩、粤、江、浙。漆氏若是於此處徑改，宜出校説明。

二、標點之誤

(一) 標點詞句不當

1. 曾釗《隸經文叙》：甘泉江鄭堂先生，今之宿儒也。博學無所不通，著作甚富。一日出《隸經文》示釗命叙。且曰："此從諸文中删存者，苟非説經皆不録。"釗受而讀之，真能於前人繽紛同異之説，參互考訂，發所未發，謂之六藝、傳注可，謂之自成一子亦可。(頁 1)

按：此處"六藝"與"經傳"間不當點斷，其意乃稱許江藩《隸經文》堪與六藝之傳注相提並論。

2.《隸經文》卷一《明堂議》：《禮記・喪大記》曰："君夫人卒于路寢。小斂，夫人髽，帶麻于房中。"鄭《注》曰："此蓋諸侯禮。帶麻于房中，則西房。天子、諸侯左右房。"見於《注》者也。(頁 4)

按：據阮元校刻《十三經注疏》本《禮記正義》，江藩於經文與鄭注多節引，所引經文當加標點作"君夫人卒於路寢"，"小斂"云云；注文則標點爲：此"蓋諸侯禮"，"帶麻於房中，則西房；天子、諸侯左右房"。

3.《隸經文》卷一《廟制議》：考《王制》"天子七廟，三昭三穆，與太祖之廟而七"。《注》："此周制。七者，太祖及文王、武王之祧，與親廟四太祖、后稷。"(頁 8)

按：此處不諳典制及史事而斷句不當。據上引鄭玄《注》文可知，依周制，天子七廟指太祖、文王、武王之廟，並四親廟。另，太祖即指后稷。故當標點爲：七者，太祖及文王、武王之祧，與親廟四。太祖，后稷。

4.《隸經文》卷一《特廟議》：《春秋公羊》御史大夫貢禹説，王者宗有德，廟不毁宗，而復毁，非尊德之義。(頁 12—13)

按：此處"宗"乃尊奉之意，應與"而復毁"連屬，故當標點爲：《春秋公羊》御史大夫貢禹説，王者宗有德，廟不毁，宗而復毁，非尊德之義。

5.《隸經文》卷二《公羊親迎辨》：杜元凱以《春秋》"祭公逆王后于紀，傳

曰:‘禮也。’劉夏逆王后譏,卿不行皆不譏,王不親行,明是天子不當親迎也……”(頁16)

按:《春秋》“襄公十五年”:“劉夏逆王后于齊。”《左傳》:“官師從單靖公逆王后于齊。卿不行,非禮也。”杜預《注》:“官師,劉夏也。天子官師,非卿也。劉夏獨過魯告昏,故不書單靖公。天子不親昏,使上卿逆而公監之,故曰‘卿不行,非禮’。”據此,當標點爲:杜元凱以《春秋》“祭公逆王后于紀,傳曰:‘禮也。’劉夏逆王后,譏‘卿不行’,皆不譏王不親行,明是天子不當親迎也……”

6.《隸經文》卷二《姜嫄帝嚳妃辨》:厥初生民,時維姜嫄。《傳》:“生民本后稷也,姜姓也。后稷之母配高辛氏之帝焉。”《箋》:“厥其初始時是也。”(頁21)

按:此處不明訓詁體例而句讀不當。當標點爲:厥初生民,時維姜嫄。《傳》:“生民,本后稷也,姜,姓也。后稷之母配高辛氏之帝焉。”《箋》:“厥,其。初,始。時,是也。”

7.《隸經文》卷二《姜嫄帝嚳妃辨》:《禮讖》云:“唐五廟知不感天而生,玄之聞也,諸言感生得無父,有父則不感生。”此皆偏見之説也。(頁22)

按:引文出自孔穎達《毛詩正義》中鄭《箋》“康寧”至“不信”下的一段《疏》文。“知不感天而生”乃孔穎達所下按語。“玄之聞也,諸言感生得無父,有父則不感生。此皆偏見之説也”,乃是孔穎達徵引鄭玄之語。故當標點作:《禮讖》云“唐五廟”,知不感天而生。“玄之聞也,諸言感生得無父,有父則不感生。此皆偏見之説也。”

8.《隸經文》卷三《廟祧説》:廟謂大祖之廟,及三昭三穆遷主所藏巨祧。(頁38—39)

按:此處不明文意而斷句不當。其意先談七廟所指,再釋“祧”爲何義。故當標點爲:廟謂大祖之廟及三昭三穆。遷主所藏曰祧。

9.《隸經文》卷三《藪説》:轂圍三尺三寸,《考工記》所謂“以其圍之阞捎其藪”也。《注》:“捎,除也。阞三分之一也。……”(頁40)

按:此處不明訓詁體例而致標點不當。“三分之一也”乃“阞”字釋義,故“阞”字後應加逗號。

10.《隸經文》卷四《釋車制尺寸》:藩謂賢圍二尺五寸六徑八寸五分三一。(頁58)

按:爲使文意更清晰,當標點爲:藩謂賢圍二尺五寸六,徑八寸五分三一。

11.《隸經文》卷四《原名》:刑名從商。墨家者流也,墨翟著書作辨以立名,本惠施、公孫龍,祖述其學,以正形名。(頁 66)

按:結合上下文來看,此處當標點爲:"刑名從商,墨家者流也。墨翟著書作辨以立名,本惠施、公孫龍,祖述其學,以正形名。"這樣,方能與下文"爵名從周,文名從《禮》,散名之加於萬物者從諸夏之成俗曲期,儒家者流也。孔子作《春秋》,必先正名,是非之正,取之逆順;逆順之正,取之名號;名號之正,取之天地"呼應。

12.《炳燭室雜文·河賦》:鞏穴之產,或鯉或鱣,《周禮》所獻。王鮪龍鱣。(頁 97)

按:錢坤注《江鄭堂河賦注》在上引文句後有注云:"《周禮·天官·𩵦人》:'春獻王鮪。'《爾雅》郭《注》曰:'鮪,鱣屬也。大者爲王鮪,小者爲叔鮪。'"據此,當標點爲:鞏穴之產,或鯉或鱣。《周禮》所獻,王鮪龍鱣。另,漆氏整理的《江藩集》收録有錢坤注《江鄭堂河賦注》,其中"鞏穴之產或鯉或鱣周禮所獻王鮪龍鱣"句正作如此標點,亦可爲證。

13.《炳燭室雜文·吾母王孺人傳》:今年春,藩客游四明,道出吳門,孺人謂藩曰:"予老矣,不知能復見子否? 親舊睽隔,何以爲懷。"含淚别去,季秋復來吳下,則孺人已殯兩楹,昔日之言,得非讖語乎?(頁 114)

按:細繹文意,"親舊睽隔,何以爲懷"當是江藩自抒其感受,且與下文"含淚别去"在文意上緊密相連。故宜標點爲:今年春,藩客游四明,道出吳門,孺人謂藩曰:"予老矣,不知能復見子否?"親舊睽隔,何以爲懷,含淚别去。季秋復來吳下,則孺人已殯兩楹,昔日之言,得非讖語乎?

14.《炳燭室雜文·爾雅釋魚補義》:"鰋,《説文》本作'魚妟,鮀也。從妟。'何也?"(頁 129)

按:此處除"從妟"前脱"鮼"字外,標點亦誤。依《説文》,"【鮼】從妟"非《説文》之語,故當標點爲:鰋,《説文》本作"鮼,鮀也"。鮼從妟,何也?

15. 錢坤注《江鄭堂河賦注》:《文選》左太冲《三都賦》:"且夫玉卮無當,雖寶非用。"李善曰:"卮,一名觶,酒器也。當,底也。"《韓非子》:"堂溪公謂韓昭侯曰:'今有白玉之卮無當,有瓦卮有當。君寧何取?'曰:'取瓦卮也。'"(頁 131)

按：據李善注《文選》，《韓非子》云云，乃李善徵引之文，故當居於"李善曰"下的引號內。

16. 錢坤注《江鄭堂河賦注》：懷，包襄上也。（頁132）

按：引文乃對"懷"、"襄"二字釋義，故當標點爲：懷，包。襄，上也。

17.《江鄭堂河賦注》："鼉，蛟龍四靈也。故謂之靈鼉。"（頁142）

按：此處"鼉"前脱一"黿"字，致使文意難解，標點亦誤。當標點作："【黿】、鼉、蛟、龍，四靈也。故謂之靈鼉。"

18. 錢坤注《江鄭堂河賦注》：河水濁清澄，一石水六斗泥。（頁143）

按：不明文意而誤，當標點爲：河水濁，清澄一石水，六斗泥。

19.《半氈齋題跋》卷上《宋本四書》：《先進》："公孫文子。"《注》："今本作'公孫枝'，宋本作'公孫拔'。"《四書釋地》載何屺瞻云："公孫拔，《釋文》作'皮八反'。王厚齋謂《集注》蓋傳寫之誤。明初人不加是正，今毛氏所刊《十三經》中，並孔《注》反改爲'枝'矣。是'拔'字在宋時已訛爲'枝'，則無怪乎今本之誤也。"（頁150）

按："公孫文子"見於《論語・憲問》，江藩誤作《先進》。揆諸上下文，並參據《四書集注》、《四書釋地》，可知"今本作'公孫枝'，宋本作'公孫拔'"一句，並非《注》文，乃是江藩指出的今本《四書集注》與宋本《四書集注》的一條異文；"是'拔'字在宋時已訛爲'枝'，則無怪乎今本之誤也"一句，也非何屺瞻語，而是江藩所下按語。故當標點爲：【《憲問》】"公孫文子"《注》，今本作"公孫枝"，宋本作"公孫拔"。《四書釋地》載何屺瞻云："公孫拔，《釋文》作'皮八反'。王厚齋謂《集注》蓋傳寫之誤。明初人不加是正，今毛氏所刊《十三經》中，並孔《注》反改爲'枝'矣。"是"拔"字在宋時已訛爲"枝"，則無怪乎今本之誤也。

20.《半氈齋題跋》卷上《國語》：是本錢士興取宋刊宋庠《補音本》、明道二年刻本參校，甚精。（頁151）

按：上文已指出"明道"前脱"與"字。另，宋庠撰有《國語補音》三卷。故當標點爲：是本錢士興取宋刊宋庠《補音》本與明道二年刻本參校，甚精。

21.《半氈齋題跋》卷上《群賢小集》：方回《瀛奎律髓》云："賣書陳彦木，亦曰陳道人，寶慶初，以'秋雨梧桐皇子府，春風楊柳相公橋'詩，爲史彌遠所黥。詩禍之興，捕敖器之、劉潛夫等下大理獄，鄭清之在瑣闥，上之。予及識此老，屢造其肆。别有小陳道人，亦爲賈似道編管。小陳道人，起之子思也，

曾著《寳刻叢編》,傳於世。"(頁 157)

按:除上文所指出的"彦木"作"彦才","上之"作"止之"等形近而誤外,另有因不明引文而致標點失當。"小陳道人,起之子思也,曾著《寳刻叢編》,傳於世",乃江藩按語,非《瀛奎律髓》之文,故應在引號外。

22.《半氈齋題跋》卷下《武梁祠堂畫像》:《榜》云:"搐芒續之,蓋蒸盡而天未明,乃搐屋上之草,爲燭以續之。"《傳》云:"縮屋繼之,縮與搐古字通,屋字下脱一字。"(頁 162—163)

按:"蓋蒸盡而天未明,乃搐屋上之草,爲燭以續之","縮與搐古字通,屋字下脱一字",均爲江藩按語,非《榜》文或《傳》文。故當標點爲:《榜》云"搐芒續之",蓋蒸盡而天未明,乃搐屋上之草,爲燭以續之。《傳》云"縮屋繼之",縮與搐古字通,屋字下脱一字。

23.《半氈齋題跋》卷下《武梁祠堂畫像》:《儀禮·既夕》鄭《注》:"燭用烝,蓋烝以薪爲之。"《周禮·甸師》鄭《注》:"木大曰薪,小曰烝。烝,薪之小者。"(頁 163)

按:據阮元校刻《十三經注疏》本《儀禮注疏》、《周禮注疏》,"蓋烝以薪爲之"與"烝,薪之小者",非鄭玄《注》文,乃江藩按語,故均應在引號之外。

24.《半氈齋題跋》卷下《顔臨十七帖》:予不能辨其真贋,而可疑之處。有二事焉:如上有司馬道士承禎印……(頁 167)

按:如此標點,有割裂語意之弊,當標點爲:予不能辨其真贋,而可疑之處有二事焉:如上有司馬道士承禎印……

25.《扁舟載酒詞·暗香疏影》:僊吕宫下工字住中吕宫,下一字住清上五字住。(頁 244)

按:張德瀛《詞徵》(唐圭璋編《詞話叢編》本)卷二"諸宫住字"條載:"中吕宫【下一住,清上五住,白石《揚州慢》、《長亭怨》二曲正同】","僊吕宫【下工住。白石《暗香》二曲正同】"。據此,當標點爲:僊吕宫下工字住,中吕宫下一字住、清上五字住。

26.《扁舟載酒詞·彩雲歸·記湘雲事》:愛河翻割柔腸。(頁 249)

按:因脱"斷"字而誤,當標點爲:愛河翻、割【斷】柔腸。

27.《扁舟載酒詞·彩雲歸·記湘雲事》:當乍晴乍雨,心情惡如酒,轉側方床。(頁 249)

按:因脱"中"字而誤,當標點爲:當乍晴乍雨,心情惡、如【中】酒,轉側方床。

28. 漆永祥《炳燭室雜文續補・易大義跋》:昔年欲補此三卷於《中肩》之旨,略通其誼,至於《禮運》,則反復求之而不能明也。(頁 277)

按:不明文意而誤,當標點爲:昔年欲補此三卷,於《中庸》之旨,略通其誼,至於《禮運》,則反復求之而不能明也。

29. 漆永祥《江藩傳記資料選編・江鄭堂象贊並序(黄承吉)》:屬伯道之嗟嗣,旁治罔穫先疇,浮沉筲斗。(頁 282)

按:因脱一"從"字而文意不明、句讀不當。應標點作:屬伯道之嗟,嗣【從】旁治,罔穫先疇,浮沉筲斗。

30. 閔爾昌《江子屏先生年譜》:《儒林傳稿》既載《續碑傳集》中筱珊先生一傳,已從删汰,不識果何意也。(頁 371)

按:此處因"筱珊"後脱"入民國復爲清史館傳儒學傳余嘗假得其手稿觀之"二十一字,導致文意不明、句讀不當。當標點爲:《儒林傳稿》既載《續碑傳集》中。筱珊【入民國,復爲清史館傳《儒學傳》,余嘗假得其手稿觀之】,先生一傳已從删汰,不識果何意也。

31. 閔爾昌《江子屏先生年譜》:至周旋窈窕歸周窈窕二韻。(頁 377)

按:因衍一"窕"字導致文意不明、句讀不當,當標點爲:至周旋、窈窕歸周、窈二韻。

32. 閔爾昌《江子屏先生年譜》:冬,在揚州與葉霜林名英。訪焦理堂先生,與理堂皆以淹博經史,爲藝苑所推,時有"二堂"之目。(頁 378)

按:此處因不明閔爾昌《江子屏先生年譜》稱名之體例而標點不當。閔《譜》提及人時多稱之以字,如江藩同時學人汪容甫、淩次仲、阮文達、焦理堂等,只有對江藩的師長輩才附加"先生"二字,如薛香聞先生、余古農先生等。故此處"先生"二字不與"焦理堂"連屬,當屬下句,意指江藩,當標點爲:冬,在揚州與葉霜林名英。訪焦理堂。先生與理堂皆以淹博經史,爲藝苑所推,時有"二堂"之目。這樣,既使得文意貫通,又與閔《譜》稱名之體例相諧。

33. 閔爾昌《江子屏先生年譜》:阮文達《高密遺書・序》云:"黄右原奭言幼讀書,入安定書院,曾賓谷先生異之,曰:'爾勿爲時下學,余薦老師宿儒一人與爾爲師,乃甘泉江鄭堂子屏藩也。'右原以重修禮延之館其家。四年,子屏老病卒。"(頁 388)

按:此處不明引文而致誤。"乃甘泉江鄭堂子屏藩也"一句並非曾賓穀之語，乃阮元轉述黄奭所言，故應在引號外。另，漆先生整理的《江藩集》收録有《續修四庫全書》本《研經室再續集》卷三《高密遺書序》，正作如此標點，亦可爲證。

34. 閔爾昌《江子屏先生年譜》：先生自京師歸，盛讚徐星伯與徐少鶴曰："京師學者，孰與二徐先生！"歿，星伯出泉十萬貫，俾汪孟慈録先生遺書與吴太守、陳明經是正之。（頁 390）

按：徐星伯（松）與徐少鶴（頲）於江藩屬後學晚輩，江藩稱名時無須加"先生"二字，並且從句式整飭和文意連貫的角度考察，"先生"二字宜與"歿"字連屬，意指江藩。另外，上海圖書館藏清鈔本江藩《爾雅小箋》卷首《序目》後有汪喜孫《跋》，其中有云："喜孫早年受知獲聞諸論記。先生自京師歸，盛稱星伯先生及少鶴閣學曰：'京師學者，孰與二徐！'喜孫心識之，迨來京師，始知星伯先生今之徐健菴、畢秋颿也。會先生歿，無子，星伯先生出泉十萬貫，俾喜孫録先生遺書與吴太守、陳明經是正之。"上文所引閔爾昌《江子屏先生年譜》所記條目當來源於此。故此，當標點爲：先生自京師歸，盛讚徐星伯與徐少鶴曰："京師學者，孰與二徐！"先生歿，星伯出泉十萬貫，俾汪孟慈録先生遺書與吴太守、陳明經是正之。

（二）標示專名綫不當

1.《隸經文》卷一《明堂議》：然則匠人五室，實本周制。（頁 4）

按：此處"匠人"乃指《考工記・匠人》，由《明堂議》起首"明堂制度……有以爲五室者，《考工記・匠人》、鄭康成《周禮》二記《注》也"可知。故當標作：然則匠人五室，實本周制。

2.《隸經文》卷二《畏厭溺殤服辨》：漢儒去古未遠。（頁 19）

按：漢指漢朝，依漆書體例，人名、地名、朝代名等均標專名綫，故當標作：漢儒去古未遠。

3.《隸經文》卷四《釋車制尺寸》：注又云："大穿實五分轂長去二，則得六寸五分寸之二。"（頁 58）

按：此處除脱"去二"二字外，"注"乃指鄭玄《周禮注》，需加書名專名綫，故當標點爲：《注》又云："大穿實五分轂長去二，【去二】則得六寸五分寸之二。"

4.《隸經文》卷四《公羊先師考》：徐彦又曰："胡毋生本雖以公羊經傳授董氏，猶自别作條例。"（頁 69）

按：引文出自《監本附音義春秋公羊傳注疏》何休《序》"往者略依胡毋生《條例》，多得其正"句下徐彦疏文。李學勤主編《十三經注疏·春秋公羊傳注疏》(標點本)作："胡毋生本雖以《公羊》經、傳傳授董氏，猶自别作《條例》。"另，《春秋公羊傳》，或稱《公羊》，或稱《公羊傳》，極少用《公羊經》來指稱，上引徐彦疏文也是以《公羊》指稱。故當標作：胡毋生本雖以公羊經、傳授董氏，猶自别作條例。

5.《隸經文》卷四《公羊先師考》："戴宏解疑論本之圖讖，乃無稽之談。"(頁 69)

按：《解疑論》爲戴宏所撰，《玉函山房輯佚書》即收録戴宏《解疑論》一卷。故"解疑論"應標書名專名綫。

6.《續隸經文·尚書今古文辨》：蓋豫作雜記。(頁 86)

按：蓋豫乃東漢人，應標人名專名綫。

7.《炳燭室雜文·釋橢序》：其後西人有刻白爾噶西瓦等，以爲橢圓兩端徑長，兩要徑短。(頁 107)

按：此處不辨西方人名而誤。《清史稿》卷二十六《天文志一》載："《考成後編·日躔曆理》云：'西法自多禄某以至第穀，立爲本天高卑、本輪、均輪諸説，近世刻白爾、噶西尼等，又以本天爲橢圓。'"刻白爾即開普勒，噶西尼即凱西尼。《清史稿》卷四十五《時憲志一》、《清史稿》卷五十《時憲志六》等多處以及焦循給李鋭的書信中均提到噶西尼，且與刻白爾或第穀並提，則上引文句中"噶西瓦"當即指"噶西尼"。故當標作：其後西人有刻白爾、噶西瓦等，以爲橢圓兩端徑長，兩要徑短。

8.《半氈齋題跋》卷上《宋本四書》：第九章注今本云："然皆倚於一偏，故資止近而力能勉者，皆足以能之。至於中庸，雖若易能。"宋本作"然不必其合於中庸，則質之近似者，皆能以力爲之。若中庸，則雖不必皆如三者之難。"(頁 150)

按："中庸"於此凡三見，皆是執中守正，不偏不倚，無過無不及的意思，非指列入《四書》之一的《中庸》，故均不應標書名專名綫。

9.《半氈齋題跋》卷上《楊太真外傳》：元琰妻李氏，封梁國夫人，外傳作涼國。(頁 153)

按：此處"涼國"乃"涼國夫人"的簡稱，故不當加書名專名綫，應標封號專名綫。

10.《半氈齋題跋》卷上《群賢小集》：適安《藏拙餘稿》内，缺張實甫《允聖序》一篇。（頁157）

按：《適安藏拙餘稿》乃南宋武衍别集，武衍自命其居所曰“適安”。“允聖”爲張實甫之字。故當標作：適安藏拙餘稿内，缺張實甫 允聖序一篇。

11.《半氈齋題跋》卷上《群賢小集》：鈔本内癖齋集後附録之杜斿、杜旟、杜去輕、杜淩之詩文，蕭台公餘詞後附詩，凡每集後詩下注出處者，皆吴志上所輯也。（頁157）

按：杜淩之爲《癖齋集》作者杜旃孫，故應標人名專名綫。另，“蕭台公餘詞”爲姚述堯詞集名，應標書名專名綫。

12.《半氈齋題跋》卷下《天發神讖碑》：皇象字休明，廣陵 江都人，幼工書，時有張子並、陳梁甫能書。甫恨逋，並恨峻，象斟酌其間，甚得其妙，中國善書者不能及也。（頁164）

按：“並恨峻”之“並”，乃指上文提及之張子並，故應標人名專名綫。

13.《半氈齋題跋》卷下《義士左軍磚》：許嵩建康實録有周 廣陵義軍主曹藥。（頁170）

按：“曹藥”乃人名，爲周廣陵義軍領袖，其事亦見載於《陳書》卷五《本紀第五・宣帝》：“（十二年九月）己酉，周廣陵義主曹藥率衆入附。”《陳書》卷六《本紀第六・後主》另載有豐州義軍主陳景詳事蹟：“夏四月庚戌，豐州義軍主陳景詳斬大寶，傳首京師。”故此，“曹藥”應標人名專名綫。

14.《伴月樓詩鈔》卷上《元日坐梅花樹下有作》“鞭出聰明好作詩”下有注文：元微之元日有迎富貴鞭聰明事。（頁191）

按：注文所指爲元微之《酬復言長慶四年元日郡齋感懷見寄》一詩，其中有句云：“富貴祝來何所遂，聰明鞭得轉無機。”故“元日”應標書名專名綫。

15.《扁舟載酒詞・采緑吟》附江藩按語引周密《采緑吟序》云：“余得‘塞垣春，翁爲番誤’數字，短簫按之，音極諧婉，因易今名云。”（頁253）

按：此處除“番誤”本作“翻譜”外，標點亦有誤，當是漆氏不知“塞垣春”爲詞牌名而誤解文意所致。當標點爲：餘得《塞垣春》，翁爲【翻譜】數字，短簫按之，音極諧婉，因易今名云。

16.閔爾昌《江子屏先生年譜》：積學齋本雜文乙丙集自序：“上卷七十七首，下卷七十二首。”（頁377）

按：《乙丙集自序》乃積學齋本《炳燭室雜文》之一篇，故“雜文乙丙集自序”應標作:雜文 乙丙集自序。

17. 閔爾昌《江子屏先生年譜》:固始 蔣子 瀟湘南嘗從先生問奇字、研經術。(頁 386)

按:此處不辨人名而誤。蔣湘南,字子瀟,河南固始人,《清史列傳》卷七十三有傳。故當標作:固始 蔣子瀟 湘南嘗從先生問奇字、研經術。

18. 閔爾昌《江子屏先生年譜》:陳穆堂讀騷樓詩二集、汪冬巢寒林獨步圖序云:“道光庚寅,江鄭堂、許楚生、李練江、周樂夫相繼殂謝。”(頁 389)

按:《汪冬巢寒林獨步圖》出自陳穆堂《讀騷樓詩二集》卷一,篇前有序。故當標作:陳穆堂讀騷樓詩二集 汪冬巢寒林獨步圖序云:“道光庚寅,江鄭堂、許楚生、李練江、周樂夫相繼殂謝。”

以上所論,是筆者研讀《江藩集》的一點淺見,或許對讀者參考、利用《江藩集》有所助益。指出這些疑誤之處,對於肯定漆先生對江藩乃至清代學術研究的貢獻誠無傷大雅,其貢獻之卓著是有目共睹的。我們的體會是,整理古籍,殊非易事,既需要深厚的學識,又需要艱辛的付出和審慎的態度。限於學養,筆者所陳或有不當,尚祈方家教正。

許珩《周禮》學論析

曾聖益*

一、前　言

許珩，字楚生，江蘇儀徵人，生卒年待考。諸生，工古今體詩，宗法唐人，曾入阮元幕府，助修《廣東通志》，主要著作《周禮經注節鈔》七卷、《周禮注疏獻疑》七卷。《續纂揚州府志》、《清史列傳・儒林傳》稱其《周禮注疏獻疑》"釐正搜剔，論者謂爲鄭賈功臣"①。全書二百餘條，書名雖稱"獻疑"，實辨正《周禮》鄭玄注及賈公彦疏未盡妥善之説。

《周禮經注節鈔》與《周禮注疏獻疑》二書，雖體例不同，用意有别，然亦爲相輔之作。蓋許珩撰述本爲課習之用，《周禮》鄭《注》多推本陰陽，復多古語，學者不便，賈《疏》則煩冗瑣碎，難以通貫，學徒苦其煩瑣不得其要領，故爲之作節本。

許珩於删裁《周禮》鄭注、賈疏之煩瑣，僅存大義，而覺其義旨與注疏多所不安者，故摘録所見，詳考前人之説，以證求經義，幾經删略，而成《周禮注疏獻疑》七卷，以作爲《周禮經注節鈔》訂補之用。其爲獻疑，實爲訂正《周禮》鄭注及賈疏。

《周禮注疏獻疑》經阮元、江藩審定而成，亦獲二家之贊言，其説之精當，

---

* 曾聖益，臺灣輔仁大學中文系副教授。

① 此論出於程元吉所作序文，見《周禮注疏獻疑》卷首，《四庫未收書輯刊》第三輯，第8册據嘉慶16年刊本影印，北京：北京出版社，2000年。《續纂揚州府志》（臺北：成文出版社，1970年）、《清史列傳》（北京：中華書局，1976年）徵引其説。許珩事蹟略見《國朝漢學師承記》卷七，其内容即江藩《周禮注疏獻疑序》所論云，兹不具論。

亦無可致疑。清儒最尊鄭玄，諸家禮說一以鄭玄爲宗，少見論疑，許珩《周禮注疏獻疑》以平易之説疏理《周禮》設官分職之義，既能辨正鄭注、賈疏之説，亦使官職之設置更爲合理妥切，實頗有裨益於《周禮》之理解。

筆者學《春秋》、研治《左傳》而涉及《三禮》，於《周禮》僅識門徑，未能深究，讀許珩説，喜其平易周延，頗有契合者，故疏理其説以見其深思之精見。

二、《周禮經注節鈔》闡述之《周禮》要義

《周禮經注節鈔》(下略作《節鈔》)七卷，前有《叙》及《凡例》十二條[①]，説明其著作之目的及節鈔之原則。據其《叙》知其授徒之用，先後作於乾隆五十八年(1793)及嘉慶十年(1805)、十一(1806)年間，後經數年而成書。其內容主要節取漢注，"其不安者則以後儒之説易之，無可易者，然後以己意别紙疏之"[②]，全書七卷，卷首爲序官，依序列出《周禮》各職官名稱及編制，其後六卷，即依《周禮》天、地、春、夏、秋、冬之序。

據其叙例，知其節鈔包含三部分：一、鄭注賈疏；二、前人注説；三、許珩之説。此三者之體例，亦各自不同。

許珩對鄭注賈疏之説，不同意其説者，不逕於《節鈔》中辯駁，而是標明見於《周禮經注獻疑》(下略作《獻疑》)。如《天官》下云"天字見《獻疑》"[③]，"銜枚、依耆二官説見《獻疑》"[④]等，蓋凡《獻疑》所釋，均標示於《節鈔》，於此亦見其主從關係。

《節鈔》徵引前人部分，據《獻疑·跋》知許珩撰述主要參照之書爲王長

① 《凡例》十二條，篇題作"周禮經注節鈔獻疑叙例"，知其爲兼爲二書而作，亦説明二書之關係，見《周禮經注節鈔》卷首。

② 同前注，第1頁。

③ 許珩:《周禮經注節鈔》卷一，《四庫未收書輯刊》第3輯，第8册，第1頁。

④ 許珩:《周禮經注節鈔》卷一，第30頁。

志《周禮注疏删翼》[1],故其徵引各家說,除清代江永、惠棟等人[2],餘均見於該書中。如《獻疑》徵引之業時、王應麟、劉中義、王應電等各家說。

許珩徵引各家說以證補鄭注、賈疏未盡周延之説,其後再以按語説明其意。其按語大致有下列幾方面:

1. 設官執掌之辨明

《周禮》鄭注簡略,且時代久遠,命官之意,多難知曉。前人注釋申明其説,許珩則綜合前説,以明命官之意。如夏官"諸子"下,鄭注云:"諸子,主公卿大夫、士之子,或曰庶子。"其引劉氏(中義)及王氏(應電)説曰:

> 劉氏曰:適子、庶子皆掌之。王氏曰:自其衆而言之,則謂之諸子。

按云:

> 《經》文"春合諸學"注引《王制》"王大子"云云。又按《師氏》"教國子"云云。疏云:"鄭不言王大子及元士之適子者,略之。"據此,則此注云"公卿大夫者",亦略之也。以本經甲兵之事與《文王世子》出疆之證較之良然。而命官之意,則必合劉氏、王氏之説方明。且愚《獻疑》内"凡國之政事"條可證也。[3]

"凡國之政事"條在《獻疑》卷五,其論云:

> 序官注"諸子",一曰庶子。語本《燕義》。本經《秋官》掌客王巡守,

---

① 王長志,字平仲,生卒年待查,明萬曆年間人,輯有《周禮注疏删翼》、《禮記注疏删翼》、《詩經注疏删翼》等各書。《周禮注疏删翼》三十卷,《四庫全書》收録,本文徵引其説,均爲文淵閣《四庫全書》本。

② 《節鈔》中引惠棟説十餘條,均見《九經古義》中,如《天官·玉府》"掌王之金玉……食玉"條引惠棟説云:"玉非可食之物,凡言食玉者,大率皆寓言。而食玉載于《周官》者,蓋玉以禮天地、饗鬼神,王者尊之爲寶。除不祥,辟惡氣,君子不棄于身……是爲食玉,謂潔其氣,神明其德,祓除其心而已,非口食也。"許珩:《周禮經注節鈔》卷二,第22頁。

③ 許珩:《周禮經注節鈔》卷一,第22頁。

> 則國君致膳，有庶子壹眂其大夫之禮。是從于巡守也。《春秋》成十六年《傳》文子以戈逐范匄曰：童子何知？襄八年《傳》子國怒子産曰：童子焉。二子此時非所謂群子乎，是從于軍與議國政也。下文"大僕"職有御庶子，疏云：御僕十二人，分之爲御庶子，一官而別爲二名，《經》無是例也。①

許珩認爲《周禮》設官分職極爲詳密，故不能片面論述其職務及所屬身份，必須綜合相關職稱以考察其範圍。故稱"諸子"乃包含適子、庶子及《師氏》所稱之"貴游子弟"。

2. 設官節次之考察

《周禮》三百六十官，層遞相因，節次分明。明其節次與執掌，則明其設官分制之意。《秋官》"伊耆氏"下，許珩按云：

> 自"鄉士"至"伊耆氏"，無非士職。大抵"士師"一人統之，中間略分者，則"鄉士"至"朝士"爲一節，皆讞獄之官也。"司民"至"掌戮"爲一節，而以"司民"先之者，先儒所謂聖人用刑，本於好生是也。
>
> "司約"有不信之殺，"司盟"有獄訟之盟，故連類在此。以"職金"參其間者，金爲秋令，猶司爟之在"夏官"也。有刑必有罰，故"金罰"掌焉。
>
> 又有爲兵之金，兵亦殺象，於秋尤宜，若玉石丹青，則以類掌耳。"司隸"與"五隸"爲一節，以其有囚執人之事也。"布憲"至"脩閭"爲一節，所以申刑。
>
> "禁冥氏"至"庭氏"爲一節，則剪除之及乎鳥獸草木者也。②

此將《秋官》分成四大類型，將刑法之意義及其作用所及，依次列舉，以説明設官之義。此即其《叙例》所謂"於每官略求其分職聯事之故，别爲段落，而爲之説，庶讀者因此求通，不致視同縉紳總目也"，據此可見許珩細求《周禮》設官精密妥善之用意。

---

① 許珩：《周禮經注獻疑》卷五，第13頁。

② 許珩：《周禮注疏獻疑》卷一，第30頁。

3. 辨明鄭《注》賈《疏》之曲説

《地官·鄉大夫》"三年則大比"下，許珩引鄭《注》後，續徵引馬端臨説，按云：

> 《鄉飲酒義·疏》："《鄭目録》云：鄉飲之禮，一則三年賓賢能，二則鄉大夫飲國中賢者，三則州長習射飲酒，四則黨正蜡祭飲飲酒。"五物注"似未安。惟馬氏《論語》"射不主皮"注曰"四曰和頌，五曰興舞"，庶乎得之。……惠氏亦主此説，且疏之曰："和志，其志和也；和容，其容和也。主皮志和，容和能中質也。和頌，其聲和也。興舞，其節和也，于射時之詢爲切，較疏之曲爲鄭説勝矣。①

惠棟説見《九經古義·周禮上》，許珩徵引其説，以證馬端臨説較鄭《注》賈《疏》爲可信從。《節鈔》中徵引前人説，許珩均取與鄭《注》賈《疏》相較，並申明其佳勝之處。

許珩於賈《疏》之不當者，多所辯明，亦指陳賈氏之失，如《獻疑》卷一《典同》，論云：

> 注云："同陰律也，不以陽律爲名者，因其先言耳……"據此，是鄭以《書》之同律爲陰陽律之名矣。《疏》不敢正言其誤，而引孔注以爲義别。②

其下釋《典同》之義，即律度量衡，同起於黄鐘，故"律同則無不同，故舜之同也，以律爲首，而周之命官也，即以爲名。"

許珩作《周禮經注節鈔》之目的，只在於鄉塾及書院講學之用，其節鈔亦以《周禮注疏》爲主，然七卷中按語近百條，均辯駁注疏，亦見其不曲從鄭玄之意。

---

① 許珩：《周禮注疏獻疑》卷三，第 9 頁。

② 許珩：《周禮注疏獻疑》卷一，第 6 頁。

三、《周禮注疏獻疑》釋經方式與要旨

《周禮注疏獻疑》主要在於尋繹全書，會通制作之意，而後闡釋官稱之設立及其執掌。於此，其頗能規正鄭玄《周禮注》中官員執掌復重之問題。如《甸師》下，許珩先列注疏之説，其後揭示其著述要旨，云：

> 《甸師》注："供野物官之長。"疏云："或與《地官》掌葛炭、掌蜃、委人等同掌供野物，故與彼官爲長。"若然，彼屬《地官》，此屬《天官》，越分相領，恐理不愜。此"甸師"當與下"獸人"已下亦供野物爲長也。
>
> 愚謂六官雖云職任各别，而實多聯事。况天官爲六官之長，所以統率五官，或説即是，以此爲疏，復何閒。然即委人爲中士，而天官屬之于五官，亦不得以品秩限之，並不必引大史之統内史以爲説也。
>
> 愚近尋繹全《疏》，賈氏之學，不但不能超出《注》外，即會通其旨已難，閒有所見，又復如此云云。①

許珩《獻疑》之作，乃疑鄭《注》及賈《疏》，一反清儒篤信鄭玄之習②，而其釋疑之論，正有作新疏之意③。

《獻疑》内容針對鄭《注》賈《疏》而發，許珩所欲闡發者，不僅在於規辯鄭玄、賈公彦之説，而是藉由獻疑、釋疑，以建立一完整之政府設官分職之體系。其主要透過於官稱的執掌與聯繫的論述而闡發觀點，以此爲基礎，而後考察各官執掌，及鄭《注》賈《疏》之失。

1.《周禮》職位的聯繫與執掌之分配

許珩作《辨疑》之意，實爲釋疑，透過合文比義，考察其職分，以聯繫各官吏之關係，《官常》注云："謂各自領其官之常職，非聯事通職所共也。"許珩

---

① 許珩：《周禮注疏獻疑》卷一，第1頁。

② 《四庫全書總目·周禮注疏删翼》："《周禮》一書，得鄭《注》而訓詁明，得賈《疏》而名物制度考究備。"見文淵閣本《四庫全書》收録《周禮注疏删翼》卷首。

③ 許珩：《周禮經注節鈔獻疑叙例·凡例九》："疏之誤者甚多，有前人已辨者。但與注不甚相仿，及不復正之。他日買山願遂，更期廣集衆説，别爲正義也。"卷首，第4頁。

按云：

宰夫之八職，四曰旅，掌官常以治數。後鄭於彼注云："數謂多少異數。"此"官常"正與之同，亦當釋常爲常數矣。蓋常本紀數之文，事有大小，然後官之勤惰可分，故以聽之。若漫云常職，何異於"二曰官職"耶！①

此顯見其分辨各官職之設立及其執掌，就聯繫前後官職而考察其執掌與關係，以免除其復重及偏失。又如《地官》"地守"，鄭玄注云："衡麓、虞候之屬。"許珩按云：

愚于此注有以知"山虞"、"澤虞"與《夏官》"均守"、"候人"知所以誤矣！上文地職既注云：分其九職所宜，虞、衡在九職之中，何以又分別言之……蓋康成于"守"字之義似少體會，而又未細思齊之官制不能盡如周初之制……《天官》九職則虞兼衡言，重在作材，固不辯其守與否耳。②

《周禮》設官參照天地運行及萬物之關係，故其官職亦繁複難通釋，鄭玄《注》中多有執掌復重者，許珩梳理其説，將執掌分别，免其重設，同時又聯屬其關係，使成一體，而官府可據以經世理民，亦免煩冗雜沓。

許珩進一步考察《周禮》之設官，認爲各項事務均有執掌者，然官員多可兼掌事務，"都則都士家士"按云：

入則匡人達之，都則主之，其册籍當亦無多。觀《序官》有都無家，其爲兼掌可知。都、家且可兼，何用每都分設耶。士爲刑官所主，不過都家成讞，亦唯一官掌之如都宗人、家宗人足矣，非若軍賦煩也。若朝大夫通理其國事，故尤不得比之。③

① 許珩:《周禮注疏獻疑》卷二，頁 1。
② 許珩:《周禮注疏獻疑》卷三，頁 1。
③ 許珩:《周禮注疏獻疑》卷一，第 13 頁。

《周禮》設官鉅細靡遺，上自朝廷，下至都邑鄉里，其職位既細，則自有相對應之官員，總數爲一萬一千五百九十一人[①]，尚不含胥徒。許珩以其執掌之事簡易，故多爲兼掌者，如此則職事雖備，而人員不冗，較近官府組織之實際情況。

許珩論述《周禮》之設官及執掌，在於其考察全書，認爲《周禮》"經文每官首數語，或一語，多總冒全文，下乃分承之"[②]。此爲其治《周禮》之綱領，亦爲考辨執掌，辨析鄭《注》、賈《疏》諸説之原則。

2. 考正官職稱名之意義

乾嘉考據學，以音聲訓詁爲基礎，並且用之於名物制度之考訂，闡釋古書義理及古代制度，頗受後人推崇。許珩生於乾嘉盛世，且爲文役於阮元，自是通曉其道，《周禮注疏獻疑》中，多據以論辨官名，如《序官》"山澤虞"鄭注云："虞，度也。度知山之大小及所生者。"許珩按云：

> 虞當訓備。經所謂物爲之，爲之厲而爲之守禁，此備之義也。蓋即《職方》周知其利害之意。或兼義亦可。[③]

欲守備自須先度知，故以"守備"取代鄭玄"度知"義，含義較爲深刻。又如同卷"迹人"，许珩以"遵循"替代"知禽獸處"，義爲邦田之範圍，意義亦較鄭《注》爲周備，此類均以字義訓詁方式探求《周禮》各官職之執掌，以見其於周代之用。

又《叙官》"庭氏"注云："主射妖鳥，令園中潔净如庭。"許珩論云：

> 以庭爲潔净，義似牽强，容謂其在庭户之間則射之。蓋山林之中，何所不有，不可得而除，而不必盡除。庶幾命官之義與。[④]

---

① 孫詒讓：《周禮正義》據《周禮》職官叙統計，周天子之天、地、春、夏、秋五官（缺冬官），共計公三人，卿十一人，中大夫六十八人，下大夫二百五十七人，上士一千九十人，中士四千四百七十人，下士五千六百九十二人。其他府、史、胥、徒不計。

② 許珩：《周禮注疏獻疑》卷四"六祝"條，第11頁。

③ 許珩：《周禮注疏獻疑》卷一，第3頁。

④ 許珩：《周禮注疏獻疑》卷一，第12頁。

此亦就官稱之執掌,以見其設官意義,許珩以"庭氏"之執掌在於庭中耳,不及山林。又"壺涿氏",鄭玄注云:"壺,瓦鼓涿擊之也。"許珩按云:

> 以壺爲鼓,似乎甚曲。涿訓擊,亦未見其義。愚謂壺或是壹字之譌。壹有閉塞之義……通鬱,涿通濁,水蟲多在濁水之中。"壹濁",謂以法閉鬱之使絶,故以名其官與。①

擊鼓或閉塞,其義截然不同,"壺涿"前列"赤犮氏",許珩考其職爲"拔出净盡",於此而論,續接職官爲擊鼓,則顯爲突兀。如訓爲閉塞,正合乎以類相從之義。

3. 申明禮儀形式及内涵

《周禮》載明職官及其執掌,可據以考見古代制度,禮儀祭祀等事務,又是官府之要務。許珩所論以制度爲主,故雖去除喪禮②,而尚多祭祀事務。如《天官》"陰禮"鄭玄注云:"陰禮,婦人之祭禮。"許珩按云:

> 婦人祭禮,無謂(陰禮)。愚謂"陰禮"者,祭不用樂也。《郊特牲》曰:"昏禮不用樂,幽陰之義也。"《大司徒》"陰禮"注曰:"男女之禮,其義正通。"③

以"用樂"與否作爲分辨陰禮,自較以婦女之祭禮稱爲陰禮符合禮儀。且據《天官》之次,亦無由於此見婦女之祭禮。他如《秋官》中之"拜禮"、"主國之禮"、"拜禮事"等各條,均申明禮儀之形式及其意義,亦説明鄭注未恰當之處。如"聘禮"所稱"賓繼主君,皆如主國之禮"鄭玄注云:"或饗時主君,及燕亦速焉。"許珩按云:

> 燕容有饗食之禮,須行之廟中,恐客館不當有此禮也。

① 許珩:《周禮注疏獻疑》卷一,第11頁。
② 《周禮經注節鈔·叙例》:"是鈔前五官自喪禮外,不過節其冗繁,以便舉業。"
③ 許珩:《周禮注疏獻疑》卷二,第10頁。括弧中"陰禮"二字疑漏。

又"逐送"條,鄭玄注稱:"君拜以送客"。許珩則按云:

> 諸侯于聘,卿大夫無迎禮,則亦無送禮。況客未拜禮賜,豈能預爲之送,以促其行。所謂送者,即介送君。云遂者,君不入門,備三賓之禮耳。①

前者就燕禮舉行之地與鄉禮不同,自是不得等同視之。後者就聘禮之儀式,説明鄭玄稱此爲卿大夫送客之儀式,實與禮儀不合,其説自有未臻恰當之處。

4. 考正鄭《注》賈《疏》之誤

許珩《周禮注疏節鈔》,對於鄭注、賈疏之未合於經旨者,未多辨駁,《獻疑》則强烈質疑鄭《注》賈《疏》説,如《夏官》"正牲體"一條,鄭玄釋"正"爲"登",賈《疏》申論其説,許珩則引《特牲饋食禮》,以證"正"爲全牲之意,故稱:"康成與登字同釋,愚不敢信也。"至如《夏官》"王殷國"一條,許珩備引賈《疏》之後按云:

> 即如賈説,王有故不巡狩。既有故不巡狩矣,而又至他國何爲? 愚不知其所據也。②

《周禮注疏獻疑》主要是駁正鄭《注》賈《疏》説而作,唯許珩力求通釋,故雖有力辨其非之處,然語尚寬緩,多做增補之説,故其自稱"經明而鄭學顯,則余又鄭君之功臣也"。江藩則贊其爲"鄭、賈之諍友"。

四、結　語

許珩爲乾嘉盛世之揚州諸生,其治學先後受到阮元、江藩的深刻影響。特《周禮》之名物制度,江藩序稱其就訓詁節文而論鄭賈説,然就其書而論,則重在設官分職之關連性,據此以明瞭其執掌,亦可就前後相關官職,而得

① 許珩:《周禮注疏獻疑》卷六,第15、16頁。

② 《周禮注疏獻疑》卷五,第36頁。

見其兼用情況，頗有助於《周禮》之研析，對於周代制度之理解亦頗有裨益。

《周禮經注節鈔》及《周禮注疏獻疑》二書另有一重要特色，即在於兼容會通，如其釋“揚州其澤藪”，則稱鄭玄注有“澤無水”、“藪後澤”及“水希曰藪”三說，許珩於此非責難其注疏之歧異，徒生紛擾，而“三義皆可通，非不相蒙也”，顯見其推求詳盡，周延解釋之作法，此對其後揚州的學術風貌，應有啓發作用。

重新認識劉熙載

——紀念劉熙載誕辰 200 周年

徐林祥 *

今年是晚清揚州學者劉熙載誕辰 200 周年。長期以來,人們對劉熙載的主導思想是儒、還是道、或是佛,一直有爭議;對他的政治態度,一般都認爲是屬於那個時代的封建守舊派;對他的學術貢獻,大多只知其《藝概》,稱之爲文學家或文藝理論家;至於他的教育實踐,則更鮮爲人知。筆者以爲:有必要重讀劉熙載,重新認識劉熙載,重新評價劉熙載。

一、劉熙載的主導思想

關於劉熙載的主導思想,從上世紀 40 年代至今,許多學者都持道家説或佛家説。其代表性的觀點有:"假若對他的思想加以定性分析的話,那基調却是老莊,加上佛"①。"道家老莊哲學對他影響很深"②。"劉熙載的文藝美學思想深受佛門思維理念的影響浸潤"③。

確實,劉熙載自幼年起在接受儒家思想薰陶的同時,受到過佛老學説的浸染。他的《昨非集》中就有一些反映佛老思想影響的詩文。劉熙載的父親劉松齡是一位地方上頗有聲望的隱君子;少年劉熙載十歲喪父,數歲復喪母,煢煢靡所依;青年劉熙載曾師從興化文正書院山長查咸勤讀佛經;中年

---

* 徐林祥,揚州大學文學院教授。

① 李長之:《劉熙載的生平及其思想》,《青年界》1946 年 4 月。

② 李德仁:《劉熙載美學思想與道家思想》,《山西大學學報》1989 年第 1 期。

③ 詹志和:《好借禪機悟"文訣":佛學對劉熙載文藝美學觀的影響浸潤》,《文學評論》2006 年第 1 期。

劉熙載雖中進士並入選爲翰林院庶吉士，又授翰林院編修，但一直憂鬱不得志，其生活窘迫，曾僑居長春禪寺，甚至請假客山東、河北、山西，授徒自給。這些人生經歷對他的思想和創作也都有一定的影響。

然而，如果我們閱讀劉熙載的全部作品，考察劉熙載受佛老思想影響詩文産生的背景，就不難發現，這些詩文多作於他中年宦游階段，所記亦多爲此前之事，如《查芙波先生借梵書》、《夢受丹經》等。晚年劉熙載，在經歷了英法聯軍入侵和太平天國戰亂，以及廣東學政由赴任到離職，特别是赴上海任龍門書院山長以後，則完全是一位"粹然儒者"的形象。

劉熙載非常强調學者"要識得經文本旨分曉"，"多讀先正"、"以窮經爲主"①。即使是在其談文論藝的時候，也處處突出六經的作用，表現出明顯的宗經思想。其《藝概・文概》開篇即言："六經，文之範圍也。聖人之旨，於經觀其大備。其深博無涯涘，乃《文心雕龍》所謂'百家騰躍，終入環内'者也。"②以他論韓愈詩文爲例。他在論韓愈文時説："論文或專尚指歸，或專尚氣格，皆未免著於一偏。《舊唐書・韓愈傳》：'經、誥之指歸，遷、雄之氣格'二語，推韓之意以爲言，可謂觀其備矣。"③在他看來，六經爲一切文章之首，統攝著所有類型的文章；論文須從思想内容與風格形式兩方面入手，而思想内容方面僅拈出"經、誥之指歸"便足矣，也即以六經爲標準。他在評韓愈詩時也説："詩文一源。昌黎詩有正有奇，正者即所謂'約六經之旨而成文'，奇者即所謂'時有感激怨懟奇怪之辭'。"④在六經當中，劉熙載尤其推崇《周易》中的《易傳》。他認爲："制義推明經義，近於傳體，傳莫先於《易》之《十翼》。"⑤"以《易》道論詩文"⑥是劉熙載談文論藝的基本特點⑦。

劉熙載主講上海龍門書院期間，曾將他的教學筆記編定爲《持志塾言》。

① 劉熙載：《藝概・經義概》，《劉熙載集》，上海：華東師範大學出版社，1993年，第193—194頁。

② 劉熙載：《藝概・文概》，《劉熙載集》，第51頁。

③ 劉熙載：《藝概・文概》，《劉熙載集》，第67頁。

④ 劉熙載：《藝概・詩概》，《劉熙載集》，第99頁。

⑤ 劉熙載：《藝概・經義概》，《劉熙載集》，第193頁。

⑥ 劉熙載：《游藝約言》，《劉熙載集》，第577頁。

⑦ 徐林祥：《論〈周易〉哲學對劉熙載美學思想的影響》，《西北師院學報》1987年第3期。

其《叙》云："孟子始言持志。志之賴於持也久矣。持之義不一端，大要維持之欲其正也，操持之欲其久也。持之之方，亦不一端，大要善其志之所以養也，慎其志之所以發也。每念古人之學，無不以此爲兢兢，而即可准此以見吾人之失，故余之教於塾也，嘗以'持志'二字額其齋焉。塾中講貫，自聖賢經義以及先儒格言，固皆曰有課程矣。其有不及舉古人之辭，但自言之，以取易明者，則隨時筆而存之，蓋以便學者之復習也。"《持志塾言》全書分上下兩卷，以"格物致知"、"明心見性"爲綱，格言式地闡示立志、爲學、潔身修行以至立事處世等方面的經驗教訓、目標要求、方法途徑。其所論述，既宗程、朱，兼取陸、王，一以慎獨主敬爲重。劉熙載自稱："其爲學與教人，以遷善改過爲歸，而不斤斤爲先儒争辨門户。"①《清史稿・儒林傳・劉熙載傳》記其嘗戒學者曰："才出於學，器出於養。"又曰："學必盡人道而已。士人所處無論窮達，當以正人心、維世道爲己任，不可自待菲薄。"②

晚年劉熙載在談到佛老對自己的影響時説："余之少也，學不知道。雖從事於六經，然頗好周秦間諸子，又汎濫諸僊釋書，並騷人辭客之悲愁放曠、惜衰暮、感羈旅者，亦未嘗不寓目焉。故當時所作，指趣多所出入，且有儌然自得而不知其非者，豈非沈溺之甚也哉！四十後乃始悔之。"③又説："憶余自始學以來，知聖賢之道不易明，欲從他道參驗之。至如陰陽、道、釋之言，苟有明之者，必竭誠以問，不憚再三焉。"④其作品集取名"昨非"，即出自陶淵明《歸去來兮辭》"覺今是而昨非"。其同鄉李詳在《融齋類稿四旬集叙》中也稱其四十以後："頗有悔少年立言，微露亢厲，又多以禪悦爲味，慮爲世所詬病，大加芟薙，盡摧其牙距而後已。"⑤

劉熙載在赴上海龍門書院前即與陳廣德、倭仁、郭嵩燾、胡林翼、莫友芝、丁果臣、林昌彝、陳澧、鄒伯奇等人交游，到上海龍門書院後，又與應寶時、莫友芝、齊學裘、吴大廷、俞樾、方宗誠、張文虎、曾國藩、蕭穆、涂宗瀛、馮焌光、嚴芝楣、蒯光典、范當世等人交往。劉熙載的思想傾向，亦可從時人的

① 劉熙載：《昨非集》卷二《寤崖子傳》，《劉熙載集》，第 485 頁。

② 趙爾巽等：《清史稿》，北京：中華書局，1977 年，第 13158 頁。

③ 劉熙載：《昨非集・序》，《劉熙載集》，第 429 頁。

④ 劉熙載：《昨非集》卷二《釋師》，《劉熙載集》，第 466 頁。

⑤ 李詳：《融齋類稿四旬集叙》，《李審言文集》，南京：江蘇古籍出版社，1989 年，第 894 頁。

評論中見出。胡林翼《胡文忠公遺集》卷三十七《敬舉賢才,力圖補救疏》稱劉熙載“貞介絶俗,學冠時人”①。陳澧《東塾集》卷三《送劉學使序》稱:“先生之醇德清風,人盡知之。先生之碩學,則知者寡矣。若其意趣,高出於一世,遠儕於古人,則知者益寡,有相與愕眙焉耳。學政一官,世人所豔羨也。先生爲之未滿任,告病而歸。蓋世之人皆好進,而先生獨好退,不知美官厚禄之可羨,而惟知讀書,此古之君子,而澧以得見爲幸者也。每一相見,論九流諸子之學,談聲音度數之藝,與澧有同好焉,信可樂也。”②方宗誠《柏堂集外編》卷九《答劉融齋中允》云:“承示《持志塾言》,篤實精切,氣象極似胡仁仲、胡敬齋諸先生,具見用心。”③又方宗誠《柏堂集餘編》卷四《滬上觀摩册跋》云:“融齋性篤行恭,恪守宋儒之學。”④蕭穆《敬孚類稿》卷十二《劉融齋中允别傳》中稱之“潔身修行與有宋諸儒言行相爲表裏”⑤。陳廣德跋劉熙載《昨非集》云:“文以質有其内爲難,此蓋存乎養之所至,弗可强焉。余與融齋劉子交逾四十年,其人粹然儒者,文亦如之。”《清史稿・儒林傳・劉熙載傳》稱其:“自少至老,未嘗作一妄語。表裏渾然,夷險一節。主講上海龍門書院十四年,以正學教弟子,有胡安定風。”

筆者以爲,晚清學者劉熙載,對道、釋感興趣,對其進行研究,乃至在一些作品,主要是在他早年、中年的詩文中表現出道、釋的影響,都是很正常的;然而,就劉熙載一生的主要思想傾向而言,占主導地位的仍是儒家思想,特别是他晚年在上海龍門書院的著述和教學實踐,更多地表現出儒家“聖賢之道”的影響。

二、劉熙載的政治態度

關於劉熙載的政治態度,長期以來,受“左”的思想影響,論者大多給其貼上“封建”、“守舊”、“抱殘守闕”的標籤。其代表性的觀點有:“劉熙載從思

① 胡林翼:《胡文忠公遺集》,武漢:湖北崇文書局,清光緒元年(1875)刻本。

② 陳澧:《陳澧集》,上海:上海古籍出版社,2008年,第107頁。

③ 方宗誠:《柏堂集》,《清代詩文集彙編》第672册,上海:上海古籍出版社,2010年,第767頁。

④ 方宗誠:《柏堂集》,第591頁。

⑤ 蕭穆《敬孚類稿》,合肥:黄山書社,1992年,第337頁。

想到行動完全站在抱殘守闕的封建主義營壘内部。因此,他的著作在政治思想方面,没有多少積極可取的因素,他的文藝思想也不例外”①。“和當時即將興起的新潮,又顯出了多麽大的時代差距”,“屬於那個時代的守舊派”②。“劉熙載屬於儒家正統國粹派,思想比較保守”,“他在政治上謹小慎微,閉口不談時政,對當時現實的社會矛盾和階級鬥争一概沉默不語”③。

但是,如果我們對劉熙載一生的所作所爲作一番梳理,就不難發現,受近代社會變革的影響,在晚年劉熙載身上占主導地位的不是儒家“封建”、“保守”、“抱殘守闕”的一面,而是儒家學者與道、釋消極遁世觀相異趣的積極的入世觀、致用務實的精神和修己安人的社會理想。

這種思想傾向,在他的《持志塾言》和《古桐書屋劄記》中表現得非常强烈。他反復强調:“有益生人之用,方可爲才。”④“道須有益於生人之用,乃與自私自利者有别。昌黎《原道》大旨,括於一‘公’字。儒家既見得佛老不公,豈可復自蹈之?”⑤“體不立則用不行,而非用要無以見體。”⑥“人外無道,道要在人上盡;事外無理,理要在事上盡。”⑦“夜行者以火照路,照路衹爲行路起見。學或務知不務行,與照路而不行何異?”⑧“學者徒慕聖人之名,必至侈著述而略躬行。”⑨“讀書貴有實用。”⑩“學以躬行爲本,躬行以慎獨爲本。”⑪“知百而不能行,不如知一而能行。”⑫

這種思想傾向,甚至可從他談文論藝的著作中窺見。比如:光緒年間士人上書言政慣以漢代賈誼、南宋陳亮爲標榜,而劉熙載筆下對賈誼、陳亮二

① 敏澤:《劉熙載及其〈藝概〉》,《形象·意象·情感》,石家莊:河北教育出版社,1987年,第188—189頁。

② 趙敏俐:《十九世紀末古典文學研究態勢的歷史回顧》,《江海學刊》1996年第1期。

③ 薛正興:《劉熙載文集·前言》,南京:江蘇古籍出版社,2000年。

④ 劉熙載:《持志塾言·才器》,《劉熙載集》,第27頁。

⑤ 劉熙載:《持志塾言·致用》,《劉熙載集》,第31頁。

⑥ 劉熙載:《持志塾言·致用》,《劉熙載集》,第28頁。

⑦⑧ 劉熙載:《持志塾言·力行》,《劉熙載集》,第21頁。

⑨ 劉熙載:《持志塾言·爲學》,《劉熙載集》,第10頁。

⑩⑪ 劉熙載:《古桐書屋劄記》,《劉熙載集》,第546頁。

⑫ 劉熙載:《古桐書屋劄記》,《劉熙載集》,第547頁。

人評價均佳,尤其以“有先秦遺意”[①]的評語稱道賈誼的文章。他說:“賈生謀慮之文,非策士所能道;經制之文,非經生所能道。漢臣後起者,得其一支一節,皆足以建議朝廷,擅名當世。然孰若其籠罩群有而精之哉!”[②]又說:“陳同甫文箴砭時弊,指畫形勢,自非絀於用者之比。如《四上孝宗皇帝書》及《中興五論》之類,是也。特其意思揮霍,氣象張大,若使身任其事,恐不能耐煩持久。”[③]再如:劉熙載充分肯定士人言論著述中的個人獨立意識,所謂“周秦間諸子之文,雖純駁不同,皆有個自家在内。後世爲文者,於彼於此,左顧右盼,以求當衆人之意,宜亦諸子所深恥與”[④]。又如他對士人“出處之道”的闡釋:“志於隱,志於仕,皆不可謂之立志。蓋此乃志於境,非志於道也。君子之志,惟欲隨在盡所當盡而已。”[⑤]表達了一種士者無論“出處”,“隨在盡所當盡”,即爲“志道”的見解。

劉熙載《寤崖子傳》曾自稱“於古人志趣,尤契陶淵明”。對此,有必要稍作分析。蕭統《陶淵明集序》説:“有疑陶淵明之詩,篇篇有酒,吾觀其意不在酒,亦寄酒爲跡也。”[⑥]朱熹《晦菴詩説》亦指出:“陶淵明詩人皆説平淡,據某看,他自豪放,但豪放得來不覺耳。其露出本相者,是《咏荆軻》一篇。平淡底人如何説得這樣言語來。”[⑦]筆者以爲:陶淵明並没有真正超然,劉熙載心契陶淵明,也没有真正的超然。如同劉熙載評論李白時所指出:“太白與少陵同一志在經世,而太白詩中多出世語者,有爲言之也。屈子《遠游》曰:‘悲時俗之迫厄兮,願輕舉而遠游。’使疑太白誠欲出世,亦將疑屈子誠欲輕舉耶!”[⑧]

劉熙載詩云:“世人在俗慕得僊,得僊還被俗慮牽。”[⑨]事實上,劉熙載始終爲“俗慮”所牽挂,始終以遷善改過、匡時救弊爲己任。其《答陳茂亭二首》

---

① 劉熙載:《藝概·文概》,《劉熙載集》,第61頁。

②④ 劉熙載:《藝概·文概》,《劉熙載集》,第58頁。

③ 劉熙載:《藝概·文概》,《劉熙載集》,第78頁。

⑤ 劉熙載:《持志塾言·立志》,《劉熙載集》,第4頁。

⑥ 逯欽立校注:《陶淵明集》,北京:中華書局,1979年,第10頁。

⑦ 朱熹:《晦菴詩話》,黎靖德編:《朱子語類》,北京:中華書局,1994年,第3325頁。

⑧ 劉熙載:《藝概·詩概》,《劉熙載集》,第96頁。

⑨ 劉熙載:《昨非集》卷三《飲酒答人問僊》,《劉熙載集》,第497頁。

詩云:“古人詩咏志,後乃競瓌奇。但識《風》《騷》義,無非忠孝賢。《商歌》齊相奮,《梁甫》漢臣悲。遺烈今猶仰,空言爾肯爲!”①正因此,他“平居嘗以‘志士不忘在溝壑’、‘遁世不見知而不愠’二語自勵”②。他曾説:“學㕛盡人道而已。”③他把治學與盡人道結合起來,努力做到學以致用,這是與一些封建士大夫中的狂客與腐儒迥然不同的。正如他的《李杜》詩云:“太白豈狂客,少陵非腐儒。腐狂援自托,論世爲長吁。”④他認爲狂客和腐儒,僅是李白、杜甫自托而已,實際上他們是感歎時事、經世致用的人。這不僅是爲李杜辨白,同時也是劉熙載本人的心靈寫照。

劉熙載説:“學以躬行爲本。”⑤又説:“人無時無地不在行之中。”⑥劉熙載不僅自己身體力行:“視廣東學,一介不苟取。諸生試卷,無善否畢讀之同。或曰:‘次藝可無閲。’君曰:‘不觀其全,而謂吾已得之,欺人乎?自欺也。’試畢,進諸生而訓之。作《懲忿》、《窒欲》、《遷善》、《改過》四箴以示之。其主講龍門歷十四年,與諸生講習,終日不倦。每五日必一一問其所讀何書,所學何事,講去其非而趨於是。丙夜或周視齋舍,察諸生在否。其嚴密如此。”⑦而且,他還教育弟子説:“爲學不專在讀書倫常之地,日用行習之間,事事准情酌理而行,便是真實學問”;“爲學當求有益於身,爲人當求有益於世。在家則有益於家,在鄉則有益於鄉,在邑則有益於邑,在天下則有益於天下。斯乃爲不虚此生,不虚所學。不能如此,即讀書畢世,著作等身,則無益也。”⑧他要求弟子以所學淬勵各人的道德,進而由一己的修身推之於治國平天下之事。

值得注意的是,劉熙載主講龍門書院期間,與洋務派官員如郭嵩燾、應寶時、馮竹儒、李勉林等人有著密切的聯繫。《郭嵩燾日記》即有1876年出國前

① 劉熙載:《昨非集》卷三,《劉熙載集》,第501頁。

② 趙爾巽等:《清史稿·儒林傳·劉熙載傳》,第13158頁。

③ 俞樾:《左春坊左中允劉君墓碑》,見《春在堂全集》雜文四編三。

④ 劉熙載:《昨非集》卷三,《劉熙載集》,第506頁。

⑤ 劉熙載:《古桐書屋劄記》,《劉熙載集》,第546頁。

⑥ 劉熙載:《持志塾言·力行》,《劉熙載集》,第20頁。

⑦ 俞樾:《左春坊左中允劉君墓碑》,見《春在堂全集》雜文四編三。

⑧ 胡傳:《鈍夫年譜》,見《胡適文集》第1册,北京:北京大學出版社,1998年,第474頁。

在上海"見竹儒及劉融齋前輩"、1879年回國後"詣劉融齋暢談"等記載①。劉熙載甚至還親自撰寫了一些鼓吹實學、推行洋務的時文。筆者收藏的薛福成編《新政應試必要初編》即收有劉熙載的《機器開礦不用人力策》一文。同時收入該書的還有張文虎的《格致釋器總論》、羅澤南的《工欲善其事必先利其器論》、曾國藩的《中國宜設船塢論》、彭玉麟的《論中國易於富强》、張之洞的《中國宜仿新學説》、傅雲龍的《西洋諸國導民生財説》、鄭觀應的《開平煤礦事略》、黄鈞宰的《中國建造船塢以何地最善論》、李提摩太的《中國鐵道議》等。

三、劉熙載的學術貢獻

據《辭海》介紹:"劉熙載(1813—1881),清文學家。字伯簡,號融齋,晚號寤崖子,江蘇興化人。道光進士,官至左春坊左中允,廣東學政。後主講上海龍門書院。撰有《藝概》。也能詩詞,有《昨非集》。"②

平心而論,劉熙載作爲文學家是得到學人認可的。其《藝概》是繼劉勰《文心雕龍》之後,又一部通論各種文體的傑作。該書通過"舉此以概乎彼,舉少以概乎多"的方法,用十分簡練的語言,分别論述了古典詩、詞、曲、賦、散文,以及書法等的歷史流變、創作理論和鑒賞方法,提出了不少啓人心智的真知灼見。該書問世後即受到好評。謝章鋌《賭棋山莊集·詞話續編》卷三:"余於滬讀書肆,得興化劉融齋(熙載)所著《藝概》,後晤同年吴桐雲(大廷)觀察,爲言融齋掌教書院,善於談藝,蓋窮年積學之士,惜匆匆歸來,未及見也,《藝概》自詩、文及經義皆言及,中有《詞曲概》,雖或爲古人所已言者,抑言之而或有可商者(如謂晚唐、五代爲變調,元遺山集兩宋之大成,予皆不能無疑),而精審處不少,不可廢也。"③譚獻《復堂日記》己卯年(1879)記:"閱劉融齋《藝概》七卷。樸至深遠,得未曾有。"丁亥年(1887)記:"讀劉融齋先生《藝概》、陳蘭甫先生《東塾讀書記》,如飲醍醐。"光緒二十一年(1895)十月記:"得蕭敬夫上海書,寄劉融齋先生《持志塾言》、《藝概》至。云《塾言》,劉氏口口意之書。亟讀終卷,言言純實,與《繹志》、《讀書記》詳要互證,承學

① 郭嵩燾:《郭嵩燾日記》第3卷,長沙:湖南人民出版社,1982年,第64—65、824頁。

② 辭海編輯委員會編:《辭海》,上海:上海辭書出版社,1979年,第3531頁。

③ 謝章鋌:《賭棋山莊集》,清光緒十年(1884)刻本。

之津梁也。"光緒二十七年正月記:"兩日温《藝概》。劉先生言一字一珠,不獨四方導師,亦千載導師也。"①馮煦《蒿菴論詞》卷四:"興化劉氏熙載所著《藝概》,於詞多洞微之言。"②沈曾植《海日樓劄叢》卷七"劉融齋論詞精當"條云:"止菴而後,論詞精當,莫若融齋,涉覽既多,會心特遠,非情深意超者,固不能契其淵旨。而得宋人詞心處,融齋較止菴真際尤多。"③陳廷焯《白雨齋詞話》卷六:"近時興化劉熙載論詞,頗有合處,尚不染板橋餘習。"④江順貽《詞學集成》卷五:"劉熙載《詞概》論各家詞,多中肯綮。"⑤王賡綸《珠光室詩話》卷五也稱劉熙載《藝概》:"論詩論文者融合古今,獨有卓識。"⑥王國維《人間詞話》多處引用劉熙載《藝概》,並大加讚賞。如:稱道劉熙載評周邦彦、史祖達"周旨蕩而史意貪"之語"令人解頤"⑦。又如轉述劉熙載論南北宋詞風之區别時引劉熙載語"北宋詞用密亦疏、用隱亦亮、用沈亦快、用細亦闊、用精亦渾。南宋只是掉轉過來"。"可知此事自有公論"⑧。《藝概》廣爲流傳更是確立了劉熙載在中國文藝理論批評史上不可動摇的地位。

就文藝理論批評而言,劉熙載還著有《游藝約言》。"游藝"取義於孔子"志於道,據於德,依于仁,游於藝"。其内容與《藝概》相類,以劄記形式,談文論藝,主要論詩文、書法。此外,還有在《持志塾言》等書中的相關論述。當今時代,任何一個從事西方文學理論或浪漫主義文學或文論研究的學者大概都不會不知道艾布拉姆斯這個名字,尤其是他的經典性著作《鏡與燈:浪漫主義文論及批評傳統》⑨,這本書自 1953 年出版以來就被翻譯成多種

① 譚獻:《復堂日記》,清抄本。

② 馮煦:《蒿菴論詞》,北京:人民文學出版社,1959 年,第 60 頁。

③ 沈曾植:《海日樓劄叢》,北京:中華書局,1962 年,第 290 頁。

④ 陳廷焯:《白雨齋詞話》,北京:人民文學出版社,1959 年,第 177 頁。

⑤ 江順貽:《詞學集成》,《續修四庫全書》第 1735 册,上海:上海古籍出版社,2002 年。

⑥ 王賡綸:《珠光室詩話》,油印本,1962 年。轉引自蔣寅《清詩話考》,北京:中華書局,2005 年,第 688 頁。

⑦ 王國維:《人間詞話》,傅傑、鄔國義主編:《王國維全集》第一卷,杭州:浙江教育出版社,2010 年,第 475 頁。

⑧ 王國維:《人間詞話手稿》,傅傑、鄔國義主編:《王國維全集》第一卷,第 508—509 頁。

⑨ [美]艾布拉姆斯:《鏡與燈:浪漫主義文論及批評傳統》,酈稚牛等譯,北京:北京大學出版社,2004 年。

文字在全世界範圍内不斷地重印,廣爲東西方學者們所引用和討論。艾布拉姆斯把兩個常見而相對的用來形容心靈的隱喻放到了一起:一個把心靈比做外界事物的反映者——鏡,另一個則把心靈比做發光體——燈。前者概括了從柏拉圖到 18 世紀的主要思維特徵;後者則代表了浪漫主義關於詩人心靈的主導觀念。遺憾的是:許多從事文藝學研究的人却不知道劉熙載 1867 完成的《持志塾言》説過這樣的話:"鏡能照外而不能照内,能照有形而不能照無形,能照目前、現在,而不能照萬里之外、億載之後。乃知以鏡喻聖人之用心,殊未之盡。"①"人之本心喻以鏡,不如喻以日,日能長養萬物,鏡但能照而已。用異,則體可知矣。"②比較艾布拉姆斯的"燈喻説"與劉熙載的"日喻説":燈與日作爲發光體,二者是相同的。但是,燈只能照一時,日却能照古今;燈只能照一隅,日却能照萬里之外;燈只能發出光亮,日却能長養萬物;燈只能依靠外來能源,總有熄滅的時候,日却能生生不息,發出恒久的光輝。概言之,"燈"只是被用來照明的,它與被照之物是二分的;"日"雖然也有照明的功能,但更爲重要的是它與被照之物同爲宇宙的組成部分。劉熙載認爲:"賦家之心,其小無内,其大無垠。"③如果説,劉熙載是在物我兩化中整體觀照宇宙的話,那麽,艾布拉姆斯則在主客二分中審視著宇宙。這便是"日喻説"比"燈喻説"更高明之處。

然而,劉熙載的學術貢獻還不止於此。劉熙載研究的領域涉及經學、文藝學、文章學、語言學、教育學,甚至數學、天文學等方面。劉熙載晚年在上海龍門書院講學期間,整理教學隨筆成《持志塾言》上下卷,總結治學心得成《藝概》六卷、《四音定切》四卷、《説文雙聲》上下卷、《説文疊韻》四卷,删定文稿詩作成《昨非集》四卷,自同治六年(1867)至光緒五年(1879)先後刊行,並匯刻爲《古桐書屋六種》(《劉熙載六種》)。遺書有《古桐書屋劄記》、《游藝約言》、《制義書存》,劉熙載去世後,由其子及其弟子結集爲《古桐書屋續刻三種》,於光緒十三年(1887)刊行。其中《藝概》與《游藝約言》屬於文藝理論著作;《四音定切》、《説文雙聲》與《説文疊韻》屬於語言學著作;《持志塾言》與《古桐書屋劄記》屬於教學筆記;《昨非集》與《制義書存》屬於詩文創作。劉

① 劉熙載:《持志塾言·致用》,《劉熙載集》,第 30 頁,

② 劉熙載:《持志塾言·心性》,《劉熙載集》,第 43 頁。

③ 劉熙載:《藝概·賦概》,《劉熙載集》,第 127 頁。

熙載還著有數學論文《天元正負歌並序》，見於《昨非集》卷二；天文學論文《星野辨》(《民國續修興化縣志》卷十四著録)，《〈春秋朔閏日食考〉序》(宋慶雲著《春秋朔閏日食考》，同治十二年刻本，南京圖書館藏)等。

劉熙載嘗戒學者曰："真博必約，真約必博。"[①]其弟子沈祥龍《樂志簃文録》卷四《左春坊左中允劉先生行狀》説："先生所著書，曰《持志塾言》，皆平日所心得書以訓及門者。曰《藝概》，分文、詩、賦、詞曲、書、經義六門，而評論其源流體制法度，意多創獲。曰《昨非集》，則所撰《寤崖子》及古文詩詞也。先生之友陳君廣德謂博涉借喻，理實以精，氣和以直，非爲己慎獨者不能爲。又悟切音法，惟欸意烏於能統一切字音。欲知字音開口、齊齒、合口、撮口四呼之别，必以此四音試之乃定，因著《四音定切》四卷。又謂許氏《説文》雖未有雙聲疊韻之名，然就'江'、'河'二字言，'江'、'工'雙聲，'河'、'可'疊韻，由此以推知雙聲疊韻即具於古人制字之初，因著《説文雙聲》二卷、《説文疊韻》三卷，皆刊以行世。"[②]其好友俞樾《春在堂全集》雜文四編三《左春坊左中允劉君墓碑》云："自六經、子、史外，凡天文、算術、字學、韻學及僊釋家言，靡不通曉，而尤以躬行爲重。"[③]錢基博《現代中國文學史》稱："同光間，一時稱大師者三人，曰興化劉熙載融齋、番禺陳澧蘭甫及王闓運。"[④]張舜徽在《清代揚州學記》中曾將揚州學派的特點概括爲"通"[⑤]，並指出："揚州學者們總的治學方向，是走上'通博'一途。但是他們的'博'之中，還有各人的'約'。"[⑥]作爲揚州學派故鄉走出的學者，劉熙載深受乾嘉揚州學人的影響，也表現出既"通(博)"且"約"的特點。

四、劉熙載的教育實踐

劉熙載畢生事業主要在治學與教學兩個方面，兩者相輔相成，身兼學者與導師。其早年求學階段與晚年講學階段固然如此，即使是其中年宦游階

① 趙爾巽等：《清史稿・儒林傳・劉熙載傳》，第 13158 頁。

② 沈祥龍：《樂志簃文録》，清光緒二十六年(1900)刻本。

③ 俞樾：《春在堂全書》，光緒十五年(1889)刻本。

④ 錢基博：《現代中國文學史》，長沙：嶽麓書社，1986 年，第 69 頁。

⑤ 張舜徽：《清代揚州學記》，揚州：廣陵書社，2004 年，第 2 頁。

⑥ 張舜徽：《清代揚州學記》，第 15 頁。

段,亦主要是從教。他晚年在《寤崖子傳》中寫道:"仕皆師儒之位,自其爲諸王師,爲太學師,與夫在鄉塾爲童子師,客游爲遠方士子師,出處不同,而視之未嘗不一也。"

同治六年(1867)初,劉熙載接受蘇松太兵備道應寶時(敏齋)聘請,來到中國開埠最早,也是中國近代化起步最早的城市——上海,出任龍門書院山長。"院中肄業諸生,定額三十人。每歲仲冬,例由觀察甄别其課程"①,"課以經史性理爲主,而輔以文辭,尤重躬行。人置行事日記、讀書日記各一册,每日填記,逢五、十日呈請院長評論,每月十三日院課"②,"每午,師生會堂上,請益考課,寒暑無間。誦讀之外,終日不聞人聲。有私事乞假,必限以時,莫敢逾期不歸。劉先生主講最久,士論尤協。途遇學徒,望而知爲院中人也"③。劉熙載弟子姚文枏稱其"主講龍門書院歷十四年,嚴課程,勤講貫,以身爲教"④。直至光緒六年(1880)七月劉熙載病重,由江南製造局小火輪船拖帶劉熙載所乘之船回故里興化。

創辦於同治中興時期的龍門書院,其主辦者希望通過恢復"經義"與"治事"傳統,造就"明體達用"的人才。"凡肄業者,必先從事於《小學》、《近思録》,以正其志趨,後及群籍,以備考索。故凡經史諸書悉購置焉。又書《朱子白鹿洞規》於堂,俾日見之,以資警省。月課性理、策論,期有合於胡安定經義、治事立齋之意。故不以舉業、詩賦列入課程。有志之士自亦不欲以遇合之心,奪其學問之實也。……從來學者,必先品行,次及文學。學術事功,原委有序。此在諸生,當早懔之。况地屬瀕海,中外雜處,聞見易紛,砥柱中流,尤須正學。諸生誠能邃其學力,養其德器,以上答國家興賢育才之意,將於斯世必有濟焉。"⑤以 1868 年入學試題爲例:首題"涵養吾一論",次題"擬答日本長崎島來書",詩題"沙船歎,不拘體韻"⑥。可見,龍門書院從初創之時就與舊式書院迥然有别:舊時書院强調的是舉業、詩賦、遇合之心、金榜題名、光宗耀祖;而龍門書院强調的却是正其志趣、遍及群籍、學問之實、國家

① 王韜:《瀛壖雜志》,臺北:廣文書局,1969 年,第 53 頁。
② 《(同治)上海縣志》卷九,清同治十年(1871)刻本。
③ 柴萼:《梵天廬叢録》卷十七,上海:中華書局,民國十五年(1926)刊本。
④ 《(民國)上海縣續志》卷十八,民國七年(1918)刊本。
⑤ 應寶時:《龍門書院記》,《(同治)上海縣志》卷九。
⑥ 胡傳:《鈍夫年譜》,《胡適文集》第 1 册,1998 年,第 467 頁。

安危、黎民福祉。

這裏有必要介紹一下上海龍門書院的獨特的日記教學法。筆者在上海圖書館古籍部查得劉熙載龍門書院弟子陳宗彝撰有龍門書院手稿共48册。其中：同治戊辰(1868)仲春望日始記《龍門書院日記》2册，同治戊辰年(1868)閏四月初一至光緒六年(1880)六月初八日記《龍門書院讀書日記》21册、《龍門書院行事日記》22册，另有《龍門書院日程》2册、《制義文》1册。陳宗彝的手稿恰好與劉熙載主講龍門書院的時間重合，是爲劉熙載與龍門書院研究的重要文獻。《龍門書院讀書日記》每頁天頭均印有如下紅字："讀書先要會疑，又要自得。張子曰：'於不疑處有疑，方是進。'又曰：'心中有所開，即便劄記，不思，則還塞之矣。'"《龍門書院行事日記》每頁天頭均印有如下紅字："行事當敬以勝怠，義以勝欲。敬怠、義欲須於舉動時默自省察。所行必求可行，不可記者即知必不可行，記必以實。司馬文正言：'誠自不妄語始。'"《龍門書院日程》每頁天頭均印有如下紅字："敬怠，要合身心内外自省，先在持之以莊。義欲，要在念慮上加察，先在一其心志，力去妄念。功課，貴在整飭，不得間斷，當以有恒有漸爲方。"《龍門書院日程》每頁除"月"、"日"外，有"晨起"、"午前"、"午後"、"燈下"四節，分"敬"、"怠"、"義"、"欲"、"功課"五項，左側書有"其敬義二項，須於身心舉動之間，時時以怠欲自檢，逐時標記"，"右課程格式，諸生每日按候填寫，務以不欺爲主，忠信之要"。上海圖書館古籍部同時還收藏有劉熙載龍門書院弟子宗廷輔同治七年(1868)撰《龍門書院讀書日記》2册、《龍門書院行事日記》1册手稿。此外，南京圖書館古籍部收藏有劉熙載龍門書院弟子沈祥龍《樂志簃筆記》四册(光緒辛丑春録雲間沈氏刻本)，内有《吾園日記》上、下二卷。其序云："祥龍師事興化劉先生十四年，讀書吾園(龍門書院園名)。先生諄諄垂教，命按日劄記，而承指示，久之積成數巨册。今春先生歸道山矣，提攜誘掖，從此無人，追憶往訓，曾未遵聞，行知能無愧悔？爰取曩日所記，擇其什之一二，録分兩卷。自今以往，苟力勉焉，而自踐其言以期稍寡尤悔，庶不負先生之教乎？不然，能言不能行，恐終爲小人之歸耳！光緒七年仲冬之月。"同鄉李詳稱劉熙載"已中風矣，猶閲諸生日記"①。

① 李詳：《劉融齋中允》，《李審言文集》下卷，南京：江蘇古籍出版社，1989年，第894頁。

龍門書院要求諸生日記的做法在當時就産生了一定的社會影響,上海廣方言館即借鑒了龍門書院這一做法。據《廣方言館全案》載:同治九年(1870)三月初三日《總辦機器製造局鄭馮上督撫憲稟》所附《計呈酌擬廣方言館課程十條》,"考核日記"即爲其中之一。該課程要求"兹擬照龍門書院課程,設立課書行事日記二本,諸生按日登記,於課文之後三日,送交先生考核"①。劉熙載龍門書院弟子胡傳之子、現代著名學者胡適對此評論道:"父親對這位了不起的劉山長的教學方式也有所記載。他説所有在書院中受課的學生,每人每日都得寫一份'日程'和一份'日記'。前者記載爲學的進度;後者是記學者的心得和疑慮。爲這種'日程'和'日記'的記述,該院都有特别印好的格式,按規格來加以記録。這些'日記'和'日程'父親均保留下來。其中有趣而值得一提的,便是這印刷品的卷端都印有紅字的宋儒朱熹和張載等人的語録。其中一份張載的語録便是:'爲學要不疑處有疑,才是進步!'這是個完全中國文明傳統之内的書院精神。"②

龍門書院爲近代中國培養了一批經世致用的人才,其中有政治家袁昶、教育家張焕綸、地理學家胡傳、史學家葛士濬、外交家姚文棟、社會活動家李平書、文學家沈祥龍、數學家劉彝程等。他們以救國爲主旨,身體力行,成爲同光時期社會的精英人物,推動了中國早期現代化的進程,其影響一直延續至民國初年③。龍門弟子成才的原因無疑是多方面的,其報國的途徑同樣是多種多樣的,使筆者感興趣的是:他們的人生經歷中都帶有龍門書院的烙印。劉熙載的漢宋兼治、言傳身教造就了他們以宋學明心見性、砥礪氣節爲根底,以漢學實事求是、縝密考證爲入手的功夫,使他們既有深沉的愛國情懷,又有扎實的學術根基。融齋龍門弟子正是在劉熙載這位"品學純粹,以身爲教"的儒家學者經世致用思想的教導下,從"英才濟濟"的龍門書院走向社會的。"名師益友砥礪期許,不敢相負!"④李平書在晚年回憶龍門書院時説的這句話,道出了融齋龍門弟子的共同心聲。正因此,他們對劉熙載與龍

① 《廣方言館全案》,上海:上海古籍出版社,1989年,第121頁。

② 胡適口述,唐德剛譯注:《胡適口述自傳》,桂林:廣西師範大學出版社,2005年,第23—24頁。

③ 徐林祥:《融齋龍門弟子與中國早期現代化》,《史林》2006年第5期。

④ 李平書:《李平書七十自叙》,上海:上海古籍出版社,1989年,第13頁。

門書院懷有特殊的感情。袁昶稱:"生平服膺興化劉融齋先生,終身不衰。"[①]胡傳每次到上海都要到龍門書院拜訪老師,其宗祠楹聯亦請劉師撰寫[②]。劉師患病,回籍養疴,其弟子"送至江干,皆依依不能舍,同學有送至興化者。蓋劉師道德入人之深,其感化有莫知其所以然者焉";"得劉師噩耗,同學設位於後廊,素服哭臨,有失聲者,乃禀鮑師設栗主,朔望於朱子位前拈香畢,至劉師位前行禮"[③]。此後,"龍門諸弟子公建祠於松江郡城。郡守陳遹聲就祠旁建融齋書院,以志不忘"[④]。

作爲一代名師,劉熙載的爲人品格與他通變務實的思想、懷疑批判的精神、不存門户之見的氣度等等,不僅影響了他的學生,甚至是學生的子孫後代。他的學生胡傳及其子胡適即是一例。胡傳的爲人爲學深受劉熙載的影響。胡傳稱:"先生(劉熙載)教人學程朱之學,以窮理致知、躬行實踐爲主,兼及諸子百家,各取其所長,毋輕訾其所短,不許存門户畛域之見。"[⑤]胡適也稱:"由於業師劉熙載先生的教誨,我父親受程朱理學的影響也很大,所以他毫不猶豫地對大清帝國内當時所流行的宗教,予以嚴肅的懷疑與批判。"[⑥]唐德剛甚至認爲:"劉熙載嘗戒學者曰:'真博必約,真約必博。'這也就是胡適所謂'爲學當如金字塔'之意。胡氏治學對我國傳統治學精神的承繼,可説深入骨髓;西學對他的影響,有時反而是很表面的。"劉熙載要求弟子學宋儒"爲學要不疑處有疑,才是進步!"這正是胡適之治學終生奉爲圭臬的格言[⑦]。

劉熙載以其在龍門書院的教育實踐應和了中國近代經世致用的時代思潮。他主張的"人外無道,道要在人上盡,事外無理,理要在事上盡",既包括了踐履篤行以求德性,也含有不應空談學理,而須以事盡理,溝通修身與治事爲一體的意思。由此出發,構成了劉熙載對於經世致用的新思潮的理解

① 吴士監:《袁忠節公遺劄·跋》,民國三十七年影印本。

② 胡傳:《鈍夫年譜》,《胡適文集》第1册,第488頁。

③ 李平書:《李平書七十自叙》,第16頁。

④ 《(民國)續修興化縣志·劉熙載傳》,《中國地方志集成·江蘇府縣志輯》第48册,南京:江蘇古籍出版社,1991年。

⑤ 胡傳:《鈍夫年譜》,見《胡適文集》第1册,第468頁。

⑥ 胡適口述,唐德剛譯注:《胡適口述自傳》,第26頁。

⑦ 胡適口述,唐德剛譯注:《胡適口述自傳》,第31頁。

和積極宣導,加上劉熙載本人的躬行實踐,對於當時渴望求學以經世的士子們形成强烈的吸引力和感染力。曾國藩評論龍門書院時説:“不獨滬上浮靡之風爲之一變,即遐邇志士,亦當聞而興起。”①因士子欲入龍門書院而名額有限,以致 1872 年上海道台沈秉成仿龍門書院設立詁經精舍。當時的《申報》評論説:“滬城書院固不一,而自龍門以外,率以制藝爲宗,間及詩賦,無有以經史切磋者。又地爲通商巨埠,五方輻輳,士多寄籍,於是即欲肄業龍門,而額隘殊難容衆。是以今觀察沈公,有詁經精舍之建……其課士不尚詩文,專講經史。……惟此六經三史之精,實經濟文章所自出,故以此嘉惠士林耳。”②稍後王韜在《格致書院課藝·戊子卷》序言中也稱讚:“龍門、求志各書院課士無不以實學”。據《(民國)上海縣續志·風俗志序》記載:“同治中葉,大亂初平,當道注意教育,主講席者,皆當代碩儒,士風丕變,咸知求有用之學,不沾沾於帖括。當時以廣方言館、龍門書院爲盛。”柳詒徵撰《江蘇書院志初稿》稱:“以砥學礪行得士稱盛者,曰龍門書院。”“龍門之山長,以劉熙載主講最久。其德學均爲學者所推服。”③劉熙載龍門弟子,與廣方言館學子一樣,或成爲中央、地方的能吏,或成爲推廣新學、興辦實業的先驅,代表了中華民族傳統文化中自覺變革圖强的求索精神,在實際推動中國早期現代化過程中,起到了突破堅冰、開闢航路的作用④。

筆者認爲:在晚清揚州學者劉熙載誕辰 200 周年的今天,有必要重讀劉熙載,重新認識劉熙載的主導思想、政治態度、學術貢獻和教育實踐,並在此基礎上重新評價劉熙載學術思想及其現代意義。

---

① 曾國藩:《復應寶時》,《曾國藩全集·書信》(9),長沙:嶽麓書社,1994 年,第 6476 頁。

② 《論滬新設詁經精舍》,《申報》,同治十二年二月十九日。

③ 趙所生、薛正興編:《中國歷代書院志》第 1 册,南京:江蘇教育出版社,1995 年,第 72—74 頁。

④ 徐林祥:《劉熙載及其文藝美學思想》,北京:社會科學文獻出版社,2010 年,第 32—33 頁。

試論劉師培家學傳統與揚州學派的關係

——由《江南鄉試墨卷》説起

郭院林*

一

劉師培在學術上是一個早慧的人，自幼勤奮，繼承家學，汲取前賢，从而获有“少年国学大师”之誉。1902 年鄉試墨卷可窺劉師培早期學殖修養與學術淵源。1902 年劉師培 19 歲，10 月於南京參加補行庚子、辛丑恩正並科江南鄉試，中得第十三名經魁。這次鄉試成爲科舉制度改革後策論的第一次實戰。早在 1898 年 4 月間康有爲向光緒皇帝進呈《請廢八股折、試帖楷法，試士改用策論折》，提出廢棄用八股文、試帖詩等試士之法而改試策論。但隨著“百日維新運動”的流産，其建議未見實行。1901 年清政府下達了廢除八股取士改試策論的上諭，1902 年真正實行，考試内容爲第一場試中國政治史事論五篇，第二場試各國政治藝學策五道，第三場試《四書》義二篇、五經義一篇①。劉師培墨卷文章爲：一《漢文帝減租除税而物力充羨，武帝算舟車、榷鹽鐵、置均輸而財用不足論》、二《元初遣速不臺、拔都等西征，其兵力之盛，直至斡羅息以西論》、三《中外刑律互有異同，自各口通商日繁，交涉應如何參酌損益，妥定章程，令收回治外法權策》、四《人之言曰：爲君難，

* 郭院林，揚州大學文學院教授。

① 商衍鎏：《清代科舉考試述録》，北京：三聯書店，1958 年，第 65 頁。

爲臣不易。如知爲君之難也，不幾乎一言而興邦乎》①。劉師培墨卷四文，分別對漢武帝經濟政策、元代用兵盛衰情況、當時中國領事裁判權以及《論語》中“爲君難，爲臣不易”意義進行論述，提出自己的看法。

在第一篇藝文中，劉師培首先從傳統的觀念提出“財聚民散，財散民聚”的説法，而後引申出“藏富於民，天下之公利也”的觀點。接著作者對秦漢以來多征寡取不足爲評判政策優劣的標準。然後切題，陳述“漢文帝十三年，減租除税而物力以充，武帝元狩四年置均輸官，算舟車緡錢；元鼎元年，榷鹽鐵，而財用不足”這一現象，擺出常人“皆以文帝爲能藏富於民，而武帝不能藏富於民”的觀點，並進行反駁，“非必以寡取於民爲仁政”。接下來就分析文帝薄賦輕徭的背景與必要性在於“承酷刑苦役之後”，“言治者以休養生息爲急”。而時勢變化，如果沿用文帝政策，“勢必至府庫空虚，司農竭蹶，而百務廢弛”。所以文帝後即有加征的建言與政策，到武帝時“欲息外患，勢不得不以强兵爲急，然欲謀强兵又不得不先籌富國”，故而“舟車之算，鹽鐵之榷，均輸之置，亦武帝不得已之策也”。那麽，武帝最大的問題在哪兒呢？劉師培認爲在於“窮奢”，包括侈游觀、行封禪、興巫蠱之獄、飾宫室。因此，“人君之言利，有利萬民、利一己之分，取於民而有益於民，雖多取之不爲暴；取於民而無益於民，雖寡取之不爲仁”。

誠如墨卷卷首批文所云，此文“徵引繁富，筆陣穩成”。文章能“抉發源流”，從古論今，“探原而入，眼高於頂，筆大如椽”，批駁已有觀點，自出機杼，戛戛獨造。

與前文掃盡陳言，以見識取長相比，第二篇藝文更以堅實深厚的知識作爲基礎。文章分析了蒙古西征的具體時間與綫路，“太祖之用兵，由南路進速不臺，曷思麥裏、哲别將之；太宗時之用兵，由北路進拔都貴，由蒙哥、速不臺將之”。對蒙古西征，作者眼界不僅在於蒙古部落本身發展，更從整個西方政治格局與實力比較出發予以分析，提出蒙古能够勝利西征在於“兼弱”、“招攜”、“審勢”三策，當時“正十字軍遠征之後，羅馬宗教從此衰微，猶太故

---

① 劉師培《江南鄉試墨卷》有刻本流傳，國家圖書館普通古籍閲覽室藏有劉氏家刻綫裝本。朱卷署名“魯源”，後未見用。該墨卷卷首有劉師培一支家族簡譜，上溯十九世祖，旁及堂從姻親，有利於清楚瞭解劉氏社會關係。萬仕國輯：《劉申叔遺書補遺》（揚州：廣陵書社，2008 年）收入。

基尚淪異域。希臘之内憂未弭，拉丁則國王無存，人民承苦役之餘，國運值戰争之後。故蒙古乘其隙，得以張兵力於西方"。西征之後，"聲教所及，可謂廣矣"，"數傳之後，内變旋生"，"千里版圖，分崩離析"。作者没有停留在政治史的盛衰得失的分析上，而是從文化的角度指出西征促進了東西文化的交流，對應開篇"蒙古之西征，亞人西漸之機也"，而"歐人東漸之端，實基於此"。

文章不僅以《元史》紀、傳相互印證，而且以《蒙古秘史》和西史證明，"西北輿地及元代行軍之處，博稽古史，證以西書，域外山川，宛然如繪"（衡鑒堂原批），從而成爲定論。作者"博通中外"，"能識歐亞古今來興衰氣象"（本房加批語），讓人感覺"萬卷羅胸，環球在目，以明快之筆，寫曲折之情，遂覺恣肆汪洋，鴻纖畢舉，非寒儉家所能夢見"（本房原薦批）。

如果説前二藝是就中國歷史進行論述而言，那麽第三藝則是就現實問題進行探討。前兩題相當於給材料論述，而此題更多需要自己提出具體措施——交涉應如何參酌損益，妥定章程，令收回治外法權？文章首引羅馬法律作爲依據，指出治外法權與羅馬法律相背。然後推原"治外法權之説，非始於上古也，亦非行於歐洲"，而起於突厥西侵之時。接著叙述外强在中國設立領事裁判制度的過程及其三個弊端："失國家之權"，"乖均勢之道"，"乖法律之平"。在此背景下，作者提出具體辦法："改定刑律"，"參酌西律"，"設法學學堂"，"廢苛嚴之法"，"除刑訊之文"，"澄清牢獄"。針對西人可能"以風俗宗教不同爲辭者"，作者以土耳其、日本的案例爲依據，加上西方公法，"各國人民之居他國，僅有公權無私權，則治外法權之事，不當施於中國也明矣"。

從文章可知，作者較爲瞭解中國與列强簽訂口岸條約的狀况，以及領事裁判權如何從《南京條約》、《天津條約》、《煙臺條約》逐步成爲現實。而且作者對中外法律的差異較爲熟悉，指出羅馬法與現行領事裁判權相悖，極爲有力。但是其措施僅僅一條，即參照西方法律，改進中國刑律而已。雖然和列强説理不可能有用，用改進法制這方法收回治外法權是癡人説夢，但法制改革的建議則不可謂不正確。

第四藝是傳統的《四書》義。劉師培首先破題："揆孔子之意，豈非以邦國之盛於爲人君者之裁理庶職哉？"然後發揮他的强項，推原其始，從《虞書·大禹謨》、《皋陶謨》義引出"國家之責分屬於君臣"，而後由周公言行得出爲君者懷“無輕民事”之心。然後分析孔子此言的背景與用意,“夫子引此語以告定公,殆欲矯當時魯君臣之失耳”。接著進一步推論,“孔子之説……亦萬世君臣之通義也”。通過歷史發展分析,劉師培認爲“君者因理民之事而設,而臣者亦因佐理民事而設者”。如果後世遵行孔子所云,“爲君者以艱難勉其臣,爲臣者以艱難戒其君,何至有君臣淫逸之譏,富貴驕人之舉哉?”

此文能“詳人所略”之處在於對君主確立的契約法則,“自民事日繁,國事日衆,民情惡勞而好佚,乃推一智而明者爲之主,使一國人民之事,悉集於君之一身”。這也就是説君爲民立,故而衡鑒堂原批:“重民權立論稍偏。”本房原薦批此文“援引民權君權之義,看書桶底落,行文翻水成,妙在不攔入東西洋時事,隻字單詞,一以渾融出之,斯爲雅稱”。文章不僅指出君要知難,而且臣子也要佐理民事,因爲孔子此話“殆所謂舉君以概臣耳”。看書如此,確可當得“切理厭心”(本房加批),“經義鴻深”(大主考户部右侍郎兼管錢法堂事物戴批)。

從上可以看出,劉師培早期學術修養深厚,不僅對傳統的經史了然於心,而且對當時的西學亦有涉獵,故而能在科舉中拔貢。

劉氏學人中,尚有劉顯曾光緒壬辰(1892 年)會試朱卷、劉師蒼光緒丁酉(1897 年)科鄉試拔貢卷流傳於後世①。而他們的朱卷藝文真實反映了清末科舉出題與士子的知識結構變化。劉顯曾是劉家憑科舉獲取功名最高的。據朱卷記載,劉顯曾光緒戊子(1888)鄉試中式第三十九名,覆試二等第六十一名;會試中式第六十三名,覆試二等第十一名;殿試二甲第八十三名,賜進士出身;朝考一等第三十六名,欽點主事簽分吏部。他是清末科舉的代表,與湯潛、張元濟、蔡元培、夏孫桐、朱家寶、王仁俊、郭曾淮、葉德輝、唐文治等同榜。雖然清朝已如日落西山,但科舉内容一仍往日,以制藝文和詩賦爲題。其會試朱卷共有三篇藝文,分别是《子曰:君子矜而不争,群而不黨。子曰:君子不以言舉人,不以人廢言》、《斯禮也,達乎諸侯、大夫及士庶人》、《井九百畝,其中爲公田,八家皆私百畝,同養公田》和《賦得柳拂旌旗露未乾》(得春字,五言八韻)。第一藝文題目出自《論語》,作者“以經訓詁題”,

① 顧廷龍編:《清代朱卷集成》第 389 册,臺北:成文出版社,1992 年,第 47—75 頁、第 359—365 頁。

開篇即提出"學與識,悉本經訓,持身接物均無偏矣",然後就對題目意義進行解釋,對關鍵字"矜"、"争"、"群"、"黨"進行訓詁,如"矜,訓爲矛柄,矛主擊刺;争,引也,從覆手爪,亦有奪攘義",然後又從反面論述"矜而争,客氣之用也;群而黨,鄉願之流也。言舉人,人廢言,則浮薄壞雅道"。整篇藝文就圍繞孔子的兩句話絞繞,顯得空泛、没有思想。第二篇藝文題目來源於《中庸》,作者就要解釋爲什麽周朝能對先祖以天子禮祭祀?首先對此句出現的背景進行分析,雖然周部落失官,"追王大、王季,上祀先公以天子之禮"並對此解釋"追自西伯受封,入爲大夫,出爲列侯,禮典亦漸著矣"。然後對"禮"進行解釋,提出"禮之著爲經者,未嘗不可達夫權也",强調禮的權變性。接著對"達"字進行訓詁:"達本從羊,羊有善稱,見禮之善美畢臻","達又從走,走有行訓,見禮之推行盡利",從而揭出題意:"武周所以本親親之意,用以各親其親,由斯禮以推暨之,所以大一統無外之規以成風俗之厚也。"第三篇藝文則"以疇人學輔經訓,以古文家作制義,規度時藝,通經馭變"(本房加批),全文對"井畝之數,所以私養公也"進行論述,特色在於熟悉算術。

劉顯曾三篇藝文最大特色就在於對題目進行疏解,"篤信鄭學,不紊家法"(本房原薦批)。考官對其文章也認爲"有根柢,有論斷,經生之文也"(本房原薦批),然而這個"經生"不是"經世致用"之人,而是"皓首窮經"之書蠹。制藝文脱離現實,没有思想,在故紙堆裹打轉,也就不足爲奇了。

相比而言,劉師蒼文章則顯示出科舉内容的新動向。其制藝文《所謂大臣者以道事君,不可則止》和《賦得風雲感會起屠釣》(得吟五言八韻)。制藝文首先破題,提出"大臣有事君之節,以道爲行止而已"的觀點,然後對大臣素質進行論述,"以守先待後之責任於吾身,而民彝物則之大原早由止善明誠而得","惟此樸忠悃款之身,用以綱維乎社稷"。像這樣堅持大臣獨立人格的言論,只有在改良風氣盛行之時才有可能出現。到劉師培民權與君權之論,則完全是新思潮的産物了。

劉氏學人三份考場朱卷反映了中國科舉艱難的改變,1902 年是中國科舉的關鍵年,江南鄉試題與劉師培制藝文從側面折射出當時知識分子的知識結構已有變化,開始面向世界,學習世界各國的先進文化。

二

劉氏家族四世傳經，但並不絶意仕進。四代人中，有八人中得貢生，在當時學界亦當引以爲美談，而劉師培鄉試中舉的年齡在諸人中又是最小的(見下表)。

劉氏學人鄉試情況①

姓　名	年齡	時間	考試情况
劉文淇(1789—1854)	25	1814	擢爲揚州歲試一等第一
	30	1819	拔取優貢生。此後十四次禮闈不售，1836年絶意進取。
劉毓崧(1818—1867)	20	1838	歲試一等二名，補廪善生。
	22	1840	科試第一，拔優貢生。此後十赴鄉闈不舉。
劉壽曾(1838—1882)	19	1857	以解經擢高第，補增廣生員
	26、38	1864、1876	兩中副榜。
劉貴曾(1854—1898)	12	1866	補增廣生員
	22、35	1876、1889	副貢生
劉富曾(1847—1928)	41	1888	江南鄉榜有名
	42	1889	會試挑取謄録，簽分國史館。
劉顯曾(1851—1928)	37	1888	鄉榜有名
	41	1892	會試中式第六十三名。殿試後成進士，以主事分吏部轉郎中
劉師蒼(1874—1902)	25	1897	選拔貢
劉師培(1884—1919)	16	1900	應府試，以詩文冠場。
	19	1902	第十三名經魁。

① 此表據郭院林:《清代儀徵劉氏〈左傳〉家學研究》(北京:中華書局，2008年)第一章《儀徵劉氏家學譜系》製成。

劉師培少年時期文思敏捷，早已傳爲佳話。據其外甥梅鶴孫記憶，1894年秋，劉師培十一歲，初習詩賦。其姐偶取庭前鳳僊花汁染指甲，劉師培在旁看見，也要其姐替他染。姐未允，但説如能作一首詩即可。劉師培在一個下午就做了六十幾首《鳳僊花》絶句，第二天又足成一百首。當時親友傳誦，稱爲神童。早年就讀書院，劉師培每月考均得十餘兩膏火（舊時書院給學生的津貼）。前夕得題，次晚即須交卷，若有兼人之勇，除自己名字外，最多再用他人名字作一兩本，也就吃力了。劉師培窮一日之力，如數完成，竟得正課十餘名，外有副課。正課得銀數兩，因此有錢得償購買黄金鏡架心願，此事戚友傳爲美談。也就在那個時候，劉師培已經熟練掌握製作藝文之法，以往書院月考每次題目有制藝、詩文、算學、詞賦各種①。另據其堂弟劉師穎稱："當夫志學之歲，篤嗜《左氏春秋》，研經而外並及子史。其答客難也，嘗證穆王西征之事；其應射策，歷舉苗岡種族之事，出語驚其長老，記問冠於朋從。"②射策是選士的一種以經術爲内容的考試方法，主試者提出問題，書之於策，覆置案頭，受試人拈取其一，叫作"射"；按所射的策上的題目作答。這也就説明劉師培在15歲時就精熟場屋文章。1900年7月，17歲的劉師培補縣學生員，應府試，以詩文冠場。冒廣生（字鶴亭）閲其卷子並録取之。據冒氏回憶："予中鄉榜，劉申叔尚在小考。揚州府試，知府沈筆香延予閲卷，得申叔考卷，字如花蚊脚，忽斷忽續，醜細不成書，但詩文冠場。如此卷不放府案首，決不能得秀才。予乃將其八股詩賦，密圈到底，竟壓府案。詩題《咏揚州古跡》七律四首，其咏花木蘭院一首有警句云：'木蘭已老吾猶恨，笑指花枝空自疑。'尤爲俯仰感慨。是歲秋闈，連中鄉榜，申叔見予，尊爲知己。"③

劉師培少年時期被看做神童，善於著文，這與其勤奮分不開。劉師培幼惠，自小從母學，後從塾學，年十二既讀畢《四書》及《五經》。博學强記，出語恒驚長老④。另據劉師穎稱："兄賦質睿敏，兒時偶閲《書》疏，背誦一字不

---

① 據梅鶴孫遺稿：《劉師培的家學淵源及其生平雜記》，《揚州文史資料》第七集，第101頁。

② 劉師穎：《遺書跋》，《劉申叔遺書》，南京：江蘇古籍出版社，1997年，第2407頁。

③ 據冒懷蘇：《冒鶴亭先生年譜》，北京：學林出版社，1998年，第162頁。

④ 據蔡元培：《劉君申叔事略》，《劉申叔遺書》，第18頁。

遺。"[1]15 歲時,父親去世後,隨母學《毛詩》鄭箋、《爾雅》、《説文解字》諸書。十行俱下,經目不忘。未冠即耽思著述,服膺漢學,以紹述先業,昌揚揚州學派自任[2]。除基本經典外,劉師培還讀《荀子》、《佚周書》,旁考近儒之説,間有撰述,日後仿孫詒讓《周書斠補》而作《佚周書補釋》[3],仿俞樾《古書疑義舉例》的"約舉其例,以治群書"治學方法而撰寫《古書疑義舉例補》[4],讀章學誠《文史通義》,立志賡續,爲日後作《國學發微》打下基礎[5]。喜讀周秦典籍,對於學派源流留心關注,立志著述《周末學術史》,日後撰成《周末學術史序》十七篇[6]。讀《東華録》、《揚州十日記》、劉寶楠《勝朝殉揚録》、黄宗羲《明夷待訪録》以及王夫之等人的書,由於書中反滿情緒影響,形成傳統種族意識。據其自述,20 歲之前撰《揚民却虜録》、《讀船山叢書劄記》等著作,表達自己對華夷關係的看法[7]。

從鄉試墨卷看,劉師培對《史記》、《元史》等非常熟悉,史學基礎扎實。一方面或許劉氏家族自有應考的技巧,另一方面又與其家學不可分離。劉氏家族雖以經學名家,但在史學方面亦有傳統。劉文淇著述大抵考訂經史及闡幽之文爲多,史學方面究心司馬光《資治通鑑》,鉤稽正史地理之沿革,水道之變遷,尤所諳悉。據《史記秦楚之際月表》,知項羽曾都江都;核其時勢,推見割據之跡,作《楚漢諸侯疆域志》三卷。據《左傳》、《吴越春秋》、《水經注》諸書,知唐宋以前揚州地勢南高北下,較分運河形勢不同,作《揚州水道記》四卷[8]。劉毓崧旁通經史諸子百家之書,著有《史乘通義》四卷,校勘

---

① 據劉師穎:《遺書跋》,《劉申叔遺書》,第 2407 頁。

② 據尹炎武:《劉師培外傳》,《劉申叔遺書》卷首。

③ 據劉師培:《佚周書補釋序》,《劉申叔遺書》,第 1206 頁。

④ 據劉師培《古書疑義舉例補》序言:"幼讀德清俞氏書,至《古書疑義舉例》歎爲絶作。"收入《劉申叔遺書》及 1956 年中華書局《〈古書疑義舉例〉五種》。

⑤ 據劉師培:《國學發微序》:"予少讀章氏書,思有賡續。"《劉申叔遺書》,第 477 頁。

⑥ 據劉師培:《周末學術史序》總序:"予束髮受書,喜讀周秦典籍,於學派源流,反復論次,擬著一書,顔曰《周末學術史》。"《劉申叔遺書》,第 504 頁。

⑦ 光漢:《甲辰年自述詩》,《警鐘日報》1904 年 9 月 10 日。

⑧ 劉文淇生平材料依據:丁晏:《候選訓導劉君墓誌銘》;劉寶楠:《清故優貢生候選儒學訓導劉君墓表》;[日]小澤文四郎:《儀徵劉孟瞻(文淇)先生年譜》,《近代中國史料叢刊》第八十一輯,臺北:文海出版社,1972 年。

宋元《鎮江府志》、《舊唐書》、《輿地紀勝》等書。劉壽曾有《南史校義集評》，嘗總修《江都縣志》，分纂《江寧府志》、《上元、江寧縣志》。劉貴曾著有《春秋曆譜》傳世。劉富曾曾爲編訂《宋會要初編》二百九十一卷，續編七十五卷。又曾爲南陵徐積餘先生延纂《南陵縣志》，編輯山川人物，指畫區引，推爲名作。己丑科會試挑取謄録，簽分國史館①。劉師蒼藝無不精，尤熟《元秘史》，有著作《國語注補輯》、《元代帝王世系表》，於歷代西域地圖，瞭若指掌②。劉師慎少治《元史》，尤精西北地理。推治邊徼古今沿革，披圖按史，無不該綜。劉師培經常與他通信討論《元史》。日後劉師培寫成《重刊洪氏元史西北地理附録釋地序》(收入《左盦外集》)、《元史西北地附録補釋》二卷即受其影響③。

除家庭環境外，整個社會風氣對劉師培也有極大影響。當此之時，西學輸入急劇增長，"以 1902 年到 1904 年爲例，三年共譯文學、歷史、哲學、經濟、法學等社會科學書籍 327 種，占總數 61%"④。揚州地近上海，學術文化素來發達，而且有接納外來人才和風氣開放的傳統，故而西學思想容易輸入。劉師培墨卷中多處引證"西史"，對西歐政治格局了然於胸："當此之時，歐東小國，棋布星羅，處黑海之北者爲撒吉喇，處黑海以東者爲端可薩斯，處額濟勒河之旁者爲不里阿耳，處里海之西南者爲瓦夕的毛夕里，與欽察康里之勢，若輔車之相依。蒙古知其然也，或餌之以利，或迫之以威，使小弱諸邦悉爲屬國。"(第二篇藝文)，同時對羅馬法律熟悉，對中外法律進行對比，以及引用"西人之論公法者"觀點，對於土耳其和日本國取消領事裁判權的論述(第三篇藝文)，都可見出劉師培對西學的瞭解。不僅如此，劉師培還接受了西方學術思想。墨卷中關於"取於民而有益於民，雖多取之不爲暴"的思想(第一篇藝文)與亞當斯密的《原富》思想相近，而第四文中民權君權的論述，則是盧梭《民約論》的繼承。1903 年 10 月，劉師培續黄梨洲《明夷待訪録》、盧梭《民約論》作《中國民約精義》。該書宣傳天賦人權，破除君權神授

① 梅鶴孫遺稿：《劉師培的家學淵源及其生平雜記》，《揚州文史資料》第七輯，第 96 頁。

② 袁鑣：《劉張侯傳》，閔爾昌等：《碑傳集補》卷五十二，錢儀吉等編：《清代碑傳全集》，上海：上海古籍出版社，1987 年，第 1570—1571 頁。

③ 劉師培：《仲兄許仲先生行狀》，《劉申叔遺書》，第 1836 頁。

④ 熊月之：《西學東漸與晚清社會》，上海：上海人民出版社，1994 年，第 14 頁。

思想；提出人民是國家主體的口號，批判君爲臣綱；主張以法立國，反對人治；要求實現民主共和，廢除君權。而這些思想在場屋藝文已經初現端倪。劉氏接觸西學與引用西學，則從此藝文可見①。

三

劉氏家学传统为当时学界首肯，晚清学者汪士鐸說：

> 國家以文德化成海内，百年來尤重經術。江淮間推儀徵劉氏，自孟瞻先生以經學純德，師表儒術，余同年伯山繼之，其良子恭甫又繼之，三世通經精博，學者企若吴門惠氏。②

馮煦說：

> 儀徵劉氏，自孟瞻先生以經術顯海内，三世相承……百餘年淮揚間一作手也。嗚呼，經術之系世運深矣。士不通經，不足爲治，得之則昌，失之則亡。……夫乾、嘉、道間，一盛世也。淮揚治經之家，並劉氏而起者，有高郵王氏、寶應劉氏、朱氏、淮安潘氏、丁氏，而尤以王與劉爲最，父子祖孫儼若師友，一書之成，敝數世精力而爲之。何其休也。③

李詳《通義堂文集序》說：

> 吾郡學術之正盛於乾隆中葉，先有任、顧、賈、汪、王、劉之學，後即有焦、阮、鍾、李、江、黄之學，再後則有淩、劉之學。劉氏……爲吾揚學術之大殿。其前於劉氏者得之而愈彰焉。劉自孟瞻先生《清溪舊屋集》

① 李帆以爲“劉師培第一篇涉及西學的文章應爲《小學發微》”，不確。參閱李帆：《劉師培與中西學術》，北京：北京師範大學出版社，2003 年，第 67 頁。

② 汪士鐸：《劉恭甫墓誌銘》，繆荃蓀《續碑傳集》卷七十五，錢儀吉等編：《清代碑傳全集》，上海：上海古籍出版社，1987 年，第 1197 頁。

③ 馮煦：《傳雅堂文集序》，劉壽曾《劉壽曾集》，臺北：“中央研究院”中國文哲研究所籌備處，2001 年，第 1 頁。

出，精蘊内斂，若弓之受擻，田之有畔，謹守師法者宗之。[1]

提及儀徵劉氏，學界多以其能世代相傳，共治一經而讚歎不絶，常與吴門惠氏三傳，揚州二王、甚或嘉定九錢相比。儀徵劉氏四世親歷揚州學派盛衰，與不同時段揚州學人交接頻繁，治學方法基本相通。儀徵劉氏以治經顯揚海内，文淇、毓崧、壽曾祖孫三世，名留史籍。師培與章太炎並駕齊驅，時稱“二叔”（劉申叔、章枚叔），論政論學，多驚人之語。劉氏據守《左傳》之學，實爲一大奇觀。劉氏家學以古文經學爲根基，但秉承了揚州學派實事求是、融會貫通的精神，信古文而不廢今文，偏漢學而不廢宋學，這個兼收並蓄的特點，使其視野更加寬闊，再加上皖派扎實的考據功底，學術研究自然精進。劉氏以《左傳》研究爲一根本目標，圍繞這一目標，在天文、曆法、典制、地理等各方面都廣泛涉歷，特别是對小學、三禮、曆法的研究，是其真正的家學傳統。

劉文淇（1789—1854），字孟瞻，號竹嶼[2]，江蘇儀徵人，生於揚州。八歲出外就學，努力不輟[3]。孝養承志，能得歡心。少年家貧，舅氏淩曉樓愛其穎悟，親自教之。經包世臣推薦，入梅花書院，從洪梧學習[4]。十八歲開始設帳教授，此後一邊教書，一邊學習應考。十九歲受知於莫晉，1814年擢爲揚州歲試一等第一，補廩膳生。嘉慶己卯（1819）科與劉寶楠拔取優貢生，有“二劉”之譽。

劉毓崧（1818—1867），字伯山，號松崖，文淇子。1818年二月二十三日出生。束髮受學，不好戲弄。八九歲時，閲《資治通鑑》，習其句讀。父執驚畏，目爲奇童。得汪小城奇賞，並將女兒許配給劉毓崧[5]。年十二師事劉寶楠，以史論見賞於劉寶楠，有“年甫一周，才堪八斗”之譽。年十七見丁晏《毛

---

① 李詳：《李審言文集》，南京：江蘇古籍出版社，1989年，第892頁。

② 此號其他傳記未見，據劉師培：《江南鄉試墨卷》（光緒壬寅並行庚子辛丑恩正科）補。

③ 劉文淇：《先府君行略》、《先母淩孺人行略》，《劉文淇集》，臺北：“中央研究院”中國文哲研究所，2007年，第245、246頁。

④ 包世臣：《清故國子監生淩君墓表》，《藝舟雙楫》第二册，上海：商務印書館，1935年，第13頁。

⑤ 劉壽曾：《先妣汪太宜人行述》，《劉壽曾集》，第111頁。

詩》、《三禮》釋注，即簽商數事，丁晏激賞之。自是學問日進，名譽大起。1836年府試，太守劉鑒泉以爲時藝有根柢，取列第一。隨後爲仁和龔季思取入縣學。1838年以經解受知於壽陽祁相國，拔置第一。歲試一等二名，補廩膳生。

劉壽曾（1838—1882），字恭甫，號芝雲。1838年生於揚州，以曾祖錫瑜公九十大壽，知府李方赤爲其取名“壽曾”①。六歲入學，母親汪氏督學甚嚴②。受經於江都沈戟門先生，髫年作長短句，立意深遠，得沈氏嘉許。及成童學爲古文詞，深得丁晏讚賞，並贈詩：“大雅掄材傳賦筆，小同通德振儒門。”丁巳（1857）歲試，以《小海唱賦》受知於臨川李小湖，取入縣學。覆試彤管，賦序尤邀賞許，科試以解經擢高第，補增廣生員。肄業於鍾山、惜陰書院，先後受知於烏程周縵雲、全椒薛慰農、瑞安孫蕖田先生。同治三年、光緒二年兩中副榜。時論稱屈，曾國藩尤爲惋惜。自此絶意進取，以編輯先著爲事③。兩江總督沈葆楨保奏，叙功以知縣用，加同知銜④。曾國藩總督兩江，開金陵書局，重壽曾學行，同治初延校經史，一時魁儒碩彦，咸禮交之。毓崧卒後，招壽曾入局中，所刊群籍，多爲校定。甲推乙挽，躋於雅才。嘗修《江都縣志》，分纂《江寧府志》等。居金陵飛霞閣十八年，坐卧一斗室，校讎文字，積勞成疾而死⑤。平生所友者：姜璜溪、唐端甫、秦伯虞、朱子期、陳雨生、甘建侯、何善伯、汪仲伊、繆袖岑、成漱泉、馮夢華、顧子明諸同舍⑥。生子師蒼。

尹炎武分析劉師培的學術成就與其原因道：

> 師培晚出，席三世傳經之業。門風之勝，與吴中三惠、九錢相望。而淵綜廣博，實籠有吴、皖兩派之長。著述之盛，並世所罕見也。綜其術業，説經則淵源家學，務徵古説。文淇考南北朝諸儒遺説，成《左傳舊疏考》，以證孔冲遠《左傳正義》所自出。師培則廣徵兩漢經師之遺説，

①② 劉壽曾：《先妣汪太宜人行述》，《劉壽曾集》，第112頁。

③ 劉恭冕：《劉君恭甫家傳》，錢儀吉等編：《清代碑傳全集》，第1197頁。

④ 劉壽曾詩《答袁季枚用東坡寒食雨韻》劉葆儒按語，《劉壽曾集》，第295頁。

⑤ 參閱汪士鐸：《清故副榜貢生候選知縣劉君墓誌銘》，錢儀吉等編：《清代碑傳全集》，第1197頁。

⑥ 李肇偁：《傳雅堂文集·詩》跋文三，《劉壽曾集》，第308頁。

成《禮經舊説考》以斠馬、鄭之異同。其斠正群書,則演高郵成法,由聲音以明文字之通假,按詞例以定文句之衍奪。而又廣搜群籍,徧發類書,以審其異同,而歸於至當。其爲文章,則宗阮文達文筆對之説,考型六代,而斷至初唐。雅好蔡中郎,兼嗜洪适《隸釋》、《隸續》所録漢人碑版之文,以篤厚古雅爲主。生平手不釋卷,而無書不覽。内典、《道藏》,旁及東西洋哲學,咸有造述。其爲學報,好以古書證新義,如六朝人所謂格義之流,内典與六藝九流相配擬也。①

劉師培的學術資源除了來源於家學外,另有母親傳授的外家之學。劉師培十五歲喪父,此後隨母學《毛詩》鄭《箋》、《爾雅》、《説文解字》諸書②。他的母親李汝蘐是當時江都小學家李祖望(字賓嵎)次女,通曉經史。據《江都縣志》記載,李祖望是梅植之的學生,嘗爲《説文統系表》,凡分四類:前表列伏羲至西漢諸儒,正表列許慎、許冲、尹珍,並六朝以來傳《説文》之學者,後表列吕忱、張有諸人,説許書而宗旨别者,附表列校刻説文之人。又撰《古韻旁證》十四卷、《唐石經箋異》九卷。可以説劉師培自小接受母親的教育,小學功底來源於此。南桂馨認爲:"其學術主張,終不越乎揚州。其校讎之學,固高郵也。其聲音之學,則本之黄春谷。高郵父子不言切韻,申叔頗主之。以春谷也。"③他校勘群書,學習高郵王念孫、王引之的方法,"由聲音以明文字之通假,按詞例以定文句之衍奪,而又廣搜群籍,遍發類書,以審其同異,而歸於至當"。他對諸子的態度則得益於鄉先賢汪中,易學思想來源於焦循④,義理學來源於戴震,民族思想則源於黄宗羲、王夫之。另外,錢玄同指出,劉師培"對於梁(啓超)、嚴(復)、夏(曾佑)、章(炳麟)、孫(詒讓)諸先生之作,皆曾博觀而受其影響"。史的觀念來源於章學誠、龔自珍、汪中以及劉毓崧、章太炎;經的義例觀念來源於家學以及淩曙、廖平;詩文的觀念來自劉

① 尹炎武:《劉師培外傳》,《劉申叔遺書》卷首,第17頁。

② 據劉師培:《先府君行略》,《劉申叔遺書》,第1261頁;尹炎武:《劉師培外傳》,《劉申叔遺書》卷首,第17頁。

③ 南桂馨:《劉申叔先生遺書序》,《劉申叔遺書》卷首,第33頁。

④ 参閲劉建臻:《焦循學術論略》第五章《學術影響》,北京:社會科學文獻出版社,2012年,第258—263頁。劉師培並不單取一家,而是取其所需,所以他與揚州學派的關係應該從更廣闊的視角進行研究。

壽曾繼承的揚州詩派和汪中、阮元的駢文觀,"其爲文章,則宗阮文達文筆對之説,考型六代而斷至唐初"。也就是説,他没有限定自己,而是以開放的態度接受一切有價值的思想與學術。劉師培提倡"通儒之學",他曾説:"僅通一經,確守家法者,小儒之學也;旁通諸經,兼取其長者,通儒之學也。"[①]劉所謂的"通",就是融會古今中西學術,不僅要折衷諸學,調和漢宋,而且還要溝通中西。

四

《文選》學的開創者曹憲、李善都是揚州人。阮元爲紀念他們而在家鄉建隋文選樓,表示對"選學"的推崇備至,這就又一次在揚州形成了一場風生水起的"選學"浪潮。《文選》的選文標準是"事出於沉思,義歸乎翰藻",這條標準後來成爲揚州學派對於文學的正統觀念。到晚近李詳的《選學濬言》、高步瀛《文選李注義疏》等名著,繼承了揚州文選学的優良傳統。由此可見,揚州學人在學術方面已經有了輝煌的地位,而且試圖在文學方面建立自己的一席之地。

劉師培的文學思想也繼承並發展了這一文學標準,進一步闡發了沉思翰藻的文學觀念,並以周密的理論建構使得這一文學思想更加系統化。上世紀三十年代錢基博評論劉師培的文學才能時説:"特其生平之譽,掩於問學。"[②]劉師培創作與論文都喜駢文。錢基博對劉師培的論述著重從經學傳統入手進行分析,對於其創作與文學主張多爲抄綴《文説》、《廣〈文言説〉》、《文筆詩筆詞筆考》而成,認爲劉氏能够"自成一家之言","師培雄麗可頌而浮於豔","步武齊、梁,實阮元之嗣乳";"論則考型六代,探源兩京"[③]。同時對於劉氏的文論源流簡單分析,認爲"小學爲文章之始基,以駢文實文體之正宗"本於阮元;"文章流别,同於諸子","詩賦根源,本於縱横"則出於章學誠。雖然簡略,但亦可啓發後人。

劉師培的摯友南桂馨對其駢文理念與學術關係曾作過闡述:

---

① 劉師培:《群經大義相通論》,《劉申叔遺書》,第 361 頁。

② 錢基博:《現代中國文學史》,長沙:嶽麓書社,1986 年,第 113 頁。

③ 錢基博:《現代中國文學史》,第 115 頁。

> 清三百年駢文，莫高於汪容甫，六朝文筆之辨，以阮文達最堅。昔周書昌、程魚門論定文章，稱桐城爲天下正宗。申叔承汪、阮風流，刻意駢儷。嘗語人曰："天下文章，在吾揚州耳。後世當自有公論，非吾私其鄉人也。"桂馨竊聞之，八家文統，沿及南宋、元、明，日趨滑熟。前後七子欲變之，未爲非也。然不知以駢變散，而乃以周、秦變韓、歐，夫欲爲周、秦之文，必先有周、秦之學。顧其時經術疏蕪已久，聲音訓詁，門徑茫然。吞剥矯揉，適成僞體。錢牧齋、黄太冲大笑悼之，乃復理八家緒言；顧亭林、朱錫鬯諸公，至不恥以元文相勉，誠惡萬曆以來之妄也。同時雲間、西泠宣導駢文，猶多俗格。文士所奉爲圭臬，仍在散，不在駢。駢文至常州，經儒風骨始邃。汪氏作而駢散之跡泯，阮氏起而文筆之界明，迨申叔崛興，則又視前此諸家有進焉。①

南氏分析了歷代文章與學術的關係，指出劉氏駢文理論來源於汪中、阮元、淩廷堪等鄉賢，認爲劉師培的文章與學術密切相關。

劉師培是"文選派"的繼承者，他繼承清代"文選派"大師阮元的《文言説》對"文"的解釋："孔子以用韻比偶之法，錯綜其言而自名曰'文'"②。阮元推崇孔子，但是主要立足於其對"文"的形式的解釋，也就是所謂的"文必有韻"與"文必尚偶"，而劉師培認可的也正是這一點。1905 年劉師培在《國粹學報》第 1 卷第 1—10 期陸續發表的《論文雜記》，系統闡發自己的文學主張。劉師培承繼儀徵文派阮元的觀點，力倡韻偶之文，强調以"藻飾"、"對偶"、"聲律"爲"文"之標準。在《廣阮氏文言説》、《文章源始》中，他從辯析文章之嬗變與文筆之異入手，對駢文的形成與發展作了深入分析。"是則文也者，乃經史諸子之外，别爲一體者也。……駢文一體，實爲文體正宗。"文近於經，語近於史。在《文説》中，劉師培也作了全面的闡述。在《耀采篇第四》中，他先從《易》中的"物相雜，故曰文"引出"一奇一偶謂之文"，指出"文也者，乃英華發外，秩然有章之謂也""惟偶語韻詞，體與文合"，同時，對駢文的形成過程作了進一步的闡述③。《文説・耀采》是一篇全面論述駢文的遷演

① 南桂馨：《劉申叔先生遺書序》，《劉申叔先生遺書》卷首，第 33 頁。

② 阮元：《揅經室集》，北京：中華書局，1993 年，第 606 页。

③ 劉師培：《文説》，《劉申叔遺書》，第 707 頁。

並爲駢文辯護的論文。劉師培认为只有經過修飾的有文采的語言才可稱之爲“文”,如“道之發現於外者爲文,事之條理秩然者爲文,而言詞之有緣飾者,亦莫不稱之爲文”,“夫文字之訓,既專屬於文章,則循名責實,惟韻語儷詞之作,稍與緣飾之訓相符”①。基於對“文”用韻藻飾的認識,他大力主張有韻偶行、尚藻飾的駢文爲“文類正宗”,將其作爲“美文”的最佳典範。

劉師培認爲“文”的本義是“修飾”、“審美”。他分別使用了援引儒家經典學説來證明和字義訓詁這兩種方法來解釋説明。首先,他在《中國中古文學史講義》的第一課《概論》中分別援引《易大傳》和《論語》的説法説明“文”的本質在於修飾美觀,造成一種“彙集衆彩,含物化光”的觀賞效果,然後又用許慎《説文解字》和劉熙《釋名》的説法,從訓詁學的角度説明了文學是要有華麗藻飾的。後來他更是在《講義》的第二課《文學辨體》中明確提出了“非偶詞儷語,弗足言文”的觀點。最後他得出結論,“文”字的本義爲“藻繢成章”,他認爲“彣彰”是“文章”的另一個寫法,“文”的本質在於有韻偶行以及沉思翰藻的辭采特徵。正是基於這種“美文”本質論觀念,劉師培認爲“文”的主要功能在於造成一種美的形象和觀賞價值,在《講義》中,劉師培開宗明義:“物成而麗,交錯發形;分動而明,剛柔判象;在物僉然,文亦猶之。”②他認爲任何文學都具有這樣審美的功能,而中國文學更是因爲其文字聲韻方面所具有的特點,可以造成偶儷和聲律之美,他借此推論出六朝文學是中國文學的正宗和成熟期,“沉思翰藻,今古斯同,美媲黄裳,六朝臻極”③。

劉師培推崇汪中這些揚州學派駢文家的創作傳承,他讚賞汪中駢文所體現的六朝駢文傳統,説他的創作深得傅亮、任昉的傳神三昧和隱秀之致。阮元的“文筆論” 更是直接地影響了劉師培的文學觀念,他在《講義》的第二課《文筆之辨》的一開頭就寫到“此篇以阮氏《文筆對》爲主,特所引群書,以類相從”④,阮元强調文必有韻、文必尚偶,偶詞韻語的文學才能稱作“文”,散行之體只能稱作“筆”。但是劉師培對此又有所發展,提出了“無韻而偶,

① 劉師培:《論文雜記》,《劉申叔遺書》,第 715 頁。

② 劉師培:《中國中古文學史講義》,上海:上海古籍出版社,2006 年,第 1 页。

③ 劉師培:《中國中古文學史講義》,第 2 页。

④ 劉師培:《中國中古文學史講義》,第 119 页。

亦得稱文"①的觀念。劉師培在《廣阮氏文言説》中旗幟鮮明地擁護阮氏的"文筆論",界定文學以"彣彰爲主"的獨特魅力;《論文雜記》考證箴、銘、碑、頌四種韻文文體的源流,印證"阮氏《文言説》所言,誠不誣也"。可見他的理論與阮元的理論有直接的繼承關係,像錢基博説的:"儀徵阮氏之文言學,得師培而門户益張,壁壘益固。"②

劉師培在《自述詩》中有"大厦將傾一木支,乾坤正氣賴扶持。試從國故稽文獻,異代精靈儻在兹"的句子③,它充盈著"用國粹激勵種性"的革命意識,顯然是希望使近代民族主義和民族精神從傳統文化中汲取動力以完成救亡圖存的歷史使命。

五

劉師培在《南北考證學不同論》一文中説:"戴氏弟子,舍金壇段氏外,以揚州爲最盛",再則説"揚州經學之盛,自蘇、常外東南郡邑,莫之與京焉",有時徽、揚並稱:"徽、揚之儒,功在知新,精於考核,以窮理爲歸。"④而且劉的家學淵源推算起來也是戴學的流衍,他的曾祖父劉孟瞻(文淇)先生"是江氏之三傳"。這些都能激發劉氏的學術責任和自豪感,常常以振興戴學自任,"故先生之學,惟揚州之儒得其傳,則發揮光大,固吾鄉學者之責也"⑤。揚州學派接武吴、皖,爲清代乾嘉學術重要流派,其學術成果遍及《周易》、《尚書》、《詩經》、《三禮》、《春秋三傳》、《四書》、《爾雅》諸方面。揚州學派得以形成並不斷發展,尤其與區域性的諸多因素直接相關⑥。乾嘉之際的寶應朱彬和劉台拱,高郵王念孫父子,儀徵阮元和劉文淇,江都焦循、黄承吉和汪中等大家集中出現,"選學"和"許學"爲核心的傳統學術榮譽,都使得揚州學人産生振興揚州學術的自覺。

---

① 劉師培:《中國中古文學史講義》,第 119 页,

② 錢基博:《現代中國文學史》,第 109 页。

③ 劉師培:《中國中古文學史講義》,第 3 页。

④ 《劉申叔先生遺書》,第 557 頁。

⑤ 《劉申叔先生遺書》,第 1823 頁。

⑥ 參見劉建臻:《清代揚州學派經學研究》第一章,南京:江蘇人民出版社,2004 年。

儀徵劉氏自文淇起以經學傳家，行爲世範，經求家法，對於義理多不涉及。他們不僅侍親恭敬，家庭和睦，而且對於鄉邑慈善事業盡力支持，對於節婦烈女加以宣揚；治經遵守家法，不敢越雷池一步，所以三代人兀兀窮年，欲圖恢復《左傳》舊注本來面目，其實對於是非價值却極少考慮。儀徵劉文淇《春秋左氏傳舊注疏證》，其書宗法高郵王氏，以聲音訓詁轉相證發，而又熟於史事典制，廣羅前人之説。故所得爲獨多。惜三世傳經，未及蕆事，稿至襄公五年而止①。劉師培在前人基礎上將遺稿進行整理，對其義例進行歸納，並且將夷夏觀念運用於民族革命宣傳，發掘《左傳》民主思想，從而成爲論學論政的驍將。劉師培不僅顛覆了滿清的政治指導思想，而且運用《春秋》夷夏觀念欲圖驅逐滿族，進行民族革命，進而宣揚無政府主義，提倡絶對平等的社會，雖然其中充滿幼稚的烏托邦思想，但他對未來的設想完全不以聖賢爲依據，而是以近現代民主觀念指導，從而開啓了現代學術與思想。也正是因爲他的努力，學林才銘記了儀徵劉氏；也正是由於他的家學特色，才使得他成爲揚州學派的殿軍。

劉師培的好友對其學術成就與學術特色進行了恰當的概括：

> 申叔之於經，主古文者也。及其流落西川，與廖季平、宋芸子往還，稍渝其夙昔意見。於今文師説，多寬假之詞。……劉孟瞻先生由是崛起，四傳益勁，以有申叔。申叔之古文也，以《左氏春秋》爲其家學也。若其兼綜今文，而假借廖氏，亦非盡由晚節轉移，蓋揚州學派固如此矣。……宗趣雖判，淵源則同。當是時，曹、盧執政，斥考據爲支離，士大夫多以今文相尚，漢説已稍陵遲矣。揚州諸師，實系天下樸學之一綫。主古文者有之，主今文者有之，風雨晦明，彼此推挹，各自成其述作，而家法井然不淆。初不謂有此，即可以無彼也，文達之教然也。申叔之力攻今文，在其講學蕪湖，倡革命於申江時。……晚節爲通融之言，則余所親聞者，而見諸平日文字者猶鮮……（章劉）其説經之相合也，非第以《左傳》也。蓋高郵王氏治經家法，兩先生所尚同矣。王氏家法，託於漢學耳。……申叔初年所主，與太炎悉同。晚亦未甚遷變。獨

① 徐復:《春秋左氏傳舊注疏證續》序，吴静安:《春秋左氏傳舊注疏證續》卷首，長春:東北師範大學出版社，2005 年。

其遍校古書,勤恁過於太炎。①

劉師培繼承家傳之《左傳》學,發揚揚州學派兼通的特色,以小學治經,會通經史,平分今古。雖然他没有完成《春秋左氏傳舊注疏證》,但他依據時代需要,闡發《左傳》中的民族民主思想,對於當時革命進程起了促進作用;在學術上,他對前人極少論及的《左傳》義理進行了探討,借鑒今文經學的研究成果與研究方法,使得《左傳》研究進入一個新的階段。他的論政論學都具有深厚的功底,成爲時代嘹亮的號角。

劉師培著述与时代关系密切,不仅能利用古籍为现实服务,而且能利用时代前沿理论,以西學明中學、以中學證西學,在一定程度上超越了前人。他的具有啓蒙意義的學術史學著作與政論標榜上了時代的光輝。劉師培他親手總結了乾嘉學風,開啓了現代學術的走向。由於淵源所自,劉師㕯著述与前人作品存在繼承關係。楊伯峻對學界誤以劉師培抄襲祖上成果的説法進行了辯駁:

> 我買了一部《劉申叔遺書》,其中有關《左傳》的文字不少,感覺到劉師培之爲人雖不可取,但《左傳》之熟,讀書之多,却使我十分羨慕,無怪乎章炳麟能捐棄前嫌,要營救他,説是爲中國留一讀書種子。建國後,劉文淇等三代所著《左傳舊注疏證》已由科學出版社出版,同時章行嚴世丈(士釗)在《文史》發表一篇關於《黄帝魂》的文章,其中説,他和劉申叔相交時,不見他很用功,他家屢世以習《左傳》有名,申叔的有關《左傳》文字可能是剿襲他父、祖輩以至曾祖的遺稿。我當時正細讀劉文淇的《疏證》,又細讀劉申叔有關《左傳》文章,認爲行嚴世丈的説法未必可信。劉申叔一則承受家學,二則天資聰敏過人,所以雖然只活三十六歲,便著作等身,而於《左傳》尤爲精熟,能發揮自己的獨見。我仔細比較《春秋左氏傳舊注疏證》和劉申叔的有關《左傳》文章,有把握地認爲,申叔的治《左傳》,超過他父輩、祖輩甚至劉文淇,他的文章不可能是剿

① 南桂馨:《劉申叔先生遺書序》。

襲而來的。我這意見也曾當面告訴章行嚴世丈。①

劉師培著述中確實有些説法與祖上相同,但多數注明歸屬,而且劉師培在前人分析基礎上進行綜合歸納。劉師培與其祖上著述的關係,可以章太炎與孫寶瑄的討論爲準則:

> 蒼雅之學,我國文字之根源也。本朝精治此學者,休寧之戴,高郵之王,諸家皆大有功,而近人多以破碎譏之。太炎爲之訟冤曰:"西方論理,要在剖析,使之破碎,而後能完具。金之出礦必雜沙,玉之在璞必銜石,煉研攻斫,必更數周而後爲黄流之勺,終蔡之圭。夫如是,則不先以破碎,必不能完具也。破碎而後完具,斯真完具也。"忘山居士曰:"太炎以新理學言舊學,精矣。予則謂破碎與完具,相爲用也。昔人多治破碎之學,今日多專治完具之學。完具不由破碎而來非真完具,破碎不進以完具,適成其爲破碎之學而已。"②

劉師培正是將自己的家學重新綜合歸納,這才使其發揚光大。

---

① 楊伯峻:《我和〈左傳〉》,參見張世林編:《學林春秋》,北京:中華書局,1998年,第192頁。又載《書品》1986年第1期。

② 孫寶瑄:《忘山廬日記》光緒二十八年八月六日,上海:上海古籍出版社,1983年,第560頁。

魯迅與揚州學派

韋明鏵*

揚州學派是清代活躍於揚州地域的一個考據學派，一般以汪中、焦循、阮元、王念孫、王引之等爲代表。它與徽派、吴派的不同，論者多謂吴派最專，徽派最精，而揚派最通。

魯迅是作家，同時也是學者。他雖然没有把清代揚州學者看成是一個學派，但對揚州學派主要成員如汪中、焦循、阮元、王念孫、王引之乃至淩廷堪、劉恭冕、劉師培等人，時有論及。或引其文，或論其人，給我們提供了如何評價揚州學派的獨特視角。

關於汪中、汪喜孫

汪中，字容甫，揚州人。徧讀經史百家，能詩工文，尤其精於史學。著有《述學》、《廣陵通典》、《容甫先生遺詩》等。其子汪喜孫，亦精於經學、史學。

魯迅買過汪中的《述學》，並在對於《射陽聚石門畫像》作説明時，述及汪中和汪喜孫。1912年9月24日魯迅《日記》云："午後同稻孫至留黎廠購《述學》二册，八角。"①同年10月26日又記云："夜修訂《述學》兩册，至一時方畢。"②按《述學》六卷，版本甚多，魯迅所購爲同治八年(1869)揚州書局重刻本。《述學》在經學、諸子、訓詁等方面都有獨到成就，前人評價很高。王念

* 韋明鏵，揚州市揚州文化研究所所長。

① 《魯迅全集》第14册，北京：人民文學出版社，1981年，第19頁。

② 《魯迅全集》第14册，第23頁。

孫《述學序》説:"讀《述學》内外篇,可謂卓爾不群矣。其有功經義者,則有若《釋三九》……其他考證之文,皆有依據,可以傳之將來。"李審言《江都汪氏叢書序》説,《述學》一書問世之後,"海内家户誦曉久矣"。魯迅購得此書後,又親手重新裝訂,亦可見其珍愛之意。

汪中父子出現在魯迅筆下,是在魯迅所撰的《〈射陽聚石門畫像〉説明》一文裏。《〈射陽聚石門畫像〉説明》是對該石刻畫像的説明,此畫像的主要内容是孔子見老子。據魯迅説,畫像上"有包世臣題額一列,七字,行書。並記二行,亦行書",其内容爲:"漢射陽聚石門畫像額　石門舊在寶應縣射陽故城,乾隆五十年,江都拔貢生汪中舁歸。道光十年夏,其子户部員外喜孫移至寶應學宫,涇包世臣、儀徵劉文淇、吴廷暘、涇包慎言、江都梅植之同觀。世臣記。"[①]由此我們得知,魯迅雖然没有正面評價汪中父子,至少汪中父子所珍愛的《射陽聚石門畫像》,魯迅也是非常喜歡的。

關於焦循、焦廷琥

焦循,字理堂,揚州人。在易學、諸子、曆算、戲曲等方面均有精深造詣,撰有《雕菰樓集》等。阮元稱其"一代通儒"。其子焦廷琥,能紹家學。

1922 年 8 月 14 日,魯迅在《致胡適》信中談《西游記》作者材料的新發現,其中提到焦循的《劇説》:"昨日偶在直隸官書局買《曲苑》一部(上海古書流通處石印),内有焦循《劇説》引《茶餘客話》説《西游記》作者事,亦與《山陽志遺》所記略同。從前曾見商務館排印之《茶餘客話》,不記有此一條,當是節本,其足本在《小方壺齋叢書》中,然而舍間無之。""《劇説》又云,'元人吴昌齡《西游》詞與俗所傳《西游記》小説小異',似乎元人本焦循曾見之。既云'小異',則大致當同,可推知射陽山人演義,多據舊説。"[②]按信中提到的《劇説》,是焦循的戲曲論著,共六卷,内容爲摘録唐宋以來書籍中有關戲曲的論述,也作評論。魯迅所引《茶餘客話》一節,見該書卷五。《茶餘客話》是阮葵生所著筆記小説,其中有關《西游記》作者的文字,見該書卷二十一。

---

① 《魯迅全集補遺》,天津:天津人民出版社,2006 年,第 349 頁。

② 《魯迅全集》第 11 册,第 410 頁。

1915年3月13日魯迅《日記》云:"往留黎廠官書局買殘本《積學齋叢書》十九册,闕《冕服考》第三、第四卷一册,價銀三元。"[①]按《冕服考》四卷,焦廷琥撰,魯迅所得爲光緒十六年(1890)南陵徐氏《積學齋叢書》本。焦循撰有《群經宫室考》,焦廷琥因别撰《冕服考》以輔翼之。論者以爲其辨析精核,不下乃父,亦較宋氏《釋服》爲完備。合而觀之,於禮經制度,可概睹其大凡矣。

焦氏父子治學範圍寬廣,魯迅既引焦循的曲學專著,又購焦廷琥的禮經考證,可謂得其概要。

關於阮元、阮福

阮元,字伯元,揚州儀徵人。在經學、方志、金石方面都有很高造詣,海内學界尊爲泰斗。官至體仁閣大學士、太子太保。其子阮福,也是文章大家。

從學問傳承譜系來看,魯迅師承於章太炎,章太炎師承於俞樾,而俞樾不但任教於阮元創辦的杭州詁經精舍,同時也是揚州學派中堅高郵二王的崇拜者。故魯迅與揚州學派之間,有著間接却很明顯的關係。魯迅熱衷於收藏漢畫像石,當與此不無關係。

魯迅對阮元的《兩浙金石志》很熟悉。他在《會稽禹廟窆石考》中説,此石遺文歷來多有考索,如平氏《紹興志》識得二十九字,王氏《金石萃編》云有九字可辨,而"阮氏元《金石志》因定爲三國孫氏刻。字體亦與天璽刻石極類,蓋爲得其真矣"[②]。按阮元所撰《金石志》,即《兩浙金石志》,爲金石目録,共十九卷。該書卷一轉述《太平寰宇記》所引《輿地記》語後説:"據此,爲三國孫氏刻審矣,《嘉泰志》稱直寶文閣王順伯復齋定爲漢刻,來之得也。"阮元所説的"孫氏",指孫皓,三國吴最後一個皇帝。魯迅所説的"天璽刻石",指孫皓於天璽年間(276)所立的禪國山碑和天璽紀功碑。

阮元學問淵博,思想豁達,這一點得到魯迅的認同。魯迅在《看鏡有感》中讚揚漢唐氣象宏大,敢將外來之物鑄於銅鏡之上,如海馬、葡萄之類;又藐

① 《魯迅全集》第14册,第156頁。

② 《魯迅全集》第8册,第55頁。

視明清風氣唯恐涉及一個"洋"字,以至有人因爲看見曆書寫著"依西洋新法"幾個字便嚎啕痛哭。這一派人的觀點是"寧可使中夏無好曆法,不可使中夏有西洋人",與此相反的却是阮元。魯迅寫道:"湯若望入中國還在明崇禎初,其法終未見用;後來阮元論之曰:'明季君臣以大統寖疏,開局修正,既知新法之密,而訖未施行。聖朝定鼎,以其法造時憲書,頒行天下。彼十餘年辯論翻譯之勞,若以備我朝之採用者,斯亦奇矣……我國家聖聖相傳,用人行政,惟求其是,而不先設成心。即是一端,可以仰見如天之度量矣!(《疇人傳》四十五)"[①]按阮元的這段話含有歌頌甚至諂媚清廷之意,但是他贊同使用"西洋新法",而且主張"惟求其是,而不先設成心"。這種開明的態度,也正是魯迅所欣賞的。

對阮元父子關於"文"與"筆"的觀點,魯迅曾不止一次提到。魯迅在《漢文學史綱要》第一篇《自文字至文章》裏,論及"文"與"筆"之區别。文末談到"辭筆"和"詩筆",認爲兩者對舉,唐世猶然,逮至宋元,此義已晦,乃至後世將一切散文都稱爲"文",其實是不妥的。魯迅説:"清阮元作《文言説》,其子福又作《文筆對》,復昭古誼,而其説亦不行。"[②]在揚州學派中,不乏爲文辭藻瓌麗者,如汪中等,且頗有成就。阮元的《文言説》、《文韻説》、《與友人論古文書》等文,强調了"文"和"筆"之分,其子阮福也力倡沉思翰藻之"文",反對直白無文之"筆"。這一理論雖然不錯,但縱然是阮元自己也難以完全實踐其主張。阮元《書梁昭明太子文選序後》云:"今人所作之古文,當名之爲何?曰:凡説經講學皆經派也,傳志記事皆史派也,立意爲宗皆子派也,惟沉思翰藻乃可名之曰文也。非文者尚不可名之爲文,况名之曰古文乎?"他自己承認:"或問曰:子之所言,偏執己見,謬托古籍,此篇書後自居何等?曰:言之無文,子派雜家而已。"阮元在《揅經室集》自序裏坦陳:"余三十餘年以來,説經記事,不能不筆之於書,然求其如《文選序》所謂'事出沉思,義歸翰藻'者甚鮮,是不得稱之爲文也。"其子阮福在《文筆對》中强調"有情辭聲韻者爲文","直言無文采者爲筆",而他本人也是多直言之"筆"而少情辭之"文"。但文筆之説對魯迅仍有深刻的影響。魯迅雜文有題曰《匪筆三篇》、《某筆兩篇》(後均收入《三閑集》),他之

① 《魯迅全集》第1册,第199頁。

② 《魯迅全集》第9册,第346頁。

所以稱爲"筆",就是因爲所引文本均非韻文的緣故。《匪筆三篇》寫道:"以其都不是韻文,所以取阮氏《文筆對》之説,名之曰:筆。"①魯迅承認文筆有異,但他也知道實際上做不到。

又,1925 年 4 月 16 日魯迅《日記》云:"晚游小市,買《烏青鎮志》、《廣陵詩事》各一部,共泉一元二角。"②按《廣陵詩事》十卷,二册,阮元著,光緒十六年(1890)重刻本,京師揚州會館藏版。

關於王念孫、王引之

王念孫,字懷祖,揚州高郵人。歷官永定河道、山東運河道等。積十年之功成《廣雅疏證》,段玉裁稱爲"天下一人而已矣"。與其子王引之,合稱"二王"。

從學術淵源來講,魯迅與二王關係最密切,因爲魯迅在東京聽過章太炎講授過王氏的著作。文物出版社出版的《文物天地》1988 年第 6 期有《魯迅與〈説文解字劄記〉》一文,提到一部未曾發表過的魯迅手跡《説文解字劄記》,此稿後由上海博物館柯羅版影印成册。據介紹,這部劄記是魯迅 1908 年在日本東京聽章太炎講課的筆記。1906 年 6 月 29 日,章太炎因"蘇報案"入獄刑滿釋放,當天東渡日本,加入同盟會,擔任同盟會機關報《民報》主筆。章太炎後在東京創辦國學講習會,以爲"國學者,國家所以成立之源泉也"。在國學講習會上,章太炎先後講了《説文》、《楚辭》、《爾雅義疏》、《廣雅疏證》等,而魯迅是聽講者之一。故《廣雅疏證》及其作者王念孫的名字,留在了魯迅的記憶中。

1915 年 1 月 2 日魯迅《日記》載:"往留黎廠直隸官書局買《説文解字系傳》一部八册,二元;《廣雅疏證》一部八册,二元五角六分。"③按《説文解字系傳》四十卷,南唐徐鍇著;《廣雅疏證》十卷,清王念孫撰,王引之述。兩書均爲文字訓詁之書,作者也都是揚州人。《廣雅疏證》堪稱王念孫最重要的著述。他以踏實嚴謹的樸學精神治《廣雅》而成《廣雅疏證》,成爲清代樸學

① 《魯迅全集》第 4 册,第 43 頁。

② 《魯迅全集》第 14 册,第 542 頁。

③ 《魯迅全集》第 14 册,第 149 頁。

名著。魯迅購買此書，與他對文字學的興趣和聽章太炎的講課有關，這也是魯迅國學與揚州學者學術淵源的例證。

關於淩廷堪

淩廷堪，字次仲，安徽歙縣人，長期寓居揚州。工詩文，兼爲長短句，究心於研究經史。著有《校禮堂文集》、《元遺山先生年譜》等。

魯迅在《儒術》一文中提到淩廷堪。《儒術》是魯迅借題發揮的政治性雜文。其事由是金朝將領崔立叛變稱王，爲掩其罪行，文人被迫爲其樹碑立傳，一代文宗元遺山似與此事有涉。此事撲朔迷離，没有定案，魯迅認爲各種不同説法都已包含在淩廷堪的《元遺山先生年譜》中："碑雖然'不果立'，但當時却已經發生了'名節'的問題，或謂元好問作，或謂劉祁作，文證具在清淩廷堪所輯的《元遺山先生年譜》中，兹不多録。經其推勘，已知前出的《王若虚傳》文，上半據元好問《内翰王公墓表》，後半却全取劉祁自作的《歸潛志》，被誣攀之説所蒙蔽了。淩氏辯之云，'夫當時立碑撰文，不過畏崔立之禍，非必取文辭之工，有京叔屬草，已足塞立之請，何取更爲之耶?'然則劉祁之未嘗決死如王若虚，固爲一生大玷，但不能更有所推諉，以致成爲'塞責'之具，却也可以説是十分晦氣的。"[①]按清人爲元遺山撰年譜者，有淩廷堪、翁方綱、施國祁、李光庭諸家。論者以爲，大抵知人論世，淩氏爲精；作詩年月，李考最詳；翁譜疏陋，而有創始之功；施作簡略，乃爲箋注之輔。諸家既各有短長，其説亦不無同異。淩廷堪的《元遺山先生年譜》，所據材料大多取自《元史》、《中州集》、《歸潛志》、《元文類》及金元文人文集。全譜共分兩卷，上卷爲仕金時事，下卷爲北渡後事。以年爲經，以詩爲緯，對譜主一生行事考訂甚詳，故魯迅説"文證具在清淩廷堪所輯的《元遺山先生年譜》中"，顯係褒揚之詞。

淩廷堪的學問魯迅是肯定的。備受魯迅推許的小説家李汝珍，原係淩廷堪入室弟子。淩廷堪、李汝珍師徒在胸懷實學但命運乖蹇這一點上，十分近似。魯迅在《中國小説史略》第二十五篇《清之以小説見才學者》特别談到《鏡花緣》的作者李汝珍曾經"師事淩廷堪"："汝珍字松石，直隸大興人，少而

① 《魯迅全集》第六卷，第 31 頁。

穎異，不樂爲時文，乾隆四十七年隨其兄之海州任，因師事淩廷堪，論文之暇，兼及音韻，自云'受益極多'，時年約二十。"①魯迅對於淩廷堪、李汝珍這對飽學而途窮的師徒，似乎懷有特别的好感。

關於劉恭冕

劉恭冕，字叔俛，寶應人。幼承家學，博涉通經，與父劉寶楠共撰《論語正義》。力辟通儒之路，著有《論語正義補》、《何休論語注訓述》等。

魯迅《日記》1927 年 9 月 16 日記道："托阿斗從圖書館買《南海百咏》一本，二角；《廣雅叢刊》中之雜考訂書類十三種共二十四本，泉六元七角五分。"②按魯迅所購《廣雅叢刊》之書，含劉恭冕的《廣經室文鈔》，爲光緒十五年(1889)廣雅書局刻本。廣經室是劉氏室名。所謂"廣經"即是對傳統的十三經加以擴充，突破狹隘的學術視野，豐富經學的研究内容。《廣經室文鈔》是劉恭冕的文集，其中除了爲他人所作的書畫序跋和墓誌行狀之類應用文章，還有文字訓詁、經傳考證等經學論文。《廣經室文鈔》有兩種刻本，一爲同治年間所刻校樣本，一爲光緒年間廣雅書局刻本，兩刻本目録次序略有不同，魯迅所購爲後者。

寶應劉氏家族是揚州學派重要組成部分，其中以劉台拱、劉寶楠、劉恭冕成就最大。支偉成《清代朴學大師列傳》將劉台拱、劉寶楠、劉恭冕並列爲"劉氏三世"，《清史稿列傳・劉恭冕》稱劉恭冕"守家學，通經訓"。劉氏之學，人或稱之爲"端臨學派"，以劉台拱字端臨得名。徐世昌《清儒學案》曾說："有清一代治《論語》學者，蓋以劉氏爲集大成矣。"③

關於劉師培

劉師培，字申叔，揚州儀徵人，劉文淇曾孫。幼習經史，力倡國故，善於把近代西方社會科學方法運用於中國傳統文化研究。有《劉申叔先生遺書》

① 《魯迅全集》第 9 册，第 249 頁。

② 《魯迅全集》第 14 册，第 670 頁。

③ 徐世昌等：《清儒學案》，北京：中華書局，2008 年，第 4197 頁。

傳世。

劉師培是清代揚州學派的殿軍，魯迅對劉師培多有評説。劉師培在北京大學任教時曾編《中國中古文學史》講義，魯迅説："我看過的已刊的書(指中國文學史一類)，無一册好。只有劉申叔的《中古文學史》倒要算好的，可惜錯字太多。"後來魯迅作《魏晉風度及文章與藥及酒之關係》的著名演講，提出中國古代文學史材料太少，唯有漢末魏初文學史還比較容易做，原因是已經有人做過資料工作。這裏的資料工作，主要指嚴可均輯《全上古三代秦漢三國晉南北朝文》、丁福保輯《全漢三國晉南北朝詩》、劉師培編《中國中古文學史》。魯迅寫道："輯録關於這時代的文學評論有劉師培編的《中國中古文學史》。這本書是北大的講義，劉先生已死，此書由北大出版。""上面三種書對於我們的研究有很大的幫助。能使我們看出這時代的文學的確有點異彩。""我今天講的，倘若劉先生的書裏已詳的，我就略一點；反之，劉先生所略的，我就較詳一點。"[①]於此可見，魯迅對劉師培的文學史研究相當推重。然而，主要是器重劉氏文學史材料的完備。

魯迅對於劉師培的人格並不以爲然。1918年7月5日，魯迅在《致錢玄同》信中説："中國國粹，雖然等於放屁，而一群壞種，要刊叢編，却也毫不足怪。該等壞種，不過還想吃人，而竟奉賣過人肉的偵心探龍做祭酒，大有自覺之意。即此一層，已足令敝人刮目相看，而猗歟羞哉，尚在其次也。敝人當袁朝時，曾戴了冕帽(出無名氏語録)，獻爵於至聖先師的老太爺之前，閱歷已多，無論如何復古，如何國粹，都已不怕。但該壞種等之創刊屁誌，係專對《新青年》而發，則略以爲異，初不料《新青年》之於他們，竟如此其難過也。然既將刊之，則聽其刊之，且看其刊之，看其如何國法，如何粹法，如何發昏，如何放屁，如何做夢，如何探龍，亦一大快事也。國粹叢編萬歲！老小昏蟲萬歲!!"[②]按這裏説的"一群壞種，要刊叢編"，一般認爲就是指當時劉師培等人計畫復刊《國粹學報》和《國粹彙編》。此事後未實現，但1919年3月另有《國故》月刊出版，鼓吹昌明中國固有之學術，與新文化運動對抗。魯迅所謂"奉賣過人肉的偵心探龍做祭酒"，是指推舉劉師培做頭目。劉師培先前鼓吹排滿，異常激烈，後來竟然投靠清廷，出賣黨人，也即"賣過人肉"。其政

① 《魯迅全集》第3册，第502頁。

② 《魯迅全集》第11册，第351頁。

治立場,毫無操守可言。因爲劉師培研究六朝文學,六朝人劉勰著有《文心雕龍》,故魯迅用"偵心探龍"來諷刺劉師培。

魯迅還幫周作人買過劉師培的《江蘇江寧鄉土教科書》一書。1914年1月18日魯迅《日記》云:"至神州國光社買唐人寫本《唐均殘卷》一册,一元;並爲二弟購《江蘇江寧鄉土教科書》共三册,五角。"次日又記道:"上午寄二弟《鄉土教科書》上册。"按《江蘇江寧鄉土教科書》,劉師培編著,光緒三十二年(1906)上海國學保存會出版。

四點結論

魯迅與揚州學派的關係,如果總結一下,可以概括爲四點:

第一,對於揚州學者學養的深厚,魯迅是十分推崇的。這一態度也許從他在東京聽章太炎講授王念孫的《廣雅疏證》時就開始了,所以"小學"也一直是魯迅文章的重要話題之一。清代有四種元遺山年譜,魯迅最看重的却是淩廷堪的《元遺山先生年譜》,並認爲"文證具在清淩廷堪所輯的《元遺山先生年譜》中"。這也説明,他對揚州學者治學成果的看重。

第二,對於揚州學者興趣的寬泛,魯迅是引爲同調的。例如汪中父子兩代人珍愛的《射陽聚石門畫像》,魯迅同樣非常喜歡。焦循愛好戲曲、小説如《西游記》之類,魯迅對此類作品也刻意搜羅,焦循的《劇説》和魯迅的《中國小説史略》在本質上都是屬於俗文學研究的範疇。阮元有金石之癖,撰有《兩浙金石志》,魯迅對漢像石也懷有非常濃厚的興趣。

第三,對於揚州學者見識的豁達,魯迅是相當欽佩的。揚州學派的特點是"通",即變通、貫通、圓通,首先是打通。劉恭冕將自己的書齋命名爲"廣經室",致力於打破舊的學術畛域,拓展新的研究疆界,正緣於心胸的闊大。魯迅一再讚美漢唐氣象,認爲將海馬、葡萄等舶來物鑄於銅鏡是一種文化自信。與此相反的是明清風氣,對"洋"字諱莫如深。而身居高位的阮元在可笑的"國粹派"們抱住舊曆法不放的時候,公開支持採用西洋曆法,這正是魯迅贊成的。

第四,對於揚州學者人品的高下,魯迅是自有拿捏的。魯迅實際上也没有對其他揚州學者的人品提出過責疑,唯一的例外是對劉師培。恰恰是對劉師培,魯迅在學問上倒很敬重他,如對劉氏的文學史研究甚有好評。然而對於劉師培的“復古”、“賣友”等行爲，魯迅予以了無情的鞭撻和嘲弄。“看其如何國法，如何粹法，如何發昏，如何放屁”，“國粹叢編萬歲！老小昏蟲萬歲”！這些放肆的辱駡儘管出現在魯迅寫給友人的私信中，却淋漓盡致地宣洩了他對於變節者的蔑視。

附録一

2013 年“海峽兩岸清代揚州學派學術研討會”議程表

時間:2013 年 5 月 18 日—19 日

地點:揚州大學虹橋專家樓西首會議廳

18 日 08:30—09:30　報到

09:30—10:20　開幕式

主持:許建中院長

致辭:陳國宏副校長

　　林慶彰教授

　　夏春濤教授

　　祁龍威教授

　　季培均局長

10:40—12:00　第一場討論

主持人:楊晉龍、趙生群

王俊義:對新時期揚州學派研究的回顧與展望——從個人參與研討的視角談起

林慶彰:揚州學者的《十三經注疏》研究

趙昌智:阮元與金石篆刻

華　强:西學東漸與戴震的自然科學觀

馮曉庭:王懋竑《讀書記疑・左傳説》述評

14:30—16:00　第二場討論

主持人:蔣秋華、黄强

楊晉龍:清乾嘉揚州著名學者對《四庫總目》稱譽之考證家接受探論

王　鍔:《五禮通考》的編纂背景及其價值

曾聖益:許珩《周禮》學論析

劉建臻:揚州學派稀見著述五種

趙生群:王念孫《史記雜志》商補
張其昀:《讀書雜志》據對文校勘述例
王聖雅:汪中《春秋》要義探析
柳　宏、宋展雲:揚州學派《論語》詮釋論
16:30—18:00　第三場討論
主持人:鄭卜五、劉瑾輝
賴貴三:阮元與韓儒金正喜師生情緣與學術交流探論
王章濤:從阮元佚文《致法式善函》及其他,解讀阮、法交誼
阮錫安:淺談阮元的孝弟思想及其現實意義
陳　樹:朱彬與阮元《尚書》古訓研究之比較
陳功文:凌廷堪及其《禮經釋例》略述
黎雅真:江藩《〈公羊〉親迎辯》探析
田漢雲:溯源尋流　繼往開來——論江藩《國朝漢學師承記》
19日8:30—10:00　第四場討論
主持人:賴貴三、劉建臻
蔣秋華:焦循與錢大昕
黄　强:焦循論八股文的經學性
錢宗武:論焦循《禹貢》研究之成就
劉瑾輝:焦循人性論辨析
孔祥軍:焦循毛詩地理釋探賾——以未刊稿本《毛詩地理釋》爲考察中心
鄭卜五:凌曉樓《公羊問答》經傳釋辭之探析
郭院林:試論劉師培家學傳統與揚州學派之關係——由《江南鄉試墨卷》説起
金永健:論劉師培的《左傳》學
10:25—11:40　第五場討論
主持人:趙昌智、郭院林
顧　農:君子和而不同——揚州學派内部文學觀的差異
徐林祥:重新認識劉熙載——紀念劉熙載誕辰200週年
蔡文錦:國學大師李審言
韋明鏵:魯迅與揚州學派

黄繼林:揚州學派在民間的影響

11:40—12:10　會議總結暨閉幕式

主持人:柳　宏

總結發言:趙昌智、林慶彰

大會總結并致閉幕詞:田漢雲

附録二

2013年"海峽兩岸清代揚州學派學術研討會"綜述

揚州大學文學院　張立兵

自20世紀80年代以來,清代揚州學派一直是揚州大學人文學科的研究重點之一。自1999年以來,揚州大學與臺灣"中央研究院"中國文哲研究所持續合作,聯絡海内外專家學者共同研究揚州學派,先後三次召開專題學術研討會,取得豐碩成果。海内外衆多學者在這一領域耕耘不輟,陸續推出大量精品力作。

爲了進一步推進揚州學派研究,2013年5月18日至19日,由揚州大學文學院主辦,揚州市文化廣電新聞出版局、揚州學派研究會、廣陵書社聯辦的"海峽兩岸清代揚州學派學術研討會"在揚州大學召開。海峽兩岸高校、科研院所從事揚州學派研究的近60位專家學者參加了研討會。研討會收到論文近40篇,舉辦五場學術交流活動,35位專家作了專題報告。海峽兩岸學界同行圍繞清代揚州學派的諸多論題進行了廣泛、深入的探討。海内外學者向本次學術研討會提交的論文,大致有以下四類議題:

一、揚州學派研究綜述

20世紀初以來,清代揚州學派研究不斷深化。其發展脈絡與學術積累,需要加以梳理和總結。2000年,臺灣知名學術刊物《漢學研究通訊》第76期發表楊晉龍先生的《臺灣學者研究"清乾嘉揚州學派"述略》、蔣秋華先生的《大陸學者對清乾嘉揚州學派的研究》、張壽安先生的《清代揚州學派研究展望》,相當具體地評述了揚州學派研究的歷史與現狀,提出了關於推進揚州學派研究的一系列建設性意見。在本次學術研討會上,中國社會科學院中國社會科學出版社原總編王俊義教授特撰《對清代揚州學派研究的回顧與展望——從個人參與研討的視角談起》專稿。王俊義先生在文中指出：20世紀80年代，揚州大學祁龍威教授及其同事編輯、印行《揚州學派研究》論文集，祖籍揚州的臺灣歷史學家陳捷先教授約請著名清史專家馮爾康教授主編、出版《揚州研究》，在當時引起學界關注，對揚州學派研究具有推動作用。世紀之交，臺灣"中研院"中國文哲研究所林慶彰教授等執行"清代乾嘉揚州學派研究"項目，與揚州大學等單位學人合作，召開研討會，出版論文集，提升了揚州學派研究的水準。近十餘年來，趙昌智先生作爲地方領導，重視揚州學派研究，組織力量編輯出版《揚州學派叢書》、《揚州文化研究叢刊》，對揚州學派研究起到顯著促進作用。在新時期揚州學派研究進程中，湧現出一批優秀的學術研究人才。如揚州大學田漢雲教授、劉建臻教授、揚州地方學者王章濤先生等，都取得一定成就，昭示揚州學派研究後繼有人，生機勃發。

二、揚州學派淵源研究

臺灣"中研院"中國文哲所楊晉龍教授《清乾嘉揚州著名學者對〈四庫總目〉稱譽之考證家接受探論》一文，考察乾嘉時期揚州的九位學者對《四庫全書總目》所推崇的五大考證家方以智、顧炎武、朱彝尊、閻若璩和沈彤學術的接受情況，認爲這九位元學者中確定直接受影響者爲阮元、黄承吉、江藩和劉文淇；可能直接受影響的有任大椿、王念孫和焦循；間接受影響則有劉台拱和朱彬，此可證《總目》對學者的學術評價，對後人確實存在實質影響。南京師範大學王鍔教授的《〈五禮通考〉的編纂背景及其價值》一文探討秦蕙田《五禮通考》的學術背景，並評定其價值，認爲該書是清代禮學集大成之作。《五禮通考》由錢大昕、戴震、王鳴盛、盧文弨等對揚州學派多有影響或與之關係密切的學者參校，對該書進行探討可以從明清禮學轉變的角度來揭示揚州學派的學術背景。南京政治學院(上海校區)華强教授的《西學東漸與戴震的自然科學觀》認爲，西學東漸促進了中國自然科學的發展，戴震受西學影響較大，這在算學方面較爲顯著。以自然科學爲工具以求"聞道"，是戴震的重要學術思想。戴震重視自然科學的理念與研究實績，對王念孫、任大椿、汪中、焦循、阮元等都有一定影響。

三、揚州學派學術文化研究

經學是揚州學派的核心學術領域,與會學者的論文多以此爲議題。臺灣"中研院"中國文哲所林慶彰教授《揚州學者的〈十三經注疏〉研究》一文,探析揚州學者焦循、阮元、劉文淇、劉毓崧、劉壽曾等人研究《十三經注疏》的學術實踐,認爲這一學術傳統是揚州學派的特色之一。揚州大學文學院柳宏教授等《揚州學派〈論語〉詮釋論》一文,總結了揚州學派學者研究《論語》所體現出的父子共治、長短交融、體例多樣等特色,揭示了揚州學派在《論語》詮釋實踐中證實運虚、虚實結合的範式,以及揚州學派解經注重貫通兼采的特點。他們認爲吴、皖兩派在《論語》詮釋方面的規模、廣度、深度不及揚州學派。臺灣嘉義大學馮曉庭教授《王懋竑〈讀書記疑·左傳説〉述評》對王懋竑《讀書記疑》中"《左傳》説"三十一則進行分析,呈現其中梗概,探究王懋竑的經學見識與史識史觀,從而對王懋竑治《左傳》的成就予以重新認識。臺灣正修科技大學王聖雅的《汪中〈春秋〉要義探析》一文以汪中《述學》一書中的《春秋述義》、《春秋左傳釋疑》兩篇爲中心,探討汪中的《春秋》思想要義,認爲其具有"從君"、"本禮"、"諱大惡"、"辭有通變"等四點特色,本文還對汪中對於《左傳》的態度及其對後世的影響做了探析。商丘師範學院陳功文博士《凌廷堪及其〈禮經釋例〉略述》一文探討了凌廷堪的生平及其學術取向,以及其《禮經釋例》一書的撰著過程、主要版本狀況和解經特色,揭示其書的學術價值。臺灣輔仁大學曾聖益教授的《許珩〈周禮〉學論析》,考察許珩的《周禮經注節鈔》及《周禮注疏獻疑》二書,認爲許珩闡述《周禮》要義,相容會通,並指正鄭玄《注》及賈公彦《疏》之失,可視爲揚州學者治《周禮》之代表成就。揚州大學文學院陳樹博士《朱彬與阮元〈尚書〉古訓研究之比較》一文,對清代揚州學者朱彬《尚書異義》、《尚書故訓别録》和阮元《詩書古訓》進行比較,探討朱彬與阮元在研究視角和思路方面的異同。認爲兩位學者共同的宗旨是對經典尋本求真。但朱彬是在早期《經傳考證》的基礎上,著力於文字、訓詁專題的系統深化研究;而阮元的"古訓"有以《書》贊治的内涵,是他"古學"思想的具體實踐。阮氏後人、揚州市機關工委阮錫安先生《淺談阮元的孝弟思想及其現實意義》一文,探討阮元孝弟思想的淵源、本質、實踐,並指陳其現實意義。揚州大學文學院劉瑾輝教授《焦循人性論辨析》,認爲焦循《孟子正義》中從九個方面對孟子"性善論"作出闡發，並對焦循的人性論作出評價。揚州大學孔祥軍《焦循毛詩地理學探賾——以未刊稿本〈毛詩地理釋〉爲考察中心》，考察焦循未刊稿本《毛詩地理釋》，認爲焦循綜合運用了邏輯推理、辨方正位、排比文獻、援經證經等多種研究方法，對《毛詩》地理所涉及的同名異地、記載抵牾等問題進行了合理深入的考辨推斷，對舊傳訛誤進行系統而又徹底的梳理厘正，體現了焦循深厚的文獻功底和超卓的考據水準。揚州大學文學院田漢雲教授《溯源尋流　繼往開來——論江藩〈國朝漢學師承記〉》一文，對《漢學師承記》的撰著緣由和學術背景做了探討，揭示了《漢學師承記》在闡述漢學的價值及傳承之方、揭示清代漢學流派之構成與發展脈絡和弘揚漢學的學術訴求方面的成績，並對《漢學師承記》的影響和價值做了評價。臺灣美和科技大學黎雅真《江藩〈公羊·親迎辯〉探析》一文評析江藩《公羊親迎辯》的内容，研究江藩的思想意涵及其對後世之影響發展。本文認爲《公羊親迎辯》以辯的形式考辨"天子至庶人皆當親迎"之禮儀制度，可看出江藩在揚州學派中獨樹一格的學術視野。高雄師範大學經學研究所鄭卜五教授《淩曉樓〈公羊問答〉經傳釋辭之探析》探討淩曙《公羊問答》一書對公羊經傳要義的釋解，他認爲淩曙《公羊問答》以"謹守家法"、"合乎聖教"爲主軸，以秦兩漢諸經義疏及魏、晉以來諸家《春秋》之説爲考釋，爲《公羊》學導揚古義之能手，並以何休《解詁》之説，及諸經要義，考定《公羊傳》之正論，且厘正徐彦舊疏，以糾駁詆毀《公羊》傳者，並澄清貽誤世儒之謬言。淩曙是清人第一位"經典釋義公羊化"，將《公羊》學引入禮學之中者。

揚州學派的文學、藝術在清代文化史上占有重要地位。參會學者于此有所討論。揚州大學文學院顧農教授的《君子和而不同——揚州學派内部文學觀的差異》一文，以揚州學派成員對《文選》、唐宋八大家以及八股文的態度等方面爲例，探討了其文學觀的差異，認爲揚州學派成員充分體現了"和而不同"的君子之風。南京林業大學趙陽的《"一代有一代之所勝"説與揚州學派的文學史觀》一文，考索揚州學派文學史觀的理論開端，及其"古"、"通"、"變"的學術特徵與其文學史觀的形成的關係，並著重闡述了焦循的"一代有一代之所勝"的文學史觀理論。揚州大學文學院黄强教授的《焦循論八股文的經學性》，探討焦循對八股文的理論見解，認爲焦循對八股文的經學性作了最全面、系統的總結，並賦予新的内涵。焦循肯定八股文的文學性，並主張八股文以文學之“形”載經學之“意”，其實質在於賦予八股文以更多的表達自由，以便出入經史，相容實學，真正實現八股文用於科舉考試以選拔人才的功能。臺灣師範大學賴貴三教授《阮元與韓儒金正喜師生情緣與學術交流探論》一文，探討揚州學派代表人物阮元與韓國經學家、書法家、金石學家金正喜師生之間的情緣，及其在書法、經學等方面的學術交流，認爲金正喜在翁方綱與阮元的影響之下，除了書藝視野與境界的突破提升之外，同時也造就他相容並蓄的治學風格。揚州市揚州學派研究會會長趙昌智先生《阮元與金石篆刻》一文，考述了阮元對金石的喜好及原因、對印章的獨特見解以及阮元與同時期一些金石篆刻家的交游。

較多與會學者對揚州學派在文獻學方面的成就加以分析或總結。揚州大學劉建臻教授的《揚州學派稀見著述五種》一文對揚州學派刊刻而散藏各處的五種罕見的稿本、鈔本——劉台拱《寶應鄉賢劉蓼野端臨喬梓遺劄》、朱彬《尚書異義》、焦循《焦理堂天文曆法算稿》、焦廷琥《論語集解偶識》、淩曙《金石録》等進行了考述。揚州大學文學院張其昀教授《〈讀書雜志〉據對文校勘述例》一文，以王念孫《讀書雜志》據對文進行校勘的實例，展示王念孫對於校勘學方法論的貢獻。南京師範大學的趙生群教授《王念孫〈史記雜志〉商補》一文對王念孫《讀書雜志・史記》中的十餘條目詳細考釋，認爲這些條目有可商榷之處，並進行厘正。遼寧師範大學高明峰教授《〈江藩集〉校點指瑕》一文，指出漆永祥整理的《江藩集》中的疑誤 127 處，並分析致誤原因。

也有學者對揚州學派學人的交游作專題考論。臺灣“中央研究院”中國文哲研究所蔣秋華教授《焦循讀錢大昕述論》一文，研究焦循讀錢大昕文集後所著文章，考述焦循與錢大昕的學術關聯，認爲焦循與錢大昕的交往以論學爲主，焦循以晚輩向錢氏請益，蒙其稱賞。焦循在錢氏身後見到其文集，雖對其中文字不無質疑之處，但多以翼護的心態爲之申説。揚州市揚州學派研究會王章濤《從阮元佚文〈致法式善函〉其他，解讀阮、法交誼》一文考輯阮元佚文，揭明阮元與法式善的交誼。

四、揚州學派後繼者以及乾嘉揚學影響之研究

揚州大學文學院郭院林教授《試論劉師培家學傳統與揚州學派的關係——由〈江南鄉試墨卷〉説起》考察劉師培的《江南鄉試墨卷》，分析劉氏家

學淵源與揚州學派對其的影響,並從學術和《文選》學兩方面考察劉師培與揚州學派的關係,認爲劉師培在傳承與弘揚家學、揚州學派方面做出了一定的貢獻,其學術實現了時代的突破,從而確定劉師培在現代學術史上的地位。揚州大學金永健教授《論劉師培的〈左傳〉學》考述劉師培的家學傳統與其關於《左傳》的著述,探討劉師培在《左傳》學方面考證《左傳》學史、考證《春秋》三傳解經有差異、成書有先後、歸納《左傳》義例等貢獻,並總結出其淵綜廣博、貴主博通的學術特點,認爲劉師培具有"揚州學派的殿軍"、"晚近之大師"的學術地位。揚州大學徐林祥教授《重新認識劉熙載——紀念劉熙載誕辰200周年》一文對晚清興化學者劉熙載的主導思想、政治態度、學術貢獻、教育實踐進行研究,認爲劉熙載身上占主導地位的是儒家學者與道、釋消極遁世觀相異趣的積極的入世觀、致用務實的精神和修己安人的社會理想,劉熙載以其在上海龍門書院的教育實踐應和了中國近代經世致用的時代思潮。揚州職業大學蔡文錦教授《國學大師李審言》,考察晚近興化學者李審言的生平、著述,總結其在經學、文學方面的思想。

有學者另闢蹊徑,從獨特視角來研究揚州學派的影響及接受。揚州文化研究所韋明鏵研究員《魯迅與揚州學派》考察魯迅對於對揚州學派主要成員如汪中、焦循、阮元、王念孫、王引之乃至淩廷堪、劉恭冕、劉師培等人的評價,從特定視角來研究對揚州學派的評價。揚州市檔案局黄繼林先生《揚州學派在民間的影響》一文考察揚州民間故事、民間傳説中關於揚州學派學者阮元、汪中、焦循等人的部分傳説故事,以見"揚州學派"在民間的影響。

會議期間,海峽兩岸專家學者還就揚州學派研究目前的獲得發展的原因及今後如何繼續推進的問題展開討論。大家肯定了揚州學派研究目前發展的勢頭,認爲揚州大學和揚州地區長期有計劃地研究揚州學派和揚州文化,成立揚州大學揚州學派研究中心,揚州市學術團體"揚州學派研究會"、"揚州文化研究會",編輯出版"揚州學派叢書"與"揚州文化研究叢刊"、廣陵書社等出版單位大量出版有關揚州學派研究的著述,爲大陸地區揚州學派研究起了推進作用。揚州大學田漢雲教授認爲:揚州學派研究之所以形成今天的規模,得力於海峽兩岸學界的緊密合作,尤其仰仗兩岸學人弘揚中華文化的執著精神與勤奮耕耘。中國社科院王俊義教授認爲:"未來客觀形勢的發展,在國際上多元文化日益激烈地競争中,學術隊伍的新老交替與學術研究的傳承換代,以及思想觀念的變化,研究視角,研究方法及至研究手段的更新，都必將爲揚州學派這樣的傳統學術文化研究帶來新的發展機遇和嚴峻挑戰！"大家期待未來的揚州學派和揚州文化研究，能够在兩岸學界密切合作交流的基礎上，向世界性的交流合作拓展；能够在已有的堅實基礎上，轉變思想觀念，注重研究視角、研究方法、研究物件和内容的更新與改良，爲弘揚中華優秀傳統文化再創新的學術輝煌。

附録三

清代乾嘉考據學揚州學派研究引學界關注

中國社會科學報記者　鄭　飛　吴　楠

談起清代學術，學者的第一反應往往是乾嘉考據學。在乾嘉考據學中，以惠棟爲代表的吴派和以戴震爲代表的皖派爲學界所熟知，正如梁啓超在《中國近三百年學術史》中所説，在吴、皖兩派之外，尚有"揚州一派"。

5月18—19日在揚州大學舉行的海峽兩岸清代揚州學派學術研討會上，專家一致呼籲，應重視清代乾嘉考據學揚州學派的研究。

"揚州學派是以揚州爲中心，以王念孫、汪中、焦循和阮元等爲主要代表人物，作爲乾嘉漢學分支，活動於清代乾嘉道時期的一個學術流派"，中國清史編纂委員會特聘專家、中國社會科學出版社原總編輯王俊義肯定了揚州學派的地位，認爲其"既反映了乾嘉漢學的鼎盛，也反映了漢學走向没落之際，新的學術思潮即將興起的某些先兆，是清代特定歷史階段的學術流派"。

自"桐城派"學者方東樹《漢學商兑》以來，學界對清代學術史上是否存在揚州學派，是否有必要分列出揚州學派，一直存有分歧。已故的華中師範大學歷史系教授張舜徽，考鏡源流，明確提出，"清代學術，以吴學最專，徽學最精，揚州之學最通。無吴、皖之專精，則清學不能盛；無揚州之通學，則清學不能大"。他認爲，"吴學，其失也固；皖學，其失也偏"，唯有"揚州諸儒，承二派以起，始由專精匯爲通學，中正無弊，最爲近之"。王俊義向記者介紹，早在20世紀60年代，揚州大學教授祁龍威就在國内率先倡導開展揚州學派研究。

揚州市揚州學派研究會會長趙昌智表示，"有清一代，主流學術是以經學爲核心的樸學。揚州學派是清代學術史上最重要的樸學流派之一"。《清史稿》和《清代樸學大師列傳》載録的揚州學派樸學家多達30餘人。如果把該學派揚州籍先驅者和異地成員計算在内，則遠不止此數。在他看來，揚州學派在 18 世紀的興盛，除清代中葉政治穩定、經濟發展和學術繁榮的大背景外，與揚州地區經濟和文化的特定條件密不可分。

“實事求是，不尚墨守”是揚州學派學術思想的精髓。揚州大學文學院教授田漢雲强調，“揚州學派不務空談、崇尚實學的學風，以嚴謹的考據訓詁爲基礎進行理論創新的路徑，重視科學技術和勇於接受西方科技的學術視野，關切民生、順應民心和注重人際和諧的治世理念，以及居官者勤政廉潔的政風，不僅在當時是先進的，而且對東亞地區産生過深遠的影響”。

經學是揚州學派學術研究的核心領域。揚州學派在清代學術史上的突出地位，主要是其經學成就决定的，其代表人物無不精通經學，對於“十三經”的研究都有重要建樹。臺北“中研院”中國文哲研究所研究員林慶彰認爲，揚州學派的焦循、阮元等人長年研究《十三經注疏》，形成了“十三經”研究的學術傳統，這可列爲揚州學派的特色之一。

在田漢雲看來，先於揚州學派，吴派主張復興漢學，時人謂之“求古”；皖派主張裁斷一切成説，戴震自言是“求是”。揚州學派總的傾向是求“古學”之“是”，這種“考古之學”具有深刻的現實意義與鮮明的時代特色。田漢雲認爲，不習經解而談經學史，便成空疏之人而爲無本之學。中國社會科學院中國特色社會主義理論體系研究中心副主任夏春濤强調，“文史研究重在求真務實，忽視文獻考據乃是捨本逐末。在學風日益浮躁的當代，揚州學派求真務實之學風當有借鑒意義”。

——原載《中國社會科學報》2013 年 5 月 20 日 A03 版《資訊》